World Book 219
Фёдор М. Достоевский
УНИЖЕННЫЕ И ОСКОРБЛЕННЫЕ

학대받은 사람들

도스토옙스키/채수동 옮김

동서문화사

디자인 : 동서랑 미술팀

학대받은 사람들

차례

제1부

1

지난해 3월 22일 저녁, 참으로 이상한 일이 일어났다. 그날 나는 셋방을 얻으려고 하루 내내 시내를 돌아다녔다. 먼젓번 방은 습기가 몹시 찼었고, 그즈음 나는 악성 기침을 하고 있었다. 초가을부터 이사를 하려 했지만 봄까지 끌게 되었다. 그 날도 꼬박 하루를 돌아다녔는데 괜찮은 방을 찾아내지 못했다. 무엇보다 이미 세를 든 사람으로부터 다시 빌리는 게 아닌 독립된 방을 얻고 싶었다. 그리고 단칸이라도 널찍한 싼 방을 찾았다. 비좁은 방에서는 생각조차 답답해짐을 알고 있었기 때문이다. 나는 다음 작품을 구상할 때면 언제나 방 안을 이리저리 걸어다니기를 좋아했다. 말하자면 작품을 직접 쓸 때보다 그것을 구상하고 어떻게 글로 옮길까를 상상할 때가 나는 더 즐거웠다. 이는 게으름 탓이 결코 아니다. 하지만 왜 그러는 걸까?

아침부터 몸이 좋지 않았는데, 해질녘에는 상태가 아주 나빠졌다. 오한이 느껴지기 시작했다. 온 하루를 걸어다닌 탓에 몹시 피곤했다. 저녁 무렵, 땅거미가 질 때쯤 보즈네센스키 거리를 천천히 걸어가고 있었다. 나는 페테르부르크 3월의 태양, 특히 저녁해를, 맑게 갠 지독히 추운 해넘이의 그것을 사랑한다. 그때쯤이면 거리가 온통 밝은 빛이 내려앉으며 환해진다. 모든 건물이 갑자기 빛나면서 회색, 노란색, 더러운 녹색 들이 한순간 칙칙함을 털어낸다. 왠지 기분이 밝아지고, 온몸이 떨리고, 누군가가 팔꿈치로 툭 쳐오는 것만 같았다. 새로운 시각, 새로운 생각들……. 한 줄기 햇빛이 인간의 영혼에 일으키는 조화는 언제나 놀랍기만 하다.

그러나 햇빛이 사라지면 추위는 더욱 혹독해져서 코를 쥐어뜯기 시작한다. 어둠이 짙어지고, 상점들 진열장에 가스등이 켜졌다. 밀러 찻집에 이르렀을 때 갑자기 나는 붙박인 듯 그 자리에 멈춰 서서 당장이라도 무언가 예사롭지 않은 일이 일어나리란 것을 예감하면서 길 건너편을 바라보았다. 바로 그때 노인과 그의 개를 보았다. 순간 내 심장은 어떤 불쾌한 느낌으로 인해 오그라들었는데, 그 느낌이 어떤 것인지 밝혀내지 못했던 기억이 지금도 선명하게 떠오른다.

나는 신비주의자가 아니다. 예감이나 점은 거의 믿지 않는다. 그러나 살아오는 동안 다른 사람들과 마찬가지로 나에게도 몇 차례 설명할 수 없는 일들이 일어났다. 이 노인의 경우가 바로 그 예이다. 그 노인과 만났을 때, 왜 나는 그날 저녁 나에게 어떤 범상치 않은 일이 일어날 것이라고 느꼈을까? 하기야 나는 그때 병에 걸려 있었다. 앓고 있을 때의 느낌은 언제나 대부분 믿을 수 없다.

노인은 느릿느릿 피곤한 걸음으로 찻집 쪽으로 다가오고 있었다. 등은 구부정했고, 지팡이로 가볍게 보도블록을 때리며 막대기처럼 뻣뻣한 다리를 굽히지도 않고 번갈아가며 천천히 내디뎠다. 나는 그렇게 기이하고 보기 흉한 모습을 그 이후는 물론이고 그 이전에도 결코 본 적이 없었다. 그와는 이렇게 만나기 전에도 뮐러 찻집에서 몇 번 마주쳤는데, 그때마다 언제나 내게 아픔을 불러일으켰다. 큰 키, 구부정한 등, 시체 같은 여든 살의 얼굴, 솔기가 터진 낡은 외투, 목덜미에만 남아 있는 이미 회색도 아닌 누런 머리털, 벗겨진 머리를 덮고 있는 20년 정도는 써 온 듯한 다 해진 찌그러진 모자, 태엽 감긴 기계 같은 의미없는 몸놀림, 이 모든 특징이 그를 처음 본 모든 이에게 섬뜩한 인상을 심어 주었다. 이미 오래전에 삶을 마친 듯한 노인이 동행인도 없이 혼자 다니는 모습은 어딘가 매우 이상하게 보였다. 더욱이 그는 감시자를 피해 도망친 미친 사람 같았다. 그의 유난히 깡마른 몸에도 놀라지 않을 수 없었다. 살이라곤 거의 없어서 뼈 위에 오로지 살갗만 붙여놓은 것 같았다. 푸른 그늘 안에 놓여 있는 듯한 그의 커다랗고 흐릿한 눈은 언제나 앞만 똑바로 바라볼 뿐 옆은 보지도 않았다. 나는 그가 애당초 아무것도 보지 않았다고 확신했다. 그는 누군가를 보면서도 마치 자기 앞에 텅빈 공간만 있다는 듯 똑바로 앞을 향해 걸어갔다. 나는 그러한 장면을 여러 차례 목격했다. 그는 얼마 전부터 뮐러 찻집에 다니기 시작했는데, 언제나 개를 데리고 다녔다. 그가 어디에서 오는지는 아무도 몰랐다. 찻집 손님 중 어느 누구도 그 노인에게 말을 걸지 않았고, 그도 아무하고도 대화를 나누려 하지 않았다.

'그는 왜 뮐러 찻집에 어슬렁어슬렁 나타나며, 거기서 무엇을 하려는 걸까?' 나는 그 곳과 반대편 거리에 서서 노인에게서 눈을 떼지 않은 채 생각했다. 그때마다 나의 병과 피곤 때문인지 짜증스러운 감정이 치솟았다. 나는 혼잣말을 계속했다. '그는 무슨 생각을 할까? 그의 머릿속엔 무엇이 들어 있을까? 무슨 생각을 하긴 할까? 저 얼굴은 죽은 사람처럼 아무런 표정도 담고 있지 않잖아. 그리고 저 더러운 개는 어디서 주워왔을까? 옆에 딱 달라붙어 있는 모양이 마치 그와는 떼려야 뗄 수 없는 한 덩어리 같아. 그러고 보니 노인과 꼭 닮았잖아.'

이 불쌍한 개도 한 여든 살쯤 되어 보였다. 그래 틀림없이 그럴 것이다. 우선 겉으로 보아 보통 개들의 수명을 훨씬 넘긴 늙은 모습이었다. 그리고 왠지 모르게 처음 본 순간부터 이 개는 여느 개와 다르다는 생각이 들었다. 그 개는 보통 개가 아니며, 그 개에게는 환상적이고 마력적인 어떤 힘이 깃들어 있는 것 같았다. 아마도 개의 모습을 한 메피스토펠레스이며, 그 개의 운명은 어떤 보이지 않는 신비로운 고리에 의해 주인의 운명과 결합되어 있다는 생각이 들었다. 누구든 그 개를 본다면, 그가 마지막으로 음식을 먹은 지 이미 20년 정도는 지났을 거라는 의견에 이의가 없을 것이다. 개는 해골처럼 또는 제 주인처럼 (이보다 훌륭한 비유가 또 있으랴) 말랐다. 털은 거의 다 빠졌으며, 지팡이처럼 아래로 처진 채 언제나 다리 사이에 단단히 말려 있는 꼬리 또한 마찬가지였다. 긴 귀가 달린 머리는 침울하게 밑으로 늘어져 있었다. 나는 평생토록 그렇게 혐오스러운 개를 본 적이 없다. 주인이 앞서고 개가 뒤를 따라 나란히 길을 걸을 때면 마치 옷에 붙어 있기라도 하듯 개의 코끝이 주인의 외투 자락에 닿아 있었다. 그들의 걸음과 그들의 모습은 한 발짝 옮길 때마다 '늙었군, 늙었어, 맙소사, 우리는 정말로 늙었어!'라고 말하는 듯했다.

언젠가 나는 그 노인과 개가 가바르니의 삽화가 들어 있는 호프만의 소설 한 페이지에서 빠져나와서, 그 책의 살아 있는 광고가 되어 세상을 돌아다닌다는 생각을 문득 한 적이 있었다. 어쨌든 나는 길을 건너 노인의 뒤를 따라 찻집으로 들어갔다.

찻집에서도 노인은 매우 기이하게 행동했으므로, 판매대 뒤에 서 있는 뮐러 씨는 요즘 들어 이 불청객이 들어서기만 하면 불만스러운 표정을 짓기 시작했다. 무엇보다 이 이상한 손님은 이제껏 한 번도 음식을 주문한 적이 없었다. 노인은 늘 난로가 놓인 구석으로 곧장 가서 의자에 앉았다. 난로 옆자리가 비어 있지 않으면, 그는 자기 자리를 차지해 버린 신사 앞에서 잠시 망설이며 멍청하게 서 있다가 당황한 듯 다른 구석 창가로 갔다. 거기서 아무 의자나 골라 천천히 앉으면서, 모자를 벗어 자기 옆에 놓고 그 옆에 지팡이를 놓은 다음, 의자 등받이에 몸을 깊이 파묻고는 세 시간이고 네 시간이고 꼼짝도 하지 않은 채 앉아 있곤 했다. 신문 한 장 집어 드는 일이 없고 말 한 마디, 소리 한 번 내는 적이 없었다. 그는 그저 앉아서 눈을 크게 뜨고 앞만 바라보았다. 그러나 그 눈빛이 너무나 흐릿하고 생기가 없는 것으로 보아 주변의 어떤 것도 보지 않고 아무 소리도 듣지 않는 것이 틀림없었다. 그 점은 내기해도 좋다. 개에 대해 말하자면, 그 개 역시 한자리에서 두세 차례 맴을 돌고 그의 발 옆에 음울하게 웅크린 다음, 노인의 신발 사이에 코를 박고 깊은 한숨을 토하고 나서 바닥에 몸을 쭉 뻗고 엎드린 채 저녁 내내 죽은 듯 꼼짝하지 않았다. 이 두 생물은 종일토록 어디선가 죽은 듯 누워 있다가 해가 지자마자 오직 뮐러 찻집에 가기 위해, 거기서 아무도 모르는 어떤 비밀스러운 의무를 수행하기 위해서 갑자기 살아 움직이는 것 같았다. 노인은 서너 시간을 앉아 있다가 마침내 일어서서 모자를 집어 들고는 어딘가에 있을 그의 집으로 향한다. 개도 기계적으로 몸을 일으켜 다시 꼬리를 다리 사이로 말아 넣은 다음 고개를 늘어뜨리고 왔을 때와 같은 느릿한 걸음걸이로 주인의 뒤를 따른다. 그들이 나타나고 나서 얼마 지나지 않아 찻집의 손님들은 갖가지 방법으로 노인을 피했고, 심지어 불쾌한 듯 그와 가까이 앉지도 않았다. 하지만 노인은 그런 것을 전혀 깨닫지 못했다.

이 찻집의 손님은 대부분 독일인이었다. 그들은 보즈네센스키 거리의 곳곳에서 이곳으로 모여들었다. 모두들 다양한 점포의 주인이었다. 철물공, 제빵공, 미용사, 모자 제조공, 안장 제조공 등 모두 독일적인 의미로 순박한 사람들이었다. 뮐러 찻집에는 순박함이 넘쳐흘렀다. 주인은 종종 알고 지내는 손님들에게 와서 그들 옆에 앉곤 했는데, 그럴 때면 그는 일정한 양의 펀치를 마셨다. 주인의 개와 어린아이들도 가끔씩 손님들에게 찾아가고, 손님들도 아이들과 개들을 귀여워해 주었다. 모두가 서로 아는 사이였고 서로 존중해 주었다. 그리고 손님들이 독일 신문을 읽는 데 열중해 있을 때면, 문 뒤 내실에서 흰쥐를 꼭 닮은 금발 고수머리를 한 주인의 큰딸이 뻐걱뻐걱 소리가 나는 피아노로 〈사랑스런 아우구스틴〉을 연주했다. 손님들은 즐거운 마음으로 이 왈츠를 들었다. 나는 매달 첫날이면 주인이 구독하는 러시아 잡지를 읽기 위해서 밀러 찻집에 들르곤 했다.

내가 찻집에 들어섰을 때 이미 노인은 창가에 앉아 있고 개도 평소처럼 그의 발 옆에 몸을 쭉 뻗고 엎드려 있었다. 나는 조용히 구석에 앉아서 스스로에게 질문을 던졌다. '여기에 아무 볼일도 없는데다 몸도 아프기까지 하니 되도록 빨리 집으로 가서 차를 마신 다음 침대에 눕는 것이 더 나을 텐데 나는 왜 여기에 들어온 걸까? 단지 저 노인을 살펴보려고 왔단 말인가?'

나는 내 자신에게 울화가 치밀었다. '그가 나와 무슨 상관이지?' 나는 거리에서 그를 보았을 때 받았던 기이하고 병적인 느낌을 떠올렸다. '그리고 이 따분한 독일인들이 나랑 무슨 상관이람? 내 공상세계가 무슨 도움이 된다고. 왜 이토록 사소한 일로 경망스럽게 허둥대는 걸까. 그 이유는 이제 나도 알고 있어. 어떤 날카로운 비평가가 내 최신작을 비난 섞어 분석하면서 지적한 것처럼 바로 그 때문에 올바르게 살지 못하고 삶을 똑바로 바라보지 못하는 거야.' 그러나 이런 자책 섞인 생각을 하면서도 나는 계속 자리에 앉아 있었다. 그러는 동안 병은 더욱더 심해져, 마침내 나는 따뜻한 방을 떠난 것이 후회되었다. 나는 프랑크푸르트 신문을 집어들고 두 줄쯤 읽다가 잠이 들었다. 독일인들은 나를 방해하지 않았다. 그들은 신문을 읽고 담배를 피우고, 단지 이따금 30분에 한 번씩 짧고 낮은 목소리로 신문에 난 소식이나 유명한 독일인 해학가 자피르의 재담과 예지에 대한 의견을 주고받았다. 그러고는 두 배로 커진 민족적 자긍심을 확인하고 다시금 신문 읽기에 빠져들었다.

나는 30분 정도 잠들었다가 강한 한기를 느끼고 깨어났다. 어떤 일이 있더라도 집으로 가야만 했다. 그러나 그 순간 가게에서 벌어진 무언극이 나를 다시 붙들었다. 이미 말했듯 노인은 늘 자리에 앉자마자 이내 어딘가에 시선을 고정시키고 저녁 내내 다른 대상에게는 눈길을 주지 않았다. 나도 이 의미 없고 끈질기며 아무것도 분별하지 못하는 시선의 표적이 된 적이 있었다. 그 불쾌한 느낌을 참을 수 없어 나는 되도록 서둘러 자리를 바꾸었다. 지금 노인의 제물이 된 사람은 키가 작고 포동포동하며 아주 말쑥한 독일인으로, 빳빳이 풀 먹여 세운 옷깃을 한 그의 얼굴은 다른 사람보다 유난히 붉었다.

나중에 들은 바에 따르면 그는 리가에서 온 상인으로, 이름은 아담 이바니치 슐츠라는 사람이었다. 그는 밀러의 가까운 친구였지만 아직 노인을 비롯한 다른 손님들에 대해선 잘 모르고 있었다. 그는 즐겁게 《마을의 이발사 (Dorfbarbier)》를 읽으며 펀치를 마시다가 갑자기 고개를 들었을 때 자신을 향한 채 꼼짝도 않는 노인의 시선을 의식했다. 그는 당황했다. 아담 이바니치는 좋은 가문 출신의 독일인들이 다 그러하듯 매우 예민하고 성마른 사람이었다. 그는 누군가가 자신을 그렇게 예의도 없이 뚫어지게 주시하는 것을 기이하고 모욕적인 일로 여겼다. 그러나 그는 노여움을 억누르고 그 무례한 손님에게서 눈을 돌리며 몇 마디 중얼거리고는 입을 다물고 신문으로 얼굴을 가렸다. 그러나 몇 분 뒤 더 이상 참지 못하고 다시 신문 너머로 미심쩍게 힐끔 내다보았다. 그 노인의 집요한 시선과 무의미한 응시는 여전했다. 아담 이바니치는 이번에도 침묵했다. 그러나 똑같은 상황이 세 번째 되풀이되자 그는 흥분했다. 아담 이바니치는 자신의 위신을 지키고 관객 앞에서 아름다운 도시 리가의 명예를 실추시키지 않는 것이 자신의 의무라고 생각했다. 아마도 자신을 그 도시의 대표로 생각하는 것 같았다. 그는 성난 몸짓으로 신문을 탁자 위에 내던졌다. 신문을 철해 놓은 막대기가 요란한 소리를 냈다. 그는 자존심으로 고무된 데다 펀치의 기운과 적개심으로 얼굴을 새빨갛게 불태우며 자기 쪽에서도 작고 빛나는 눈으로 기분 나쁜 노인을 쏘아보았다. 그들 둘, 독일인과 그의 적은 시선의 자력으로 상대방을 압도하려 했고, 누가 먼저 당황해서 눈을 피하는지 겨루는 것 같았다. 신문철 막대소리와 아담 이바니치의 기묘한 태도가 찻집 안 모든 손님의 주의를 끌었다. 모두 하던 일을 멈추고 진지하고 조용한 가운데 호기심을 느끼며 두 사람의 싸움을 지켜보았다. 장면은 매우 우습게 전개되었다. 얼굴이 벌게진 아담 이바니치의 도발적인 눈빛이 전혀 효력을 발휘하지 못했던 것이다. 노인은 여전히 멍하게 화가 난 슐츠를 똑바로 바라보았고, 마치 마음은 달나라에 가 있는 듯 자신이 모든 이의 호기심의 대상이 되었다는 점을 전혀 깨닫지 못했다. 결국 슐츠는 참지 못하고 분통을 터뜨렸다.

"왜 나를 그렇게 뚫어지게 바라보시오?" 그는 카랑카랑한 목소리로 위협하는 표정을 지으며 독일어로 소리쳤다.

그러나 노인은 이 물음을 이해하지 못했다는 듯, 심지어 듣지도 못한 듯 계속 침묵했다. 아담 이바니치는 러시아어로 다시 물었다.

"나는 당신에게 왜 나를 그렇게 끈질기게 바라보는지 물었소!" 그는 훨씬 더 화가 나서 소리쳤다. "나는 황궁 내에도 알려져 있소만, 당신은 그렇지 못할 것이오!" 그는 벌떡 일어서며 덧붙였다.

그러나 노인은 눈썹 하나 까딱하지 않았다. 독일인들 사이에 불쾌한 중얼거림이 일어났다. 소란에 이끌려 뮐러가 홀로 들어섰다. 상황을 파악한 그는 노인이 가는귀가 먹었다고 생각하고 그의 귀 가까이 몸을 숙였다.

"슐츠 씨가 당신한테 자기를 바라보지 말아 달라고 부탁했습니다." 뮐러는 이 이해할 수 없는 손님을 주의 깊게 바라보면서 되도록 크게 소리질렀다.

노인은 기계적으로 뮐러를 바라보았고, 이제껏 표정 없던 그의 얼굴에 갑자기 어떤 불안의 징후가, 걱정스러운 동요가 나타났다. 노인은 황망해하더니 헛기침을 하고는 모자 쪽으로 몸을 숙여 서둘러 모자와 지팡이를 집어 들고 의자에서 일어나더니, 잘못 앉았던 자리에서 쫓겨나는 가련한 사람의 굴욕적이고 초라한 미소를 지으며 가게를 나가려 했다. 이 가난하고 노쇠한 노인의 겸손하고 고분고분한 서두름 속에는, 아담 이바니치를 비롯한 모든 손님이 이 일에 대한 그들의 입장을 바꿀 만큼, 연민을 불러일으키고 마음을 사로잡는 무엇인가가 있었다. 노인은 그 누구도 모욕할 생각이 없었을 뿐만 아니라, 사람들이 그를 거지처럼 어디서든 쫓아낼 수 있다는 비참한 처지를 뼈저리게 이해하고 있음이 분명했다.

뮐러 씨는 선량하고 사려깊은 사람이었다.

"아니에요, 그런 뜻이 아니에요." 뮐러는 힘을 북돋우듯 노인의 어깨를 가볍게 두드렸다. "앉으세요! 하지만 슐츠 씨가 당신께 끈질기게 바라보지 말아 달라고 간곡히 부탁했어요. 그는 황궁에도 알려진 사람입니다."

그러나 불쌍한 노인은 여전히 상황을 이해하지 못했다. 그는 전보다 더 당황하며 모자 안에서 떨어진 낡고 구멍 뚫린 파란 손수건을 집어 들려고 몸을 굽혔다. 그리고 바닥에 미동도 않고 엎드린 채 코를 두 다리 사이에 파묻고 깊이 잠든 것처럼 보이는 개를 불렀다.

"아조르카, 아조르카!" 노인은 떨리는 노쇠한 목소리로 불렀다. "아조르카!"

아조르카는 꿈쩍도 하지 않았다.

"아조르카, 아조르카!" 노인은 다시 슬프게 개를 불렀고 지팡이로 개를 건드렸지만, 개는 여전히 움직이지 않았다.

노인의 손에서 지팡이가 떨어졌다. 노인은 몸을 굽혀 무릎을 꿇고는 양손으로 아조르카의 머리를 들어올렸다. 가엾은 아조르카! 그는 죽어 있었다. 주인의 발 옆에서 아마도 늙어서, 아니면 허기져서 소리도 없이 죽어 있었다. 노인은 충격을 받은 사람처럼, 아조르카가 이미 죽은 것을 이해하지 못한 듯 개를 잠시 바라보았다. 그러고는 조용히 몸을 굽혀 여태껏 자신의 충성스런 하인이자 친구였던 개의 죽은 낯에 자신의 창백한 얼굴을 갖다 댔다. 순간 침묵이 흘렀다. 우리는 모두 감동했다……. 이윽고 이 가엾은 노인이 몸을 일으켰다. 그의 얼굴은 몹시 창백했고, 심한 오한이라도 나는 듯 온몸이 부들부들 떨렸다.

"박제를 만들면 돼요." 어떻게든 노인을 위로하기 위해 동정심 많은 밀러가 말을 꺼냈다. "박제를 잘 만들면 돼요. 표도르 카를로비치 크뤼거 씨가 박제의 대가지요." 밀러는 바닥에서 지팡이를 집어 노인에게 건네주며 거듭 말했다.

"그래요, 나는 박제를 아주 잘 만들어요." 크뤼거가 앞으로 나서며 겸손하게 맞장구를 쳤다. 그는 키가 크고 마른, 인심 좋아 보이는 독일인으로 머리칼은 붉고 너저분하며 매부리코에 안경을 걸쳤다.

"표도르 카를로비치 크뤼거 씨는 아주 멋있게 박제를 만드는 뛰어난 재주를 가졌지요." 밀러는 자신의 착상에 희열을 느끼며 덧붙였다.

"맞아요, 나는 아주 훌륭하게 박제를 만들 수 있는 뛰어난 재주를 가졌어요." 크뤼거가 다시금 확인해 주었다. "그리고 당신 개의 박제는 무료로 해드리겠습니다." 크뤼거는 관대한 자기희생에 도취해 덧붙였다.

"아니오, 내가 당신이 박제하는 대가를 지불하겠소!" 아담 이바니치 슐츠가 지지 않으려고 소리쳤을 때 그의 얼굴은 두 배나 더 빨개져 있었다. 그도 자신의 관대함에 사로잡혔고, 순진하게도 자신이 모든 불행의 원인 제공자라고 생각했다.

노인은 이 모든 말을 들었지만 한 마디도 이해하지 못한 듯 여전히 온몸을 떨었다.

"기다리세요! 좋은 코냑 한 잔 드십시오!" 밀러가 수수께끼의 손님이 나가려는 것을 보고 소리쳤다.

코냑을 따라주었다. 노인은 기계적으로 잔을 받았지만 손이 떨려서 잔을 입술에 대기도 전에 반을 엎지르고는 결국 한 모금도 마시지 않은 채 잔을 다시 받침 위에 내려놓았다. 그러고는 상황과 전혀 어울리지 않는 기묘한 미소를 짓고, 아조르카를 그 자리에 남겨 둔 채 불편한 걸음을 재촉하며 찻집을 떠났다. 모두들 얼빠진 채 서 있었다. 놀라워하는 소리가 들렸다.

"아니 이런! 이 무슨 일이람!" 독일인들은 눈을 둥그렇게 뜨고 서로를 바라보며 말했다.

나는 서둘러 그 노인을 따라갔다. 찻집에서 오른쪽으로 돌아 몇 걸음 떨어진 곳에, 거대한 건물들로 에워싸인 좁고 어두운 골목이 있었다. 나는 노인이 틀림없이 이 길을 끼고 돌았다고 직감으로 느꼈다. 모퉁이에서 두 번째 집이 건축 중이어서 한쪽에 발판이 세워져 있었다. 건설용 울타리가 거의 골목 중간까지 나와 있고, 울타리를 따라 보행자를 위해 판자로 만들어진 길이 설치되어 있었다. 나는 울타리와 건물 사이의 그늘진 구석에서 노인을 찾아냈다. 노인은 나무 보도 위에 앉아 팔꿈치를 무릎 위에 세워 두 손으로 머리를 받치고 있었다. 나는 그의 옆에 앉았다.

"들어 보세요." 나는 어떻게 이야기를 시작해야 좋을지 모른 채 말을 시작했다. "아조르카 일로 상심하지 마세요. 가시죠. 제가 댁까지 모셔다 드리겠습니다. 걱정 마세요! 곧 마차를 불러오겠습니다. 어디 사십니까?"

노인은 대답이 없었다. 나는 어떻게 해야 할지 몰랐다. 지나가는 사람도 없었다. 갑자기 노인이 내 손을 잡았다.

"숨이 막히오!" 그는 들릴 듯 말 듯한 목쉰 소리로 말했다. "숨이 막히오!"

"댁으로 가시지요!" 나는 일어나 억지로 노인을 일으켜 세웠다. "차를 드시고 침대에 누우세요……. 제가 곧 마차를 불러오겠습니다. 의사를 부릅시다……. 아는 의사가 한 사람 있어요……."

그리고 또 무슨 말을 했는지 기억이 나지 않는다. 노인은 일어나려고 몸을 약간 일으키다가 다시 바닥에 주저앉고는 여전히 목쉬고 숨가쁜 목소리로 뭐라고 중얼거리기 시작했다. 나는 그에게 더 가까이 몸을 굽히고 귀를 기울였다.

"바실리예프스키 섬에." 노인이 목쉰 소리로 말했다. "6번가…… 유욱 번가아에……." 그는 입을 다물었다.

"바실리예프스키 섬에 사세요? 그렇다면 이쪽으로 가시면 안 됩니다. 오른쪽이 아니라 왼쪽으로 가셔야 해요. 제가 곧 모시겠습니다……."

노인은 움직이지 않았다. 나는 그의 팔을 잡았으나 마치 죽은 사람의 몸처럼 축 처졌다. 그의 얼굴을 들여다보고 슬쩍 건드려 보았다. 노인은 이미 숨이 끊어져 있었다. 모든 일이 마치 꿈속에서 일어난 일처럼 여겨졌다.

이 사건 때문에 나는 이리저리 뛰어다녀야 했고, 그 사이 열은 저절로 가라앉았다. 노인의 집은 금방 찾아냈다. 그러나 그는 바실리예프스키 섬이 아니라, 그가 죽은 곳에서 몇 걸음 떨어진 클루겐의 집 5층 다락방에서 살았다. 작은 현관문과 창문이랍시고 좁은 구멍 세 개를 내놓은, 천장은 매우 낮고 크기만 한 하나의 방으로 이루어진 독립된 아파트였다. 그는 극도로 가난하게 살았다. 가구라곤 책상 하나와 의자 두 개, 그리고 폭신하라고 넣은 속들이 여기저기 삐져나와 돌처럼 딱딱하게 뭉친 낡디낡은 소파가 전부였는데, 그것들마저도 집주인의 것으로 밝혀졌다. 난로는 벌써 오랫동안 때지 않은 듯 보였으며, 초도 찾을 수 없었다. 나는 지금 노인이 단지 밝은 곳에 앉아서 몸을 덥힐 생각으로 밀러 씨네 찻집에 간 것이 틀림없다고 생각한다. 책상 위에는 흙으로 빚은 잔이 놓여 있고, 딱딱하게 굳은 빵 껍질이 구르고 있었다. 돈은 1코페이카도 찾을 수 없었다. 장례를 위해 갈아입힐 여벌의 내복도 없어서 누군가 그를 위해 자신의 셔츠를 내주었다. 이런 식으로는 완전히 혼자 살 수 없으므로 분명히 누군가가 그를 가끔이라도 찾아왔을 것이 분명했다. 책상 서랍에서 그의 여권이 나왔다. 고인은 외국인이었으나 러시아 국민이었고, 이름은 예레미야 스미스, 직업은 기계 기사, 나이는 78세였다. 책상 위에 책이 두 권 놓여 있었다. 지리 교과서와 러시아어로 번역된 신약성서였는데, 성서 여백에는 연필로 메모가 되어 있거나 손톱자국으로 표시가 되어 있었다. 이 책들은 내가 챙겼다. 건물의 다른 세입자들과 주인에게 궁금한 점을 물어보았으나 그들은 노인에 대해서는 아무것도 몰랐다. 이 건물에는 세입자가 많았는데 대부분 기술자들과, 식사와 하인을 붙여서 방을 세놓는 독일 여인들이었다. 귀족 출신이라는 건물 관리인도 아파트 월세가 한 달에 6루블이며, 고인이 넉 달 동안 살았으나 지난 두 달은 방세를 한 푼도 내지 못해 원래는 이미 쫓겨나야 했다는 사실을 제외하고는, 다른 사람들과 마찬가지로 고인이 된 세입자에 대해서는 아는 바가 없었다. 나는 이따금 그를 찾아온 사람은 없었는지 사람들에게 물어 보았다. 그러나 아무도 이 물음에 만족스런 대답을 하지 못했다. 건물이 크고, 많은 사람들이 노아의 방주에 살 듯 드나드는데, 어떻게 그들을 다 기억하겠느냐는 것이다. 이 집에서 5년을 근무한 문지기라면 좀더 자세한 내용을 말해줄 수 있겠지만, 때마침 2주 전에 휴가를 받아 고향으로 떠나는 바람에 아직 세입자의 얼굴을 반도 익히지 못한 젊은 총각인 그의 조카가 지금 그 자리를 대신 지키고 있었다. 나는 당시의 조사가 어떻게 결말이 났는지 자세히 기억하지도 못하지만 어쨌든 노인의 장례는 무사히 끝났다. 이런저런 일로 바빴던 와중에도 나는 바실리예프스키 섬 6번가를 다녀왔는데, 그곳에 이르러서야 처음으로 나 자신을 비웃고 말았다. 6번가에는 줄지어 들어선 평범한 집들 말고는 아무것도 없었다.

'그런데 왜 노인은 죽으면서 6번가와 바실리예프스키 섬을 말했을까? 그가 헛소리를 한 것일까?' 나는 생각했다.

나는 스미스의 빈 아파트를 살펴보았다. 꽤 마음에 들었다. 곧장 그 아파트를 세내었다. 비록 천장이 낮기는 했지만 중요한 것은 큰 방이라는 점이었다. 처음에는 머리가 천장을 스칠 것 같아 불안했지만 곧 익숙해졌다. 월 6루블로는 더 좋은 방을 구할 수 없었다. 무엇보다 독립된 집이라 좋았다. 이제 하인만 구하면 된다. 나는 하인 없이는 하루도 살지 못한다. 문지기는 처음에는 하루에 한 번이라도 찾아와서 꼭 필요한 일을 해주겠노라고 약속했다. 문득 이런 생각이 들었다. '누가 알아? 혹 누군가 노인의 소식을 물으러 올지!' 그러나 그가 죽은 지 닷새가 지났지만 아직 아무도 오지 않았다.

2

그 무렵, 즉 1년 전에 나는 몇몇 잡지에 짧은 기사들을 썼는데, 언젠가는 대단하고 훌륭한 작품을 써내리라고 굳게 다짐했다. 실제로 그때 나는 규모가 방대한 소설을 쓰고 있었다. 그러나 결국 지금은 이렇듯 병원에 누워 있고 아마도 곧 죽을 때가 다된 듯하다. 내가 곧 죽는다면, 이 회상기를 쓰는 것이 무슨 의미가 있을까.

내 삶의 마지막 일 년, 매우 어려웠던 지난해가 나도 모르게 끊임없이 생각난다. 지금 나는 이 모든 것을 쓰고 싶고, 만일 이 일거리가 없었다면 나는 아마 따분해서 죽었을지도 모른다. 지나간 온갖 감정들이 지금도 이따금 나를 아프고 괴롭도록 흔들어 놓는다. 붓 아래에서 그러한 감정은 더 조용하고 조화로워질 것이며, 잠꼬대나 불안한 꿈같은 느낌은 줄어들 것이다. 나는 적어도 그렇게 생각한다. 글을 쓰는 기계적인 동작만으로도 이미 바람직한 영향을 미친다. 사람을 진정시키고 냉정해지도록 만들며, 내 안에 잠든 과거의 작가적 습관을 일깨워 나의 회상과 병적인 꿈을 일, 즉 직업으로 바꾸어 놓는다……. 그렇다, 내가 잘 생각해 냈다. 게다가 의무병에게 남겨 줄 것도 생겨난다. 겨울을 맞아 이중창을 끼울 때 내 원고는 하다못해 문풍지 역할이라도 할 수 있을 것이다.

그런데 어째서인지 나는 내 이야기를 중간부터 시작하고 말았다. 모든 것을 다 이야기하려면, 처음부터 다시 시작해야 하리라. 자, 처음으로 돌아가자. 그렇게 해도 내 자서전이 길지는 않을 것이다.

나는 이곳이 아니라, 여기서 멀리 떨어진 한 현(縣)에서 태어났다. 부모님은 좋은 분들이셨던 것 같지만 그들은 내가 어릴 때 나를 외로운 고아로 남겨두고 가셨기 때문에, 나는 나를 가엾다고 거두어주신 소지주 니콜라이 세르게이치 이흐메네프 씨 댁에서 자랐다. 그에게는 나보다 세 살 어린 외동딸 나타샤가 있었는데, 우리는 남매처럼 자랐다. 아, 그리운 어린 시절이여! 스물다섯이나 되어 어린 시절을 그리워하고 죽음을 눈앞에 두자 기쁨과 고마움에 몸부림치며 오직 그 시절만을 생각하다니 얼마나 바보 같은 짓인가! 그때 하늘은 참으로 밝고, 페테르부르크의 태양과는 다른 태양이 반짝였으며, 우리의 작은 심장은 강렬하고도 유쾌하게 약동했다. 그때는 숲과 들이 우리를 감쌌으며 그 산은 요즘 같은 죽은 돌 더미가 아니었다. 니콜라이 세르게이치가 관리하던 바실리예프스키의 정원과 공원은 얼마나 아름다웠던가. 나와 나타샤는 이 정원으로 곧잘 산책하러 다녔다. 정원 뒤에는 커다랗고 음침한 숲이 있었는데, 우리는 거기서 길을 잃기도 했다……. 황금 같은 아름다운 시절이여! 삶은 우리들 앞에 비밀스럽고 유혹적인 모습으로 나타났으며, 삶을 알아가는 과정은 아주 달콤했다. 그때는 나무 하나하나, 덤불 하나하나마다 그 뒤에 우리가 모르는 신비로운 누군가가 살고 있는 것 같았다. 동화 속 세계와 현실 세계가 하나였다. 그리고 깊은 골짜기 속에서 짙은 저녁 안개가 피어올라 잿빛 띠를 이루며 관목에 달라붙고 계곡의 드넓은 돌 투성이 사면에까지 밀려올 때, 나와 나타샤는 손을 잡고 벼랑 끝에 서서 두려움 반 호기심 반으로 저 아래 깊은 데를 바라보며, 누군가가 이쪽으로 올라오거나 안개 속 계곡 밑에서 우리를 부르기를, 유모가 들려준 동화가 현실이고 진실이었음이 밝혀지기를 기다렸다. 한번은, 그로부터 꽤 오랜 시간이 흐른 뒤 나는 우연히 나타샤에게, 그 당시 우리가 어떻게 《동화집》을 손에 넣었는지를 추억하며 이야기했다. 우리는 곧바로 정원으로 달려갔다. 잎이 우거진 단풍나무 고목 아래 우리가 좋아하는 녹색 벤치가 놓여 있던 연못가로 달려가서, 그곳에 앉아 매혹적인 동화 《알폰스와 달린다》를 읽기 시작했다. 지금도 나는 이 동화를 생각할 때면 이상하게 가슴이 떨린다. 그리고 내가 1년 전 나타샤에게 "이 이야기의 주인공 알폰스는 포르투갈에서 태어났고, 그의 아버지 라미르 씨는……"으로 시작하는, 그 동화의 처음 두 줄을 암송해 주었을 때 하마터면 나는 울 뻔했다. 그 모습이 아주 멍청하게 보였던지, 나타샤는 감정에 북받친 나에게 아주 이상한 미소를 지어 보였다. 하지만 나타샤는 이내 감정을 억누르고(나는 그 모습을 아주 선명하게 기억한다) 나를 기쁘게 해주려고 먼저 옛 추억을 꺼내기 시작했다. 이야기를 하는 사이에 이번에는 나타샤가 감상에 잠겼다.

그날 밤은 유쾌했다. 우리는 시시콜콜한 일까지 떠올렸다. 내가 기숙학교에 다니기 위해 현청 소재지로 가던 날도—아, 나타샤가 그때 얼마나 울었던가! —내가 바실리예프스코예를 영원히 떠나면서 우리가 마지막으로 헤어지던 날도. 나는 그때 이미 기숙학교를 졸업하고 대학 입학을 준비하기 위해 페테르부르크로 떠났다. 나는 그때 열일곱 살이었고, 나타샤는 열다섯 살이었다. 나타샤는 그때 내가 볼썽사납게 빼빼 마른 데다 키만 커서 볼 때마다 웃음을 참을 수 없었다고 말했다. 헤어져야 할 때가 다가오자 나는 아주 중요한 말을 하기 위해 나타샤를 한쪽으로 이끌었다. 하지만 갑자기 혀가 굳어지더니 말을 할 수 없었다. 나타샤는 내가 지나치게 흥분했다고 회상했다. 물론 우리의 대화는 이루어지지 않았다. 나는 내가 무슨 말을 하는지 몰랐고, 그녀도 아마 내 말을 차분히 들을 수 있는 상태가 아니었을 것이다. 나는 그저 슬피 울었고 결국 아무 말도 하지 못한 채 떠났다. 오랜 시간이 흐른 뒤 우리는 페테르부르크에서 다시 만났다. 2년 전의 일이었다. 이흐메네프 씨가 소송 건으로 이곳에 왔고, 나는 막 소설가로 등단했을 때였다.

3

니콜라이 세르게이치 이흐메네프는 이미 오래 전에 몰락했지만 훌륭한 가문의 출신이었다. 그렇긴 해도 그의 부모는 농노 150명이 딸린 번듯한 영지를 물려주었다. 스무 살이 되자 그는 여기저기에 손을 써서 후사르 기병대에 입대했다. 모든 일이 순조로웠는데, 그가 입대한 지 6년째 되던 어느 불운한 밤에 노름판에서 전재산을 잃는 일이 벌어졌다. 그는 밤새 잠을 이루지 못했다. 다음날 저녁 그는 다시 노름판으로 가서 자기에게 마지막으로 남은 말〔馬〕을 카드 한 장에 걸었다. 승리했다. 그 다음 패도, 또 그 다음 패도 이겨서 반시간이 지났을 즈음, 그는 그의 소유지 가운데 지난 인구 조사 때 농노 50명이 있다고 신고된 이흐메네프카 마을을 되찾았다. 그는 노름을 접고 다음날로 전역을 신청했다. 농노 1백 명을 노름으로 몽땅 날리고 만 것이다. 두 달 뒤 그는 중위로 예편하여 마을로 돌아왔다. 그 뒤 평생 동안 그는 자신이 노름에서 진 사실을 말하지 않았다. 그는 관대하기로 정평이 나 있었지만, 그가 노름에 진 이야기를 꺼내는 사람이 있었다면 틀림없이 그와 싸움을 벌였을 것이다. 마을로 돌아온 그는 열심히 자신의 영지를 돌보았고, 서른다섯 살에 가난한 귀족의 딸 안나 안드레예브나 슈밀로바와 결혼했다. 안나 안드레예브나는 지참금을 가져오지는 못했지만 현청 소재지의 귀족기숙학교에서 망명자인 몽 레베쉬 부인의 교육을 받았다. 아무도 그 교육 내용이 무엇인지 결코 추측하지 못했지만, 그녀는 평생 그 교육에 자부심을 느꼈다. 니콜라이 세르게이치는 훌륭한 지주가 되었다. 이웃 지주들은 그에게 경영을 배우러 오기도 했다. 그렇게 여러 해가 흘렀다. 어느 날 농노 9백 명을 거느린 이웃 영지 바실리예프스코예를 소유하고 있는 표트르 알렉산드로비치 발코프스키 공작이 갑자기 페테르부르크에서 그를 찾아왔다. 그의 출현은 주변 지역에 꽤나 강한 관심을 불러일으켰다. 공작은 청년기를 지나기는 했으나 아직 젊은 사람이었고, 높은 관등과 좋은 연줄을 소유하고 있었으며 게다가 잘생긴 재산가였다. 특히 온 마을의 부인들과 처녀들에게 유난히 관심을 끈 이유는 그가 홀아비라는 사실이었다. 사람들은 그의 먼 친척인 현지사가 현청 소재지에서 그를 위해 베푼 화려한 환영회에 대해 이야기하고, 현의 모든 부인들이 그의 상냥함에 매료되었다는 소문을 끊임없이 떠들어댔다. 한마디로 그는 지방에 이따금 나타나지만, 나타났다 하면 심상치 않은 반향을 불러일으키는, 페테르부르크 상류 사회의 눈부신 대표자 중 한 사람이었다. 그러나 공작은 결코 친절한 사람이 아니었으며, 특히 그에게 필요없거나 그보다 신분이 조금이라도 낮은 사람에게는 냉정했다. 그는 이웃 지주들과는 어울릴 필요가 없다고 생각한 듯하며, 그 때문에 많은 적을 만들었다. 그래서 그가 갑자기 니콜라이 세르게이치를 방문하고 싶다고 했을 때 모두 꽹장히 놀랐다. 물론 니콜라이 세르게이치는 공작과 가장 가까운 이웃 중의 하나였다. 이흐메네프네에서 공작은 아주 강한 인상을 남겼다. 부부는 순식간에 공작의 매력에 빠졌고, 특히 안나 안드레예브나는 황홀해서 어쩔 줄 몰랐다. 그 뒤 공작은 이흐메네프 부부와 허물없는 사이가 되어 매일 그들을 방문하거나 그들을 집으로 초대하여 농담을 나누고 일화도 들려주었다. 그들의 낡은 피아노를 연주하며 노래도 했다. 어떻게 이렇게 착하고 사랑스러운 사람을 거만하고, 건방지고, 메마른 이기주의자라고 이웃 모두가 한 목소리로 외칠 수 있는지 이흐메네프 부부는 도저히 이해할 수 없었다. 아마도 소박하고 솔직하고 사심 없고 점잖은 니콜라이 세르게이치가 공작의 마음에 들었던 모양이라고밖에 설명할 길이 없었다. 그러나 머지않아 모든 것이 밝혀졌다. 공작이 바실리예프스코예에 온 목적은 그의 비도덕적인 독일 관리인을 쫓아내기 위해서였다. 그 독일인은 자존심 센 농학자로, 우아한 은발 머리에 안경을 쓰고 매부리코를 한 사람이었지만, 이 모든 장점을 갖췄음에도 검사하지 않는다는 점을 이용해 파렴치한 방법으로 수입을 조작하고 심지어 몇몇 농노들을 들볶기까지 했다. 이반 카를로비치는 결국 현장에서 꼬리를 잡혔다. 도리어 매우 화를 내며 독일인의 성의에 대해 열심히 이야기했지만 끝내 엄청난 망신을 당하고 쫓겨났다. 공작은 새 관리인이 필요했는데, 뛰어난 경영인이며 의심할 바 없이 정직한 사람인 니콜라이 세르게이치가 낙점된 것이었다. 공작은 니콜라이 세르게이치가 자청하기를 은근히 원했지만 그렇게 되지 않자, 스스로 어느 화창한 아침에 더없이 친밀하고 정중하게 예를 갖춰 제의했다. 이흐메네프는 처음에는 거절했으나 많은 봉급에 안나 안드레예브나가 흔들렸고, 무엇보다 공작이 더욱 공손하게 부탁하자 온갖 망실임이 순식간에 사라져 버렸다. 공작은 자신의 목적을 달성했다. 그가 사람 보는 안목이 있다는 점을 인정해야겠다.

공작은 이흐메네프 부부와 교제한 기간은 길지 않았지만 상대의 인격을 완벽하게 파악하고, 이흐메네프 같은 사람은 진실한 우정과 진심어린 행동으로 사로잡아야 하며 무엇보다 그의 신뢰를 얻지 못하면 돈이 아무런 효력을 발휘하지 못하리란 점을 이해한 것이다. 공작은 바실리예프스코예에 다시 올 필요가 없을 만큼 절대적으로 영원히 믿을 수 있는 관리인이 필요했던 것이다. 실제로 공작은 이곳에 두 번 다시 오지 않을 생각이었다. 공작이 이흐메네프에게 불어넣은 주술은 너무나 강해 이흐메네프는 그의 우정을 진심으로 믿었다. 니콜라이 세르게이치는 사람 좋고 순진한 낭만주의자였다. 우리 러시아에는 그런 사람들이 많은데, 그들은 너무나 선량하며 남들이 뭐라 하든 한번 누군가에게 마음을 주면(때로는 그 이유조차 모른 채) 혼까지 빼주고 우스꽝스러울 만큼 집착하곤 한다.

여러 해가 흘렀고 공작의 영지는 계속 번창했다. 바실리예프스코예의 소유자와 관리자의 관계는 어느 한 쪽도 조금의 불만이 없는 상태로 유지되었고, 딱딱한 사무 관련 편지만 주고 받는 데 그쳤다. 공작은 니콜라이 세르게이치의 일 처리에 전혀 개입하지 않고 때때로 공작의 의견을 전하기만 했는데, 그의 의견에는 비상한 실용성과 실무적인 재능이 넘쳐 이흐메네프를 놀라게 했다. 공작은 낭비할 줄을 모를뿐더러 재산을 불리는 방법까지도 잘 알고 있었다. 공작은 바실리예프스코예를 방문한 지 5년쯤 지나 같은 현 내에 있는 농노 400명이 딸린 다른 훌륭한 장원을 매입할 때도 관리인인 니콜라이 세르게이치에게 전권을 위임했다. 니콜라이 세르게이치는 공작의 성공과 진급에 대한 소문을 마치 친형제의 일처럼 받아들이고 기뻐했다. 그리고 그의 기쁨은 공작이 어느 날 특별한 신뢰의 표시를 보여 주었을 때 최고조에 이르렀다. 그 일은 다음과 같다……. 그러나 여기서는 먼저 내 이야기의 가장 중요한 인물 가운데 한 사람인 발코프스키 공작의 생활 중 몇몇 세부 사항부터 말해두어야 할 것이다.

4

앞에서 말했듯, 공작은 홀아비였다. 그는 아주 젊었을 때 결혼했는데, 그 결혼은 돈 때문에 한 것이었다. 그는 모스크바에서 완전히 파산한 부모로부터 거의 아무것도 상속받지 못했다. 바실리예프스코예는 저당잡힌 상태라 그는 엄청난 빚더미에 올라 있었다. 그 시절 무일푼이던 스물두 살의 공작은 모스크바의 어느 관청에서 닥치는 대로 일을 하면서, 돈 한 푼 없이 이른바 '유서깊은 귀족 가문의 가난뱅이 후손'으로 세상에 첫걸음을 내디뎠다. 그런데 어느 독점 상인의 과년한 딸과 결혼하면서 상황이 달라졌다. 물론 독점 상인은 지참금 문제로 공작을 속였지만 어쨌든 공작은 아내의 돈으로 세습지의 빚을 청산하고 자립할 수 있게 되었다. 공작의 부인이 된 상인의 딸은 제대로 읽고 쓸 줄도 몰랐고 말주변도 없으며 못생겼지만, 딱 한 가지 중요한 덕성만은 지니고 있었다. 부인은 선량하고 온순했던 것이다. 공작은 이 덕성을 최대한 이용했다. 결혼 첫해를 넘기자마자, 이미 아들까지 낳은 부인을 모스크바에 있는 장인에게 맡겨 놓고, 자신은 곧바로 좀 떨어져 있는 현으로 전근해 버렸다. 그곳에서 그는 페테르부르크의 지위 높은 친척의 비호를 받아 상당한 자리에 오를 수 있었다. 공작은 명예와 승진과 출세에 목말라 있었기에, 답답한 부인과는 페테르부르크나 모스크바에서 살 수 없다고 판단하고, 그보다는 낫겠다 싶어 지방에서 출세코스를 밟기로 한 것이다. 사람들은 이미 그가 부인과 함께 산 첫해부터 거친 태도로 부인을 괴롭혔다고 말했다. 이 소문을 들을 때마다 니콜라이 세르게이치는 언제나 불같이 흥분하며 공작은 그런 비열한 행동을 할 사람이 아니라고 맹세해 가며 열렬히 그를 변호했다. 그런데 7년쯤 지나 마침내 공작부인이 죽자 홀아비가 된 공작은 곧바로 페테르부르크로 이사했다.

그는 페테르부르크에서 크게 주목받았다. 아직 젊은 데다 인물도 좋고 재산도 있으며, 의심할 나위 없는 재치와 멋, 그리고 끝없는 유머 등 뛰어난 장점들을 타고난 공작은, 행운과 후견을 구하는 젊은이가 아니라 충분히 자립한 사내로서 등장했다. 실제로 그는 어딘지 모르게 매력 있고, 위압적이고, 강인한 기질이 있다고 누구나 인정했다. 특히 그는 여인들의 마음을 사로잡았고, 상류 사회의 한 미인과의 관계는 그에게 꺼림칙한 명성을 안겨 주기도 했다. 공작은 인색하다고 할 정도로 검소한 사람이었지만 때에 따라 아낌없이 돈을 뿌렸고, 필요한 사람에게는 카드놀이에서 져주었으며, 그로 인해 손실이 아무리 커도 눈썹 하나 찌푸리지 않았다. 공작은 쾌락을 즐기기 위해 페테르부르크에 온 것이 아니었다. 자신의 출세를 위해 가는 길을 결정적으로 궤도에 올려놓고 공고히 할 필요가 있었기 때문이었다. 그는 이 목적을 달성했다. 명사로 알려진 친척인 나인스키 백작은 공작이 평범한 청탁자였다면 신경을 쓰지도 않았겠지만 사교계에서 그가 거둔 성공에 감동하여 그의 뒤를 봐주어도 체면이 상하지 않으리라고 보았다. 심지어 그의 일곱 살난 아들을 자신의 집에 데려다 양육할 정도로 그에게 호의를 베풀었다. 공작이 바실리예프스코예를 방문해 이흐메네프에게 접근한 것도 바로 이 무렵이었다. 그로부터 얼마 안 되어 그는 나인스키 백작의 주선으로 중요한 대사관 중 한 곳의 높은 자리를 얻어 해외로 나갔다. 그 후 그에 대한 소문은 다분히 막연했다. 해외에서 그에게 일어난 어떤 불쾌한 사건에 대해 소문이 돌았으나, 아무도 어떻게 된 일인지 구체적으로 설명하지 못했다. 단지 내가 이미 언급한 바와 같이, 공작은 400명의 농노를 사서 부족한 인원을 보충했다는 것이 밝혀졌을 뿐이다. 여러 해가 지나자 공작은 높은 관등을 얻고 외국에서 돌아와 곧바로 페테르부르크에서 아주 중요한 직위에 올랐다. 이흐메네프카 마을에서는 그가 재혼할 것이며, 어떤 고귀하고 부유하며 권세 있는 집안과 인척이 될 것이라는 소문이 자자했다. '그는 고관이 될 거야!' 니콜라이 세르게이치는 만족스러워서 손을 비벼대며 말했다. 나는 그때 페테르부르크에서 대학을 다니고 있었다. 이흐메네프가 나에게 급하게 편지를 부쳐 공작이 결혼한다는 소문이 사실인지 알아봐 달라고 한 것이 생각난다. 이흐메네프는 공작에게도 편지를 써서 나의 후견인이 되어 달라고 부탁했지만 공작은 답장을 보내지 않았다. 나는 공작의 아들이 처음에는 백작의 집에서 자라다가 리체이 귀족학교에 입학했고, 그 무렵 열아홉의 나이로 수료했다는 사실만을 알아냈다. 나는 이 사실을 곧 이흐메네프에게 알렸고, 공작은 자기 아들을 매우 사랑하며, 벌써부터 아들의 장래에 대한 계획을 세우고 있다고 덧붙여 썼다. 이런 정보는 그 젊은 공작과 알고 지내는 학우들로부터 알아냈다. 그즈음 어느 날 아침에 니콜라이 세르게이치는 공작에게서 편지를 한 통 받고 깜짝 놀랐다.

내가 이미 말했듯 공작은 지금까지 니콜라이 세르게이치와 딱딱하고 사무적인 편지만을 주고받았는데, 이번 편지에는 아주 자세하고 솔직하고 호의적인 태도로 자신의 가족 문제를 적어 보낸 것이다. 공작은 아들에 대한 불만을 이야기하며, 아들의 불량한 처신에 골치를 앓고 있다고 했다. 물론 젊은 사람의 객기를 지나치게 심각하게 받아들일 필요는 없지만(공작은 분명히 아들을 감싸려고 했다), 아들에게 벌주고 겁을 주기 위해 당분간 그를 시골로 보내 이흐메네프의 감독 아래 두기로 했다는 것이었다. 그는 "더없이 선량하고 고결한 니콜라이 세르게이치와 특히 안나 안드레예브나를" 전폭 신뢰하므로 그들에게 그의 경박한 아들을 받아들여 조용한 곳에서 분별력을 가르치고 가능하다면 그를 사랑해 줄 것과, 무엇보다 그의 경박한 성격을 바로잡아 주고, "인간 생활에서 필수 불가결한 유익하고 엄격한 규칙들을 가르쳐 줄 것"을 부탁했다. 물론 늙은 이흐메네프는 이 일을 기쁘게 받아들였다. 젊은 공작이 나타나자, 이흐메네프 부인은 그를 친아들처럼 맞았다. 얼마 지나지 않아 니콜라이 세르게이치는 딸 나타샤를 사랑하듯 열렬히 공작의 아들을 사랑했다. 심지어 나중에 공작과 이흐메네프 집안이 완전히 갈라선 뒤에도 노인은 유쾌한 마음으로 이따금 알료샤를 회상하곤 했다. 그는 알렉세이 페트로비치 공작을 그렇게 불렀다. 사실 알료샤는 매우 사랑스러운 젊은이였다. 잘생겼고, 여자처럼 약하고 신경질적이지만 동시에 쾌활하고 순박하며 너그럽고 고결한 감각을 느낄 수 있는 정신의 소유자인데다, 성실하고 감사할 줄도 알았다. 그는 이흐메네프 집의 우상이 되었다. 하지만 열아홉 살이란 나이에 비하면 영락없는 어린애였다. 그를 매우 사랑하는 아버지가 왜 그를 시골로 보냈는지 이해가 되지 않았지만, 들리는 말로는 젊은이가 페테르부르크에서 태만하고 경박한 생활에 빠져 현직에 나가기를 원하지 않았기 때문에 아버지를 노하게 했다고 한다. 니콜라이 세르게이치는 알료샤에게 아무것도 캐묻지 않았다. 표트르 알렉산드로비치 공작이 편지에서 아들을 보낸 진짜 이유를 함구했기 때문이다. 어쨌든 알료샤가 용서받지 못할 경박한 행동을 했으며, 어떤 부인과 모종의 관계를 맺었고, 누군가에게 결투를 신청했으며 카드놀이에서 큰 돈을 날렸다는 좋지 않은 소문이 돌았다. 더욱이 그가 남의 돈을 탕진했다는 이야기도 돌았다. 또한 공작이 무슨 잘못 때문이 아니라 어떤 특별한 이기적인 계산 때문에 아들을 멀리 보내기로 결정했다는 소문도 있었다. 니콜라이 세르게이치는 격분하며 이런 소문을 과감히 물리쳤다. 알료샤가 유년 시절과 소년 시절 동안 얼굴도 보지 못한 아버지를 매우 사랑했기 때문에 더욱 그랬다. 알료샤는 아버지 이야기를 할 때면 황홀감에 젖어 감격에 사로잡혔는데, 그것만으로도 그가 아버지를 따르고 있음은 두말 할 여지가 없었다. 이따금 알료샤는 자기와 아버지가 어떤 백작 부인을 함께 쫓아다녔는데, 결국 자기가 이기자 아버지가 굉장히 화를 냈다는 이야기를 흘리곤 했다. 그는 언제나 이 사실을 즐거운 마음으로 우렁차고 유쾌하게 웃으며 어린애처럼 솔직하게 이야기했지만 니콜라이 세르게이치는 이내 그를 제지하곤 했다. 아버지가 재혼하려 한다는 소문도 알료샤가 확인해 주었다.

그는 이미 거의 1년 가까이 추방 생활을 하면서 정해진 날마다 아버지에게 예의 바르고 사려 깊은 편지를 써 보냈다. 알료샤는 이젠 바실리예프스코예에서의 생활에 매우 익숙해져서 마침내 여름에 공작이 영지에 왔을 때는 (그 방문은 공작이 편지로 사전에 이흐메네프에게 알렸다) 그 스스로 아버지에게 전원생활이 자신에게 딱 맞는 길이라고 단언하며 되도록 오래 바실리예프스코예에 살게 해달라고 부탁할 정도였다. 알료샤의 결정과 흥분은 그의 지나치게 신경질적인 감수성, 뜨거운 심장, 이따금 튀어나오는 의미 없는 경솔함, 그리고 모든 외부의 영향을 극단적으로 받아들이는 성질 및 의지의 완전한 부족함 때문이었다. 그러나 공작은 아들의 부탁을 듣고 어딘가 미심쩍다는 표정이었다⋯⋯.

니콜라이 세르게이치도 눈앞에 있는 이 사람이 자신의 오래전 '친구'가 맞는지 눈을 의심하지 않을 수 없었다. 표트르 알렉산드로비치 공작은 아주 많이 변해 있었던 것이다. 그는 갑자기 니콜라이 세르게이치에게 어떤 흠을 잡듯이 대했다. 영지의 회계 상태를 살펴보면서 혐오스러운 탐욕과 인색함, 이해할 수 없는 불신을 보였다. 이러한 행동은 선량한 이흐메네프를 대단히 슬프게 했기에, 노인은 그러한 사실을 오랫동안 믿지 않으려 했다. 14년 전 공작이 처음 바실리예프스코예에 왔을 때와 비교하면 모든 것이 거꾸로 돌아갔다. 공작은 모든 이웃 지주들과 친교를 맺었는데, 말할 것도 없이 가장 중요한 인물들만 상대했다. 하지만 니콜라이 세르게이치의 집은 한 번도 찾지 않았고, 그를 마치 아랫사람처럼 대했다. 갑자기 이해할 수 없는 사건이 벌어졌다. 특별한 이유도 없이 공작과 니콜라이 세르게이치 사이에 걷잡을 수 없는 불화가 생긴 것이다. 양측에서 격렬하고 모욕적인 표현이 터져 나왔다. 이흐메네프는 분노에 차서 바실리예프스코예를 떠났으나 일은 여기서 끝나지 않았다. 사방으로 혐오스럽기 짝이 없는 유언비어가 퍼져 나갔다. 니콜라이 세르게이치가 젊은 공작의 성격을 꿰뚫어보고 자신의 이익을 위해 그의 모든 약점을 이용하려 했고, 딸 나타샤는 (그때 이미 열일곱 살이었다) 스무 살의 젊은이를 자기에게 반하게 만들었으며 아버지와 어머니는 아무것도 모르는 척하면서 이 연애를 비호했다는 것이다. 그리고 교활하고 '조신하지 못한' 나타샤가 결국 젊은이를 완전히 홀렸기 때문에, 알료샤는 1년이 넘도록 그녀의 훼방 때문에 이웃 지주들의 훌륭한 가정에 그토록 진실하고 고결한 처녀들이 많은데도 한 명도 소개받지 못했다는 것이었다. 사람들은 마침내 두 연인이 바실리예프스코예에서 15베르스타 떨어진 그리고리예보에서 결혼하기로 이미 약속을 했고, 나타샤의 부모에게는 비밀로 했다지만 그들은 아주 작은 일들까지도 다 알고 있었으므로 니콜라이 세르게이치가 추악한 충고로 딸을 조종하고 있다고 확신하기에 이르렀다. 한마디로 이 사건에 대해 마을의 남녀 수다쟁이들이 지껄인 내용은 책 한 권에 다 써도 모자랄 정도였다. 그러나 무엇보다 놀라운 일은 공작이 이 모든 소문을 완전히 믿고 순전히 이 일로 바실리예프스코예에 온 것인데, 그는 지방에서 페테르부르크로 날아온 익명으로 작성된 밀고편지를 받았다고 한다. 물론 조금이라도 니콜라이 세르게이치를 아는 사람이라면 분명 그에게 가해진 비난을 한 마디도 믿을 리 없다고 생각했지만, 언제나 그렇듯이 모든 사람들은 공연히 분주했고, 되는 대로 떠들어댔으며 멋대로 해석하고 고개를 저으며 유죄 선고를 내렸다. 이흐메네프는 수다쟁이들 앞에서 자신의 딸을 변호하기에는 지나치게 자존심이 강했으므로 아내인 안나 안드레예브나에게도 이웃에게 한마디도 변명하지 말라고 엄하게 금지시켰다. 그러나 정작 그토록 지독한 비방을 당한 나타샤는 1년이 지나도록 이 험담과 소문에 대해 거의 아무것도 알지 못했다. 부모가 이 일을 알지 못하도록 철저하게 숨겼기 때문에 나타샤는 열두 살 소녀처럼 명랑하고 천진스럽기만 했다.

그러는 사이에도 싸움은 계속되었다. 참견하기 좋아하는 사람들은 절대로 잠자코 있지 않았다. 밀고자들과 증인들이 등장했고, 그들은 니콜라이 세르게이치가 여러 해에 걸쳐 바실리예프스코예를 관리하는 동안 결코 모범적이고 정직하지 않았다고 공작이 믿도록 하는 데 성공했다. 그뿐만이 아니었다. 3년 전 니콜라이 세르게이치가 숲을 팔면서 은화 1만 2000루블을 착복했는데, 그에 대한 분명하고 유효한 증거를 법정에 제출할 수 있다고 했다. 더군다나 그는 숲을 팔기 위해 공작의 법적 위임을 받지 않고 스스로 판단하여 행동했으며, 나중에 매각해야 한다고 공작을 설득했을 뿐만 아니라 실제로 받은 금액보다 훨씬 적은 금액을 건넸다는 주장도 등장했다. 물론 이 모든 이야기는 훗날 중상모략으로 밝혀졌지만, 공작은 그 소문을 그대로 믿었고 사람들 앞에서 니콜라이 세르게이치를 도둑이라고 불렀다. 이흐메네프는 참지 못하고 바로 똑같이 모욕적인 말로 대답했다. 소름끼치는 장면이 벌어졌다. 즉각 소송이 벌어졌다. 니콜라이 세르게이치는 서류를 다 갖추지 못한 점과 특히 가장 중요한 후원자가 없었으며, 이런 소송 관계에 경험도 없다 보니 소송에서 지게 되었다. 그의 재산이 압류되었다. 격분한 노인은 모든 것을 내팽개치고 일을 직접 처리하기 위해 페테르부르크로 이사했고, 마을에는 경험 풍부한 대리인을 위촉해 두었다. 아마도 공작은 머지않아 근거 없이 이흐메네프를 모독했다는 사실을 깨달은 것 같았다. 그러나 쌍방의 모욕이 너무 심해서 화해가 불가능해지자 초조해진 공작은 소송이 자기에게 유리하게 돌아가도록, 즉 자신의 옛 관리인으로부터 마지막 한 닢까지 뺏으려고 모든 노력을 기울였다.

5

그렇게 해서 이흐메네프 가족은 페테르부르크로 이사했다. 나타샤와 오랜만에 다시 만난 장면에 대해서는 쓰지 않겠다. 지난 4년 동안 나는 한시도 그녀를 잊은 적이 없다. 물론 나타샤를 생각할 때 가졌던 감정을 전부 기억하지는 못한다. 그러나 우리가 다시 만났을 때 나는 운명이 그녀를 나에게 정해 주었음을 깨달았다. 이흐메네프 가족이 이사 온 처음 며칠 동안은 나타샤가 그동안 성장하지 않아서 여전히 헤어지기 전과 똑같은 그때 그 소녀로만 보였다. 그러나 곧 나는 그녀에게서 매일 어떤 새로운 면모를, 그때까지 내가 전혀 몰랐던, 마치 그녀가 일부러 나한테 감추고 있는 듯한 모습을 발견했다. 이 발견은 얼마나 큰 즐거움이었던가! 페테르부르크로 이사한 초기에 노인은 매우 초조하고 신경질적이었다. 일은 순조롭게 진행되지 않았다. 노인은 화가 나서 어쩔 줄을 몰랐고, 서류에만 매달려서 우리를 돌아볼 여유도 없었다. 안나 안드레예브나도 침착성을 잃은 사람 같았으며, 처음에는 생각을 분명하게 정리하지도 못했다. 이 부인은 페테르부르크에 겁을 먹은 상태였다. 한숨을 쉬고 두려워하며, 이전의 이흐메네프카에서 살았던 생각을 하며 울었고, 나타샤가 나이가 찼는데도 아무도 신경 써주는 사람이 없다며 서러워했다. 그리고 이런 이야기를 털어놓을 믿을 만한 사람이 없었기 때문에 부인은 나를 붙들고 온갖 이야기를 털어놓았다.

그 무렵, 그들이 옮겨오기 직전에 나는 첫 장편소설을 완성했다. 내 출세작이 된 작품이지만, 그때는 신출내기답게 원고를 어디로 넘겨야 할지 몰랐다. 이흐메네프 댁에서도 이것에 대해 아무 말도 하지 않았다. 그들은 내가 빈둥거리며 일도 하지 않고, 일자리를 찾으려 하지도 않는다며 나와 거의 다투다시피 했다. 노인은 나를 호되게 꾸짖으며 진지하게 신경질을 냈지만 물론 그것은 나를 걱정하는 부모의 마음에서 비롯된 것이었다. 나는 내가 무슨 일을 하는지 말하기가 부끄러웠다. 내가 어떻게 그들에게 관직을 갖고 싶지 않으며, 소설을 쓰고 싶다고 똑바로 말할 수 있었겠는가? 그래서 나는 그들을 잠시 속여, 좀처럼 자리 구하기가 쉽지 않지만 온 힘을 기울여 찾고 있는 중이라고 말해 주었다. 어차피 노인은 내 말의 진위를 검증할 시간도 없었다. 지금도 기억하는데, 언젠가 나타샤가 우리의 대화를 듣고는 나를 조용히 구석으로 데리고 가서는 눈물을 흘리며 내 앞날을 생각하라고 부탁하고는, 내가 정말로 무슨 일을 하는지 물었다. 그래도 내가 솔직히 털어놓지 않자 나타샤는 나한테서 게으름과 무위로 스스로를 망치지 않겠다는 서약을 받아냈다. 나는 내가 무슨 일을 하는지 나타샤에게 고백하지 않았지만, 그녀가 내 일과 첫 소설에 대해 한마디만이라도 칭찬해 준다면 이후 비평가들과 애호가들이 나에게 보내 준 모든 찬사와 맞바꾸어도 좋다고 생각했다. 드디어 내 소설이 출판되었다. 이미 출판되기 오래전부터 내 소설은 문학계에서 주목을 끌었다. B는 내 원고를 읽고 어린아이처럼 기뻐했다. 그렇다. 나에게 행복했던 시절이 있었다면 그것은 처음 성공을 맛본 황홀한 순간이 아니라, 내가 아직 아무에게도 원고를 읽어 주지 않고 보여 주지 않았을 때, 그 긴 밤 동안 흥분된 기대와 공상 그리고 일에 대한 열정과 사랑에 사로잡혀 있을 때였으며, 환상에 젖어 내가 창조한 인물들이 마치 내 친척이며 실제로 존재하는 인물처럼 느껴져 서로 교류할 때였다. 나는 그들을 사랑하고, 그들과 함께 기뻐하고 슬퍼했으며, 때때로 나의 평범한 주인공들을 위해 진심으로 눈물 흘리곤 했다. 그리고 노부부는 처음엔 놀라서 얼이 빠지긴 했지만 내 성공을 얼마나 기뻐했는지는 이루 말로 표현할 수가 없다. 나의 성공은 그만 큼 그들을 깊이 감동시켰다. 안나 안드레예브나는 모든 사람에게 칭송받는 신인 작가가 다름 아닌 나 바냐라는 사실을 믿지 못하고 자꾸만 고개를 갸웃거렸다. 노인은 아주 완고하여 오랫동안 그 사실을 받아들이지 못했는데, 세상의 평판을 처음 들었을 때는 매우 놀랐는지, 관료로서 출셋길이 막혔으며 문필가들은 대체적으로 행실이 나쁘다는 이야기를 하기 시작했다. 그러나 끊임없이 들려오는 새로운 소문과 잡지 기사들, 그리고 마침내 그가 공경하고 신뢰하는 인사들까지 나를 칭찬하기에 이르자 노인의 의견은 송두리째 바뀌었다. 그리고 내가 갑자기 돈을 번 것을 그의 눈으로 확인하고, 문학이 얼마나 돈벌이가 되는지를 알고 난 뒤에는 그의 마지막 의심마저도 사라졌다. 의심에서 절대적이고 열광적인 믿음으로의 전환이 빠른 이흐메네프는 나의 행운에 대해 어린아이처럼 기뻐했으며, 갑자기 정도를 벗어난 기대와 나의 미래에 대해 눈이 멀 정도로 환상에 빠져 들었다. 노인은 나의 경력을 위해 매일 새로운 계획들을 짰는데, 세상의 모든 계획이란 계획은 그 안에 다 포함되어 있었다. 노인은 나에게 무언가 특별한, 이제까지 보여 주지 않던 경의를 표하기 시작했다. 하지만 그럼에도 환희에 가득 찬 몽상 사이로 이따금 옛날의 의심이 다시 고개를 들어 혼란에 빠지곤 했다.

'문필가, 시인! 얼마나 기묘한가……. 그런데 시인이 관직에 오른 일이 있던가? 역시 그들은 희망 없는 보잘것없는 문사(文士)일 뿐이지!'

나는 이런 의심과 낯간지러운 물음이 주로 해질녘에 찾아든다는 사실을 알아차렸다(그 아름답던 시절의 모든 사소한 기억까지도 내 안에 고스란히 남아 있다). 땅거미가 질 무렵이면 노인은 특히 신경과민이 되어 민감해지고 의심이 많아졌다. 나와 나타샤는 이미 그 점을 알고 있었으므로 언제나 웃으며 받아넘겼다. 나는 노인에게 기운을 북돋워 주려고 수마로코프(18세기 러시아의 시인·극작가)가 장군의 지위에 오른 일과, 제르자빈(18세기 말의 러시아 시인 푸시킨 이전의 최고 시인으로 꼽힌다)이 금화로 가득 찬 담뱃갑을 받은 일, 여제가 직접 로모노프(18세기 러시아의 과학자·시인·문법학자. 러시아 문학의 아버지라 불린다)를 방문한 일화를 들려주었고, 푸시킨과 고골의 이야기도 해주었다.

"알아, 나도 다 알아." 노인은 대답했으나, 아마도 이런 이야기는 태어나서 처음 들었을 것이다. "흠! 어쨌든 자네가 시를 쓰지 않아서 다행이구나.

시는 무의미하거든. 반박할 것 없네. 이 늙은이를 믿어. 다 자네를 위해 하는 소리야. 시는 순전히 무의미한 것이고 무익한 시간 낭비야! 중학생들이야 시를 써도 괜찮지. 하지만 시작(詩作)은 자네같이 젊은 사람들을 정신병동으로 데려갈 거야……. 물론 푸시킨이야 위대한 인물이지. 누가 거기에 반론을 제기하겠어! 그러나 그는 시를 썼을 뿐, 그 이상은 아니야. 참 무상하지……. 물론 나는 그의 작품을 얼마 안 읽었어……. 하지만 산문은 달라! 산문으로는 작가가 독자를 교화할 수도 있거든. 조국애나 일반적인 미덕에 대해서도, 그래! 내가 표현은 잘 못해도 자네는 이해할 거야. 다 자네를 사랑해서 하는 말이니까. 어쨌든 자, 읽어 봐!" 내가 드디어 내 책을 가지고 왔을 때 차를 마신 뒤 원탁에 둘러앉자, 후원자 같은 태도로 말했다. "자네가 거기 뭐라고 썼는지 읽어 봐. 사람들이 자네 때문에 난리잖아! 자, 어서 읽어보게!"

나는 책을 펼쳐 읽을 준비를 했다. 그날 저녁 내 책이 막 인쇄되어 견본을 받자마자 나는 작품을 읽어 주기 위해 이흐메네프네에게 달려온 것이다.

원고가 출판사에 넘어가기 전에 그들에게 좀더 일찍 원고 상태에서 읽어 주지 못한 것이 어찌나 슬프고 화가 나던지! 나타샤는 다른 사람들이 자기보다 앞서서 내 소설을 읽었다는 것에 화가 북받쳐 울음을 터뜨리며 나를 책망했다……. 그러나 지금 우리는 마침내 테이블에 둘러앉았다. 노인은 대단히 진지하고 비판적인 표정을 지었다. 그는 '스스로 이해할 수 있는' 엄격한 심판을 내리고자 했다. 노부인 역시 매우 엄숙한 표정으로 바라보았다. 이 낭독회를 위해 새 모자를 쓰려고 했을 정도였다. 부인은 이미 오래 전부터 내가 끝없는 사랑을 담아 그녀에게 있어서 무엇보다 소중한 나타샤를 바라본다는 것을 알아차렸다. 내 영혼에 불이 붙었다는 것과 나타샤와 이야기하려면 숨이 멎고 눈앞이 캄캄해진다는 것도, 그리고 나타샤 또한 전보다 더 빛나는 눈으로 나를 바라본다는 것도 눈치챘다. 그래! 드디어 시간이 왔다, 성공과 고귀한 희망과 완전한 행복의 순간. 이 모든 것이 동시에 찾아왔다! 노부인은 노인이 나를 매우 칭찬하기 시작했고, 나와 딸을 특별한 눈으로 본다는 것도 이미 알아차렸다……. 노부인은 기겁했다. 나는 백작도 아니고 권세 있는 공작도 아니며, 더군다나 법학 교육을 받고 6등관이 된 젊고 훈장을 받은 잘생긴 청년이 아니지 않는가! 안나 안드레예브나는 어중간한 것을 좋아하지 않았다.

'다들 칭찬하긴 하는데.' 부인은 나에 대해 생각했다. '그런데 왜 칭찬하는지 모르겠어. 작가, 시인…… 애초에 작가라는 건 아무것도 아니잖아?'

6

나는 하루 저녁에 걸쳐 그들에게 내 소설을 다 읽어 주었다. 차를 마신 다음 바로 읽기 시작해서 밤 두 시까지 앉아 있었다. 노인은 처음엔 얼굴을 찌푸렸다. 그는 손을 뻗을 수 없을 만큼 고상한 무언가를, 그 자신은 아마 이해하지 못하겠지만 고매할 것이 분명한 그 어떤 것을 기대했다. 그런데 그 대신에 일상적이고 일반적인 것들, 즉 우리 주위에서 흔히 벌어지는 일들을 듣게 되었다. 만일 주인공이 위대하거나 흥미 있는 인물, 로슬라블레프나 유리 밀로슬라프스키(모두 19세기 역사소설가 자고/스킨의 작품에 등장하는 인물)와 같은 역사적 인물이었다면 좋았을 것이다. 그러나 내 책에는 작고 수줍음을 잘 타며 심지어 단추가 떨어진 제복을 입은 약간 바보 같은 관리가 등장했다. 그리고 이 모든 것이 매일 우리가 하는 말과 똑같은 평범한 말로 쓰여 있었다……. 이상해! 노부인은 니콜라이 세르게이치를 미심쩍은 눈빛으로 바라보며, 심기가 약간 불편할 때처럼 입술을 조금 내밀었다. '정말 이런 엉터리 같은 것을 책으로 만들고 듣는 수고를 할 만한 가치가 있는 걸까. 게다가 이런 것에 돈까지 지불하다니.' 이렇게 노부인의 얼굴에 씌어 있었다. 나타샤는 나에게서 눈을 떼지 않고 온 신경을 집중하여 열심히 들었고, 내가 한 마디 한 마디 발음할 때마다 내 입술을 바라보며 자신의 예쁜 입술을 따라 움직였다. 그리고 무슨 일이 일어났을까? 내가 채 반을 읽기도 전에 내 청중들의 눈에서 눈물이 흘러내렸다. 안나 안드레예브나는 주인공들을 진심으로 애처로워하며, 그녀의 탄성을 통해 느낀 바로는, 불행한 주인공을 어떻게든 돕고 싶어서 순진하게도 진실로 눈물을 흘렸다. 노인은 이미 고매함에 대한 기대는 던져 버렸다. 그가 말했다. "처음부터 알고 있었어. 젊은이에게 고매함을 기대하긴 어렵지. 그냥 평범한 이야기일 뿐이야. 대신에 사람의 마음을 사로잡는군. 무슨 말을 하고 싶은 건지 이해가 가고 파악이 돼. 가장 시달림받고 보잘것없는 사람도 역시 사람이고 우리의 형제라는 사실 말이야." 나타샤는 눈물을 흘리며 듣다가 탁자 아래로 내 손을 가만히, 힘 있게 쥐었다. 낭독이 끝났다. 그녀는 일어섰다.

나타샤의 뺨은 상기되어 있었고 눈에는 눈물이 가득했다. 갑자기 나타샤는 나의 손에다 입을 맞추고는 방에서 뛰어나갔다. 아버지와 어머니는 서로 눈길을 교환했다.

"흠! 꽤나 흥분한 모양이군!" 딸의 행동에 놀란 노인이 중얼거렸다. "상관없어, 이건 좋은 거야, 좋아. 감동을 고스란히 표현하다니! 저 애는 착한 아이야……." 그는 나타샤를 변호하는 동시에 내 행동까지 정당화하려는 듯이 아내의 얼굴을 흘긋 바라보며 중얼거렸다.

그러나 안나 안드레예브나는 책을 읽는 동안에는 그녀도 흥분하고 감동을 느꼈지만, 지금은 이렇게 말하고 싶은 듯한 눈으로 바라보았다.

"물론 마케도니아의 알렉산드르 대왕은 영웅이야. 하지만 의자를 부수는 법이 어디 있지……." (고골의 《검찰관》 제1막에서, 열정적으로 역사를 강연하는 자유주의적인 교사를 비난하는 시장의 대사)

나타샤는 곧 명랑하고 행복한 표정으로 되돌아왔다. 그녀는 내 곁을 지날 때 몰래 나를 꼬집었다. 노인은 '진지하게' 내 소설을 평가하는 일에 다시 착수했지만 너무 기쁜 나머지 비평가의 자세를 유지하지 못하고 감정에 휩쓸리고 말았다.

"그래, 바냐, 이 친구야. 좋아, 아주 좋아! 마음에 들었어! 기대했던 것보다 더 좋군. 이것은 고고하지도 웅장하지도 않지만……. 나한테 《모스크바의 해방》이란 책이 있는데, 그것도 모스크바에서 쓰인 거야. 그 책은 첫째 줄부터 뭐랄까. 작가가 독수리처럼 비상하고 있지……. 그런데 말이지, 바냐. 자네 책은 모든 것이 간단하고 이해하기 쉬워. 바로 그 점이 맘에 들었네! 어쩐지 친숙해. 마치 나한테 일어난 일인 것처럼. 글을 쓰는 사람도 이해하지 못할 바에야 고귀한 주제가 무슨 소용이겠나. 자네 글을 고쳐주고 싶은 곳이 있네만, 아니 이건 칭찬이네. 다만 격조가 조금 낮은 게……. 하지만 벌써 출판되었으니 이미 늦었지. 재판 찍을 때 다시 생각해 봐야겠어? 그런데 재판이 나오겠지? 그러면 다시 돈을 받고…… 흠!"

"정말 그렇게 돈을 많이 벌었는가, 이반 페트로비치?" 안나 안드레예브나가 말했다. "자네를 보고 있으면 믿을 수가 없어. 요즘 사람들은 별 쓸데없는 것에도 돈을 쓰는구나!"

"자네 아는가, 바냐?" 노인이 점점 흥분하며 말했다. "이게 관직은 아니지만, 분명 일종의 입신이야. 높은 분들도 읽으시겠지. 자네가 말한 대로 고골은 매년 연금을 받고 외국에도 가게 되었지. 만일 자네도 그리 된다면? 응? 아직은 너무 이른 건가? 아직 뭘 더 써야 하나? 그럼 쓰게나, 되도록 빨리! 지금의 성공에 안주하지 말게. 뭘 망설이나!"

너무나 확신에 찬 어조로 순수한 선의를 가지고 말하니 나는 그의 말허리를 자르거나 공상에 찬물을 끼얹고 싶은 생각은 들지 않았다.

"아니면 담뱃갑이라도 주시려나……. 위에서 하사하시는 선물은 정해진 형식이 없으니까. 칭찬하시는 방식은 가지가지야. 누가 아는가, 자네가 황궁에 들어가게 될지." 노인은 왼쪽 눈으로 윙크하며 의미심장하게 속삭였다. "아니야? 황궁에 들어가려면 아직 좀 이를까?"

"세상에, 황궁이라뇨!" 안나 안드레예브나가 기분이 상한 듯 말했다.

"조금 있으면 저를 장군으로 승진시키시겠군요." 나는 진심으로 유쾌하게 웃으며 대답했다.

노인도 웃었다. 그는 대단히 만족스러워했다.

"각하, 식사하시겠어요?" 그동안 우리를 위해 저녁상을 차린 나타샤가 장난스럽게 말했다.

그러고는 큰 소리로 웃으며 아버지에게 다가가 따뜻한 두 손으로 그를 꽉 안았다.

"멋있는, 멋있는 아버지!"

노인은 깊이 감동했다.

"오냐, 오냐, 알았다! 그냥 말해봤을 뿐이란다. 장군은 그만두고 저녁이나 먹으러 가자! 너는 참 다정다감한 아이로구나!" 발그레해진 나타샤의 볼을 가볍게 두드리며 노인은 덧붙였다. 이는 기분이 좋으면 노인이 즐겨 하는 행동이었다. "알겠는가, 바냐? 다 자네를 사랑하니까 하는 말일세. 비록 자네가 장군은 아니지만 (장군까진 아직 멀었지!) 어쨌든 문사(文士)라는 유명한 인물이지!"

"요즘엔 '작가'라고 해요, 아빠."

"아니, 문사가 아니냐? 몰랐구나. 그래 좋아, 작가라고 하지. 내가 하고 싶은 말은 이거야. 물론 자네가 소설을 썼다는 이유로 시종으로 임명되지는 않아. 그건 당연해. 하지만 입신할 수는 있어. 예를 들어 외교관 시보가 될 수는 있을 거야. 이탈리아 같은 외국으로 자네의 건강 회복이나 학문의 완성을 위해 파견될 수 있을 거야. 그리고 보조금도 받을 수 있을 거야. 물론 자네로서도 매사에 건실해야 해. 업적, 진실한 업적으로 돈과 명예를 얻어야지, 비호에 기대면 안 되는 거야……."

"또 자만에 빠져서도 안 돼. 이반 페트로비치." 안나 안드레예브나가 웃으며 덧붙였다.

"빨리 그에게 훈장을 수여하세요, 아빠. 외교관 시보라니 시시하잖아요."

나타샤는 또다시 내 손을 꼬집었다.

"이 아이는 언제나 나를 놀리는군!" 노인은 볼이 달아오르고 두 눈이 별처럼 반짝이는 나타샤를 기쁜 듯이 바라보며 소리쳤다. "내가 좀 지나쳤구나. 내가 도를 지나쳤어. 나는 언제나 그랬지……. 그런데 말이야, 바냐. 자네를 보면 너무 평범해 보인달까……."

"그럼 그가 어때야 하는데요, 아빠?"

"아냐, 아냐. 그런 뜻이 아니야. 단지 바냐 얼굴이…… 조금도 시인같지 않다고 할까……. 그 왜 시인들은 얼굴이 창백하고 머리……. 괴테나 그런 사람들은……. 《아바돈나》^(19세기 러시아의 평론가·작가인 플레이보이의 소설. 1834년 발표)에서 읽었는데……. 응? 왜 그러냐? 내가 또 뭘 잘못 말했나? 저 장난꾸러기 좀 봐. 또 나를 보고 웃음을 쏟아 내잖아! 이 사람들아. 나는 학자가 아니지만 사람 마음은 잘 읽을 수 있다고. 좋아, 얼굴에 대해선 그만 말하자고. 크게 중요하지 않으니까. 그리고 자네만 하면 아주 충분하니까. 내 마음에 쏙 들어……. 이런 말을 하려한 게 아닌데…… 아무튼 성실하게, 바냐. 성실하라고. 그게 중요한 거야. 성실하게 살고, 자만에 빠지지 마! 자네 앞길은 창창해. 자신의 일에 성실하게. 나는 이 말을 해주고 싶었던 거야!"

더없이 아름다운 시간이었다! 나는 시간만 나면 거의 매일 밤을 그들과 보냈다. 노인에게 나는 문학 세계와 작가들에 대해 이야기해 주었다. 왠지는 모르지만 그는 갑자기 이러한 세계에 큰 흥미를 보였다. 심지어 그는 내가 곧잘 이야기한 비평가 B의 평론까지 읽기 시작했다. 읽어도 제대로 이해하지는 못했지만 열광적으로 그를 칭찬했고, 〈북방의 별〉이라는 잡지에 글을 기고한 B의 논적(論敵)들을 비난했다. 노부인은 나와 나타샤를 주의 깊게 감시했지만 언제나 우리를 따라오진 못했다! 중요한 대화는 이미 오갔고, 나는 마침내 나타샤가 고개를 숙인 채 반쯤 열린 입술로 거의 속삭이듯 '좋아요'라고 대답하는 것을 들었다. 그러나 노부부도 곧 이것을 알아챘다. 그들은 그것을 짐작했고 깊이 생각했다. 안나 안드레예브나는 오래도록 고개를 저었다. 야릇한 불안이 부인을 사로잡았다. 노부인은 나를 믿지 않았다.

"자네가 성공한 건 좋은 일이야. 이반 페트로비치." 노부인은 말했다. "하지만 갑자기 일이 잘 안 풀린다든가 하면 어쩔 생각인가? 하다못해 자네가 어디든 관직에라도 나가면 좋으련만!"

"내가 하고 싶은 말은 이렇다네, 바냐." 노인이 한참 동안 생각한 끝에 결연히 말했다. "나도 전부터 눈치채고 있었고, 솔직히 기뻤다네. 자네와 나타샤가……. 더 무엇을 말하겠는가! 보게, 바냐. 두 사람은 아직 젊어. 그리고 안나 안드레예브나가 옳아. 좀더 기다려 보세. 자네에게는 재능이, 아주 출중한 재능이 있어……. 하지만 사람들이 처음에 소란떨던 것처럼 천재는 아니야. 자네는 단지 재능이 있는 거야. (오늘도 〈북방의 별〉에서 자네에 대한 비평을 읽었는데 자네에 대해 아주 나쁘게 평했더군. 별 볼일 없는 잡지이긴 하지만!) 그래! 보게나. 재능이란 것이 은행에 들어 있는 돈도 아니고, 자네 둘 다 가난하잖나. 1년 반 정도, 아니 1년만 기다려 보세. 자네 일이 잘되고 그 길에서 인정받는다면 나타샤는 자네 사람이야. 일이 잘 안 풀린다면 자네가 스스로 판단하게! 자네는 진솔한 사람이니까 잘 생각하길 바라네!"

이야기는 그렇게 중단되었다. 그리고 1년 뒤에는 다음과 같이 되었다.

그렇다, 거의 정확하게 1년이 지났다! 화창한 9월의 어느 날 늦은 저녁, 나는 깊이 병든 가슴을 안고 노부부의 집을 찾았다. 나는 거의 실신할 듯 의자 위로 쓰러졌고 그들은 그런 나를 보고 몹시 놀랐다. 그러나 그때 내 머리가 어지럽고 가슴이 답답했던 것은 병 때문이 아니었다. 내가 그 집 문 앞까지 열 번이나 갔다가 열 번 모두 들어가지 못하고 돌아선 까닭은 내 출세가 시원치 못해 아직까지 명성도 돈도 얻지 못해서가 아니고, 또 아직 그 외교관 시보라는 것이 못 되었기 때문도, 건강 회복차 이탈리아로 보내지는 것은 꿈도 못 꿀 처지라는 사실 때문도 아니었다. 사람이 단 1년 만에 10년을 살 수도 있다는 것, 그리고 나의 나타샤가 그런 1년을 살았다는 사실 때문이었다. 우리 사이에는 커다란 틈이 벌어졌다……. 나는 노인 앞에 앉아서 입을 다문 채, 멍한 손놀림으로 그렇지 않아도 이미 망가진 모자챙을 마구 부러뜨렸다. 그리고 앉아서 그저 나타샤가 나오기를 기다렸다. 내 옷은 볼품없었고 단정하게 입지도 않았다. 내 얼굴은 여위고 누렇게 떠서 시인과는 거리가 멀었고, 내 눈 속에는 언젠가 선량한 니콜라이 세르게이치가 칭찬을 아끼지 않았던 위대함이라곤 눈곱만큼도 찾을 수 없었다. 노부인은 성급하고 노골적인 연민을 띠고 나를 바라보았지만 속으로는 이렇게 생각했다.

'하마터면 저 사람이 나타샤의 신랑이 될 뻔했어. 하느님, 우리를 어여삐 여기시고 보호해 주소서!'

"어떤가? 이반 페트로비치, 차 한잔 하겠나? (탁자 위에서 사모바르가 끓고 있었다) 어떻게 지냈나? 많이 아파 보이는데." 애틋하게 물어보는 노부인의 목소리가 지금도 귓가에 어른거린다.

그리고 그렇게 말하는 그녀의 눈 속에 다른 걱정이 떠오르던 것이 눈에 선하다. 그 걱정 때문에 노인은 식어 가는 찻잔을 앞에 두고 생각에 잠겨 있었다. 그 무렵 발코프스키 공작과의 재판은 그들에게 전혀 유리하지 않은 방향으로 흘러가고 있었고, 게다가 니콜라이 세르게이치가 고민 끝에 몸져누울 정도로 불쾌한 다른 일까지 터졌다. 이 소송의 발단이 된 젊은 공작이 5개월 전쯤에 이흐메네프네를 찾아온 적이 있었다. 귀여운 알료샤를 제 아들처럼 사랑했고 거의 매일 그를 생각했던 노인은 기쁘게 그를 맞았다. 안나 안드레예브나는 바실리예프스코예 마을을 떠올리며 울었다. 그 뒤 알료샤는 아버지에게는 비밀로 하고 더 자주 그들을 찾아왔다. 니콜라이 세르게이치는 성실하고 솔직하고 올곧은 사람이므로, 이 방문을 비밀에 부치려는 모든 예방책에 격분하며 거부했다. 자부심 강한 노인은 아들이 다시 이흐메네프의 집에 드나든다는 것을 공작이 어떻게 받아들일지 생각조차 하지 않았고, 공작의 바보 같은 의심도 속으로 무시해 버렸다. 그러나 노인은 새로운 모욕을 견뎌 낼 힘이 자기에게 있는지 없는지조차 몰랐다. 젊은 공작은 거의 매일 그들을 찾아오게 되었다. 노부부도 젊은이와 함께 즐거운 시간을 보냈다. 그는 저녁 내내, 어떤 때는 한밤중까지 그들 집에서 일어나지 않았다. 말할 것도 없이 그의 아버지가 마침내 이 사실을 알게 되었다. 또다시 추악한 유언비어가 나돌았다. 공작은 전과 같은 내용의 매우 불쾌한 편지를 써서 니콜라이 세르게이치를 모욕했고, 아들에게는 이흐메네프의 집에 가지 말라고 엄하게 금지했다. 이 일은 내가 그들에게 오기 두 주일 전에 일어났다. 노인은 굉장히 슬퍼했다. 어찌 이런 일이! 순진무구하고 고결한 나타샤가 또다시 이런 더러운 비방에, 이런 비열한 일에 휘말리다니! 일찍이 그를 모욕하던 사람들의 입에 딸의 이름을 모욕적으로 오르내리게 하다니……. 게다가 이대로 당하고만 있어야 하다니! 처음 며칠 동안 그는 절망에 사로잡혀 몸져 누웠다. 이 모든 사정을 나는 알고 있었다. 비록 내가 지난 3주일 동안 병이 들어 그들 앞에 나타나지 않고 집에 틀어박혀 있었지만, 모든 내막이 빠짐없이 내 귀에 들어왔다. 그 밖에도 나는 알았다……. 아니! 그때는 단지 예감했을 뿐이었다. 알았더라도 믿을 수 없었다. 그들에게는 지금 이 일 말고도 무엇인가가, 틀림없이 세상에서 가장 그들을 괴롭히는 어떤 일이 일어나고 있었다. 나는 그저 걱정스러운 마음으로 그들을 지켜보았다. 그렇다. 나는 고통스러웠다. 나는 진실을 알아맞히는 것이 두렵고 그것을 믿어야만 하는 사실이 두려웠다. 나는 온 힘을 다해 운명의 시간을 피하고 있었다. 그러나 나는 나타샤를 위해 기어이 오고야 말았다. 이날 저녁, 무엇인가가 나를 그들에게로 이끄는 것 같았다!

"그래, 바냐." 문득 정신을 차린 듯 노인이 갑자기 물었다. "자네 혹시 몸이 아팠나? 왜 그렇게 오랫동안 안 왔는가? 나도 미안하네. 전부터 한 번 찾아가 보려 했네만, 그게……." 그리고 노인은 다시 침묵에 잠겼다.

"몸이 아팠습니다." 내가 대답했다.

"흠! 몸이 아팠다!" 5분쯤 지난 뒤 노인은 그 말을 다시 되풀이했다. "그래. 그래, 몸이 아팠던 게로군! 그래서 내가 말했잖아. 자네 새겨듣지 않았군 그래! 흠! 아닐세. 이 사람아. 먼 옛날부터 뮤즈는 주린 배를 끌어안고 다락방에 앉아 있었지. 그리고 계속 그럴 거야!"

그렇다, 노인은 기분이 좋지 않았다. 그가 마음에 상처를 받지 않았다면 나에게 배고픈 뮤즈에 대해 말하지 않았을 것이다. 나는 노인의 얼굴을 바라보았다. 얼굴엔 누런빛이 돌았고, 눈 속에는 어떤 망설임, 그가 해결할 수 없는 어떤 물음이 들어 있었다. 그는 어쩐지 성급했고 평소와 달리 신경질적이었다. 노부인은 불안하게 그를 바라보며 끊임없이 고개를 저었다. 노인이 반대쪽으로 몸을 돌릴 때, 부인이 나에게 은밀히 턱짓으로 노인을 가리켰다.

"나탈리야 니콜라예브나는 건강합니까? 집에 있나요?" 나는 걱정에 싸여 있는 안나 안드레예브나에게 물었다.

"집에 있네. 집에 있지." 그녀는 내 물음에 곤란한 듯 대답했다. "자넬 보러 곧 나올 걸세. 3주 동안이나 발길을 끊다니 너무했어! 그 사이 그 애가 아주 달라져서, 아픈 건지 괜찮은 건지 도저히 판단할 수가 없다네. 신이여 도와주소서!"

그리고 노부인은 머뭇거리며 남편을 바라보았다. "무슨 소리요? 그 애한 텐 아무 일도 없어요." 니콜라이 세르게이치가 마지못해 무뚝뚝하게 말했다. "건강해. 이제 다 커서 더 이상 어린애가 아닐 뿐이오. 그게 다요. 누가 처녀들의 고뇌와 변덕을 이해하겠소?"

"어머나, 변덕이라뇨!" 안나 안드레예브나가 성난 목소리로 대꾸했다.

노인은 입을 다문 채 손가락으로 책상을 두드렸다. '맙소사, 정말로 이들에게 무슨 일이 있었던 건가?' 나는 두려워졌다.

"그래, 자네는 어떻게 되어 가는가?" 노인이 다시 입을 열었다. "B는 여전히 평론을 쓰고 있나?"

"네, 쓰고 있어요." 내가 대답했다.

"에이, 바냐, 바냐!" 노인은 한 차례 손사래를 치며 결론을 맺었다. "이제 와서 평론이 다 무슨 소용이겠어!"

문이 열리며 나타샤가 들어왔다.

7

나타샤는 들어오더니 손에 들고 있던 모자를 피아노 위에 내려놓았다. 그러더니 내게 다가와 조용히 손을 내밀었다. 입술이 살짝 움직였다. 나에게 인사말을 하려는 듯했으나 아무 말도 하지 않았다.

우리는 3주 만에 만났다. 나는 놀라움과 두려움을 느끼며 나타샤를 바라보았다. 3주 만에 나타샤는 몰라보게 변해 있었다! 여위고 창백한 빰, 열병을 앓을 때처럼 갈라진 입술, 길고 검은 눈썹 밑에서 뜨거운 불꽃처럼 정열적인 결연함이 타오르는 눈을 보는 순간, 슬픔으로 가슴이 죄어들었다.

그러나 신이여, 나타샤는 참으로 아름다웠다! 그 운명적인 날의 그녀처럼 아름다운 모습을 나는 그전에도, 그 후에도 보지 못했다. 이 사람이 바로 1년 전에 나에게서 눈을 떼지 않고, 나를 따라 입술을 달싹이며 내 소설을 듣고, 저녁 식탁에서 아버지와 함께 즐겁게 웃으며 농담을 하던 그 나타샤란 말인가? 저기 저 방에서 고개 숙인 새빨개진 얼굴로 내 청혼을 받아들이겠다고 말한 그 나타샤란 말인가?

저녁 예배를 알리는 교회의 둔중한 종소리가 울렸다. 나타샤는 몸을 떨었고 어머니는 성호를 그었다.

"저녁 예배에 간다고 하지 않았니, 나타샤? 벌써 종이 울리고 있구나." 노부인이 말했다. "다녀오렴, 나타샤. 교회도 멀지 않으니 가서 기도하고 오렴! 가는 김에 산책도 좀 하고! 왜 늘 방에만 들어앉아 있니? 네가 얼마나 창백한지 좀 보렴. 마치 뭐엔가 홀린 것 같구나."

"저…… 오늘은…… 가지 않을래요." 나타샤는 천천히, 나직하게 중얼거렸다. "어쩐지…… 몸이 좋지 않아요." 그녀는 이렇게 덧붙이고 나자 안색이 아마포처럼 창백해졌다.

"다녀오려무나, 나타샤. 좀 전까지 갈 생각이었고 모자까지 가지고 오지 않았니. 가서 기도를 하렴. 나타샤, 너에게 다시 건강을 주십사 하고 하느님께 기도를 하려무나." 안나 안드레예브나는 설득하면서도 딸이 두려운 듯 조심스럽게 눈치를 살폈다.

"그래 맞다, 다녀오너라. 산책도 할겸." 노인 역시 나타샤의 얼굴을 불안하게 바라보며 덧붙였다. "어머니 말이 옳아. 바냐가 데려가 줄 거다."

이때 나타샤의 입술에 쓸쓸한 미소가 스쳐 가는 것을 보았다. 피아노로 다가가 모자를 집어 들어 머리에 쓰는 그녀의 손이 떨렸다. 모든 행동이 마치 무의식적으로 이루어지는 듯하여, 흡사 스스로도 무슨 일을 하는지 전혀 이해하지 못하는 것 같았다. 아버지와 어머니는 긴장하여 딸을 지켜보았다.

"안녕히 계세요!" 들릴 듯 말 듯한 목소리로 나타샤가 말했다.

"아니 내 천사야, 무슨 인사가 그러냐? 멀지도 않은 길에! 바람만 좀 쐬고 오렴. 애가 왜 그렇게 창백한지. 저런! 깜빡했구나! (왜 이렇게 건망증이 심한지!) 네 부적을 만들었단다. 속에 기도문을 기워 넣었다. 작년에 키예프에서 온 수녀가 가르쳐 준 구절인데 아주 좋은 말이야. 얼마 전에 기웠으니 챙겨 넣으렴, 나타샤. 하느님께서 네 건강을 되찾게 해주실 거야. 우리에게는 너 하나밖에 없잖니."

노부인은 반짇고리에서 나타샤의 황금빛 가슴걸이 십자가를 꺼냈다. 리본 위에 새로 꿰맨 부적이 달려 있었다.

"꼭 걸고 다니렴!" 어머니는 십자가를 목에 걸어주고 성호를 그으며 덧붙였다. "옛날에는 밤마다 잠자기 전에 너에게 성호를 그어 주고 밤기도를 외우면 너도 곧잘 나를 따라 기도했지. 한데 지금은 네가 완전히 변해버려서 하느님도 네게 평안함을 주시지 않는 거야. 아, 나타샤, 나타샤! 어미가 아무리 기도해도 더는 너를 돕지 못하다니!" 노부인은 울기 시작했다.

나타샤는 조용히 엄마의 손에 입을 맞추고 문 쪽으로 한 걸음 떼어놓았다. 그러다 갑자기 몸을 돌려 아버지에게 다가갔다. 그녀의 가슴은 심하게 요동쳤다.

"아빠! 아빠도…… 딸에게 은총을 빌어 주세요." 나타샤는 헐떡이는 목소리로 말하며 아버지 앞에 무릎을 꿇었다.

우리 모두는 예기치 않은, 지나치게 진지한 나타샤의 행동에 당황한 채 서 있었다. 아버지는 잠시 어리둥절하여 딸을 바라보았다.

"나타센카, 내 딸, 내 사랑스러운 딸아, 무슨 일이냐!" 노인이 겨우 정신을 차리고 큰 소리로 외쳤다. 그의 눈에서도 눈물이 흘러내렸다. "무슨 일로 괴로워하느냐? 왜 밤낮 우느냐? 다 알고 있단다. 밤에 자지 않고 일어나서 네 방의 기척을 살핀단다! 다 털어놓으렴, 나타샤. 이 늙은 아비한테 다 얘기해 봐, 그러면 우리가……."

노인은 끝까지 말하지 못하고 딸을 일으켜 세워 꼭 껴안았다. 나타샤는 흐느끼며 아버지의 가슴에 기대어 어깨에 얼굴을 묻었다

"아무것도 아니에요, 아무것도. 그저…… 제가 몸이 안 좋아서 그런 거예요……." 북받치는 눈물을 억누르며 나타샤가 간신히 말을 이었다.

"내가 너를 축복하듯 하느님께서도 너를 축복하실 거다. 내 사랑하는 딸, 내 소중한 자식." 아버지가 말했다. "그래, 하느님께서 너에게 마음의 평화를 주시고 너를 모든 괴로움에서 지켜 주실 게다. 나의 이 죄 많은 기도가 하늘에 닿도록 기도하고 오너라, 애야."

"너에게 주는 나의 축복도 가져가거라!" 노부인이 눈물을 철철 쏟으며 덧붙였다.

"안녕히!" 나타샤가 속삭였다.

나타샤는 문 앞에 멈춰 다시 그들을 바라보며 무슨 말을 더 하려 했으나 끝내 하지 못하고 재빨리 방에서 나갔다. 나는 불길한 예감을 느끼며 곧바로 나타샤의 뒤를 따라 나갔다.

8

나타샤는 아무 말 없이 고개를 숙인 채 나를 바라보지도 않고 빠른 걸음으로 나갔다. 그러나 거리를 하나 지나 연안 도로에 다다르자 갑자기 멈춰 서서 내 손을 잡았다.

"숨 막혀요!" 나타샤가 속삭였다. "가슴이 답답하고…… 숨이 막혀요!"

"돌아가요, 나타샤!" 내가 놀라서 소리쳤다.

"모르겠어요, 바냐. 내가 완전히 집을 나온 것을! 다시는 돌아가지 않을 거예요." 나타샤는 표현할 수 없는 쓸쓸한 눈길로 나를 바라보았다.

내 심장은 철렁 내려앉았다. 사실 나는 그들을 만나러 오면서 이미 이 모든 일을 예견했다. 이 모든 일을, 아마도 이런 날이 올 것을 아주 오래전부터 막연하게 예상하고 있었던 것이다. 그런데도 나타샤의 말은 청천벽력과도 같았다.

우리는 우울하게 연안 도로를 따라 걸었다. 나는 말을 할 수가 없었다. 이리저리 생각해 보았으나 결론이 나지 않았다. 머릿속이 어지러웠다. 이것은 참으로 지독한, 있을 수도 없는 일이었다!

"나를 책망하나요, 바냐?" 나타샤가 드디어 입을 열었다.

"아니, 하지만…… 하지만 믿을 수가 없어. 있을 수 없는 일이야!" 나는 스스로도 무슨 말을 하는지 모르면서 대답했다.

"그렇지만 바냐, 일은 이미 벌어졌어요! 나는 집을 나왔어요. 부모님이 앞으로 어떻게 되실지는 모르겠어요……. 내가 어떻게 될지도 모르는걸요!"

"그에게 가려는 거요, 나타샤? 그렇소?"

"네!" 그녀가 대답했다.

"그럴 수는 없소!" 나는 정신없이 소리질렀다. "그러면 안 된다는 걸 모르겠소? 나타샤, 가여운 사람아! 이건 미친 짓이오! 당신 부모님을 죽이고 스스로를 파멸시키는 짓이오! 모르겠소, 나타샤?"

"저도 알아요, 하지만 내가 달리 어떻게 무엇을 할 수 있겠어요, 나는 아무 힘도 없어요." 나타샤의 말 속에는 마치 사형장에 끌려가는 듯한 절망감이 배어 있었다.

"돌아가시오, 돌아가. 더 늦기 전에." 나는 간곡히 부탁했다. 그러나 절실하게 부탁하면 부탁할수록 내 충고가 완전히 무익하고 어리석다는 것을 스스로도 느꼈다. "당신이 아버지에게 어떤 일을 하고 있는지 알고 있소, 나타샤! 생각해 보시오. 그의 아버지는 당신 아버지의 원수요. 공작은 당신 아버지를 모독하고, 횡령했다는 혐의를 씌웠소. 그는 당신 아버지를 도둑이라고 했지 않소. 게다가 지금도 소송이 한창인데……. 아니지! 그런 것보다, 나타샤, (오! 신이여. 당신도 이 모든 걸 다 알고 있지 않소!) 알렉세이가 시골 당신 집에 머물 때 당신 부모님이 일부러 당신과 그를 붙여놓으려 했다고 공작이 의심하지 않았소? 그 비방 때문에 당신 아버지가 얼마나 괴로워했는지 생각해 봐요. 아버지는 이 두 해 동안에 머리가 하얗게 세었소, 그를 한번 봐요! 그런데 중요한 것은, 당신이 이 모든 사실을 안다는 거요, 나타샤. 오. 맙소사! 당신을 영원히 잃는다는 것이 그들에게 얼마나 큰 충격인지는 말해 무엇하겠소! 당신은 그들의 가장 값진 보배요, 늙은 그들에게 남은 전부란 말이오. 이런 말은 하고 싶지 않소. 당신 스스로도 잘 알고 있을 테니. 하지만 아버지가 그 거만한 인간들에 의해 이유도 없이, 복수도 못할 만큼 헐뜯기고 모욕당했다고 여기고 있음을 생각해 보시오! 그런데 지금, 하필이면 지금 이 모든 일에 다시 불이 붙었고, 당신 집에 알료샤가 드나들면서 과거의 고통스러운 적의가 더 깊어졌소. 공작은 또다시 당신 아버지를 모욕했고, 노인의 가슴에는 이 새로운 모욕 때문에 원한이 다시 끓어오르고 있소. 그런데 이 모든 것이, 모든 모욕이 갑자기 정당한 것이 되어 버리는 거요! 이 일을 알고 있는 사람들이 앞으로는 공작이 옳았다고 말하며 당신과 당신 아버지를 욕할 거요. 그럼 아버지는 어떻게 되겠소? 그는 죽고 말거요! 창피, 불명예, 도대체 누구 때문에? 당신 때문에, 그의 딸, 그의 유일하고도 소중한 자식 때문에! 그리고 어머니는? 아버지가 돌아가시면 어머니도 오래 살지 못할 거요……. 나타샤, 나타샤! 무슨 짓을 하려는 거요? 돌아가요! 정신을 차려요!"

나타샤는 말이 없었다. 마침내 그녀는 비난하는 눈으로 나를 바라보았다. 그 눈빛에는 깊은 아픔과 한없는 괴로움이 담겨 있어서, 내 말이 아니었더라도 지금 그녀의 상처받은 마음이 얼마나 많은 피를 흘리고 있는지 분명히 알수 있었다. 나는 나타샤가 결정을 내리기까지 얼마나 힘들었는지, 내가 눈치없이 쓸데없는 말로 그녀를 얼마나 괴롭히고 상처를 주었는지 잘 알고 있었다. 그러나 알면서도 나 자신을 억누를 길이 없어 말을 계속했다.

"당신은 방금 안나 안드레예브나에게 저녁 예배에 가지 않겠다고 말했소. 그래, 당신은 집을 나가기 싫었던 거야. 그렇다면 아직 완전히 결정을 내린 것은 아니지요?"

나타샤는 단지 쓴웃음으로 답할 뿐이었다. 나는 왜 이런 질문을 했을까? 이제 돌이키지 못한다는 것을 알면서도. 그러나 나 역시 어쩔 줄을 몰랐다.

"그렇게도 그를 사랑하오?" 나는 조마조마해서 그녀를 바라보며 내가 무엇을 묻는지도 이해하지 못한 채 외쳤다.

"무슨 대답이 듣고 싶은 거예요? 당신도 알잖아요! 그가 나를 이리로 오라고 했고, 나는 여기서 그를 기다릴 거예요." 그녀는 여전히 쓴웃음을 지으며 말했다.

"하지만 들어보오, 듣기만 해요." 나는 지푸라기라도 잡는 심정으로 다시 그녀에게 애원하기 시작했다. "아직 모든 것을 바로잡을 수 있소. 다른 방법으로, 아주 다른 방법으로 바로잡을 수 있어! 집을 떠나지 않아도 돼요. 내가 어떻게 할지 당신에게 일러주겠소. 오, 나타샤. 내가 책임지고 모든 일을 잘되게 하겠소. 밀회든 뭐든…… 그러니 집을 떠나지만 말아 줘요! 내가 당신들의 편지도 전해 주겠소. 왜 못 하겠어? 그게 지금의 상황보다는 나을 거요. 나는 잘할 수 있소. 두 사람 다 마음에 들도록, 틀림없이 만족하도록 해주겠소……. 나타샤, 이런 식으로는 당신 몸만 망치게 될 거요……. 당신은 지금 자신을 완전히 파멸시키고 있어, 완전히! 내 말대로 해요, 나타샤. 모든 일이 잘 풀려서 당신은 행복해질 거요, 당신들은 실컷 사랑할 수 있소……. 그리고 아버지들이 다투기를 그만둔다면(언젠가는 꼭 멈출 테니), 그때……."

"됐어요, 바냐. 그만 하세요." 나타샤가 내 손을 꼭 잡고 눈물 사이로 미소를 지으며 내 말을 끊었다. "착한, 착한 바냐! 당신은 선하고 정직한 사람이에요! 당신에 대해서는 한 마디도 하지 않는군요! 내가 먼저 우리 관계를 끊었는데, 당신은 모든 것을 용서하고 오직 내 행복만 생각해 주는군요. 편지까지 전해 주겠다니……."

나타샤는 울기 시작했다.

"알아요, 바냐, 당신이 나를 얼마나 사랑했는지, 지금도 얼마나 사랑하는지. 그런데 일이 이렇게 되어도 나에게 한마디 비난도 하지 않고 쓰라린 말도 하지 않았어요! 난, 나는……. 맙소사, 내가 당신에게 이렇게 큰 죄를 짓다니! 우리가 함께한 시간을 기억해요, 바냐? 아, 내가 그를 만나지 않았더라면, 그를 알지 못했더라면! 그러면 나는 당신과 함께 살았을 거예요. 바냐, 선량한 당신과 함께! ……그러나 이제 나는 당신의 사랑을 받을 자격이 없어요! 내가 어떤 사람인지 보세요. 지금 이 순간 당신에게 우리의 행복했던 과거를 떠올리게 하다니, 그렇지 않아도 당신은 이미 충분히 고통받고 있는데! 3주간이나 당신은 우리에게 오지 않았어요. 하지만 맹세해요, 바냐. 당신이 나를 저주하거나 증오한다는 생각은 한 번도 한 적이 없어요. 나는 당신이 왜 거리를 두었는지 알고 있어요. 당신은 우리에게 방해가 되고 싶지 않았고, 우리에게 살아 있는 질책이 되기를 원치 않았어요. 그리고 당신 역시 우리를 보는 것이 괴로웠죠? 그렇지만 나는 기다렸어요, 바냐. 얼마나 기다렸는지 몰라요! 바냐, 들어 봐요. 내가 분별없는 사람처럼 알료샤를 사랑한다 해도, 당신을 친구로서 그보다 더 사랑해요. 나는 당신 없인 살 수 없단 걸 이미 잘 알고 있어요. 당신은 나에게 필요한 사람이에요, 나에게는 당신의 마음과 당신의 고귀한 영혼이 필요해요……. 아, 바냐! 어째서 이렇게 슬프고 괴로운 일을 겪어야 하는 걸까요!"

나타샤는 눈물을 쏟았다. 그렇다, 그녀는 무척 괴로웠던 것이다!

"아, 하지만 당신을 볼 수 있어서 다행이에요!" 나타샤는 눈물을 닦으며 말을 이었다. "왜 그렇게 여위고 환자처럼 창백해졌나요. 당신 정말 아팠나요, 바냐? 이제껏 왜 물어보지도 않았을까! 내 이야기만 계속하고. 편집자들과는 잘 지내나요? 새 소설은 어때요, 잘 되고 있어요?"

"지금 내 소설이 문제요, 나타샤? 내 일은 아무래도 좋아요. 그럭저럭 진행되고 있으니까 그 문제는 놓아두고! 그런데 나타샤, 그가 직접 당신에게 집을 나오라고 했소?"

"아뇨, 그 사람 혼자 그런 게 아니라, 내가 더 그러고 싶었어요. 그 사람도 말했지만, 내가 스스로……. 당신에게는 모두 다 말할 게요. 그에게 지금 혼담이 들어와 있어요, 부유하고 집안도 좋은 사람이래요. 친척들도 다 유명한 사람들이고요. 그의 아버지는 알료샤가 그녀와 결혼하기를 바라고 있어요. 당신도 알다시피 공작은 굉장한 책략가잖아요. 10년에 한 번 있을까 말까 한 좋은 기회라며 온갖 방면에서 손을 쓰고 있대요. 연줄이며 돈이며……. 게다가 그녀는 매우 예쁘고 교양 있고 성격도 좋대요. 한마디로 모든 면에서 훌륭하지요. 알료샤도 이미 그녀에게 빠지기 시작했어요. 그의 아버지도 재혼하기 위해서 가능한 한 빨리 어깨의 짐을 덜고 싶어해요. 그래서 우리의 관계를 어떻게든 끊어 버리려 하는 거예요. 공작은 내가 알료샤에게 영향을 미칠까봐 두려워하고 있는 거지요."

"그렇다면 공작은 정말로 당신들의 사랑을 알고 있소? 어렴풋이 의심하는 수준이 아니었단 말이오?" 나는 놀라서 나타샤의 말을 가로막았다.

"알고 있어요, 그는 모든 것을 다 알고 있어요."

"누가 그에게 고자질했단 말이오?"

"알료샤가 얼마 전에 모든 것을 다 말했어요. 아버지에게 모두 말씀드렸다고 그가 직접 말했어요."

"맙소사! 대체 무슨 생각인 거야! 스스로 말하다니, 더구나 이런 시점에?"

"그를 탓하지 마세요, 바냐." 나타샤가 말을 가로챘다. "그를 비웃지 마세요! 그를 다른 사람과 같은 기준으로 판단하면 안 돼요. 공정하게 생각하세요. 그는 우리들과는 달라요. 아직 어린아이예요. 자란 환경부터 다르잖아요. 자기가 무슨 일을 하고 있는지 그 자신이 이해할 것 같아요? 순간의 인상이나 다른 사람의 아주 사소한 영향만으로도 방금 전에 그가 신의를 맹세한 일을 완전히 뒤집게 할 수 있어요. 그에게는 강인한 의지가 없어요. 그는 한 사람에게 마음을 주고, 같은 날 또 다른 사람에게도 성실하고 진실한 마음을 주지요. 그러고는 스스로 먼젓번 사람에게 이 사실을 알리러 와요. 그가 어리석은 일을 저질렀다고 해도 그 어리석은 행동 때문에 그를 탓하지 못해요. 오히려 그를 동정하게 될 거예요. 그는 헌신적일 수도 있어요. 어떤 희생이든 전혀 마다하지 않죠. 하지만 어떤 새로운 영감을 받으면 전에 있었던 일은 깡그리 잊어버려요. 내가 늘 곁에 있지 않는다면, 그는 나도 잊어버릴 거예요. 그런 사람이에요!"

"아, 나타샤, 그렇다면 그 혼담은 거짓말일지도 몰라. 단지 소문일 수도 있어. 그가 그렇게 어린아이 같다면 어떻게 결혼을 하겠소!"

"그러니까 그의 아버지가 열심이에요, 속셈이 있는 거죠."

"그런데 당신은 그녀가 훌륭한 규수이며 그가 이미 그녀에게 반했는지를 어떻게 알게 됐소?"

"그가 나에게 직접 이야기했어요."

"뭐라고? 자기 입으로 다른 여자를 사랑한다고 말하고는, 당신에게 이런 희생을 요구한다고?"

"아니에요, 바냐, 아니에요! 당신은 그를 몰라요, 당신은 그를 몇 번밖에 만나지 않았잖아요. 자세히 알기 전에는 그를 평가할 수 없어요. 이 세상에 그보다 더 정직하고 순수한 마음을 가진 사람은 없어요! 그가 나를 속였더라면 좀더 나았을까요? 그가 다른 여자에게 반해도 상관없어요. 나를 일주일 동안만 보지 않으면 그는 나를 잊고 다른 사람을 사랑하겠지만, 다시 나를 보면 곧바로 내 발 앞에 엎드릴 거예요. 그래요! 그가 이 일을 감추지 않고 내가 알게 되어서 오히려 다행이에요. 그렇지 않았으면 나는 질투 때문에 죽어버릴지도 몰라요. 그래요, 바냐! 나는 이미 결심했어요. 내가 언제나, 한순간도 떠나지 않고 그의 곁에 있지 않으면 그는 더 이상 나를 사랑하지 않고, 나를 잊어버리고 또 버리고 말 거예요. 그는 그런 사람이에요. 어떤 여자와도 사랑할 수 있죠. 그러면 나는 어떻게 하죠? 나는 죽어버리고 말 거예요……. 아니, 죽는 건 두렵지 않아요! 나는 지금도 기쁘게 죽을 수 있어요! 그 없이 산다는 건 죽는 것보다 더 괴롭고 어떤 고통보다 더 아파요! 오, 바냐, 바냐! 내가 그를 위해 아버지 어머니를 떠나는 건 그만한 이유가 있어서예요! 설득하려 하지 마세요. 내 결심은 확고해요! 나는 한순간도 떠나지 않고 그의 곁에 있어야만 해요. 그러니 돌아갈 수 없어요. 내가 나와 다른 사람을 파멸시키고 있다는 건 알지만……. 아, 바냐!" 나타샤는 갑자기 외치며 몸을 떨었다. "그가 더 이상 날 사랑하지 않으면 어쩌죠! 당신이 말한 대로 그가 정직하고 진실하게 보이지만 단지 나를 기만한 거라면, 실제로는 악하고 허세에 사로잡힌 사람이라면! (나는 이런 말을 한 마디도 하지 않았다) 나는 지금 당신 앞에서 그를 변호하고 있는데, 그는 다른 여자와 회심의 미소를 짓고 있다면…… 그런데도 나는 모든 것을 버리고 그를 찾아 거지처럼 거리를 방황하고……. 아, 바냐!"

그녀의 가슴속 깊은 곳에서 터져 나오는 신음이 너무나 고통스러워서 내 마음은 몹시 괴로웠다. 나타샤는 이미 자신에 대한 모든 통제력을 잃어버린 것이 분명했다. 맹목적이고 무분별한 질투가 정신 나간 결정을 내리도록 나타샤를 내몬 것이다. 그러나 내 안에서도 질투가 불타올라 밖으로 터져나왔다. 추악한 감정에 사로잡힌 나는 더 이상 참지 못했다.

"나타샤." 내가 말했다. "한 가지만은 이해하지 못하겠소. 어떻게 당신은 그에 대해 그렇게 말하면서도 그를 사랑할 수 있소? 당신은 그를 존경하지도 않고, 그의 사랑을 믿지도 않으면서 돌아오지 않을 생각으로 그에게 가서 모든 이를 불행하게 만든단 말이오? 이게 도대체 뭐요? 그는 평생 당신에게 고통을 줄 거고 당신도 마찬가지일 거요. 당신은 그를 지나치게 사랑하고 있어, 나타샤. 지나치게! 나는 그런 사랑을 이해하지 못하겠소."

"그래요, 나는 그를 미칠 듯이 사랑해요." 나타샤는 고통을 참듯이 창백해져서 대답했다. "나는 당신을 이렇게까지 사랑하진 않았어요, 바냐. 내가 정신이 나갔고 정상적인 사랑이 아니란 건 나도 알아요……. 일그러진 사랑이죠……. 바냐, 그런 건 이미 전부터 알고 있었고, 심지어 우리가 가장 행복했던 순간에도 그는 나에게 오직 고통만 줄 거라고 예상했어요. 그런데 지금 그로 인해 받는 고통조차 내게는 행복이라면 어쩔 수 없잖아요? 내가 기쁨을 찾아 그에게 간다고 생각해요? 그에게 가면 무엇이 기다리고 있고 어떤 일을 견뎌야 할지 내가 모를 것 같아요? 그는 나를 사랑하겠다고 맹세했고, 나에게 많은 약속을 했어요. 하지만 나는 그가 한 약속 중에 어느 것도 믿지 않고 가치를 부여하지도 않았으며 앞으로도 그럴 거예요. 그렇지만 그는 나를 속이지 않았고, 거짓말을 할 줄도 몰라요. 나 스스로도 그에게 말했어요, 그를 묶어 두기를 원치 않는다고. 그를 위해서는 이것이 최선이에요. 아무도 묶이는 것은 좋아하지 않잖아요. 나도 그렇고요. 나는 기꺼이 그의 노예가, 자발적인 노예가 될 거예요. 그가 날 어떻게 대하든 견뎌내겠어요. 그와 함께할 수만 있다면, 그의 얼굴을 볼 수만 있다면 그가 날 어떻게 대하든 견뎌내겠어요! 그가 다른 사람을 사랑한다 하더라도 내가 있는 곳에서 일이 벌어진다면, 내가 거기에 함께 있기만 한다면……. 참 저속하죠, 바냐?" 나타샤는 뜨겁게 불타는 핏발 선 눈으로 나를 바라보며 갑자기 물었다.

순간 그녀가 열에 들떠 헛소리를 하는 것 같았다. "이런 걸 바라다니 저속하잖아요? 그렇죠? 나도 알아요. 저속해요. 그가 나를 버린다 해도 나는 세상 끝까지 따라갈 거예요, 아무리 떠밀리고 쫓겨난다 해도. 당신은 나더러 돌아가라고 하지만 그게 무슨 의미가 있죠? 지금 돌아가도 나는 내일 다시 떠날 거예요. 그가 명령하면 곧바로 떠날 거예요. 개를 부르듯 휘파람으로 날 부르면 당장 달려갈 거예요……. 고통 따위! 그 때문에 받는 고통은 하나도 겁나지 않아요! 그 사람 때문에 고통받는다는 사실만 알고 있다면……. 아, 이런 일은 말로 다할 수 없을 거예요. 바냐!"

'아버지와 어머니는?' 나는 생각했다. 나타샤는 부모에 대해서는 잊어버린 듯했다.

"그럼 그는 당신과 결혼하지 않을 수도 있군요, 나타샤?"

"약속은 했어요, 모든 것을 약속했어요. 오늘 나를 불러낸 것도, 실은 내 일이라도 교외에서 조용히 식을 올리기 위해서예요. 그런데 그는 자신이 무슨 일을 하는지 알지 못하죠. 아마 결혼식을 올리는 방법도 모를 거예요. 그런 사람이 남편이 된다니! 정말 우습죠. 결혼하면 틀림없이 불행해져서 나에게 욕을 하기 시작할 거예요. 머지않아 그에게 비난을 들어야 하다니, 생각만 해도 끔찍해요. 그러니까 나는 그에게 모든 것을 바치겠어요. 그는 나에게 아무것도 주지 않아도 좋아요. 결혼해서 그가 불행해진다면 내가 그보다 더 그를 불행하게 만들 수는 없을 테니까요."

"당신이 하는 말은 갈피를 잡을 수 없군, 나타샤." 내가 말했다. "그러니까 지금 당장 그에게 간다는 거요?"

"아뇨. 그가 이리로 와서 나를 데려가겠다고 약속했어요. 여기서 만나서……."

나타샤는 긴장한 눈빛으로 먼 곳을 바라보았으나 아무도 나타나지 않았다.

"그런데도 그는 아직 안 왔군! 당신이 먼저 왔소!" 내가 격분해서 소리쳤다. 나타샤는 마치 한 대 맞은 듯 비틀거렸다. 그녀의 얼굴이 고통으로 일그러졌다.

"어쩌면 그는 아예 오지 않을지 몰라요." 그녀는 쓸쓸하게 웃음을 지으며 말했다. "그저께, 만일 내가 온다고 약속하지 않으면 나와 함께 교외에서 식을 올리기로 한 결정을 부득이 연기해야 한다고 편지에 썼거든요. 아버지가 자기를 그 젊은 처녀에게 데려갈 거라고요. 아주 간단히, 아주 자연스럽게, 마치 아무것도 아닌 것처럼 썼어요……. 그가 정말로 그녀에게 갔다면 어떻게 하죠, 바냐?"

나는 대답하지 않았다. 나타샤는 내 손을 꼭 쥐었다. 그녀의 눈이 반짝이기 시작했다.

"그는 그녀에게로 갔어요." 나타샤는 들릴 듯 말 듯한 소리로 말했다. "내가 오지 않아서 자기가 어쩔 수 없이 그녀에게 가게 되기를 바란 거예요. 그러곤 나중에 자기가 편지로 얘기했는데도 나타샤가 오지 않았다고 말할 생각인 거예요. 나한테 싫증나서, 그래서 오지 않는 거예요……. 오, 맙소사! 내가 미쳤지! 지난번에 만났을 때 나에게 싫증났다고 그가 분명히 말했는데 ……. 그랬는데 나는 무엇 때문에 그를 기다리는 거지!"

"저기, 그가!" 문득 멀리 연안 도로 저편에 그가 나타난 것을 보고 내가 소리쳤다.

나타샤는 몸을 떨며 소리지르고는, 다가오는 알료샤를 응시하더니 갑자기 내 손을 놓고 그에게로 달려갔다. 알료샤도 걸음을 재촉하여 잠시 뒤 나타샤가 그의 품 안에 안겼다. 우리 말고는 거리에 아무도 없었다. 그들은 입을 맞추고 웃었다. 나타샤는 오래 떨어져 있다가 다시 만난 사람처럼 웃으며 눈물까지 흘렸다. 창백한 볼이 빨갛게 물들었다. 그녀는 극도로 흥분했다……. 알료샤는 내가 있음을 깨닫고 이내 나에게로 다가왔다.

9

지금까지 여러 차례 그를 보긴 했지만 이번에는 주의 깊게 그를 바라보았다. 나는 그의 눈을 보았다. 알료샤의 눈빛이 나의 모든 의심을 풀어주고, 어떻게 이 어린아이 같은 친구가 나타샤의 마음을 사로잡고, 그녀에게서 이러한 무분별한 사랑을, 인간의 원초적인 의무를 잊고 지금까지 가장 신성하게 여기던 것도 주저 없이 희생할 만큼 사랑을 얻었는지를 해명해 줄 수 있기라도 한 것처럼. 젊은 공작은 나의 두 손을 꼭 잡았다. 그의 온화하고 맑은 눈빛이 나의 가슴 깊이 파고들었다.

나는 그가 나의 연적이라는 이유만으로 그를 잘못 판단할지도 모르겠다고 느꼈다. 그렇다. 나는 알료샤가 싫었다. 그를 아는 사람들 가운데 오직 나만이 그렇겠지만, 솔직히 말해서 나는 그를 결코 좋아할 수가 없었다. 많은 점이 마음에 들지 않았다. 심지어 그의 말쑥한 외모조차도 너무 지나치게 말쑥해서 마음에 들지 않았으리라. 나중에는 내가 이 점에서 그를 편파적으로 보았음을 깨달았다. 알료샤의 키가 크고 호리호리한 몸은 균형이 잡혔으며, 길

쭉한 얼굴은 언제나 창백했다. 머리는 금발이고 크고 푸른 눈은 부드럽고 사려 깊어 보였다. 그 눈 속에는 이따금 아주 순박하고 어린아이 같은 유쾌함이 떠올랐다. 도톰하고 그리 크지 않은 붉은 입술은 윤곽이 선명하고 거의 언제나 진지한 표정이 담겨 있었다. 그래서 그의 입술에 문득 비치는 미소는 더욱 놀랍고 매력적이었다. 그의 순진하고 소박한 미소를 보면 누구나, 기분이 어떻든 간에 그에게 똑같이 미소로 답할 의무가 있다고 느낄 정도였다. 알료샤는 옷에 집착하지는 않았지만 언제나 말쑥하게 차려입었다. 힘들게 차려입은 것이 아니라 타고난 맵시가 좋은 것이다. 물론 그도 몇몇 나쁜 습성, 즉 품위 있는 사람에게 나타나는 나쁜 습성인 경솔함, 자아 도취, 공손한 불손 등을 지니고 있었다. 그러나 그는 지나치게 맑고 소박한 심성을 지녔으므로 누구보다도 자신이 먼저 이러한 버릇을 인정하고, 뉘우치고, 비웃었다. 이 어린아이 같은 친구는 결코, 농담으로라도 거짓말을 할 수 있을 것 같지 않았다. 만일 그가 거짓말을 한다면 그것이 나쁜 짓인 줄 꿈에도 모르고 하는 것이다. 심지어 그의 이기심조차 매력적이었다. 아마도 그것은 그가 솔직하고 꾸밈이 없기 때문일 것이다. 그에게는 도대체 꾸밈이란 게 없었다. 마음은 연약하고, 남을 쉽게 믿으며, 소심한 데다 굳센 의지가 없었다. 그를 모독하고 기만하는 것은 죄악이고 당치 않은 일일 것이다. 왜냐하면 그것은 어린아이를 모독하고 기만하는 일이기 때문이다. 그는 나이에 걸맞지 않게 순진하며, 실제 생활이 어떤 것인지 거의 알지 못했다. 나이 마흔이 되어도 그는 현실에 대해 아무것도 이해하지 못하리라. 이런 사람들은 영원히 미성년이라는 선고를 받았다. 그러므로 그를 사랑하지 않을 사람은 없을 것이다. 알료샤는 누구에게나 어린아이처럼 응석을 부릴 테니까. 나타샤가 말한 대로 누군가의 영향을 강하게 받으면 그는 나쁜 일까지 할 수 있을지도 모르지만, 그 행위의 결과를 인식한다면 아마도 후회하다가 죽을지도 모른다고 생각했다. 나타샤는 본능적으로 자신이 알료샤의 주인 또는 지배자가 되리라는 점을, 그리고 그가 자신의 제물이 되리라는 점을 느꼈다. 나타샤는 미칠 듯이 사랑하는 기쁨과 사랑하는 사람을 사랑하기 때문에 고통스럽게 괴롭히는 기쁨을 이미 알고 있었으며, 바로 그 때문에 먼저 자신을 희생하려고 서둘렀을 것이다. 그러나 알료샤는 사랑으로 눈을 빛내며 모두 잊고 황홀하게 나타샤를 바라보았다. 나타샤는 의기양양해서 나를 바라보았다. 이 순간 부모도, 이별도, 의심도 모두 잊고…… 나타샤는 행복했다.

"바냐!" 나타샤가 외쳤다. "나는 그에게 죄를 지었어요! 나는 당신이 오지 않을 거라 생각했어요, 알료샤. 내 어리석은 말은 잊어 주세요. 바냐. 다 없던 말로 하겠어요!" 그녀는 한없는 사랑을 담고 알료샤를 바라보며 덧붙였다. 알료샤는 미소지으며 나타샤의 손에 입 맞추고는 그 손을 그대로 쥔 채 나에게 말했다.

"저를 나무라지 마세요. 제가 얼마나 오랫동안 당신을 친형처럼 끌어안고 싶었다고요. 나타샤에게서 얘기 많이 들었어요! 우리는 지금까지 서로 거의 알지 못했고 같이 어울리지도 않았지만 앞으로는 친구가 됩시다. 그리고…… 우리를 용서해 주세요." 그는 얼굴을 붉히며 조그만 목소리로 덧붙였지만 그 아름다운 미소를 보자 나는 그의 인사를 기꺼이 받아들이지 않을 수 없었다.

"맞아요, 맞아요, 알료샤." 나타샤가 냉큼 끼어들었다. "바냐는 우리의 형제예요. 바냐는 이미 우리를 용서했어요. 바냐가 없으면 우리는 행복하지 못할 거예요. 내가 언젠가 말했죠……. 아, 우리는 나쁜 사람들이에요, 알료샤! 하지만 셋이서 화목하게 살아요……. 바냐!" 말을 잇는 나타샤의 입술이 떨렸다. "당신은 그분들에게 돌아가세요. 당신은 마음씨가 고우니까 나의 부모님은 나를 용서하지 않더라도, 당신이 우리를 용서한 것을 보면 아마 약간은 마음을 누그러뜨릴 거예요. 그분들께 당신이 솔직하게 모든 사정을 말씀드려 주세요. 당신 가슴에서 우러나오는 말로요……. 저를 구하고 지켜 주세요. 부모님께 모든 이유를 설명해주고 당신이 아는 대로 풀이해 주세요. 바냐. 오늘 당신이 우리집에 와주지 않았더라면, 나는 이런 결심을 내리지 못했을지도 몰라요! 당신은 나의 구세주예요. 나는 곧 당신이 이 사실을, 적어도 처음의 놀라움을 누그러뜨릴 수 있도록 그들에게 잘 전해줄 거라는 희망을 걸었어요. 아, 바냐, 두 분께 전해 주세요. 결코 용서받지 못하리라는 것을 알고 있다고요. 두 분이 용서하더라도 신께서 용서하지 않을 거예요. 하지만 두 분이 나를 저주하더라도 나는 일생 동안 그분들을 축복하고 그분들을 위해 기도할 거예요. 내 온 마음은 아버지와 어머니 곁에 있어요! 아, 왜 우리 모두가 행복해질 수 없는 걸까요! 왜, 왜! 맙소사! 내가 무슨 짓을 한 거지!" 나타샤는 제정신으로 돌아온 듯 갑자기 소리치더니 두려움에 온몸을 떨며 손으로 얼굴을 가렸다. 알료샤는 그녀를 말없이 꼭 끌어안았다. 얼마간 침묵이 흘렀다.

"잘도 이런 희생을 요구하는군요!" 나는 비난조로 알료샤를 보며 말했다.

"저를 나무라지 마세요!" 알료샤는 되풀이했다. "지금은 이 모든 불행이 아주 깊어 보이겠지만 단지 한순간일 뿐이에요. 장담합니다. 우리에겐 이 순간을 이겨 낼 힘만 있으면 돼요. 나타샤도 나에게 똑같이 말했습니다. 당신도 아시다시피 이 모든 일이 다 가족의 위신 때문 아닙니까. 이 불필요한 싸움이며 재판까지! 그러나……(나는 오래 생각했습니다, 정말이에요) 이런 일은 끝을 내야 해요. 우리 모두가 화합하면 행복이 다시 돌아오고 아버님들도 우리를 보시곤 화해를 하실 겁니다. 우리의 결혼이 어쩌면 그들이 화해하는 시발점이 될지 누가 알겠어요! 나는 다르게는 될 수 없다고 믿습니다. 어떻게 생각하세요?"

"결혼이라고 하셨죠. 식은 언제 올리실 겁니까?" 나는 나타샤를 바라보며 되물었다.

"내일이나 모레, 아마 늦어도 모레는 올릴 겁니다. 나 자신도 아직 정확하게 몰라서 아직 아무런 준비도 하지 못했어요. 나타샤가 오늘 아마도 오지 않을 거라고 생각했거든요. 게다가 아버지께서 오늘 나를 한 처녀에게 꼭 데려가시려고 해서요(실은 지금 혼담이 진행되고 있어요. 나타샤가 말했겠죠? 하지만 나는 하지 않을 겁니다). 그래서 아직 아무것도 확실히 계획할 수 없었어요. 그래도 어쨌든 우리는 아마 모레 결혼할 겁니다. 적어도 나는 그렇게 생각해요. 다르게 될 수 없으니까요. 내일 당장 우리는 프스코프 도로를 따라 떠날 겁니다. 실은 그리 멀지 않은 마을에 리체이 학교 동창이 있어요. 아주 좋은 친구예요. 당신에게도 소개해 드릴게요. 그 마을에 신부님도 한 분 계시지요. 아니, 있는지 없는지 확실히는 모르겠네요. 먼저 알아둘 생각이었지만 그렇게 하지 못했어요……. 그러나 그런 건 사소한 문제예요. 중요한 일만 염두에 두고 있으면 되잖아요. 이웃 마을에서라도 모셔 오면 되죠. 어떻게 생각하세요? 이웃 마을이 없는 마을은 없으니까요. 한 가지 문제는 내가 지금까지 그 친구에게 한 번도 편지를 쓰지 않았다는 점이에요. 미리 연락을 해 두었어야 하는 건데 못 했네요. 어쩌면 그 친구가 집에 없을지도 몰라요. 하지만 이것들은 그다지 중요하지 않아요. 결단력만 있으면 모든 일은 저절로 풀리잖아요? 그동안, 내일이나 모레까지 나타샤는 나와 함께 머물 겁니다. 나는 우리가 돌아와서 살 아파트를 하나 구해놓았습니다. 아버지 집에 돌아갈 수는 없지 않겠어요? 당신도 꼭 놀러 오세요. 아주 아늑하게 꾸며놓았으니까요. 내 중학교 친구들도 들를 테니 파티를 엽시다⋯⋯."

나는 여우에게 홀린 듯이 얼빠진 표정으로 그를 바라보았다. 나타샤가 그를 너무 엄격하게 심판하지 말고 관대함을 베풀어 달라고 눈빛으로 호소했다. 그녀는 슬픈 미소를 지으며 그의 말을 들었지만, 그러면서도 귀여운 수다를 늘어놓는 사랑스럽고 명랑한 아이에게 도취하듯 그에게 빠져들어 있었다. 나는 질책하듯 나타샤를 바라보았다. 마음이 견딜 수 없이 무거웠다.

"당신의 부친은?" 내가 알료샤에게 물었다. "그가 당신을 용서할 거라고 믿나요?"

"물론이죠, 달리 무슨 수가 있겠어요? 물론 처음에는 나를 저주하겠죠. 이것도 확신합니다. 그런 분이니까요. 그는 나에게 아주 엄격하죠. 저주할 뿐만 아니라 한 마디로 아버지로서의 권력을 사용하시겠죠⋯⋯. 그렇지만 그건 진심이 아니에요. 그는 나를 눈에 넣어도 아프지 않을 만큼 사랑하시니까 화를 내셔도 금방 용서하실 겁니다. 그리고 모두 화해해서 우리도 행복해질 겁니다. 나타샤의 아버지도요."

"그런데 아버지께서 용서하지 않으면 어쩌려고요? 그럴 경우도 생각해 보았나요?"

"반드시 용서하실 거예요, 시간은 조금 걸리겠지만. 하지만 그런 건 문제도 아니에요. 나도 고집이 있다는 걸 보여 드릴 테니까요. 아버지는 늘 내가 유약하고 경박하다고 혼내셨어요. 이제 아버지는 내가 진짜 경박한지 아닌지 곧 보게 되실 겁니다. 가장이 된다는 건 장난이 아니니까요. 가장이 되면 나는 더 이상 어린애가 아닙니다⋯⋯. 나도 다른 사람들처럼, 가정을 가진 사람이 되는 겁니다⋯⋯. 나는 내 힘으로 살아갈 겁니다. 나타샤도 남에게 기대어 사는 것보다는 그 편이 훨씬 낫다고 말했어요. 우리는 모두 남에게 의지해서 살아가는 셈이니까요. 나타샤가 나에게 좋은 말을 얼마나 많이 해주는지 몰라요! 나는 그런 식으로는 한 번도 생각지 못했거든요. 나는 자라 온 환경도 다르고 교육받은 내용도 다르잖아요. 맞아요, 나 스스로도 내가 경박하고 능력이 없다는 것도 잘 압니다. 그런데 그저께 멋진 생각이 떠올랐어요. 아직 좀 이르긴 하지만 나타샤도 들어줬으면 좋겠고, 당신의 의견도 묻고 싶으니 겸해서 말씀드릴게요. 그러니까 나도 당신처럼 소설을 써서 잡지사에 팔 거예요. 잡지사에 팔 때가 되면 나를 도와주실 거죠? 당신만 믿고 어젯밤 내내 시험삼아 소설 구조를 하나 짜 봤어요. 아주 멋진 작품이 될 겁니다. 주제는 스크립(19세기 프랑스)의 한 희극에서 따왔는데…… 자세한 이야기는 나중에 하죠. 중요한 것은 이 소설이 돈이 된다는 점이지요……. 당신도 원고료를 받으시잖아요?"

나는 웃지 않을 수가 없었다.

"당신은 웃으시는군요." 알료샤가 나를 따라 웃으며 말했다. "들어보세요." 그는 밑도 끝도 없이 순박하게 덧붙였다. "나를 겉보기로 평가하지 마세요. 진짜예요. 나는 뛰어난 관찰력을 가지고 있어요. 당신도 곧 알게 되실 겁니다. 그러니까 시험삼아 소설을 써봐도 나쁠 것 없잖아요? 혹시 멋진 작품이 나올지도 모르고…… 그렇지만 당신이 옳을 수도 있죠. 나는 실생활은 전혀 몰라요. 나타샤도 그렇게 말했어요. 모든 사람들이 그렇게 말하죠. 내가 어떻게 작가가 되겠어요? 웃으세요, 웃어도 좋아요. 하지만 나를 바로잡아 주세요. 나타샤를 위해서 그렇게 해주세요. 당신은 나타샤를 사랑하시잖아요. 솔직히 말씀드리면 나타샤는 나에게 과분해요. 나도 확실히 느껴요. 그래서 무척 괴로워요. 어떻게 나타샤가 나를 사랑하게 되었는지 모르겠어요. 그런데 나는 그녀를 위해서라면 목숨도 바칠 수 있습니다! 이제껏 나는 아무것도 두려운 게 없었는데 지금은 두려워서 어쩔 줄을 모르겠어요. 우리가 벌이려는 일이 얼마나 큰 일인지! 하느님! 자신의 의무에 전력을 기울인 뒤에야 그 일을 수행하기 위한 능력과 의연함이 부족하다는 걸 알게 되었으니 어쩌면 좋습니까! 적어도 당신만은 우리를 도와주세요! 당신이 우리 곁에 남은 유일한 친구예요. 나 혼자서는 아무것도 몰라요! 내가 이렇게까지 당신에게 의지하는 것을 용서해 주세요. 당신은 매우 고결하고 나보다 훨씬 훌륭한 사람이니까 힘이 되어 주세요. 나도 나아지도록 힘쓰겠어요. 믿어 주세요. 당신들 둘에게 어울리는 사람이 되겠습니다."

알료샤는 다시 나의 손을 꼭 쥐었고, 그의 아름다운 눈 속에서는 선하고 고귀한 감정이 반짝였다. 그는 내가 그의 친구라고 믿고 나에게 이토록 솔직하게 손을 내밀었다!

"나타샤도 내가 나아지도록 도와줄 겁니다." 알료샤는 말을 계속했다. "그런데 우리에 대해 너무 나쁘게 생각 마세요. 그리고 우리 때문에 지나치게 걱정하지 마세요. 나한테는 아직 많은 계획이 있고 물질적인 면에서도 전혀 어려움이 없을 겁니다. 만일 소설이 성공하지 못한다면(실은 아까도 소설은 말도 안 된다고 생각했는데 당신의 의견을 듣고 싶어서 말한 겁니다), 만일 소설이 성공하지 못한다면, 음악 과외를 할 수도 있습니다. 내가 음악을 할 줄 안다는 걸 미처 몰랐지요? 나는 일을 하며 사는 것을 부끄러워하지 않을 겁니다. 그 점에서 나는 완전히 새로운 사상의 추종자입니다. 그 외에도 나는 값비싼 귀금속과 화장품을 많이 가지고 있습니다. 나한테 그것들이 무슨 소용이겠어요? 그것들을 팔면 꽤 오래 먹고살 수 있어요! 그래도 안 된다면 관직에 나가겠습니다. 그러면 아버지도 기뻐하실 거예요. 늘 나에게 공직에 나갈 것을 재촉했는데 여태껏 건강이 좋지 않다는 핑계로 도망만 다녔거든요(명의상으로는 이미 어딘가에 근무하는 것으로 되어 있어요). 이 결혼 덕분에 내가 사람 구실을 하고 내가 진짜 공직에 나간 것을 본다면 아버지께서도 기뻐하며 나를 용서하실 겁니다……."

"그런데 알렉세이 페트로비치. 당신의 아버지와 나타샤의 아버지 사이에 앞으로 어떤 일이 일어날지 생각해 보았습니까? 당장 오늘 저녁 나타샤의 부모님에게 어떤 일이 벌어질 것 같습니까?"

나는 내 말에 얼굴이 하얗게 질려버린 나타샤를 가리켜 보였다. 나는 무자비했다.

"그래요, 그래요. 당신 말대로 끔찍한 일이에요!" 알료샤가 대답했다. "그 점은 이미 생각해보았고 그래서 정신적으로 너무 괴롭습니다. 그렇지만 어쩔 수 없잖아요? 당신 말대로 나타샤의 부모님만이라도 우리를 용서하신다면 나는 두 분을 진심으로 사랑해요! 두 분은 나한테 친부모님과 같아요. 그런데 이제 이렇게 되갚다니! 아, 이 다툼, 이 재판! 이 때문에 지금 우리가 얼마나 괴로운지 당신은 상상도 못 할 거예요! 게다가 그 원인하며! 우리는 서로 사랑하는데도 싸우다니요! 서로 화해한다면 일은 끝나는 건데 말이지요! 내가 정말 그들의 입장이라면 당장 그렇게 할 텐데……. 당신 말씀을 들으니 정말 무섭군요. 나타샤, 우리가 계획하고 있는 일은 무서운 일입니다. 처음부터 나는 말했지요……. 당신은 고집을 부렸고……. 하지만 들어보세요, 이반 페트로비치. 언젠가는 다 좋은 방향으로 해결될 거예요. 어떻게 생각하세요? 결국에는 화해하실 겁니다! 우리가 그들을 화해시키겠어요. 그렇게 될 겁니다, 틀림없이. 부모님들도 우리의 사랑을 이기진 못할 겁니다……. 저주해도 우리는 그들을 사랑할 겁니다. 그러면 그들은 버티지 못할 겁니다. 우리 아버지는 이따금 아주 다정하세요! 성격이 아주 까다로우신 척하시지만 때와 장소에 따라서는 아주 친절할 때도 있답니다. 오늘도 얼마나 부드러운 목소리로 나를 설득하려 했는지 들으셨다면 깜짝 놀라실 거예요! 그런데도 그를 거역하는 행동을 한 것이 무척 슬픕니다. 게다가 모든 일의 원인은 다 그 부당한 편견 때문이니까요! 정말 미친 짓이에요! 아버지가 한 번만이라도 그녀를 똑바로 본다면, 하다못해 삼십 분만이라도 그녀와 함께 있어 본다면 모든 것을 용서하실 겁니다." 이렇게 말하면서 알료샤는 부드럽고 열정적인 눈으로 나타샤를 바라보았다.

"나는 황홀한 상상을 수없이 해보았습니다." 알료샤는 말을 계속했다. "아버지가 나타샤의 인품을 알아보고 완전히 반하는 모습이나, 나타샤가 세상을 보고 경탄하는 모습을 말이에요. 이런 처녀는 세상에 둘도 없으니까요! 아버지는 그녀를 단순한 음모가라고만 믿고 있어요. 내 의무는 나타샤의 명예를 회복시키는 것이고, 나는 반드시 그렇게 할 겁니다! 아, 나타샤! 모두가 당신을 사랑할 거예요, 모두가. 당신을 사랑하지 않을 사람은 어디에도 없어요." 알료샤는 황홀해 하며 덧붙였다. "비록 나는 당신보다 못난 사람이지만 나를 사랑해 줘요, 나타샤, 안 그럼 나는…… 당신은 나를 알잖아요! 우리의 행복을 위해 거추장스러운 것은 필요치 않아요! 나는 믿어요, 오늘 저녁이 우리 모두에게 행복과 평화와 화합을 가져다 줄 거라고! 이 저녁에 축복 있으라! 그렇죠, 나타샤? 무슨 일이에요? 맙소사, 왜 그래요?"

나타샤는 마치 죽은 사람처럼 핏기가 없었다. 알료샤가 헛소리를 하는 내내 그녀는 그를 뚫어지게 바라보았다. 그러나 나타샤의 눈빛은 점점 혼란스러워지고 경직되었으며, 얼굴도 점점 창백해졌다. 더 이상 아무 말도 들리지 않고 일종의 혼수상태에 빠진 것처럼 보였다. 마침내 알료샤가 소리치자 그제야 깨어난 듯했다. 나타샤는 정신을 차리고 주위를 돌아보더니 갑자기 나에게 몸을 던졌다. 그녀는 알료샤가 모르게 재빨리 주머니에서 편지를 꺼내어 나에게 건네주었다. 노부부에게 보내는 편지로 간밤에 쓴 것 같았다. 편지를 건네고 나서 나타샤는 시선을 내게서 뗄 수 없기라도 한 듯 나를 뚫어지게 바라보았다. 그 눈에는 절망이 담겨 있었다. 그 무시무시한 눈빛을 나는 결코 잊지 못할 것이다. 두려움이 나를 휘감았다. 나는 나타샤가 지금에서야 자기 행동의 끔찍함을 온전히 이해했음을 알았다. 나타샤는 나에게 무엇인가를 말하려고 입을 뗐지만 갑자기 실신해 버렸다. 나는 간신히 그녀를 부축할 수 있었다. 알료샤는 놀라서 창백해졌다. 알료샤는 나타샤의 관자놀이를 문지르고 손과 입술에 입을 맞추었다. 2분쯤 지나자 나타샤가 정신을 차렸다. 멀지 않은 곳에 알료샤가 타고 온 사륜마차가 대기하고 있었다. 그는 마차를 불렀다. 마차에 탄 나타샤는 제정신이 아닌 사람처럼 내 손을 잡았고, 내 손가락은 그녀의 뜨거운 눈물에 타버릴 것만 같았다. 마차가 움직였다. 나는 그 자리에 오랫동안 꼼짝 않고 서서 나타샤를 전송했다. 이 순간 나의 모든 행복은 전부 소멸해 버렸고 삶은 두 동강이 나 버렸다. 뼈저리게 그것을 느꼈다……. 나는 천천히 뒤돌아서서 왔던 길을 되짚어 노부부의 집으로 걸어갔다. 그들에게 뭐라고 말해야 할지, 어떻게 문을 열고 들어서야 할지 몰랐다. 사고는 마비되고, 다리마저 부들부들 떨렸다…….

이것이 내 행복의 전부이다. 내 사랑은 그렇게 끝났다. 이제 끊어진 이야기를 계속하겠다.

10

스미스가 죽고 닷새 뒤 나는 그의 집으로 이사했다. 하루 종일 견딜 수 없이 우울했다. 날씨는 우중충하고 추웠다. 진눈깨비까지 내렸다. 저녁 무렵에야 잠시 해가 나면서 갈 곳을 잃은 햇살이 아마도 호기심이 발동했는지 내 방까지 찾아 들었다. 나는 이곳으로 이사한 것을 후회하기 시작했다. 방은 컸지만 천장이 매우 낮고 연기에 그을린 데다가 퀴퀴한 냄새까지 났으며, 가구를 몇 가지 넣었음에도 불쾌할 만큼 휑뎅그렁했다. 그날 나는 이 집에서 사는 동안 남아 있는 건강마저 상하게 될 것이라는 생각을 했다. 그리고 그렇게 되었다.

오전 내내 나는 분류하고 정리하며 원고와 씨름했다. 서류 가방이 없었으므로 나는 그것들을 베갯잇에 넣어 옮겼다. 그 와중에 구겨지고 뒤죽박죽이 되어 버렸다. 이윽고 나는 글을 쓰려고 책상에 앉았다. 그때는 여전히 그 장편소설을 쓰고 있었다. 그러나 쉽게 일이 손에 잡히지 않았다. 머리가 다른 생각으로 가득 차 있었다…….

나는 펜을 던지고 창가에 앉았다. 땅거미가 지자 기분은 점점 더 우울해졌다. 온갖 무거운 생각이 나를 짓눌렀다. 드디어 페테르부르크에서 파멸하고 마는구나 하는 생각이 끊임없이 들었다. 곧 봄이 온다. 이 답답한 껍질을 벗고 자유로운 세상으로 나가서 오랫동안 보지 못한 신선한 들과 숲의 내음을 들이마시면 틀림없이 기운을 되찾을 수 있을 것이라고 생각했다. 마법이나 기적이 일어나 지나간 모든 일을, 최근 몇 년 사이에 겪은 모든 일들을 잊을 수만 있다면, 모두 잊고 머리를 맑게 하여 새로운 힘으로 다시 시작할 수 있다면 얼마나 좋을까 하는 생각을 했다. 그 무렵 나는 이러한 꿈에 사로잡혀 다시 태어나기를 희망했다. '뇌를 모조리 파내고 새로운 것으로 바꿔 넣어 다시 원래대로 돌아갈 수만 있다면 정신병원에라도 들어갈 텐데' 하고 예사로 생각했다. 나에게는 아직 삶에 대한 욕망과 믿음이 있었다! ……그러나 다음 순간 웃음을 터뜨렸던 기억이 난다. '정신병원에 들어갔다 나온 다음에는 무엇을 하지? 다시 소설을 쓰나?'

몽상하며 상심에 빠져 있는 사이에 시간은 흘러 밤이 되었다. 그날 밤 나타샤와 만나기로 약속이 되어 있었다. 나타샤가 전날 밤 꼭 와달라고 편지를 보내왔던 것이다. 나는 벌떡 일어나 채비를 하기 시작했다. 그 일이 아니라도 빗속이든 진창이든 어디든 좋으니 어쨌든 빨리 집에서 나가고 싶었다.

어둠이 짙어질수록 내 방은 더 휑뎅그렁해지고 점점 더 넓어지는 것만 같았다. 매일 저녁 방 구석구석에서 스미스가 나타날지도 모른다는 상상에 빠졌다. 노인은 찻집에서 아담 이바노비치를 보았듯 꼼짝 않고 나를 바라보고, 그의 발치에는 아조르카가 배를 깔고 있을 것이다. 그때, 나에게 강력한 영향을 미친 일이 벌어졌다.

나는 모든 것을 솔직히 고백해야만 하겠다. 신경 쇠약 때문인지, 새 집의 새로운 인상 때문인지 아니면 최근에 생긴 우울증 때문인지, 어쨌든 나는 병이 든 뒤로 밤마다 조금씩 찾아오는, 내가 불가사의한 공포라 부르는 정신 상태에 빠져 들었다. 이것은 무엇인가에 대한 아주 괴롭고 견디기 힘든 공포였다. 그 대상이 무엇인지 분명히 정의할 수는 없지만 사물의 질서 속에는 존재하지 않기 때문에 불가해하고, 지금 당장이라도 모든 이성적 근거를 비웃으며 거역할 수 없고 무시무시한, 잔인하고 가차 없는 사실로서 느닷없이 내 앞에 모습을 드러낼 것이 틀림없다. 이 두려움은 보통 어떤 이성적인 논거가 있더라도 더욱더 커지기만 하므로 지성이 그 순간 다른 때보다 더 명료하더라도, 이러한 감각에 저항할 가능성은 전혀 없다. 지성은 모든 권위를 잃고 무력해진다. 그리고 이 분열은 기다림의 불안한 고통을 증폭시킨다. 사람들이 죽음을 두려워하는 느낌도 어느 정도 이와 비슷할 것이다. 그러나 내 두려움은 그 위험의 정체를 알지 못하기 때문에 더욱 커졌다.

지금도 잊을 수 없는 일이 있다. 어느 날 나는 문을 등지고 서서 책상에서 모자를 집어 들었는데, 문득 그 순간 몸을 돌리면 분명 스미스를 보게 될 것이라고 생각했다. 노인은 조용히 문을 열고 문지방 위에 서서 방 안을 둘러볼 것이다. 그런 다음 고개를 숙인 채 조용히 들어와 내 앞에 서서 몽롱한 눈으로 나를 바라보다가 갑자기 치아가 빠진 입을 벌리고 소리없이 길게 웃어댈 것이다. 그 웃음으로 노인의 온몸이 흔들리기 시작해 오랫동안 들썩거릴 것이다. 이러한 환영은 매우 선명하고 확실하게 상상 속에 떠올랐으며, 동시에 내 안에서는 갑자기 이 모든 일이 틀림없이 지금 당장 일어날 것이라는, 아니 이미 일어났지만 내가 문을 등지고 있기 때문에 보지 못했을 뿐이라는, 지금 이 순간에도 문이 열리고 있다는 완전하고 흔들림 없는 확신이 생겼다. 나는 재빨리 몸을 돌렸다. 그런데 아니? 방금 상상한 대로 문이 정말로 소리도 없이 열리고 있었다. 나는 소리를 질렀다. 그런데 마치 문이 저절로 열린 것처럼 오랫동안 아무도 나타나지 않았다. 그러더니 갑자기 문턱에 이상한 생물이 나타났다. 어둠 속에서 분간한 바로는, 누군가의 눈이 나를 빤히 집요하게 바라보는 것이었다. 등줄기에 식은땀이 흘렀다. 자세히 보니 놀랍게도 그 주인공은 꼬마아이, 그것도 여자아이였다. 설사 진짜 스미스가 나타났다 하더라도, 모르는 아이가 그런 시간에 예기치 않게 내 방에 나타난 것만큼 놀라지는 않았을 것이다.

이미 말했듯, 그 아이는 들어오기를 겁내는 것처럼 문을 소리나지 않게 천천히 열었다. 그 아이는 문지방 위에 서서 너무 놀라서 얼어붙은 듯 오랫동안 나를 바라보았다. 마침내 그 아이는 조용히, 천천히 두 걸음 앞으로 나와 내 앞에 멈추어 섰다. 그러고는 여전히 아무 말이 없었다. 나는 가까이에서 그 아이를 살펴보았다. 아이는 여남은 살쯤 되어 보이는 키가 작은 계집아이로, 중병을 앓다 일어난 듯 깡마르고 창백했다. 그래서 커다란 검은 눈이 더욱 맑게 빛났다. 아이는 저녁 냉기에 오들오들 떨고 있는 상체에 두른 낡고 해진 천을 가슴께에서 왼손으로 꼭 쥐고 있었다. 걸친 옷은 넝마나 다를 바 없었다. 새카만 머리는 빗질한 적이 없는 것처럼 엉클어져 있었다. 우리는 서로를 물끄러미 바라보며 2분 정도 그렇게 서 있었다.

"할아버지는 어디 계세요?" 가슴이나 목이 아프기라도 한 듯 들릴락 말락 한 목쉰 소리로 아이가 물었다.

이 물음에 나의 불가사의한 두려움이 대번에 사라져 버렸다. 누군가 스미스를 찾아온 것이다. 예기치 않게 스미스의 흔적이 나타난 것이다.

"너희 할아버지? 이미 돌아가셨단다!" 전혀 대답할 준비를 하지 못한 까닭에 아이의 질문에 나는 불쑥 그렇게 대답하고는 이내 후회했다. 아이는 꼼짝도 하지 않고 서 있다가 갑자기 몸을 떨기 시작했다. 위험한 신경 발작이 일어나기라도 한 듯 매우 격렬하게 떨었다. 나는 아이가 넘어지지 않도록 부축하려고 손을 내밀었다. 잠시 뒤 상태가 좀 나아지긴 했지만 그 아이가 내 앞에서 자신의 흥분을 숨기기 위해 무진 애를 쓰고 있음을 분명히 알 수 있었다.

"미안, 미안하다, 얘야! 아저씨가 잘못했어!" 내가 말했다. "내가 무심코 말하긴 했지만 어쩌면 사실이 아닐지도 몰라……. 가엾게도! 누구를 찾고 있니? 여기 살았던 노인을 찾아왔니?"

"네." 아이는 불안스레 나를 바라보며 가까스로 조그맣게 대답했다.

"그분의 이름이 스미스였지? 그렇지?"

"네에!"

"그래, 그분은…… 그분은 역시 돌아가셨어……. 하지만 슬퍼하진 말거라, 얘야. 그런데 왜 진작 오지 않았지? 지금은 어디서 오는 길이냐? 어제 장례를 치렀단다. 그 할아버지는 갑자기 덜컥 돌아가신 거야……. 너는 그분의 손녀이니?"

아이는 나의 맥락 없는 물음에 아무 대답도 하지 않고, 말없이 돌아서서 조용히 방을 나가려 했다. 나는 너무나 당혹스러워 아이를 붙들지도, 더 묻지도 않았다. 아이는 한 번 더 문지방에서 멈추더니 내 쪽으로 몸을 반쯤 돌리고 물었다.

"아조르카도 죽었나요?"

"그래, 아조르카도 죽었단다." 대답은 했지만 그 질문은 기이하게 들렸다. 마치 아이는 아조르카도 주인과 함께 죽었음에 틀림없다고 확신하는 듯했다. 내 대답을 듣자 아이는 소리 없이 방을 나가 몸 뒤로 조심스럽게 문을 닫았다.

잠시 뒤 나는 얼른 아이를 따라 나섰다. 아이가 그냥 가도록 내버려 둔 것이 몹시 아쉬웠다. 아이는 계단으로 난 다른 문을 어떻게 열었는지 문 여는 소리를 조금도 내지 않고 조용히 열고 나갔다. 나는 그 아이가 아직 계단을 다 내려가지 못했을 거라고 생각하고 일단 현관 앞에 멈추어 서서 귀를 기울였다. 그러나 발소리 하나 들리지 않고 조용하기만 했다. 아래층 어디에선가 문 소리가 쿵 하고 났을 뿐 다시 사방이 고요해졌다.

나는 서둘러 계단을 내려갔다. 계단은 내 방이 있는 5층에서 4층까지 나선형으로 되어 있고 4층부터는 똑바로 되어 있었다. 계단은 작은 방들로 이루어진 임대 주택에서 통상 볼 수 있듯, 지저분하고 시커멓고 언제나 어두웠다. 그때 계단은 이미 완전히 어둠에 싸여 있었으므로 더듬거리며 4층으로 내려가다가 걸음을 멈추었다. 층계참 그늘 밑에 누군가가 내게서 몸을 피해 숨어 있다는 느낌을 받았다. 나는 두 손으로 더듬기 시작했다. 아이가 층계참 구석에서 벽 쪽으로 얼굴을 향한 채 조용히 소리 죽여 울고 있었다.

"애야, 뭐가 그렇게 무섭니?" 내가 말문을 열었다. "내가 놀라게 해서 미안하구나. 할아버지는 돌아가실 때 네 말씀을 하셨다. 그분의 마지막 말씀이셨지……. 나한테 그분의 책도 있어. 아마 네 것일 거야. 넌 이름이 뭐니? 어디에 살지? 할아버지는 6번가라고 말씀하셨는데……."

하지만 나는 말을 다 끝마치지 못했다. 아이는 내가 주소를 정확히 알아맞힌 듯 놀라서 소리를 지르더니 앙상하게 여윈 팔로 나를 떼밀고는 계단을 뛰어내려가기 시작했다. 나는 그 뒤를 쫓았다. 아래에서 아직 아이의 발소리가 들렸다. 그러더니 갑자기 발소리가 멈추었다……. 그러나 내가 거리로 뛰어나왔을 때 아이는 이미 사라지고 없었다. 나는 보즈네센스키 거리까지 쫓아가보았지만 내 노력은 헛수고로 끝났다. 아이는 어디에도 없었다. '아마도 계단을 내려가다 말고 그곳 어딘가에 숨어버린 거야.' 나는 생각했다.

11

그런데 보즈네센스키 거리의 질척하고 지저분한 인도에 들어서자마자 나는 누군가와 부딪쳤다. 상대방은 고개를 숙인 채 깊은 생각에 잠겨 어딘가를 향해 서둘러 가고 있었다. 놀랍게도 그는 이흐메네프 노인이었다. 그날 저녁은 예기치 않은 만남의 연속이었다. 노인은 사흘 전에 심하게 앓았다는 것을 알고 있었는데, 갑자기 이런 습한 날 저녁 길거리에서 그를 만난 것이다. 게다가 예전부터 저녁 시간에는 거의 외출하지 않았던 그였다. 나타샤가 집을 나간 뒤인 약 반년 전부터 노인은 완전히 은둔형 인간이 되어 버렸다. 이흐메네프 노인은 나를 보자 마침내 터놓고 이야기를 나눌 수 있는 벗이라도 발견한 사람처럼 아주 기뻐했다. 그는 내 손을 꼭 잡아 쥐고는 어디로 가는지 묻지도 않고 나를 이끌었다. 노인은 걱정거리가 있는지 조급하고 돌발적이었다. '어디로 가시던 중이었을까?' 나는 생각했다. 그러나 물어보는 것은 쓸데없는 짓이었다. 노인은 굉장히 의심이 많아져서, 이따금 가장 단순한 물음이나 의견에도 비아냥거림이나 모욕으로 받아들였다.

나는 그를 곁눈질했다. 얼굴에 병색이 깊었다. 요즘 들어 몹시 여위었으며 일주일이나 면도를 하지 않은 듯했다. 하얗게 세어 버린 머리는 구겨진 모자 밑으로 어지러이 비어져나와 그의 낡고 해진 외투 깃 위에 길게 얹혀 있었다. 그리고 전부터 눈치챘지만 가끔 멍하니 있곤 했다. 방 안에 다른 사람이 있다는 사실을 잊은 채 혼잣말을 중얼거리며 손짓을 해대곤 하는 것이다. 그런 그를 보면 괴로웠다.

"그래 어떤가, 바냐?" 그가 말했다. "어디 가는 길인가? 나는 볼일이 있어서 잠깐 나왔네. 몸은 건강한가?"

"어른께선 건강하십니까?" 내가 대답했다. "얼마 전까지 편찮으셨는데 이젠 외출하셔도 되나요?"

노인은 내 말을 알아듣지 못한 듯 대답하지 않았다.

"안나 안드레예브나께서는 건강하신가요?"

"건강해, 건강해……. 뭐 조금 안 좋을 때도 있지만. 어쩐지 기가 좀 허해져서……. 자네 얘기를 곧잘 한다네, 왜 놀러 오지 않을까 하고. 아, 자네 지금 우리한테 오려던 길인가, 바냐? 아닌가? 내가 혹시 자네를 끌고 오는 바람에 일을 방해한 건 아닌지?" 나를 미심쩍게 바라보면서 노인이 갑자기 물었다. 의심 많은 노인은 내가 지금 그들에게 가는 길이 아니라고 대답하면 틀림없이 역정을 내며 나와 차갑게 헤어질 것이다. 그 정도로 노인은 민감하고 성마르게 변해 있었다. 나는 나타샤와의 약속시간에 이미 늦었고 어물거리면 만나지도 못할 거란 사실을 알았지만, 서둘러 안나 안드레예브나를 뵈러 가는 길이었다고 대답했다.

"그거 참 잘됐군." 노인은 내 대답에 완전히 안심한 듯 말했다. "잘됐어……." 그리고 갑자기 입을 다물고 말을 삼키듯 생각에 잠겼다.

"그래, 아주 잘됐어!" 그는 5분쯤 지나자 깊은 생각에서 깨어난 것처럼 기계적으로 되풀이했다. "흠…… 보게나, 바냐. 자네는 우리에게 언제나 아들 같았어. 하느님은 우리에게 아들을 점지해 주지 않으셨지만…… 대신 자네를 보내 주셨지. 나는 늘 그렇게 생각했네. 집사람도……. 그래! 자네도 친아들처럼 우리한테 늘 다정하게 행동했지. 우리 두 늙은이가 자네를 축복하고 사랑하듯 하느님도 자네에게 은총을 내리실 것이네, 바냐……. 그렇지!"

노인의 목소리가 떨리기 시작했다. 그는 잠시 숨을 가다듬었다.

"그래…… 아, 근데 어떤가? 아프진 않았나? 왜 오랫동안 찾아오지 않았는가?"

나는 스미스에 관한 이야기를 모두 들려주며 그 일 때문에 바쁜데다 거의 병이 날 뻔하는 바람에 바실리예프스키 섬에(그들은 그때 그곳에 살았다) 갈 수가 없었다고 사과했다. 하마터면 그 와중에도 나타샤에게는 다녀왔다고 말할 뻔했으나 제때에 입을 다물었다.

노인은 스미스의 이야기에 매우 큰 흥미를 보이며, 주의 깊게 이야기를 들었다. 그리고 내가 살고 있는 새 집이 눅눅하고 어쩌면 지난번 집보다 더 열악한데도 한 달에 6루블이나 한다는 이야기를 듣고는 성을 벌컥 냈다. 그는 대체로 성급하고 참을성이 없어졌다. 그래도 안나 안드레예브나만은 그런 순간에 잘 대처할 줄 알았지만 노부인 또한 늘 성공하지는 못했다.

"흠…… 그게 다 자네의 문학 탓이야, 바냐!" 그는 거의 분노하며 소리쳤다. "그놈의 문학이 자네를 다락방 신세로 만들었고 머지않아 공동묘지까지 끌고 갈 걸세! 그러게 내 뭐랬나! 그런데 B는 여전히 비평을 쓰는가?"

"그는 결핵으로 죽었어요. 전에 말씀드렸잖아요."

"죽었다, 흠…… 죽었다고! 그래. 그럴 수밖에. 부인과 아들에게 무엇이라도 남겼는가? 그가 결혼했다고 말하지 않았나? 뭘 믿고 결혼했는지는 모르지만!"

"아니오, 아무것도 남기지 않았다더군요." 내가 대답했다.

"그렇겠지!" 노인은 가까운 친척 이야기라도 하듯, 죽은 B가 자신의 친동생이라도 되는 듯 흥분해서 소리쳤다. "아무튼 됐어! 어차피 상관없는 일이니까! 그런데 말이다, 바냐. 자네가 그를 칭송할 때부터 나는 그의 마지막이 이런 식으로 끝날 줄 알고 있었어. 아무것도 남기지 않았다니! 말하기야 쉽지. 흠…… 그 대신 명예를 얻었다고? 아무리 불멸의 명예라고 해도 명예만으로는 먹고 살 수 없어. 여보게, 바냐, 내가 그때 자네에 대해서도 예견하지 않았던가. 자네를 칭찬하긴 했지만 속으로는 훤히 내다보고 있었네. 그래, B가 그렇게 세상을 떠났다고? 그러고도 어찌 죽지 않을 수 있겠는가! 번듯한 삶에…… 번듯한 집까지!"

그리고 그는 떨리는 손을 조급하게 움직이며 습한 안개 속에서 희미하게 빛나는 가로등 불로 밝혀진 안개 낀 거리, 지저분한 건물들, 축축하게 젖어 반짝이는 보도의 포석들, 씨무룩하고 화난 듯한 흠뻑 젖은 사람들, 마치 먹물을 쏟아 놓은 듯 시커먼 페테르부르크의 하늘이 지붕처럼 뒤덮고 있는 이 모든 광경을 가리켰다. 우리는 어느덧 광장으로 나왔다. 우리 앞에는 어둠 속에서 아래로부터 가스등 조명을 받고 있는 기념비가 서 있고, 조금 더 멀리에는 어두운 하늘과 잘 구분되지 않는 이삭 성당의 거대한 몸체가 어렴풋하게 솟아 있었다.

"자네가 말했지, 바냐. 그는 훌륭하고 관대하며 호감을 주는데다가 자상한 사람이었다고. 그런데 자네가 말하는 자상한 사람들은 다 그래! 아비 없는 자식만 늘려대는 무능한 사람들이야! 흠…… 그러니까 그는 꽤 유쾌하게 죽었을 거야! 도무지 원! 어디로든 떠나고 싶구면, 시베리아라도 좋아! 왜 그러니, 애야?" 노인은 갑자기 길에서 구걸하는 계집아이를 보고 물었다.

그 아이는 일고여덟 살쯤 된 작고 야윈 몸에 더러운 누더기를 걸치고, 작은 발에는 양말도 없이 해진 신발을 신고 있었다. 아이는 추위에 오들오들 떨리는 몸을, 몸이 자라 이미 오래전에 작아져 버린 낡아 빠진 짧은 외투로 감싸려 애쓰고 있었다. 아이는 초췌하고 창백하며 병약한 얼굴로 우리를 바라보고 있었다. 머뭇머뭇 조용히 우리를 바라보면서 거절당하는 두려움에 익숙한 표정으로 떨리는 조그만 손을 내밀었다. 노인은 아이를 보자 갑자기 부들부들 떨면서 아이가 놀랄 만한 기세로 몸을 홱 돌렸다. 아이는 깜짝 놀라 몸을 뒤로 뺐다.

"왜 그러니, 아가야?" 노인이 소리쳤다. "뭐하니? 구걸하니? 그래? 자, 자…… 받아라, 자!"

노인은 흥분하여 떨면서 부산스럽게 주머니를 뒤져 은화 두세 닢을 꺼냈다. 그것도 부족하다고 느꼈는지 노인은 지갑을 찾아 1루블짜리 지폐를 꺼내서(지갑 속에 들어 있던 전부였다) 아이의 손에 얹어 주었다.

"그리스도께서 너를 보호해 주실 거란다, 불쌍한 꼬마 아가씨! 천사가 너와 함께 하기를!"

그리고 떨리는 손으로 몇 차례 아이에게 성호를 그어 주었다. 그러나 문득 내가 옆에서 그를 보고 있다는 것을 깨닫고는 얼굴을 찡그리며 빠른 걸음으로 걷기 시작했다.

"바냐, 나는 저런 모습을 도저히 볼 수가 없어." 상당히 오랫동안 화가 나서 입을 다물고 있다가 노인이 말했다. "이 죄 없는 어린 것들이 길 위에서 추위에 떨어야 하다니…… 다 그 저주받을 아비 어미 때문이야. 물론 자신이 불행하지 않다면, 어떤 엄마가 이런 날씨에 아이들을 내보내겠느냐마는! 틀림없이 저 아이의 좁은 집에는 또 다른 아비 없는 자식들이 있을 거야. 저 아이가 맏딸이고, 어머니는 앓고 있을 테지. 그리고…… 흠! 어쨌든 귀족의 아이들은 아니야! 바냐, 이 세상에는…… 귀족이 아닌 아이들이 많이 있어! 흠!"

그는 잠시 얼버무리며 멈추었다.

"여보게, 바냐. 나는 아내에게 약속했네." 그는 살짝 당황하며 다시 입을 열었다. "그러니까…… 즉 고아 소녀 하나를 입양하기로 아내와 의견 일치를 보았네……. 갈 곳 없는 어린 계집아이를 양녀로 들이기로 했어……. 이해하겠는가? 노인네들끼리만 있으니 너무 적적해서……. 흠, 그런데 아내가 반대하기 시작했어. 그러니까 자네가 아내를 좀 설득해주게. 내가 부탁했다고 하지 말고 자네 생각인 것처럼 말일세……. 아내를 좀 설득해 주게……. 알아듣겠는가? 전부터 자네에게 아내가 동의하도록 설득해 달라고 부탁하고 싶었네만 내 입으로 부탁하기도 좀 그래서……. 아니네, 쓸데없는 얘기는

그만하지! 계집아이가 나한테 무슨 소용이라고? 필요 없어. 그냥 위안 삼아
…… 아이 목소리가 듣고 싶어서…… 아니, 사실 이 일은 아내를 위해서 하
는 거네. 나하고만 있을 때보다 훨씬 명랑해질 거야. 그렇지만 모두 쓸데없
는 일이야! 바냐, 이렇게 걷다가 언제 집에까지 가겠나. 마차를 부르세. 길
은 멀고 아내가 기다리다 지쳤을 거야……."

우리가 안나 안드레예브나에게 도착했을 때는 일곱 시 반이었다.

12

노부부는 서로를 무척 사랑했다. 사랑과 오랜 습관이 두 사람을 뗄 수 없
도록 이어 주었다. 그러나 니콜라이 세르게이치는 지금뿐만 아니라 가장 행
복하던 이전에도 안나 안드레예브나에게 마음을 터놓지 않았고, 심지어 이
따금, 특히 사람들이 있을 때에는 냉혹하기까지 했다. 다감하고 섬세한 사람
들에게도 이따금 일종의 고집, 사람들이 있을 때뿐만 아니라 단둘이 있을 때
도 사랑하는 사람에게 자기 애정을 표현하고 싶어하지 않는 고집이나 순진
함이 나타난다. 단둘이 있을 때는 오히려 더할 수도 있다. 다만 아주 드물게
상냥함이 불쑥 튀어나오기도 하는데, 그럴 때면 그러한 감정이 오랫동안 억
제되어 있을수록 더 뜨겁게 더 강렬하게 발현된다. 이흐메네프도 젊어서부
터 아내를 그렇게 대해 왔다. 안나 안드레예브나는 단지 선하고, 남편을 사
랑하는 것 외에는 아무것도 할 줄 몰랐지만 이흐메네프는 그녀를 한없이 존
중하고 사랑했다. 그런 만큼 단순한 아내가 이따금 지나칠 만큼 부주의하게
자신을 드러내거나 하면 몹시 화를 냈다. 하지만 나타샤가 집을 나간 뒤로
그들은 서로에게 더욱 부드러워진 것 같았다. 그들은 세상에 단둘만 남았음
을 가슴 시리도록 느꼈다. 니콜라이 세르게이치가 이따금 매우 괴팍하게 굴
었지만, 그럼에도 그들은 단 두 시간도 그리움과 고통 없이는 떨어져 있지
못했다. 그들은 나타샤에 대해서는 마치 그녀가 이 세상 사람이 아닌 듯 무
언의 합의하에 한마디도 하지 않았다. 안나 안드레예브나는 남편 앞에서는
나타샤에 대해서 감히 언급조차 하지 않았지만 노부인에게는 무척 괴로운
일이었을 것이다. 노부인은 이미 오래전에 마음속으로 나타샤를 용서했다.
그녀와 나 사이에는 내가 방문할 때마다 그녀가 결코 잊을 수 없는 사랑하는
딸의 소식을 내가 진해준다는 일종의 약속이 되어 있었다.

오랫동안 소식도 듣지 못하면 노부인은 병이 나곤 했다. 내가 소식을 가져오면 아주 사소한 일까지 관심을 보이고, 호기심에 마음이 조급해져 이것저것 캐물으며 내 이야기를 듣고 나서야 마음을 놓았다. 언젠가 나타샤가 아팠을 때는 놀라서 거의 사색이 되어 딸에게 직접 가려고까지 했다. 그러나 이것은 극단적인 경우였다. 처음에 노부인은 내 앞에서도 딸을 보고픈 심정을 말하려 하지 않았다. 온갖 질문 세례를 퍼부으며 나에게서 모든 것을 알아낸 뒤에는 언제나 다시 뚜껑을 덮듯이 비록 딸의 운명에 관심이 있긴 하지만, 나타샤는 용서받지 못할 일을 저지른 죄인임을 꼭 강조했다. 그러나 이것은 다 꾸밈이었다. 노부인은 나와 함께 있을 땐 죽도록 딸을 그리워하며 울고, 나타샤의 애칭을 다정하게 부르며 남편을 원망했다. 그러나 남편 앞에서는 아주 조심스럽게 사람은 오만하고 박정하며 우리는 모욕당한 것을 용서할 줄 모른다든가, 남을 용서할 줄 모르는 사람은 하느님도 용서하지 않을 거라며 슬쩍 돌려 말할 뿐 그 이상은 아무 말도 하지 않았다. 그러면 노인은 이내 어색하게 불쾌해하며 얼굴을 심하게 찌푸리고는 입을 다물어 버리든지 갑자기 어색하게 큰 소리로 다른 이야기를 꺼내거나, 우리만 남겨 두고 자기 방으로 들어감으로써 아내가 내 앞에서 눈물 흘리고 푸념하면서 슬픔을 쏟아낼 기회를 주기도 했다. 이렇듯 그는 내가 방문하면 언제나 인사를 받고 곧바로 자기 방으로 들어가서, 내가 안나 안드레예브나에게 나타샤에 관한 새 소식을 들려주도록 해준다. 그는 이번에도 그렇게 했다.

"흠뻑 젖었어." 그는 방에 들어서자마자 노부인에게 말했다. "나는 내 방에 가 있을 테니 바냐, 자네는 여기 앉게. 바냐의 집과 관련해 이상한 일이 있었다는군. 이 사람에게 이야기를 들려주게. 곧 돌아오겠네……."

그러고는 우리만 남겨 두기가 부끄러운 듯 우리를 보지 않으려 애쓰며 서둘러 방을 나갔다. 이런 경우, 그가 다시 우리에게 돌아올 때는 나와 안나 안드레예브나에게 공연히 엄격하고 신경질적으로 대하며, 마치 자신의 유약함과 겸손함이 스스로도 못마땅하고 화가 나는 듯 트집을 잡으려 했다.

"이상한 양반이야." 요사이 망설임과 허위를 모조리 벗어 버린 노부인이 말했다. "나한테 늘 이런 식이야. 그러면서 우리가 그의 계략을 다 파악하고 있다는 것도 알지. 내 앞에서 왜 저렇게 하는지! 내가 남인가? 딸한테도 그래. 용서하지 못하는 것도 아니고 어쩌면 용서하고 싶어서 어쩔 줄 모르는지도 몰라. 그는 밤마다 운다네. 내가 직접 들었어! 그렇지만 겉으로는 무정한 척하지. 자존심의 노예야⋯⋯. 여보게, 이반 페트로비치. 빨리 말해 보게. 저이가 어디를 다녀왔는가?"

"니콜라이 세르게이치요? 저도 모릅니다. 제가 여쭤 보고 싶었습니다."

"저이가 나가는 걸 보고 거의 졸도할 뻔했네. 병중인데 이런 날씨에. 게다가 야밤에 나가겠다니, 중요한 일이 있겠거니 했네만. 한데 우리가 알고 있는 그 일보다 더 중요한 일이 있겠나? 혼자 생각했지만 물어보진 못하겠어. 지금 나는 그에게 아무것도 물어보지 못한다네. 정말이지, 저이와 딸아이 때문에 아주 미칠 것만 같아. 나는 저이가 딸애한테 가려나, 용서해 주려고 마음먹었나 하고 생각했지. 그는 모든 것을 알고 있거든. 나타샤의 가장 최근 소식까지 알아. 그가 안다고 확신하지만 어디서 소식을 듣는지는 알 수가 없어. 어제는 몹시 괴로워하더니 오늘도 그러더군. 근데 왜 입을 다물고 있는가! 그 뒤로 어떻게 됐는지 어서 말해 보게. 메시아를 기다리듯 자네만 눈 빠지게 기다렸네. 그래, 그 나쁜 놈이 나타샤를 떠났나?"

나는 곧 안나 안드레예브나에게 내가 알고 있는 모든 것을 이야기해 주었다. 나는 부인에게 늘 솔직하게 털어놓았다. 나타샤와 알료샤 사이에 불화가 있으며, 이번엔 지난번보다 상황이 더 심각한 것 같다고 말했다. 그리고 어제 저녁 나타샤가 나에게 오늘 저녁 아홉 시에 와달라고 부탁하는 편지를 보냈기 때문에 오늘은 여기 들를 계획이 전혀 없었는데 니콜라이 세르게이치에게 끌려왔다고 말해 주었다. 나는 지금 상황이 매우 미묘하다고 자세히 설명했다. 2주일 전 여행에서 돌아온 알료샤의 아버지가 아들의 말은 조금도 들으려 하지 않고 알료샤에게 엄하게 대했는데, 그보다 큰일은 알료샤가 그 처녀로부터 떨어져 나오려는 기색이 없으며, 오히려 그녀에게 푹 빠져 있다는 소문도 이야기해 주었다. 나는 나타샤가 짐작컨대 매우 흥분한 상태에서 편지를 썼으며, 비록 그것이 무엇인지는 모르겠으나 오늘 저녁 모든 것이 결판날 거라고 씌어 있었다고 말했다. 그리고 나타샤가 쪽지를 쓴 것은 어제였는데 오늘 와 달라고 했고, 시간도 아홉 시로 정한 것이 이상하므로 나는 되도록 빨리 그녀에게 가봐야 한다고 덧붙였다.

"가보게, 가봐. 빨리 가보게." 노부인은 급히 말했다. "그이가 곧 나올 테니 일단 차를 마시게⋯⋯. 아, 사모바르를 아직도 가져오지 않았군! 마트료나! 사모바르는 어떻게 됐니? 게으른 것! 차를 마시거든 그럴싸한 구실을 찾아서 가게나. 그리고 내일 꼭 나한테 와서 빠짐없이 말해 주게. 서둘러야 하네. 아! 불행한 일이 일어나지 말아야 할 텐데! 지금보다 더 나쁜 일이 일어나지야 않겠지! 니콜라이 세르게이치는 이미 모든 것을 알고 있어, 왠지 그럴 것 같아. 나는 마트료나를 통해서 소식을 듣는다네. 마트료나는 아가샤를 통해 듣고, 아가샤는 그 공작 집에 사는 마리야 바실리예브나의 대모(代母)야…… 아, 자네도 알지. 오늘 니콜라이가 무척 화가 났었네. 내가 이런저런 이야기를 꺼내자 버럭 소리를 지르고는 자기도 미안한지 돈이 별로 없다고 말하더군. 마치 돈 때문에 소리를 지른 것처럼. 자네도 우리 형편을 알잖나. 그이가 점심 먹고 낮잠을 자러 가기에 문틈으로 들여다보았더니(문에 틈이 나 있는데 그는 이것을 몰라) 성상 앞에 무릎 꿇고 기도를 하지 뭔가. 그 모습을 보니 다리에 힘이 빠지더군. 그러고는 차도 마시지 않고 낮잠도 자지 않고 모자를 집어 들고 나갔다네. 다섯 시쯤 나갔는데 어디 가는지 무서워서 물어볼 수도 없었어. 물었다면 그는 아마 소리를 질렀을 거야. 요즘에 소리지르는 버릇이 생겼거든. 마트료나한테도 걸핏하면 그러고, 나한테도 그래. 그이가 소리를 지르면, 나는 다리가 뻣뻣해지고 심장이 덜커덕 내려앉는다네. 단지 고집부리는 거란 것쯤은 알고 있지만 그래도 무섭단 말이야. 그가 나가고 나서 꼬박 한 시간 동안 그가 좋은 생각을 하도록 이끌어 주십사고 하느님께 기도했다네. 나타샤의 편지는 어디 있는가, 보여 주게."

나는 편지를 보여 주었다. 안나 안드레예브나 부인에게는 참으로 진지한 소망이 하나 있었다. 이 부인이 악당이나 무정한 사람, 바보 같은 놈이라고 부르는 알료샤가 마침내 나타샤와 결혼하고, 그의 아버지 표트르 알렉산드로비치 공작이 아들의 결혼을 허락하는 것이었다. 심지어 내 앞에서도 무심코 그런 말을 했지만 나중에 곧 후회하며 자신의 말을 부정했다. 그러나 노부인은 비록 남편이 부인의 소망을 추측하고 심지어 여러 차례 간접적으로 그녀를 나무라기도 했지만 니콜라이 세르게이치가 있을 때는 절대로 자신의 소망을 말하지 않았다. 그 결혼의 가능성을 알게 된다면, 노인이 결정적으로 나타샤를 저주하고 딸을 가슴에서 영원히 지워 버릴지도 모른다고 생각했다.

노부인도 나도 그때는 그렇게 생각했다. 노인은 간절히 딸을 기다렸지만 나타샤가 후회하면서 알료샤에 대한 기억을 가슴에서 지워 버린 채 혼자 돌아오기를 바랐다. 그것이 유일한 용서의 조건이었다. 비록 그가 말을 하지는 않았으나 노인을 보면 그 점은 당연하고 의심할 여지가 없었다.

"알료샤는 성격이 나약한 아이야. 나약하고 박정해. 내가 늘 말했잖나." 안나 안드레예브나가 다시 입을 열었다. "교육을 잘못 받아서 그런 경박한 사람으로 자란 거야. 자기를 그렇게 사랑하는 나타샤를 버린다니, 맙소사! 그 애는 어떻게 될까, 불쌍한 것! 혼담이 오간다는 그 여자의 어디가 좋은 걸까? 이해할 수가 없어!"

"제가 듣기로는요, 안나 안드레예브나." 내가 반박했다. "그 아가씨는 매력적인 사람이랍니다, 나타샤도 그렇게 말했어요……."

"거짓말이야!" 노부인이 말을 끊었다. "매력은 무슨……. 자네 같은 문사들 눈에는 누구든 치마만 두르면 무조건 매력적으로 보이는 게 아닌가. 나타샤가 그녀를 칭찬했다면 그건 그 애 마음이 고결해서 그런 거야. 알료샤를 붙잡아둘 줄 모르는 거야. 다 용서하고 혼자만 괴로워한다니까. 그가 이미 얼마나 그 애를 배신했는데! 박정한 악당 같으니! 이반 페트로비치, 정말 끔찍하네. 다들 자존심 때문에 모든 것을 망치고 있어. 하다못해 남편이 마음을 풀고 그 애를 용서해 이리로 데려온다면 좋을 텐데. 그 애를 끌어안고 얼굴도 볼 수 있을 텐데! 그 애는 여위었지?"

"여위었습니다, 안나 안드레예브나."

"불쌍한 것! 실은 나한테도 힘든 일이 있어. 이반 페트로비치! 지난밤부터 오늘 하루 내내 울었다네……! 아니, 이 얘기는 나중에 하세! 나는 수도 없이 남편에게 용서하라고 넌지시 돌려 말했네. 똑바로 말할 용기가 없어서 빙 둘러 말했지만 재치 있게 이야기를 꺼냈지. 그래도 심장이 멎는 것 같았네. 화가 나서 그 애를 완전히 저주하게 될까 봐. 아직 그의 입에서 저주하는 말은 듣지 못했네만…… 그때가 올까 봐 겁나네. 그러면 어쩌지? 아버지가 딸을 저주하면 하느님은 벌을 내리실 거야. 그래서 날마다 두려움에 떨며 산다네. 자네도 그럼 안 되네, 이반 페트로비치. 자네는 우리집에서 자라고 우리에게서 부모의 정을 받지 않았는가. 그런데 매력적인 처녀라고 말하다니! 어떻게 된 건가? 차라리 마리야 바실리예브나가 훨씬 낫군(실은 그러면 안 되는 줄 알지만, 남편이 볼일 때문에 오전 내내 나가 있을 때 마리야를 카페로 불러냈더랬지). 마리야가 나한테 모든 비밀을 다 말해 주었네.

알료샤의 아버지인 공작은 백작 부인과 부정한 관계를 맺고 있다는 거야. 백작 부인이 오래전부터 공작이 결혼해 주지 않는다고 그를 비난해 왔지만 공작은 전혀 생각이 없다더군. 백작 부인은 자기 남편이 살아 있을 때도 부끄러운 행동으로 추문을 일으켰던 사람이야. 남편이 죽자 백작부인은 해외로 나갔고, 거기서 이탈리아와 프랑스 남작들과 숱하게 교제하는 중에 표트르 알렉산드로비치도 낚았지. 백작부인의 양녀, 즉 그녀의 첫 번째 남편인 보드카 독점 취급업자의 딸이 그러는 사이에 거의 다 컸다는군. 의붓어머니인 백작 부인은 재산을 탕진하기만 할 뿐인데 카테리나 표도로브나는 무럭무럭 자라고 그녀의 아버지가 은행에 넣어 두었던 200만 루블도 점점 불어났다고 하더군. 그것이 지금은 300만 루블이 되었다나. 그러자 공작은 그녀와 알료샤를 결혼시켜야겠다고 생각한 거야(야무지기도 하지! 손에 넣을 수 있는 건 놓치는 법이 없다니까). 궁정의 그 유명한 백작, 자네도 기억하지? 공작의 친척 말이야. 그도 동의했다는군. 300백만 루블이면 장난이 아니니까. '좋아, 그 백작 부인과 말해 보게'라고 말했다는군. 공작은 백작 부인에게 자기 희망을 전달했고, 그 백작부인은 좀처럼 용납하지 않았다고 하네. 백작부인은 예의도 없고 철면피라더군. 외국에 있을 때와는 달리 여기서는 크게 환영받지 못한다는 거야. 백작부인은 '안 돼요, 당신은 나와 결혼해야 해요. 내 딸을 알료샤에게 보내지 않을 거예요'라고 말했다지 뭔가. 그리고 그 의붓딸은 계모가 어떤 사람인지도 모르고 하늘처럼 받들며 무조건 시키는 대로 따른다는군. 얌전하고 천사 같은 사람이래. 공작은 무엇이 문제인지를 파악하고 말했지. '불안해하지 마오, 백작 부인. 당신은 재산을 탕진하고 빚에 쪼들리고 있어요. 그러나 당신의 의붓딸이 알료샤와 결혼하면 둘은 천생연분이지요. 의붓딸은 순진하고 알료샤는 바보입니다. 그러니 우리가 그 둘의 후견인이 된다면 당신도 돈을 만질 수가 있어요. 굳이 나와 결혼할 필요는 없답니다' 하고 말했다는군. 교활한 사람 같으니! 프리메이슨이야! 이게 반년 전의 일인데, 그 당시 백작 부인은 결심하지 못한 상태였지만 지금은 바르샤바에 여행가서 서로 합의를 보았다더군. 나는 그렇게 들었어. 이 모든 것을 마리야 바실리예브나가 말해 주었네. 믿을 만한 사람에게서 들었다면서. 어쨌든 그렇게 된 거야. 그에겐 수백만 루블의 돈이 문제인 거야. 매력이니 뭐니가 아니고!"

안나 안드레예브나의 이야기에 나는 놀랐다. 이 이야기는 내가 얼마 전에 알료샤에게서 직접 들은 이야기와 완벽하게 일치했다. 이야기를 하면서 알료샤는 절대로 돈 때문에 결혼하지는 않을 거라고 맹세했다. 그러나 카테리나 표트로브나에게 마음을 빼앗기고 그 매력에 무릎 꿇은 것이리라. 또한 알료샤는 아버지도 지금은 소문이 사실이 아니라고 부정하지만 백작 부인을 자극하지 않기 위해 언젠가 재혼할지도 모른다고 했다. 내가 앞서 말했듯이 알료샤는 아버지를 매우 사랑하고 자랑스러워하며, 마치 그를 예언자처럼 믿었다.

"그 매력적이라는 아가씨는 애당초 백작 집안의 핏줄도 아니야!" 안나 안드레예브나는 내가 젊은 공작의 미래의 신부를 칭찬하자 무척 기분이 상한 듯했다. "우리 나타샤가 알료샤에게 훨씬 더 어울리지. 그 아가씨는 독점업자의 딸이지만 나타샤는 오래된 귀족 가문 출신의 고귀한 핏줄이야. 어제 영감이(내가 자네에게 말하는 것을 잊었구먼) 그 쇠띠를 두른 트렁크를 열었네, 자네도 알지? 그리고 밤새 내 앞에 앉아 옛 문서들을 검토했지. 아주 심각한 얼굴로. 나는 양말을 뜨고 있었는데 무서워서 쳐다볼 수도 없더군. 그런데 내가 아무 말도 없자 저이가 역정을 내며 먼저 말을 걸더니 밤새 나에게 우리 족보를 설명해 주었어. 족보를 보니 이흐메네프 가문은 이반 바실리예비치 그로즈니 치세에 이미 귀족이었고, 내 친정 슈밀로프 가문은 알렉세이 미하일로비치 시대부터 이미 유명한 집안이더군. 우리집에도 기록이 남아 있고, 카람진의 역사서에도 그렇게 나와 있대. 이 점에서 우리도 남들 못잖은 가문이라네. 그이가 설명을 시작한 속내를 나는 금방 이해했지. 그도 나타샤가 무시당하는 것이 기분 나빴던 거야. 그들이 우리보다 나은 건 부자라는 점뿐이야. 그 강도 같은 표트르 알렉산드로비치는 돈에만 신경 쓰라고 해. 그가 몰인정하고 욕심 많은 사람이란 걸 모르는 사람은 없으니까. 들리는 말로는 그가 바르샤바에서 몰래 가톨릭에 귀의했다는데, 맞는가?"

"헛소문이에요." 나는 이 소문이 끈질기게 떠도는 것에 흥미를 느끼며 대답했다. 그러나 니콜라이 세르게이치가 족보를 살펴보았다는 말이 나의 호기심을 자극했다. 그는 지금까지 한 번도 자신의 가문을 자랑한 적이 없었다.

"하나같이 몰인정한 악당들이야." 안나 안드레예브나가 말을 계속했다. "그럼 우리 불쌍한 것은 슬퍼하며 울고 있겠구먼. 아이고, 자네 그 애에게

가 봐야지! 마트료나, 마트료나! 어쩜 이렇게 게으른지! 그들이 그 애를 모욕하지는 않았는가? 말해 보게, 바냐."

부인에게 어떻게 대답해야 한단 말인가. 노부인은 울기 시작했다. 나는 부인이 조금 전에 말하려던 불행한 일이 무엇인지 물었다.

"하, 여보게. 지금까지의 불행이면 충분할 텐데 도저히 끝이 보이지 않는구먼. 자네 기억하는가? 나에게 언젠가 기념으로 만든 금으로 된 로켓(사진이나 기념품 따위를 넣어 목걸이에 다는 작은 갑)이 있었지? 나타샤의 어릴 때 모습이 들어 있는데 아마 그 애가 여덟 살 때쯤이었을 거야. 나하고 니콜라이가 방랑 화가에게 그림을 부탁했는데, 자네는 분명 잊었을 거야. 아주 재능 있는 화가였어. 그 아이를 큐피드처럼 묘사했지. 그때 나타샤는 아름다운 금발의 곱슬머리를 하고 있었지. 무명 셔츠를 입고 있었는데 앙증맞은 몸이 비치는 듯하는 게 아무리 보아도 싫증이 나지 않을 만큼 귀여웠네. 나는 화가에게 날개도 그려 달라고 부탁했는데 그는 그리려 하지 않았어. 끔찍한 일이 일어났을 때 나는 그 로켓을 귀중품함에서 꺼내어 실을 꿰어 십자가와 나란히 목에 걸었지. 하지만 남편이 볼까봐 늘 두려웠어. 그때 그이는 나타샤를 생각나게 하는 물건은 모두 집에서 끌어내거나 태워 버리라고 했다네. 그러나 나는 초상화로나마 그 애를 보고 싶었어. 어떤 때는 그림을 보며 울고 나면 마음이 가벼워져. 혼자 있을 때는 그 애에게 입맞추듯 실컷 그림에 입맞추었지. 그걸 보며 그 애의 이름을 부르고 밤마다 성호를 그어 주었지. 혼자 있을 때면 그 애와 소리내어 말하고 이것저것 물어도 보았어. 그 애가 대답한 것처럼 상상하고는 또 묻곤 한다네. 아, 바냐, 이렇게 말하는 것조차 슬퍼서 견딜 수 없네! 어쨌든 남편이 로켓에 대해선 전혀 모르고 눈치채지 못한 줄 알고 기뻐했네. 그런데 어제 아침 로켓은 사라지고 실만 남아 있지 뭔가. 실이 닳아서 끊어지는 바람에 어딘가에 흘린 게 틀림없어. 나는 정신이 아득해졌지. 그래서 찾고 찾고 또 찾았으나 헛일이었어! 흔적도 없지 뭔가! 어디로 사라졌을까! 침대에서 잃어버렸나 싶어 침대를 다 뒤졌지만 헛일이었네. 실이 끊어져서 어딘가에 떨어뜨렸다면 누군가 발견했을 텐데, 남편과 마트료나가 아니면 누가 발견했겠는가? 마트료나는 생각할 필요도 없지. 그 애는 나한테 숨기는 게 없거든…… (마트료나, 사모바르는 아직 멀었니?) 남편이 발견한다면 무슨 일이 벌어질까 하고 생각해 보았네. 그래서 혼자 앉아서 울고 또 울었지. 눈물이 그치지 않는 거야. 그런데 니콜라이 세르게이치가 나에게 친절하게 대하더군. 눈물짓는 나를 보며 마치 무슨 일로 우는지 알고 있다는 듯 나를 가엾게 보는 거야. 그이가 어떻게 눈치챘을까? 어쩌면 그이가 로켓을 발견하고 창문 너머로 던져 버렸는지도 몰라. 그이라면 화가 나서 충분히 그럴 수 있으니까. 집어던지고 나서 이제는 자기가 버린 것을 후회하고 슬퍼하는 걸 거야. 나는 마트료나와 창문 아래로 그것을 찾으러 갔지만 아무것도 찾지 못했어. 땅 속으로 꺼진 듯 완전히 사라져 버렸어. 밤새 눈물로 지새웠지. 처음으로 그 애에게 밤에 성호를 그어 주지 못했네. 아, 그게 흉조야, 흉조. 이반 페트로비치, 그게 좋지 않은 일이 일어날 징조였어. 날이 밝았지만 눈물은 마르지 않았고 나는 계속 울었지. 그리고는 자네를 마치 신의 사자처럼 기다렸다네, 마음이라도 털어놓으려고……."

노부인은 다시 서럽게 울기 시작했다.

"아, 그래. 알려 줄 것이 있는데 잊었네!" 부인은 기억이 떠오른 것을 기뻐하며 말했다. "자네 그이한테서 어떤 고아에 대해 들었는가?"

"들었습니다, 안나 안드레예브나, 두 분이 오랫동안 생각하신 끝에 부모 없는 불쌍한 여자아이를 입양하기로 합의를 보았다고 말씀하시던데, 사실입니까?"

"그럴 리가 있겠나? 나는 생각도 안 해 봤어! 고아라니, 나는 싫네. 그래 봐야 그 아이는 우리의 쓰라린 운명과 불행을 떠올리게 만들 뿐인걸. 나타샤 말고는 아무도 원치 않네. 우리 딸은 그 애뿐이고 앞으로도 그럴 것이네. 그런데 그이는 왜 고아 소녀를 입양할 생각을 했을까? 자네는 어떻게 생각하나, 이반 페트로비치? 내가 우는 걸 보고 나를 위로하려는 생각인 걸까? 아니면 자기 딸을 기억에서조차 몰아내고 다른 아이에게 정을 주려는 걸까? 오는 길에 그가 나에 대해 뭐라던가? 그이는 어때 보이던가. 우울하고 화가 나 있던가? 쉿! 그가 오네! 다음에 이야기하세. 다음에! ……내일 오는 것 잊지 말게."

13

노인이 들어왔다. 호기심어린 눈으로, 왠지 부끄러운 듯 우리를 보고는 얼굴을 찌푸리며 탁자로 다가왔다.

"사모바르는 어떻게 된 거야?" 노인이 물었다. "아직 준비가 안 된 거야?"

"바로 내올 거예요. 여보, 봐요, 여기 왔잖아요." 안나 안드레예브나가 분주해졌다.

마트료나는 니콜라이 세르게이치를 보자마자 마치 노인이 나오면 차를 내려고 기다렸다는 듯이 이내 사모바르를 들고 나타났다. 그녀는 나이 먹은 하녀로 경험 많고 충실했지만 고집 세고 완고한 성격의 소유자로서, 세상의 모든 하녀들 가운데 가장 변덕스러운 불평꾼이었다. 그래도 마트료나는 니콜라이 세르게이치를 두려워하여 그가 있을 때는 언제나 입을 다물고 있었다. 그 대신 안나 안드레예브나 앞에서는 그에 대한 보상을 받으려는 듯 끊임없이 버릇없이 굴었고 안주인을 지배하려는 의도를 노골적으로 내비쳤다. 하지만 동시에 노부인과 나타샤를 진심으로 사랑하는 것도 사실이었다. 이 마트료나를 나는 이흐메네프카 마을에 살던 시절부터 알고 있었다.

"흠…… 흠뻑 젖는 바람에 기분이 유쾌하지 않아. 그런데 차 한 잔도 편하게 못 마신다니." 노인이 작은 소리로 중얼거렸다.

안나 안드레예브나는 재빨리 나에게 눈을 찡긋했다. 노인은 이런 비밀스러운 눈짓을 참지 못했으므로 지금은 짐짓 우리를 보지 않으려 했지만, 그의 표정에서 안나 안드레예브나가 나에게 눈짓한 것을 눈치챘음을 알 수 있었다.

"일이 있어서 나갔다 왔네, 바냐." 그가 갑자기 말을 꺼냈다. "아주 지저분한 일이야. 내가 자네에게 말했던가? 내가 유죄라는군. 자네도 알다시피 나한테는 증거가 없어. 필요한 서류는 없고, 내가 제시한 것은 오류투성이고……. 흠……."

공작과의 재판에 대해 말하는 것이었다. 이 소송은 여전히 계속되고 있었는데, 니콜라이 세르게이치에게 아주 불리한 방향으로 흘러가고 있었다. 나는 어떻게 대답해야 할지 몰라 입을 다물고 있었다. 그는 나를 미심쩍은 눈으로 바라보았다.

"아무렴 어때!" 우리의 침묵에 기분이 상한 듯 노인이 갑자기 소리쳤다. "이를수록 좋지. 내가 벌금은 물어야 한다고 결정이 나더라도 나를 비열한 인간으로 만들지는 못해. 내 양심이 깨끗한 것은 내가 알아. 멋대로 판결을 내리라 그래. 적어도 끝장은 날 테니까. 나는 해방되고 파산하겠지……. 그러면 다 던져 버리고 시베리아로 갈 거야."

"맙소사, 어디로 간다고요! 왜 그렇게 멀리!" 안나 안드레예브나가 참지 못하고 말했다.

"여기는 뭐 가깝소?" 아내가 반박하기를 기다렸다는 듯 노인은 거칠게 대꾸했다.

"하지만 역시…… 사람들한테서 멀어지는 건……." 안나 안드레예브나는 말끝을 흐리며 곤란한 얼굴로 나를 바라보았다.

"사람들? 어떤 사람들?" 노인은 나와 노부인을 번갈아 쏘아보며 소리 질렀다. "강도들, 비방꾼들, 배신자들? 그런 놈들이라면 어딜 가든 많아. 걱정 마오. 시베리아에도 있을 거요. 나하고 함께 가고 싶지 않으면 여기 남아도 좋소. 내 강요하진 않겠소."

"여보, 니콜라이 세르게이치! 당신이 없는데 제가 누구를 위해 여기에 남겠어요! 이 넓은 세상에 당신 말고 나한테 누가……." 가엾은 안나 안드레예브나가 외쳤다.

노부인은 말을 우물거리며 도움을 청하듯 겁먹은 눈길을 나에게 돌렸다. 노인은 신경이 곤두서서 한 마디 한 마디에 트집을 잡았다. 지금은 그에게 반박해서는 안 되었다.

"이제 충분해요, 안나 안드레예브나." 내가 말했다. "시베리아도 생각만큼 그렇게 나쁘지는 않아요. 일이 잘 안 풀려서 두 분이 이흐메네프카의 영지를 팔아야 한다면 니콜라이 세르게이치의 의견도 꽤 좋군요. 시베리아에서 괜찮은 자리를 구할 수 있을 겁니다. 그러면……."

"옳거니, 이반. 적어도 자네만큼은 이성적으로 말하는군. 나도 그렇게 생각하네. 그러니까 그렇게 모두 버리고 떠날 거야."

"아니에요. 나는 이런 걸 기대하지는 않았어요!" 안나 안드레예브나가 두 손을 꼭 쥐며 부르짖었다. "바냐, 자네도 똑같아! 이반 페트로비치, 자네한테서 그런 말을 듣게 될 줄은 꿈에도 몰랐네……. 우리가 그렇게 예뻐하며 키워주었는데 이제 와서……."

"하하하! 당신은 무엇을 기대했소? 생각해 보오, 우리가 여기서 무슨 수로 살겠소! 돈도 다 떨어져 마지막 한 푼밖에 남지 않았소! 아니면 나더러 표트르 알렉산드로비치 공작에게 가서 용서를 빌란 거요?"

노부인은 공작의 이름을 듣자 겁에 질려 떨기 시작했다. 손에 들려 있던 찻숟갈이 찻잔 받침에 달그락하고 부딪혔다.

"아니지, 말 나온 김에" 악에 받치고 고집스러운 기쁨에 취해 이흐메네프가 말했다. "바냐, 자네는 어떻게 생각하나, 정말로 사과하러 갈까? 우리가 시베리아까지 갈 필요가 어디 있나! 차라리 내일 좋은 옷을 입고 머리를 곱고 매끈하게 빗고 말이야. 안나 안드레예브나가 새 와이셔츠를 준비해 주겠지. (높으신 분을 뵙는데 너저분한 차림으로 갈 수는 없지!) 고급 장갑을 한 켤레 사서 끼고 각하에게 가겠네. 각하, 자비로운 나리! 용서해 주십시오, 저를 긍휼히 여기시고 빵 한 쪽만 주십시오, 아내와 어린 자식들이 배고파 울고 있습니다! ……이러면 되겠소, 안나 안드레예브나? 그러기를 바라시오?"

"여보…… 저는 아무것도 원하지 않아요! 말이 헛나온 거예요. 제가 당신을 화나게 했다면 용서하세요. 부탁이니 제발 소리 지르지 마세요." 노부인은 더욱더 두려움에 떨면서 말했다.

나는 이흐메네프가 가엾은 아내의 눈물과 두려움을 본 순간 가슴이 미어지고 속이 뒤집혔다고 확신한다. 그의 마음은 아내보다 훨씬 더 아팠겠지만 스스로를 억제하지 못했다. 이런 일은 지극히 선량하지만 나약한 사람들에게 종종 일어난다. 자신의 선함에도 불구하고, 어떤 대가를 치르더라도 죄 없는 사람, 주로 자신과 가장 가까운 사람을 아프게 할지라도 자신의 가슴속에서 끓어오르는 것을 모두 털어놓음으로써 쾌락에 이를 때까지 자신의 아픔과 분노를 쏟아내는 데 몰두한다. 예를 들면 부인들은 이따금 모욕이나 불행과는 전혀 상관이 없는데도 스스로 불행하고 모욕당했다고 생각하고 싶어한다. 이런 점에서 부인네와 비슷한 남성들도 많이 있으나 특별히 그들이 약하거나 여성적인 데가 있는 것은 아니다. 노인은 이러한 기분 때문에 고통스러워하면서도 다툼의 필요성을 느끼고 있었던 것이다.

이 순간 어떤 생각이 내 머릿속을 스쳤던 기억이 난다. 그가 정말 안나 안드레예브나가 추측한 것과 같은 돌발적인 행동을 한 것은 아닐까? 어쩌면 아마 정말로 결심하고 나타샤에게 가다가 생각을 바꾸었거나 사정이 여의치 않아 계획을 변경하고—이쪽이 더 현실적이다—조금 전의 기대와 감정이 부끄러워 화를 내며 집으로 돌아와서는 자신의 약함에 대해 화풀이를 할 상대, 바로 자기와 비슷한 기대와 감정을 가장 많이 가진 사람을 찾은 것이다.

딸을 용서하고 싶었을 때는 가엾은 안나 안드레예브나의 환희와 기쁨을 상상했을 것이다. 하지만 일이 생각대로 되지 않자, 말할 것도 없이 그의 아내가 욕을 먹게 된 것이다.

그러나 자기 앞에서 무서워 떨고 있는 부인의 절망적인 모습을 보고 이흐메네프의 마음이 움직였다. 그는 자신의 분노가 부끄러운 듯 이내 감정을 가라앉혔다. 우리 모두는 입을 다물었다. 나는 보지 않으려 애썼다. 그러나 고요한 시간은 얼마 가지 않았다. 분노의 폭발이건 저주이건 간에 노인은 자신의 분통을 터뜨려야만 직성이 풀릴 것이었다.

"보게, 바냐." 노인이 갑자기 말했다. "이런 말은 하고 싶지 않고 할 생각도 없었네만 가감 없이, 솔직한 사람이면 응당 그래야 하듯 솔직하게 털어놓겠네…… 이해하겠나, 바냐? 자네가 와주어 기쁘니까 자네가 있는 데서 다른 이들도 이 모든 무의미한 일, 눈물, 한숨, 불행들에 내가 결국 나가떨어졌다는 걸 알게끔 큰 소리로 말하겠네. 내가 피흘리듯 괴로워하며 내 가슴에서 도려낸 것은 결코 내 가슴으로 돌아올 수 없을 거야. 그럼! 나는 내 입으로 한 말은 반드시 지키네. 나는 반 년 전에 일어난 일을 말하는 거야. 자네는 이해하겠지, 바냐? 자네가 내 말을 오해하지 않도록 솔직하고 분명히 말하는 거야." 노인은 이글거리는 눈으로 나를 보면서 겁에 질린 아내의 눈길을 회피하며 덧붙였다. "다시 말하네만, 이런 어리석은 짓은 이제 됐어. 무엇보다 사람들이 나를 바보 취급하고, 아주 저급하고 비열하고 연약한 사람으로 보는 게 분해서 견딜 수 없어……. 나는 너무 슬픈 나머지 돌아버리는 줄 알았지만…… 다 필요 없어! 낡은 감정은 던져 버리고 잊어버렸어! 나한테 추억이라곤 없어……. 그래, 그래, 그렇고 말고!"

노인은 의자에서 일어나 주먹으로 찻잔이 울리도록 강하게 탁자를 내리쳤다.

"니콜라이 세르게이치! 안나 안드레예브나가 딱하지도 않습니까? 부인께서 어떻게 하고 있는지 좀 보십시오." 나는 참지 못하고 거의 격분해서 노인을 바라보며 말했다. 그러나 그것은 불에 기름을 붓는 격이었다.

"딱하지 않아!" 몸을 떨면서 창백해진 노인이 외쳤다. "딱하지 않아! 나를 딱하게 봐 주는 사람은 아무도 없으니까! 명예를 짓밟힌 내 뒤편에서 온갖 저주와 벌이란 벌은 다 받아 마땅한, 음탕한 딸년을 위해 모반을 꾸미고 있으니까!"

"여보, 니콜라이 세르게이치. 제발 저주는 하지 마세요! 당신이 하고 싶은 대로 다 해도 되지만 딸애를 저주하지는 말아 주세요!" 안나 안드레예브나가 소리쳤다.

"저주할 거야!" 노인이 두 배나 크게 소리쳤다. "모욕받고 능욕당한 나에게 그 방종한 것에게 가서 용서를 빌라고 요구하잖아! 그래, 그렇다니까! 이 집에서는 날마다, 밤낮으로 눈물과 한숨과 어리석은 암시로 내 숨통을 조이네. 보게, 바냐." 노인은 재빨리 떨리는 손으로 옆 주머니에서 종이를 꺼내며 덧붙였다. "재판 서류야! 이놈 때문에 나는 도둑에 사기꾼에 내 은인을 약탈한 놈이 되었어! 그 딸년 때문에 욕을 먹고 망신을 당했어. 자, 봐! 보라고!"

그리고 노인은 프록코트의 주머니에서 여러 가지 문서를 한 장 한 장씩 꺼내 탁자 위에 올려놓더니 나에게 보여 줄 것을 조급하게 찾았다. 그러나 필요한 문서는 마치 일부러 나오지 않는 듯했다. 그는 서둘러 주머니에서 손에 잡히는 것을 모두 끄집어냈다. 그때 갑자기 둔중한 소리를 내며 무엇인가가 상 위로 떨어졌다……. 안나 안드레예브나가 외마디 소리를 질렀다. 그것은 그녀가 잃어버린 로켓이었다.

나는 내 눈을 믿을 수가 없었다. 피가 노인의 머리로 솟구쳐 뺨을 물들였다. 그는 몸을 떨었다. 안나 안드레예브나는 두 손을 모으고 애원하듯 영감님을 바라보았다. 노부인의 얼굴은 밝고 기쁜 희망으로 빛났다. 우리 앞에서 노인은 얼굴이 벌게지며 당황했다……. 그렇다, 안나 안드레예브나가 옳았다. 노부인은 이제 그 로켓이 어떻게 사라졌는지 이해했다!

노부인은 당신 영감님이 그 로켓을 발견하고는 기쁨에 몸을 떨며 누구에게도 들키지 않도록 꼭꼭 숨겼다는 것을 알았다. 그리고 그가 혼자 있을 때, 아무도 보지 않을 때, 무한한 사랑을 남기고 사랑하는 딸의 어릴 때 모습을 바라보고 또 바라보고, 아무리 봐도 싫증내지 않고 가엾은 그의 아내처럼 방에 혼자 틀어박혀 자기의 소중한 나타샤에게 말을 걸고 그녀의 대답을 상상하고 그 말에 또 자신이 대답하며, 밤에는 어마어마한 그리움에 짓눌려 흐느낌을 가슴속에 억누른 채 사랑스러운 모습을 어루만지며 입맞추고, 다른 사람 앞에서는 보고 싶지 않다며 저주를 퍼부은 딸에게 저주는커녕 용서와 은총을 호소한 것이었다.

"여보, 당신도 역시 그 애를 여전히 사랑하시는군요!" 안나 안드레예브나는 조금 전 나타샤를 저주하던 엄격한 아버지 앞에서 더는 감정을 억누르지 못하고 외쳤다.

그러나 부인의 말이 끝나기도 전에 노인의 눈에서 격렬한 분노가 타올랐다. 그는 로켓을 움켜쥐고 바닥에 힘껏 집어던지고는 무자비하게 발로 짓밟기 시작했다.

"저주할 거야, 영원히 저주하겠어!" 숨을 헐떡이며 쉰 목소리로 노인이 말했다. "영원히, 영원히!"

"그만해요!" 안나 안드레예브나가 소리질렀다. "그 애를, 그 애를! 우리 나타샤를! 그 애의 얼굴을…… 발로 짓밟다니! 당신은 사람도 아니에요! 감정도 없는 잔혹한 야만인이에요!"

아내의 흐느낌을 듣자 광기 어린 노인은 자기가 한 일에 두려움을 느꼈다. 그는 갑자기 바닥에서 로켓을 집어 들고 방 밖으로 뛰쳐나가려 했으나 겨우 두어 걸음 떼더니 무릎을 꿇고 앞에 있는 소파에 손을 짚으며 고개를 힘없이 떨어뜨렸다.

노인은 어린아이처럼, 여인네처럼 흐느꼈다. 울음소리가 노인의 가슴을 갈기갈기 찢으며 터져 나왔다. 무섭기만 하던 노인이 잠깐 사이에 갓난아기보다 더 연약해졌다. 아, 그는 이제 저주할 수도 없었다. 그는 이미 우리 중 아무에게도 부끄러움을 느끼지 않고 자기의 사랑을 폭발시키며 우리가 보는 앞에서 그가 조금 전 발로 짓밟던 그 얼굴에 수없이 입을 맞추었다. 마치 그의 마음속에 오랫동안 억눌러 온 딸에 대한 정성과 사랑이 더는 거역할 수 없는 기세로 밖으로 터져 나오며, 이 폭발력을 통해 노인의 모든 존재를 파괴하려는 듯 보였다.

"그 애를 용서하세요. 용서하세요!" 노인의 머리 위로 몸을 숙여 그를 껴안으며 안나 안드레예브나가 흐느끼듯 소리쳤다. "그 애를 이 집으로 데려오세요, 여보. 하느님도 심판대에서 당신의 자비롭고 다정한 마음을 알아주실 거예요!"

"아니야, 안 돼! 무슨 일이 있어도 절대 안 돼!" 노인은 목쉬고 짓눌린 소리로 외쳤다. "절대! 절대 안 돼!"

14

내가 나타샤에게 왔을 때에는 시계 바늘이 이미 열 시를 가리키고 있었다. 나타샤는 그 당시 세묘노프스키 다리 옆 폰탄카에 있는 콜로투시킨이라는 상인의 지저분한 '고급' 임대 주택 4층에 살고 있었다. 집을 나온 초기에 그녀와 알료샤는 리체이나야 거리에 있는 넓지는 않으나 아담하고 쾌적한 집의 3층에서 살았다. 그러나 젊은 공작의 돈줄은 이내 바닥을 드러냈다. 알료샤가 음악 선생이 되지 못하면서 빚을 내기 시작하다가 마침내는 그의 처지로서는 엄청난 빚더미에 올라앉았다. 그 집을 장식하거나 나타샤에게 선물하는데 돈을 썼지만, 나타샤는 그의 씀씀이가 헤픈 것을 나무라고 때로는 눈물을 흘리기도 했다. 감수성이 풍부한 알료샤는 1주일 내내 나타샤에게 무엇을 선물할까, 그녀가 선물을 어떻게 받아들일까 생각하며 즐거워했고, 그동안에는 아무 일도 하지 않을뿐더러 자신의 기대와 꿈을 나에게 미주알고주알 이야기했다. 나타샤가 잔소리를 하거나 눈물 흘리면 딱해 보일 만큼 의기소침해졌고, 그 뒤에는 언제나 선물 때문에 그들 사이에 심각한 비난과 고뇌와 다툼이 생기곤 했다. 그밖에도 알료샤는 나타샤 모르게 많은 돈을 낭비했다. 못된 친구들과 어울려 다니며 나타샤를 배신하고 조세피나나 미나 같은 천박한 여인들과 놀아나기도 했지만, 그래도 알료샤는 나타샤를 매우 사랑했다. 하지만 그것은 고통을 동반한 사랑이었다. 그는 자주 심란해하고 슬픔에 젖은 채 나를 찾아와서 자기가 나타샤의 손가락 하나만큼도 가치가 없고 무자비하고 악하며, 그녀를 이해할 힘이 없을 뿐 아니라 그녀의 사랑을 받을 가치가 없다고 말했다. 그의 말은 부분적으로 옳았다. 그들 사이에는 도저히 어울릴 수 없는 부분이 존재했다. 알료샤는 그녀 앞에서 자신을 어린 아이로 느꼈고, 나타샤도 언제나 그를 철부지로 여겼다. 알료샤는 나에게 눈물을 흘리며 자신과 조세피나의 관계를 고백하면서 나타샤에게는 절대 말하지 말아 달라고 부탁했다. 그러나 이렇게 털어놓고 난 뒤 알료샤가 소심하게 떨면서 나와 함께 나타샤에게 가면(그는 죄를 지은 뒤에는 그녀를 보기가 겁나서 내가 자신을 지원해 줄 유일한 사람이라고 단언하며 반드시 나를 데리고 갔다), 나타샤는 알료샤의 얼굴을 보자마자 이미 무슨 일이 있었는지 눈치를 챘다. 질투가 매우 심한 나타샤가 어떻게 언제나 저지르는 그의 불륜을 모두 용서해 주는지 나는 알 수가 없다. 일은 보통 이렇게 진행되었다.

알료샤가 나와 함께 들어서서 소심하게 나타샤에게 말을 붙이며 무력하고 상냥한 표정을 지으면서 그녀를 바라본다. 나타샤는 곧 그가 무슨 짓을 저질 렀구나 짐작했지만 절대로 내색하지도 않고 먼저 이야기를 꺼내거나 묻지도 않는다. 오히려 그녀는 한층 더 애교를 부리며 더 부드럽고 명랑하게 대한 다. 그것은 연기도 아니고 곰곰이 생각해 낸 꼼수도 아니었다. 그렇다, 이 훌륭한 여성에게는 용서하고 관용을 베푸는 것은 최고의 기쁨이었다. 알료 샤를 용서하는 과정 속에서 어떤 특별하고 세련된 즐거움을 찾는 듯했다. 물 론 그때는 아직 작부들만이 관계되어 있을 뿐이었다. 모든 일을 용서하는 온 순한 나타샤를 보면 알료샤는 더 참지 못하고, 마음을 가볍게 하고 모든 것 을 이전 상태로 돌려놓기 위해 묻지도 않는데 모든 것을 스스로 털어놓았다. 용서를 받고 나면 그는 희열에 젖고 이따금 기쁨과 감동에 사로잡혀 눈물을 흘리며 나타샤에게 입맞추고 끌어안기도 한다. 그런 다음 금세 명랑해져서 어린아이처럼 솔직하게 작부들과 있었던 일을 세세히 이야기하기 시작하고, 내내 웃으며 나타샤에게 고마워하고 그녀를 칭찬한다. 그 밤은 그렇게 해서 행복하고 유쾌하게 흘러가는 식이었다. 돈이 완전히 떨어지자 알료샤는 물 건을 내다 팔기 시작했다. 나타샤의 강한 주장에 따라 그들은 폰탄카에 작고 싼 집을 구했다. 물건은 계속 팔아야 했고 나타샤는 심지어 자신의 옷까지 내다 팔고 일자리를 찾기에 이르렀다. 알료샤가 이 사실을 알았을 때 그는 한없이 절망했다. 알료샤는 스스로를 저주하고 증오한다고 외치면서도 막상 상황을 개선하기 위해서는 아무 일도 하지 않았다. 지금은 마지막 재산조차 바닥이 나고 일자리만 남았는데 그 일은 보수가 매우 적었다.

처음 그들이 함께 살던 때부터, 알료샤는 이 문제로 아버지와 심하게 다투 었다. 아들을 백작 부인의 의붓딸 카테리나 표도로브나 필리모노바와 혼인 시키려는 공작의 생각은 그때까지는 단순히 계획단계였지만, 이때부터 그 공작은 계획을 강력히 밀어붙였다. 공작은 알료샤를 미래의 배필에게 데려 가 그녀의 마음에 들도록 해보라고 으르고 달래며 그를 설득했다. 그러나 이 일은 백작 부인 때문에 수포로 돌아가고 말았다. 그러자 공작은 시간이 해결 해주리라 믿고 아들과 나타샤와의 관계를 못 본 체했다. 알료샤의 경박함과 무분별함을 알고 있으므로 사랑이 곧 식어 버리기를 기대했다. 아주 최근까 지도 공작은 아들과 나타샤의 결혼 가능성에 대해 거의 걱정하지 않았다. 연인들은 공작과 나타샤 아버지가 정식으로 화해하고 일반적인 상황이 호전될 때까지 결혼을 미루었다. 무엇보다 나타샤가 결혼에 대해 이야기하고 싶어 하지 않았다. 알료샤는 나에게 은밀히 자기 아버지가 이 모든 일을 기뻐하는 것 같다고 말한 바 있다. 이흐메네프에게 굴욕을 준 것이 무엇보다 기뻤던 것이다. 그래도 형식적으로는 아들에게 자신의 불만을 계속 나타냈다. 그렇지 않아도 몇 푼 되지 않는 용돈을 깎아 버렸고(그는 아들에게 매우 인색했다), 그나마도 모두 빼앗아버리겠다고 겁을 주었다. 그러나 그 뒤 공작은 곧 볼일이 있어 폴란드로 간 백작 부인을 뒤쫓아 가버렸다. 그는 지칠 줄 모르고 알료샤의 혼인 계획을 밀고 나갔으므로 백작부인을 놓칠 수 없었던 것이다. 사실 알료샤는 결혼하기에는 아직 어렸지만 그 처녀는 엄청난 부자이므로 그런 좋은 기회를 놓칠 수는 없었다. 공작은 마침내 목적을 이루었다. 혼담이 순조롭게 마무리되었다는 소문이 우리에게까지 들려왔다. 내가 지금 묘사하고 있는 이 시점에 공작은 마침 페테르부르크로 막 돌아온 상태였다. 공작은 아들에게 친절하게 대했지만, 나타샤와의 관계가 생각보다 끈질기게 이어져 온 것을 알자 몹시 놀라며 불쾌해했다. 그는 완강하게 나타샤와 결별할 것을 요구했다. 그리고 곧 훨씬 효과적인 수단을 생각해 내고는 알료샤를 백작 부인에게 데리고 갔다. 그 의붓딸은 이미 아름다운 처녀가 되어 있었으나 한편으로는 아직 소녀나 마찬가지였다. 그녀는 아주 고운 마음씨와 순수하고 맑은 영혼을 가졌고, 명랑하고 똑똑하고 상냥했다. 공작은, 어쨌든 반년이라는 시간이 제 몫을 했음에 틀림없고, 나타샤는 이미 자기 아들의 눈에 매력적으로 비치지 않을 것이며, 아들도 반 년 전과는 다른 눈으로 미래의 자기 신부를 바라볼 것이라고 계산했다. 그 계산은 부분적으로는 옳았다……. 알료샤는 실제로 카테리나에게 빠졌다. 한 가지 더 덧붙이자면, 아버지는 아들에게 갑자기 매우 부드럽게 대하기 시작했다(그래도 돈은 주지 않았다). 알료샤는 이 부드러움 뒤에 움직일 수 없는 단호한 결정이 숨어 있다는 것을 느끼고 우울해졌다. 그것은 카테리나 표도로브나를 매일 보지 못한다는 우울함과는 다른 종류의 우울함이었다. 나는 그가 이미 닷새째 나타샤에게 얼굴도 비치지 않았다는 사실을 알고 있었다. 이흐메네프 부부에게서 나타샤에게로 가면서 나는 나타샤가 나에게 무슨 이야기를 하려는 것일까 하고 초조하게 추측해 보았다. 멀리서 나타샤의 집 창가에 켜져 있는 촛불이 눈에 들어왔다. 우리는 이미 오래 전에 나타샤가 나를 보고자 할 때는 촛불을 창가에 세워 두어 내가 근처를 지나갈 일이 있을 때(이 일은 거의 매일 저녁 있었다) 평소와 다른 창가의 빛을 보고 그녀가 나를 기다리고 있고 내가 필요하다는 것을 알아챌 수 있도록 약속해 놓았다. 최근에 나타샤는 자주 촛불을 창가에 세워 놓았다…….

15

방에는 나타샤 혼자 있었다. 그녀는 팔짱을 낀 채 깊은 생각에 잠겨 방 안을 조용히 오가고 있었다. 불이 거의 꺼져가는 사모바르가 탁자 위에서 내가 오기를 오랫동안 기다리고 있었다. 나타샤는 말없이 미소를 지으며 나에게 손을 내밀었다. 얼굴은 창백하게 병색을 띠고 있었다. 그녀의 미소 속에는 순교자 같은 부드러움과 인내가 깃들어 있었다. 맑고 푸른 눈은 전보다 더욱 커 보였고 머리숱도 더욱 짙어진 듯했다. 이 모든 것이 다 그녀가 수척해지고 병이 났기 때문인 것 같았다.

"오늘은 안 오시나 보다 하고 생각했어요." 나타샤가 내 손을 쥐며 말했다. "상태를 알아보라고 마브라를 보내려고 했어요. 다시 병이 난 건 아니죠?"

"아니, 병이 난 게 아니라 잡혀 있었어요, 곧 말해 줄게요. 그런데 무슨 일이오, 나타샤? 무슨 일이 생긴 거요?"

"아무 일도 없었어요." 나타샤가 이 물음에 놀란 듯 대답했다. "왜요?"

"당신이 편지에……. 어제 꼭 와달라고 편지했잖소. 시간까지 정해주며 늦지도 이르지도 않게끔 오라고 했잖소. 이건 늘 있던 경우는 아니잖소."

"아, 그거요! 어제는 그를 기다렸거든요."

"그는 여전히 오지 않소?"

"네, 그가 오늘도 오지 않는다면 당신과 상의해야겠다고 생각했어요." 나타샤가 짧은 침묵 뒤에 덧붙였다.

"오늘 저녁도 그를 기다렸소?"

"아뇨, 기다리지 않았어요. 그는 저녁엔 거기에 있어요."

"나타샤는 어떻게 생각해요? 그는 이제 이곳에 오지 않을 생각일까요?"

"물론 오죠." 나타샤가 매우 심각하게 나를 바라보며 대답했다.

내 빠른 물음이 마음에 들지 않았던 것이다. 우리는 입을 다문 채 방 안을 계속 오갔다.

"바냐, 당신을 기다리면서 내가 무엇을 했는지 아세요?" 나타샤가 다시
미소를 머금고 말을 시작했다. "방 안을 왔다 갔다 하며 시를 암송했어요.
기억해요? 종소리, 겨울길, '사모바르가 참나무 상 위에서 끓어오르고……'
예전에 둘이서 곧잘 함께 읊었지요.

　　눈보라가 멈추고 길은 다시 밝아졌네
　　밤하늘은 수많은 어슴푸레한 눈 되어 나를 바라보네……

그리고 그 다음은,

　　문득 종소리와 어우러져
　　들려오는 정열적인 노랫소리
　　아, 언제나 내 가슴에서 쉬기 위해
　　내 님이 오시려나!
　　그것이 바로 삶! 새벽빛이
　　창에 덮인 성에를 희롱하기 시작하고
　　사모바르는 참나무 상 위에서 끓어오르네
　　내 난로는 소리내며 타오르는데 그 빛은
　　구석 꽃무늬 커튼 너머 침대를 비추네……

정말 아름답죠! 아픔이 가득한 시예요, 바냐. 환상적이고 울림이 가득한
그림이죠. 이것은 단지 밑그림만 표시된 수틀이어서 우리가 원하는 대로 수
놓을 수 있어요. 이 시에는 과거와 현재의 두 가지 느낌이 있어요. 사모바
르, 무명 커튼, 모두 친숙한 것이에요……. 시골에 사는 우리 소시민들의
집안 풍경이죠. 그 집들이 보이는 것 같아요. 통나무로 지어진, 아직 널빤지
도 붙이지 않은 새집이……. 이 다음에는 다른 그림이 이어져요.

　　문득 종소리와 어우러져 구슬프게
　　들려오는 그 노랫소리

내 님은 어디에 있을까? 나는 두렵다
그가 들어와 나를 안을까 봐!
이것이 삶인가! 방은 답답하고 어둡고
적적하네. 창문을 두드리는 웃바람……
창문 너머에는 벗나무 한 그루
그러나 얼어붙은 창 너머로 보이지 않네
아마도 오래전에 죽었는가
이것이 삶인가! 화려한 커튼도 빛이 바래고
나는 병들어 헤매며 부모에게 돌아가지도 못하누나
나를 꾸짖을 내 님도 없고……
단지 나이든 하녀가 중얼거리네……

'나는 병들어 헤매며'…… 이 '병들어'가 아주 절묘하게 삽입되어 있어요!
'나를 꾸짖을 내 님도 없고', 이 한 구절에 얼마나 애틋하고 세련된 느낌이
담겨 있는지 몰라요. 게다가 회상의 아픔까지. 스스로 초래하고 빠져들던 아픔
이……. 오, 하느님, 정말 아름답고 현실적이에요!"

나타샤는 시작되려는 목의 경련을 억누르듯 말을 멈추었다.

"바냐!" 얼마 뒤 나타샤가 말했지만 말하려던 내용을 잊었거나 또는 순간
적 느낌에 따라 생각 없이 말이 튀어나온 듯 다시 입을 다물었다.

그러는 사이에도 우리는 내내 방 안을 이리저리 맴돌았다. 성상 앞에 작은
램프 하나가 타고 있었다. 요즘들어 나타샤는 믿음이 더욱더 독실해졌는데,
누구도 이 부분에 대해 말하는 것을 좋아하지 않았다.

"내일이 축일이오?" 내가 물었다. "등이 밝혀져 있는데……."

"아니에요, 축일은 무슨…… 바냐, 그러지 말고 앉으세요. 피곤하시겠어
요. 차 드릴까요? 아직 안 마셨죠?"

"앉읍시다, 나타샤. 차는 마셨소."

"어디에서 오시는 길이세요?"

"그들에게서." 나는 나타샤의 부모님 댁을 언제나 그렇게 불렀다.

"그들에게서? 거긴 어떻게 갔죠? 당신 스스로 들렀나요, 아니면 불려 갔
나요?"

나타샤는 나에게 질문을 퍼부었다. 흥분이 되는지 그녀의 얼굴은 더욱 창백해졌다. 나는 노인을 만난 일과 그녀 어머니와 나눈 이야기, 로켓을 둘러싸고 벌어진 정황을 이야기해 주었다. 나는 주변 상황까지 곁들여 자세히 들려주었다. 나는 지금까지 나타샤에게 어떤 것도 숨기지 않았다. 나타샤는 내 말을 한 마디도 놓치지 않으려고 잔뜩 긴장하며 들었다. 그녀의 눈에서 눈물이 반짝였다. 로켓 사건이 그녀를 강하게 감동시켰다.

"잠깐, 잠깐만요, 바냐." 나타샤는 몇 번이나 내 말을 가로막았다. "자세히, 더, 되도록 자세히 말해줘요. 한 가지도 빼놓지 말고. 당신 이야기는 너무 막연해요!"

끊임없이 이어지는 그녀의 시시콜콜한 질문에 나는 두세 차례나 대답을 되풀이했다.

"당신은 정말로 아버지가 나에게 오시던 중이었다고 생각하세요?"

"몰라요, 나타샤. 그건 확실치 않아요. 그가 당신 걱정으로 슬퍼하시고 당신을 사랑한다는 것만은 분명해요. 하지만 이곳에 오시려고 했는지 아닌지는…… 글쎄……."

"아버지가 로켓에 입을 맞추셨다고요." 그녀가 내 말을 끊었다. "입을 맞추면서 뭐라고 하시던가요?"

"의미 없는 탄성뿐이었소. 당신의 애칭을 부르시는 것 같았소……."

"부르셨다고요?"

"그래."

나타샤는 조용히 울기 시작했다.

"가엾은 분들!" 나타샤가 말했다. "하지만 아버지께서 모든 것을 알고 계셔도 놀랍지는 않아요." 그녀는 짧은 침묵 뒤에 덧붙였다. "아버지는 알료샤의 아버지에 대해서도 꽤 자세히 알고 계신 듯하니까."

"나타샤." 나는 조심스럽게 말했다. "그들에게 돌아가요……."

"언제요?" 그녀가 창백해지더니 의자에서 주춤거리며 몸을 뺐다. 내가 당장 데리고 가려는 줄로 생각한 모양이었다.

"안 돼요, 바냐." 나타샤가 내 어깨에 양손을 올려놓고 슬프게 미소지으며 말했다. "안 돼요, 당신은 늘 그렇게 말하지만…… 이 얘기는 그만하는 게 좋겠어요."

"그럼, 이 몸서리나는 불화는 절대 끝나지 않을 거요!" 내가 슬프게 외쳤다. "당신은 먼저 화해의 첫걸음을 떼지 못할 만큼 그렇게 오만하오? 화해의 계기는 당신이 만들어야 하오. 당신이 먼저 다가가야 해. 어쩌면 아버지는 당신을 용서할 날만 손꼽아 기다리고 계신지도 몰라……. 누가 뭐래도 아버지잖소. 그런데 당신한테서 모욕을 받으신 거야! 아버지의 자존심을 존중해 드려요. 그것이 정당하고 자연스러운 일이오! 당신은 반드시 그렇게 해야 해요. 시도해 보오, 그는 당신을 무조건 용서하실 거요."

"무조건이라고요! 그건 불가능해요. 나를 탓하지 말아요, 바냐. 그래도 소용없어요. 그 일은 밤이나 낮이나 생각했고 지금도 생각하고 있어요. 부모님을 떠나온 뒤로 그 생각을 하지 않은 날은 하루도 없어요. 당신과도 수없이 이야기했잖아요! 그것이 불가능하다는 것쯤 당신도 잘 아시면서!"

"그래도 시도해 봐요!"

"안 돼요, 못 해요. 내가 용서를 빌어도 아버지는 더욱 화내실 게 분명해요. 영원히 떠나 버린 것을 돌아오게 할 수는 없어요. 결코 되돌릴 수 없는 것이 무엇인지 아세요? 부모님과 함께 보낸 행복한 어린 시절은 다시는 돌아오지 않아요. 아버지께서 나를 용서하신다 해도 나는 이미 옛날의 내가 아니에요. 아버지는 소녀 때의 나를, 커다란 아이를 사랑하세요. 그는 어리고 순수한 내가 사랑스러워 머리를 쓰다듬어 주셨을 뿐이에요. 내가 일곱 살 때 아버지의 무릎 위에 앉아 동요를 불렀을 때처럼. 어린 시절부터 최근까지도 아버지는 내 침대로 와서 밤마다 성호를 그어주셨어요. 우리의 불행이 있기 한 달 전에 아버지는 나 몰래 나에게 줄 귀고리를 사셨고(하지만 나는 다 알고 있었죠), 내가 그 선물을 받고 얼마나 기뻐할까 상상하며 어린아이처럼 기뻐하셨어요. 그런데 내가 이미 귀고리를 사신 걸 알고 있었다고 말씀드리자 모두에게, 특히 나에게 몹시 화를 내셨어요. 내가 집을 나오기 사흘 전에도 아버지는 내가 슬퍼하는 것을 알아채고는 당신도 몹시 슬퍼했어요. (당신은 어떻게 생각하세요?) 그리고 나를 즐겁게 해주려고 극장표를 사주겠다고 하시지 뭐예요! 다시 말하지만, 아버지가 알고 사랑하셨던 건 그 어린 소녀였어요. 내가 언젠가 성인이 될 거란 사실을 생각하려 하지도 않으셨어요……. 꿈에도 생각해보지 않으셨을 거예요. 지금 내가 부모님께 돌아간다 해도 아버지는 나를 알아보지 못하실 거예요. 아버지의 상대는 이미 어디에도 없어요. 나는 이미 예전의 그 나타샤가 아니에요, 어린애가 아니에요. 세상 풍파를 겪은 여자라고요. 만일 내가 아버지를 기쁘게 해드린다 해도 아버지는 과거의 행복을 동경하실 테고, 내가 이미 당신이 사랑하시던 어린 나타샤가 아니라서 슬퍼하실 거예요. 옛 것은 언제나 더 아름다워 보이죠! 추억은 쓰라린 법이에요! 아, 옛날엔 참 행복했는데, 안 그래요, 바냐?" 나타샤는 가슴속에서 고통스럽게 토해 놓은 이 탄식에 취해서 말을 중단했다.

"당신이 말한 것은 모두 사실이오." 나는 말했다. "나타샤, 아버지는 지금의 당신을 새로이 인식하고 다시금 사랑하게 되실 것이오. 중요한 것은 새로 알기만 하면 된다는 거요. 괜찮아, 아버지께서는 당신을 다시 사랑하게 되실 거요. 당신은 아버지가 당신을 다시 받아들이지 못하고 이해하지 못할 거라고 생각하오? 그토록 관대한 마음을 가진 그분이!"

"아, 바냐, 그렇게 말하지 말아요! 나한테 무슨 특별히 이해할 만한 것이 있나요? 나는 그런 뜻으로 말하지 않았어요. 보세요, 아버지의 사랑에도 질투가 섞여 있어요. 아버지가 모욕을 느낀 건 당신이 모르는 곳에서 나와 알료샤의 관계가 시작되었고 결정적 순간에 이르렀는데도 당신은 몰랐고 내다보지 못했기 때문이에요. 당신이 예견하지도 못했다는 것을 알면서도 우리 사랑의 불운한 귀결이나 나의 도주는 모두 배은망덕하게도 내가 모든 것을 비밀로 한 탓으로 돌리고 있어요. 나는 내 사랑이 싹틀 때부터 아버지에게 이야기하지 않았고, 그 뒤로도 내 마음을 모조리 고백하지 않았어요. 그러기는커녕 내 품속에 감추고 숨겼어요. 바냐, 아버지에게는 내가 그들을 떠나 알료샤에게 온 그 자체보다도 사실을 숨겼다는 점이 더 화가 나고 치욕스러운 거예요. 그가 아버지로서 나를 뜨겁게 사랑하며 맞아 준다고 해도 앙금은 남아 있을 거예요. 나를 맞이하고 2, 3일쯤 지나면 비탄과 오해와 비난이 시작될 거예요. 또 아버지는 나를 무조건 용서하지 않으실 거예요. 내가 아버지께 내 참마음을 고백하고, 내가 얼마나 그를 괴롭혔는지, 내가 얼마나 못난 딸인지 깨닫고 있노라고 말씀드려도, 알료샤와의 행복을 위해 얼마만큼 희생하고 얼마나 큰 고통을 견뎌왔는지, 아버지가 이해하고 싶어하지 않는다면, 비록 고통스럽더라도 나는 내 아픔을 참고 모든 것을 견뎌 낼 거예요. 하지만 그래도 아버지에게는 시원찮을 거예요. 틀림없이 나에게 불가능한 보상을 요구하실 거예요. 내가 지난 일을 저주하고, 알료샤를 저주하고 그를 사랑한 것을 후회하라고 요구하실 거예요. 불가능한 일을, 과거를 되돌리고 우리의 삶에서 지난 반 년을 지워 버리기를 원하실 거예요. 하지만 나는 아무도 저주하지 않고 후회하지도 않아요……. 이렇게 될 운명이었던 거예요……. 그래요, 바냐, 지금은 돌아갈 수 없어요. 아직 때가 되지 않았어요."

"그때가 언제 올까요?"

"몰라요……. 우리는 어떻게든 고통을 이겨내고 다시 미래의 행복을 얻어야 해요. 무언가 새로운 고통을 통해서 그것을 획득해야 해요. 모든 것은 고통을 통해 깨끗해져요……. 아, 바냐, 우리 삶에는 왜 이렇게 고통이 가득한 걸까요!"

나는 침묵한 채 골똘히 나타샤를 바라보았다.

"왜 나를 그렇게 보세요, 알료샤. 아니 바냐?" 나타샤는 말실수를 하고 그 실수에 미소지으며 내게 물었다.

"나는 지금 당신의 미소를 보고 있어요, 나타샤. 그런 미소는 어디에서 얻었소? 전엔 그렇게 웃지 않았는데."

"내 미소가 어때서요?"

"옛날 어린 시절의 순박함이 아직 남아 있소……. 하지만 지금은 웃으면서 가슴에 지독한 아픔도 같이 느끼는 것 같소. 말랐구려, 나타샤, 머리칼은 더 무성해진 것 같고……. 그 옷은 어디서 났소? 그 옷은 부모님과 함께 있을 때 지은 거잖소?"

"나를 너무나 사랑해주는군요, 바냐!" 나타샤는 나를 상냥하게 바라보며 대답했다. "근데, 당신은 지금 무엇을 하시나요? 일은 어떻게 되어 가나요?"

"변함없소. 여전히 장편소설에 매달려 있는데 잘 풀리지 않아서 괴롭소. 영감이 말라버린 모양이오. 거침없이 써 내려갈 수만 있다면 재미있는 것이 나올 텐데 좋은 생각을 망치는 게 안타까워. 내 맘에 쏙 드는 생각이거든. 그래도 기한까지는 꼭 잡지사에 넘겨야 해요. 차라리 장편은 덮어 두고 서둘러 중편이라도 써야 할지 고민 중이오. 가볍고 고상하고 조금도 음울하지 않은…… 절대적으로…… 독자가 유쾌하게 즐길 수 있는 작품 말이오!"

"가엾은 일벌레! 스미스는 어때요?"

"그는 세상을 떠났소."

"그 뒤에는 당신 방에 나타나지 않았나요? 저는 지금 심각하게 말하는 거예요, 바냐. 당신은 병이 들어서 신경이 쇠약해져 있어요. 모두 다 환상이에요. 당신이 그 셋집을 얻었다고 했을 때부터 나는 이미 눈치챘어요. 어떤가요, 집이 습하고 추하죠?"

"그래! 이야깃거리가 또 있어요, 오늘 저녁에…… 아니, 나중에 이야기하겠소."

나타샤는 이미 내 말을 듣지 않고 깊은 생각에 잠겨 있었다.

"그때 그들 곁을 어떻게 떠나올 수 있었는지 모르겠어요. 열병에 걸렸었나 봐요." 대답을 기대하지 않는 표정으로 나를 바라보며 나타샤가 말했다.

내가 이 순간 무슨 말을 했더라도 나타샤에게는 내 말이 들리지 않았을 것이다.

"바냐, 실은 중요한 일이 있어 와달라고 했어요." 나타샤는 거의 들리지도 않게 속삭이듯 말했다.

"무슨 일이오?"

"그와 헤어질 거예요."

"이미 헤어진 거요, 아니면 이제 헤어질 거요?"

"이젠 이 생활을 끝내야겠어요. 지금까지 가슴속에 묻어 놓고 당신에게 감추어 왔던 모든 것을 이야기하려고 당신을 불렀어요." 나타샤는 늘 나에게 비밀을 털어놓는다고 말머리를 시작하지만, 막상 들어보면 거의 언제나 이미 그녀로부터 직접 들어 알고 있는 내용이었다.

"아하, 나타샤, 그 말은 이미 수없이 들었소! 물론 당신들은 결코 함께 살 수 없소. 당신들의 관계는 어딘지 기이한 데가 있고, 둘 사이에는 아무런 공통점이 없어요. 그런데…… 당신에게 헤어질 용기가 있소?"

"전에는 생각뿐이었어요, 바냐. 그러나 지금은 완전히 결심했어요. 나는 그를 끝없이 사랑하지만 동시에 내가 그의 첫 번째 적(敵)이라는 것이 밝혀졌어요. 내가 그의 미래를 망치고 있어요. 그를 자유롭게 해주어야 해요. 그는 나와 결혼하지 못해요. 아버지의 뜻을 거역할 힘이 없으니까요. 나도 그를 묶어 두고 싶지 않아요. 그래서 그가 그 여자를 좋아하는 것이 심지어 기쁘기까지 해요. 나와 헤어지는 것이 쉬워졌으니까요. 그렇게 해야만 해요! 이것이 나의 의무예요……. 내가 그를 사랑한다면 모든 것을 그를 위해 희생하고, 내 사랑을 보여 주어야만 해요, 이것은 내 의무예요! 그렇지 않겠어요?"

"그러나 당신은 그를 설득하지 못할 거요."

"설득하지 않을 거예요. 설사 그가 지금 당장 들어온다 하더라도 나는 그를 전처럼 대할 거예요. 하지만 나는 그가 아무런 양심의 가책 없이 나를 떠날 수 있도록 좋은 방법을 찾아야 해요. 이것이 내 고민이에요. 도와줘요. 나에게 조언해 주세요."

"한 가지 방법밖에 없소." 내가 말했다. "그를 사랑하는 마음을 완전히 거두고 다른 사람을 사랑하는 것이오. 그렇지만 이 방법은 성공하기 어렵소. 당신도 그의 성격을 알잖소? 그는 닷새 동안이나 당신에게 오지 않았잖소. 그가 당신을 떠났다고 생각하고, 당신이 스스로 그를 떠난다고 편지를 쓰기만 하면 돼요, 그러면 그는 곧 당신에게 달려올 거요."

"왜 당신은 그를 싫어하죠, 바냐?"

"내가?"

"그래요, 당신 말이에요! 당신은 그의 적이에요, 겉으로도 속으로도! 당신은 그에 대해 말할 때 늘 복수심에 차서 말하잖아요. 나는 당신이 그를 모욕하고 비방하면서 가장 큰 희열을 느끼는 것을 수없이 봐왔어요! 그래요, 당신은 그를 비방했어요, 틀림없어요!"

"그 말도 이미 수백 번은 들었소. 됐어. 나타샤! 이 이야기는 그만합시다."

"나는 다른 집으로 이사하고 싶어요." 그녀가 잠시 뒤 다시 입을 열었다. "화내지 마세요, 바냐……."

"어디로 가건 그는 쫓아올 거요. 그리고 나는 화나지 않았소."

"사랑은 강하다고 하니까, 새로운 사랑을 하면 그는 오지 않을 거예요. 그가 돌아온다 해도 일시적인 걸 거예요. 당신은 어떻게 생각해요?"

"모르겠소, 나타샤. 그의 행동은 종잡을 수 없소. 지금도 그녀와 결혼하기를 원하면서 당신을 사랑하려고 하니까, 여러 가지 일을 한꺼번에 하려고 하는 사람 아니오?"

"그가 그녀를 사랑한다는 것을 분명히 알 수 있다면 나도 쉽게 결심할 텐데……. 바냐! 나한테 아무것도 감추지 말아요! 무엇인가 나에게 말하고 싶지 않은 것을 알고 있죠?"

나타샤는 불안한 듯한, 캐묻는 듯한 눈빛으로 나를 바라보았다.

"아무것도 모르오, 맹세하리다. 당신에게 늘 솔직했지 않소. 그런데 이런 생각도 드오. 어쩌면 그는 백작 부인의 의붓딸에게 우리가 생각하는 것만큼 깊게 빠져 있는 것은 아니지 않을까 하고. 그냥 마음이 끌리는 정도인 게……."

"그렇게 생각해요, 바냐? 아, 그 점만 분명히 알 수 있다면! 아, 지금 당장 그를 볼 수 있다면, 그를 보기만 한다면. 얼굴만 보면 모두 알 수 있는데! 그런데 그가 없어요! 그가 없어!"

"그를 기다리는 거요, 나타샤?"

"기다리지 않아요. 그는 그녀와 함께 있어요, 내가 알아요. 사람을 보내서 알아봤어요. 그녀도 만나보고 싶어요……. 바냐, 쓸데없는 소리 같겠지만 내가 그녀를 보는 건 불가능할까요? 어디선가 만날 수 없을까요? 어떻게 생각하세요?"

나타샤는 초조한 마음으로 내 대답을 기다렸다.

"보는 것은 가능해요. 하지만 얼굴만 보는 게 무슨 의미가 있소?"

"보는 것만으로도 충분해요. 부족한 부분은 혼자 추측할 수 있을 테니까. 바냐, 나는 바보가 되어 버렸어요. 늘 혼자서 방 안을 왔다 갔다 하며 생각만 하다 보니 온갖 생각이 회오리바람처럼 휘몰아쳐서 너무 괴로워요! 이런 생각도 했는데, 바냐, 당신이 그녀와 알고 지낼 수는 없을까요? 백작 부인도 당신의 소설을 칭찬했다고 했잖아요(언젠가 당신이 말했어요). 게다가 당신은 이따금 R공작 댁 무도회에 가잖아요. 그녀도 거기에 종종 간대요. 거기서 그녀에게 당신을 소개하세요. 아니면 알료샤가 소개해도 될 거예요. 그러면 나중에 나에게 모든 것을 이야기해 줄 수 있을 거예요."

"나타샤, 그 이야기는 다음 기회로 미룹시다. 그보다, 당신한테 정말로 헤어질 용기가 있다고 생각해요? 잘 생각해 봐요. 당신은 지금 침착하오?"

"그럼요!" 나타샤는 나지막한 소리로 대답했다. "다 그를 위해서인 걸요! 내 모든 삶을 그를 위해 바칠 거예요! 그런데 말이에요, 바냐. 그가 지금 그녀와 함께 있고 나를 잊은 채 그녀 옆에 앉아서 이야기하고 웃겠지 하고 생각하면 못 참겠어요. 이 방에서 그랬던 것처럼…… 그녀의 눈을 가만히 들여다볼 거예요. 언제나 내 눈을 그렇게 보았듯이. 내가 지금 이렇게…… 당신과 함께 있다고는 생각도 못 할 거예요."

나타샤는 말을 끝맺지 못하고 절망하며 나를 바라보았다.

"하지만 나타샤, 당신은 방금, 바로 지금 말하기를……."

"그래요, 헤어져요. 다 같이 한꺼번에 헤어져!" 그녀가 눈을 반짝이며 내 말을 막았다. "헤어져준다면 나는 그를 축복하겠어요. 그런데 바냐, 그가 먼저 나를 잊는 건 괴로워요, 너무나 괴로워요! 스스로도 나 자신을 모르겠어요. 머리는 이렇게 하라 하는데 행동은 저렇게 되고! 나는 어쩌면 좋죠?"

"알았어요. 알았으니까, 나타샤, 진정해요!"

"벌써 닷새나 되었어요, 매시간, 매분…… 자나깨나 언제나 그를 생각해요! 바냐, 그리로 가요. 나와 동행해 주세요!"

"그만해요, 나타샤."

"아니에요, 가요! 이러려고 당신을 기다렸어요, 바냐! 이미 사흘이나 생각했어요. 당신에게 편지를 보낸 것도 그래서예요……. 나를 좀 데려가 줘요. 거절하면 안 돼요……. 기다렸단 말이에요…… 사흘이나……. 게다가 오늘 밤은 무도회가…… 그는 거기에 있어요…… 가요!"

마치 헛소리를 하는 듯했다. 그때 현관에서 소란한 소리가 들렸다. 마브라가 누구와 실랑이를 하는 듯했다.

"잠깐만. 나타샤, 누가 온 거 아냐?" 내가 말했다. "들어 봐요!"

나타샤는 미심쩍은 미소를 지으며 잠시 귀를 기울였다가 갑자기 얼굴이 창백해졌다.

"맙소사! 누가 온 거죠?" 나타샤가 기어들어가는 목소리로 중얼거렸다.

그녀는 나를 붙잡으려 했으나, 나는 마브라가 있는 현관으로 나갔다. 맞았다! 알료샤였다. 그는 마브라에게 무엇인가를 계속 캐물었고, 그녀는 처음에 그를 안으로 들이지 않으려고 했다.

"대체 어디서 오시는 길이죠?" 마브라가 주인이라도 되는 듯 말했다. "뭐라고요? 어디를 그렇게 돌아다녔어요? 어쨌든 어서 들어오세요! 그러나 나는 당신한테 농락당하지는 않을 거예요! 얼른 들어오라니까 뭘 그리 꾸물대요?"

"나는 아무도 두렵지 않아! 들어가겠소!" 알료샤가 약간 당황해서 말했다.

"그러니까 들어오시라는 거죠! 여기저기 놀러만 다니시지 말고!"

"들어간다니까! 아, 당신도 계셨군요!" 알료샤가 나를 보고 말했다. "당신이 계시다니 정말 다행이에요! 자, 나도 여기 왔어요. 보세요, 지금 내가 어떻게……."

"망설이지 말고 들어오시오." 내가 말했다. "무엇을 두려워하십니까?"

"아무것도 두렵지 않아요. 정말입니다. 나는 하느님께 맹세코 잘못한 일이 없거든요. 당신은 내가 잘못했다고 생각하시나요? 곧 내가 잘못이 없음을 입증해 보여 드리죠. 나타샤, 들어가도 되오?" 알료샤는 닫힌 문 앞에 서서 대담한 척하며 소리질렀다.

아무 대답도 들리지 않았다.

"무슨 일이죠?" 알료샤가 불안해하며 물었다.

"괜찮아요, 그녀는 조금 전까지 거기 있었어요." 내가 대답했다. "설마 무슨 일이야……."

알료샤는 조심스럽게 문을 열고 머뭇거리며 방 안을 둘러보았다. 아무도 없었다.

문득 방구석에 놓인 장식장과 창문 사이에서 나타샤의 모습이 보였다. 나타샤는 그곳에 마치 몸을 숨긴 듯 숨을 죽이고 서 있었다. 나는 지금도 그 모습을 생각하면 웃음이 새어나온다. 알료샤는 천천히 조심스럽게 다가갔다.

"나타샤, 뭐 해요? 다녀왔어요, 나타샤." 알료샤는 다소 두려운 듯이 나타샤를 바라보며 주뼛주뼛 말했다.

"아니, 아무것도 아니에요!" 나타샤는 무슨 잘못이라도 저지른 듯 몹시 당황하며 대답했다. "당신…… 차 좀 드릴까요?"

"나타샤, 들어 봐요……." 알료샤는 완전히 침착성을 잃고 말했다. "당신은 내가 못된 짓을 하고 왔다고 믿는가 본데…… 난 아무 잘못도 하지 않았어요. 나는 전혀 꿀릴 게 없소! 자, 지금 당장 설명해 주겠소."

"괜찮아요?" 나타샤가 중얼거렸다. 괜찮아요. 설명은 필요 없어요……. 손이나 주세요. 그리고…… 그 일은 끝났어요…… 언제나처럼……." 그리고 나타샤는 구석에서 나왔다. 뺨이 붉게 물들었다.

나타샤는 알료샤를 보는 것이 두려운 듯 눈길을 깔았다.

"아, 잘되었어!" 알료샤는 기뻐하며 소리쳤다. "잘못을 저질렀다면 나타샤를 감히 보지도 못했을 거예요! 보세요, 보세요!" 그는 나를 돌아보며 소리쳤다. "봐요, 그녀는 아직도 내가 잘못했다고 여기고 있어요. 모든 상황이 나에게 불리해요! 나는 닷새 동안이나 이곳에 오지 않았어요! 내가 결혼할 처녀에게 가 있다는 소문이 났는데, 어떤가요? 그녀는 이미 나를 용서해 주었어요! 그녀는 '손이나 주세요. 그리고 그 일은 끝났어요!'라고 말했습니다. 나타샤, 내 사랑, 나의 천사, 나의 천사! 나는 죄가 없어요, 알아줘요! 나는 아무 잘못도 하지 않았어요! 그 반대예요! 그 반대!"

"하지만…… 하지만 그곳에 있었잖아요……. 그곳에서 초대받았잖아요……. 그런데 여긴 어떻게 여기 오셨어요? 며…… 몇 시죠?"

"열시 반! 그래요, 난 거기에도 갔었소……. 그렇지만 아프다고 말하고 나왔소. 닷새 만에 처음으로 자유를 얻은 거요. 그들에게서 도망쳐 나와 간신히 당신에게로 올 수 있었소, 나타샤. 더 일찍 올 수도 있었으나 일부러 오지 않았소! 그 이유를 지금 곧 설명하리다. 나는 그걸 설명하려고 온 거요. 이번만은 하느님께 맹세코 당신한테 아무런 죄를 짓지 않았소, 맹세코!"

나타샤는 고개를 들고 알료샤를 바라보았다……. 그러나 알료샤의 눈빛은 솔직함으로 빛났다. 그의 표정이 너무나 기쁘고, 정직하고 유쾌해서 그 말을 믿지 않을 수 없었다. 나는 과거에 여러 차례 이와 비슷한 상황이 발생했을 때 화해했던 것처럼 그들이 소리를 지르며 서로의 품으로 달려들 거라고 생각했다. 그러나 나타샤는 행복에 겨운 듯 고개를 푹 숙이고 갑자기…… 울기 시작했다. 알료샤는 더 이상 참지 못하고 그녀의 발밑에 몸을 던지고, 그녀의 손과 발에 입맞추었다. 그는 극도로 흥분한 상태였다. 나는 나타샤에게 안락의자를 밀어 주었다. 나타샤는 털썩 주저앉았다. 충격이 너무 커서 도저히 서 있을 수가 없었던 것이다.

제2부

1

잠시 뒤 우리 둘은 정신 나간 사람처럼 웃었다.

"제발 이야기하게 해줘요." 알료샤의 낭랑한 음성이 우리의 웃음소리를 덮어 버렸다. "또 평소처럼…… 시시한 소리나 할 거라고 생각하는 모양인데 …… 아주 재미있는 이야기예요. 이제 그만 조용히 해봐요!"

알료샤는 이야기를 하고 싶어서 입이 근질거리는 모양이었다. 그가 중요한 소식을 가지고 왔다는 것은 그의 표정으로도 알 수 있었다. 그러나 중요한 소식을 갖고 왔다는 천진한 자신감에서 오는 거드름이 나타샤의 웃음보를 터뜨리고 말았다. 나도 무심코 그녀를 따라 웃었다. 알료샤가 성을 내면 낼수록 우리는 더 많이 웃었다. 알료샤의 노여움과 어린아이 같은 낙담이 웃음을 더욱 부채질하여, 마침내 고골의 해군처럼 손가락 하나를 세워 보이고는 금세 뒹굴며 웃어대는 정도까지 되었다 (고골의 희극 〈결혼〉 제2막 제8장, "그 사내는 손가락 하나만 / 들어보여도 웃음보가 터져서는 밤까지 그칠 줄 모른다니까요."). 부엌에서 나오던 마브라는 문 옆에 서서 정말로 화가 난 얼굴로 우리를 바라보았다. 알료샤가 나타샤에게 호되게 혼나는 모습을 닷새 동안 손꼽아 기다렸는데, 그 즐거움을 누리지 못했을 뿐만 아니라 모두 매우 유쾌해 보였기 때문이다.

이윽고 나타샤는 알료샤가 정말로 화를 내기 시작했다는 것을 깨닫고 웃음을 간신히 멈추었다.

"무슨 이야기를 하고 싶은 건가요?" 나타샤가 물었다.

"사모바르를 준비할까요?" 손톱만큼의 경의도 없이 마브라가 알료샤의 말을 막으며 물었다.

"저리 가게. 마브라, 저리 가." 하녀를 쫓아 보내려고 손을 저으며 알료샤가 대답했다. "이제부터 이미 벌어진 일과 지금 벌어지고 있는 일. 그리고 앞으로 벌어질 일을 모두 말해 주겠소. 나는 이것들을 죄다 알고 있소. 내

벗들이여. 내가 지난 닷새 동안 어디에 있었는지 알고 싶지요? 내가 말하려는 게 바로 그 부분인데 당신들은 내게 말할 기회를 안 주는군요. 그럼 먼저, 나타샤. 나는 벌써 오랫동안 당신을 속여 왔소. 먼저 이 점이 가장 중요해요."

"날 속였다고요?"

"그래요, 속였어요, 벌써 한 달 내내. 아버지가 도착하시기 전에 이미 시작했소. 마침내 모두 고백할 시간이 왔소. 한 달 전 아버지께서 아직 오시기 전에, 나는 그에게서 장문의 편지를 한 통 받았는데 그 사실을 당신들한테는 숨겼소. 편지에서 아버지는 솔직하고 간단하게, 심지어 놀랄 만큼 진지하게 내 중매 건이 이미 끝났고 신붓감은 완벽 그 자체라고 설명했소. 나는 그녀에게 견줄 수 없지만 그래도 반드시 그녀와 결혼해야만 한다는 거요. 그리고 결혼을 준비해라, 바보 같은 생각은 머릿속에서 지워 버려라 등등, 이 바보 같은 생각이 무엇인지는 이미 아는 일이오. 이것이 내가 감춘 편지요."

"조금도 감추지 않았어요!" 나타샤가 그의 말을 끊었다. "저런 허풍을! 곧바로 우리에게 미주알고주알 말했잖아요. 나는 아직도 당신이 갑자기 순하고 부드러워져서 무언가 잘못을 저지른 사람처럼 내 곁에서 떠나려 하지 않다가 그 편지 내용을 조금씩조금씩, 모조리 이야기해 준 걸 기억해요."

"그럴 리 없소, 아마 중요한 것은 이야기하지 않았을 거야. 당신들 둘이 어떻게 추리를 하건 당신들 자유이지만 나는 말하지 않았소. 나는 그것을 숨기느라 무척 괴로웠소."

"알료샤, 나도 당신이 그때 수시로 내게 조언을 구하며 조금씩 모두 말했던 것을 기억하오, 물론 가정의 형태였지만." 나는 나타샤를 바라보며 덧붙였다.

"맞아요, 다 말했어요! 허풍떨지 마세요!" 그녀가 받아 말했다. "당신은 아무것도 감추지 못해요. 남을 속이지 못하는 사람인걸요. 마브라조차 모두 알아요. 그렇지, 마브라?"

"그럼요, 어찌 모를 수 있겠어요!" 마브라가 우리 쪽으로 고개를 내밀고 대답했다. "사흘도 지나기 전에 몽땅 이야기하셨죠. 당신은 아무도 속이지 못해요!"

"후, 당신들과 이야기하면 화가 나요! 당신은 일부러 심술부리는 거죠,

나타샤! 마브라, 자네도 혼동하고 있어. 그때 내가 미친 사람 같았던 것을 기억하지, 마브라?"

"기억하고말고요. 당신은 지금도 실성한 사람 같아요."

"아니야, 그런 얘기가 아냐. 기억하잖소! 그때 마침 돈이 떨어져서 자네가 내 은제 담뱃갑을 전당 잡히러 갔었지. 그런데 마브라, 한마디 해주겠는데, 자네는 내 앞에서 지나치게 버릇없이 구는군. 나타샤가 그렇게 가르쳤나? 어쨌든 좋아, 내가 그때 조금씩 다 이야기했다고 칩시다(이제 조금 기억나는군). 하지만 어조, 편지의 어조는 몰랐죠? 편지에서 가장 중요한 것은 바로 어조예요. 나는 그걸 말하는 거요."

"그래요? 어떤 어조인데요?" 나타샤가 물었다.

"나타샤, 마치 장난치듯 묻는군요. 농담하지 말아요. 정말로 중요한 문제니까. 내가 낙담할 정도의 어조였거든요. 아버지는 한 번도 나한테 그런 식으로 말씀하지 않았어요. 하늘이 무너지더라도 아버지의 기대가 실현될 거라는, 그런 어조였소!"

"그럼 말해 보세요, 왜 그것을 나에게 숨기려 했나요?"

"그야 당연하잖소! 당신을 놀라게 하지 않기 위해서요. 나는 이 일을 혼자 원만하게 처리하려고 했소. 그래서 편지를 받고 난 뒤 아버지가 오셨고 내 고통이 시작되었지. 나는 아버지에게 확고하고 분명하고 진지하게 대답하려고 준비했는데 잘 되지 않았어요. 아버지는 심지어 물어보지도 않았어요. 교활한 사람! 오히려 모든 일이 결정되었으니 우리 사이에는 어떤 의견 차이도 있을 수 없다는 듯이 행동했지요. 있을 수조차 없다는 듯이 말이오. 대단한 자신감이지요! 그리고 나에게 매우 친절하고 다정하게 대했소. 어이가 없더군요. 이반 페트로비치, 당신도 만나보면 알겠지만, 아버지는 머리가 매우 좋아요! 모든 것을 읽고, 모든 것을 알아채지요. 누구든 한번 만나면 그의 생각을 마치 자신의 것인 양 알지요. 틀림없이 그래서 사람들이 아버지를 예수회 교도라고 부르나 봐요. 나타샤는 내가 아버지를 칭찬하는 것을 좋아하지 않아요. 화내지 말아요, 나타샤. 그런데 말이죠……, 아 그건 그렇고! 아버지가 처음엔 나에게 돈을 주시지 않는데 어제는 주셨어요. 나타샤! 나의 천사여! 우리의 가난도 이제 끝이 났어요! 자, 봐요! 지난 반 년 동안 별로 줄였던 용돈을 어제 다 주셨어요. 얼마인지 세어 볼래요? 나는 아직 세어 보지도 않았어요. 마브라, 보게. 얼마 만에 보는 돈인가! 이젠 숟가락과 단추를 저당잡히지 않아도 된다네!"

알료샤는 주머니에서 대략 1500루블쯤 되어 보이는 두툼한 지폐 다발을 꺼내어 상 위에 놓았다. 마브라는 기쁨에 차 돈다발을 바라보며 알료샤를 칭찬했다. 나타샤는 이야기를 재촉했다.

"그래서 어떻게 할까 하고 생각했지." 알료샤가 말했다. "아버지의 뜻을 거스를 수도 없고 당신들에게 맹세하건대, 아버지가 나에게 고약하게 대했다면, 그렇게 다정하지 않았다면, 나는 아무것도 생각하지 않았을 거예요. 나도 이미 성인이니 더 이상 말씀드리지 않겠다고 단호히 말했을 거요. 그리고 내 뜻을 절대 굽히지 않았을 거예요. 하지만 이렇게 나오시니 어떻게 말씀드릴 수 있겠어요? 나를 비난하지 말아요. 당신은 불만인 것 같군요, 나타샤. 왜 서로 눈짓을 교환하지요? '그것 봐, 또 한 방 먹었군. 우유부단한 사내 같으니'라고 생각했죠? 하지만 나에게는 확고함이 있어요. 당신들이 생각하는 것보다 더 강한 의지가 있다고요! 내 괴로운 처지에도 아랑곳하지 않고 나는 이내 이것은 나의 의무다, 아버지에게 모든 것을 말씀드려야 한다고 다짐했죠. 그래서 마침내 다 말씀드렸고 아버지께서도 나의 말을 들으셨다는 것이 그 증거입니다."

"그에게 무슨 말을 했다는 건가요?" 나타샤가 불안스레 물었다.

"나는 다른 신부를 원치 않으며, 나에게는 이미 신부가, 바로 당신이 있다고 말이에요. 물론 아직 똑바로 말하지 않았고, 아버지가 마음의 준비를 하시도록 토대를 만들어 놨을 뿐이지만 내일은 꼭 말씀드릴 거요. 나는 먼저 이렇게 말했소. 돈을 보고 결혼하는 것은 수치스럽고 천한 일이며, 우리가 스스로를 귀족이라고 생각하는 것은 참으로 어리석은 일이라고 말씀드렸소 (나는 아버지와 형제처럼 완전히 터놓고 말했어요). 그 다음 나는 평민(tiers etat)이며, 평민이야말로 가장 중요하다(tiers etat c'est l'essentiel) (프랑스 정치가 셰이에스가 대혁명 직전에 발표한 《평민이란 무엇인가》에 나오는 구절), 나는 다른 사람들과 같은 인간이라는 것이 자랑스럽고 누구와도 특별히 구별되기를 원치 않는다고 밝혔소……. 나는 열정적으로 막힘없이 말했소. 내 스스로도 놀랐다오. 나는 아버지의 관점에서도 이 점을 입증했어요. 우리가 무슨 공작이냐고 똑바로 말했지요. 오로지 출생만 그럴 뿐, 우리에게 공작다운 점이 어디 있느냐고요. 무엇보다 재산이 있어야 하는데 우리집에는 특별한 재산이랄 게 없지요. 오늘날 첫째가는 공작은 로스차알드입니다. 둘째, 진정한 상류사회에서는 오랫동안 우리의 명성이 울려 퍼지지 않고 있습니다. 세몬 발코프스키 백부가 마지막이었는데, 그도 모스크바에만 알려져 있었어요, 그것도 그가 마지막 남은 농노 300명을 팔아 버린 일로 알려졌지요. 아버지가 돈을 벌지 못했다면 그의 손자들은 아마 직접 땅을 갈았을 텐데, 그런 공작은 얼마든지 있으니 우리가 거만을 떨 이유가 전혀 없어요. 한마디로 나는 쌓여 있던 것을 모든 다 말했어요. 열렬하고 솔직하게, 심지어 이 말 저 말을 덧붙이기도 했소. 아버지는 반박하지 않고 단지 나인스키 백작의 집에 인사하러 가지 않는다고 나를 책망했어요. 내 대모(代母)인 K공작부인에게 더 총애를 받아야 하며, 그래야 어디서나 사람들이 나에게 잘 해주고 앞길이 트일 거라며 나를 설득했어요. 내가 나타샤 당신과 함께 산 뒤로 그런 사람들의 집에 드나들지 않는 건 모두 당신이 나쁜 영향을 끼쳤기 때문이라고 말하고 싶은 거지요. 그러나 아버지는 이제까지 터놓고 당신에 대해 이야기한 적은 없었소. 왜 그런지는 모르겠지만 회피해요. 우리는 둘 다 꾀를 쓰며 서로 기회를 잡으려고 엿보고 있지만, 괜찮아요. 마지막엔 내가 이길 테니까."

"그건 상관없는데, 이 일은 어떻게 끝났나요? 당신 아버지가 어떻게 결심했죠? 그것이 중요한 거예요. 당신은 수다쟁이에요, 알료샤……."

"그걸 모르겠소. 아버지가 어떻게 결정했는지 파악할 수가 없소. 그리고 나는 수다쟁이가 아니오. 나는 사실을 말한 거요. 아버지는 아무것도 확실하게 이야기하지 않고 내 말에 히죽거리며 웃기만 해요. 마치 내가 딱하다는 듯이. 분하긴 하지만 부끄럽진 않소. 아버지는 이렇게 말했소. '네 말에 전적으로 동의한다만 이제 나인스키 백작 댁에 가자, 단 거기서는 이런 말은 하지 마라. 나야 너를 이해한다만 그들은 너를 이해하지 못할 거야.' 그 집 사람들은 아버지도 별로 반기지 않고, 무슨 일 때문에 화가 나 있는 듯했어요. 아버지는 지금 상류 사회에서 거의 환영을 받지 못하고 있어요! 백작은 처음에 나를 매우 거만하게 대했어요, 사람을 깔보는 태도로, 마치 내가 자기 집에서 자란 것을 잊기라도 한 듯이, 내가 말하고 나서야 가까스로 생각해 내기 시작했소! 그러고는 내가 배은망덕하다고 화를 냈어요. 그런데 나는 은혜를 잊어서가 아니라 그의 집이 지독히 따분했기 때문에 더 이상 가지 않았던 것뿐이에요. 그는 아버지도 매우 심드렁하게 맞았소. 어찌나 심드렁한지, 아버지가 왜 그 집과 왕래하는지 도무지 이해하지 못할 정도였어요. 나는 화가 났소. 가엾은 아버지는 그 앞에서 허리를 굽혔지요. 나를 위해서라는 걸 알지만 나한테는 이런 것이 필요 없어요. 나중에 아버지께 내 모든 감정을 말하려 했지만 입을 다물었소. 말해도 소용없으니까요. 내가 아버지의 가치관을 바꾸지는 못해요, 아버지를 화나게 할 뿐이지요. 가뜩이나 힘드실 텐데. 나는 머리를 써서 그들 모두를 계략에 빠뜨리고, 백작이 나를 만만히 보지 못하도록 해야겠다고 생각했소. 그리고 어떻게 되었을 것 같소? 나는 이내 목적을 달성했고 하루 만에 모든 것이 바뀌었지. 나인스키 백작은 이제 어떤 자리에 나를 앉혀야 할지를 몰라요. 이 모든 것을 나 혼자, 내가 꾀를 써서 해냈어요. 아버지도 놀라서 눈이 휘둥그레졌죠!"

"알료샤, 그보다 중요한 이야기를 해주셔야죠!" 나타샤가 참지 못하고 소리쳤다. "우리와 관계된 일을 말하는 줄 알았는데 나인스키 백작 댁에서 있었던 일만 이야기하고 있잖아요. 나한테 그 백작이 무슨 상관이에요!"

"무슨 상관이라니! 이반 페트로비치, 무슨 상관이냐고 하는 말을 들으셨지요? 그런데 이게 가장 중요한 부분이오. 알게 되면 당신도 놀랄 거요. 이야기를 끝까지 들어보면 알 거요. 그저 나한테 이야기할 시간만 주오…… 나타샤, 그리고 이반 페트로비치도 잘 들으세요(있는 대로 다 털어놓으리다!). 물론 내가 이따금 매우 분별이 없을지도 몰라요. 때로는(아니, 종종). 진짜 바보같죠. 하지만 이번에는 아주 능란하게…… 아주…… 지혜롭게 해냈어요. 그러니까 내가 완전히 바보가 아니란 걸 알면 당신들도 기뻐할 것이라고 생각했어요."

"어머, 무슨 말이에요, 알료샤. 그만두세요, 내 사랑!"

나타샤는 알료샤를 어리석다고 하는 것만큼은 참지 못했다. 내가 알료샤에게 솔직하게 바보 같은 짓을 했다고 지적할 때마다 나타샤는 말은 하지 않았지만 갈수록 얼굴이 부루퉁해졌다. 이것은 그녀의 아픈 부분이었다. 그녀는 알료샤를 비하하는 것을 못견뎌했다. 나타샤 스스로도 알료샤의 한계를 알고 있었기 때문이리라. 그러나 그러한 생각을 결코 그에게 말하지 않았으며, 그의 자존심을 상하게 할까 봐 겁을 냈다. 하지만 알료샤도 이럴 때는 유난히 민감하여 언제나 그녀의 속마음을 읽어 냈다. 나타샤는 이것을 깨달고 매우 슬퍼져서 이내 그를 구슬리고 얼러 주었다. 그런 까닭에 지금도 알료샤의 말이 그녀의 마음을 아프게 한 것이다.

"그만하세요, 알료샤. 당신은 단지 좀 경솔할 뿐, 당신이 말한 것 같은 그런 사람은 아니에요." 나타샤가 덧붙였다. "왜 스스로를 비하하세요?"

"괜찮아요. 어쨌든 끝까지 이야기하게 해주시오. 백작을 방문한 뒤 아버지는 몹시 기분이 안 좋으셨어요. 우선 좀 보자! 나는 그렇게 생각했지요. 그러고 나서 우리는 K공작부인에게로 갔어요. 나는 공작부인이 고령으로 정신이 없고 귀가 어두우며 개를 무척 사랑한다는 것을 오래전부터 들어서 알고 있었어요. 개를 아주 많이 키우고 그것들에 쏙 빠져 있었죠. 공작부인께서는 상류 사회에서 큰 영향력을 행사하는 분이라 오만한 사람(le superbe)인 나인스키 백작조차 공작부인의 집에선 현관 홀(antichambre)에서 기다려야 하지요. 그래서 나는 여러 가지 작전을 세웠는데, 내가 무엇을 토대로 계획을 짰는지 아세요? 바로 개들이 나를 좋아한다는 거예요, 정말이에요! 전부터 알고 있었죠. 나한테 어떤 자력(磁力)이 있는 건지 내가 모든 동물을 사랑하기 때문인지는 모르겠어요. 어쨌든 개들이 나를 좋아한다는 것은 사실이에요. 자력에 대해선 아직 이야기하지 않았지요. 나타샤? 얼마 전에 점쟁이에게 가서 갖가지 혼령을 불러냈는데 무척 재미있었어요. 이반 페트로비치, 얼마나 놀랐는지 몰라요. 나는 율리우스 카이사르를 불러냈어요."

"어머나! 왜 율리우스 카이사르를 불렀어요?" 배꼽이 빠지도록 웃으며 나타샤가 외쳤다. "말도 안 돼요!"

"왜라니…… 마치 내가 무슨…… 나한테는 뭐 율리우스 카이사르를 불러낼 권리가 없다는 거요? 그것이 뭐 어떻다는 말이오? 저렇게 웃다니!"

"물론 아무 상관도 없어요……. 아, 내 사랑! 그래, 율리우스 카이사르가 당신에게 뭐라고 하던가요?"

"아무 말도 하지 않았어요. 나는 단지 연필을 쥐고 있었는데 연필이 저절로 종이 위에 글씨를 써 내려갔어요. 율리우스 카이사르가 쓴 거라고 말하더군요. 나는 안 믿어요."

"카이사르는 뭐라고 썼나요?"

"꼭 고골의 소설처럼 '흠뻑 젖어서'라나 뭐라나…… 그만 웃어요!"

"그럼, 공작부인에 대해 말해 주세요!"

"그러니까 자꾸 내 말을 끊지 말아요. K공작부인 댁에 도착해서 나는 미미를 꾀는 일부터 시작했지요. 이 미미는 늙고 추하고 가장 불쾌한 개인데, 게다가 고집이 세고 무는 버릇까지 있어요. 그런데 공작부인은 미미에게 쏙 빠져 있고요. 둘이 나이도 비슷할 거예요. 나는 사탕으로 미미를 유인하기 시작했고, 10분쯤 지나자 이제껏 아무도 그 개에게 가르치지 못했던 앞발 내미는 동작을 가르쳤어요. 공작부인은 감격해서 거의 울 뻔했지요. '미미! 미미! 미미가 손을 주다니!' 누군가가 왔어요. '미미가 손을 주네! 내가 이름붙여 준 아이가 가르쳤나 봐!' 나인스키 백작이 들어와도 소란을 떨며 말했어요. '미미가 손을 줘요!' 공작부인은 감동에 겨워 눈물까지 글썽이며 나를 보았어요. 사실 공작부인은 딱할 만큼 선량한 사람이에요. 나는 기회를 놓치지 않고 당장 부인을 치켜세웠죠. 공작부인의 담뱃갑에는 부인이 아직 처녀였을 때 그린, 60년 전의 초상화가 들어 있어요. 이 담뱃갑이 바닥에 떨어졌기에 나는 그것을 주워서 그림의 주인공이 누군지 모르는 척하고 말했죠. 얼마나 아름다운 그림인가(Quelle charmante peinture)! 이상적인 미인이야! 이 말에 공작부인은 완전히 녹아 버렸지요. 부인은 내가 어디서 공부했는지, 누구네와 교류하는지를 묻고, 머리가 참 아름답다는 등 나와 많은 이야기를 나누기 시작했소. 나 또한 부인에게 재미있는 이야기를 해주고 추잡한 이야기도 해 주었소. 그런 것을 좋아하거든요. 손가락으로 나를 위협하듯 했지만 즐겁게 웃었어요. 그만 일어나려고 하자 부인은 나에게 입을 맞추고 성호도 그어 주며 매일 와서 이야기 상대가 되어 달라고 부탁했어요. 백작과 악수를 했는데 벌써부터 그의 눈은 아첨의 빛을 띠었지요. 아버지로 말하면, 당신들이 믿건 안 믿건 아버지는 본디 선하고 정직하고 고결한 사람인지라, 집에 돌아왔을 때 기쁨에 겨워 거의 눈물을 흘릴 지경이었지요. 아버지는 나를 껴안고 속마음을 털어놓았죠. 주로 경력, 인간관계, 돈, 결혼에 관한 비밀스러운 이야기들이어서 나로서는 잘 이해할 수 없는 것들이었지만 말이에요. 그러면서 나에게 돈도 주었어요. 여기까지가 어제 일어난 일이에요. 나는 내일 또 공작부인에게 가야 하지만, 하여간 아버지는 고결한 사람이니까 그에 대해 나쁘게 생각하지 말았으면 좋겠어요. 아버지가 나와 당신을 떼어놓으려 하는 건 사실이지만, 나타샤, 그것은 당신에게는 없는 카차의 수백만 루블에 눈이 멀어서 그래요. 아버지는 오직 나를 위해 그 돈을 원하고, 당신을 모르는 까닭에 당신에게 부당하게 대하는 거요. 어떤 아버지가 아들의 행복을 원치 않겠소? 수백만 루블의 돈에서만 행복을 찾으려는 건 아버지의 잘못이 아니오. 아버지 같은 사람들은 다 그래요. 그 점을 이해하면 곧바로 아버지가 정당한 분인 걸 알게 될 거요. 나타샤, 당신에게 이 말을 하고 싶어서 서둘러 왔소. 당신이 아버지에 대해 편견을 가지고 있으니까. 물론 당신 잘못은 아니오. 당신을 책망하지도 않소……."

"그러니까 당신이 공작부인의 총애를 얻게 되었다는 것이 당신에게 있었던 일의 전부예요? 그게 당신의 술책이에요?" 나타샤가 물었다.

"천만에! 무슨 소리를! 이건 시작일 뿐이오……. 나는 K공작부인을 통해 아버지를 손 안에 넣었기 때문에 공작부인 이야기를 한 거요. 내 진짜 이야기는 아직 시작도 하지 않았소."

"그럼 어서 이야기해 보세요!"

"오늘 사건이 하나 더 있었소. 너무 기이해서 아직까지도 충격이 가시지 않는구려." 알료샤가 말했다. "먼저, 아버지와 백작부인이 내 결혼에 관해 결론을 내렸다 해도, 아직까지 공식적으로 결정된 것은 아무것도 없으니 지금 당장 혼담을 없었던 일로 한다 해도 체면을 망치지는 않는다는 것을 알아두어야 할 필요가 있소. 나인스키 백작만은 모든 걸 알지만 그는 친척이고 보호자니까요. 그뿐 아니라 지난 두 주 동안 나는 카차와 매우 자주 만났지만, 바로 어제 저녁까지 우리는 장래와 결혼에 대해 그리고…… 사랑에 대해서는 한마디도 나누지 않았소. 게다가 우리는 K공작부인에게서 동의를 구하게 되어 있는데, 그 부인에게서 온갖 비호와 수만금의 부를 기대하고 있소. 무엇보다 K공작부인의 뜻이 곧 사교계의 뜻이니 엄청난 세력가지요……. 나는 곧장 사교계로 끌려나가 출세하게 될 거요. 그런데 특히 이러한 방식을 고집하는 사람은 카차의 의붓어머니인 백작부인이오. 백작부인은 외국에서 벌인 사건 때문에 아직 공작부인의 집에 출입하지 못하고 있고, 공작부인이 받아들이지 않으면 다른 이들도 받아들이지 않는다는 것이 문제지요. 그래서 백작부인에겐 나와 카차의 결혼이 생각지도 못한 좋은 기회인 셈이어서, 처음엔 결혼을 반대하던 백작부인도 이제는 내가 공작부인의 호감을 사는 데 성공하자 대단히 기뻐합니다. 그러나 그것은 부수적인 일이고 중요한 것은 이겁니다. 나는 카테리나 표도로브나를 작년부터 알고 지냈소. 하지만 그때는 아직 어려서 아무것도 이해하지 못했소. 그래서 그때는 그녀를 주의 깊게 보지 않았소……."

"그때 당신은 나를 더 사랑했으니까요." 나타샤가 말을 끊었다. "그래서 알아보지 못했지만 지금은……."

"그만해요, 나타샤." 알료샤가 후끈 달아 소리쳤다. "당신은 완전히 잘못 생각하고 있고, 나를 모욕하고 있어요! ……그만합시다. 이야기를 끝까지 듣고 나면 당신도 이해할 테니까……. 아, 만일 당신도 카차를 만나보면 그녀가 다정하고 명랑하고 마음씨 고운 아가씨란 것을 알 텐데! 이제 곧 알게 될 거요. 어쨌든 끝까지 이야기를 들어요! 두 주 전, 백작부인이 외국에서 돌아오자마자 아버지는 나를 카차에게 데려갔어요. 나는 그녀를 자세히 뜯어보았소. 그런데 그녀도 나를 자세히 보고 있지 뭐요. 나는 호기심이 발동한 거요. 그녀를 좀더 자세히 알아보고 싶은 특별한 의도가 있었지요. 그 의도는 아버지의 편지를 받고 매우 놀란 이후에 생긴 것이오. 여기서 그녀를 칭찬할 생각은 없지만 한 가지만 말하겠소. 카차는 사교계에서는 눈부시게 예외적 인물이었소. 매우 특별한 품성을 지녔고, 강하고 진실된 마음씨를 가지고 있었소. 순수함과 진실함이 바로 그녀의 힘이오. 그녀는 겨우 열일곱 살인데도, 나는 그녀에 비해 그냥 어린 소년이고 손아래 동생뻘밖에 되지 않는 듯했소. 또 하나, 그녀는 무겁고 비밀스러운 고뇌를 가진 듯 보였소. 그녀는 말수가 적어요. 집에서도 마치 겁에 질린 사람처럼 늘 침묵을 지켜요. ……깊은 생각에 잠긴 것처럼. 그녀는 나의 아버지를 두려워하는 듯해요. 의붓어머니를 사랑하지 않는다는 건 전부터 눈치챘지요. 백작부인은 어떤 목적이 있어서 의붓딸이 자신을 끔찍이 사랑한다는 말을 퍼뜨리는데, 그러나 이것은 사실이 아니에요. 카차는 그녀와 이 점에 합의한 듯, 단지 조용히 그녀의 말을 듣고 있을 뿐이죠. 나흘 전, 모든 관찰이 끝나자 나는 계획을 실행하기로 결심하고 오늘 저녁 행동으로 옮겼소. 카차에게 사실대로 말하고 모든 것을 고백한 뒤 그녀를 우리 편으로 끌어들여 한 번에 일을 끝내는 것이지요……."

"뭐라고요? 무엇을 말하고 무엇을 고백한다는 거죠?" 나타샤가 초조해서 물었다.

"모든 것을 전부 다." 알료샤가 대답했다. "나는 이 생각을 불어넣어 주신

하느님께 감사드려요. 그러니까 들어 봐요, 들어 봐요! 나흘 전에 나는 당신들과 거리를 두고 혼자서 이 일을 끝내기로 결심했어요. 당신들과 있었더라면 나는 끊임없이 흔들리며 당신들한테 기대다가 결코 결심을 하지 못했을 거요. 하지만 혼자서 매순간 '끝내야 한다'고 스스로를 확신시켜야 했던 상황에 일부러 머물면서 용기를 끌어 모아 결국 끝을 봤어요! 나는 해결을 본 뒤 당신들에게 돌아오리라 다짐했고, 마침내 일이 마무리되어 돌아온 것이오!"

"어떻게요? 일이 어떻게 됐어요? 빨리 말해 보세요!"

"아주 간단해요! 나는 그녀에게 똑바로 다가가서 솔직하고 용감하게……. 그런데 먼저 그 전에 일어난 사건부터 말해야겠소. 이 사건 때문에 나는 아주 놀랐소. 우리가 나가려던 참에 아버지에게 편지가 한 통 왔소. 나는 마침 아버지의 서재에 들어서다가 문 옆에 멈추어 섰소. 아버지는 나를 보지 못했지. 아버지는 그 편지에 큰 충격을 받았는지 혼잣말을 하며 무엇인가 외치면서 정신없이 방 안을 이리저리 걸어다니다 마침내 갑자기 웃음을 터뜨리셨소. 그러면서도 그 편지를 내내 손에 쥐고 계셨소. 나는 들어가기가 두려워서 잠시 기다렸다가 들어갔소. 아버지는 어째서인지 무척 기뻐하시더니 나에게 아주 이상스러운 태도로 말씀하시다가 갑자기 말씀을 멈추고, 아직 이른 시간이었는데도 나에게 곧 외출할 채비를 하라고 말씀하셨소. 백작부인의 집에는 오늘 다른 사람은 없었소, 오로지 우리뿐이었소, 나타샤, 당신은 거기서 무도회가 열린다고 생각했는데 잘못 안 거요. 당신에게 잘못된 정보가 전달된 것이오……."

"아, 제발 딴 데로 새지 말아요, 알료샤. 카차에게 모든 것을 어떻게 말했는지를 말하세요!"

"다행히 그녀와 나 단둘이 두 시간 동안 함께 있었소. 나는 그녀에게 부모가 우리를 짝지우기를 원하지만 우리의 결혼은 불가능하다고 거침없이 밝혔소. 그리고 나는 그녀에게 호감을 느끼며 그녀만이 나를 구원할 수 있다고 말했소. 그 다음 그녀에게 모든 것을 고백했소. 생각해 보시오. 놀랍게도 그녀는 우리 이야기를, 당신과 나의 관계를 전혀 모르고 있었소, 나타샤! 그녀가 얼마나 혼란스러워했는지 당신에게도 보여주고 싶었소. 처음엔 소스라치게 놀라 얼굴이 창백해졌소. 나는 그녀에게 우리의 이야기를 모두 들려주었소. 당신이 나를 위해 집을 나왔으며 지금 함께 살고 있는데, 요즘은 고통과 공포 속에 살면서 카차가 우리 편에 서서 나에게 시집가지 않겠노라 의붓어머니에게 똑똑히 말해주기를 바라며 그녀에게 의지하고 있다고(당신도 그래주길 바라고 있다고 말했소, 나타샤), 그것만이 우리를 구원할 수 있고 더이상 다른 곳에서는 도움을 기대하지 못한다고 말했소. 그녀는 깊은 관심을보이며 열심히 들었소. 그 순간 그녀가 어떤 눈을 하고 있었는지 아시오! 그녀의 영혼이 온통 눈으로 옮겨온 듯했소. 그 투명하고 푸른 눈으로. 카차는 솔직히 말해줘서 고맙다고 말하고, 온 힘을 다해 우리를 돕겠다고 약속했소. 그러고는 당신에 대해 이것저것 물으며 꼭 친구가 되고 싶다고 말했소. 벌써 당신을 언니처럼 사랑하며 당신도 그녀를 동생처럼 사랑해 주기를 바란다고 전해 달라고 했소. 그리고 내가 벌써 닷새나 당신을 보지 못한 것을알고는 이내 당신에게 가라고 쫓아보냈어요……."

나타샤는 감격했다.

"어쩜 이런 중요한 이야기를 두고 귀가 어두운 공작부인의 마음을 얻었다는 이야기나 하다니! 아, 알료샤, 알료샤!" 나타샤는 비난조로 그를 바라보며 외쳤다. "카차는 어땠어요? 당신을 보낼 때 기쁘고 유쾌했나요?"

"그렇소, 좋은 일을 했다며 기뻐했지만, 울었어요. 그녀도 나를 사랑하기 때문이오, 나타샤! 카차는 이미 나를 사랑하기 시작했다고 고백했소. 그녀는 사람들을 많이 만나지 않지만 내가 오래전부터 마음에 들었던 거요. 술책과 거짓으로 가득한 세계에 살다보니 오히려 내가 성실하고 정직한 사람으로돋보였나 보오. 카차는 일어나서 말했소. '하느님께서 당신과 함께하시길, 알렉세이 페트로비치.' 하지만 나는……' 그녀는 끝까지 말을 잇지 못하고울면서 가 버렸소. 카차와 나는 결정했소. 내일 카차는 의붓어머니에게 나와결혼하길 원치 않노라 말씀드리고, 나는 아버지에게 단호하게 내 생각을 말씀드리기로 말이오. 카차는 내가 좀더 일찍 아버지에게 말씀드리지 않았다고나를 비난했소. '정직한 사람은 아무것도 두려워할 필요가 없습니다!'라면서. 그녀는 고결한 사람이오. 카차는 나의 아버지도 좋아하지 않는다고 말했소. 나의 아버지가 교활하고 돈을 밝힌다고. 나는 아버지를 변호했지만 내 말을믿지 않았소. 만일 내가 내일 아버지에게서 성공을 거두지 못한다면(그녀는성공하지 못할 거라 여기고 있소) 나는 K공작부인에게 도움을 청하기로 했고, 카차도 그 생각에 찬성했소. 그러면 아무도 감히 거역하지 못할 테니. 나는 카차와 남매처럼 지내기로 약속했소. 아, 그녀가 얼마나 불행한지, 의붓어머니와 사는 삶과 사교계에 얼마나 혐오감을 가지고 있는지 당신이 안다면……. 카차는 나조차 두려운 듯 분명히 이야기하지 않았지만 몇 마디 말로도 충분히 알 수 있었소, 나타샤, 내 사랑! 당신을 만난다면 카차는 당신에게 넋이 나갈 거요! 카차는 참으로 선량한 마음을 가지고 있어요! 그녀와 함께 있으면 그렇게 편안할 수가 없어! 당신들 둘은 자매가 되어 서로 사랑하도록 만들어졌소. 나는 내내 이것만 생각했어요. 당신들 둘을 만나게 해주고 그 옆에서 황홀하게 바라보고 싶소. 이렇게 말한다고 오해하지는 말아요, 나타샤. 나는 당신과 함께 있으면 그녀 이야기를 하고 싶고, 그녀와 있으면 당신 이야기만 하게 되오. 그렇지만 내가 당신을 다른 어느 누구보다도, 그녀보다도 더 사랑한다는 것을 당신도 알 거요……. 당신은 나의 전부요!"

나타샤는 조용히, 사랑스럽지만 어쩐지 슬픈 표정으로 그를 바라보았다. 알료샤의 말은 그녀를 기쁘게 하는 동시에 그녀를 괴롭힌 듯했다.

"나는 이미 두 주일 전에 카차의 진가를 인정했소." 알료샤가 말을 계속했다. "매일 저녁 백작부인의 집에 갔었으니까. 그리고 집으로 돌아올 때는 줄곧 당신들 둘을 생각하며 서로를 비교해 보았소."

"우리 둘 중 누가 더 낫던가요?" 나타샤가 빙긋 웃으며 물었다.

"어떤 때는 당신이, 어떤 때는 그녀가. 하지만 마지막엔 언제나 당신이 승자였소. 그녀와 이야기를 나누면 나는 좀더 나아지고, 좀더 현명해지고, 어쩐지 더 고상해지는 것 같긴 하오. 어쨌든 내일, 모든 것이 결정될 거요!"

"당신은 그녀가 딱하지 않나요? 그녀는 당신을 사랑하고, 당신도 그 점을 눈치챘다고 했잖아요?"

"그야 물론 딱하지요, 나타샤! 그렇지만 우리 셋은 다 같이 사랑할 것이고, 그러면……."

"그러면 안녕이죠!" 나타샤가 혼잣말하듯 조용히 말했다. 알료샤는 놀라서 그녀를 바라보았다.

그러나 우리의 이야기는 갑자기 예기치 못한 일 때문에 끊겼다. 대기실로도 사용되는 부엌에서 누가 들어오는 듯한 가벼운 소음이 들렸기 때문이다. 얼마 뒤 마브라가 문을 열고는 알료샤에게 머리를 살짝 끄덕여서 그를 불렀다. 우리는 모두 마브라를 바라보았다.

"손님이 오셨어요. 잠깐 나와 보세요." 마브라가 유난히 작은 소리로 속삭였다.

"이 시간에 누가 나를 찾지?" 알료샤가 놀라서 우리를 둘러보며 말했다. "곧 가겠네!"

부엌에는 그의 아버지인 공작의 하인이 제복을 입고 서 있었다. 하인은 공작이 집으로 돌아가는 길에 나타샤 집 앞에 마차를 세우게 하고, 알료샤가 와 있는지 알아보러 자기를 올려 보냈다고 말했다. 그 말만 하고 하인은 이내 나갔다.

"이상하네! 지금까지 이런 일은 없었는데." 알료샤가 당황하여 우리를 보며 말했다. "무슨 일일까?"

나타샤는 근심스럽게 그를 바라보았다. 갑자기 마브라가 다시 방문을 열었다.

"공작님께서 직접 오세요!" 마브라는 속삭이듯 재빨리 말하고 곧 몸을 숨겼다.

나타샤는 창백해져서 자리에서 일어났다. 그녀의 눈이 이글거렸다. 탁자에 가볍게 몸을 기대고 서서 흥분한 표정으로 예기치 않은 손님이 들어올 문을 바라보았다.

"나타샤, 걱정하지 말아요. 내가 함께 있잖소! 아버지가 당신을 모욕하도록 내버려 두진 않겠소." 당황했지만 침착성을 잃지 않은 알료샤가 속삭였다.

문이 열리고 틀림없는 발코프스키 공작이 문 앞에 나타났다.

2

공작은 재빠르고 주의 깊은 눈빛으로 우리를 둘러보았다. 이 눈빛만으로는 그가 적으로서 왔는지 친구로서 왔는지 알아낼 수가 없었다. 그러나 그의 겉모습을 자세히 묘사하겠다. 이날 저녁, 나는 그에게 특히 강한 인상을 받았다.

나는 전에도 공작을 본 적이 있었다. 그는 마흔 대여섯쯤 되어 보였다. 이목구비가 반듯하고 매우 잘생겼으며 얼굴 표정은 상황에 따라 그때 그때 바뀌었다. 갑작스럽고 완전하게, 마치 용수철이 수축하듯 가장 유쾌한 표정에서 가장 무뚝뚝하고 불만스러운 표정으로 순식간에 바뀌었다. 조금 거무스름한 달걀형 얼굴, 가지런한 치아, 작고 얇은 입술의 고운 선, 오뚝한 콧날에 다소 갸름한 코, 아직 잔주름 하나 없는 높은 이마, 회색빛의 꽤 큰 눈, 이러한 특징이 어우러져 미남에 가까워 보였지만 그의 얼굴은 유쾌한 인상을 주지는 못했다. 그 얼굴 표정이 진실해 보이지 않고, 언제나 계산하여 꾸며낸 것처럼 부자연스럽고 빌려온 것 같아서 보는 사람으로 하여금 거부감을 일으키는 나머지 진짜 표정을 볼 수 없을 것이라는 어떤 맹목적 확신이 들게 한다. 더 주의 깊게 보면, 사람들은 그가 언제나 쓰고 있는 저 가면 뒤에 악하고, 교활하고, 가장 이기적인 그 무엇이 숨어 있지 않나 의심하게 된다. 무엇보다 그의 아름답고 커다란 회색 눈이 주의를 끌었다. 그 눈만큼은 그가 의지대로 할 수 없는 유일한 것인 듯했다. 그가 부드럽고 우호적인 눈빛을 지어 보이려 해도, 그의 눈빛은 이분화되어 부드럽고 우호적인 빛 사이로 잔혹하고 의심하고 탐색하는 듯한 사악한 빛이 번뜩였다. 공작은 키가 상당히 크고, 조금 말랐지만 몸매의 균형이 좋아 실제 나이보다 젊어 보였다. 짙고 부드러운 금발에는 아직 새치조차 보이지 않았다. 귀와 손, 발부리는 놀랍도록 잘생겼다. 완전한 귀족적 아름다움이었다. 또한 그는 언제나 세련되고 우아하고 약간 젊은이처럼 옷을 입었는데, 그것은 그에게 썩 잘 어울렸다. 공작은 알료샤의 형처럼 보였다. 적어도 이렇게 성숙한 아들을 둔 아버지로는 보이지 않았다.

공작은 곧바로 나타샤에게 다가가서 그녀를 뚫어지게 바라보며 말했다.

"내가 이 시간에 예고도 없이 찾아 온 것은 물론 상식에 어긋나는 기이한 일이오. 그러나 적어도 내 행동의 유별남을 스스로도 잘 알고 있다는 점을 믿어 주면 좋겠소. 그리고 나는 당신이 누구인지도 아오. 당신이 명민하고 너그러운 사람이라는 것도 아오. 10분만 시간을 주시오. 그러면 당신은 나를 이해하고 용서하리라 생각하오."

그는 되도록 공손하게 말했지만 그 속에는 힘과 엄격함이 담겨 있었다.

"앉으세요." 나타샤가 처음의 혼란과 약간의 놀라움을 아직 벗어나지 못한 채 말했다.

공작은 가볍게 고개를 숙이고 앉았다.

"먼저 저 애에게 한 마디 하게 해주시오." 그는 자기 아들을 가리키며 말했다. "알료샤, 네가 나를 기다리지도 않고 심지어 작별 인사도 나누지 않은 채 떠나자마자, 백작부인에게서 카테리나 표도로브나가 몸이 좋지 않다는 기별이 왔다. 백작부인이 카테리나에게 급히 가보려고 했는데, 카테리나 표도로브나가 몹시 심란하고 흥분한 상태로 우리에게 오더구나. 그리고 네 아내가 될 수 없다고 우리에게 단호히 말했다. 그녀는 수도원에 들어가겠노라고 선언하며, 네가 그녀에게 나탈리야 니콜라예브나를 사랑한다고 고백하고 자신에게 도움을 청했다고 말하더구나. ……하필이면 이런 때에 카테리나 표도로브나가 갑자기 이런 고백을 한 건 말할 것도 없이 네가 그녀에게 무자비하게 이실직고를 했기 때문이겠지. 그녀는 거의 제정신이 아니었어. 내가 얼마나 큰 충격을 받았는지 이해하겠지. 그리고 지금 지나가면서 그대 방에 불이 켜져 있는 것을 보았소." 공작은 나타샤 쪽을 향하며 말을 계속했다. "그러자 오랫동안 나를 괴롭히며 따라다니던 생각이 갑자기 나를 사로잡아 충동을 이기지 못하고 그대에게 들어오게 된 것이오. 무엇 때문이냐고요? 곧 말씀드리겠지만, 우선 내 이야기가 다소 신랄하더라도 놀라지 말기 바라오. 아무래도 갑작스런 일이다 보니……."

"말씀하시는 것을 이해하고 당연히…… 존중할 생각입니다." 나타샤가 더듬으며 말했다.

공작은 마치 한순간에 그녀의 전부를 캐려는 듯 나타샤를 응시했다.

"나도 그대의 밝은 판단력을 기대하오." 공작이 말을 이었다. "지금 이곳에 느닷없이 찾아온 것도 그대가 어떤 사람인지 잘 알고 있기 때문이오. 언젠가 그대를 부당하게 대하여 참으로 미안하게 생각하지만 나는 그대를 아주 오래전부터 알고 있소. 잘 들어 보시오. 그대도 알다시피 나와 그대 아버지 사이에는 오랜 불화가 있소. 나는 스스로를 변호하고 싶진 않소. 아마 지금도 내가 생각했던 것보다 훨씬 더 그에게 잘못하고 있는 건지도 모르겠소. 그러나 설령 그렇더라도 나 역시 속았던 거요. 나는 내 스스로도 의심이 많은 사람이란 것을 잘 압니다. 그래서 좋은 것보다 나쁜 것을 상상하는 경향이 있다오. 내 메마른 마음에 들어 있는 불행한 성격 탓이오. 그러나 내 결함을 감추려고 하지는 않소. 나는 모든 비방을 믿었고 그래서 그대가 부모 집을 뛰쳐나왔을 때 알료샤가 걱정되어 두려웠소. 그때는 아직 그대를 몰랐던 거요. 조금씩 조사를 해보고야 나는 완전히 안심하게 되었소. 나는 관찰하고 조사한 끝에 내 의심이 근거 없는 것이라는 확신을 얻었소. 그대가 가족과 왕래를 끊었다는 이야기를 들었고, 그대 부친께서 그대와 내 아들과의 혼인을 전적으로 반대한다는 것도 알고 있소. 그리고 그대가 알료샤에게 막대한 영향력, 지배력을 휘두를 수 있는데도 그 힘을 이용하여 알료샤에게 혼인을 강요하지 않았다는 이 한 가지 사실만으로도 그대가 매우 훌륭한 사람이라는 것을 알 수 있소. 그럼에도 그때 내가 모든 힘을 기울여 그대와 내 아들이 결혼할 모든 가능성을 없애려고 결심했었음을 전적으로 인정하는 바이오. 내가 지나치게 솔직하게 말한다는 것을 나도 압니다만 지금 솔직함이 무엇보다 필요하오. 끝까지 듣는다면 그대도 내 말에 동의할 것이오. 그대가 집을 나온 지 얼마 안 되어 나는 페테르부르크를 떠났소. 그러나 이미 알료샤는 걱정하지 않았소. 그대의 고귀한 자존심에 기대를 걸었던 거요. 우리 가족 간의 불미스러운 일이 해결되기 전에는 그대가 결혼을 원치 않을 거라고 생각했소. 그리고 그대도 알료샤와 나의 화목을 깨기를 원치 않았소, 내가 아들과 그대의 결혼을 결코 허락하지 않을 테니까. 또한 그대는 공작 신랑을 욕심내고 공작 가문에 시집가고 싶어한다는 둥, 남들이 입방아 찧는 것을 원치 않았소. 오히려 그대는 우리를 철저히 무시했소. 어쩌면 내가 스스로 아들과 결혼하는 영광을 베풀어 달라고 그대에게 부탁하러 오는 순간을 기다렸는지도 모르겠소. 그러나 나는 완고하게 그대의 적으로 남았소. 변명할 생각은 없지만 그대에게 내 행동의 근거를 숨기고 싶지도 않소. 바로 그대가 고귀한 가문 출신도 아니고 부자도 아니란 사실이오. 나는 재산을 좀 가지고 있소만 실은 더 많은 것이 필요하오. 우리 가문은 쇠락하고 있는 중이라오. 우리에게는 돈과 연줄이 필요하오. 백작부인 지나이다 표도로브나의 의붓딸은 비록 연줄은 없지만 매우 부유합니다. 내가 조금만 늑장을 부렸더라면 다른 구혼자가 나타나서 그 처녀를 바로 가로채 갔을 거요. 그러니 이런 기회를 놓칠 수는 없었소.

그래서 비록 알료샤가 아직 어리지만 그를 결혼시키기로 결심한 거요. 보다시피, 나는 아무것도 숨기지 않았소. 탐욕과 편견에 사로잡혀 아들에게 좋지 않은 행동을 부추긴 아버지라고 경멸해도 좋소. 아들을 위해 모든 것을 희생한 너그러운 처녀를 버리라고 한 것은 참으로 나쁜 짓이기 때문이오. 게다가 아들놈은 그동안 당신에게 많은 죄를 지었소. 하지만 난 변명하지는 않겠소. 내 아들과 백작부인 지나이다 표도로브나의 의붓딸을 결혼시키려고 하는 두 번째 이유는, 그 처녀는 최고의 사랑과 경의를 받을 가치가 있는 사람이기 때문이오. 그녀는 비록 많은 점에서 아직 어리지만 아름답고 훌륭한 교육을 받아 반듯한 성품을 지녔으며 매우 똑똑하오. 반면 알료샤는 의지가 약하고 경솔하고, 지나치게 분별력이 없어 스물두 살이나 되었는데도 아직 어린아이오. 그가 가진 유일한 덕성은 바로 선한 마음씨인데 이것이 그의 다른 결점과 연결되면 매우 위험하오. 나는 이미 오래 전부터 알료샤에 대한 내 영향력이 줄어들기 시작했다는 것을 인지했소. 젊음의 혈기와 탐닉이 우위를 차지하며 사람의 참된 의무를 뒷전으로 물리기까지 하고 있소. 내가 너무 귀하게 키운 탓도 있겠지만 이미 나 혼자 가르치기에 벅차다는 것만은 확실하오. 이 아이는 언제나 누군가의 지속적이고 자애로운 보살핌을 받아야 하오. 알료샤는 천성이 종속적이고 연약하고 애정이 깊어서 명령을 하는 것보다 사랑하고 복종하기를 더 좋아하지요. 그는 평생을 그렇게 살 거요. 카테리나 표도로브나에게서 아들의 짝으로 바라 왔던 이상적인 배우자상을 보고 내가 얼마나 기뻤을지 상상할 수 있을 것이오. 그러나 너무 늦었던 거요. 아들에게는 이미 다른 영향력이 확고히 작용하고 있었소. 바로 당신의 영향력 말이오. 한 달 전 페테르부르크로 돌아왔을 때부터 나는 아들을 자세히 관찰했소. 그리고 놀랍게도 그가 바람직한 방향으로 크게 변한 것을 알았소. 경솔함과 유치한 면은 여전했지만 어떤 고귀한 감수성이 뿌리를 굳게 내렸더군요. 그는 장난감 말고 다른 고상하고 고귀하고 명예로운 것들에 흥미를 보이기 시작했소. 알료샤의 생각은 별나고 불안하고 이따금 불합리하지만, 희망이나 의욕 같은 마음은 더 나아졌소. 마음은 모든 것의 토대가 되지요. 아들의 바람직한 면들은 의심할 여지없이 그대에게서 비롯되었소. 그대가 그를 변화시킨 것이오. 고백하건대, 그때 이미 내 머릿속에는 다른 어느 누구보다도 그대가 그를 행복하게 해줄 수 있다는 생각이 스쳐 갔소. 하지만 나는 그 생각이 달갑지 않았기 때문에 곧바로 쫓아내 버렸소. 나는 무슨 일이 있어도 그대에게서 내 아들을 떼어놓아야겠다고 생각했소. 나는 곧바로 행동을 시작했고 목표에 다다른 줄 알았소. 한 시간 전만 해도 승리를 거뒀다고 생각했소. 그러나 백작부인 댁에서 일어난 사건이 내 예상을 단번에 뒤엎어 버렸소. 무엇보다 뜻하지 않은 사실에 몹시 놀랐소. 이해할 수 없는 알료샤의 진지함, 그대에 대한 강한 애착, 그 애착의 집요함과 생명력. 다시 말하지만, 그대가 아들을 새사람으로 만든 거요. 오늘 나는 갑자기 그의 변화가 내 생각보다 더 진전되어 있음을 보았소. 오늘 알료샤는 내 앞에서 빼어난 분별력을 보여 주고, 동시에 비상한 섬세함과 통찰력도 보여 주었소. 아들에게 그런 면이 있을 줄은 꿈에도 몰랐소. 알료샤는 어려운 상황에서 빠져나오기 위해 가장 바른 길을 선택했소. 그는 사람 마음의 가장 고귀한 능력에 호소했소. 악을 용서하고 선을 베푸는 능력 말이오. 알료샤는 자신이 상처준 사람에게 자신을 내맡기고 동정과 도움을 구했소. 이미 자신을 사랑하기 시작한 여인에게 연적이 있다고 고백함으로써 여인의 자존심을 건드리고, 동시에 그 연적에 대한 동정, 그리고 자신에 대한 용서와 형제애를 발휘할 것을 약속하게 만들었소. 무례를 범하지 않고 모욕감을 불러일으키지도 않았으며 그러한 해결의 수순을 밟는 것은 능란하고 현명한 사람들이 아니라 알료샤와 같은 싱싱하고, 깨끗하고 올곧은 성품의 소유자가 할 수 있는 일이오. 나탈리야 니콜라예브나, 당신이 오늘 그가 한 행동에 대해 아무 말이나 충고도 하지 않았다고 나는 확신하오. 그대는 아마도 이 모든 일을 조금 전에 아들의 입을 통해 들었을 것이오. 내가 틀리지 않았다고 생각하오만, 그렇지 않소?"

"틀리지 않으셨습니다." 나타샤가 대답했다. 나타샤의 얼굴은 붉게 달아오르고 눈은 영감을 받은 듯 특이한 광채로 빛났다. 공작의 달변이 효력을 나타내기 시작했다. "저는 닷새 동안이나 알료샤를 보지 못했어요." 나타샤가 덧붙였다. "그 모든 일은 알료샤가 직접 생각하고 실행에 옮긴 것입니다."

"그럴 겁니다." 공작이 맞장구쳤다. "어쨌든 알료샤의 예기치 못한 통찰력과 결단력, 의무감 그리고 이 모든 고상한 의연함은 당신이 그에게 좋은 영향을 미친 결과요. 집으로 가면서 이런 생각을 하다보니 불현듯 내 안에서 결단력이 솟아나는 것을 느꼈소. 백작부인 댁과의 혼담은 이미 깨져 버려 회복할 수 없소. 설사 회복된다 할지라도 이 이상으로는 일이 진행되지 않을 거요. 게다가 난 그대가 아들을 행복하게 해줄 수 있는 유일한 사람이고 진정한 안내자이며 이미 아들의 미래의 행복을 위해 기초를 쌓아 놓았다고 확신했소! 나는 그대에게 아무것도 숨기지 않았고 지금도 숨기지 않소. 나는 출세, 돈, 지위, 관등을 매우 사랑하오. 이것들 중 대부분은 단순한 편견이란 것도 자각하고 있소. 하지만 나는 이 편견을 사랑하며, 결코 그것들을 무시하고 싶지 않소. 그러나 다른 조건들을 고려하고, 모든 것을 같은 잣대로 재어서는 안 되는 그런 상황도 분명히 있지요……. 게다가 나는 아들을 지극히 사랑하오. 한마디로 나는 알료샤가 그대와 헤어져서는 안 된다는 결론에 도달했소. 그대 없이는 파멸하고 말 것이기 때문이오. 솔직히 말하리까? 나는 이미 한 달 전에 이 결정을 내렸소. 그리고 지금에야 내가 올바른 결정을 내렸다는 사실을 깨달았소. 물론 내일 당신을 찾아와 이 모든 것을 말할 수도 있었소, 이런 한밤중에 그대를 괴롭히지 않고 말이오. 그러나 내가 이렇게 서둘러 찾아온 것으로 보아 내가 얼마나 열렬하고 진지하게 이 문제를 받아들이고 있는지 알 수 있으리라고 생각하오. 나는 아이가 아니오. 내 나이쯤 되면 깊이 생각지 않고 행동에 나서진 않소. 내가 여기 들어왔을 때 모든 것은 이미 결정하고 검토했소. 그러나 그대가 내 솔직함을 전적으로 확신하기까지는 아직 오랜 시간이 필요한 줄도 알아요……. 하지만 본론으로 들어갑시다! 내가 여기에 왜 왔는지 설명하겠소. 나는 그대에게 진 빚을 갚으러 왔소. 그대에 대한 끝없는 경의를 담아 부탁드립니다. 부디 내 아들과 결혼하여 아들을 행복하게 해 주시오. 아, 내가 마침내 자신의 아들을 용서하고 그의 행복에 관대히 동의하기로 결심한 몹쓸 아비로서 여기에 왔다고는 생각지 마시오. 아니오! 오해하지 마시오! 내가 그런 생각을 품고 있다고 생각한다면 그것은 나를 멸시하는 것이오. 당신이 내 아들을 위해 모든 것을 희생했으니, 내가 얘기하면 당신이 덥석 받아들일 것이라고 미리 생각하고 왔다고도 생각지 마시오. 역시 그렇지 않소! 누구보다 먼저 내가 큰소리로 말하겠소. 내 아들은 그대에 비해 훨씬 모자라고……(하지만 선하고 순수한 아이요) 본인도 그 점을 인정할 거요. 그러나 이것이 다가 아니오. 내가 이 시간에 어떤 힘에 이끌리듯 찾아온 까닭은 그뿐만이 아니라…… 내가 온 까닭은……(공작은 정중하게, 약간 젠체하며 자리에서 일어났다.) 나는 그대의 친구가 되기 위해서 왔소! 내게 그럴 권리가 없다는 것은 나도 잘 아오! 그러나 그 권리를 얻을 수 있도록 허락해 주시오! 하다못해 내가 희망을 가질 수 있도록 해주시오!"

공작이 정중하게 나타샤 앞에 몸을 숙이고 대답을 기다렸다. 그가 말하는 내내 나는 그를 주의 깊게 관찰했다. 공작 또한 그 점을 눈치채고 있었다.

공작은 달변을 뽐내듯 이따금씩 일부러 과장스런 표현을 써가며 이 긴 이야기를 이어갔다. 전체적인 말투는 이런 뜻하지 않은 시간에, 더욱이 이러한 상황에 처음 이 집을 찾아온 공작의 행동과는 전혀 어울리지 않았다. 어떤 표현들은 미리 준비해온 티가 확연했고, 그 정신이 아득해지는 장광설의 곳곳에서, 공작은 자신의 괴로운 마음을 유머와 무례한 표현과 농담으로 덮어 숨기려고 고심하는 괴짜의 풍모를 솜씨 좋게 가장하고 있는 듯했다. 그러나 이러한 것은 훨씬 나중에야 깨달았으므로 그때에는 문제가 되지 않았다. 그의 마지막 말에는 진심이 가득하고, 나타샤에 대한 신실한 경의로 가득하여 우리 세 사람을 압도했다. 심지어 공작의 속눈썹에는 눈물 같은 것이 반짝였다. 나타샤의 고결한 마음은 완전히 사로잡혔다. 그녀는 공작을 따라 자리에서 일어나 감격한 나머지 말도 못하며 그에게 손을 내밀었다. 공작은 그녀의 손을 잡고 부드럽고 다감하게 입을 맞추었다. 알료샤는 흥분해서 제정신이 아니었다.

"내가 뭐라고 했소, 나타샤." 알료샤가 외쳤다. "당신은 믿지 않았지요! 아버지가 세상에서 가장 고결한 사람이란 걸 당신은 믿지 않았지요! 그런데 봐요, 이제 알겠죠?"

알료샤는 아버지에게 달려가 뜨겁게 포옹했다. 공작도 포옹으로 답했으나, 감정을 드러내는 것이 부끄러운 듯 감상적인 장면을 서둘러 마치려 했다.

"됐소." 공작은 모자를 집어 들며 말했다. "이만 돌아가겠소. 10분만 달라고 해놓고 한 시간이나 앉아 있었구려." 공작이 씁쓸하게 웃으며 덧붙였다. "그러나 되도록 빨리 당신을 다시 만나게 되길 바라오. 앞으로 되도록 자주 찾아와도 되겠소?"

"네, 네!" 나타샤가 대답했다. "되도록 자주! 되도록 빨리! 당신을…… 좋아할 수 있게 되기를 바랍니다……." 그녀가 당황하며 덧붙였다.

"그대는 참으로 성실하고 정직한 분이오!" 나타샤의 말에 미소지으며 공작이 말했다. "간단한 인사말 하나에도 감정을 꾸미지 않는군요. 그대의 솔직함은 잘 꾸며진 공손함보다 값진 것이오. 그럼요! 내가 그대의 호감을 얻으려면 아주 오래 노력해야 할 거요!"

"저를 칭찬하는 말씀은 이제 그만하세요……. 이미 충분한 걸요!" 나타샤가 수줍어하며 중얼거렸다. 이 순간 그녀가 얼마나 아름다웠는지 모른다!

"그러지요!" 공작이 단정적으로 말했다. "하지만 두 마디만 더 하겠소. 내가 얼마나 불행한 사람인지 그대는 상상할 수 없을 거요! 내일도 모레도 그대한테 올 수가 없기 때문이오. 오늘 저녁에 나는 중요한 편지를 한 통 받았소. 어떤 일에 곧바로 참여할 것을 요구하는 내용인데, 어떻게 해도 그 일을 피해 갈 수가 없소. 나는 내일 아침 페테르부르크를 떠나오. 바라건대, 내가 내일이나 모레나 시간을 전혀 내지 못해서 이렇게 늦게 그대를 찾았다고는 생각지 마시오. 물론 그렇게 생각하지 않겠지만, 이것이 내가 의심이 많다는 증거요! 왜 그대가 그렇게 생각할 것이라고 여겼는지. 이 의심이란 놈은 일생 동안 나를 괴롭혔소. 그대 가족과 반목하게 된 것도 이런 내 몹쓸 성격 때문인지도 모르오! 오늘이 화요일이니 수요일, 목요일, 금요일까지 페테르부르크를 비울 것이오. 토요일에는 꼭 돌아와서 가장 먼저 그대를 방문하겠소. 저녁 시간을 여기서 보내도 괜찮겠소?"

"그럼요, 물론이지요!" 나타샤가 외쳤다. "토요일 저녁에 기다리고 있겠습니다! 꼭 기다리겠습니다!"

"정말 행복하군! 그대가 어떤 사람인지 점점 윤곽이 잡히는군요. 그러나 …… 이만 가겠소! 한데 그대와 악수를 하지 않고 갈 수는 없지요." 공작은 갑자기 나에게 몸을 돌리며 말을 계속했다. "실례가 많았소! 두서없는 이야기만 해서……. 나는 이미 몇 차례 당신을 만났고, 한 번은 서로 소개받아 인사를 나누기도 했지요. 여기서 다시 옛 정을 이어가게 되어 얼마나 기쁜지 말하지 않고는 나갈 수가 없군요."

"몇 차례 만났었죠, 맞습니다." 내가 그의 손을 잡으며 대답했다. "그러나 죄송합니다만, 인사를 나눴는지는 기억이 나지 않는군요."

"지난해 R공작 댁에서죠."

"죄송합니다, 제가 잊었군요. 하지만 이번에는 잊지 않을 겁니다. 오늘 밤은 저에게 특별한 의미가 있는 밤이니까요."

"말씀하신 대롭니다, 나에게도 그렇소. 나는 당신이 나탈리야 니콜라예브나와 내 아들의 진정한 친구라는 것을 오래전부터 알았습니다. 당신들 세 사람과 함께 나도 네 번째 친구가 되기를 기대합니다. 그렇지 않습니까?" 공작은 나타샤를 돌아보며 덧붙였다.

"그렇습니다! 우리의 참다운 친구이십니다. 그리고 우리는 다 같이 친하게 지내야 합니다!" 나타샤가 깊이 감동해서 대답했다. 가련한 사람 같으니! 공작이 잊지 않고 나에게 말을 거는 것을 보고 나타샤는 너무 기뻐 얼굴이 환하게 밝아졌다. 그녀는 나를 참으로 사랑했다!

"당신의 재능을 흠모하는 사람들을 많이 만났소." 공작이 말을 계속했다. "그리고 당신 작품의 진실한 애독자도 두 분 알고 있소. 개인적으로 당신을 사귀게 된다면 그분들도 아마 무척 기뻐할 것이오. 바로 나의 친구인 백작부인과 그 의붓딸 카테리나 표도로브나 필리모노바요. 이 여인들에게 당신을 소개하고 싶은데, 혹시 폐가 되진 않겠지요?"

"말씀은 감사합니다만 요즘은 별로 사람들과 교제를 하지 않아서요……."

"그러면 나에게 주소라도 주시오! 어디 사시오? 괜찮으시다면 다음 번에 꼭……."

"저는 집에 손님을 초대하지 않습니다, 공작님. 적어도 당분간은 사양하겠습니다."

"내가 예외적 취급을 받을 만하지는 않겠지만…… 그래도……."

"좋습니다, 당신이 원하신다면 저로서도 영광입니다. 저는 X거리의 클루겐의 집에서 삽니다."

"클루겐의 집이라!" 공작은 마치 무엇인가에 충격을 받은 것처럼 소리쳤다. "그렇습니까! ……거기서 산 지 오래됐습니까?"

"아니오, 얼마 안 됐습니다." 나는 무의식적으로 그를 바라보며 대답했다. "제 아파트는 44호입니다."

"44호? 혼자…… 사시지요?"

"네, 혼자 삽니다."

"그래요! 내가 그 집을 아는 것 같아 물었습니다. 더 잘되었습니다……. 꼭 찾아가겠습니다. 꼭! 당신에게 이야기하고 싶은 것도 많고, 당신 이야기도 이것저것 듣고 싶습니다. 여러모로 부탁드릴 일도 있고요. 보시오, 인사를 나누자마자 부탁부터 하다니 나도 참 뻔뻔하지. 그럼 안녕히 계십시오! 다시 한 번 악수를!"

공작은 나와 알료샤와 악수를 하고 다시 나타샤의 손에 입 맞추고는, 알료샤에게 따라오라고 이르지도 않고 방을 나갔다.

남겨진 우리 셋은 어안이 벙벙했다. 모든 일이 아주 갑자기, 전혀 예기치 못한 상태에서 일어났다. 우리는 한순간에 모든 것이 변했고, 무엇인지 모를 새로운 상황이 시작되었음을 느꼈다. 알료샤는 말없이 나타샤 옆에 앉아 그녀의 손에 입을 맞추었다. 그리고 그녀가 뭐라고 말할지 기다리는 듯 이따금 그녀의 얼굴을 바라보았다.

"알료샤, 내 사랑, 내일 당장 카테리나 표도로브나에게 가보세요." 이윽고 나타샤가 말했다.

"나도 그렇게 생각했소." 알료샤가 대답했다. "반드시 가보겠소."

"하지만 그녀는 당신을 만나는 게 괴로울지도 몰라요…… 어쩌면 좋죠?"

"글쎄……. 실은 그 생각도 했소. 일단 가서…… 보고…… 그 뒤에 결정하겠소. 그런데 나타샤, 이제 우리 상황은 완전히 뒤바뀌었어요." 알료샤가 참지 못하고 말했다.

나타샤는 빙그레 웃으며 다정한 눈으로 오래도록 그를 바라보았다.

"아버지께서는 참으로 배려가 깊으신 분이오! 당신이 형편없는 집에서 사는 것을 보고도 한마디도 하시지 않았소……."

"무슨 말이에요?"

"아니, 다른 곳으로 이사하라든지…… 그런 말씀이 없으셨잖소……." 알료샤는 얼굴을 붉히며 덧붙였다.

"됐어요, 알료샤. 무슨 까닭으로 아버지가 그런 말씀을 하시겠어요!"

"그러니까 아버지께서는 배려할 줄 아는 분이라는 거요. 그리고 그분이 당신을 얼마나 칭찬했소! 내가 당신에게 말했지……! 그래요, 그분은 모든 것을 이해하고 공감할 수 있는 분이에요! 하지만 나를 완전히 어린아이 취급하셨지. 모두들 나를 그렇게 생각한다니까! 그리고 그게 사실이니 어쩔 수 없지."

"당신은 어린아이예요. 그러나 우리들 누구보다 더 통찰력이 뛰어나죠. 당신은 선한 마음을 가졌어요. 알료샤!"

"그런데 아버지께서는 내 선한 마음이 나를 망친다고 말씀하셨소. 무슨 뜻이요? 나는 이해할 수 없소. 그런데 나타샤, 오늘밤은 내가 빨리 아버지에게 가봐야 하지 않을까? 내일 새벽에 다시 오겠소."

"그래, 가보세요. 소중한 분, 좋은 생각이에요. 빨리 아버지에게 가보세요, 빨리요! 그리고 내일 되도록 일찍 오세요. 이제 닷새씩이나 안 오지는 않겠죠?" 다정한 눈빛으로 그를 바라보며 나타샤가 짓궂게 덧붙였다. 우리는 조용하고 충만한 기쁨에 잠겼다.

"같이 가겠소, 바냐?" 알료샤가 방을 나서며 외쳤다.

"아뇨, 그는 여기 있을 거예요. 조금 더 얘기하다 가요, 바냐. 잊지 말아요, 내일 아침 일찍이에요!"

"아침 일찍! 안녕, 마브라!"

마브라는 몹시 흥분해 있었다. 그녀는 공작이 말하는 것을 모두 엿들었다지만 상황을 제대로 이해하지 못했으므로 캐물어서라도 모든 것을 알고 싶어했다. 그러나 지금은 매우 심각하고 거만한 표정을 짓고 있었다. 마브라 또한 상황이 완전히 변했다는 것은 알아차렸다.

나와 나타샤만 남았다. 나타샤는 내 손을 잡고 할 말을 찾는 듯 잠시 침묵했다.

"피곤해요!" 나타샤가 이윽고 힘없는 목소리로 말했다. "바냐, 내일 그들에게 가줄래요?"

"물론."

"어머니에겐 말씀드리되 아버지에게는 말하지 마세요."

"그렇지 않아도 아버지와는 당신 이야기를 나누지 않소."

"그래요, 그래도 어쨌든 알아차리실 거예요. 뭐라고 말씀하시는지 잘 들으셔야 해요. 그가 어떻게 받아들이는지. 아, 바냐! 아버지는 정말로 이 결혼을 저주하실까요? 그럴 리 없겠죠?"

"공작이 모든 것을 정리해야 해." 내가 서둘러 말을 받았다. "공작이 당신 아버지와 화해하면 다 해결될 거요."

"아, 어쩜 좋아요! 혹시! 만약!" 나타샤가 애원조로 외쳤다.

"걱정하지 말아요, 나타샤. 다 잘될 거요. 그렇게 진행되고 있잖소."

나타샤는 나를 뚫어지게 바라보았다.

"바냐! 공작에 대해 어떻게 생각해요?"

"그가 진심으로 말했다면, 아주 훌륭한 사람인 것 같소."

"진심으로 말했다면? 그게 무슨 뜻이에요? 그럼 그가 거짓으로 말했을 수도 있단 말인가요?"

"그럴 수도 있소." 대답하면서 나는 생각했다. '나타샤도 그런 생각을 했

구나, 희한하군.'

"바냐, 내내 공작 얼굴만 뚫어지게 보았지요……. 아주 집중해서……."

"그래요, 조금 이상했거든."

"나도 그래요. 말하는 게 이상했어요……. 오늘은 피곤하네요. 집으로 돌아가세요. 내일 되도록 빨리 그분들께 들렀다 내게로 오세요. 내가 하루 빨리 공작을 좋아하게 되길 바란다고 말한 게 실례가 되진 않았을까요?"

"아니…… 뭐가 실례라는 거요?"

"그리고…… 어리석어 보이지 않았을까요? 말하자면 내가 지금은 공작을 좋아하지 않는다는 뜻이 들어 있잖아요."

"그 반대요, 아주 좋았어. 천진하고 재치 있었소! 당신이 그 순간 얼마나 아름다웠는지 몰라요! 만일 그가 상류 사회의 습관에 따라 그 말을 이해했다면 오히려 공작이 어리석은 거지요."

"당신은 공작에게 화가 나 있는 것 같아요, 바냐. 아, 그런데 나는 왜 이렇게 어리석고, 의심 많고, 허영심이 많은 걸까요! 웃지 말아요, 나는 당신 앞에서는 아무것도 숨기지 않아요. 아, 바냐. 당신은 나의 고귀한 친구예요! 내가 만일 다시 불행해지고 슬픔에 잠겨도 당신만은 틀림없이 내 옆에 남아 있겠죠! 이 은혜를 내가 어떻게 갚을 수 있을까요! 절대로 나를 저주하지 마세요, 바냐!"

집으로 돌아와 나는 곧 옷을 벗고 자리에 누웠다. 내 방은 지하실처럼 습하고 어두웠다. 야릇한 생각과 감정이 머릿속에 끝도 없이 떠올라서 오랫동안 잠을 이루지 못했다.

그러나 그 순간, 누군가는 자신의 안락한 침대에서 잠을 청하며 쉴새없이 미소짓고 있겠지. 그나마도 우리가 비웃을 만큼 가치가 있다고 생각했을 때의 이야기이다! 하지만 아마 그 가치조차 인정하지 않았으리라!

3

다음 날 열 시, 서둘러 바실리예프스코예의 이흐메네프 씨 댁에 갔다가 되도록 빨리 나타샤에게 가겠노라고 마음먹고 집을 나섰다. 그런데 어제 나를 찾아왔던 스미스의 손녀와 문에서 딱 마주쳤다. 그 아이는 날 찾아오는 길이었다. 까닭은 모르겠지만, 그 아이가 와서 무척 기뻤던 기억이 난다. 어제는 그 아이를 눈여겨볼 여유가 없었는데, 낮에 본 아이의 모습은 더욱 놀라웠다. 적어도 겉모습만으로는 그보다 기이하고 독특한 존재를 찾기 어려웠으리라. 작은 몸집에 반짝이는 검은 눈, 어딘지 러시아인답지 않은 눈과 검고 숱 많은 헝클어진 머리, 수수께끼 같은 조용하고 고집스러운 눈빛은 길을 지나가는 모든 사람들의 주의를 끌기에 충분할 것이다. 특히 그 눈빛이 매우 인상적이었다. 그 눈은 슬기롭게 빛났지만 동시에 심판관 같은 냉혹한 불신과 의심도 서려 있었다. 낡고 더러운 겉옷은 햇빛 아래에서 보니 어제보다 더 초라했다. 게다가 그 아이는 만성적이고 잘 낫지 않는 어떤 병에 걸린 것 같았다. 천천히 진행되지만 가차 없이 내부 기관을 파괴하는 병. 창백하고 여윈 얼굴에는 부자연스러운 황갈색의, 담즙과도 같은 색채가 감돌았다. 가난과 질병으로 인해 모습이 초췌했지만 전체적으로는 오히려 예쁜 편이었다. 눈썹은 선명하고 가늘고 정다웠다. 특히 조금 좁지만 동그란 이마가 정다웠고, 윤곽이 예쁜 입술은 어딘지 모르게 당당하고 오만한 빛을 띠었으나 창백하고 약간 붉은 빛을 담고 있는 데 지나지 않았다.

"아, 다시 왔구나!" 내가 소리쳤다. "그래, 네가 올 거라고 생각했단다. 들어오려무나."

소녀는 어제처럼 천천히 문지방을 넘어 들어오며, 미심쩍게 주위를 둘러보았다. 주인이 바뀐 방이 얼마나 변했는지 확인하려는 듯, 한때 할아버지가 살았던 그 방을 주의 깊게 둘러보았다. '그 할아버지에 그 손녀로군. 저 애는 정신이 나간 게 아닐까?' 나는 생각했다. 아이는 여전히 말이 없었다. 나는 기다렸다.

"책을 가지러 왔어요!" 마침내 소녀가 고개를 숙인 채 중얼거렸다.

"아, 그래! 네 책이었구나. 여기 있다, 받으렴! 너 주려고 일부러 보관해 두었단다."

소녀는 호기심에 차서 나를 바라보며 쓴웃음을 지으려는 듯 입술을 좀 이상하게 일그러뜨렸다. 그러나 웃음기는 이내 사라지고 다시 쌀쌀한, 수수께끼 같은 표정으로 바뀌었다.

"할아버지가 혹시 저에 대해 말한 것이 있나요?" 소녀는 비꼬는 투로 나를 머리부터 발끝까지 훑어보며 입을 열었다.

"아니, 너에 대한 말씀은 없으셨어……."

"그런데 어떻게 제가 올 거라고 생각하셨나요? 누가 말하던가요?" 소녀가 재빨리 내 말을 끊으며 물었다.

"그야 할아버지께서 사람들에게 버림받고 이곳에서 홀로 사실 리는 없다고 생각했기 때문이지. 그분은 매우 늙고 힘없는 노인이셨으니 누군가가 그에게 올 거라고 생각했단다. 자 받아라, 네 책이다. 그 책으로 공부하려고?"

"아니오."

"그럼 그 책으로 무얼 하니?"

"여기 왔을 때 할아버지께서 가르쳐 주셨어요."

"그럼, 그 후로는 오지 않았니?"

"네, 오지 못했어요……. 제가 몸이 아프기 시작했거든요." 소녀는 변명하듯 덧붙였다.

"가족이 있니, 엄마, 아빠?"

소녀는 갑자기 눈썹을 찌푸리며 겁먹은 얼굴로 나를 바라보았다. 그러고는 꼭 어제처럼 내 물음에 대답도 하지 않고 고개를 숙인 채 말없이 몸을 돌리더니 조용히 방에서 나갔다. 나는 놀라서 눈길로 그 아이를 배웅할 뿐이었다. 갑자기 소녀가 문지방에서 멈추어 섰다.

"할아버지는 어떻게 돌아가셨나요?" 소녀는 나가면서 어제 아조르카에 대해 물을 때와 똑같이 내게서 등을 돌린 채 물었다.

나는 소녀에게 다가가서 짤막하게 이야기를 들려주었다. 소녀는 등을 돌린 채 고개를 숙이고 말없이 주의 깊게 귀를 기울였다. 나는 노인이 숨을 거둘 때 6번가에 대해 말했다고 소녀에게 이야기해 주었다. '나는 그곳에 분명히 그의 친척 가운데 누군가 살고 있을 것이라고 생각했고, 할아버지에 대해 물어보러 누군가 찾아오리라고 짐작했단다. 할아버지가 마지막 순간에 네 얘기를 한 것으로 보아 분명 너를 사랑하셨던 거야.' 나는 덧붙였다.

"아니오." 소녀가 무의식적으로 중얼거렸다. "사랑하지 않았어요."

소녀는 몹시 흥분했다. 나는 이야기를 하면서 몸을 기울여 소녀의 얼굴을 들여다보았다. 소녀가 흥분을 억누르기 위해 안간힘을 쓰고 있는 모습이 한눈에 보였다. 분명 내 앞에서 자존심을 지키고 있는 것이리라. 그 소녀는 더욱더 창백해져서 아랫입술을 꽉 깨물고 있었다. 그러나 특히 내 주의를 끈

것은 소녀의 이상한 심장 고동 소리였다. 그 심장소리가 점점 더 거칠어지더니 동맥류 환자처럼 두세 걸음 떨어져서도 들을 수 있을 만큼 세차게 고동쳤다. 나는 소녀가 어제처럼 갑자기 눈물을 터뜨릴 것이라고 생각했다. 그러나 그 소녀는 그 감정을 이겨냈다.

"담은 어디 있나요?"

"무슨 담?"

"할아버지가 돌아가신 담장 말이에요."

"나갈 때 보여 주마. 그런데 네 이름이 뭐니?"

"필요 없어요……."

"무엇이 필요 없다는 거야?"

"필요 없어요, 그런 거……. 이름 따위는 없어요." 소녀는 화가 난 듯 불쑥 말을 토해 내고 나가려 했다. 나는 소녀를 붙잡았다.

"기다려 봐, 너는 이상한 아이로구나! 나는 너를 생각해서 말한 거야. 나는 네가 어제 저기 계단 구석에서 울 때부터 딱해 보였단다. 도저히 무관심할 수가 없었어……. 게다가 네 할아버지는 내 품에 안겨 돌아가셨고, 6번가에 대해 말씀하신 건 네가 생각났기 때문이야. 말하자면 나에게 너를 돌봐 주라고 부탁하신 셈이지. 그는 오늘도 내 꿈에 나타나셨어……. 이 책도 너를 위해 잘 챙겨놨는데, 너는 마치 내가 무섭기라도 한 듯 낯을 가리는구나. 너는 분명히 몹시 가난한 고아라서 남의 집에 얹혀 살고 있을 거야, 그렇지 않니?"

나는 소녀를 열심히 설득했다. 그 소녀의 어디에 그렇게 이끌렸는지는 모른다. 내 감정 속에는 연민 말고 무언가 또 다른 것이 있었다. 이 만남이 비밀스러운 탓인지, 스미스에게서 받은 인상 탓인지, 내 기분이 환상적인 탓인지는 몰랐으나, 어떤 불가항력적인 힘이 나를 그 소녀에게로 이끌었다. 내 말에 소녀의 마음이 움직인 것 같았다. 소녀는 더는 냉랭하지 않은 눈빛으로 부드럽게 오랫동안 나를 바라보았다. 그러더니 다시 생각에 잠긴 듯 바닥으로 눈을 내리깔았다.

"엘레나예요." 소녀가 느닷없이 매우 낮게 속삭였다.

"네 이름이 엘레나란 말이지?"

"네……."

"그래, 앞으로 나에게 놀러 와 주겠니?"

"아니오……. 모르겠어요……, 올게요." 소녀는 제 마음과 싸우듯 깊이 생각하면서 중얼거렸다. 그때 어디선가 벽시계가 울렸다. 소녀는 몸을 떨며 말할 수 없이 병적이고 쓸쓸한 눈빛으로 나를 바라보며 속삭였다. "지금 몇 시에요?"

"열 시 반일 거야."

소녀는 놀라서 소리쳤다.

"어떡해!" 소녀는 갑자기 달려 나갔다. 그러나 나는 현관에서 다시금 그 소녀를 붙들었다.

"이렇게 보낼 순 없구나. 뭘 무서워하는 거냐? 늦었니?" 내가 말했다.

"네, 네, 몰래 나왔거든요! 보내 주세요! 저를 때릴 거예요!" 아이는 내 손을 뿌리치려고 하면서 무심코 말이 튀어나온 듯 소리쳤다.

"잠깐 들어 봐, 기다려. 너 바실리예프스키 섬으로 가는 거지? 나도 거기 13번가에 가야 해. 나도 늦어서 마차를 타고 갈 거야. 함께 가지 않겠니? 태워 주마. 걸어서 가는 것보다 빨라……."

"제가 사는 곳에 절대로 오시면 안 돼요." 소녀가 더욱 놀라서 소리쳤다. 소녀는 내가 집으로 찾아올지 모른다는 생각만으로도 두려움에 질려 표정이 일그러졌다.

"말했잖니, 나는 내 볼일 때문에 13번가에 간다고. 네 집에 가는 게 아니야! 네 뒤를 따라가지 않을 테니 안심하렴. 마차를 타면 빨리 도착할 거야. 가자!"

우리는 서둘러 밑으로 내려왔다. 나는 가장 먼저 눈에 띈 낡아서 삐걱거리는 마차를 잡았다. 나와 함께 타기로 한 것을 보아 엘레나는 매우 다급한 것 같았다. 무엇보다 이해할 수 없는 것은 내가 감히 사정을 캐물을 수조차 없었다는 것이었다. 소녀에게 누구를 그렇게 두려워하느냐고 물었을 때, 소녀는 손을 내젓다가 하마터면 마차에서 뛰어내릴 뻔했다. '무슨 비밀을 숨기고 있는 걸까?' 나는 생각했다.

소녀는 마차가 매우 불편한 듯했다. 마차가 흔들릴 때마다 소녀는 피부가 터 버린 작고 더러운 왼손으로 내 외투를 잡았다. 다른 손으로는 자신의 책을 꼭 쥐고 있었다. 틀림없이 그 책은 소녀에게 매우 소중한 것이리라. 소녀가 자세를 바로잡을 때 한쪽 발이 불쑥 드러났다. 그런데 놀랍게도 소녀는 구멍이 난 신발을 양말도 없이 신고 있었다. 나는 소녀에게 아무것도 묻지 않겠노라고 마음먹었지만 참을 수가 없었다.

"너 양말이 없니?" 내가 물었다. "이렇게 습하고 추운 겨울 날 어떻게 맨발로 다니는 거냐."

"네, 없어요." 소녀가 짤막하게 대답했다.

"아이고, 저런! 그래도 누구든지 함께 사는 사람이 있을 거 아니니? 밖에 나갈 일이 있으면 다른 사람에게 빌려 신기라도 했어야지."

"이대로가 좋아요."

"그러다 병에 걸려 죽는다."

"그럼 죽죠."

소녀는 내 물음에 화가 나서 대답하고 싶지 않은 듯했다.

"바로 여기서 할아버지가 돌아가셨어." 나는 스미스 노인이 죽은 장소를 가리키며 말했다. 소녀는 그곳을 유심히 바라보고는 갑자기 나에게 애원하며 말했다.

"제발 제 뒤를 따라오지 마세요. 제가 찾아갈게요, 꼭 갈게요! 시간이 나면 바로 가도록 할게요!"

"오냐, 아까도 말했다만 나는 너를 따라가는 게 아니란다. 그런데 뭘 그렇게 두려워하니! 분명 아주 불행한 일이 있었나 보구나. 너를 보면 마음이 아프단다……."

"저는 아무도 두려워하지 않아요." 소녀는 성난 목소리로 대답했다.

"하지만 네가 좀 전에 '저를 때릴 거예요'라고 말했잖니."

"때리라고 하지요!" 대답하는 소녀의 눈이 빛나기 시작했다. "때릴 테면 때리라고 해요!" 소녀는 쓰니쓰게 되뇌었고, 경멸하듯 치켜 올려진 윗입술이 떨리기 시작했다.

이윽고 우리는 바실리예프스키 섬에 도착했다. 소녀는 6번가 입구에서 마차를 세우게 하더니 불안스레 주위를 둘러보며 마차에서 뛰어내렸다.

"얼른 가세요, 제가 꼭 찾아갈 테니까요!" 소녀는 무척 불안한 듯 같은 말을 되풀이하며 자기를 따라오지 말라고 애원했다. "빨리 가세요, 빨리!"

나는 계속 갔다. 그러나 강변도로에서 조금 더 가서 마차삯을 치르고는 6

번가로 돌아와 재빨리 거리의 반대편으로 뛰어갔다. 소녀는 금방 찾을 수 있었다. 소녀는 빠르게 걸었지만 아직 멀리 벗어나지는 못했다. 계속 뒤돌아보며, 이따금 내가 따라오지 않는지 보기 위해 잠시 멈추어 서곤 했다. 그러나 나는 어떤 집 문 뒤에 몸을 숨겨서 소녀는 나를 보지 못했다. 소녀는 계속 걸어갔고 나는 도로 반대편에서 계속 그 뒤를 따라갔다.

나의 호기심은 극도로 고조되어 있었다. 소녀의 집에까지 찾아갈 생각은 없었지만 만일을 위해 소녀가 어느 집으로 들어가는지 확인해 두고 싶었다. 나는 찻집에서 아조르카가 죽을 때, 소녀의 할아버지가 불러일으킨 것과 비슷한, 무겁고 기이한 느낌에 사로잡혔었다.

4

우리는 한참 걸어서 말리 거리 가까이 다가갔다. 소녀는 뛰다시피 했다. 이윽고 소녀가 한 상점으로 들어갔다. 나는 멈춰서 소녀가 나오기를 기다렸다. '설마 이 가게에서 사는 건 아니겠지.' 나는 생각했다.

잠시 뒤 소녀가 나왔는데, 책은 이미 소녀의 손에 들려 있지 않았다. 소녀는 책 대신 일종의 점토로 만든 찻잔을 들고 나왔다. 조금 더 가서 소녀는 어떤 초라한 집 대문으로 들어갔다. 작고 낡은 2층 벽돌집이었는데 칙칙한 누런색으로 칠해져 있었다. 아래층 창문은 세 개이며 그 가운데 하나에는 작고 붉은 관이 튀어나와 있었다. 그것은 볼품없는 장의사 간판이었다. 위층 창문들은 매우 작은 정사각형으로 흐릿하고 녹색을 띤 금 간 유리가 끼워져 있고, 유리 너머로 장밋빛 옥양목 커튼이 보였다. 거리를 가로질러 그 집에 다가가 대문 위를 올려다보니 '상인 부브노바의 집'이라는 양철 간판이 걸려 있었다.

그런데 내가 그 간판을 읽는 순간 갑자기 부브노바의 집 마당에서 째질 듯한 여인의 목소리가 들리더니 뒤이어 욕설이 터져 나왔다. 나는 울타리 너머로 안을 들여다보았다. 나무로 된 현관 계단 위에 두건을 쓰고 녹색 숄을 두른 상인의 아낙으로 보이는 뚱뚱한 여인이 서 있었다. 보기 흉한 검붉은 색 얼굴에, 작고 부은 충혈된 눈은 악의로 번뜩이고 있었다. 오전인데도 이미 술에 취해 있음이 분명했다. 여인은 찻잔을 든 채 얼어붙은 듯 서 있는 가여운 엘레나에게 소리를 지르고 있었다. 이 검붉은 여인의 등 뒤 계단에서 헝클어진 머리에 흰색과 붉은 색 분과 연지를 얼굴에 덕지덕지 칠한 여자가 바라보고 있었다. 조금 있자 지하실에서 1층으로 이어진 문이 열리더니 아마도 그 외침 소리에 이끌려 나온 듯한 허름한 차림에 선해 보이는 중년 여인이 나타났다. 반쯤 열린 문으로 1층에 사는 다른 주민들, 비칠거리는 노인과 소녀가 고개를 내밀었다. 또한 머슴인 듯한 크고 우람한 체격의 남자가 마당 한가운데에서 빗자루를 들고 선 채 이 장면을 권태롭게 바라보고 있었다.

"이런 저주받을 계집! 거머리, 빈대만도 못한 것 같으니라고!" 여인은 숨도 쉬지 않고 자신이 알고 있는 온갖 욕지거리를 퍼부으며 날카롭게 소리질렀다. "내가 너를 돌봐주고 있는데 고작 이렇게 보답하니, 이 폐물단지야! 오이 좀 사 오랬더니 그새 슬그머니 사라져! 진작 사라질 거라 예감은 했지. 아이구, 속 터져! 엊저녁에도 그래서 앞머리를 죄다 뽑아 놓았건만 오늘도 또 빠져나가! 그래 어디를 쏘다니니? 이 잡것아, 어디를 쏘다녀! 누구한테 다녀오는 거야? 이 저주 받을 화상아! 퉁방울 눈의 악당아! 원수야! 누구한테 갔다 왔어! 말해. 쌍것아! 그렇지 않으면 목을 졸라버릴 거야!"

여인은 펄펄 뛰며 가여운 어린것에게 달려들다가 계단에서 내려다보고 있는 1층에 사는 여인을 보자 갑자기 행동을 멈추었다. 그러고는 마치 그 여인을 그 가엾은 희생물이 저지른 끔찍한 범죄의 증인으로 삼기라도 하려는 듯, 여인 쪽으로 몸을 획 돌리더니 손을 휘두르며 한층 더 날카롭게 외쳤다.

"이 애 어미는 죽었어! 당신들이 더 잘 알겠지! 이 애 혼자 땡전 한 푼 없이 남았어. 다들 살기 팍팍한데도 이 애는 당신들한테 얹혀살았지. 그렇다면 내가 성 니콜라스의 뜻을 받들어 저 고아를 거두어야겠다고 생각한 거야. 그래서 받아들였더니 저 행실머리 좀 봐요. 벌써 두 달이나 봐주고 있는데 그 두 달 동안 저 애는 내 생피를 빨아먹었고 내 하얀 살을 쏠았소! 거머리야! 방울뱀! 끈질긴 악귀! 저 계집애는 때리든지 차든지 맘대로 하라는 듯이 언제나 입을 꼭 다물고 있어요! 마치 물이라도 입에 문듯이! 내 속이 뒤집어질 정도로 아무 말도 안해요! 네가 뭐 대단한 사람이라도 되는 줄 아니, 이 말라깽이야? 내가 없었다면 너는 거리에서 벌써 굶어 죽었어. 너는 내 발 씻은 물이나 마셔야 해, 이 쓰레기야. 쓸모없는 프랑스 잡것 같으니! 내가 없었으면 너는 벌써 죽었다고!"

"안나 트리포노브나, 왜 그렇게 흥분하세요? 저 애가 무슨 일로 당신을 화나게 했나요?" 그 중년 여인이 정중하게 묻자 격분한 심술궂은 여인은 몸을 돌려 바라보았다.

"무슨 일이냐니! 무슨 일이냐니요, 부인! 나는 나한테 대드는 건 못 참아요! 나는 남한테 잘해주지는 못하지만 누가 나한테 못되게 구는 건 절대 그냥 넘기지 않는 사람이오! 그런데 오늘은 저 계집애가 나를 기어이 관 속에 쳐넣으려고 하지 않소. 오이를 사오라고 가게에 보냈더니 세 시간이 지나서야 돌아오지 뭐요! 보낼 때부터 알아봤지. 내가 속이 터져, 터지고 터져! 어디 갔었니? 어디를 쏘다니다 온 거야? 어떤 보호자라도 찾았니? 내가 베풀어준 은혜를 그새 까먹은 거냐? 나는 저 애의 변변찮은 어미에게 14루블의 빚을 면제해 준데다 내 돈으로 장례를 치러 주고 저 애새끼까지 거두었소. 부인도 잘 알지 않수! 그만큼 했으니 내가 저 애를 혼내는 것도 당연하지 않소? 저 애는 그 은혜를 감사히 여기기는커녕 나한테 대들기만 해요! 나는 저 애한테 제법 잘 해주었다우. 저 더러운 계집애에게 모슬린 옷을 해 입히고 백화점에서 구두까지 사서 공주님처럼 만들어주었다고! 돈이 얼마나 들었는지 말도 못 해요. 그런데 이 애가 어떻게 했는지 아시우? 이틀 만에 옷을 전부 찢어서 넝마로 만들어 버리고 저 꼴로 다녀요, 저 꼴로! 일부러 찢은 거라우. 거짓말이 아니오. 내 눈으로 직접 봤다니까! 무명옷이 좋지 모슬린 옷은 입기 싫다던가! 화가 나서 저 애를 흠씬 때려 준 다음 의사를 부르고 돈을 지불했소. 너 같은 건 죽도록 패야 해. 이 서캐 같은 년! 그저 1주일 동안 먹을 것을 주지 말아야 해. 벌로 바닥을 닦으라고 했더니 어쨌는지 아시오? 바닥을 닦더라고요. 저 원수가, 바닥을 닦았어요! 어찌나 열심히 닦던지 오히려 내 속이 뒤집어지더라니까! 이거 또 도망칠 생각이구나 싶었지. 그랬더니 아니나 달라, 어제 도망갔었잖소! 당신들도 들었을 거요. 그래서 어제 내가 저 애를 내 손이 다 아플 때까지 흠씬 두들겨 패고는 양말과 신발을 빼앗아 버렸소. 맨발로 나가지는 못하겠거니 했지. 그런데 오늘도 빠져나갔잖아! 어디 갔었니? 말해! 누구한테 고자질하러 간 거야? 이 싸가지 없는 것아! 말해, 이 집시야, 후레자식아, 말해!"

그러고 나서 겁에 질려 넋이 나간 소녀에게 미친 듯이 달려들더니 머리채를 잡아 바닥에 내동댕이쳤다. 오이가 든 그릇이 한쪽으로 날아가 깨져 버렸다. 그러자 술 취한 여인이 더욱 사납게 화를 냈다. 술 취한 여인은 희생물이 된 아이의 머리와 얼굴을 마구 때렸다. 그러나 엘레나는 끈질기게 침묵했다. 아무리 맞아도 비명 한 번 지르지 않고 웃음소리 한 번 내지 않았다. 나는 정신이 나갈 정도로 분개해서 술 취한 여인을 향해 곧장 마당으로 뛰어들었다.

"당신, 지금 무슨 짓을 하는 겁니까? 가엾은 고아한테 어떻게 이럴 수 있습니까!" 나는 그 고약한 여인의 팔을 움켜잡으며 말했다.

"이게 무슨 일이야? 당신은 누구야?" 여인은 엘레나를 밀치더니 팔을 허리춤에 갖다 붙이며 으르렁댔다. "내 집엔 무슨 일로 왔소?"

"당신의 잔인함이 나를 이리로 이끌었소!" 내가 소리쳤다. "어찌 가엾은 어린것을 이렇게 학대할 수 있단 말이오? 이 아이는 당신 아이도 아니잖소. 나도 방금 들었소, 아이는 단지 당신이 거두어들였을 뿐인 불쌍한 고아라고……."

"하느님, 맙소사!" 고약한 여인이 부르짖었다. "하느님, 맙소사! 당신은 누군데 남의 일에 끼어드는 거요? 당신 저 아이와 함께 짜고 왔지, 그렇지? 당장 관할 경찰서장에게 사람을 보내겠소! 안드론 치모페이치는 나를 귀부인처럼 존중해 준단 말이야! 저 애가 당신 집에 갔었지? 당신은 누구요? 누군데 남의 집에 들어와 소란을 피우는 거요? 죽고 싶어?"

여인은 주먹을 쥐고 나에게 달려들었다. 그런데 그 순간 갑자기 귀청을 찢는 듯한 소름끼치는 비명이 울려 퍼졌다. 나는 그쪽을 바라보았다. 정신 나간 듯 서 있던 엘레나가 갑자기 기괴한 비명을 지르더니 땅바닥에 쓰러져서 무서운 발작을 일으켰다. 얼굴이 잔뜩 일그러져 있었다. 간질 발작을 일으킨 것이다. 머리를 헝클어뜨린 한 소녀와 지하실에서 나온 여인이 달려가 쓰러진 소녀를 안아 올리고는 서둘러 2층으로 옮겨갔다.

"차라리 죽어버려, 이 빌어먹을 것!" 그 뒤에 대고 여인이 악을 썼다. "한 달 동안 벌써 세 번째 발작이라니……. 나가요, 어디서 굴러먹던 놈인지는 모르지만!" 여인은 다시 나에게 달려들었다.

"무엇 때문에 문지기로 멀뚱히 서 있는 거야! 월급 받는 값을 해야 할 것 아냐!"

"가시오! 가시오! 호된 꼴을 보시게 될 거요." 문지기는 권태롭고 낮은 소리로 귀찮은 듯 말했다. "상관없는 일에 끼어들지 말고 어서 가시오!"

나는 그 소녀 앞에 내가 나타난 것이 아무런 도움도 되지 못했다고 깨달으며 어쩔 수 없이 대문을 나섰다. 그러나 내 가슴속에서는 분노가 끓어올랐다. 나는 대문 앞 건너편 보도에 멈추어 서서 울타리 너머로 안을 들여다보았다. 내가 나오자마자 여인은 2층으로 쫓아 올라갔고, 문지기도 자기 일을 보고 나서 어디론가 사라졌다. 잠시 뒤 엘레나를 옮기는 것을 도와주었던 여인이 계단을 내려와 서둘러 자기 방으로 들어가려다 나를 발견하고는 멈추어 서서 호기심 어린 눈으로 나를 바라보았다. 착하고 온화해 보이는 여인의 얼굴을 보고 용기를 얻어 나는 다시 마당으로 들어가 곧장 그 여인에게로 갔다.

내가 먼저 말을 걸었다. "실례합니다만, 그 꼬마는 누구이며 저 흉악한 여인은 소녀에게 어떻게 하고 있습니까? 제가 그저 단순한 호기심에서 캐묻는 것이라고는 생각지 말아주십시오. 나는 그 여자 아이를 우연히 만난 뒤로 어떤 일 때문에 그 아이에 대해 매우 관심이 많습니다."

"당신이 진정 관심이 있으시다면, 그 애가 여기서 더 망가지기 전에 당신 집으로 거두시든가 아니면 좋은 자리를 찾아 주세요." 여인은 달갑지 않은 듯 말하고 나에게서 벗어나고 싶은 기색을 보였다.

"하지만 당신이 사정을 가르쳐 주시지 않으면 제가 무슨 일을 할 수 있겠습니까? 정말로 저는 아무것도 모릅니다. 저 여인이 이 집 주인인 부브노바 씨인가요?"

"네, 집주인이에요."

"저 소녀가 이 집에 어떻게 오게 되었나요? 어머니는 여기서 세상을 떠났나요?"

"어떻게라니, 어쩌다보니 그렇게 되었겠지요……. 우리와는 상관없는 일이에요." 여인은 다시금 가려고 했다.

"부탁합니다. 조금만 더 말씀해 주세요. 저는 이 일에 관심이 매우 많습니다. 어쩌면 제가 저 소녀를 위해 무언가를 할 수 있을지도 몰라요. 저 소녀는 누군가요? 어머니는 어떤 분이었는지 아십니까?"

"외국에서 온 것 같았어요. 이 집 지하실에서 살았죠. 중병을 앓았는데, 폐병으로 죽었어요."

"지하실에서 살았다면 몹시 가난했겠군요?"

"찢어지게 가난했죠! 보기가 딱할 지경이었어요. 우리도 겨우겨우 살아가는 처지인데 여기서 5개월 사는 동안 우리한테도 6루블을 빚졌답니다. 우리가 장례도 치러 주었죠. 제 남편이 관을 짰어요."

"그런데 부브노바는 어째서 자기가 장례를 치러 주었다고 하죠?"

"말도 안 되는 소리예요!"

"어머니의 성은 무엇이었나요?"

"발음을 못하겠어요, 어려운 이름이었어요. 독일 이름일 거예요."

"스미스?"

"아니. 그건 아니었어요. 어쨌든 안나 트리포노브나가 그 뒤에 고아를 거두었지요. 양녀로 들인다고 했지만 그렇진 않은 것 같아요……."

"무슨 꿍꿍이가 있어서 거두었군요?"

"그 여자는 좋지 않은 일을 해요." 여인은 말을 해야 하나 말아야 하나 생각하면서 주저주저 대답했다. "하지만 우리와는 상관없는 일이에요……."

"당신, 쓸데없는 소리 하지 마!" 우리 뒤에서 갑자기 남자 목소리가 들렸다. 잠옷을 입고 그 위에 겉옷을 걸쳐 입은 초로의 남자였다. 그는 한눈에 보기에도 수공업자로 보이는 내 대화 상대의 남편이었다.

"여보시오, 우린 당신에게 해줄 말이 없소. 우리하곤 관계없는 일이오……." 그는 곁눈질로 나를 훑어보며 말했다. "당신은 들어가! 안녕히 가시오, 손님. 우리는 장의사라오. 그쪽으로 도움이 필요하시다면 최고로 잘해드리겠소만…… 다른 일로는 도움을 드릴 수가 없구려……."

나는 깊은 생각과 극도의 흥분에 잠겨 그 집을 떠났다. 나는 아무것도 할 수 없었지만, 이 상황을 그대로 두고 보려니 너무도 괴로웠다. 장의사 부인의 몇 마디는 특히 내 마음에 걸렸다. 이 집에는 뭔가 좋지 않은 비밀이 숨겨져 있다는 예감이 들었다.

생각에 잠겨 땅만 보고 걸어가는데 갑자기 내 이름을 부르는 날카로운 목소리가 들렸다. 고개를 들어 보니 내 앞에 술 취해 비틀거리는 한 사내가 서 있었다. 그는 제법 말끔하게 차려입었지만, 외투는 남루했고 모자는 더러웠다. 그런데 얼굴이 매우 낯이 익었다. 나는 그를 자세히 들여다보았다. 사내는 눈을 찡긋하며 조롱하는 듯이 웃었다.

"몰라보겠나?"

"아니! 자네는 마슬로보예프 아닌가!" 나는 그의 얼굴에서 중학교 시절 옛 친구의 모습을 찾아내고 소리쳤다. "허, 이런데서 다 만나다니!"

"그래! 한 6년 못 만났군. 아니지, 만나기는 했는데 각하께서는 한 번도 눈길을 안 주시더군. 자네는 이제 장군님 아닌가, 문단의 장군님!" 그는 놀리듯 웃으며 말했다.

"이보게, 마슬로보예프. 그건 아니지." 나는 그의 말을 끊었다. "우선 장군님은, 설령 문단의 장군이라 할지라도 나와는 모습이 다르고, 둘째, 듣기 싫다면 미안하네만, 사실 자네를 두어 번 거리에서 본 기억은 나는데 자네 스스로 나를 피하지 않았나. 상대가 피하는데도 다가가는 바보가 어디 있겠나. 내가 지금 무슨 생각을 하는지 말해줄까? 자네가 취하지 않았다면, 자네는 지금도 나를 불러 세우지 않았을 걸세. 그렇지 않나? 어쨌든 반갑네! 자네를 만나서 무척 기쁘네."

"정말인가? 내가…… 이런 꼴이라도 자네에게 폐가 되지 않나? 물어볼 필요도 없지, 중요한 일도 아닌데. 나는 자네가 얼마나 훌륭한 소년이었는지 잘 기억하네, 바냐. 자네 나 때문에 벌받은 것을 기억하나? 자네는 입을 꼭 다물고 나를 감싸주었지. 그런데 나는 자네에게 고마워하기는커녕 1주일이나 자네를 놀렸어. 자네는 순결한 마음을 가졌어! 반갑네, 반가워! (우리는 입을 맞추었다.) 나는 이미 여러 해 동안 밤도 없고 낮도 없는 고독하고 비참한 생활을 해오고 있네만 옛날 일은 잊지 않았네. 잊히지가 않지! 그래, 자네는 어떤가?"

"나? 나도 고독하고 비참한 생활을 하고 있다네……."

그는 술에 취한 사람 특유의 그 과장스런 감정을 담아 나를 오랫동안 바라보았다. 그러나 그것이 아니라도 그는 매우 선량한 사람이었다.

"아니, 바냐. 자네는 나와 달라!" 그는 마침내 비탄조로 말했다. "나는 자네 소설을 읽었네, 바냐, 읽었다고! 그렇지, 터놓고 얘기 좀 하세! 바쁜가?"

"바쁘네. 게다가 지금 어떤 일 때문에 정말 제정신이 아니라네. 그건 그렇고, 자넨 어디 사나?"

"사는 곳은 가르쳐주겠네만 '그건 그렇고'가 뭔가. 좀 더 좋은 걸 말해 줄까?"

"그래, 뭔가?"

"저거야! 보이나?" 그는 우리가 서 있는 곳으로부터 열 걸음쯤 떨어진 곳에 있는 간판을 가리켰다. "보이지? 차와 식사, 간단히 말해 레스토랑인데 아주 괜찮아. 자네에게 미리 말해 두네만 아주 좋은 주점이고, 보드카 맛은 기가 막히다네! 키예프에서 가져 온 거야! 몇 번 마셔 봐서 내가 잘 알지. 저기선 나에게 감히 나쁜 것을 내놓지 못해. 그들은 필립 필리피치가 누군지를 알아. 내가 필립 필리피치잖아. 그렇지? 자네, 얼굴을 찡그리는군! 아냐, 끝까지 말하게 해줘. 지금 보니까 11시 15분이군. 좋아, 딱 11시 35분에 자네를 보내 주겠네. 그때까지 한잔하세. 옛 친구를 위해 20분만, 어때?"

"딱 20분이라면 괜찮네. 왜냐하면 정말로 볼일이 있어……."

"옳거니, 그래야지. 그런데 그 전에 한 마디만 하겠네. 자네 낯빛이 별로 좋아 보이지 않는군. 방금 무슨 일로 단단히 비위가 상한 얼굴이네, 그렇지 않은가?"

"맞네."

"그럴 줄 알았어. 나는 지금 관상학에 푹 빠져 있는데 아주 재미있다네! 자, 가세. 20분 동안에 차인스키 제독 술을 마시고, 자작나무 술을 마시고, 그 다음 왜당귀 술을, 그 다음 등자나무 술을, 그 다음은 아름다운 사랑 술을, 그 다음에는…… 가 보면 알겠지. 나는 술꾼이네, 친구! 오직 술을 마시지 않는 것은 주일날 예배 전까지야. 자네는 나 때문에 마실 필요는 없네. 단지 같이 있어 주기만 하면 돼. 마신다면 더욱 좋지만. 가세! 몇 마디 나누다가 다시 10년 후를 기약하며 헤어지세. 어차피 나는 자네에겐 어울리지 않으니까, 바냐!"

"쓸데없는 말은 그만하고 빨리 가세. 20분은 기꺼이 자네에게 주겠네만 그 다음은 순순히 놔주게."

레스토랑에 가려면 층계참이 두 곳 있는 나무 계단을 따라 2층으로 올라가야 했다. 그런데 계단에서 거나하게 취한 두 사내와 마주쳤다. 우리를 보자 그들은 비틀거리며 길을 내주었다.

그들 중의 한 사람은 아직 어리고 젖내 나는 소년으로, 겨우 콧수염이 돋아나기 시작했으며 표정이 꽤나 둔했다. 그는 멋쟁이 차림이었지만, 남의 옷을 빌려 입은 듯 어쩐지 우스꽝스러웠다. 손가락에 값비싼 가락지를 끼고 있었고, 넥타이에는 값비싼 핀이 꽂혀 있었으며, 이마 위로 높이 올려 빗은 머리가 아주 바보 같았다. 그는 연방 미소지으며 히죽거렸다. 그러나 같이 있는 사람은 이미 50정도 되어 보였고, 뚱뚱하고 배가 불룩 나왔으며, 매무새가 단정치 못했다. 그도 역시 넥타이에 큰 핀을 꽂고 있었다. 그는 대머리에다 얼굴은 부석부석하고 술기운에 눈동자가 흐리멍덩했으며 코에 단추 같은 안경을 걸치고 있었다. 얼굴 표정은 사악하고 음탕했다. 추악하고 의심 많은 눈은 지방질에 깊이 파묻혀 마치 터진 근육 틈새로 내다보는 것 같았다. 둘 다 마슬로보예프를 아는 것 같았는데, 뚱뚱한 사람은 우리와 마주치자 비록 잠시지만 짜증스럽게 얼굴을 찡그렸으며, 젊은 사람은 공손하고 달콤한 미소를 지었다. 몸집 큰 이는 쓰고 있던 모자마저 벗었다. 젊은이는 모자를 쓰고 있었다.

"실례합니다, 필립 필리피치." 그가 마슬로보예프를 다감하게 바라보며 웅얼거렸다.

"뭐야?"

"실례합니다만······저······ (그는 옷깃을 튕기며 말했다.) 저 안에 미트로쉬카가 있습니다. 그 녀석이 와 있어요, 필립 필리피치. 그 더러운 놈이!"

"무슨 일이 있나?"

"네, 그럴 일이······. 실은 이 사람에게 (그는 턱으로 자기 동료를 가리켰다) 지난주에 저 미트로쉬카의 사주를 받은 놈들이 천한 자리에서 얼굴 전체에 스메타나^(러시아의 전통 소스)를 발라 버렸어요······. 딸꾹!"

그의 일행은 화가 나서 팔꿈치로 그를 찔렀다.

"그런데 필립 필리피치, 우리와 뒤소에서 대여섯 병 정도 비워보지 않으시겠소?"

"아니, 지금은 안 되겠네. 일이 있거든." 마슬로보예프가 대답했다.

"딸꾹! 나도 당신한테 볼일이 있어요······." 일행이 팔꿈치로 그를 다시 찔렀다.

"다음에 하지, 다음에!"

마슬로보예프는 노골적으로 그들을 보지 않으려 애썼다. 우리가 첫 번째 방에 들어서자 방의 길이만큼 긴 깔끔한 카운터가 가로놓여 있고, 그 위에는 갖가지 안주와, 난로 밑창에서 구운 피로그^(러시아 만두), 그리고 알록달록한 과실주가 담겨 있는 목이 긴 병들이 진열되어 있었다. 그 방에 들어서자마자 마슬로보예프는 나를 재빨리 구석으로 끌고 가더니 입을 열었다.

"젊은 친구는 상인의 아들인 시조브류호프인데, 그의 부친은 유명한 미곡상이었지. 그는 아버지로부터 50만 루블을 물려받았는데, 파리에 가서 돈을 물 쓰듯 쓰다가 전부 탕진할 무렵에 작은아버지한테서 또 유산을 물려받고 파리에서 돌아왔네. 그 돈도 여기서 다 날릴 걸세. 1년 뒤에는 거지 신세가 될 거야. 거위처럼 멍청한 녀석이라 고급 레스토랑과 지하 주점, 선술집을 돌아다니며 여배우들 꽁무니만 쫓아다니더니 경기병 입대를 지원했지. 얼마 전에 원서를 제출했다더군. 다른 나이 먹은 사람은 아르히포프야. 그 역시 상인인지 지배인인지 그렇다는데, 주류 독점권을 좇아 싸다니고 있지. 사기꾼이고 교활한 인간이야. 지금은 시조브류호프의 동료인데, 유다와 폴스타프를 합쳐 놓은 듯한 사내야. 파산을 두 번 했고, 여러 가지 나쁜 버릇을 가진 추잡한 인간이야. 이런 점에서 나는 그의 범죄적 거래를 알고 있는데 그는 교묘하게 벗어났다네. 그럴 만한 사정이 있어서 지금 여기서 그를 만나 매우 기쁘네. 단단히 준비를 하고 그를 기다렸거든⋯⋯. 아르히포프는 지금 시조브류호프를 벗겨 먹고 있는 중이야. 그는 온갖 수상한 술집을 많이 알고 있어서 저런 젊은이들에게는 그가 소중한 존재이지. 나는 오래전부터 저 친구에게 본때를 보여 주려 했다네. 저기 있는 미트로쉬카도 같은 생각이지. 저기 괜찮은 조끼를 입고 창가에 서 있는 집시 얼굴을 한 사람이네. 미트로쉬카는 말 장수라 이곳의 모든 경기병들과 아는 사이지. 미리 말해 주겠는데, 그는 대단한 협잡꾼이야. 남들이 보는 앞에서 위조지폐를 만들어서는 역시 남들이 보는 앞에서 아무렇지 않게 그 지폐를 교환한단 말이야. 벨벳 조끼를 입고 슬라브주의자 같은 얼굴을 하고 있지만(하지만 저 조끼는 그에게 썩 잘 어울려) 당장 그에게 우아한 프록코트를 입히고 영국 클립에 데리고 가서 '대지주 바라바노프 백작이십니다' 하고 말해 보라지. 그러면 그는 거기서 두 시간 정도는 좌중을 거뜬히 속일 거야. 휘스트 카드놀이를 할 줄 알고 공작처럼 말하는 법도 아니까 아무도 눈치를 채지 못할 거야. 결국에 가서는 그도 좋지 않은 종말을 맞게 될 거야. 저 미트로쉬카가 아까 그 배불뚝이를 벼르고 있지. 미트로쉬카는 지금 돈이 궁한데 배불뚝이가 옛 친구인 시조브류호프를 채어 갔거든. 그 달콤한 과즙을 미처 빨아보기도 전에 말이야.

그들이 이 레스토랑에서 만난 걸로 봐서 분명 어떤 사건이 일어난 게 틀림없어. 나는 무슨 일인지 대충 알고 있거든. 미트로쉬카에게서 직접 들었는데 아르히포프와 시조브류호프는 무슨 좋지 않은 일을 꾸미고 있는데, 그 일 때문에 이곳에 자주 온다는군. 나는 아르히포프에 대한 미트로쉬카의 증오를 이용하려 하네, 나한테 그럴 만한 까닭이 있거든. 실은 나도 그 일 때문에 여기에 온 거라네. 하지만 나는 미트로쉬카에게 내색하지 않을 거야, 그러니 자네도 그를 자세히 보지 말게. 우리가 여기서 나가면, 그가 찾아와서 내가 듣고 싶은 것을 말해줄 걸세…… 그럼 바냐, 저쪽 방으로 가세." 그가 급사를 보며 말을 이었다. "어이, 스테판. 내가 무엇을 주문할지 알지?"

"압니다."

"그럼 바로 내올 수 있나?"

"그럼요."

"부탁하네. 앉게, 바냐. 자네 나를 왜 그렇게 보는가? 아까부터 꼼꼼히 뜯어보고 있지 않나! 놀라운가? 놀라지 말게. 사람들에겐 꿈에서도 생각해 본 적 없는 일들이 일어나곤 하네, 그때…… 우리가 코르넬리우스 네포스를 기계적으로 외울 때는 생각지도 못한 일들이! 한 가지만 믿어 주게, 바냐. 설사 마슬로보예프가 올바른 길에서 벗어났다 하더라도, 그의 마음은 여전히 예전 그대로일세. 단지 상황이 변한 것뿐이야. 내가 비록 검댕을 뒤집어쓰기는 했지만 마음은 여전히 깨끗하네. 이래봬도 나는 의학을 공부하기도 했고, 국문학 교사가 되려 한 적도 있고, 고골에 대해서 논문까지 썼지. 그 다음엔 금광업자가 되려고 했네. 결혼도 할 뻔했지. 나도 사람이라 안락한 생활을 원하거든. 상대 집안은 말도 못하게 고지식해서 밖으로 꾀어낼 방법도 없었지만 그래도 그녀는 승낙해 주었어. 나는 결혼식 때 신을 장화까지 빌리려고 했네. 내 장화는 이미 1년 반 전에 구멍이 나 버렸거든……. 그러나 결국 결혼을 하지 못했어. 그녀는 교사에게 시집갔고 나는 회계 사무실에서 근무하기 시작했지. 은행 사무실이 아니고 그냥 회계 사무실이야. 그때부터 내 인생이 어긋나기 시작했어. 몇 년이 지났고 비록 지금은 근무하지 않지만, 수입은 그런대로 괜찮아. 뇌물을 받지만 나는 정의의 편에서 일하네. 상부상조하는 거지. 나는 원칙도 정해놓고 있네. 예를 들면 독불장군은 없다는 점을 명심하고 일을 하네. 내 일은 주로 비밀스러운 성격을 띠고 있어서

……. 이해하겠는가?"

"혹시 자네 비밀경찰 아닌가?"

"아니, 비밀경찰은 아닌데 부분적으로는 공적이고, 부분적으로는 사적인 일이야. 나는 술을 마시네. 하지만 내 이성까지 마셔버리진 않은 까닭에 앞날이 어떻게 될지 잘 아네. 내 시대는 이미 흘러갔네, 검은 개를 목욕시킨다고 희어지지는 않지. 그러나 한 가지만 말하지. 내 안의 인간성이 눈을 뜨지 않았다면 오늘 자네에게 접근하지도 않았을 걸세, 바냐. 자네가 옳네. 나는 전에 자네와 여러 번 마주쳤고 자네를 보았네. 여러 번 자네에게 다가가고 싶었지만, 감히 그러지 못했네. 나는 자네에게 견줄 수 없으니까. 자네 말이 옳아. 오늘 다가간 것은 술에 취한 탓이었을 거야. 하지만 다 시시한 일이야. 나에 대한 이야기는 이제 끝내기로 하세. 아, 자네 이야기를 해주게. 여보게, 자네 책 다 읽었네! 다른 사람도 아닌 내가 끝까지 읽었다고! 자네의 첫 작품 말이야. 그놈을 읽고 거의 바른 길로 되돌아올 뻔했지! 그러나 난 심사숙고한 결과 천한 사람으로 남기로 했네. 그렇게 됐어……."

그러고 나서도 그는 나에게 이러저러한 이야기를 했다. 그는 점점 취해서 감회에 젖어 눈물을 보이기 직전이었다. 마슬로보예프는 언제나 사랑스러운 소년이었지만, 예부터 빈틈이 없고 어쩐지 지나치게 성숙했다. 중학교 시절부터 그는 교활하고 내숭을 잘 떠는 간사한 사람이었지만, 본질적으로 뜨거운 가슴을 지닌 인물이었다. 그는 타락한 사람이다. 러시아인 중에는 그런 사람이 많다. 그들은 대체로 훌륭한 재능을 갖췄지만 그들의 머릿속에는 크나큰 혼란이 자리잡고 있으며, 게다가 그들은 어떤 특정한 일에 취약하기 때문에 의식적으로 양심에 반해 행동한다. 결국 타락할 뿐만 아니라 스스로 타락의 길로 접어들고 있음을 인식한다. 그로 인해 마슬로보예프는 더더욱 술에 빠져 버린 것이다.

"한마디만 더 하겠네." 그는 계속했다. "나는 자네의 명성이 자자한 것을 알고 자네 소설에 대한 여러 비평을 읽었지(정말로 읽었네, 내가 이미 활자는 읽지 않는다고 생각했지?). 그런데 그 뒤에 자네가 더러운 길을 덧신도 없이 낡은 구두만 신고, 망가진 모자를 쓰고 가는 것을 보고 대충 짐작했네. 지금도 잡지에 글을 쓰나?"

"그래, 마슬로보예프."

"역마(驛馬) 신세가 됐다는 말이군?"

"그런 셈이지."

"그럼 내가 하는 말을 잘 듣게. 친구, 자네도 술을 마시는 게 낫네! 나는 취하도록 마시고 소파 위에 드러누워(우리집에는 용수철이 든 멋진 소파가 있네) 내가 호메로스나 단테, 프리드리히 1세라고 상상하지. 상상은 누구나 할 수 있으니까. 자네는 자네가 단테나 프리드리히 1세라고 상상하지 못할 거야. 첫째, 자네는 자네 자신이기를 원하고, 둘째로 역마인 자네에게는 모든 욕망이 금지되어 있기 때문이야. 다시 말해 나에게는 환상이 있지만 자네에게는 현실밖에 없어. 친구로서 하는 말을 잘 들어 봐(그렇지 않으면 자네는 앞으로 10년 동안 나를 욕보이는 것이 되네). 자네, 돈 필요하지 않나? 나는 돈이 있어. 인상 쓸 것 없네. 내 돈을 가져가게. 출판업자와 정산을 하여 멍에를 벗어 놓고, 1년 정도 생활할 수 있는 여건을 확보한 뒤 조용히 살아. 그러면 좋은 생각을 가다듬어 훌륭한 작품을 쓸 수 있을 거야. 어떤가? 좋은 생각이지?"

"들어 봐, 마슬로보예프! 자네의 우정 어린 제의는 감사하네. 하지만 지금으로선 아무 대답도 하지 못하겠네. 말하려면 이야기가 길어지거든. 그럴 만한 사정이 있어. 어쨌든 약속하지. 다음에 자네에게 좋은 친구로서 모든 이야기를 들려주겠네. 내게 베풀어준 제의 고맙네. 앞으로 자네 집에 자주 놀러 가겠네. 그러나 지금은 그럴 일이 있어. 자네가 나한테 마음을 터놓았으니 나도 자네의 조언을 구하고 싶네. 또 자네는 이런 쪽 일을 잘 알고 있는 것 같으니."

나는 찻집에서 시작해서 스미스와 그의 손녀 이야기를 모두 들려주었다. 이상하게도, 말하면서 그의 눈을 보니 그는 이미 이 이야기를 어느 정도 알고 있는 듯했다. 나는 그 일을 물어보았다.

"아니, 아냐." 마슬로보예프가 대답했다. "하지만 스미스에 대한 소문은 들었네. 한 노인이 어떤 찻집에서 세상을 떠났다는……. 그리고 부브노바 부인에 대해서도 실제로 이것저것 알고 있지. 그 여자한테서 두 달 전에 뇌물을 몇 푼 받았네. '재물은 재물이 있는 곳에서 거두라(17세기 프랑스 극작가 몰리에르가 즐겨 썼다는 금언)'고 하지 않나. 이 점에서만은 나도 몰리에르와 생각이 비슷해. 부브노바 부인에게서 100루블을 우려냈지만 그때 100루블이 뭐야, 500루블은 짜내야 한다고 생각했어. 추악한 여편네야! 불법적인 일을 하는데 그건 아무것도 아니야. 이따금 아주 사악한 일을 한다고. 나를 돈키호테로 여기지 말게. 상황이 나한테 아주 유리하게 돌아가고 있거든. 그래서 30분 전에 시조브류호프를 만났을 때 나는 무척 기뻤네. 시조브류호프는 분명 이리로 끌려온 것인데, 배불뚝이가 데려온 걸 거야. 나는 배불뚝이가 어떤 일을 하는지 알고 있거든······ 흥, 어쨌든 그놈은 가만두지 않을 거야! 자네가 그 소녀 이야기를 해주어 매우 기쁘네. 단서를 하나 더 잡은 셈이거든. 여보게, 나는 온갖 개인적 의뢰를 처리하고 있네, 그래서 가끔 생각지도 못한 사람들과도 안면을 트곤 하지! 얼마 전에는 한 공작의 의뢰를 받아 어떤 일을 조사했네. 설마 그 공작이 그러리라고는 생각지도 못할 사건이야. 원한다면 다른 유부녀에 얽힌 이야기를 해주지. 우리집에 놀러 오게. 자네가 소설로 써도 아무도 믿지 않을 소재들을 듬뿍 마련해주겠네······."

"그 공작의 성이 무엇인가?" 이상한 예감이 들어 나는 마슬로보예프의 말을 끊었다.

"그건 알아서 뭐하려고? 아무렴 어떤가, 발코프스키야."

"그래. 자네 그를 아는가?"

"그래, 그렇지만 가까운 사이는 아냐. 마슬로보예프, 그 공작 이야기도 들을겸 앞으로 종종 들르겠네." 나는 일어서며 말했다. "자네 이야기는 무척 흥미롭군."

"역시 옛 친구만한 게 없지? 언제라도 들르게. 이야기라면 얼마든지 해줄 수 있네. 하지만 어느 정도까지만이야, 알겠나? 그렇지 않으면 신용에 금이 가거든, 업무상의."

"그래, 자네가 허락하는 범위 내에서."

나는 흥분에 휩싸였다. 마슬로보예프도 그 점을 눈치챘다.

"그래, 자네는 내가 방금 이야기한 사건에 대해 어떻게 생각하나? 무엇인가 생각나는 게 있는가?"

"자네의 이야기에 대해? 잠시만 기다려, 계산을 해야지."

그는 계산대로 가더니 어느새, 사람들이 미트로쉬카라고 부르는 조끼를 입은 그 청년과 이야기를 나누고 있었다. 마슬로보예프는 나에게 이야기했던 것보다 더 그와 가까운 사이처럼 보였다. 적어도 그들이 지금 처음 만나는 것이 아님은 분명했다. 미트로쉬카는 외모가 색다른 청년이었다. 조끼, 빨간 비단 셔츠, 날카로우나 단정한 얼굴 모습. 햇볕에 그을린 앳된 얼굴, 대담하고 반짝이는 눈빛 등, 그는 남의 호기심을 자극하면서도 결코 반감을 불러일으키지는 않는 인상을 풍겼다. 그의 태도는 어쩐지 저돌적인 면이 있었지만, 지금 이 순간에는 사무적이고 야무진 모습을 보이려 꽤나 자제하고 있는 듯했다.

"그럼, 바냐." 내가 있는 곳으로 돌아오며 마슬로보예프가 말했다. "오늘 일곱 시에 우리집으로 오게. 자네에게 쓸 만한 이야기를 해 줄 수 있을 거야. 나 혼자서는 아무것도 할 수 없어. 전에는 좀더 유능했는데 지금은 일도 못하는 주정뱅이일 뿐이야. 그러나 옛날의 연줄이 남아 있으니 그걸로 이러저러한 내막을 캐낼 수 있고, 각 방면의 정보통과도 연락이 닿으니 그걸로 그럭저럭 먹고 사네. 가장 한가한 때, 즉 술을 마시지 않을 때는 나도 어떤 일을 하기는 하네. 역시 아는 사람들의 도움을 받아서지……. 대부분 조사하는 일이야……. 하지만 아무럼 어떤가! 충분해……. 자, 내 주소일세. 셰스치라보츠냐야 거리야. 음, 제법 취했군. 황금의 물을 한 잔 더 마시고 집으로 가야겠네. 한잠 자야겠어. 오늘 저녁에 우리집에 오면 알렉산드라 세묘노브나에게 소개해 주겠네. 시간이 있으면 문학 이야기나 좀 하세."

"그럼 아까 그 일은?"

"그래, 그 이야기도 아마 하게 될 거야."

"좋아, 가겠네. 꼭 가지."

6

안나 안드레예브나는 벌써 오래전부터 나를 기다리고 있었다. 내가 어제 나타샤의 편지에 대해 말해 준 것이 노부인의 호기심을 자극하여 상당히 이른 아침부터, 적어도 열 시쯤부터 나를 기다렸던 것이다. 내가 오후 한 시가 지나서야 겨우 나타났을 때, 가엾은 노부인은 기다림의 괴로움이 극에 달해 있었다. 게다가 노부인은 어제 이후로 마음속에 싹튼 새로운 희망에 대해서, 그리고 어젯밤부터 가벼운 병을 얻어 좀 우울해 있지만 그래도 부인에게는 각별히 따뜻해진 니콜라이 세르게이치에 대해 나에게 이야기하고 싶어서 입이 근질근질했다. 내가 나타나자 부인은 냉랭하고 불만스러운 얼굴로 맞이하며 몇 마디 응얼거리고는 나에게 아무런 관심도 보이지 않았다. 마치 "무엇하러 왔나? 날마다 어슬렁어슬렁 돌아다니지" 하고 말하고 싶은 듯했다. 내가 늦게 와서 화가 난 것이다. 그러나 나는 바빴으므로 곧바로 어제 나타샤에게 있었던 일을 이야기해 주었다. 노공작의 방문과 그의 경사스러운 제안을 듣자마자, 노부인의 가짜 우울증이 이내 사라졌다. 노부인이 얼마나 기뻐했는지는 말로 다 형용할 수가 없다. 부인은 어쩔 줄 모르며 성호를 긋고 눈물을 흘렸다. 그리고 성상 앞에서 이마가 바닥에 닿도록 깊이 머리를 조아리고 나서 나를 끌어안더니 곧 니콜라이 세르게이치에게 달려가 그 기쁨을 전하려고 했다.

"우리집 양반은 온갖 모욕과 학대를 받아 꼼짝없이 우울에 잠겨 있다네. 그러니 나타샤가 이제 만족스런 결과를 얻은 것을 알면 그 양반도 순식간에 모든 것을 잊어버릴 걸세."

나는 노부인을 간신히 말렸다. 선량한 부인은 25년이나 남편과 함께 살아왔으면서도 그를 잘 몰랐다. 부인은 또 당장 나와 함께 나타샤에게 가고 싶어했다. 나는 니콜라이 세르게이치가 그런 행동을 결코 용납하지 않을 뿐만 아니라, 그랬다가는 우리가 혹시라도 일을 그르칠 수도 있다고 말했다. 노부인은 어렵게 마음을 고쳐먹었지만, 나를 30분이나 더 붙들어두고 내내 혼자서 이야기했다.

"내가 이야기할 사람이 없어서 그러네." 노부인이 말했다. "이렇게 기쁜 일이 있는데 방 안에 갇혀 있어야 한단 말인가?" 나는 나타샤가 초조하게 나를 기다리고 있다고 부인을 설득한 뒤에야 겨우 풀려났다. 노부인은 나를 배웅하며 여러 차례 성호를 긋고, 딸에게 자신의 축복을 전해 줄 것을 부탁했다. 내가 나타샤에게 특별한 일이 일어나지 않았으면 저녁때 다시 오지 않을 것이라고 단호하게 말하자 부인은 거의 눈물까지 흘릴 뻔했다. 이날 니콜라이 세르게이치는 끝내 만나지 못했다. 간밤에 전혀 잠을 이루지 못했던 탓으로 머리가 아프고 한기가 든다며 방에서 자고 있었던 것이다.

나타샤 역시 오전 내내 나를 기다렸다. 내가 들어섰을 때, 그녀는 팔짱을 낀 채 골똘히 생각에 잠겨 방 안을 왔다 갔다 하고 있었다. 지금도 나타샤를 떠올리면 언제나 누추한 방에서 혼자 생각에 잠긴 채 누군가를 기다리며, 팔짱을 끼고 눈을 아래로 떨어뜨리고는 목적 없이 이리저리 서성거리는 모습밖에 떠오르지 않는다.

나타샤는 여전히 서성거리며 왜 늦었는지를 조용히 물었다. 나는 내가 겪은 일을 짤막하게 이야기해 주었지만, 그녀는 내 말을 거의 듣지 않았다. 그녀에게 걱정거리가 있다는 것을 한눈에 알 수 있었다. "무슨 일이 있었소?" 내가 물었다. "아무 일도 없어요." 나타샤는 그렇게 대답했지만, 물론 새로운 일이 일어났고 그 이야기를 하기 위해 나를 기다렸다는 것을 곧 알아챘다. 그리고 언제나처럼 그녀는 내가 떠날 때가 다가오기 전에는 그 이야기를 꺼내지 않을 것이다. 나타샤는 늘 그랬다. 나는 이미 그녀의 그런 버릇에 익숙해져 있었으므로 그 순간을 기다렸다.

우리는 어제 있었던 일을 다시 이야기하기 시작했다. 우리가 공작에 대해 완전히 똑같은 인상을 받았다는 사실에 나는 특히 놀랐다. 나타샤는 어제보다도 더욱 공작이 마음에 들지 않았다. 우리가 그의 방문에 대해 하나하나 검토하기 시작하는 때 나타샤가 문득 말했다.

"들어 봐요, 바냐. 누군가가 처음에 마음에 들지 않으면, 다음에는 그가 분명 마음에 들기 마련이잖아요. 적어도 나는 늘 그랬어요."

"그렇게 안 된다면 얼마나 좋겠소, 나타샤. 모든 점을 곰곰이 생각해 볼 때, 공작이 비록 교활한 꿍꿍이를 꾸미고 있다 하더라도, 당신들의 결혼은 진지하게 승낙했다고 생각하오."

나타샤는 방 한가운데 서서 나를 매섭게 쏘아보았다. 그녀의 표정은 완전히 달라져 있었고 입술마저 가볍게 떨렸다.

"그럼 왜 이런 상황에서 교활한 생각을 하거나…… 거짓말을 하죠?" 나타샤는 오만한 불쾌감을 드러내며 물었다.

"그게 문제요!" 내가 재빨리 맞장구쳤다.

"그가 거짓말을 하지 않은 건 확실해요. 그렇게 생각할 근거가 없으니까요. 교활한 꿍꿍이를 꾸미고 있다고 단언할 수도 없어요. 게다가 나를 놀려서 그분한테 무슨 득이 있겠어요? 다른 사람에게 그토록 큰 상처를 주는 사람은 없지 않을까요?"

"물론, 그야 그렇지!" 나는 맞장구치며 조용히 생각했다. '방 안을 서성이며 그 생각만 하고 있었군. 가엾은 사람. 그리고 나보다 훨씬 더 공작을 의심하고 있군.'

"아, 공작이 빨리 다시 와 주면 좋겠어요!" 나타샤가 말했다. "저녁을 같이 하자고 했는데…… 모든 것을 버려 둔 채 갔으니 어지간히 중요한 일일 거예요. 어떤 일인지 모르세요, 바냐? 아무것도 듣지 못했어요?"

"전혀요. 또 돈을 벌러 나갔겠지요. 그가 페테르부르크에서 어떤 청부 공사에 참여하고 있다는 소문은 들었소만, 나타샤. 나는 사업에 관해선 아무것도 모르잖소."

"그건 그래요. 알료샤가 어제 어떤 편지에 대해 말했지요."

"무슨 소식이 온 것이겠지. 그런데 알료샤는 왔었소?"

"왔었어요."

"일찍?"

"열두 시에요. 그는 잠꾸러기예요. 잠깐 있다가, 내가 카테리나 표도로브나에게 가라고 쫓아 버렸어요. 안 보낼 수가 없잖아요, 바냐?"

"그도 그리로 갈 생각이었던 게 아니오?"

"네, 그랬나 봐요……."

나타샤는 무슨 말을 더 하려다 입을 다물었다. 나는 그녀를 바라보며 기다렸다. 나타샤의 얼굴은 침울했다. 무슨 일이냐고 묻고 싶었으나, 이따금 그녀는 질문을 받기 싫어하는 때가 있었다.

"이상한 사람이에요." 마침내 그녀가 입꼬리를 약간 찡그리고 시선을 다른 데 둔 채 말했다.

"왜 그래요? 무슨 일이 있었소?"

"아니, 아무 일도, 그저…… 그는 매우 사랑스러웠어요……. 단지……."

"이제 그의 고뇌와 걱정은 끝났지." 내가 말했다.

나타샤는 집요한 눈길로 나를 바라보았다. 아마도 나에게 이렇게 대답하려는 듯했다. '그에게는 예선부터 고뇌와 걱정이라곤 별로 없었어요.' 그러나 내 말에도 같은 의미가 담겨 있음을 깨닫고 얼굴을 찌푸렸다.

나타샤는 곧 다시 상냥하고 사랑스러운 모습으로 되돌아왔다. 오늘 나타샤는 특히나 얌전했다. 나는 한 시간 이상 앉아 있었는데 그녀는 무척 불안해했다. 공작의 방문에 두려움을 느낀 것이다. 몇 가지 물음을 통해, 나는 나타샤가 어제 공작에게 어떤 인상을 주었는지 몹시 알고 싶어한다는 것을 눈치챘다. 어제 올바로 처신했는지, 공작 앞에서 지나치게 기쁨을 표현한 것은 아니었는지, 지나치게 민감하지는 않았는지, 또는 반대로 지나치게 비굴했던 건 아니었는지, 공작이 그녀를 나쁘게 생각하지는 않았을지, 멸시하지는 않았을지……. 이런 생각들 때문에 나타샤의 뺨은 상기되어 붉게 타올랐다.

"그 악한 남자가 어떻게 생각하는지에 대해 이렇게 연연해하는 거요? 생각하고 싶은 대로 하라고 합시다!" 내가 말했다.

"왜 그가 악하다는 거죠?" 나타샤가 물었다.

나타샤는 의심은 많았지만, 마음은 순수하고 정직했다. 그녀의 의심도 순수함에서 나오는 것이었다. 나타샤는 오만했으나 고상한 오만이었으며, 자신이 높이 평가하는 것이 눈앞에서 웃음거리가 되는 것을 참지 못했다. 품위 없는 사람이 가하는 멸시에는 멸시로 응대했지만, 그녀가 성스럽게 여기는 것이 멸시당하면 누가 그랬건 간에 마음 아파했다. 이런 성격은 신념이 부족해서 그런 것이 아니다. 그 일부는 세상을 잘 모른다는 점에서, 세파를 겪어 보지 못했다는 점에서, 자신의 둥지 속에 고립되어 있다는 점에서 유래한 것이었다. 나타샤는 지금까지 살아오는 내내 자신의 둥지 속에서 지냈으며, 그곳에서 나온 적이 없었다. 그리고 또 다른 원인은 그녀가 아마도 아버지에게서 물려받았을 선량한 사람들의 특성을 가지고 있기 때문이다. 다른 사람을 칭찬하고, 실제보다 더 훌륭하다 믿으며, 그의 장점을 열렬히 과장하는 것이다. 이런 사람들은 나중에 환멸을 느끼게 될 경우에는 그것을 못견뎌한다. 특히 자신에게 잘못이 있다고 느끼면 더욱 괴로워한다. 왜 받을 수 있는 것보다 더 많은 것을 기대했을까? 그들에게는 이러한 환멸이 끊임없이 찾아온다. 가장 좋은 방법은 둥지에 조용히 앉아서 밖으로 나오지 않는 것이다. 나는 그들이 자신의 둥지를 너무나 좋아하는 나머지 사람을 꺼리게 되기도 한다는 것을 깨달았다. 더욱이 나타샤는 많은 불행과 모욕을 견뎌왔다. 그녀는 이미 병든 존재이고, 설사 내 말 속에 비난이 들어 있다 해도 그녀를 결코 책망할 수 없다.

그러나 나는 바빠서 그만 일어나려고 몸을 일으켰다. 나타샤는 내가 가려 하자 놀라서 울상이 되었다. 그러면서도 내가 앉아 있는 내내 그녀는 조금도 상냥함을 보이지 않았고, 오히려 평소보다 더 차갑게 대했던 것이다. 나타샤는 나에게 뜨겁게 키스를 하고 오랫동안 내 눈을 바라보았다.

"들어 보세요." 그녀가 말했다. "알료샤는 오늘 매우 우스꽝스러웠어요.

얼마나 놀랐는지 몰라요. 그는 매우 다정하고 행복해 보였지만, 나비나 멋쟁이처럼 내내 거울 앞에서 날아다녔어요. 갑자기 멋대로 행동하더니…… 오래 앉아 있지도 않았어요. 게다가 나에게 사탕을 가져왔지 뭐예요."

"사탕을? 다정하고 천진해서 보기 좋지 않소? 아, 당신들은 둘 다 어쩜 그러오! 서로 관찰하고, 탐색하고, 표정으로 서로의 속내를 읽으려 하오(무엇이 씌어 있는지 읽어내지도 못하면서!). 그는 달라진 게 없소. 여전히 명랑한 초등학생 같소. 그러나 당신은 다르오!"

지금까지 자주 있었던 일로서 나타샤는 어조를 바꾸며 다가오거나, 알료샤에 대해 불평하거나, 어떤 미묘한 의심을 풀어 주기를 바랄 때, 또는 어떤 비밀이나 바람을 내가 알아주길 바랄 때면, 그녀는 언제나 미소를 지으며 나를 바라보았다. 마치 당장 그녀의 마음이 가벼워지도록 해결해 달라고 애원하는 듯했다. 그러나 나는 그런 경우에 대부분 누군가를 나무라듯 엄하고 날카롭게 말했던 기억이 난다. 무의식 중에 그랬던 것이지만 언제나 성공을 거두었다. 나의 준엄하고 거만한 태도가 시기적절하고 권위 있게 보였다. 인간은 때로 누군가가 자기를 몹시 책망해 주었으면 하는 저항할 수 없는 욕구를 느끼는 때가 있기 때문이다. 적어도 나타샤는 나와 헤어질 즈음에는 이따금 완전히 기운을 되찾았다.

"실은 말이에요, 바냐." 나타샤는 한 손은 내 어깨에 얹고, 다른 손으로 내 손을 쥔 채 눈으로는 내 눈빛을 읽으며 말을 이었다. "그의 속을 알 수가 없어……. 그가 벌써 남편처럼 보였어요, 아시겠어요? 10년이나 같이 살았지만 여전히 아내에게 사랑스럽게 대하는 그런 남편 말이에요. 좀 이르지 않나요? 그는 웃으며 내 주위를 빙빙 돌지만 나를 위해 일부러 그러는 것 같고 예전 같지도 않아요……. 그는 서둘러서 카테리나 표도로브나에게 갔어요……. 내가 무슨 말을 해도 잘 듣지 않거나, 다른 이야기를 하기 시작했어요. 아시겠어요, 우리 둘이 그렇게 고치려고 애쓴 상류 사회의 추한 습관이잖아요? 한마디로 그는…… 마음이 없는 것 같았어요……. 근데 내가 무슨 말을 하고 있는 거야! 괜한 소릴 했네! 아, 우리는 모두 까다롭고 별난 폭군이에요, 바냐! 이제 알겠어요! 우리는 사람의 표정이 어째서 달라졌는지 그 이유도 모르면서 사소한 표정 변화도 용서하지 못하는군요! 당신 말이 옳아요, 바냐! 다 내 잘못이에요! 스스로 괴로움을 만들어서는 다른 사람에게 푸념까지 하다니……. 고마워요, 바냐. 당신 덕분에 홀가분해졌어요. 아, 그가 오늘 와준다면! 하지만 안 돼요! 아까 있었던 일로 또 화를 낼지도 몰라요."

"벌써 싸우기까지 했소?" 내가 놀라서 소리쳤다.

"아니, 내색하지 않았어요! 단지 내가 조금 슬퍼하니까 그도 유쾌하던 기분이 갑자기 우울해졌는데 헤어질 때도 어쩐지 퉁명스러웠어요. 그를 부르러 사람을 보내겠어요……. 바냐, 저녁에 다시 와주세요."

"일이 늦어지지만 않는다면 꼭 오겠소."

"무슨 일인데요?"

"성가신 일에 말려들었소! 하지만 아마 올 수 있을 거요."

7

7시 정각에 나는 마슬로보예프의 집에 도착했다. 그는 셰스치라보츠나야 거리에 있는 그리 크지 않은 집에 살고 있었다. 깨끗하지는 않지만 훌륭한 가구를 들여놓은 방 세 개짜리의 아파트였다. 제법 여유가 있어 보였지만 알뜰한 것 같지는 않았다. 문을 열어준 사람은 열아홉 살쯤 되어 보이는 평범하지만 아주 귀엽게 차려입은, 매우 맑고 선하며 쾌활한 눈매를 가진 귀여운 아가씨였다. 나는 이내 이 처녀가 마슬로보예프가 오늘 나에게 소개해 주겠다고 말한 알렉산드라 세묘노브나라고 짐작했다. 그녀는 내가 누구인지 물었다. 내 이름을 듣자 그녀는 마슬로보예프가 나를 기다리다가 지금은 방에서 자고 있다고 말하고 그 방으로 나를 안내했다. 그는 멋지고 푹신해 보이는 소파에서 자신의 지저분한 외투를 덮고, 닳아서 해진 가죽 베개를 베고 잠들어 있었다. 선잠을 자고 있었는지, 우리가 들어서자마자 내 이름을 불렀다.

"아! 자넨가? 기다렸네. 방금 자네가 와서 나를 깨우는 꿈을 꾸었네. 벌써 시간이 되었군. 가세."

"어디로 가는데?"

"어떤 여인에게."

"어떤 여인? 무슨 일로?"

"부브노바 부인을 혼내주러. 아주 미인이란 말이야!" 그는 알렉산드라 세묘노브나를 보고 이죽거리며 말하고 심지어 부브노바를 언급하면서는 손가락 끝에 입을 맞추었다.

"또 거짓말을 하는군요!" 약간 화내는 것이 자신의 의무라는 듯이 알렉산드라 세묘노브나가 이렇게 말했다.

"아직 소개하지 않았지? 이쪽이 알렉산드라 세묘노브나, 그리고 이분은 문단의 장군님이셔. 이런 분들은 1년에 한 번만 무료로 볼 수 있고, 다른 때는 돈을 내야 해."

"아, 또 쓸데없는 소리예요? 이분이 하는 말은 듣지 마세요. 늘 저를 놀리는 말밖에 하지 않으니까요. 그런데 무슨 장군님이세요?"

"그러니까 특별한 장군님이라고 했잖아. 각하, 부디 우리를 바보라고 생각지 마소서. 이래봬도 보기보단 똑똑하답니다."

"이 사람 말은 듣지 마세요! 언제나 사람들 앞에서 부끄러운 짓만 해요, 뻔뻔한 사람. 차라리 가끔 극장에라도 데려가 주면 몰라도."

"알렉산드라 세묘노브나, 네 집의…… 무엇을 좋아해야 하는지 잊은 건 아니겠지? 그 말을 잊지 않았지? 전에 가르쳐 준 것을 말이야!"

"물론 잊지 않았죠. 그런 엉터리 같은 것."

"그래, 무슨 말이지?"

"또 손님 앞에서 창피를 줄 생각이군요! 또 패씸한 장난을 칠 거잖아요. 혀가 썩어도 말 못해요."

"흠, 잊었군?"

"잊지 않았다니까요. 페나테스잖아요! 네 집의 페나테스를 사랑하라……. 무슨 말이 그래요? 페나테스 같은 건 어디에도 없을 텐데 왜 사랑해야 하죠? 순 엉터리 같은 말만 해요."

"대신 부브노바의 집에 가면……."

"부브노바가 누군진 모르지만 맘대로 해요!" 알렉산드라 세묘노브나는 화가 잔뜩 나서 방에서 나가버렸다.

"시간이 됐군! 가세! 다녀올게, 알렉산드라 세묘노브나!"

우리는 집을 나섰다.

"바냐, 먼저 저 마차에 타세. 이제 됐어. 자네와 헤어지고 나서 무엇인가를 또 알아냈네, 짐작이 아니라 틀림없는 사실이야. 나는 바실리예프스키 섬에 한 시간 넘게 머물렀네. 그 배불뚝이는 지독한 불한당이야. 변덕과 온갖 비열한 취미를 가진 더럽고 흉악한 녀석이지. 부브노바는 그런 족속들에게 간계를 부리기로 오래전부터 유명했지. 얼마 전에 부브노바는 점잖은 집안 출신 소녀와 관련된 사건으로 체포될 뻔했네. 그 고아에게 모슬린 옷을 입혔다는 얘기가(자네가 아까 말한) 마음에 걸리더군. 전에도 그런 이야기를 들은 적이 있거든. 아까 우연히 알아냈는데, 진짜 순전히 우연이었지만 믿을 만한 정보야. 그 소녀가 몇 살이라고?"

"생긴 것으로 보아 열두세 살 정도."

"몸집은 더 어려 보이겠지? 부브노바는 그 아이를 이용한다네. 필요에 따라 열한 살이라고 하거나 열다섯 살이라고도 하지. 불쌍한 아이가 보호자도 없고 가족도 없다면……."

"설마!"

"그럼 자네는 어떻게 생각하는가? 부브노바가 순수한 동정심에서 아이를 거뒀을까? 배불뚝이가 그 집에 드나든다면 틀림없어. 그 녀석은 오늘 아침에도 그 여자와 만났어. 멍청이 시조브류호프는 오늘 밤 미인 유부녀를 소개받기로 했다는군. 관청에서 일하는 여자인데 어떤 장교의 부인이라는 거야. 놀기 좋아하는 상인놈들은 그런 것에 사족을 못쓰거든. 그들은 언제나 여자 남편의 관등을 물어보지. 라틴어 문법 같아, 기억하나? 의미가 어미에 의해 결정되지. 아까 마신 술이 아직도 남아 있는 것 같네만 부브노바를 용서할 수는 없지. 그 여자는 경찰도 속이려고 하지만 헛일일걸! 내가 호통을 쳐 줄 테니까. 그 여자는 나를 겁내. 내가 지난 일을 많이 기억하고 있다는 사실을 알거든……. 대충 그런 사정이 있어, 알겠나?"

나는 큰 충격을 받았다. 모든 정보가 나를 심란하게 했다. 나는 늦을까 봐 걱정스러워 계속 마부를 재촉했다.

"걱정 말게, 다 손을 써 놨어." 마슬로보예프가 말했다. "미트로쉬카가 이미 그쪽에 가 있네. 시조브류호프는 돈으로, 비열한 배불뚝이는…… 제 몸으로 갚아야 할 거야. 아까 그렇게 정했네. 부브노바는 내 몫이야……. 그러니까 그 여자는 옴짝달싹 못할 걸세……."

우리는 레스토랑 앞에서 차를 세웠다. 그러나 미트로쉬카라는 사람은 거기에 없었다. 우리는 마부에게 레스토랑 현관에서 기다리라고 하고 부브노바의 집으로 갔다. 미트로쉬카는 그 집 대문 옆에서 우리를 기다리고 있었다. 창에는 밝은 빛이 가득 했고, 술에 취해 낄낄거리는 시조브류호프의 웃음소리가 들렸다.

"모두 저 안에 있어요. 15분 전쯤부터." 미트로쉬카가 알려주었다. "지금이 기회입니다."

"어떻게 들어가지?" 내가 물었다.

"손님처럼." 마슬로보예프가 대꾸했다. "그 여자는 나도 알고 미트로쉬카도 알아. 문단속을 아무리 철저히 해도 우리에게는 소용없지."

마슬로보예프는 조용히 문을 두드렸다. 이내 문이 열렸다. 문지기가 문을 열어주며 미트로쉬카와 눈짓을 교환했다. 우리는 조용히 들어갔다. 집 안에서는 아무도 우리가 들어오는 소리를 듣지 못했다. 문지기는 계단을 따라 우리를 데리고 올라가서 문을 두드렸다. 안에서 누군지 묻는 소리가 들렸다. 문지기는 자기 혼자라고 대답하며 "일이 좀 있어서요"라고 말했다. 문이 열리자 우리는 한꺼번에 들어섰다. 문지기는 슬쩍 몸을 숨겼다.

"아니, 이게 누구야?" 술에 취해 머리가 헝클어진 부브노바가 양손에 초를 들고 작은 대기실 입구에 서서 소리쳤다.

"누구냐고?" 마슬로보예프가 말을 받았다. "어째 이러시나, 안나 트리포노브나, 귀한 손님도 몰라보다니. 우리가 아니고 누구겠나? 필립 필리피치야."

"아, 필립 필리피치! 당신이군요……. 귀한 손님들……. 그런데 당신이 어떻게……. 저는 아직…… 아니, 괜찮아요…… 자 이리 오세요."

부브노바가 허둥대기 시작했다.

"어디로 들어오라는 거요? 그쪽은 칸막이인데……. 좀더 제대로 대접해야지. 시원한 걸 한 잔 내오고, 여자들은 없소?"

부브노바는 갑자기 정신을 되찾았다.

"그야 귀한 손님을 위해서라면 땅속에서든 물론 중국에서라도 데려옵지요."

"그건 그렇고, 안나 트리포노브나. 여기 시조브류호프가 와 있소?"

"네…… 와 있어요."

"그와 이야기를 하고 싶소. 고얀 놈, 나를 빼돌리고 혼자 놀러 다니다니!"

"에이, 그는 당신을 잊지 않았어요. 내내 누군가를 기다리는 것 같던데 분명 당신을 기다린 것이겠죠."

마슬로보예프는 문을 벌컥 열었다. 우리는 창문 두 개와 제라늄 화분, 등나무 의자, 낡은 피아노가 당연한 듯 놓여 있는 작은 방으로 들어갔다. 그러나 우리가 그 방에 들어서기 전에, 아직 대기실에서 이야기를 나눌 때 미트로쉬카는 이미 사라졌다. 나중에 들었는데, 그는 들어가지 않고 문 뒤에서 기다리고 있었다고 한다. 나중에 올 사람들에게 문을 열어주기 위해서였다. 아침에 부브노바의 어깨 너머에서 바라보던 헝클어진 머리에 두껍게 화장을 한 여인이 미트로쉬카의 대모였다.

시조브류호프는 식탁보가 덮인 둥근 탁자 앞에 놓인 싸구려 모조 마호가니 의자에 앉아 있었다. 탁자 위에 따뜻하게 데운 샴페인 두 병과 질 나쁜 럼주 한 병, 사탕, 당밀 과자, 견과류 세 종류가 담긴 접시가 놓여 있었다. 시조브류호프 맞은편에는 주근깨투성이 얼굴에 검은 호박단 옷을 입고 구리 팔찌와 브로치를 단 마흔 넘은 추악한 생물이 앉아 있었다. 이 여자가 그 장교의 아내일 테지만, 사이비임이 분명했다. 그러나 시조브류호프는 취해서 몹시 만족스런 표정이다. 배불뚝이 친구는 같이 있지 않았다.

"꼴이 그게 뭐야!" 마슬로보예프가 목청껏 소리 질렀다. "그러고는 나한테 뒤소에 가자고 해!"

"필립 필리피치, 어서 오세요!" 그는 아주 행복한 얼굴로 우리를 맞으려고 몸을 일으키며 중얼거렸다.

"많이 마셨군?"

"죄송합니다."

"죄송할 것 없어. 손님을 맞게. 자네와 즐거운 시간을 보내려고 일부러 왔네. 다른 손님도 모셔 왔지, 내 친구야!" 마슬로보예프가 나를 가리켰다.

"만나 뵙게 되어서 기쁩니다. 잘 오셨습니다……. 딸꾹!"

"여보게, 도대체 이것도 샴페인이라고 마시고 있나? 시어 빠진 양배추죽 맛이로군."

"죄송합니다."

"이래서는 감히 뒤소에 얼굴을 비치지 못할 거야. 그런 주제에 초대를 하다니!"

장교 부인이 말을 받았다. "이 사람은 방금 파리에서 있었던 일을 이야기하고 있었는데 분명 허풍을 떤 게로군요!"

"페도시야 치치쉬나, 그건 사실이오. 진짜 갔었다고요."

"이런 시골뜨기가 무슨 재주로 파리에 가겠수."

"갔다 왔다니까요. 그럴 능력이 있었지. 나와 카르프 바실리치가 거기서 끝내 주었소. 카르프 바실리치를 아시오?"

"카르프 바실리치가 누군지 내가 무슨 수로 알겠수?"

"그래요……, 그냥 한번 물어봤어요. 저와 그는 파리에 있는 어느 가게에서, 마담 주베르의 가게에서 영국제 벽거울을 깼어요."

"뭘 깼다고요?"

"거울요. 벽 전체를 덮고 천장까지 닿는 커다란 거울이었죠. 카르프 바실리치는 너무 취해서 마담 주베르에게 러시아어로 지껄이기 시작했어요. 그는 팔꿈치를 대고 거울 앞에 서 있었어요. 그러자 마담 주베르가 그에게 소리를 질렀어요, 물론 자기네 말로. '조심해요, 그 거울은 700프랑이나 한단 말이에요(우리한테는 푼돈이죠).' 그는 나를 보며 씩 웃었어요. 나는 맞은편 소파에 앉아 있었어요, 예쁜 여자하고 있었죠. 여기 이 사람 같은 추녀가 아니라 정말 예쁜 여자였어요. 카르프 바실리치가 소리쳤어요. '스테판 테렌치치, 스테판 테렌치치! 반씩 어때?' 제가 말했죠. '좋소.' 그러자 그가 주먹으로 거울을 쳤지요. 쨍그랑! 파편이 쏟아졌어요. 마담이 날카롭게 소리지르며 그를 향해 똑바로 달려들었죠. '악당 같으니, 무슨 짓이야! 여기가 어딘 줄 알고!' (역시 자기네 말로) 그가 그녀에게 말했죠. '돈을 받으시오, 마담 주베르. 그 대신 내 즐거움을 방해하지 마시오.' 그리고 그녀에게 650프랑을 주었어요. 50프랑은 깎았어요."

그때 끔찍한 비명 소리가 몇 개의 방문을 가로지르며 들려왔다. 우리가 있는 곳에서 방 두세 개 너머에 있는 방에서 난 소리였다. 나는 몸을 떨며 소리 질렀다. 그 비명을 들은 적이 있기 때문이다. 엘레나의 목소리였다. 비명에 뒤이어 다른 외침과 욕설이 울려퍼지더니 머지않아 손바닥으로 얼굴을 때리는 소리가 뚜렷하게 들렸다. 이것은 아마 미트로쉬카가 맡은 일을 하는 것이리라. 별안간 문이 벌컥 열리더니 새파랗게 질린 엘레나가 혼란스러운 눈빛으로 방으로 뛰어들어왔다. 구겨지고 찢어진 흰 모슬린 옷을 입고 있었으며, 빗질했던 머리는 싸우는 통에 온통 헝클어져 있었다. 나는 문 맞은편에 서 있었다. 엘레나는 똑바로 나에게 달려와 양팔로 나를 껴안았다. 모두 놀라서 벌떡 일어섰다. 엘레나가 나타나자마자 모두들 비명을 지르고 욕설을 해댔다. 소녀의 뒤를 따라 미트로쉬카가 엉망이 된 배불뚝이의 머리채를 끌고 문 앞에 나타났다. 미트로쉬카는 문지방까지 끌고 온 배불뚝이를 방 안으로 던져 넣었다.

"자, 여기 그놈이오! 받으시오!" 미트로쉬카가 매우 만족스러운 표정으로 말했다.

"이보게." 마슬로보예프가 조용히 나에게 다가와 내 어깨를 치며 말했다. "우리가 세워 놓은 마차를 타고 이 소녀와 함께 집으로 가게. 여기서는 자네가 더 볼일이 없네. 나머지 이야기는 내일 하기로 하지."

나는 대답도 하지 않고 엘레나의 손을 잡고 이 악마의 소굴에서 밖으로 나왔다. 그 집에서 일이 어떻게 끝났는지 나는 모른다. 아무도 우리를 붙잡지 않았다. 여주인은 공포에 사로잡혀 있었다. 모든 일이 순식간에 벌어져 주인이 손 쓸 틈도 없었다. 마차는 우리를 기다리고 있었으므로 20분 뒤에 나는 이미 내 아파트에 도착했다.

엘레나는 빈사 상태에 빠져 있었다. 나는 엘레나의 옷 단추를 풀고 얼굴에 물을 뿌린 뒤 소파 위에 눕혔다. 소녀는 열이 나고 헛소리를 하기 시작했다. 나는 엘레나의 창백한 얼굴, 생기 없는 입술, 헝클어져 버렸으나 곱게 빗질하고 기름을 바른 검은 머리, 화장한 흔적, 옷 곳곳에 아직 붙어 있는 장밋빛 리본을 바라보았다. 그러면서 이 모든 혐오스러운 사건을 마침내 이해했다. 가엾은 것! 아이의 상태는 점점 더 나빠졌다. 나는 아이와 함께 있기 위해 이날 저녁 나타샤에게 가지 않기로 결심했다. 엘레나는 이따금 긴 속눈썹을 들고 나를 바라보았다. 내가 누구인지 확인하려는 듯이 오랫동안 자세히 보았다. 늦은 시간, 자정이 넘어서야 아이는 잠이 들었다. 침대 옆 바닥에서 나도 잠을 청했다.

8

나는 매우 일찍 일어났다. 간밤에 나는 거의 반시간마다 깨어 가엾은 꼬마 손님에게 다가가 주의 깊게 들여다보았다. 아이는 열이 있었고 약간 헛소리

를 했다. 그러나 아침나절에는 깊은 잠에 빠져 들었다. 좋은 징조라고 생각
했다. 나는 아침에 깨어나자마자 가엾은 아이가 아직 자고 있는 동안 되도록
빨리 의사를 부르러 가기로 마음먹었다. 알고 지내는 의사가 한 사람 있는데
독신으로 살아온 선량한 노인으로, 옛날부터 독일인 가정부와 함께 블라디
미르스카야 거리에 살고 있었다. 나는 그에게로 갔다. 의사는 10시에 왕진
하러 오겠노라고 약속했다. 내가 그곳에 도착했을 때는 8시였다. 가는 길에
마슬로보예프에게 매우 들르고 싶었지만 참았다. 그는 틀림없이 어제 일로
아직 자고 있을 테고, 엘레나가 깨어나서 내 방에 혼자 있다는 것을 알면 놀
랄지도 모르기 때문이었다. 어젯밤 엘레나는 제정신이 아니었으므로 언제
어떻게 내 집에 오게 되었는지 기억하지 못할 수도 있다.

내가 방으로 돌아오자 때마침 엘레나가 깨어났다. 나는 곁으로 다가가서
기분이 어떤지 조심스럽게 물었다. 그러나 소녀는 대답하지 않고 표정이 풍
부한 검은 눈동자로 나를 유심히 바라보았다. 그 눈빛으로 미루어 나는 소녀
가 모든 것을 이해하고 있고, 기억도 또렷하다고 생각했다. 대답을 하지 않
는 것은 평소의 습관일 것이다. 어제와 그제 찾아왔을 때도 내 물음에는 한
마디도 대답하지 않고, 느닷없이 끈질긴 눈빛으로 나를 보지 않았던가. 그
눈빛에는 의심과 노골적인 호기심 그리고 어떤 기이한 자존심이 깃들어 있
었다. 그러나 지금 소녀의 눈빛에는 냉엄함과 불신이 담겨 있었다. 나는 열
이 나는지 알아보려고 소녀의 이마 위에 손을 얹으려고 했지만 소녀는 작은
손으로 조용히 내 손을 물리치고는 벽 쪽으로 돌아누웠다. 나는 소녀를 더
흥분시키지 않기 위해 물러났다.

나는 커다란 청동 주전자를 가지고 있다. 오래전부터 나는 사모바르 대신
에 그것을 사용하여 물을 끓여 왔다. 장작은 넉넉했다. 문지기가 한꺼번에
닷새 정도 쓸 분량을 올려다 주었기 때문이다. 나는 난로에 불을 지피고 물
을 길어다가 주전자를 얹었다. 그리고 탁자 위에 다구(茶具)를 준비했다.
엘레나는 내 쪽으로 돌아누워 호기심 어린 눈빛으로 바라보았다. 나는 필요
한 것은 없느냐고 물었다. 그러자 소녀는 다시 몸을 반대로 돌리고 아무 대
답도 하지 않았다.

'왜 나한테 화를 내지?' 나는 생각했다. '이상한 아이야!'

노의사는 약속대로 10시에 왔다. 그는 독일 사람답게 환자를 꼼꼼히 살펴

보고 나서 나를 안심시켰다. 의사는 소녀에게 부정맥증 같은 다른 질환이 있는데 이 증상은 앞으로 계속 주의해야 하지만, 지금은 위험한 상태가 아니라고 덧붙였다. 그는 필요해서라기보다는 습관적으로 물약과 가루약을 처방하고, 곧바로 이 소녀가 어째서 내 방에 있는지를 캐묻기 시작했다. 그러면서 기가 차다는 듯이 내 방을 둘러보았다. 노인은 지독한 수다쟁이였다.

그러나 그도 엘레나에게는 애를 먹었다. 맥박을 재려 해도 손을 뿌리쳐버리고, 혀도 보여 주려 하지 않았다. 묻는 말에는 한 마디도 대답하지 않고 내내 의사의 목에서 흔들리고 있는 커다란 스타니슬라프 훈장만 유심히 바라보았다. "머리가 이상해진 게 틀림없어. 저 눈을 좀 보게." 노인이 지적했다. 나는 엘레나의 사정을 이야기할 필요는 없다고 판단하고, 이야기하려면 너무 길다고 얼버무리며 차를 우렸다.

"무슨 일이 있으면 연락을 주시오." 노인은 나가면서 말했다. "지금은 위험하지 않소."

나는 엘레나와 하루 종일 함께 있으면서 다 나을 때까지 되도록이면 혼자 두지 않겠다고 결심했다. 그러나 나타샤와 안나 안드레예브나가 나를 기다리며 안절부절못할 것이 분명하므로, 적어도 나타샤에게만이라도 시내 우편으로 오늘은 못 간다고 연락하기로 마음먹었다. 안나 안드레예브나에게는 편지를 써서는 안 되었다. 나타샤가 병이 났을 때 편지로 소식을 전하자 앞으로 다시는 편지를 보내지 말아 달라고 당부했다. "자네 편지를 보면 남편이 언짢아하네." 노부인이 말했다. "편지 내용을 알고 싶어서 어쩔 줄 모르면서도 무슨 일인지 결코 묻지 않는다네. 그러고는 하루 종일 불쾌해한다네. 게다가 자네 편지는 나를 자극할 뿐이네. 단 열 줄로 무슨 일인지 어떻게 알수 있겠나! 더 자세히 물어보고 싶지만 자네가 옆에 있는 것도 아니잖은가." 그래서 나는 나타샤에게만 편지를 써서, 처방전을 가지고 약국으로 가는 길에 바로 부쳤다.

그러는 동안에 엘레나는 다시 잠이 들었다. 자면서 가볍게 신음하며 몸을 떨었다. 의사 말대로 머리가 무척 아픈 듯했다. 때때로 엘레나는 작게 소리를 지르며 눈을 떴다. 그러고는 내가 자신에게 마음을 쓰는 것이 무척 괴롭다는 듯 나를 적대적으로 바라보았다. 솔직히 말해, 그것은 나에게 커다란 아픔이었다.

11시에 마슬로보예프가 왔다. 마음에 걸리는 일이 있는지 얼굴이 멍해 보였다. 그는 잠시 들렀을 뿐이라며 서둘러 어딘가로 가야 한다고 했다.

"여보게, 친구. 자네가 호화롭게 살지 않을 거라고는 예상했네." 그가 주위를 둘러보며 말했다. "그런데 이런 궤짝 속에서 살고 있을 줄은 생각도 못했어. 이건 아파트가 아니라 정말 궤짝이야. 그렇지만 이 문제는 접어두고, 중요한 것은 이런 쓸데없는 일들이 자네가 정작 해야 할 일을 방해한다는 거야. 어제 부브노바한테 갈 때도 그 점에 대해 생각해 보았네. 여보게, 나는 천성적으로나 사회적 위치로나 스스로는 의미 있는 일을 하지 않지만 다른 사람에게는 그렇게 하도록 잔소리하길 좋아한다네. 잘 듣게. 내가 내일이나 모레 자네에게 들를 테지만, 자네는 무슨 일이 있어도 일요일 아침에 꼭 나에게 들러 주게. 그때까지는 이 소녀의 일이 완전히 매듭지어질 거라 생각하네. 그때 진지하게 이야기를 나눠보세. 자네 문제는 진지하게 대책을 찾아야하네. 이렇게 살 수는 없는 일이야. 어제는 자네에게 암시만 했지만 이제는 논리적으로 따지고 들 걸세. 한 가지 물어보겠네. 자네는 나에게 돈을 빌리는 것을 창피하게 생각하나?"

"서두르지 말게!" 내가 그의 말을 끊었다. "그러나저러나 어제 일은 어떻게 끝났나?"

"가장 바람직한 방향으로 결말이 났지. 내 목적은 이루었어, 알겠나? 지금 나는 시간이 없네. 여기 온 건 자네에게 할애할 시간이 없음을 알려 주고, 자네가 저 아이를 어딘가로 보낼 것인지 아니면 자네 집에 머물게 할 생각인지를 알아보려고 잠시 들른 걸세. 그러니 이 문제는 잘 생각해서 결정해야 하네."

"나도 잘 모르겠네. 실은 자네와 상의해 볼 생각이었어. 저 아이를 내 곁에 두려면 어떤 방법으로 할 수 있을까?"

"그 일이 뭐 어렵나, 하녀로 두면……."

"제발 조용히 말하게. 저 애가 비록 아프지만 의식은 완전하단 말일세. 게다가 자네를 보더니 몸을 떨더군. 틀림없이 어제 일이 떠오른 걸 거야……."

나는 소녀의 성격과 내가 느낀 바를 모두 말해 주었다. 마슬로보예프는 내 이야기에 흥미를 보였다. 나는 소녀를 어쩌면 내가 아는 어떤 집에 보낼지도 모르겠다고 말하고, 이흐메네프 부부에 대해 간단히 이야기해 주었다. 놀랍게도 그는 이미 나타샤의 이야기를 일부 알고 있었다. 어떻게 알았느냐고 묻자 그는 대답했다.

"그 건에 대해서는 오래전에 우연히 들었네, 다른 사건과 관련이 있어서. 내가 발코프스키 공작을 안다고 이미 말했잖나. 저 아이를 그 노인들에게 보내는 건 제법 좋은 생각이야. 그렇지 않으면 저 애는 자네에게 짐만 될 걸세. 그리고 또 한 가지, 저 아이는 앞으로 무엇을 하든 신분증이 필요할 거야. 그 점에 대해서는 걱정하지 말게. 내가 처리할 테니. 그럼 잘 있게. 자주 찾아오게. 저 애는 지금 자는가?"

"그런 것 같아." 내가 대답했다.

그러나 마슬로보예프가 나가자마자 엘레나가 금방 나를 불렀다.

"누구예요?" 소녀가 물었다. 목소리는 떨렸지만 여전히 집요하고 오만한 눈빛으로 나를 바라보았다. 정말로 그렇게밖에 표현할 방법이 없었다.

나는 마슬로보예프라는 이름을 가르쳐 주고, 그 사람 덕택에 부브노바에게서 너를 빼내 올 수 있었다고 말해 주며, 부브노바가 그를 몹시 두려워한다고 덧붙였다. 아이의 뺨이 노을처럼 붉게 물들었다. 아마도 지난 일을 떠올렸기 때문이리라.

"그럼 부브노바는 절대로 이곳에 오지 않나요?" 엘레나는 내 눈치를 살피듯 바라보며 물었다.

나는 서둘러 소녀를 안심시켰다. 소녀는 입을 다물고 뜨거운 손가락으로 내 손을 잡았다. 그런데 무엇인가가 생각난 듯 이내 손을 뿌리쳤다. '저 애가 나를 싫어할 리는 없어. 이것은 저 애의 습관일 거야. 아니면…… 아니면 저 가엾은 애는 아무도 못 믿게 될 만큼 심한 고통을 겪어 왔기 때문이겠지.' 나는 생각했다.

나는 지정된 시간에 약을 타러 나섰다. 그 김에 내가 가끔 점심을 먹고 외상으로 다는 단골식당에 들렀다. 나는 집에서 냄비를 하나 가지고 나와서 식당에서 엘레나에게 줄 닭죽을 1인분 받아 왔다. 그러나 엘레나는 먹으려 하지 않았다. 나는 난로 위에 죽을 올려 놓았다.

소녀에게 약을 먹인 뒤 일을 하려고 자리에 앉았다. 나는 엘레나가 잠들었다고 생각했는데, 문득 보니 머리를 들고 내가 글 쓰는 모습을 유심히 바라보고 있었다. 나는 짐짓 모른 체했다.

마침내 엘레나는 정말로 잠들었는데 다행히도 헛소리를 하거나 신음소리도 내지 않고 편안하게 잤다. 나는 고민했다. 나타샤는 내게 무슨 일이 벌어졌는지를 모르니까 내가 오늘 오지 않아 화를 내고 있을지도 모른다. 그뿐만 아니라 전보다 더 나를 필요로 하는 지금 내가 신경을 써주지 않는다고 슬퍼할 것이 틀림없다. 걱정거리가 생겼거나 나에게 부탁하고 싶은 일이 있을지도 모르는데, 마침 그런 순간에 우연찮게도 그곳에 가지 못하는 것이다.

안나 안드레예브나에게는 내일 가서 어떻게 변명해야 할지 전혀 생각이 떠오르지 않았다. 나는 오랫동안 생각하다가 마침내 양쪽 집에 빨리 다녀오기로 결심했다. 두 시간 정도만 집을 비우면 될 것 같았다. 엘레나는 자고 있으니 내가 나가는 소리를 듣지 못할 것이다. 그런데 내가 벌떡 일어나 외투를 걸치고 모자를 집어 들며 막 나가려는데 갑자기 엘레나가 나를 불렀다. 나는 놀랐다. 그렇다면 지금까지 자는 척했단 말인가?

마침내 나는 깨달았다. 엘레나는 나와 이야기를 나누고 싶어하지 않는 듯했지만 사실은 이런 식으로 자주 말을 걸거나, 의심스러운 것은 무엇이든지 물어보는 것 자체가 그 반대의 감정을 증명하는 것이었다. 솔직히 고백하면, 나는 오히려 그 점이 기뻤다.

"나를 어딘가로 보내실 건가요?" 내가 다가서자 엘레나가 물었다. 엘레나는 거의 언제나 갑자기, 내가 전혀 예기치 못한 때에 질문을 던졌다. 이번에도 나는 질문의 뜻을 바로 이해하지 못했다.

"조금 전에 친구에게 나를 어떤 집으로 보낼 거라고 말씀하셨잖아요. 저는 아무데도 가고 싶지 않아요."

나는 소녀에게 몸을 굽혔다. 또다시 열이 펄펄 나고 있었다. 갑자기 오한이 드는 모양이었다. 나는 소녀를 안심시키고 기운을 북돋워 주려고, 여기 있고 싶다면 아무데도 보내지 않겠다고 약속했다. 이 말을 하며 나는 외투를 벗고 모자를 내려놓았다. 이런 상태로 아이를 홀로 남겨 두고 갈 수는 없었다.

"아니에요, 가세요!" 엘레나는 곧 내가 집에 있으려 한다는 것을 알아차리고 말했다. "졸려요, 금방 잠이 들 거예요."

"혼자 있으면 외로울 텐데……." 내가 주저하며 말했다. "두 시간 뒤에는 돌아올 거야……."

"알았어요, 어서 가세요! 만약 제가 1년 내내 아프다면 아저씨도 1년 내

내 집에서 나가지 않으시겠네요." 아이는 미소를 지으려다가, 마음속에서 생겨난 선한 감정과 싸우기라도 하는 듯 아주 기묘한 표정으로 나를 바라보았다. 가엾은 것! 인간을 혐오하며 마음을 닫아버렸음에도 선량하고 부드러운 마음이 이 순간 밖으로 튀어나온 것이었다.

나는 먼저 안나 안드레예브나에게로 달려갔다. 노부인은 나를 목이 빠지게 기다리고 있었다가 나를 보자마자 원망하는 말부터 했다. 부인은 불안해서 참을 수 없었던 것이다. 니콜라이 세르게이치가 점심식사 후에 바로 외출했는데 어디로 갔는지 모른다는 것이었다. 나는 언제나처럼 노부인이 참지 못하고 노인에게 모든 것을 에둘러 이야기했음을 직감했다. 게다가 부인은 그 기쁨을 남편과 나누지 않고는 견딜 수가 없었다며 나에게 그 사실을 고백하기까지 했다. 하지만 니콜라이 세르게이치는 부인의 표현에 따르면, 먹구름보다 더 얼굴이 어두워져서는 아무 말도 하지 않고("내가 무슨 말을 해도 대꾸조차 하지 않았어."), 점심식사를 마치자 갑자기 채비를 차려 나갔다는 것이다. 이 말을 하면서 안나 안드레예브나는 겁에 질려 몸을 떨며, 자기와 함께 니콜라이 세르게이치를 기다리자고 애원했다. 그러나 나는 그 부탁을 거절하고, 내일도 올 수 없을 것 같아서 그 말을 하려고 지금 뛰어온 것이라고 단호하게 말했다. 우리는 거의 다툴 뻔했다. 노부인은 울음을 터뜨리며 매몰차게 나를 비난하였다. 그런데 내가 문을 나서려 하자 달려와 두 팔로 나를 꼭 껴안고는, '홀로 남은' 늙은이에게 화를 내지 말고 자신의 말을 나쁘게 해석하지 말아 달라고 했다.

내 예상과 달리 나타샤는 또 혼자였다. 그리고 이상하게도 내가 온 것을 어제나 다른 때만큼 반가워하지 않는 것 같았다. 마치 내가 잘못해서 그녀를 화나게 하고 방해라도 한 듯했다. 알료샤가 오늘 왔느냐고 물으니, 나타샤는 물론 왔었지만 금방 돌아갔다고 대답했다. 그리고 저녁에 다시 오기로 약속했다고 어물쩍 덧붙였다.

"어젯밤에는 왔었소?"

"아니오, 일이 있었대요." 나타샤는 재빠르게 대답했다. "그런데 바냐, 당신 일은 어때요?"

나타샤는 그 이야기를 그만하고 주제를 바꾸고 싶어했다. 나는 그녀를 유심히 살펴보았다. 나타샤는 분명 기분이 상해 있었다. 그러나 내가 자기를 유심히 보고 있다는 것을 알아채자 재빨리, 나를 태워 버릴 듯한, 분노에 찬 시선을 던졌다. '또다시 고민이 생겼군. 단지 나에게 말하고 싶지 않은 거야.' 나는 생각했다.

나타샤가 내 일을 묻자, 나는 엘레나에 얽힌 이야기를 소상히 말해 주었다. 나타샤는 내 이야기에 큰 관심을 보이며 완전히 마음을 빼앗긴 듯했다.

"맙소사! 그 아픈 아이를 혼자 두고 왔단 말이에요?" 나타샤가 외쳤다.

사실 나는 오늘은 오지 않으려 했지만 그러면 나타샤가 나에게 화를 낼지도 모르고, 또 내가 필요할지도 모른다고 생각해서 왔다고 해명했다.

"필요하죠." 나타샤는 무언가 생각하며 혼자 중얼거렸다. "당신이 필요할지도 모르지만 다음에 이야기해요. 바냐, 우리집에는 갔다 왔나요?"

나는 그 이야기를 해 주었다.

"그래요. 이 소식을 아버지께서 어떻게 받아들이실지 모르겠네요. 그렇지만 어떻게 생각하시든……."

"무엇을 어떻게 생각하신다는 말이오?" 나는 물었다. "사정이 완전히 달라졌지 않소!"

"그렇긴 하지만……. 그런데 아버지는 어디로 가신 걸까요? 지난번에는 이리로 오셨을지도 모른다고 생각했었지요. 바냐, 가능하면 내일 저에게 들러 주세요. 이야기하고 싶은 일이 생길지도 몰라요……. 지금은 당신한테 걱정을 끼치고 싶지 않아요. 이제 집에 두고 온 손님에게로 돌아가셔야죠? 집을 나선 지 벌써 두 시간이 지났죠?"

"그래요. 안녕, 나타샤. 그런데 알료샤는 오늘 어땠소?"

"알료샤는 여전해요……. 당신은 참 궁금한 것도 많네요."

"또 올게요."

"안녕." 나타샤는 무심하게 손을 내밀고, 내 마지막 작별의 눈빛을 외면했다. 나는 약간 놀란 채 그녀의 집을 나섰다. '나타샤도 고민이 많을 거야. 일생일대의 문제니까. 내일은 물어보지 않아도 먼저 말해 주겠지.' 나는 생각했다.

우울한 기분으로 집에 돌아온 나는 방에 들어서자마자 더할 나위 없이 놀랐다. 방 안은 이미 캄캄했다. 유심히 보니 엘레나는 깊은 생각에 잠겨 머리를 푹 숙이고 소파에 앉아 있었다. 정신이 나간 듯 나를 보지도 않았다. 나는 엘레나에게 다가갔다. 소녀는 혼잣말을 중얼거렸다. '다시 환각에 빠져 있나?' 나는 생각했다.

"엘레나, 무슨 일이 있니?" 옆에 앉아 소녀의 손을 잡으며 물었다.

"여기서 나갈래요⋯⋯. 그곳에 가야 해요." 엘레나는 고개를 숙인 채 말했다.

"어디로? 누구에게 간단 말이니?" 나는 놀라서 물었다.

"부브노바에게요. 내가 많은 돈을 빚졌다고, 엄마 장례도 자기 돈으로 지내 주었다고 말했어요⋯⋯. 엄마가 욕을 먹지 않도록 그 집에서 일해서 돈을 갚아야 해요⋯⋯. 돈을 다 갚고 나면 나 혼자 떠날 거예요. 어쨌든 지금은 다시 거기로 갈래요."

"진정해라, 엘레나. 그 집엔 절대로 가면 안 돼." 내가 말했다. "부브노바는 너를 괴롭힐 거야, 죽일지도 몰라⋯⋯."

"괴롭혀도, 죽여도 좋아요." 엘레나가 격렬히 외쳤다. "제가 처음도 아닌 걸요. 저보다 착한 다른 아이들도 고통받고 있어요. 거리에서 만난 여자 거지가 말했어요. 저는 원래 가난하니 가난한 채로 있겠어요. 평생을 가난하게 살 거예요. 어머니께서 돌아가시면서 그렇게 말씀하셨어요. 저는 일할 거예요⋯⋯. 이런 옷은 입고 싶지 않아요⋯⋯."

"내일 다른 옷을 사주마. 책도 가져다줄게. 너는 여기서 살아도 돼. 네가 원치 않는다면 아무에게도 보내지 않으마. 진정하거라⋯⋯."

"저는 다른 집에서 하녀로 일할 거예요."

"알았다, 알았어! 어쨌든 좀 진정하거라. 누워서 좀 자렴!"

그러나 가엾은 소녀는 눈물을 쏟기 시작했다. 눈물은 점점 격렬한 통곡으로 변했다. 나는 어떻게 해야 할지 몰랐다. 일단 물을 가져와 아이의 관자놀이와 머리를 식혀 주었다. 마침내 엘레나는 지쳐서 소파 위에 쓰러졌다. 다시 열이 나면서 오한에 시달렸다. 나는 손에 잡히는 대로 끌어다 소녀를 덮어 주었다. 엘레나는 잠이 들었으나 계속 몸을 떨었고 몇 번이나 깨면서 불안하게 잠을 잤다. 나는 그날 많이 걸어다니지 않았는데도 몹시 피곤해서 되도록 빨리 자리에 눕기로 했다. 온갖 걱정들이 머릿속에서 소용돌이쳤다. 이 소녀 때문에 앞으로 많이 바빠질 것이라고 예감했다. 그러나 무엇보다도 나타샤가 걱정스러웠다. 지금 생각해 보아도, 그 불행한 밤처럼 내 정신이 그렇게 답답하게 짓눌려 있었던 적은 드물었다.

9

나는 늦게 오전 10시쯤에야 잠에서 깼다. 몸이 불편했다. 머리가 빙빙 돌고 아팠다. 엘레나의 침대를 보니 비어 있었다. 그때 오른쪽 방에서 누군가가 빗자루로 방바닥을 쓰는 소리가 들려왔다. 가보니, 엘레나가 한 손으로 빗자루를 쥐고, 다른 손으로는 그날 저녁 이후로 아직 한 번도 벗지 않은 나들이 옷을 붙든 채 바닥을 쓸고 있었다. 난로용 장작은 한쪽 구석에 쌓여 있었고, 탁자와 주전자도 깨끗이 닦여 있었다. 엘레나가 집안일을 모두 한 것이었다.

"애야, 엘레나." 내가 소리쳤다. "누가 너더러 바닥을 쓸라더냐? 그러지 말아라. 너는 환자야. 이 집 하녀가 아니란다."

"그럼 누가 여기서 바닥을 청소해요?" 허리를 펴고 나를 똑바로 바라보며 엘레나가 대답했다. "저는 이제 아프지 않아요."

"하지만 난 일을 시키려고 너를 데려온 게 아니야, 엘레나. 내가 부브노바처럼 밥값을 하라고 혼낼까 봐 그러니? 게다가 그 더러운 빗자루는 어디서 가져왔니? 우리집에는 빗자루가 없는데." 나는 놀라서 소녀를 바라보며 덧붙였다.

"제 거예요. 제가 직접 가져왔어요. 할아버지께서 살아 계실 때도 여기를 쓸어 드렸어요. 이건 그때부터 난로 밑에 놓아 두었던 거예요."

나는 생각에 잠겨 방으로 돌아왔다. 아마도 내가 실수했는지 모른다. 아이는 나의 친절이 부담스러워 어떻게든 자기가 단순한 짐덩이가 아니라는 것을 보여주려 한 것 같았다. '정말로 그렇다면 왜 저렇게 성격이 뒤틀려 버렸을까.' 나는 생각했다. 몇 분 뒤 엘레나도 들어와서 조용히 어세 앉았던 소파 위에 앉아서 탐색하듯 나를 바라보았다. 그동안에 나는 주전자에 물을 끓여 차를 우려내고 찻잔에 담아 흰 빵 한 조각과 함께 소녀에게 주었다. 엘레나는 아무 말 않고 받았다. 소녀는 온종일 거의 아무것도 먹지 않았던 것이다.

"청소하느라 예쁜 옷을 더럽혔구나." 치맛자락에 커다랗게 난 지저분한 얼룩을 보며 말했다.

소녀는 얼룩을 바라보더니 갑자기 찻잔을 탁자 위에 올려놓고, 냉정하게 그리고 천천히 모슬린 치맛자락을 양손으로 잡더니 단번에 위에서 아래까지 찢어 버렸다. 그러고는 조용히 완강하고 반짝이는 눈을 들어 나를 바라보았다. 얼굴이 창백했다.

"무슨 짓이니, 엘레나?" 갑자기 얘가 미쳤다고 생각하며 내가 소리쳤다.

"이 옷은 더러워요." 소녀는 흥분해서 거의 헐떡이며 말했다. "왜 이 옷이 예쁘다고 말씀하세요? 저는 이런 옷은 입고 싶지 않아요." 자리에서 벌떡 일어서며 엘레나가 소리질렀다. "찢어 버릴 거예요. 저는 좋은 옷을 입혀 달라고 부탁한 적이 없어요. 부브노바가 이 옷을 억지로 입혔단 말이에요. 전에도 다른 옷을 찢은 적이 있어요, 이것도 찢을 거예요! 찢을 거예요! 찢을 거라고요!"

그러고는 맹렬하게 자신의 불운한 옷에 달려들어 단숨에 조각내어 버렸다. 일을 끝낸 엘레나는 창백하게 질려 간신히 서 있었다. 나는 놀라서 소녀가 울분을 토해내는 것을 멍하니 바라보았다. 소녀는 마치 나도 잘못한 일이 있다는 듯이 도전적인 눈빛으로 나를 바라보았다. 나는 어떻게 해야 할지 이미 알고 있었다.

나는 그날 아침에 당장 소녀에게 새 옷을 사주어야 한다. 모든 사람에게 거칠고 적대적인 이 소녀에게는 관용으로 대해야 했다. 소녀는 한 번도 좋은 사람을 만나 보지 못한 눈으로 나를 바라보았다. 일찍이 잔인한 벌을 각오하고도 비슷한 다른 옷을 찢어 버렸다면, 얼마 전에 있었던 그 끔찍한 순간을 떠올리게 하는 이 옷을, 소녀가 분노에 차서 바라보는 것이 당연했다.

헌 옷 시장에서는 예쁘고 소박한 옷을 매우 싸게 살 수 있었다. 그러나 문제는 그때 마침 돈이 거의 떨어졌다는 것이었다. 그런데 나는 간밤에 이미 잠자리에 들면서 오늘 돈을 빌릴 수 있는 어떤 곳 한 군데를 가려고 결심했었다. 마침 그 곳은 헌 옷 시장과 방향도 같았다. 나는 모자를 집어 들었다. 엘레나는 무엇인가를 기다리듯 내 움직임을 유심히 지켜보았다.

"저를 다시 가두어 둘 건가요?" 어제와 그저께처럼 아파트 문을 잠그기 위해 열쇠를 집어 들자 엘레나가 물었다.

"얘야." 나는 소녀에게 다가서며 말했다. "화내지 마. 누군가가 올 수 있기 때문에 문을 잠그는 거야. 너는 환자니까 무서운 일이 생기면 안되잖니. 누가 올지 알 수 없고. 부브노바가 갑자기 올 수도 있잖아……"

나는 일부러 이 말을 했지만 사실 나는 아이를 믿지 못해서 문을 잠그는 것이었다. 엘레나가 갑자기 여기서 달아나버릴 것만 같았다. 당분간 조심해서 나쁠 것은 없었다. 엘레나는 곧 침묵했으므로 나는 이번에도 그녀를 가두었다.

　나는 3년째 연재물을 출판하는 한 출판업자를 알고 있었다. 급히 돈이 필요할 때는 곧잘 그에게서 일거리를 받았다. 그는 정확하게 돈을 지불했다. 나는 그 출판사로 향했다. 그리고 1주일 뒤에 편집 논설을 쓴다는 조건으로 25루블을 선금으로 받았다. 하지만 나는 지금 쓰고 있는 소설을 구실로 기일을 연장할 생각이었다. 궁지에 몰릴 때마다 내가 주로 쓰는 수법이었다.

　돈을 받아 들고 나는 헌 옷 시장으로 향했다. 나는 거기서 모든 종류의 옷을 취급하는, 안면이 있는 노파를 손쉽게 찾아냈다. 엘레나의 치수를 대략 알려 주자 노파는 아주 튼튼하고 한 번 이상은 빨지 않은 듯한 연한 색깔의 사라사 옷을 재빨리 찾아서 내주었다. 값은 매우 쌌다. 나는 작은 숄도 집어 들었다. 셈을 치르면서 문득 엘레나에게 작은 털외투나 망토 같은 것들이 필요하다는 것을 깨달았다. 날씨가 추웠지만 엘레나에게는 덧입을 옷이 전혀 없었던 것이다. 그러나 다음번에 사기로 했다. 엘레나는 매우 민감하고 자존심이 강한 아이였다. 비록 내가 일부러 고를 수 있는 것 가운데서 가장 수수하고 소박한 평복을 샀지만 이것도 엘레나가 어떻게 받아들일지 알 수가 없었다. 그래도 나는 무명 양말 두 켤레와 털 양말 한 켤레를 더 샀다. 이것들은 엘레나가 병이 났을 때 방이 춥다는 핑계로 줄 수 있을 것이다. 속옷도 필요했다. 하지만 그것은 역시 소녀와 좀더 가까워진 뒤에 주기로 했다. 그 대신에 낡은 침대용 커튼을 샀다. 그것은 필수품이니 엘레나도 기뻐할 것이다.

　물건을 들고 집으로 돌아오니 오후 1시였다. 소리 죽여 자물쇠를 열었기 때문에 엘레나는 내가 온 것을 바로 알아채지 못했다. 아이는 책상 옆에 서서 내 책과 공책을 들여다보고 있었다. 내 발소리를 듣고 잽싸게 읽고 있던 책을 덮으며 벌겋게 상기된 얼굴로 책상에서 물러났다. 나는 그 책을 슬쩍 보았다. 단행본으로 출판된 내 첫 작품으로 표지에 내 이름이 인쇄되어 있었다.

　"아까 누군가가 문을 두드렸어요." 왜 문을 잠갔느냐고 비꼬는 듯 소녀가 말했다.

　"의사가 아니더냐?" 내가 물었다. "대답하지 않았니, 엘레나?"

"안 했어요."

나는 더 묻지 않고 가지고 온 꾸러미를 풀어서 옷을 꺼냈다.

"자, 어떠니, 엘레나?" 소녀에게 다가가며 말했다. "그런 누더기를 입고는 밖에 나갈 수도 없잖니? 그래서 옷을 사왔단다. 가장 싼 평상복이니까 눈치보지 않아도 돼. 1루블 12코페이카밖에 안 하니까. 입어보지 않을래?"

나는 옷을 아이 옆에 놓아두었다. 아이는 얼굴을 붉히며 눈을 크게 뜨고 잠시 나를 바라보았다.

아이는 몹시 놀랐다. 동시에 어쩐지 몹시 부끄러워하는 것 같았다. 그러면서도 부드럽고 애교스러운 빛이 아이의 눈에 깃들었다. 아이가 침묵하는 것을 보고 나는 탁자 쪽으로 몸을 돌렸다. 내 행동에 분명 감동한 것이다. 그러나 아이는 억지로 자신을 억누르고 시선을 떨군 채 앉아 있었다.

내 두통과 어지럼증은 더욱 심해졌다. 신선한 공기도 아무런 도움이 되지 못한 모양이다. 그래도 나타샤에게는 가야 했다. 어제부터 나타샤에 대한 불안이 사라지기는커녕 더욱더 커지기만 했다. 그때 문득 엘레나가 부르는 것 같았다. 나는 돌아보았다.

"나가실 때 저를 가두지 마세요." 소녀는 나를 바라보지도 않는 채로 손가락으로 소파의 보푸라기를 쥐어뜯으며 말했다. 아이는 이 손장난에 완전히 빠져 든 것 같았다. "아무데도 안 갈게요."

"좋아, 엘레나. 그렇게 하지. 그렇지만 모르는 사람이 오면 어쩌지? 누가 올지 모르지 않니?"

"그럼, 열쇠를 저에게 주세요. 제가 안에서 잠글게요. 누가 문을 두드리면 '아무도 없어요' 하고 말하죠." 그러고는 '이렇게 간단한데요!' 하고 말하듯 장난스럽게 나를 바라보았다.

"아저씨 옷은 누가 빨아 주나요?" 내가 대답을 하기도 전에 소녀가 문득 물었다.

"이 건물에 허드렛일을 해 주시는 부인이 한 분 계시단다."

"저 빨래 잘해요. 그리고 어제 음식은 어디서 가져오셨어요?"

"식당에서."

"저는 밥도 할 줄 알아요. 앞으로는 제가 식사를 준비할게요."

"됐어. 엘레나. 네가 벌써 무슨 요리를 한다고 그러니? 괜한 소리 하지 말거라……."

엘레나는 입을 다물고 고개를 숙였다. 내 말에 마음이 상한 것 같았다. 그 상태로 적어도 10분은 흘렀다. 우리는 둘 다 아무 말도 하지 않았다.

"수프요." 아이가 고개를 숙인 채 불쑥 말했다.

"수프가 뭐? 어떤 수프?" 내가 놀라서 물었다.

"수프를 끓일 줄 알아요. 엄마가 편찮으셨을 때 제가 수프를 끓였어요. 저는 장도 보러 다닌걸요."

"애야, 엘레나. 너는 자존심이 무척 강하구나." 나는 아이에게 다가가 나란히 소파에 앉았다. "나는 너를 내 양심이 명하는 바에 따라 대해 왔어. 너는 지금 딱하게도 식구도 없는 외톨이잖니. 나는 그런 너를 돕고 싶단다. 그러면 너도 내가 어려울 때 나를 도와주지 않겠니? 그런데 너는 그렇게 생각하려 하지 않는 거야. 그래서 나에게 아주 사소한 선물을 받는 것조차 마음이 무거운 거야. 너는 즉시 일을 해서 갚으려고 하지. 마치 내가 부브노바처럼 너를 혼내기라도 하는 듯이 말이야. 만일 그렇다면, 그것은 부끄러운 일이다. 엘레나."

소녀는 대답하지 않았다. 입술이 떨렸다. 무엇인가 말하려는 듯했으나 꾹 참고 입을 다물었다. 나는 나타샤에게 가기 위해 일어섰다. 이번엔 엘레나에게 열쇠를 주고, 누가 와서 문을 두드리면 누구냐고 물어보라고 일렀다. 나는 나타샤에게 뭔가 매우 좋지 않은 일이 일어났으며, 지금까지 그랬듯 때가 될 때까지 나에게 숨기고 있는 것이라고 확신했다. 어쨌든 나는 잠깐만 그녀에게 들르기로 결심했다. 그렇지 않으면 내 집요함이 나타샤를 자극할 수도 있었다.

과연 그랬다. 이번에도 나타샤는 불만스럽고 음울한 시선으로 나를 맞이했다. 나는 곧 나와야만 했으나, 다리에 힘이 없었다.

"잠시 들렀소, 나타샤." 내가 말을 시작했다. "그 아이를 어떻게 하면 좋을지 조언을 좀 구하려고." 나는 서둘러 엘레나에 대해 말하기 시작했다. 나타샤는 가만히 듣고만 있었다.

"당신께 어떻게 조언해드려야 할지 모르겠어요, 바냐." 이윽고 나타샤가 말했다. "조금 특이한 아이 같기는 한데, 어쩌면 아주 심하게 괴롭힘을 당해서 두려움에 떨고 있는지도 몰라요. 어쨌든 건강만이라도 되찾게 해주셔야 해요. 그 애를 우리집으로 데려가고 싶으신가요?"

"그 애는 아무데도 가지 않고 나와 있겠다고 말하오. 그리고 당신 부모님이 그 애를 어떻게 받아들일지 나도 모르잖소. 어쨌든, 당신은 어떻소? 어제는 좀 안 좋아 보이던데!" 나는 조심스럽게 물었다.

"네…… 오늘도 두통이 있어요." 나타샤는 머리를 가볍게 흔들며 대답했다.

"아버지나 어머니를 만나뵙지 않았나요?"

"아니, 내일 갈 거요. 내일은 토요일이니까……"

"그래서요?"

"저녁에 공작이 올 테니……"

"그래서요? 저도 잊지 않았어요."

"아니, 나는 그저……"

나타샤는 내 앞에 서서 오랫동안 내 눈을 유심히 바라보았다. 그녀의 눈빛에는 어떤 확고한 결심이 깃들어 있었다. 어떤 열병 같은 것이 엿보였다.

"그런데 말이죠, 바냐," 나타샤가 말했다. "제발 어서 가주세요, 지금은 상황이 좋지 않아요……"

나는 의자에서 일어나 놀란 나머지 말문이 막힌 채 나타샤를 바라보았다.

"나타샤! 무슨 일이오? 무슨 일이 있었소?" 나는 외쳤다.

"아무 일도 없었어요! 내일이면 모든 것을 알게 될 거예요. 지금은 혼자 있고 싶어요. 부탁이에요, 바냐. 이제 가주세요. 당신을 보고 있기가 너무 힘들어요!"

"그래도 한마디쯤은……"

"내일이면 알게 돼요! 귀찮게 하지 말고 어서 가세요."

나는 방을 나왔다. 충격이 너무 커서 정신이 없었다. 내 뒤를 따라 마브라가 현관으로 뛰어나왔다.

"화를 내셨지요?" 마브라가 뒤에서 나에게 물었다. "저는 옆에 가는 것도 겁나요."

"대체 무슨 일이 있었소?"

"그 사람이 사흘째 코빼기도 내밀지 않았어요!"

"뭐, 사흘씩이나?" 내가 놀라서 물었다. "어제 나타샤는 그가 어제 아침에 왔었고 저녁에 또 오기로 했다던데……."

"천만에요! 아침에도 안 왔어요! 사흘 동안 그를 보지 못했다고 말씀드렸잖아요. 정말로 어제 아침에 왔다고 하던가요?"

"물론이지."

"그래요?" 마브라가 생각에 잠겼다. "바냐님한테까지도 그 사람이 오지 않은 것을 고백하지 않았다면 상처가 정말로 컸나 봐요. 이를 어쩐다!"

"그게 무슨 소리요!" 내가 외쳤다.

"저도 도통 모르겠어요." 마브라가 양팔을 내저으며 계속 말했다. "어제는 나를 두 번이나 그에게 보냈다가 두 번 다 도중에 그냥 불러들였어요. 오늘은 나와 말도 하려고 하지 않네요. 바냐님이 그 사람을 한번 만나 주시겠어요? 저는 도저히 나타샤 곁을 떠날 수가 없네요."

나는 정신없이 계단을 뛰어 내려갔다.

"저녁때 다시 오실 거지요?" 뒤에서 마브라가 외쳤다.

"모르겠네." 나는 뛰어가면서 대답했다. "그대에게 상황을 물어보러 다시 올지도 모르지. 그때까지 내가 살아 있다면!"

나는 정말로 무엇인가가 내 심장을 찌르는 듯한 느낌을 받았다.

10

나의 발길은 곧장 알료샤에게로 향했다. 그는 말라야 모르스카야 거리의 자기 아버지 집에 살았다. 공작은 혼자 살면서도 상당히 큰 집을 가지고 있었다. 알료샤는 이 집에서 좋은 방 두 개를 차지하고 있었다. 내가 그 집에 찾아가는 일은 몹시 드물었다. 아마 지금까지 딱 한 번 방문했을 것이다. 그러나 알료샤, 특히 처음에 나타샤와 관계를 맺은 초기에는 자주 나에게 들렀다.

알료샤는 집에 없었다. 나는 바로 그의 방으로 가서 다음과 같은 편지를 써놓았다.

알료샤, 당신 지금 제정신이오? 당신 아버지께서 화요일 저녁에 직접 나타샤에게 당신의 아내가 되는 영광을 베풀어 달라고 요청했으며, 당신은 그 요청에 매우 기뻐했소. 내가 그 증인이오. 한데 지금 당신의 태도가 좀 이상하군요. 당신이 지금 나타샤를 얼마나 괴롭히고 있는지 아시오? 어쨌든 이 편지를 읽고, 장래의 반려자에 대한 당신의 태도가 온당치 못하고 경솔했음을 깨달아 주시오. 나는 당신에게 설교할 권리가 없다는 것을 잘 아오. 하지만 지금은 개의치 않겠소.

추신, 이 편지에 대해 나타샤는 아무것도 모르오. 그리고 당신의 행동에 대해서도 아무 말도 하지 않았소.

나는 편지에 봉인을 하고 그의 책상 위에 두었다. 내 물음에 하인은 알렉세이 페트로비치는 거의 집에 붙어 있지 않으며 대체로 한밤중이나 동트기 전에야 돌아온다고 대답했다.

나는 간신히 집으로 돌아왔다. 눈 앞이 어지러웠고, 다리가 떨리며 힘이 없었다. 문은 열려 있었다. 니콜라이 세르게이치 이흐메네프 노인이 나를 기다리며 앉아 있었다. 노인은 탁자 앞에 조용히 앉아 놀란 얼굴로 엘레나를 보고 있었고, 엘레나 역시 비록 입을 꼭 다물고 있었지만 적잖이 놀란 채 그를 살피고 있었다. '흠, 아주 이상한 꼬마라고 생각하신 게 틀림없군' 하고 나는 생각했다.

"아, 이보게, 한 시간이나 기다렸네. 솔직히 뜻밖이야…… 상황이 이럴 줄은 상상도 못했네." 노인은 방 안을 둘러보고 엘레나 쪽으로 눈짓하며 말했다. 그의 눈에 놀라움이 나타나 있었다. 그러나 가까이서 보니 그는 불안과 슬픔에 싸여 있음을 알 수 있었다. 얼굴은 평소보다 더 창백하게 보였다.

"앉아, 앉게." 노인은 걱정이 가득하고 슬픈 표정으로 말을 이었다. "자네를 만나려고 서둘러 왔네. 급한 일이 있어. 근데 자네 무슨 일이 있나? 얼굴빛이 형편없군 그래."

"몸이 좋지 않습니다. 아침부터 어지러웠습니다."

"조심하게. 가볍게 보아 넘기지 말고. 감기인가?"

"아닙니다, 그냥 신경성 발작입니다. 가끔 이렇습니다. 어르신께선 건강하시지요?"

"아무렴, 나야 괜찮지! 조금 흥분했을 뿐이야. 말할 것이 있네, 앉게."

나는 의자를 끌어당겨 탁자를 사이에 두고 노인과 마주 앉았다. 노인은 내

쪽으로 몸을 구부리고 속삭이듯 조용히 말을 꺼냈다.

"저 애는 쳐다보지 말고 다른 이야기를 하는 표정을 짓게. 저 아이는 누구인가?"

"나중에 모두 설명 드리죠, 니콜라이 세르게이치. 저 애는 가엾은 고아인데, 여기에서 살다가 찻집에서 세상을 떠난 그 스미스의 손녀예요."

"아하, 손녀가 있었군! 그런데 이상한 아이일세. 저 눈초리 좀 봐! 정말이지, 자네가 5분만 더 늦게 왔다면 나는 여기 더 앉아 있지도 못했을 거야. 억지로 문을 열게 하긴 했는데 그 후로 한 마디도 말을 하지 않지 뭔가. 어쩐지 사람이 아닌 것 같아 섬뜩해지더군. 그런데 저 애가 어째서 여기 있나? 아, 알겠네. 할아버지의 죽음을 모르고 찾아왔던 게로군."

"네, 매우 불쌍한 아이입니다. 스미스 노인은 숨을 거두기 직전에 저 애에 대해 말씀했지요."

"흠! 그 할아비에 그 손녀로군. 다음에 나에게 다 말해 주게. 저 애가 그리도 불행하다면 내가 도와줄 수도 있네. 그런데 지금은 저 애에게 잠시 나가 달라고 해주지 않겠나. 자네하고 아주 심각한 이야기를 해야 해."

"저 애는 아무데도 갈 데가 없습니다. 저 애는 여기서 살아요."

나는 되도록 짤막하게 노인에게 사연을 설명하고 아직 어리니 소녀가 있는 데서 말해도 상관없다고 덧붙였다.

"그래…… 어리긴 하군. 그런데 자네도 참 못 말릴 사람이구먼. 함께 살다니!"

노인은 정말 놀랍다는 듯 다시 한 번 소녀를 바라보았다. 엘레나는 자신에 대한 이야기가 오가고 있다는 것을 느끼고 머리를 숙인 채 조용히 앉아서 손톱으로 소파의 보푸라기를 뜯었다. 새 옷을 입고 있었는데 아주 잘 어울렸다. 머리는 평소보다 정성껏 빗었다. 새 옷을 입었기 때문인 것 같았다. 전체적으로 그 눈빛 속에 기묘한 야성만 없었다면 아주 예쁜 아이였을 것이다.

"본론부터 말하지." 노인이 다시 말을 시작했다. "중요한 일이지만 이야기하자면 기네……."

노인은 머리를 숙인 채 중요하고 깊은 생각에 잠긴 표정을 짓고 앉아서, 성급한 말투로 '본론'부터 말하겠다고 했음에도 시작할 말을 찾지 못하고 있었다. '무슨 일일까?' 나는 생각했다.

"여보게, 바냐. 아주 큰 부탁이 있어서 자네를 찾아왔네. 그런데 먼저……… 지금 생각해 보니 상황 설명부터 조금 해야겠군…… 매우 미묘한 상황인데……"

노인은 헛기침을 하고 잠깐 내 눈치를 살폈다. 그러고는 곧 얼굴이 벌게져서, 자신의 침착하지 못함에 불만스런 빛을 보였다.

"아니지, 이제 와서 무엇을 더 설명하겠나! 자네도 이해하겠지. 다름 아니라, 나는 공작에게 결투를 신청하려 하는데, 자네가 이 일을 준비해 주고 내 입회인이 되어 주게."

나는 의자 등받이에 몸을 젖힌 채 어안이 벙벙하여 그를 바라보았다.

"왜 그렇게 보는가? 나는 정신이 나가지 않았어."

"그런데 세르게이 니콜라이치! 무슨 명목으로 그리고 무슨 목적으로 결투를 하시겠다는 겁니까? 그리고 애초에 그런 일은……."

"명목! 목적!" 노인이 소리쳤다. "그걸 말이라고 하나!"

"좋습니다, 좋아요! 무슨 말씀을 하시려는지 압니다. 하지만 난데없이 그런들 무슨 득이 있겠습니까? 결투를 하면 일이 해결됩니까? 솔직히 저는 이해하지 못하겠습니다."

"나도 자네가 이해할 거라고는 생각지 않네. 들어보게, 이제 우리들 소송이 끝나 가고 있단 말일세(며칠 안에 끝날 거야. 앞으로 형식적인 절차만 남았지). 내가 졌네. 나는 1만 루블을 지불해야 해. 그렇게 판결이 났어. 그놈들에게 이흐메네프카의 영지를 저당잡혔네. 결국 그 악당은 자기 돈을 되찾게 되었지만, 나는 이흐메네프카를 내놓고 빚을 청산하면 그 토지와는 아무 상관없는 사람이 되는 게지. 나는 그래서 말일세, 생각을 달리한 것일세. '존경하는 공작, 당신은 2년이나 나를 모욕했소. 당신은 내 이름과 내 가족의 명예를 더럽혔소. 나는 그 모든 것을 견뎌야 했고 지금까지 당신에게 결투를 청할 수도 없었소. 당신은 이렇게 말하겠지. 「아, 교활한 사람, 결국은 돈을 지불하라는 판결이 날 줄 알고 날 죽여서 돈을 지불하지 않을 심산이로군! 천만에! 우선 판결이 어떻게 날지 보고 그 다음 결투를 청하시오.」하지만 공작, 이제 판결이 났고 당신은 담보를 받았소. 번거로운 문제가 모두 해결되었으니 이제 결투장으로 나오시오.' 자, 이렇게 말하는 거야. 어떤가, 자네 생각은? 나 자신이나. 지난 모든 일을 위해 나에게는 복수할 권리가 없단 말인가?"

노인의 눈이 빛났다. 나는 조용히 앉아서 그를 바라보았다. 그의 비밀스러운 사고 속으로 들어가 보고 싶었다.

"들어 보세요, 니콜라이 세르게이치." 마침내 나는 요점을 말할 결심으로 입을 열었다. 그 말을 하지 않으면 우리는 서로를 이해할 수 없을 것 같았다. "어른께서는 저에게 숨김없이 털어 놓으실 수 있겠습니까?"

"있지!" 노인은 확고히 대답했다.

"그럼 똑바로 말씀해 주세요. 오로지 복수 때문에 결투를 하시려는 겁니까, 아니면 다른 목적도 있는 겁니까?"

"바냐," 그가 대답했다. "자네는 내가 누구와 대화하더라도 몇몇 사항은 언급하지 않는다는 것을 잘 알 거야. 그러나 이번만은 예외로 하지. 자네가 그 영특한 머리로 이 점을 건드리지 않고 지나가기란 불가능하다는 것을 금세 알아챘기 때문일세. 그래, 나한테는 다른 목적이 있네. 바로, 신세를 망친 내 딸을 구하기 위해, 최근에 그 애가 빠진 파탄의 길로부터 그 애를 구해 내기 위해서일세."

"하지만 결투로 어떻게 나타샤를 구하신다는 겁니까? 그 점이 의문입니다."

"지금 그놈들이 꾸미고 있는 모든 것을 저지함으로써! 들어 보게. 부성애 같은 나약함 때문에 내가 이런 말을 한다고는 생각지 마라. 말도 안 되는 소리세! 나는 내 속을 아무에게도 내보이지 않네. 자네도 내 속은 몰라. 딸은 나를 버리고 연인과 함께 집을 나갔네. 나는 그날 밤 그 아이를 내 마음에서 지워 버렸네. 영원히 지워 버렸어. 자네도 기억하지? 내가 그 아이의 초상화를 끌어안고 흐느꼈다 하더라도 내가 그 아이를 용서하고 싶어한다고 생각해서는 안 되네. 그런 순간에도 나는 그 애를 용서하지 않았어. 나는 잃어버린 행복과 헛된 꿈을 생각하며 울었을 뿐이지. 절대 그 애 때문에 운 건 아닐세. 지금도 나는 자주 우네. 그 사실을 고백하는 것이 부끄럽진 않네. 과거에 내가 세상의 그 무엇보다 내 아이를 더 사랑했다고 고백하는 게 부끄럽지 않듯이 말일세. 이 모든 것이 지금 내 행동과는 모순되게 보일지도 몰라. 자네는 이렇게 말하겠지. 만일 그렇다면, 의절한 딸의 운명에 관심이 없다면, 무엇 때문에 그들이 계획하고 있는 일에 간섭하려 하느냐고 말이야.

나는 이렇게 대답하겠네. 첫째로 비열하고 간교한 인간이 기세등등해하는 꼴을 보고 싶지 않고, 둘째로는 가장 보편적인 인간애라는 감정 때문일세. 그 애가 이미 내 딸이 아니라 하더라도, 그 애가 기만당한 약하고 의지할 곳 없는 존재라는 사실은 변함이 없네. 게다가 지금 그들은 그 아이를 완전히 파멸시키기 위해 더욱 날뛰고 있네. 나는 그 일에 직접 개입할 수는 없으나, 간접적으로 결투를 통해서 방해할 수는 있네. 만일 내가 죽거나 피를 흘린다면, 그 애는 마차를 타고 아버지의 시체를 넘어간 그 공주처럼 (기억하나? 우리집에 있던 그 책 말일세. 자넨 그걸로 글자를 익혔지.) 나를 살해한 자의 아들과 결혼하려고 내 시체를 넘어가진 않을 거야. 그리고 결투에 들어간다면 그 공작 부자도 제쪽에서 결혼을 마다할 거야. 한마디로 말해서 나는 이 결혼을 원치 않으며, 결혼이 이루어지지 못하도록 온 힘을 기울일 걸세. 이제 나를 이해하겠는가?"

"아니오. 어른께서 나타샤의 행복을 원하신다면 왜 결혼을 가로막으려 하십니까? 나타샤가 명예를 되찾을 수 있는 기회가 아닙니까? 나타샤의 삶은 이제부터 시작입니다. 그녀는 명예를 되찾아야 합니다."

"그 애가 세상의 평판 따위에 신경을 썼던가! 게다가 가장 큰 치욕은 이 결혼이며, 그 비열한 인간들과 또 그지없이 측은한 상류사회와 엮이는 일이야. 그 아이도 그 점을 깨달아야 해. 고결한 자존심, 그것이 그 아이가 사회에 내놓을 대답이야. 그때는 아마 나도 그 애를 용서하고 손을 내밀 수도 있겠지. 그때는 내 딸아이를 욕하는 놈들을 가만두지 않을 거야!"

이런 분별없는 이상주의에 나는 할 말을 잃었다. 그러나 나는 이내 그가 제정신이 아니고 열에 들떠 말하고 있음을 알았다.

"지나치게 이상적이군요." 내가 노인에게 대답했다. "그런고로 매우 무자비해요. 어른께선 나타샤에게 아예 있지도 않은 그런 힘을 요구하십니다. 그리고 나타샤가 과연 공작부인이 되고 싶어서 이 결혼을 승낙했을까요? 나타샤는 사랑하고 있어요. 아시잖습니까, 그것은 열정이고, 운명입니다. 또 어른께선 나타샤에게 세상의 의견을 무시하라고 말씀하시면서 스스로는 그 앞에 몸을 굽히시는군요. 공작은 어른을 모욕하며 천한 동기를 갖고 계략을 꾸미며 공작과 친척 관계를 맺으려 한다고 공개적으로 의심했어요. 그래서 어른께선 지금 그들이 정식으로 청혼한 뒤에 나타샤가 그것을 거절하면 그야

말로 이전의 비방을 가장 완전하고 분명하게 반박할 수 있다고 생각하신 게 아닙니까? 그러나 어른의 그러한 집착이야말로 공작의 의견에 굴복하시는 겁니다. 어른께서는 공작이 스스로 잘못을 인정하도록 하시려는 거지요. 공작을 조롱하고 그에게 복수하려는 생각에 집착한 나머지 딸의 행복까지 희생시키려 하고 있습니다. 이것이 이기주의가 아니면 무엇입니까?"

노인은 이맛살을 찌푸린 채 침울하게 앉아서 오랫동안 한 마디도 대답하지 않았다.

"자네는 나를 이해하지 못하는구먼, 바냐." 마침내 노인이 입을 떼자 눈물이 눈가에 맺혀 반짝였다. "맹세하건대 자네 생각은 틀렸네. 그러나 자, 그 이야기는 접어 두세! 자네한테 내 속을 뒤집어 보여줄 수도 없고."

노인은 일어나 모자를 집어 들며 말을 이었다. "한 가지만 말하겠네. 자네 지금 내 딸의 행복에 대해 말했지? 나는 그 행복을 절대 믿지 않네. 이 결혼은 내가 끼어들지 않아도 결코 이루어지지 않을 거야."

"어째서죠? 왜 그렇게 생각하십니까? 어른께선 무언가를 알고 계십니까?" 내가 호기심에 가득 차서 소리쳤다.

"아, 특별히 아는 것은 없어. 그렇지만 그 교활한 여우가 그런 결심을 할 리 없잖은가. 몽땅 허튼소리야, 함정이라고. 나는 그렇게 확신하네. 내 말을 기억해 두게. 반드시 그리 될 테니. 게다가 만약 이 결혼이 이루어진다면, 오직 그 비열한 놈에게 비밀스러운 계산이 있어서 이 결혼이 그놈에게 이득이 된다고 판단했기 때문일 거야. 나는 그 계산이 뭔지 전혀 모르겠지만. 자네도 잘 생각해 보고 자신에게 물어보게. 그 애가 이 결혼으로 행복해질 수 있을까? 세상의 온갖 비난과 비하를 견뎌야 하건만, 상대는 철부지 아이일 뿐이야. 그는 이미 그 애의 사랑을 부담스러워 하는데, 결혼하고 나면 곧바로 나타샤를 존중하지 않고 모욕하고 비하하기 시작할 거야. 그의 열정이 식어가는 만큼 그 애의 열정은 커져 갈 테지. 질투, 고통, 지옥 같은 삶, 이혼, 범죄까지 저지를지도…… 안되네. 바냐! 자네들이 이 일을 진행시키고 자네가 그것을 도와준다면, 미리 말해 두겠네만, 자네는 신의 심판을 받게 될 걸세. 그러나 그때는 이미 늦지! 잘 있게!"

나는 노인을 붙들었다.

"잠깐만요, 니콜라이 세르게이치. 이렇게 하죠. 조금만 더 기다려 봅시다.

이 사건을 지켜보고 있는 사람이 한두 사람이 아니라는 것을 알아주세요. 어쩌면 이 일이 결투 같은 폭력적이고 인위적인 수단 말고 가장 좋은 방법으로 저절로 해결될지도 모릅니다. 시간이 가장 좋은 해결사이지요! 게다가 실례지만 어른의 계획은 실현 가능성이 없습니다. 어른계선 정말로 공작이 이 결투 신청을 받아들이리라고 생각하십니까?"

"왜 받아들이지 않겠는가? 자네야말로 정신 좀 차리게!"

"장담하는데, 그는 받아들이지 않을 겁니다. 그는 완벽한 구실을 대서 빠져나갈 것이 틀림없습니다. 그는 거들먹거리며 빠져나갈 테고, 그러면 어른계서는 완전히 우스갯거리가 될 겻입니다……."

"그만하게. 여보게, 그만해! 나를 꼼짝 못하게 하려고 수 쓰지 말게! 왜 그가 결투를 받아들이지 않겠는가? 바냐, 자네는 아주 시인이로군, 진짜 시인이야! 아니면 그가 나와 싸우는 게 체면을 구기는 일이라는 건가? 나는 그와 동등하다네. 나는 노인이고, 모욕당한 아비일세. 자네는 러시아의 번듯한 작가이니 입회인으로서 충분히 자격이 있어. 그리고…… 그리고 또 뭐가 필요한가? 나는 도통 모르겠네……."

"아시게 될 겁니다. 그는 어르신께서 먼저 둘 사이의 결투가 도저히 불가능하다고 여길 만한 여러 구실들을 제시할 겁니다."

"흠…… 좋네, 자네가 말한 대로 하지! 내가 기다리겠네. 물론 일정한 시점까지만. 시간이 어떻게 해결할지 보세. 하지만 나타샤에게도 안나 안드레예브나에게도 우리의 대화 내용을 밝히지 않겠다고 맹세해주게! 알겠나?"

"맹세하겠습니다."

"둘째, 바냐, 앞으로 나에게 절대로 이 이야기를 꺼내지 말아야 하네."

"네, 약속드립니다."

"마지막으로 부탁이 하나 더 있네. 자네는 우리집에 오면 따분하겠지만 되도록 자주 얼굴을 비춰 주게. 가엾은 안나 안드레예브나는 자네를 매우 사랑하네, 그리고…… 그리고…… 자네가 오지 않으면 몹시 외로워해……. 알겠는가, 바냐?"

그리고 노인은 내 손을 굳게 쥐었다. 나는 진심으로 그에게 약속했다.

"그리고 바냐, 마지막으로 민감한 문제가 하나 더 있네. 자네 돈 있나?"

"돈요!" 나는 놀라서 되물었다.

"그래. (노인도 얼굴을 붉히며 눈길을 아래로 떨구었다.) 자네 집과……환경을 보고 있자니 도저히…… 게다가 여기저기 돈 나갈 데도 있을 테고 (특히 요즘은 더). 그래서 말인데…… 여기 150루블이 있네, 우선……."

"우선 150루블이라니요. 재판에도 지셨는데!"

"바냐, 자네는 내 마음을 전혀 몰라주는군! 갑자기 돈이 필요한 일은 언제든지 생기는 법이야. 그 점을 생각해야지. 돈이란 때에 따라서는 그 사람의 입장과 결정을 자유롭게 해주기도 하네. 지금은 필요 없을지 모르지만 앞으로도 필요치 않을지 어떻게 알 수 있겠나? 어쨌든 여기 놓아두겠네. 내가 모을 수 있었던 것의 전부일세. 쓸 일이 없으면 돌려주면 되네. 그럼 나는 이만 가네! 맙소사, 자네 왜 이렇게 창백한가! 아주 환자 같네그려……."

나는 더 이상 반박하지 않고 돈을 받았다. 노인이 나에게 돈을 넘겨주는 이유가 분명했다.

"서 있기도 힘듭니다." 나는 대답했다.

"병을 가볍게 보지 말게, 바냐. 제발 우습게 넘기지 마! 그리고 오늘은 아무데도 가지 말게. 자네 상태가 어떤지 안나 안드레예브나에게는 내가 말하겠네. 의사를 부르지 않아도 되겠나? 내일 다시 오겠네. 내 다리가 움직이는 한 나도 온 힘을 다하지. 자네는 이제 자리에 누워야겠군……. 잘 있게. 잘 있거라, 애야. 저런, 고개를 돌리는군! 여보게! 여기 5루블 더 둘 테니 이건 저 아이에게 주게나. 그렇지만 내가 주었다고는 말하지 말게. 다만 그 애를 위해 쓰게. 신발이나, 내의나…… 아이들이 필요한 것이 좀 많아야 말이지! 잘 있게, 이 사람아……."

나는 현관까지 그를 배웅했다. 문지기에게 먹을 것을 가져다 달라고 부탁해야 했다. 엘레나가 여태껏 아무것도 먹지 못했던 것이다…….

11

그러나 방으로 돌아오자마자 현기증이 나서 방 한가운데 쓰러지고 말았다. 엘레나의 외침만이 기억에 남아 있다. 아이는 팔을 벌리며 나를 부축하려고 달려왔다. 이것이 내 기억 속에 남아 있는 마지막 순간이었다.

깨어났을 때 나는 침대에 누워 있었다. 엘레나가 나중에, 그때 마침 먹을 것을 가지고 온 문지기와 함께 나를 옮겨놓았다고 설명해 주었다. 나는 여러 차례 깨었고, 그때마다 동정 어린 눈으로 걱정스레 내려다보는 엘레나의 작은 얼굴을 보았다. 그러나 이것들은 모두 꿈속이나 안개 속에서 본 것처럼 희미하게 기억날 뿐이었다. 가엾은 소녀의 사랑스러운 얼굴은 비몽사몽간에 환영이나 그림자처럼 어른거렸다. 아이는 나에게 마실 것을 가져다주고, 이불을 바로잡아 주고 슬프고 겁에 질린 표정으로 내 앞에 앉아서 그 작은 손가락으로 내 머리칼을 쓰다듬어 주었다. 나는 아이가 한번쯤 내 얼굴에 조용히 입 맞춘 것을 기억한다. 그런가 하면, 밤에 문득 깨어나 둘러보니 침대 옆에 있는 작은 탁자 위에 놓여 있는 촛불이 다 타서 꺼질락 말락하고 있고, 그 어스름한 빛 속에서 엘레나가 내 베개 한쪽에 얼굴을 파묻고 불안하게 자는 모습이 보였다. 창백한 입술은 반쯤 열려 있고 손바닥으로 자신의 따뜻한 뺨을 받치고 있었다. 그러나 내가 완전히 정신을 차렸을 때는 다음날 이른 아침이었다. 초는 완전히 타버렸고, 동트는 새벽의 장밋빛 노을이 벽에 아롱거리고 있었다. 엘레나는 탁자 앞 의자에 앉아서 탁자 위에 올린 왼팔로 피곤한 머리를 받치고 깊이 잠들어 있었다. 잠들어서도 어쩐지 어른스러운 슬픈 표정과 어딘지 병적이고 고뇌 어린 아름다움이 엿보이는 엘레나의 앳된 얼굴을 한없이 바라보던 기억이 지금도 생생하다. 창백하고 앙상한 뺨 위로 긴 속눈썹이 그림자를 드리우고 있고, 아무렇게나 묶은 칠흑 같은 머리는 한쪽으로 묵직하게 드리워져 있었다. 아이의 다른 팔은 내 베개에 얹혀 있었다. 나는 조용히 그 여윈 손에 입을 맞추었지만 가엾은 어린아이는 깨지 않았고, 단지 그 창백한 입술에 가느다란 미소가 스치고 지나갔다. 나는 아이를 유심히 바라보다가 조용히 편안하고 기분좋은 잠에 빠져 들었다. 이번에는 거의 정오까지 잤다. 깨어나니 이젠 거의 회복된 것 같았다. 단지 손발에 힘이 없는 것이 조금 전까지 병들어 있었음을 말해 줄 뿐이었다. 전에도 이와 비슷한 급격한 신경 발작을 일으킨 적이 있어 나는 잘 알고 있었다. 병은 보통 하루 이상을 끌지는 않았는데, 그 하루의 고통은 참을 수 없을 만큼 컸다.

이미 정오가 가까웠다. 눈을 뜨자 한쪽 구석 줄에 매달려 있는 어제 사온 커튼이 가장 먼저 눈에 들어왔다. 엘레나가 이 방에 자신을 위한 특별 구역을 만들었던 것이다. 아이는 난로 앞에 앉아 주전자에 물을 끓이고 있었다. 내가 깬 것을 눈치채고 즐겁게 미소지으며 이내 내 곁으로 다가왔다.

"엘레나," 나는 아이의 손을 잡으며 말했다. "네가 밤새 나를 보살펴 주었지. 네가 그렇게 정이 많은지 몰랐구나."

"그걸 어떻게 아세요? 제가 밤새 잤을 수도 있잖아요?" 아이는 이렇게 물으며 다정하고 수줍은 장난기 가득한 눈으로 나를 바라보며 자기가 말해놓고 부끄러운 듯 얼굴을 붉혔다.

"몇 차례 자다가 깨어서 다 보았단다. 너는 동트기 전에야 잠깐 잠이 들었잖니……."

"차 드실래요?" 아이는 이 대화를 계속하기가 난처하다는 듯 내 말을 끊었다. 순수하고 성실한 마음을 지진 사람들을 대놓고 칭찬하면 언제나 이러한 반응을 보인다.

"그래." 내가 대답했다. "그런데 어제 점심은 먹었니?"

"아뇨, 하지만 저녁은 먹었어요. 문지기 아저씨가 가져다주었어요. 그보다 이야기하면 안 돼요. 조용히 누워 계세요. 아직 다 나은 게 아니니까요." 소녀가 차를 가져와 내 침대에 앉으며 덧붙였다.

"누워 있으라니, 그럴 수는 없단다! 저녁 때까지는 누워 있겠다만 그 뒤엔 잠시 나갔다 오마. 꼭 가봐야 할 일이 있거든, 레노치카."

"꼭 그러셔야 해요? 누구에게 가시는데요? 어제 오셨던 손님인가요?"

"아니, 그분에게 가는 건 아니란다."

"그럼 됐어요. 어제 그 사람 때문에 아팠던 거잖아요. 그럼 그의 딸에게 가시려는 건가요?"

"딸이 있다는 건 어떻게 알았니?"

"어제 전부 다 들었어요." 아이는 눈을 내리깔고 대답했다.

아이의 얼굴이 찌푸려졌다. 눈썹이 눈 위에서 떨렸다.

"그 할아버지는 나쁜 사람이에요." 아이가 덧붙였다.

"너는 그분을 잘 모르잖니. 그 반대란다. 매우 좋은 사람이야."

"아니에요, 아니에요. 나쁜 사람이에요! 저도 들었어요." 아이는 정색을 하며 부정했다.

"무슨 말을 들었니?"

"그 할아버지는 자기 딸을 용서하려 하지 않아요……."

"하지만 그는 딸을 아주 사랑하셔. 딸이 하면 안 되는 일을 해서 많이 걱정하고 고민하고 계시단다."

"그럼 왜 용서하지 않나요? 그런데 지금 용서해도 딸은 그에게 돌아오지 않을 거예요."

"왜 어째서 그렇게 생각하니?"

"그 할아버지는 딸의 사랑을 받을 만한 가치가 없기 때문이죠. 딸에게 그런 사람에게서 영원히 떠나 차라리 거지가 되라고 하세요. 그런 사람은 자기 딸이 구걸하는 것을 보며 고통스러워해야 해요."

열을 내며 대답하는 소녀의 눈이 빛나고, 뺨은 타올랐다.

'아무래도 생각없이 홧김에 하는 말은 아닌 것 같군.' 나는 혼자서 생각했다.

"저를 보내려고 하신 곳이 그분 댁인가요?" 잠깐 침묵한 뒤 아이가 덧붙였다.

"그래, 엘레나."

"싫어요. 저는 차라리 하녀가 되는 게 나아요."

"아, 그런 말하면 못써, 레노치카. 그건 말도 안 되는 소리란다. 대체 누가 너를 고용하겠니?"

"어딘가의 평범한 집에서요." 아이는 신경질적으로 대답하며 고개를 더욱 푹 숙였다. 엘레나는 무척 성마른 성격인 듯하다.

"보통 사람들에게는 하녀가 필요 없어." 나는 웃으며 말했다.

"그럼, 대갓집으로 가죠."

"네 성격에 대갓집에서 일할 수 있겠니?"

"물론이에요." 아이는 흥분할수록 더욱 무뚝뚝하게 대답했다.

"견디지 못할 거야."

"걱정 마세요. 그들이 욕을 하면 일부러 입을 다물 거예요. 때려도 계속 침묵할 거예요. 아무리 맞아도 절대로 울지 않을 거예요. 제가 울지 않으면 그들은 더 화를 낼 거예요."

"무슨 소리냐, 엘레나! 너는 고집이 정말 세구나. 게다가 자존심이 너무 강해! 어지간히 불행을 겪은 게로구나……."

나는 일어나서 내 큰 책상 쪽으로 갔다. 엘레나는 소파에 앉아서 생각에 잠긴 채 방바닥을 보며 손가락으로는 소파 보푸라기를 뜯었다. 엘레나는 한 마디도 하지 않았다.

'내 말에 화가 난 걸까?' 나는 생각했다.

나는 기사를 쓰기 위해 어제 빌려온 책들을 기계적으로 펼치고 보다가 점점 책에 빠져 들었다. 나는 자주 그랬다. 참고하려고 책을 잠시 펼쳤다가는 모든 것을 잊고 오로지 책에 집중하곤 했다.

"만날 뭘 쓰세요?" 엘레나가 조용히 책상으로 다가와 조심스럽게 미소를 띠고 물었다.

"뭐든지, 레노치카. 이 일로 돈을 번단다."

"청원서예요?"

"아니, 청원서는 아냐."

나는 여러 사람에 대한 다양한 이야기를 쓰며, 그 이야기를 책으로 만든 것이 중편이나 장편이라고 불리는 소설이라고 되도록 알기 쉽게 설명해 주었다. 소녀는 호기심 가득한 표정으로 들었다.

"그럼 실제로 있었던 일을 쓰시나요?"

"아니, 내가 꾸며 낸단다."

"왜 거짓을 쓰세요?"

"그럼 이 책을 읽어 보렴. 어제 이 책을 보고 있었지? 글은 읽을 줄 알지?"

"알아요."

"그럼 읽어 보렴. 내가 쓴 책이란다."

"아저씨가요? 읽어볼게요……."

엘레나는 하고 싶은 말이 있지만 참기로 한 모양이었다. 소녀는 몹시 흥분해 있었다. 소녀의 물음 속엔 무엇인가가 숨겨져 있었다.

"책을 쓰면 돈을 많이 받나요?" 마침내 소녀가 물었다.

"경우에 따라 달라. 많이 받을 때도 있고 한 푼도 못 받을 때도 있어. 일이 잘 풀리지 않으면 아주 힘든 일이란다, 레노치카."

"그럼 아저씨는 부자가 아니겠군요?"

"그렇단다."

"그럼 저도 일해서 아저씨를 돕겠어요……."

아이는 나를 흘끗 쳐다보고 얼굴을 붉히더니 눈을 내리깔았다. 그리고 나에게 두세 걸음 다가오더니 갑자기 양손으로 나를 껴안고는 내 가슴에 얼굴을 파묻었다. 나는 놀라서 엘레나를 들여다보았다.

"저는 아저씨가 좋아요……." 아이가 말했다. "저는 오만하지 않아요. 어제 저보고 오만하다고 말씀하셨죠. 아니에요, 아니에요…… 저는 그렇지 않아요……. 저는 아저씨가 정말 좋아요. 저를 좋아해준 사람은 아저씨밖에 없어요……."

그러나 눈물이 솟구쳐 오르자 소녀는 그 이상 말을 잇지 못했다. 잠시 뒤 어제 발작 때와 같은 힘으로 오열이 가슴 깊은 곳에서 쏟아져 나왔다. 소녀는 내 앞에 무릎을 꿇고, 내 손과 발에 입을 맞추었다.

"아저씨는 저를 좋아해주시죠!" 그녀가 되풀이했다. "아저씨뿐이에요. 오직 아저씨뿐이에요!"

소녀는 팔로 내 무릎을 꼭 껴안았다. 오랫동안 억눌려 있던 모든 감정이 한꺼번에 억제할 수 없는 힘으로 밖으로 터져 나온 것이었다. 나는 지금까지 순결하게 감추어 온 엘레나의 기이하고 완강한 마음이 이해가 되었다. 그 마음은 감정을 더 털어놓고 싶은 욕구가 강할수록 더욱 완강해지고 격렬해져, 마침내 필연적인 격정을 쏟아내게 된다. 그러면 존재 전체가 단번에 자신을 잊고, 이러한 사랑과 감사를 표현하고 싶은 욕구에, 애무와 눈물에 몸을 맡기게 된다.

소녀는 히스테리 발작을 일으킬 정도로 흐느껴 울었다. 나는 나에게 꼭 매달려 있는 소녀의 팔을 가까스로 풀었다. 그리고 소녀를 안아서 소파로 데려 갔다. 소녀는 나를 보기가 부끄러운 듯 머리를 베개에 파묻었지만, 그래도 작은 손으로 내 손을 꼭 쥐고 가슴에 붙인 채 오랫동안 울었다.

소녀는 조금씩 진정했지만 좀처럼 고개를 들려 하지 않았다. 두어 번 나를 힐끗 훔쳐보았을 뿐이다. 그 눈에는 끝없는 부드러움과 일종의 머뭇거림과 다시 자신을 감추려는 불안한 감정이 들어 있었다. 마침내 소녀는 얼굴을 붉히며 방긋 웃었다.

"마음이 가벼워졌니?" 내가 물었다. "나의 레노치카, 너는 무척 민감하구나, 몸이 아프진 않니?"

"저는 레노치카가 아니에요, 아니에요……."

여전히 얼굴을 감춘 채 아이가 중얼거렸다.

"레노치카가 아니야? 그럼 뭐라고 부를까?"

"넬리라고요."

"넬리? 왜 하필 넬리니? 참 예쁜 이름이구나. 네가 원한다면 앞으로 그렇게 부르마."

"엄마가 절 그렇게 부르셨어요……. 오직 엄마만 저를 그렇게 부르셨어요……. 저도 엄마가 아닌 다른 사람이 그렇게 부르면 싫었어요……. 그렇지만 아저씨는 아니에요……. 저는 아저씨를 언제까지나 사랑하겠어요, 언제까지나……."

'긍지가 높고 사랑스러운 너를 넬리라고 부르게 되기까지 몹시도 오래 걸렸구나.' 나는 생각했다. 그러나 이제 아이의 마음이 영원히 나에게 쏠린 것도 알았다.

"넬리, 들어 보아라." 소녀가 어느 정도 진정하자 내가 물었다. "너 방금 엄마만이 너를 사랑했고, 그 밖에는 아무도 사랑하지 않았다고 말했지. 그럼 너의 할아버지는 너를 사랑하지 않았니?"

"사랑하지 않았어요……."

"그런데 너는 할아버지가 돌아가셨다는 말을 듣고 계단에서 울었잖니, 기억하니?"

소녀는 잠시 생각했다.

"아니에요, 할아버지는 저를 사랑하지 않았어요……. 할아버지는 심술궂은 분이셨어요." 어떤 슬픈 감정이 소녀의 얼굴에 떠올랐다.

"할아버지에게 그런 걸 바라는 건 무리가 아니었을까, 넬리? 그는 이미 완전히 쇠약해져 있었거든. 돌아가실 때도 정신 나간 사람 같았어. 할아버지가 눈을 감을 때 어땠는지 내가 말해 주었잖아."

"네, 그런데 할아버지가 정신이 나간 것은 돌아가시기 한 달 전부터였어요. 이 방에 온종일 앉아 계셨죠. 제가 오지 않았다면 이틀이고 사흘이고 먹지도 마시지도 않고 계속 앉아 계셨을 거예요. 전에는 그러지 않았는데요."

"전에라니, 언제 말이니?"

"엄마가 아직 살아 계셨을 때요."

"그럼 네가 마실 것과 먹을 것을 가져다 드렸니, 넬리?"

"네."

"그런 건 어디서 가져왔니, 부브노바 네서?"

"아뇨. 부브노바 네서 가져온 적은 한 번도 없어요." 소녀는 떨리는 목소리로 대답했다.

"그럼 어디서? 너는 돈도 없었을 것 아니니?"

넬리는 입을 다물어 버렸고 얼굴은 무섭도록 창백해졌다. 그리고 나를 뚫어지게 바라보았다.

"거리에서 구걸하고 다녔어요……. 5코페이카를 얻으면 할아버지께 빵과 코담배를 사드렸어요……."

"네가 그러고 다니는 걸 할아버지가 내버려 두었단 말이니! 오, 넬리! 넬리!"

"처음에는 아무 말도 하지 않고 나 혼자 그랬어요. 그런데 제가 구걸하는 것을 알고 난 뒤에는 얼른 나가라고 재촉했어요. 저는 다리에서 구걸을 하고 할아버지는 다릿목에서 기다렸어요. 누가 저에게 돈을 주면 곧바로 달려와서 빼앗아 갔죠. 할아버지를 위해서 구걸하러 나왔으니 제가 빼돌릴 일도 없는데 말이에요."

이렇게 말하며 아이는 씁쓸하고 슬픈 미소를 지었다.

"다 엄마가 돌아가신 뒤의 일이었어요." 아이가 덧붙였다. "그때부터 할아버지는 완전히 정신 나간 사람처럼 되었어요."

"그렇다면 할아버지가 너의 어머니를 매우 사랑했나 보구나. 그런데 왜 함께 살지 않았지?"

"아니오, 엄마도 사랑하지 않았어요……. 심술쟁이라서, 어제의 나쁜 할아버지처럼 엄마를…… 용서하지 않았어요." 아이는 더욱 창백해져서 조용히 속삭이듯 말했다.

나는 전율했다. 한 편의 장편소설 줄거리가 내 안에서 반짝였다. 장의사의 지하 곁방에서 죽은 가엾은 여인, 어머니를 저주하던 할아버지를 이따금 찾아오던 고아가 된 어린 딸, 기르던 개가 죽은 뒤 곧바로 따라 죽은 정신 나간 이상한 노인!

"죽은 아조르카는 엄마의 개였어요." 넬리가 갑자기 어떤 기억이 떠올랐는지 미소를 지으며 말했다. "할아버지는 전에 엄마를 무척 사랑하셨어요. 엄마가 집을 나간 뒤 할아버지한테는 엄마의 아조르카가 남았어요. 그래서 할아버지는 아조르카를 무척 사랑했어요……. 엄마를 용서하지 않아서 개가 죽자 할아버지도 돌아가신 거예요." 넬리는 냉정하게 덧붙였고, 얼굴에서는 미소가 사라졌다.

"넬리, 할아버지는 옛날에 어떤 사람이었니?" 잠시 기다린 뒤 내가 물었다.

"옛날에는 부자였대요……. 무슨 일을 하셨는지는 잘 모르겠어요. 무슨 공장을 가지고 있었대요……. 엄마가 그렇게 말씀하셨어요. 제가 너무 어려서 자세히 말씀해 주시지는 않았어요. 엄마는 늘 저에게 입을 맞추시며 '언젠가 때가 되면 알게 될 거야. 가엾고 불쌍한 것!'이라고 말씀하셨어요. 엄마는 언제나 저를 가엾고 불쌍한 것이라고 불렀어요. 그리고 밤에 제가 잠들었다고 생각하시고는(하지만 저는 일부러 자지 않고 자는 시늉만 했지요), 제 머리맡에서 우시며 입을 맞추고 말씀하셨어요. 가엾은 것, 불쌍한 것! 이라고요."

"어머니는 어쩌다 돌아가셨니?"

"결핵으로요. 돌아가신 지 6주 됐어요."

"할아버지가 부자였을 때를 기억하니?"

"그때 저는 태어나지도 않았어요. 엄마는 제가 태어나기 전에 이미 할아버지 곁을 떠나셨어요."

"누구와 떠났는데?"

"몰라요." 넬리는 낮은 목소리로 생각에 잠긴 듯 대답했다. "엄마는 외국으로 가셨고, 저는 거기서 태어났어요."

"외국에서? 어딘데?"

"스위스요. 저는 여러 나라에 가보았어요. 이탈리아에도 갔고 파리에도 갔었어요."

나는 놀랐다.

"외국에 갔던 것을 기억하고 있니, 넬리?"

"많이 기억해요."

"그런데 너는 러시아 어를 어떻게 그렇게 잘하니, 넬리?"

"엄마가 외국에 있을 때부터 가르쳐 주셨어요. 엄마는 러시아인이었어요. 할머니도 러시아인이었고요. 할아버지는 영국인이지만 러시아인이나 다름없었죠. 그리고 1년 반 전에 엄마와 이리로 돌아왔을 때 말을 완전히 배웠어요. 엄마는 그때부터 몸이 편찮으셨어요. 그래서 우리는 점점 가난해졌어요. 엄마는 울기만 했어요. 처음에는 여기 페테르부르크에서 오랫동안 할아버지를 찾으러 다녔어요. 늘 할아버지께 죄를 지었다고 말씀하시며 우셨죠……. 아주 많이 우셨어요! 그리고 할아버지가 가난해졌다는 것을 아시고는 더 많이 우셨어요. 그래서 엄마는 자주 편지를 쓰셨지만 할아버지는 한 번도 답장을 하지 않으셨어요."

"어머니는 왜 이리로 돌아오셨니? 단지 할아버지를 만나려고?"

"모르겠어요. 외국에서 우리는 아주 잘살았어요." 넬리의 눈이 빛났다. "엄마와 저 단둘이 살았어요. 엄마에게는 친구가 한 사람 있었어요, 아저씨처럼 좋은 아저씨였어요……. 이곳에 있을 때부터 엄마와 잘 아는 사이였대요. 그런데 그 아저씨가 거기서 세상을 떠나자 엄마는 다시 돌아오신 거예요."

"그럼 엄마는 그 사람과 함께 할아버지를 떠났니?"

"아니오, 그 사람은 아니에요. 엄마는 다른 사람과 함께 할아버지 곁을 떠났는데, 그 사람은 엄마를 버렸대요."

"그 사람이 누구지, 넬리?"

넬리는 나를 바라보며 아무 대답도 하지 않았다. 엄마가 떠날 때 함께 있던 사람, 자신의 아버지가 분명한 그 사람을 넬리도 확실히 알고 있는 것 같았다. 그러나 나한테까지 그 이름을 밝히는 것이 괴로웠으리라…….

나는 계속 캐물어 넬리를 괴롭히고 싶지 않았다. 넬리는 이상하게 변덕스러운 성격이라, 신경질적이고 쉽게 흥분하면서도 자신의 감정을 누르고, 남을 동정하다가도 자신의 자존심과 껍질 속에서 문을 닫아걸고 만다. 나를 알게 된 뒤로 이 소녀는 진심으로, 가장 순수하고 따뜻한 사랑으로, 고통 없이는 떠올리지 못하는 자기 어머니 못지않게 나를 사랑했음에도, 넬리가 나에게 그 사랑을 드러내 보인 적은 드물었고, 이날을 제외하고는 나에게 과거를 이야기한 적도 드물었다. 오히려 어쩐지 철저하게 자신을 숨겼다. 그러나 이날은 몇 시간에 걸쳐, 고통과 터져나오는 울음에 이야기를 가끔 멈추면서도 기억 속에서 가장 자신을 괴롭히는 모든 것을 나에게 이야기해 주었다. 나는 이 무서운 이야기를 절대로 잊지 못할 것이다. 그러나 넬리의 주된 이야기는 나중에 다시 하겠다.

무서운 이야기였다. 행복을 잃고 버림받은 한 여인의 이야기였다. 병들고,

모든 사람들에게 고통받고 버림받은 여인. 그녀가 기댈 수 있는 마지막 존재인 아버지에게까지 거부당한 여인. 그 아버지는, 옛날 그녀로부터 모욕을 당하고 견딜 수 없는 고통과 굴욕을 맛보다 이성을 잃고 말았다. 이것은 절망의 구렁텅이에 몰린 한 여인의 이야기이다. 더럽고 추운 페테르부르크의 거리를, 아직 어린애로만 여기던 딸과 방황하며 동냥을 하는 여인, 습기 찬 지하실에서 몇 달을 죽음과 싸웠지만 마지막 순간까지 아버지에게 용서받지 못한 여인. 아버지는 마지막 순간에야 정신을 되찾고 용서하러 달려왔건만 한때 이 세상 그 무엇보다 사랑했던 딸의 싸늘한 주검밖에 보지 못했다. 또한 이것은 정신 나간 노인과 그의 손녀, 나이는 어리지만 이미 그를 이해했으며, 평탄하고 걱정 없는 삶을 이어 가는 사람들은 몇 년이 걸려도 도달하지 못하는 성숙도를 보이는 손녀 사이의 비밀스럽고 이해하기 어려운 관계에 대한 기이한 이야기이다. 이것은 우울한 이야기이다. 매우 자주, 눈에 띄지 않고 비밀스럽게 페테르부르크의 무거운 하늘 아래서, 거대한 도시의 어두운 뒷골목에서 어지럽게 소용돌이치는 삶, 우둔한 이기주의, 서로 충돌하는 이해관계, 음울한 방종, 비밀스러운 범죄 등 무의미하고 비정상적인 삶으로 가득 찬 끔찍한 지옥 한가운데서 벌어지는 음울하고 괴로운 이야기인 것이다…….

그런데 그 이야기는 지금부터 계속된다.

제3부

1

이미 오래전에 땅거미가 지고 밤이 되었다. 나는 비로소 무거운 악몽에서 깨어나 현실로 돌아왔다.

"넬리, 네가 지금 아프고 낙담해 있는 줄 알지만, 나는 두려움에 떨며 눈물짓는 너를 홀로 남겨 두고 가볼 데가 있단다. 나를 용서하렴. 나한테는 용서받지 못한 여인, 모욕당하고 버려진 불쌍한 사람이 또 있다는 걸 알아 다오. 그 사람이 나를 기다리고 있어. 그리고 네 이야기를 들으니 더욱 가고픈 마음을 억누를 수가 없구나. 지금 당장 그 사람을 보지 못하면 견딜 수 없을 것 같아……."

넬리가 이 말을 이해했는지는 모르겠다. 나는 넬리의 이야기와 방금 털고 일어선 병 때문에 흥분해 있었지만 서둘러 나타샤에게로 갔다. 나타샤의 집에 도착했을 때는 이미 8시가 넘어 있었다.

나는 나타샤의 집 대문 쪽 거리에서 공작의 것으로 보이는 쌍두 사륜마차를 발견했다. 나타샤의 집 현관으로 들어가려면 마당을 가로질러 가야 했다. 막 계단에 올라섰을 때, 한 층 위에서 이곳에 와본 적이 없는 사람이 조심스럽게 더듬더듬 올라가는 소리가 들렸다. 나는 그가 공작일 것이라고 생각했지만 이내 확신을 잃었다. 그 미지의 인물은 위로 올라갈수록 더욱 크고 과격하게 통로를 욕하며 저주했다. 물론 계단은 좁고 지저분하고 가파르며, 불빛 하나 없었다. 그러나 3층까지 이어진 그 욕지거리가 공작이 내뱉은 것이라고는 도저히 생각할 수 없었다. 계단을 올라갈수록 마치 마부처럼 욕을 해댔던 것이다. 그러나 4층 나타샤의 집 문에 작은 등이 걸려 있었으므로 3층부터는 조금씩 밝아졌다. 나타샤의 집 문 앞에서 나는 미지의 인물을 따라잡았다. 역시 그가 공작인 것을 알고 나는 크게 놀랐다. 공작도 예기치 않게 나와 마주친 것이 매우 불쾌한 듯했다. 처음에 그는 나를 알아보지 못했으나 다음 순간 갑자기 얼굴이 변했다. 처음엔 나를 화나고 적의에 찬 시선으로 보더니 느닷없이 정중해지면서 유쾌한 듯 즐거운 기색으로 나에게 손을 내밀었다.

"아, 당신이었군요! 저 길이 조금만 더 길었어도 무릎 꿇고 하느님께 목숨만은 살려 달라고 빌 뻔했소. 내가 욕하는 것을 들었소?"

그리고 공작은 사람 좋게 웃었다. 그러다가 갑자기 정색을 하고 걱정스러운 표정을 지었다.

"알료샤는 나탈리야 니콜라예브나를 어떻게 이런 아파트에 살게 둔단 말이오!" 공작은 고개를 저었다. "이런 사소한 일에서 사람의 됨됨이가 나타나지요. 나는 걱정입니다. 그 애는 착하고 다정하지만 이걸 보시오. 미친 듯이 사랑하는 사람을 이런 오두막에서 살게 만들다니. 심지어 이따금 먹을 것도 떨어진다는 이야기를 들었소." 그는 초인종을 찾으며 아주 작은 소리로 덧붙였다. "아들의 장래를 생각하면 머리가 어지러워요, 특히 안나 니콜라예브나가 그 애의 아내가 되면……."

공작은 이름을 혼동했으나 초인종을 찾지 못해 화가 났기 때문에 그것을 깨닫지 못했다. 그러나 초인종 같은 것은 애초에 없었다. 나는 문손잡이를 약간 흔들었다. 마브라가 이내 문을 열어주며 허둥지둥 우리를 맞았다. 작은 현관에 나무판자로 공간을 만든 부엌에 여러 가지가 준비되어 있는 것이 보였다. 모두 전날과 다르게 쓸고 닦여 있었다. 난로에는 불이 지펴져 있었고 탁자 위에는 새 식기가 놓여 있었다. 우리를 기다리고 있었음이 분명했다. 마브라는 바삐 우리의 외투를 받아들었다.

"알료샤가 왔나요?" 내가 마브라에게 물었다.

"계속 오지 않았어요." 마브라는 나에게 웬일인지 비밀스럽게 속삭였다.

우리는 집 안으로 들어갔다. 나타샤의 방에는 아무런 준비도 없었다. 모든 것이 평소와 다름없었다. 하기야 나타샤의 방은 특별히 치울 필요가 없을 만큼 언제나 깨끗하고 말끔했다. 나타샤는 문 앞에 서서 우리를 맞이했다. 죽은 사람처럼 창백한 뺨 위에 순간적으로 홍조가 피어올랐지만, 병자처럼 수척하고 이상하리만큼 창백한 그녀의 얼굴을 보고 나는 놀랐다. 눈은 열병에 걸린 사람처럼 번뜩이고 있었다. 나타샤는 말없이 서둘러 공작에게 손을 내밀었다. 나는 거들떠보지도 않았다. 나는 서서 조용히 기다렸다.

"내가 왔소!" 공작이 정답고 유쾌한 어조로 말을 꺼냈다. "몇 시간 전에 돌아왔소. 그동안 줄곧 당신 생각이 머릿속에서 떠나지 않았소. (공작은 나타샤의 손에 부드럽게 입을 맞추었다.) 내가 얼마나 자주 당신 생각을 했는지 모를 거요! 당신에게 이야기할 것이 굉장히 많소……. 이제 하나하나 풀어놓아 봅시다! 그런데 우리 철부지는 아직 오지 않았군요……."

"실례합니다, 공작님," 당황해서 얼굴이 붉어진 나타샤가 그의 말을 끊었다. "이반 페트로비치와 몇 마디 할 이야기가 있어서요. 바냐, 이쪽으로 오세요……. 잠깐이면 돼요……."

나타샤는 내 손을 잡고 칸막이 뒤로 데려갔다.

"바냐." 나를 가장 어두운 구석으로 데려가 속삭이듯 말했다. "당신이 저를 용서해주시겠어요?"

"나타샤, 무슨 소리요!"

"아니, 안 돼요, 바냐. 당신은 너무 많은 걸, 너무 자주 용서했어요, 그런데 참을성에도 한계가 있잖아요? 당신이 나를 싫어할 일은 없겠지만 나한테 은혜도 모르는 사람이라고 화내도 괜찮아요. 나는 어제와 그제 은혜를 저버렸어요, 이기적이고 잔인하게……."

나타샤는 갑자기 눈물을 터뜨리며 내 어깨에 얼굴을 묻었다.

"괜찮소, 나타샤." 나는 서둘러 그녀를 진정시키고자 했다. "지난밤 나는 밤새도록 아팠소, 지금도 간신히 서 있고. 그래서 어제 저녁과 오늘 들르지 못한 거요. 그런데 당신은 내가 화가 나서 그랬다고 생각했군……. 당신은 내 소중한 친구요, 내가 당신 속마음도 모를 것 같소?"

"좋아요……, 언제나처럼 나를 또 용서해주는군요."

나타샤는 눈물이 그렁그렁한 눈으로 미소를 지으며 내 손을 아프도록 꼭 쥐었다.

"나머지는 나중에 말해요. 당신에게 말할 게 많아요, 바냐. 하지만 지금은 그에게……."

"그래, 빨리 가요, 나타샤. 그를 갑작스럽게 혼자 남겨 두었어……."

"무슨 일이 벌어지는지 잘 봐두세요." 나타샤가 재빨리 속삭였다. "나는 지금 모든 것을 알고 있어요. 모든 것을 파악했어요. 다 그 사람 탓이에요. 오늘 저녁 많은 일이 해결될 거예요. 가요!"

나는 무슨 뜻인지 이해하지 못했지만 물어볼 틈이 없었다. 나타샤는 환한 얼굴로 공작에게 다가갔다. 공작은 여전히 손에 모자를 든 채 서 있었다. 나타샤는 상냥하게 용서를 구하고 모자를 받아 들었다. 그에게 손수 의자를 밀어 주었고, 우리 셋은 탁자에 둘러앉았다.

"우리집 철부지 이야기를 하다 말았지요." 공작이 웃으며 말을 이어 나갔다. "실은 아까 거리에서 그 애를 아주 잠깐 보았는데, 지나이다 표도로브나 백작 부인에게 가려고 막 마차를 타던 중이었소. 얼마나 급한 일이 있는지 나흘 만에 만났는데 나와 함께 집으로 돌아갈 생각도 않지 뭐요. 실은 오늘 우리가 아들놈보다 먼저 온 것은 나 때문이오, 나탈리야 니콜라예브나. 내가 그 기회를 이용해서, 오늘 백작 부인에게 갈 수 없으니 아들놈에게 심부름을 시켰거든요. 하지만 곧 나타날 겁니다."

"알료샤가 오늘 여기 오겠다고 약속했나요?" 나타샤가 몹시 순진한 표정으로 공작을 보면서 물었다.

"물론이지요. 당연히 올 겁니다. 왜 그렇게 묻는 거요?" 공작은 놀라서 소리를 지르며 나타샤를 찬찬히 살폈다. "하기야 이해가 갑니다. 그 애에게 화가 나 있군요. 그 애가 가장 늦게 오는 것은 분명히 잘못이지요. 그러나 다시 말하건대, 이건 내 잘못이니 부디 화내지 마시오. 그 애는 경솔하고 되통스럽소. 나는 아들을 변호하고 싶지는 않으나, 여러 특별한 상황 때문에 지금은 백작부인 댁과 다른 지인들을 모른 체할 수 없을뿐더러, 오히려 되도록 자주 얼굴을 비칠 수밖에 없습니다. 그리고 요즘에는 당신 곁에 붙어 있느라 세상일도 까맣게 잊고 있는 것 같으니 내가 볼일이 있어 가끔 몇 시간씩 그 애를 빼앗아 가더라도 너무 원망하지 말아 주시오. 그날 저녁 이후에는 K공작부인 댁에 한 차례도 가지 않았을 거요. 좀 전에 아들놈에게 물어보지 못한 것이 유감스럽군요!"

나는 나타샤를 바라보았다. 그녀는 조롱 섞인 미소를 잔잔하게 띠우며 공작의 말을 듣고 있었다. 공작의 태도는 아주 솔직하고 자연스러워 그의 말을 의심할 여지는 없어 보였다.

"그럼 요즈음에는 그가 저에게 한 번도 오지 않았다는 것을 정말로 모르시나요?" 나타샤가 늘 있는 일을 이야기하듯 나직한 목소리로 차분하게 물었다.

"뭐라고! 한 번도 오지 않았다고요? 그게 대체 무슨 말이오!" 공작이 놀라서 펄쩍 뛰며 말했다.

"공작님은 화요일 저녁 늦게 저를 찾아오셨죠. 다음 날 아침 그는 반시간 정도 저에게 들렀고, 그 뒤로는 한 번도 오지 않았어요."

"믿을 수 없는 일이로군! (공작은 점점 더 놀랐다) 나는 그가 당신 곁에 딱 붙어 있을 거라고 생각했소. 용서하시오, 이것 참 이상하고…… 믿을 수가 없는 일이군."

"그런데 사실이에요. 공작님이라면 그가 어디 있는지 알고 계실 거라고 기대했는데, 유감이에요."

"아니 이게 무슨 일이란 말이오! 알료샤는 곧 올 겁니다! 그러나 당신이 지금 말한 내용은 충격이군요. 사실, 알료샤가 무슨 짓을 저지를지 모른다고 생각은 했지만, 그래도 설마 이럴 줄은!"

"놀라셨다고요! 저는 공작님이 놀라지 않으실 뿐만 아니라, 이렇게 될 줄 이미 아셨을 거라고 생각했어요."

"알았다고요! 내가요? 나탈리야 니콜라예브나, 나는 맹세코, 오늘 그 애를 잠깐 보았을 뿐이고 아무한테도 그 애에 대해 묻지 않았소. 그런데 당신이 나를 믿지 않는 것 같으니 이상하군요."

공작은 우리 둘을 번갈아 보며 말을 이었다.

"천만에요!" 나타샤가 곧바로 말을 받았다. "공작님이 진실을 말씀하고 계시다고 전적으로 믿습니다."

나타샤는 공작을 똑바로 쳐다보며 다시 환하게 웃었다. 공작은 무의식적으로 몸을 움츠렸다.

"설명을 해주시오." 공작은 약간 당황해서 말했다.

"설명할 것이 아무것도 없는걸요. 저는 지극히 쉽게 말씀드렸어요. 알료샤가 얼마나 변덕스럽고 건망증이 심한지 공작님도 아시지요? 지금쯤 완전한 자유를 만끽하며 느긋하게 여유를 부리고 있는지도 몰라요."

"있을 수 없는 일이오. 분명 무슨 사정이 있는 게 틀림없소. 그 애가 오면 곧바로 어떻게 된 일인지 설명하라고 하겠소. 그런데 무엇보다 놀라운 것은 당신이 어떤 점에서 나를 책망하는 것처럼 보인다는 점이오. 나는 이곳을 떠나 있지 않았소. 어찌 되었든 나탈리야 니콜라예브나, 당신이 그애에게 화를 내는 마음은 이해하오! 화내는 게 당연해요, 그리고…… 물론 내게 우선적으로 잘못이 있소. 내가 여기에 먼저 나타났다는 것만 해도 그렇고. 그렇지 않소?" 공작은 초조한 미소를 띠고 나를 바라보았다.

나타샤는 갑자기 얼굴을 붉혔다.

"잠시만요, 나탈리야 니콜라예브나." 공작은 정색을 하고 말을 계속했다. "나는 내 잘못을 인정합니다. 그러나 내 잘못은 우리가 인사를 나눈 다음 날 여행을 떠났다는 점뿐입니다. 보아하니 당신은 의심이 좀 많은 듯하군요. 그 결과 나에 대한 생각을 바꾸게 되었는데, 그게 다 지금 상황 때문입니다. 내가 떠나지 않았더라면 당신은 나를 더 잘 알 수 있었을 테고, 알료샤도 내가 보고 있는 한 그렇게 경솔한 행동은 하지 않았을 거요. 오늘 당신이 보는 앞에서 그에게 한마디하겠소."

"말하자면, 그가 저를 부담스러워하게 만드시려는 거죠. 당신처럼 현명하신 분이 그런 방법으로 저를 도울 수 있다고 생각하시다니 도저히 믿기 어렵군요."

"내가 지금 의도적으로 아들에게 당신을 짐스럽게 느끼도록 만든다고 의심하는 겁니까? 당신은 지금 나를 모욕하고 있소, 나탈리야 니콜라예브나."

"저는 누구와 이야기하든지 되도록 암시를 피하려고 애씁니다." 나타샤가 대답했다. "언제나 되도록 솔직하게 말하려고 하죠. 아마 오늘 공작님도 그 점을 확인하시게 될 겁니다. 저는 공작님을 모욕할 생각은 조금도 없습니다. 아무 의미도 없으니까요. 제가 무슨 말씀을 드리든지, 공작님은 제 말에 모욕을 느끼지 않으실 것이기 때문이에요. 저는 틀림없이 그렇다고 확신해요. 왜냐하면 우리 관계의 성질을 잘 이해하고 있거든요. 당신은 이 관계를 진정으로 받아들이지 않으십니다. 안 그런가요? 그런데 제가 정말로 당신을 모욕했다면, 언제든지 사과하고 집주인으로서 손님을 접대하는 의무를 이행할 준비가 되어 있습니다."

나타샤는 경쾌하고 익살맞은 말투로 입가에 미소를 지으며 말했지만, 나는 이렇게까지 화가 난 그녀를 처음 보았다. 비로소 나는 지난 사흘 동안 나타샤가 얼마나 고통스러웠는지를 이해하게 되었다. 모든 것을 알았고 간파해냈다는 나타샤의 수수께끼 같은 말을 생각하고 몸을 떨었다. 그 말들은 틀림없이 공작을 겨냥한 것이었다. 나타샤는 공작에 대한 생각을 바꾸고, 자신의 적으로 본 것이 분명했다. 알료샤와의 관계가 멀어진 것을 그의 탓으로 돌렸으며, 이런 생각을 하게 된 데는 그럴 만한 이유가 있는 듯했다. 나는 두 사람 사이에 돌발적인 일이 벌어질까 봐 겁이 났다. 나타샤의 익살맞은 어조는 지나치게 노골적이었다. 나타샤가 공작에게 마지막으로 한 말, 즉 자기와의 관계를 진정으로 받아들이지 않는다는 말과, 손님에 대한 의무에 따라 사과하겠다는 말, 그리고 나타샤가 직선적으로 말할 수 있다는 것을 오늘 저녁 입증해 보이겠다는 위협조의 약속은 모두 지나치게 공격적이고 노골적이어서 공작이 그 점을 이해하지 못할 리 없었다. 역시나 공작의 얼굴빛이 변했지만 그는 자신을 억제할 줄 알았다. 이내 그 말의 진정한 의미를 이해하지 못했다는 표정을 지으며 농담으로 얼버무리려 했다.

"당신에게 사과를 받다니 당치도 않아요!" 공작은 웃으며 말을 받았다. "나는 그럴 생각이 조금도 없으며 여성에게 사과를 요구하는 것은 내 원칙에도 어긋나오. 우리가 처음 만났을 때 당신에게 내 성격을 미리 말했으니 바라건대, 내가 한 가지 지적을 하더라도 노하지 마시오. 더욱이 이것은 일반적인 모든 여성과 관계된 것이니 상관없겠지요. 당신도 아마 이 지적에 동의하실 겁니다." 공작은 상냥하게 나를 보며 말을 계속했다. "나는 전부터 여성의 성격에는 이런 특징이 있음을 깨달았소. 여인들이 무슨 잘못을 저지르면 그 순간, 잘못의 증거가 아직 남아 있을 때 실수를 인정하고 용서를 빌기보다는 시간이 흐른 뒤 그 잘못을 1000배의 애교로써 무마하려는 경향이 있다는 말입니다. 그러므로 나는 당신이 나를 모욕했다고 하더라도 지금 이 순간은 사과받고 싶은 마음이 없습니다. 당신이 나중에 실수를 인정하고…… 1000배의 애교로 그 실수를 씻으려 할 때까지 기다리는 게 나에게는 더 유리하기 때문이오. 당신은 아주 선량하고 순수하고 싱싱하고 솔직한 분이니 당신이 뉘우치는 순간은 아주 매력적일 거요. 그러니 사과를 하기보다는 내가 당신들이 생각하는 것보다 훨씬 더 솔직하고 진실하게 당신들을 대하고 있다는 사실을 어떻게 증명하면 좋을지 말해줄 수는 없겠소?"

나타샤는 얼굴이 빨개졌다. 나에게도 공작의 대답이 지나치게 가볍고 무책임하며 무례한 농담으로 들렸다.

"솔직하고 진실하다는 사실을 저에게 증명하고 싶으시다고요?" 나타샤가 도발하듯 공작을 바라보며 물었다.

"그렇소."

"그러시다면 제 청을 들어주세요."

"기꺼이 약속하겠소."

"제 청은 오늘도 내일도, 저에 대한 그 어떤 말이나 암시로 알료샤를 불안하게 만들지 마시라는 겁니다. 저를 등한히 했다고 나무라거나 훈계도 하지 마세요. 저는 아무 일도 없었던 것처럼 그를 맞고 싶어요. 그가 아무것도 알아채지 못하도록 그렇게 해주시기 바랍니다. 약속해 주실 수 있겠어요?"

"약속하다마다요." 공작이 대답했다. "진심을 담아 한마디 덧붙이자면, 나는 이런 종류의 일에 당신처럼 이성적이고 분명한 견해를 가진 사람은 좀처럼 보지 못했소……. 그런데 알료샤가 온 것 같군요."

정말로 현관에서 시끄러운 소리가 났다. 나타샤는 몸을 떨며 마치 무엇인가를 준비하는 듯했다. 공작은 심각한 표정으로 앉아서 무슨 일이 벌어질지를 기다렸다. 그는 나타샤를 유심히 살폈다. 문이 열리고 알료샤가 뛰어 들어왔다.

2

알료샤는 환하고 명랑하고 기쁜 얼굴로 뛰어들어왔다. 그가 지난 나흘 동안 유쾌하고 행복하게 보냈다는 것을 한눈에 알 수 있었다. 우리에게 들려주고 싶은 말이 있다고 얼굴에 씌어 있었다.

"내가 왔습니다!" 알료샤는 방이 떠나갈 듯 소리쳤다. "가장 먼저 왔어야 할 내가 이제 왔어요. 그러나 곧 모든 것을 알게 될 겁니다. 모든 것을, 남김없이 말이에요! 아버지, 좀 전에는 이야기를 나눌 시간도 없었지요. 저는 말씀드릴 게 아주 많아요. 아버지는 기분이 좋을 때만 나를 '애야'라고 부르세요."

알료샤는 나를 보며 설명했다.

"다른 때는 절대 그러지 않으세요! 일부러 '이보게'라고 하시거든요. 그런데 오늘부터는 아버지가 언제나 기분이 좋으시기를 바라고, 제가 그렇게 되도록 만들겠어요! 나는 지난 나흘 동안 내 자신을 개조했어요. 완전히 다른 사람이 되었습니다. 모든 것을 말씀드리겠습니다. 그러나 그것은 나중에 하기로 하고, 당장 중요한 것은 바로 이 사람입니다! 아, 만나고 싶었소! 나타샤, 잘 있었소? 나의 천사!" 알료샤는 나타샤 옆에 앉아 그녀의 손에 열 렬히 입을 맞추었다. "지난 며칠 동안 내가 얼마나 당신을 그리워했는지 아 오? 그러나 도저히 올 수가 없었소. 도저히 그럴 상황이 아니었소. 내 사 랑! 어쩐지 조금 수척해진 것 같소. 얼굴빛도 창백하고……."

알료샤는 열광적으로 나타샤의 손에 입을 맞추고, 아무리 보아도 싫지 않 다는 듯 그 아름다운 눈으로 그녀의 얼굴을 행복에 겨워 바라보았다. 나는 나타샤를 바라보고 그녀의 표정에서 우리가 같은 생각을 하고 있음을 읽었 다. 즉 그는 완전히 무고했다. 이 천진난만한 사람이 어떻게 죄를 저지를 수 있었겠는가? 심장 속에 괴어 있던 피가 순식간에 머리로 치솟아 오른 듯, 나타샤의 창백한 뺨에 갑자기 선명한 홍조가 퍼졌다. 나타샤는 반짝반짝 빛 나는 눈으로 오만하게 공작을 바라보았다.

"그런데 당신은…… 그동안…… 어디에 계셨나요?" 나타샤가 억눌려 끊 어지는 듯한 목소리로 물었다. 숨결이 무겁고 고르지 못했다. 아, 나타샤는 그를 진심으로 사랑했다!

"사실 내가 당신에게 못할 짓을 한 것 같소. 아니, 한 것 같은 게 아니라 실제로 내가 잘못했지. 그건 나도 아오. 알기 때문에 이렇게 온 거요. 카차 가 어제도 오늘도 말했소. 여인들은 그러한 무관심을 용서하지 않는다고(그 녀는 화요일에 우리에게 무슨 일이 있었는지 다 알고 있소. 내가 그 다음 날 그녀에게 이야기해 주었거든). 나는 카차에게 반박하며 말해주었소. 그 여 인은 나타샤라고 하며, 온 세계에서 그녀와 견줄 수 있는 사람은 단 한 사 람, 바로 카차뿐이라고 말했소. 나는 그 논쟁에서 당연히 이겼다고 생각하며 이리로 왔소. 당신 같은 천사가 용서하지 않을 리 없지 않소? '그가 오지 않 은 것은 형편이 여의치 않기 때문이지, 나를 사랑하지 않아서가 아니에요.' 나의 나타샤는 그렇게 생각할 거요! 그리고 어떻게 당신을 향한 내 마음이 식을 수 있겠소? 그런 일은 있을 수 없어요. 나는 가슴이 아프도록 당신을 그렸소. 그러나 어쨌든 내가 잘못한 거요! 그래도 사정을 알고 나면 당신이 제일 먼저 나를 인정해 줄 거요. 곧 모든 것을 말해 주겠소. 여러분 앞에서 내 마음을 털어놓고 싶어서 왔으니까요! 실은 오늘 (잠깐 짬이 생겨서) 당 신에게 입이라도 맞추기 위해 달려오려 했소만 그리 하지 못했소. 카차가 중 요한 일이 있으니 곧바로 와달라고 했기 때문이오. 마차를 타고 나가는 길에 아버지와 딱 마주쳤는데, 그 바로 전에 있었던 일이에요. 그때 저는 두 번째 편지를 받고 카챠에게 가는 길이었어요. 지금 며칠째 하인들이 편지를 가지고 온 종일 이 집에서 저 집으로 달리고 있어요. 이반 페트로비치, 당신이 써놓고 간 편지는 어제 저녁에야 비로소 읽었습니다. 당신이 하신 말씀이 전적으로 옳아요. 그렇지만 어떻게 하겠어요, 물리적으로 불가능하니! 그래서 생각했죠. 내일 저녁 모든 것을 설명하리라. 오늘 저녁에는 무슨 일이 있어도 당신에게 오지 않을 수 없으니까요, 나타샤."

"편지라니 그게 무슨 소리예요?" 나타샤가 물었다.

"이반 페트로비치가 우리집에 왔소. 나를 만나지 못하자 편지를 남겨 두었는데, 내가 당신에게 오지 않는다고 단단히 혼을 냈소. 그가 전적으로 옳아요. 그게 어제 일이었소."

나타샤가 나를 흘끗 바라보았다.

"그런데 네가 아침부터 저녁때까지 카테리나 표도로브나의 집에 가 있을 수 있을 만큼 시간이 충분했다면……." 공작이 말하기 시작했다.

"알아요, 무슨 말씀을 하시려는지 알아요." 알료샤가 말을 끊었다. "'카챠에게 갈 여유가 있었다면 나타샤에게 그 두 배는 와야 한다'라는 말씀이죠? 전적으로 동의해요. 굳이 덧붙이자면 두 배가 아니라 수만 배는 와야죠! 하지만 세상에는 모든 것을 송두리째 흔들고 뒤집는, 기이하고 예기치 않은 사건들이 있는 법이거든요. 그런데 제가 바로 그런 상황에 처했던 거예요. 내가 이미 이 며칠 동안 머리끝부터 발끝까지 변했다고 말씀드렸지요. 정말로 중요한 사정이 있었어요!"

"아이 참, 대체 무슨 일이 있었던 거예요? 애태우지 말고 어서 말해 봐요!" 흥분한 알료샤를 보고 미소지으며 나타샤가 소리쳤다.

사실 그는 약간 우스꽝스러웠다. 몸이 달아서, 낱말들이 빠르고 두서없이 거의 되는 대로 지껄이는 수준으로 마구 튀어 나왔다. 말하고 싶어서 온몸이 근질근질한 듯했다. 그러나 말하는 동안에도 나타샤의 손을 꼭 잡고 아무리 입을 맞추어도 모자란다는 듯이 쉴새없이 그 손을 자기 입술로 가져갔다.

"무슨 일이 있었느냐면 말이오." 알료샤가 말을 이었다. "아, 내 친구들! 내가 무엇을 보고 무엇을 했으며 어떤 사람들을 만났는지 들어 봐요! 무엇보다도, 나타샤, 카챠는 완벽해요! 이제껏 나는 그녀들에 대해 전혀 몰랐어요! 화요일 날, 내가 당신에게 카차 이야기를 하면서 상당히 열광했던 것을 기억하죠? 그렇지만 그때도 나는 카차에 대해 거의 몰랐던 것이나 마찬가지였어요. 카차는 지금까지 나에게 자신을 숨겼어요. 그러나 지금 우리는 서로를 완전히 알아요. 서로 친근하게 부르는 사이가 되었지요. 그러면 처음부터 이야기할게요. 우선 나타샤, 그 다음날인 수요일에 우리 사이에 무슨 일이 있었는지 카차에게 들려주었을 때 그녀가 뭐라고 했는지 당신에게도 꼭 들려주고 싶었어요……. 아, 내가 그 수요일 아침에 여기 왔을 때 당신 앞에서 얼마나 바보같이 굴었는지 생각나요! 당신은 한없는 기쁨에 젖어 나를 맞았지요. 우리의 새로운 상황에 완전히 감동해서 이 모든 일에 관해 나와 이야기하고 싶어했지요. 당신은 슬퍼보였지만 그래도 나와 농담하고 장난을 쳤소. 그런데 나는 짐짓 거들먹거리며 신사인 체했소! 오, 바보 같으니! 정말 바보였소! 나는 내가 곧 가장이 되고, 어엿한 신사가 될 것이라는 사실을 뽐내고 싶었는데 뽐낼 사람이 없다 보니 당신 앞에서 그랬던 거요. 아, 그때 내 꼴이 참 우스웠지요? 당신이 아무리 웃어도 나는 할 말이 없어요."

공작은 조용히 앉아서 일종의 승리감에 젖어 빈정대는 미소를 지으며 알료샤를 바라보았다. 공작은 아들이 경솔하고 우스운 사람으로 보이는 것이 기쁜 듯했다. 나는 이날 저녁 내내 공작을 유심히 관찰했는데, 아들을 몹시 사랑하는 소문과는 달리 그는 결코 아들을 사랑하지 않는다는 확신을 얻었다.

"당신과 헤어진 뒤 나는 카차에게로 갔소." 알료샤가 이야기를 계속했다. "그날 아침에 처음으로 카차와 나는 서로를 완전히 이해했다고 말했지요? 그런데 그 과정이 참 이상해요……. 기억조차 잘 나지 않는데…… 따뜻한 말을 몇 마디 나누고 서로의 감정과 생각을 솔직하게 털어놓은 뒤 우리는 영원히 가까워졌어요. 그 사람을 이해해 줘요, 나타샤! 카차가 얼마나 자세히 당신을 분석하고 설명해 주었는지 몰라요! 당신이 나에게 얼마나 귀중한 존재인가를 그녀가 깨우쳐 주었소! 그리고 나에게 자신의 사상과 인생관을 조금씩 모두 펼쳐 보였소. 카차는 매우 진지하고 훌륭한 아가씨요! 우리의 의무와 사명에 대해, 그리고 우리 모두 인류를 위해 봉사해야 한다는 점에 대해 이야기했소. 대여섯 시간 이야기한 끝에 우리는 완전히 의견의 일치를 보고, 서로 영원한 친구가 되어 평생 협력하기로 맹세했소!"

"어떤 활동을 할 거냐?" 공작이 놀라서 물었다.

"저는 완전히 변했어요, 아버지. 이런 이야기를 들으면 깜짝 놀라시겠지만 아버지의 반대는 예상하고 있어요." 알료샤가 의기양양하게 대답했다. "여러분은 모두 세상일에 밝은 분들이라 엄격하고 단호하고 확실한 규칙들에 얽매여 있죠. 여러분은 모든 새로운 것, 젊은 것, 신선한 것들을 의심과 적의를 담아 조롱하는 눈으로 바라봅니다. 그러나 이제 저는 아버지가 며칠 전까지 알던 그 알료샤가 아닙니다. 저는 이제 다른 사람이에요! 저는 세상의 모든 것과 모든 사람들을 대담하고 똑바로 바라봅니다. 제 신념이 옳다고 생각하면 그것을 끝까지 쫓아갑니다. 그 길에서 방향을 잃지만 않는다면 저는 명예로운 사람입니다. 저는 이것으로 충분합니다. 나중에 말씀을 하셔도 저는 자신을 믿습니다."

"오호!" 공작이 비꼬는 투로 말했다.

나타샤는 불안한 듯 우리를 번갈아 바라보았다. 나타샤는 알료샤가 걱정스러웠다. 그는 이야기에 열중한 나머지 스스로 자신의 입장을 더 불리하게 만드는 경우가 자주 있었는데, 나타샤는 그 점을 잘 알고 있었다. 나타샤는 알료샤가 우리 앞에서, 특히 그의 아버지 앞에서 우스꽝스럽게 비칠까 봐 몹시 불안해했다.

"무슨 말이에요, 알료샤!" 나타샤가 말했다. "일종의 철학 같군요. 누군가가 가르쳐주었군요……. 그보다 어서 그 사정을 말해주세요."

"지금 이야기하고 있잖소!" 알료샤가 소리쳤다. "그러니까 카차의 사촌인가 뭔가 하는 친척 중에 레프와 보리스라는 두 젊은이가 있는데, 한 사람은 대학생이고 다른 사람은 보통 청년이오. 카차는 그들과 어울리는데 그들은 진짜 괴짜들이에요! 그들은 원칙적으로 백작부인에게는 가지 않아요. 카차와 내가 인간의 사명이나 소명 같은 것들에 대해 이야기할 때, 나는 그들에 대해 이야기하고 곧 그들에게 소개장을 써 주었소. 나는 곧바로 달려가 그들과 인사했고, 그날 저녁 우리는 완전히 뜻을 모았소. 그곳에는 열두 명 가량의 다양한 사회적 직분을 가진 사람들이 있었어요. 대학생, 장교, 예술가, 게다가 작가도 한 사람 있었죠……. 그들은 모두 당신을 알더군요, 이반 페트로비치, 당신의 작품을 읽었고, 앞으로 당신에게 큰 기대를 걸고 있었어요. 다들 그렇게 말했어요. 나는 당신과 개인적으로 친분이 있으니 다음에 소개시켜 주겠다고 약속했어요. 모두들 나를 형제처럼 두 팔 벌려 환영했습니다. 내가 처음에 곧 결혼할 것이라고 말했더니, 그들은 이미 나를 기혼자로 대접했지요. 그들은 5층 다락방에 삽니다. 그들은 되도록 자주 모이는데 주요 집회는 수요일에 가져요. 레프와 보리스의 집에서 모이죠. 그들은 씩씩한 젊은이들이며, 인류에 대한 열렬한 사랑으로 충만해 있어요. 우리는 이 나라의 현재와 미래에 대해, 과학과 문학에 대해 이야기했죠. 참으로 훌륭하고 솔직하고 꾸밈없는 대화가 이루어졌어요……. 그곳에는 중학생도 한 명 와요. 서로 주고받는 말도 얼마나 고상한지 몰라요! 그런 사람들은 처음 봤어요! 지금까지 나는 어디를 드나든 것일까? 나는 무엇을 보았던가? 나는 어떤 환경에서 자랐단 말인가? 나타샤, 오직 당신만이 나에게 이런 것에 대해 말해 주었소. 아, 나타샤, 당신은 반드시 그들과 만나야 해요. 카차는 이미 그들과 친한 사이요. 그들은 카차라면 거의 신처럼 받들어요. 카차는 레프와 보리스에게 자신의 재산에 대한 권리를 행사할 수 있게 되면, 즉각 100만 루블을 사회에 기부하겠다고 약속했대요."

"그 100만 루블의 관리인은 분명 레프와 보리스, 그리고 그 모임이 되겠군?" 공작이 물었다.

"그렇지 않아요, 그렇지 않아요. 그렇게 말씀하시다니 부끄럽지도 않으세요, 아버지!" 알료샤가 흥분해서 외쳤다. "저는 아버지의 사상이 이상해요! 그 100만 루블에 대해 우리도 여러모로 상의하며 어떻게 쓸지 오랫동안 생각했지요. 그리고 마침내 무엇보다 사회적 계몽을 위해 쓰기로 결정했어요……."

"그래, 나도 이제까지 카테리나 표도로브나에 대해 충분히 알지 못했구나." 공작이 여전히 조롱하듯 웃으며 혼잣말하듯 토를 달았다. "무슨 짓을 저지를지 모를 사람이라고는 예상했지만, 그런 짓까지……."

"그런 짓이라니, 무슨 뜻입니까!" 알료샤가 아버지의 말을 끊었다. "무엇이 그리 이상하신가요? 아버지의 질서와 조금 다르다는 말씀인가요? 지금까지 아무도 100만 루블을 기부한 적이 없는데, 카차가 한다는 것 때문인가요? 바로 그 점이군요? 하지만 그녀가 남의 돈으로 살지 않겠다면요? 그 100만 루블로 산다는 것은 남의 돈으로 산다는 뜻이니까요(저는 이제야 그것을 알게 되었어요). 그녀는 조국과 모든 사람들에게 도움이 되기를 원해요. 그래서 공공의 이익을 위해 자신의 힘을 보태려는 것뿐입니다. 기부에 대한 내용은 어릴 때 읽은 교과서에도 나와 있어요. 그런데 그것이 100만 루블이면 이야기가 달라지나요? 그리고 제가 그리도 굳게 믿었던 그 훌륭한 상식의 바탕은 무엇입니까? 왜 그런 얼굴로 보십니까, 아버지? 마치 어릿광대나 바보를 보시듯이! 바보라도 좋아요! 나타샤, 이 문제에 대해 카차가 한 말을 당신에게도 들려주고 싶었어요. '가장 중요한 것은 지혜가 아니라 그것을 다스리는 일이에요. 인간의 성격과 마음, 고결한 성품, 정신적 발전이죠.' 그런데 이 점에 대해서는 베스미긴이 천재적인 표현을 했어요. 베스미긴은 레프와 보리스의 친구인데 우리들의 우두머리예요. 진짜 천재적인 두뇌의 소유자죠! 어제 그가 이야기하다가 말했어요. '자신이 바보라는 사실을 자각하고 있는 바보는 이미 바보가 아니다!' 이만한 진리가 또 어디 있겠어요! 그는 이런 금언을 끊임없이 토해내요. 쉬지 않고 진리를 퍼뜨리죠."

"정말로 천재적이구나!" 공작이 비꼬듯 토를 달았다.

"아버지는 계속 비꼬기만 하시는군요. 저는 아버지에게서는 이런 말을 여태껏 한 번도 들어 보지 못했어요. 그리고 아버지가 좋아하시는 그 상류 사회 전체에서도요. 그들은 반대로 모든 것을 숨기려 하고 통제하려고만 해요. 그럼으로써 모두의 키나 코를 일정한 치수, 일정한 규격에 딱 맞추는 일에만 신경을 쓰죠. 그러나 그게 가능하기나 한가요! 그것은 우리가 이야기하고 생각하는 것보다 1000배나 더 불가능해요. 그러면서 우리를 이상주의자라고 부르지요! 우리가 어제 나눈 이야기를 아버지도 들으셨어야 했어요⋯⋯."

"그런데 그들은 무엇에 대해 이야기하고 생각한다는 건가요? 말해 주세요, 알료샤. 나는 아직 잘 모르겠어요." 나타샤가 말했다.

"진보, 인도적인 것, 사랑으로 이끄는 모든 것에 대해서요. 이 모든 것을 실제 문제와 관련하여 토론하는 것이오. 우리는 언론의 자유, 이제 추진하기 시작한 개혁, 인류에 대한 사랑, 이 시대의 사회운동가 등에 대해 이야기를 나누지요. 우리는 그들을 비판하고 연구하며 그들의 저작을 읽어요. 그러나 중요한 것은 우리가 서로 속내를 완전히 터놓기로, 자신에 대한 모든 것을 서로 솔직하게 거리낌 없이 말하기로 약속했다는 겁니다. 오직 솔직과 정직으로만 목적을 달성할 수 있기 때문이오. 특히 베스미긴이 그렇게 주장하지요. 카차에게 이 이야기를 해 주자 그녀는 베스미긴의 말에 전적으로 동감했소. 그래서 우리 모두 베스미긴의 지도에 따라 평생 정직하고 솔직하기로 약속을 했고, 사람들이 우리에 대해 뭐라고 하든, 뭐라고 비판하든 결코 흔들리지 않고, 우리의 영감과 열정, 실패에도 부끄러워하지 않고 똑바로 우리의 길을 가기로 약속했소. 다른 사람에게 존경을 받고 싶다면 우선 자신부터 존경해야 해요. 그래야만, 즉 자신에 대한 존경을 통해서만 다른 사람으로부터 존경받을 수 있소. 베스미긴이 한 말인데 카차도 전적으로 동의했소. 우리의 신념은 일치해요. 그래서 먼저 각자 자신에 대해 연구하고, 다음에 모여서 서로에 대해 이야기하기로 했소⋯⋯."

"이 무슨 실없는 소리야! 베스미긴이 누구야? 안 돼, 도저히 그냥 두고 볼 수 없군⋯⋯." 공작이 불안스레 소리쳤다.

"무엇을 두고 볼 수 없다는 말씀인가요?" 알료샤가 말을 받았다. "들어 보세요, 아버지. 제가 왜 아버지가 함께 계신 이 자리에서 굳이 이런 이야기를 하는지 아세요? 아버지도 우리 모임에 가입하시기를 원하기 때문입니다. 저는 이미 그 사람들에게 아버지를 모셔 오겠다고 약속했어요. 아버지는 웃으시는군요? 좋아요. 그러실 줄 알았어요. 하지만 끝까지 들어 보세요! 아버지는 훌륭하고 고결한 분이시니 저를 이해하실 거예요. 아버지는 아직 이런 사람들을 보지 못하셨고, 그들이 하는 말을 직접 들어 보시지도 못하셨을 거예요. 물론 아버지는 무척 박식하시니까, 이러한 이야기를 들어보셨거나 연구해 보셨을지도 몰라요. 그러나 아버지는 그들을 직접 보시지 못했고 그들의 모임에 나가 보시지도 않았어요. 그런데 어떻게 그들에 대해 올바르게 판단할 수 있으시겠어요! 아버지는 단지 그들에 대해 안다고 상상하시는 거예요. 일단 그곳에 가서 그들의 말을 들어 보세요. 그러면 아버지도 우리의 일원이 되시리라고 장담해요! 중요한 것은, 제가 아버지께서 그렇게 집착하고 계신 그 사교계에서 파멸하지 않도록, 그 일그러진 편견에서 아버지를 구하기 위해 모든 수단을 동원할 거라는 점입니다."

공작은 아무 말도 없이 독살스럽게 비웃으며 알료샤의 비장한 연설을 들었다. 그의 얼굴에는 악의가 떠올라 있었다. 나타샤는 노골적인 혐오를 드러내며 공작을 지켜보았다. 공작도 그 점을 알아챘지만 모른 척했다. 그러나 알료샤가 이야기를 끝내자마자 공작은 갑자기 웃음을 터뜨렸다. 웃느라 몸을 가눌 힘도 없다는 듯 의자 등받이에 몸을 기대기까지 했다. 그러나 그 웃음은 부자연스러웠다. 공작이 오로지 자기 아들을 더 심하게 모욕하고 비하하기 위해 웃고 있다는 것이 너무나 분명했다. 알료샤는 정말로 괴로워했다. 그의 얼굴에 몹시 슬픈 빛이 떠올랐다. 그러나 그는 아버지의 폭소가 가라앉기를 참을성 있게 기다렸다.

"아버지," 그가 우울하게 말문을 열었다. "왜 저를 비웃으세요? 저는 아버지께 솔직히 말씀드렸어요. 제가 바보 같은 말을 했다면 웃지 마시고 말로 하세요. 무엇이 그리 우스우세요? 지금 제게 아주 성스럽고 고결한 것이 아버지에게는 우습나요? 네, 제가 실수했을 수도 있어요. 이 모든 것이 옳지 않고 그릇된 것일 수도 있다고요. 또 아버지께서 이따금 말씀하시듯 제가 바보일 수도 있지요. 그러나 아무리 제가 길을 잘못 들었다 하더라도 저는 어디까지나 성실하고 진실합니다. 저는 제가 지닌 고상함을 잃지 않았어요. 저는 그들의 높은 이상에 감격했어요. 그 이상이 헛된 것일지라도 그 바탕은 숭고합니다. 제가 말씀드렸죠. 아버지나 아버지 주변의 어느 누구도 저에게 본보기가 될 만하고 제 마음을 사로잡을 그런 것들을 이야기해 주지 않았다고요. 그들의 이상을 반박하고 그보다 나은 의견이 있으면 말씀해 주세요. 그럼 아버지를 따르겠습니다. 그래도 웃지는 마세요, 아버지께서 웃으시면 저는 무척 슬퍼집니다."

알료샤는 매우 당당하고 위엄 있게 말했다. 나타샤는 동감이라는 표정을 지으며 알료샤를 바라보았다. 공작도 아들의 말에 깜짝 놀라서 곧 어조를 바꾸었다.

"너를 모욕하려는 생각은 전혀 없었단다." 공작이 대답했다. "그 반대로 네가 자랑스럽구나. 너는 경솔한 아이에서 벗어나기 위해 한 걸음 내디딜 준비를 하고 있는 거야. 그게 나의 생각이다. 그냥 생각없이 웃었을 뿐이지, 너를 아프게 할 마음은 전혀 없었단다."

"그럼 왜 저에게는 그렇게 보였을까요?" 알료샤가 괴로운 마음으로 말을 이었다. "왜 아까부터 아버지께서 저를, 아버지가 아들을 보는 것이 아니라 적의를 품고 비웃으며 보신다고 여겨졌을까요? 왜 저는, 제가 아버지라면, 아버지께서 지금 제게 하시듯 아들을 모욕하지는 않을 거라는 생각이 들까요? 들어 보세요, 이참에 솔직히 이야기해 보죠. 앞으로 더는 오해가 남지 않도록. 그리고…… 저는 진실을 모두 이야기했어요. 아까 여기 들어섰을 때 이 방에서 무슨 오해가 생겼다는 느낌이 들었어요. 제 예상과는 어쩐지 달랐죠, 그렇지 않나요? 만일 그렇다면, 저마다 자신의 느낌을 다 말해보는 게 어떨까요? 솔직하게 털어놓으면 어지간한 불행은 다 해결되니까요!"

"말해, 말하려무나, 알료샤!" 공작이 말했다. "네 제안은 매우 현명해. 거기서부터 시작하면 좋을 성싶구나." 공작이 나타샤를 바라보며 덧붙였다.

"제가 지나치게 솔직히 말해도 화내지 마세요." 알료샤가 말문을 열었다. "아버지께서 상황을 이렇게 만드셨으니 잘 들어 주세요. 아버지는 저와 나타샤의 결혼에 동의하셨어요. 저희에게 이런 행복을 주시고 대신 자신을 억제하셨어요. 아버지는 관대하셨고, 저희는 아버지의 고결하신 처사에 감사드립니다. 그런데 왜 이제와서 그런 짓궂은 웃음으로, 제가 아직 가소로운 소년일 뿐 남편이 될 자격이 없다고 매순간 느끼게 만드시는 겁니까? 심지어 나타샤 앞에서 저를 조롱하고, 비하하고, 비방하고 싶으신 것 같아요. 아버지는 언제나 남 앞에서 저를 우습게 만드는 데서 기쁨을 찾으시네요. 이 점은 제가 어제 오늘 느낀 문제가 아니에요. 전부터 알고 있었어요. 아버지는 왠지 마치 우리의 결혼이 우스꽝스럽고 불합리하며 우리가 서로 어울리지 않는다는 점을 우리에게 입증하려고 애쓰시는 것 같아요. 아버지는 아버지께서 우리를 위해 예정해 놓으신 것을 스스로 믿지 않으시는 듯합니다. 마치 이 모든 것을 농담이나 재미있는 착상, 우스꽝스러운 희극 보시듯 하세요……. 단지 아버지가 오늘 하신 말씀만을 근거로 해서 이러는 건 아니에요. 그날 저녁, 화요일 날 저녁에 집으로 돌아가시자마자 아버지께서 이상한 표현을 쓰시는 걸 듣고 저는 매우 놀라고 슬펐어요. 아버지께서는 수요일에도 떠나시면서 우리의 현재 상황에 대해 어떤 암시를 하셨고, 나타샤에 대해서도 무언가 말씀하셨어요. 모욕까지는 아니었지만 제가 예상치 못한 식으로, 어쩐지 무례하고 나타샤에 대한 사랑을 존중하는 마음이 전혀 없는 말투로……. 설명하기가 어렵지만 그 말투만은 분명히 기억해요. 직감적으로 그렇게 느꼈으니까요. 제가 오해한 것이라고 말씀해 주세요. 그 의심을 풀어주시고 안심시켜 주세요, 그리고…… 나타샤도 안심시켜 주세요. 왜냐하면…… 아버지는 나타샤를 아프게 했기 때문이에요. 방에 들어온 순간 첫눈에 알아봤어요……."

알료샤는 이 말을 열렬히, 단호하게 말했다. 나타샤는 흥분하여 상기된 얼굴로 의기양양하게 들으며 알료샤가 말하는 동안에 두 차례나 '그래, 그래,

그랬어!' 하고 혼잣말을 중얼거렸다. 공작은 당황했다.

"아들아," 공작이 대답했다. "물론 내가 한 말을 내가 모두 기억하지는 못하지만 네가 그런 식으로 받아들였다니 무척 섭섭하구나. 네 오해를 풀기 위해서라면 내 무엇이든 하마. 먼저 내가 조금 전에 웃은 건 어쩌보면 당연하단다. 사실 나는 쓰라린 감정을 감추고 싶어서 웃었다. 네가 곧 가장이 된다고 생각하면, 지금도 그것이 전혀 불가능하고 어리석으며, 미안하다만 심지어 우스꽝스러운 일로 생각되는구나. 너는 내가 웃었다고 비난했지만, 내가 볼 때 그건 모두 네 탓이다. 물론 내 잘못도 있지. 요즘 들어 내가 너에게 너무 무신경했던 것 같구나. 그래서 지금에야 네가 무슨 짓을 저지를지 새삼 깨달았단다. 너와 나탈리야 니콜라예브나의 장래를 생각하면 나는 벌써부터 떨린다. 아무래도 내가 너무 서둘렀나 보구나. 내 보기에 너희들은 전혀 어울리지 않아. 어떠한 사랑도 언젠가는 사라지지만, 어울리지 않는 짝은 영원히 남는단다. 너의 운명에 대해 말하지는 않겠다만, 네 마음이 진실하다면 잘 생각해 보거라. 너는 너뿐 아니라 나탈리야 니콜라예브나까지 파멸의 길로 이끌고 있어. 철저하게 파멸시키고 말 거야! 너는 지금 한 시간이나 인류애와 숭고한 신념, 네가 사귄 고결한 사람들에 대해 이야기를 했다. 이반 페트로비치에게 물어봐라. 내가 아까 이 형편없는 계단을 따라 4층까지 올라와 저 문 앞에 멈춰 섰을 때, 내 생명과 다리를 구해 주신 하느님께 감사하며 뭐라고 말했는지 말이다. 그때 내 입에서 무심코 튀어나온 말이 뭔 줄 아니? 네가 나탈리야 니콜라예브나를 그렇게 사랑하면서 어떻게 이런 아파트에 살게 할 수 있는지 깜짝 놀랐단다. 너에게 재력이 없다면, 즉 네 의무를 이행할 능력이 없다면 남편이 될 자격도 없으며 의무를 걸머질 권리도 없다는 것을 어째서 모르느냐? 사랑만으로는 족하지 않아. 사랑은 행동으로 증명하는 것이야. 그런데 너는 '당신이 고생스러울 수도 있지만 그래도 나와 삽시다'라고 생각하는 듯하구나. 그것은 비인도적이고 상스러운 짓이야! 입으로는 보편적인 사랑에 대해 말하고 전인류적인 문제에 열을 내면서, 동시에 사랑을 배신하는 행위를 하고 그것을 깨닫지도 못하다니 나는 이해할 수가 없다! 내 말을 막지 마시오, 나탈리야 니콜라예브나, 끝까지 말하게 해 주시오. 가슴이 너무 아파서 속에 있는 말을 전부 다 해야겠소. 너는 말했지, 알료샤. 지난 며칠 동안 고상하고 아름답고 정직한 것들에 매료되었으며 사교계에는 그렇게 매료될 만한 것이 없고 단지 메마른 이성뿐이라고 비난했지. 그런데 스스로를 돌아보아라. 너는 그 고상하고 아름다운 것에 매료되어 화요일에 여기서 있었던 일도 잊고, 너에겐 세상의 무엇보다 고귀한 사람을 나흘이나 홀로 두었다! 심지어 너는 카테리나 표도로브나와 토론하며 나탈리야 니콜라예브나는 너를 극진히 사랑하고 관대해서 틀림없이 너를 용서해 줄 것이라고 당당하게 말했지. 하지만 그런 용서를 계산하고 장담할 권리가 네게 있다고 생각하느냐? 네가 이 기간 동안 나탈리야 니콜라예브나에게 얼마나 큰 고통을 주고, 얼마나 많은 의심과 억측을 불러일으켰는지 한번이라도 생각해 봤느냐? 어디서 새로운 이념에 매료되었다고 해서 자신의 최우선적인 의무를 소홀히 할 권리가 네게 있단 말이냐? 나탈리야 니콜라예브나, 약속을 어긴 것을 용서하시오. 그러나 지금의 사태는 그 약속보다 더 심각해요. 당신도 잘 이해할 거요……. 알료샤, 내가 왔을 때 나탈리야 니콜라예브나가 얼마나 괴로워하고 있었는지 너는 아느냐? 일생에서 가장 좋았어야 할 지난 나흘을 네가 지옥으로 만들었기 때문이다. 한편에서는 그러한 행동을 하면서 다른 한편으로는 말, 말, 말……. 이래도 내가 틀렸다는 것이냐? 그토록 큰 잘못을 저질러 놓고도 너는 나를 비난할 수 있겠느냐?"

공작이 말을 끝냈다. 그는 자신의 웅변에 취해 우리 앞에서 의기양양함을 감추지 못했다. 알료샤는 나타샤가 괴로워했다는 말에 병적인 우울함을 담고 그녀를 바라보았으나, 나타샤는 이미 결정을 내리고 있었다.

"괜찮아요, 알료샤. 괴로워하지 마세요." 나타샤가 말했다. "다른 사람들이 당신보다 더 잘못이 많으니까요. 앉으세요. 지금부터 제가 당신의 아버님께 드리는 말씀을 잘 들어보세요. 이제 끝낼 시간이 되었어요!"

"설명해 주시오, 나탈리야 니콜라예브나." 공작이 얼른 말을 받았다. "간곡히 부탁하오! 나는 이미 두 시간 전부터 그 수수께끼 같은 암시를 들었소. 더는 못참겠소. 그리고 솔직히 여기서 이런 대접을 받을 줄은 생각도 못했소."

"그러시겠죠. 우리가 당신의 비밀스러운 의도를 알아채지 못하게끔 말로써 우리를 현혹시킬 수 있다고 생각하시니까요. 새삼스레 무슨 설명할 것이 필요하겠어요! 당신 스스로 모든 것을 알고 이해하고 계시지 않습니까. 알료샤가 옳아요. 당신의 가장 큰 바람은 우리 사이를 갈라놓는 것이죠. 당신은 그 화요일 이후 여기서 무슨 일이 있을지 미리 알고 계셨고, 세세한 부분까지 철저히 계산해 두셨어요. 아까도 말씀드렸듯이, 당신은 저는 물론 당신이 준비한 이 결혼조차도 진지하게 생각지 않으세요. 우리를 놀리고 계신 거죠. 원하는 바가 있어서 연극을 하고 계세요. 이제 그 연극은 성공했죠. 알료샤가, 당신이 이번 일을 희극보듯 한다고 비난했는데, 그의 말이 옳아요. 당신은 알료샤를 나무라기는커녕 그의 행동에 기뻐하셨을 거예요. 알료샤가 아무것도 모른 채 당신이 기대한 대로 행동했기 때문이지요. 어쩌면 그 이상인지도 모르죠!"

나는 놀라서 몸이 굳어졌다. 오늘 밤 일종의 파국이 닥칠 거라고 예상하긴 했지만, 지나치게 노골적인 나타샤의 태도와 경멸하는 말투에 극도로 놀라고 말았다. 나는 생각했다. '나타샤는 정말로 무엇인가 알아채고는 망설임 없이 결별하기로 마음먹었군. 어쩌면 그의 앞에서 한꺼번에 퍼부어주기 위해서 초조한 마음으로 공작을 기다렸는지도 몰라.' 공작의 얼굴이 약간 창백해졌다. 알료샤의 얼굴에는 순박한 두려움과 고통스러운 기대의 빛이 떠올랐다.

"지금 나에게 뭐라고 비난했는지 다시 생각해 보시오!" 공작이 소리쳤다. "당신이 한 말을 다시 잘 생각해 보시오……. 나는 무슨 말인지 도통 모르겠소."

"아! 짧게 말해서는 이해하지 못하시는군요." 나타샤가 말했다. "알료샤도 저처럼 당신의 속마음을 꿰뚫어 보았어요. 우리는 아무 말도 나누지 않았고 심지어 만나지도 않았는데 말이에요! 그의 눈에도 당신이 우리를 상대로 모욕적인 연극을 하고 있는 것이 보였어요. 알료샤는 당신을 사랑하고 마치 신처럼 믿습니다. 그래서 당신은 알료샤를 상대로는 좀더 경계하고 더 교활하게 대할 필요가 없다고 생각했어요. 알료샤가 눈치채지 못할 거라고 계산하신 거죠. 하지만 그는 민감하고 섬세하고 부드러운 마음을 가지고 있다보니, 당신의 말씀, 그가 말한 대로 당신의 말투가 마음에 남은 거예요……."

"무슨 말인지 한 마디도 모르겠군요!" 공작은 나에게 증인이 되어 달라고 부탁하듯 무척 놀란 표정으로 나를 바라보며 되풀이했다. 공작이 화를 내며 흥분해 있는 것이 분명히 보였다. 그는 나타샤에게 이어서 말했다. "당신은 의심이 많고 흥분해 있어요. 당신은 그저 카테리나 표도로브나를 질투하고 있고, 그래서 온 세상 사람들이 다 나쁜 사람으로 보이는 거요. 그리고 그 화살을 가장 먼저 나에게 겨누는군요……. 실례가 되더라도 솔직히 말하겠소. 당신의 성격은 아무리 봐도 이상하군요……. 나는 이런 상황에는 익숙하지 못해요. 내 아들의 이해관계가 걸려 있지 않다면, 나는 이런 대접을 받으면서 여기에 한순간도 남아 있지 않았을 것이오……. 그러나 그래도 기다릴 테니 설명해 주시오."

"끝까지 고집을 피우시는군요. 모든 것을 정확히 알고 계시면서 이 짧은 말로는 이해하고 싶지 않으신 거군요? 끝까지 제 입으로 분명히 말하기를 원하십니까?"

"내가 원하는 것이 바로 그거요."

"좋아요, 그럼 잘 들으세요." 분노로 눈을 번뜩이며 나타샤가 소리쳤다. "전부 다 말씀드리죠!"

3

나타샤는 일어서서 말하기 시작했다. 그러나 자신이 너무 흥분한 나머지 일어선 사실을 깨닫지 못했다. 공작 또한 가만히 귀 기울여 듣다가 자리에서 일어섰다. 방 분위기가 지나치게 엄숙해졌다.

"화요일에 하신 말씀을 잘 기억하고 계실 겁니다." 나타샤가 말문을 열었다. "당신은 돈과 탄탄한 길과 사회적 지위가 필요하다고 말씀하셨죠. 기억하십니까?"

"기억하오."

"당신은 그 돈을 얻기 위해, 지금까지 얻지 못한 사회적 성공을 손에 넣기 위해, 화요일에 여기로 오셨고 그 결혼을 생각해 내셨어요. 당신이 이제껏 얻지 못한 것을 얻는 데에 그 농간이 유용할 것이라고 계산하신 거죠."

"나타샤." 내가 소리쳤다. "무슨 말을 하고 있는지 다시 생각해봐요!"

"농간! 계산!" 공작은 위엄을 몹시 손상당한 표정으로 되풀이했다.

알료샤는 슬픔에 젖은 채 앉아서 거의 아무것도 이해하지 못한 듯 그냥 바라보고만 있었다.

"네, 그래요. 제 말을 끊지 마세요. 모든 것을 다 말하리라고 굳게 다짐했으니까요." 화가 난 나타샤가 말을 이었다. "하지만 알료샤가 당신 말씀을 듣지 않았다는 것을 기억하시죠. 그를 저에게서 떼어놓기 위해 당신은 꼬박 반 년 동안 애를 썼지만 알료샤는 당신에게 굴복하지 않았어요. 그러는 사이에 더는 우물쭈물할 수 없는 때가 왔어요. 이 시기를 놓치면 처녀고, 돈이고, 아니 무엇보다도 300만 루블의 지참금이 당신의 손아귀에서 빠져나가고 마니까요. 한 가지 방법만이 남았죠. 당신이 지정한 여인을 알료샤가 사랑하기만 하면 되는 거였어요. 당신은 알료샤가 그녀와 사랑에 빠진다면 저와의 관계를 스스로 끊을 것이라고 생각했죠……."

"나타샤, 나타샤!" 알료샤가 비통하게 소리쳤다. "무슨 소리를 하고 있는 거요!"

나타샤는 알료샤의 외침에도 멈추지 않고 계속했다. "그래서 당신은 그렇게 하셨어요. 하지만 이번에도 옛날과 같은 일이 반복됐죠! 모든 것이 잘 처리될 수 있었는데, 제가 다시 방해가 됐죠! 당신에게는 딱 한 가지 희망이 있었어요. 당신은 경험이 많고 노련한 사람이니, 이미 그때 알료샤가 저와의 관계에 이따금 중압감을 느낀다는 것을 눈치챘을 거예요. 알료샤가 나를 소홀히 하기 시작했으며, 닷새나 찾아오지 않은 것을 당신이 눈치채지 못했을 리 없어요. 당신은 알료샤가 나에게 완전히 싫증이 나서 스스로 나를 버릴 거라고 생각했어요. 그런데 갑자기 화요일 날, 알료샤가 결정적인 행동을 해서 당신의 계획을 송두리째 뒤엎어 버린 거죠. 이제 어쩐다!"

"실례하오," 공작이 소리쳤다. "그 반대요, 그 사실은……."

"제 말이 아직 끝나지 않았습니다." 나타샤가 단호하게 그의 말을 끊었다. "그날 저녁 당신은 스스로에게 물었어요. '이제 어쩐다?' 그리고 결심하셨죠. 알료샤를 안심시키기 위해 실제로가 아니라 일단 말로만 결혼을 승낙해 주자. 결혼 일자는 얼마든지 뒤로 미룰 수 있고, 한쪽에서는 새로운 사랑이 시작되고 있으니까. 당신은 그것도 알아차렸어요. 그래서 그 새로운 사랑의 싹에 모든 것을 걸었죠."

"완전히 소설이로군." 공작이 혼잣말하듯 낮은 소리로 말했다. "세상물정 모르는 아가씨의 공상이야. 소설을 너무 많이 읽었어!"

"그래요. 당신은 그 새로운 사랑에 모든 것을 걸었어요." 나타샤가 공작의 말은 들은 체도 하지 않고 열에 들뜬 사람처럼 더더욱 열중해서 말했다. "게다가 그 새로운 사랑은 많은 기회를 주었지요. 그 사랑은 알료사가 그 처녀를 잘 알지 못하던 때부터 시작되었으니까요. 그날 저녁 알료샤가 그 처녀에게 자신은 다른 여자를 사랑할 의무가 있기 때문에 그녀를 사랑할 수 없다고 고백하자마자, 그 처녀는 넓은 관용을 보이며 알료샤와 그녀의 연적인 나에게 연민을 베풀고, 진심으로 알료샤를 용서했어요. 그 전까지 알료샤는 그녀의 아름다움은 알아보았어도 그녀가 그토록 아름다운 마음씨를 가지고 있는 줄은 생각하지도 못했어요! 그날 알료샤는 저에게 와서, 그녀의 행동에 감동했다는 이야기를 하고 또 했어요. 네, 알료샤는 다음날 그 훌륭한 여인을 다시 보러 가고 싶은 마음을 떨쳐 버릴 수가 없었어요. 비록 고마움 때문이라고 해도. 가지 못할 이유도 전혀 없었죠. 그의 연인은 더는 괴로워하지 않을 것이다, 그녀의 운명은 결정되었고, 앞으로 평생 같이 살 테니 1, 2분쯤 가 있어도…… 그 1, 2분조차 시기한다면 나타샤는 은혜도 모르는 여자야. 그래서 나타샤는 몇 분이 아니라 하루, 이틀, 사흘을 빼앗기게 된 거죠. 그리고 그동안 처녀는 알료샤에게 전혀 예상치 못한 새로운 모습을 보여 주지요. 그녀는 고결하고 열정적이고, 동시에 매우 천진한 어린아이나 마찬가지예요. 이 점에서 알료샤와 성격이 비슷하지요. 그들은 서로 우정과 우애를 맹세하고 평생 떨어지지 않기로 약속했어요. 대여섯 시간 이야기를 나눈 끝에 알료샤의 영혼은 새로운 영역을 향해 활짝 열리고, 그의 마음은 온통 그녀에게 빠지죠……. 당신은 드디어 때가 왔다고 생각하셨겠죠. 알료샤는 이전의 사랑과 이 신선한 느낌과 비교할 것이다. 한쪽은 이미 다 알아서 새로울 것도 없다. 너무 심각하고 까다롭다. 시기하고 책망하며 툭하면 눈물에…… 그와 장난치며 놀기는 해도 동등한 인간이 아니라 마치 어린애 다루듯 하지……. 무엇보다 신선함이 없지, 너무 오래됐어…… 하고요."

눈물과 슬픈 경련으로 숨이 멎을 듯했지만 나타샤는 좀더 힘을 내었다.

"그 뒤에는 어떻게 될까요? 나머지는 시간이 알아서 해 줄 거예요. 나타샤와 언제 결혼하겠다고 결정한 것도 아니고 시간은 많으니까요. 모든 것이 바뀔 수 있죠……. 게다가 당신에게는 말이라는 무기가 있어요. 암시, 설명, 능변으로…… 귀찮은 나타샤를 중상할 수도 있고, 불리한 입장으로 몰아넣을 수도 있죠. 그리고…… 어떤 결말이 나더라도 어쨌든 당신이 이기겠죠! 알료샤! 제발 나를 비난하지 말아요! 내가 당신의 사랑을 이해하지 못한다거나 소중히 여기지 않는다고 생각하지 말아요. 나는 당신이 여전히 나를 사랑한다는 걸 알아요. 그러나 이 순간도 당신은 내가 하는 말을 이해하지 못할 거예요. 지금 이렇게 모든 것을 털어놓는 것이 현명하지 않다는 것도 알아요. 그러나 이 모든 것을 다 알고 있으면서도 당신을 더더욱…… 완전히…… 미치도록 사랑하니, 저도 어쩔 수가 없어요!"

나타샤는 손으로 얼굴을 감싸고 안락의지에 쓰러져서 어린 아이처럼 흐느꼈다. 알료샤는 소리를 지르며 그녀에게로 달려갔다. 그는 나타샤가 울면 언제나 자신도 따라 울었다.

나타샤의 눈물은 공작에게 매우 도움이 된 듯했다. 긴 설명이 이어지는 동안 나타샤가 보여 준 흥분과 그에게 퍼부은 신랄한 공격에 공작은 체면상으로라도 모욕을 느끼고 화를 내야 했으나, 그 모든 것을 의미 없는 질투의 폭발, 모욕당한 사랑, 또는 질병 탓으로 돌려버릴 수 있게 되었다. 심지어 나타샤에게 연민을 보일 수도 있을 정도였다…….

"진정하시오, 진정하시오, 나탈리야 니콜라예브나," 공작이 위로했다. "이게 다 흥분과 공상과 고독 때문이오……. 당신은 알료샤의 경솔한 행동에 화가 난 거요……. 그렇지만 그것은 단지 그애의 경솔함일 뿐이오. 당신이 강조한 가장 중요한 사실인 화요일 사건은 오히려 당신에 대한 알료샤의 끝없는 애착을 보여 주는 것임에 틀림없는데, 당신은 그 반대로 받아들였소……."

"오, 저에게 아무 말씀도 하지 마세요, 적어도 지금은 저를 괴롭히지 마세요!" 나타샤가 흐느껴 울며 말했다. "오래전부터 알고 있었어요. 아주 오래전부터! 당신은 정말로 알료샤의 사랑이 다 식어 버린 것을 제가 깨닫지 못한다고 믿으시는군요? 여기 이 방에 혼자 남아서, 그가 떠나고 저를 잊었을 때……, 저는 꾹 참으며…… 깊이 생각했어요……. 그러나 내가 할 수 있는 일은 아무것도 없었어요! 나는 당신을 비난하지 않아요, 알료샤……. 왜 날 속이려 하나요? 나는 나를 속이려고도 해봤어요. 왜 그걸 몰라주나요? 오, 얼마나 자주, 얼마나 자주 그랬는데! 알료샤의 목소리에 귀를 기울였어요. 알료샤의 안색과 눈의 표정을 읽으려고 열심히 애썼어요. 이제 모든 것이 파멸해 버렸어요. 모든 것이 파묻혀 버렸어요……. 아, 나는 불행한 여자예요!"

알료샤는 나타샤 앞에 무릎 꿇고 눈물을 흘렸다.

"그래요, 그래요. 모두 내 잘못이에요! 모두 나 때문이오!" 알료샤는 흐느끼며 되풀이했다.

"아니에요, 자책하지 말아요, 알료샤……. 잘못은 다른 이들에게 있어요 ……. 우리의 적은 저기 있는 사람들이에요……. 저분들이에요!"

"실례지만" 공작은 참다못해 약간 짜증스럽게 말했다. "무슨 근거로 당신은 나에게 그 모든…… 죄를 덮어씌우는 겁니까? 그것은 입증할 수 없는 당신의 추측일 뿐이오……."

"무슨 근거냐고요!" 나타샤가 안락의자에서 벌떡 일어서며 소리쳤다. "당신에게도 증거가 필요한가요, 간교한 사람! 당신이 여기에 와서 그 제의를 했을 때는 이미 다른 방법이 없었던 거예요! 당신은 아들이 카챠에게 좀더 자유롭게 부담없이 빠져들도록 그를 진정시키고, 그의 양심을 마비시켜야 했어요. 그렇지 않으면 알료샤는 내내 제 생각만 하면서 당신 말을 듣지 않았을 테니까요. 당신은 기다리다가 이제 지쳐 버렸을 테니까요. 제가 틀린 말을 했나요?"

"고백하건대" 공작은 조롱하듯 비웃으며 대답했다. "내가 만일 당신을 기만하려 생각했다면 나는 정말로 그렇게 했을 것이오. 당신은 매우…… 상상력이 풍부하군. 그렇지만 그렇게 비난하며 다른 사람을 모욕하려면 먼저 증거를 대야……."

"증거이라고요! 그럼 당신이 알료샤를 나에게서 떼어놓으려고 했던 이전의 모든 행동은 뭔가요? 아들에게 상류사회에서의 이익이나 돈 때문에 소중한 의무를 소홀히 하고 희롱하도록 가르치는 사람은 아들을 타락시키는 사람입니다! 당신은 좀전에 계단과 누추한 아파트에 대해 뭐라고 하셨지요? 궁핍과 배고픔이라는 무기로 우리를 갈라놓으려고 그에게 주던 용돈을 거두어들인 건 당신이 아닌가요? 이 계단도 아파트도 다 당신 때문인데, 그런 당신이 이제는 이걸로 그를 비난하시는군요, 위선자! 그리고 그날 저녁 그런 따뜻함이, 당신과 어울리지도 않는 그런 새로운 신념이 어디에서 생겨났나요? 왜 갑자기 내가 필요해진 거죠? 저는 나흘 동안 방 안을 서성이며 당신의 말 하나하나, 당신의 표정 하나하나를 생각하고 음미해 보았어요. 그리고 이 모든 것이 기만이고 농담이며, 모욕적이고 저급하며 무가치한 희극이라는 확신을 얻었어요……. 저는 당신이란 사람을 알아요. 이미 오래전부터 알았어요! 알료샤가 당신에게 갔다가 올 때마다, 그의 얼굴에서 당신이 그에게 말하고 영향을 끼친 모든 것을 읽었어요. 당신이 그에게 끼친 영향은 모두 연구했어요! 그래요, 저는 당신에게는 속지 않아요! 어쩌면 당신은 다른 계략을 꾸미고 있거나 내가 핵심을 짚어 내지 못했을 수도 있어요. 그러나 달라지는 건 없어요. 당신은 저를 기만했어요. 이것이 중요합니다! 이것이 당신을 보며 똑바로 해주고 싶었던 말이에요!"

"그게 다요? 그것이 증거의 전부요? 그러면 생각해 보시오. 당신은 제정신이 아니오. 나는 이 행동으로(당신은 화요일의 그 제안을 이렇게 불렀지요) 스스로 지나친 의무를 진 셈이오. 나로서는 지나치게 경솔했다고 할 만한 행동이었다고 생각지 않소."

"무슨 의무를 지셨단 말씀입니까? 당신에게 나 같은 사람을 기만하는 것이 무슨 의미가 있단 말인가요? 계집애 하나가 펄펄 뛴들 무슨 대수겠어요! 그 계집애는 아버지를 버리고 집을 나와 의지할 곳도 없고 스스로 자기 얼굴에 먹칠한 타락한 여자잖아요! 그러한 농담이 당신에게 작디작은 이익이라도 가져다준다면 그런 여자에게 예의를 차리는 수고를 할 필요가 어디 있겠어요!"

"스스로를 어떤 상황으로 몰아넣고 있는지 잘 생각해 보시오, 나탈리야 니콜라예브나! 당신은 내가 당신을 모욕했다고 끈질기게 주장하고 있어요. 그 모욕이 그렇게 심하고 굴욕적인데 어떻게 그런 상상을 하고 거기에 집착하는지 도저히 이해할 수 없소. 그런 일을 그리 쉽게 말할 수 있으려면 산전수전 다 겪은 사람이어야 할 터인데, 미안하오, 말이 좀 과했소. 어쨌든 당신은 내 아들을 부추겨 내게 반항하도록 했으니 오히려 내가 당신을 비난해야 할 거요. 설사 지금 당장 나에게 맞서지 않는다고 하더라도, 그의 마음은 이미 기울었소……."

"아니에요. 아버지, 아니에요," 알료샤가 소리쳤다. "제가 아버지께 맞서지 않는 것은 아버지가 남을 그렇게 모욕하실 리 없다고 믿기 때문이에요. 누군가를 그렇게 모욕하셨다니 믿을 수 없어요!"

"듣고 있소?" 공작이 소리쳤다.

"나타샤, 모든 게 내 잘못이에요, 아버지를 비난하지 말아요. 그것은 죄스럽고 끔찍한 일이에요!"

"들으셨어요, 바냐? 공작은 이미 나의 적이에요!" 나타샤가 소리 질렀다.

"됐소!" 공작이 말했다. "이 고통스러운 상황을 끝내야겠어. 이 눈멀고 광포한 질투의 폭발 때문에 당신의 성격을 완전히 다른 각도에서 보게 되었소. 내겐 좋은 공부가 되었소. 우리는 너무 서두른 모양이오. 너무 일렀던 거요. 당신은 나를 얼마나 모욕했는지 인식하지도 못하고 있소. 당신에게 그것은 아무것도 아니겠지. 서둘렀어…… 너무 서둘렀어……. 내 약속은 물론 신성해야 하오, 그러나…… 나는 아비이니 내 아들의 행복을 바라는 것이 당연하오……."

"그 약속을 취소하시는 거군요," 나타샤가 이성을 잃고 소리쳤다. "좋은 기회라고 기뻐하시는 거죠! 그렇지만 알아 두세요, 저도 이틀 전에 혼자 이곳에서 당신을 그 약속으로부터 해방시켜 드리겠다고 결심했어요. 지금 여러분 앞에서 분명히 말씀드립니다. 저는 그 제안을 거절합니다!"

"다시 말해 당신은 아들의 마음에 예전의 불안과 의무감, 즉 '의무를 다하지 못하는 괴로움(당신이 방금 표현한 것처럼)'을 되살려 그 애를 전처럼 당신에게 묶어 두려는 거로군요. 당신의 이론대로라면 그런 뜻이 아닌가요? 그래서 나도 그렇게 말한 거요. 하지만 좋소, 시간이 해결해 줄 거요. 다음에 당신과 터놓고 이야기할 수 있는 조용한 시간을 기다리겠소. 우리의 관계가 이것으로 끝나지 않기를 바라오. 그리고 당신이 나를 더 잘 평가하도록 노력하기를 기대하오. 나는 오늘 당신 부모에 대한 내 계획을 알려 주려고 했소. 그 말을 들으면 당신도…… 하지만 됐소. 이반 페트로비치!" 공작이 나에게 다가오며 덧붙였다. "전부터 당신과 좀더 가깝게 지내고 싶었는데 오늘은 더더욱 당신과 친분을 쌓는 일이 내게 아주 값진 재산이 될 거란 생각이 드는군요. 당신이 나를 이해해 주면 좋겠소. 며칠 내로 당신에게 들러도 되겠소?"

나는 고개를 끄덕였다. 나도 더 이상 그와의 교제를 피할 수 없다는 느낌을 받았다. 그는 나와 악수하고 나타샤에게 가볍게 머리를 숙인 뒤 자존심이 상했다는 표정으로 아파트를 떠났다.

4

몇 분 동안 우리는 아무도 입을 열지 않았다. 나타샤는 슬프고 낙담한 얼굴로 생각에 잠긴 채 앉아 있었다. 그녀는 기진맥진해 버린 것이다. 정면을 바라보았으나 아무것도 보지 못했으며, 알료샤의 손을 쥐고 있다는 사실도 잊어버린 듯했다. 알료샤는 슬피 울면서 이따금 두렵고 호기심에 찬 눈길로 나타샤의 표정을 살폈다.

마침내 그는 머뭇거리며 나타샤를 위로하기 시작했다. 그러면서 나타샤에게 화내지 말라고 애원하며 자신을 책망했다. 알료샤는 아버지를 변호하고 싶었으나 그 일이 무엇보다도 마음에 걸리는 눈치였다. 몇 번이나 입을 떼려다가 다시 나타샤의 분노를 불러일으킬까 봐 감히 말하지 못했다. 알료샤는 영원히 변치 않겠다고 사랑을 맹세하며, 카차에 대한 애착을 열심히 변명했다. 알료샤는 카차를 누이 같아서 사랑스럽고, 또 착한 누이로서 사랑하기 때문에 연을 완전히 끊을 수 없으며, 그런 난폭하고 잔인한 짓은 도저히 할 수 없다는 말을 계속해서 되풀이했다. 그리고 나타샤가 카차를 알게 된다면 두 사람은 결코 헤어질 수 없는 친구가 될 것이며, 그러고 나면 더는 아무런 오해도 생기지 않을 것이라고 단언했다. 이 생각은 특히 그의 마음에 들었다. 그 가엾은 친구는 거짓말을 할 생각이 조금도 없었다. 다만 나타샤가 염려하는 것이 무엇인지, 또한 그녀가 이제까지 자기 아버지에게 한 말이 도대체 무슨 뜻인지를 이해하지 못했다. 알료샤는 단지 그들이 다투었다는 것을 이해했을 뿐이고, 그 점이 특히 그의 마음을 짓누르고 있었다.

"아버지에게 한 행동 때문에 나를 비난할 건가요?" 나타샤가 물었다.

"내가 어떻게 그럴 수 있겠소?" 알료샤는 괴로운 마음으로 대답했다. "내가 모든 일의 원인이고 잘못한 사람은 난데 말이오. 당신을 그렇게 화나게 한 사람도 바로 나요. 당신은 너무 화가 난 나머지 나를 변호하려다 아버지를 비난하게 된 거요. 당신은 언제나 나를 변호해 주는데 나는 그럴 가치가 없는 사람이오. 누군가 잘못한 사람을 찾아내려다보니 아버지를 고르게 된 거요. 그런데 정말로, 정말로 아버지에게는 잘못이 없어요!" 알료샤가 용기를 내어 외쳤다. "아버지는 그런 생각으로 여기에 오신 게 아니에요. 아버지는 일이 이렇게 될 줄은 꿈에도 몰랐을 거예요!"

그러나 나타샤가 슬프고 원망하는 눈초리로 자신을 바라보고 있다는 것을 깨닫고는 이내 겁을 집어먹었다.

"더 말하지 않을게요. 다시는 그런 말 하지 않을 테니 용서해 줘요." 알료샤가 말했다. "모두 내 탓이에요!"

"그래요, 알료샤." 나타샤가 우울하게 말을 이었다. "그는 우리 사이에 끼어들어와 우리의 평화를 깼어요. 당신은 다른 누구보다 나를 더 믿었어요. 그런데 그가 당신 마음속에 나에 대한 의심과 불신을 갖게 했어요. 그래서 당신은 나보고 틀렸다고 하는 거예요. 그는 나에게서 당신 마음의 반을 가져갔어요. 검은 고양이 한 마리가 우리 사이로 지나간 거예요."

"그렇게 말하지 마오, 나타샤. 왜 우리 사이에 검은 고양이가 있다는 거요?" 이 표현에 그는 풀이 죽었다.

"그는 위선적인 친절과 거짓 관대함으로 당신을 그에게로 끌어당겼어요." 나타샤가 말을 이었다. "이제부터는 점점 더 당신을 내게서 멀어지게 할 거예요."

"그렇지 않을 것이라고 맹세하오!" 알료샤가 더욱 열을 올리며 소리쳤다. "아버지는 역정을 내시며 '서둘렀다'라고 말했어요. 두고 봐요, 아버지는 내일이나 며칠 내로 정신을 차릴 거요. 아버지가 정말로 우리의 결혼을 원치 않을 만큼 화가 나셨다면 나는 결코 아버지의 말을 듣지 않을 거예요. 나에게도 그만한 힘은 있어요……. 그리고 우리를 도와줄 사람도 있잖아요." 알료샤는 갑자기 흥분해서 소리쳤다. "카차가 우리를 도와줄 거요! 그러면 당신도 그녀가 얼마나 훌륭한 여인인지 보게 될 거요, 그녀가 당신과 경쟁하여 우리 사이를 떼어놓으려는 사람인지 아닌지 알 수 있을 거예요! 그리고 아까 당신과 경쟁하여 내가 결혼한 다음날로 사랑이 식어 버리는 그런 사람이라고 말했는데, 그 말을 듣고 내가 얼마나 마음이 아팠는지 알아요? 나는 그런 사람이 아니에요. 설사 내가 카차를 자주 방문했다 하더라도……."

"됐어요, 알료샤. 카차에게 가고 싶으면 얼마든지 가세요. 그런 뜻으로 한 말이 아니었어요. 당신은 아직 다 이해하지 못했어요. 누구와 함께 있든지 간에 행복하세요. 당신의 마음이 줄 수 있는 것보다 더 많은 것을 요구할 수는 없는 일이에요……."

마브라가 들어왔다.

"어쩔까요, 차를 들여올까요? 두 시간이나 사모바르가 끓게 놔두다니 농담이 아니에요. 벌써 열한 시란 말이에요."

마브라는 무뚝뚝하고 화난 투로 물었다. 그녀는 기분이 몹시 나빴고 나타샤에게 화가 나 있었다. 마브라는 화요일부터 내내 그녀의 아가씨가(그녀가 매우 사랑하는 아가씨가) 곧 시집을 가게 되었다고 이미 온 건물과 이웃 상점과 문지기에게까지 알리고 다닐 만큼 기쁨에 차 있었다. 굉장히 부자인 공작이 아가씨에게 결혼 승낙을 구하기 위해 직접 왔고, 자신이 그 내용을 직접 들었다고 의기양양하게 자랑하며 떠벌리고 다녔는데, 갑자기 모든 것이 무너져 버린 것이다. 공작은 화가 나서 가버렸고, 차를 낼 틈도 없었다. 이 모든 일이 아가씨 때문이었다. 마브라는 아가씨가 그에게 얼마나 무례하게 말했는지를 똑똑히 들었다.

"그래…… 들여와." 나타샤가 대답했다.

"전채도 들여올까요?"

"그래, 전채도." 나타샤가 조금 당황했다.

"모처럼 준비했는데!" 마브라가 말했다. "어제부터 녹초가 되어가며 와인을 사러 네프스키 거리까지 갔다 왔는데, 지금은……." 마브라는 화가 나서 쿵하고 문을 닫고 나갔다.

나타샤는 얼굴을 붉히며 어쩐지 기묘한 눈초리로 나를 쳐다보았다. 오래 지않아 차와 먹을 것들이 나왔다. 들새 고기와 생선, 엘리세예프 상점에서 사 온 고급 포도주 두 병이 준비되어 있었다. '무엇 때문에 이 모든 것을 준비했을까?' 나는 생각했다.

"바냐, 나도 참 바보죠." 탁자로 다가오며 나타샤가 말했다. 그녀는 내 앞에서조차 당황하고 있었다. "오늘 일이 이렇게 되고 말 거라고 예견했지만, 어쩌면 달라질지도 모른다고 생각했어요. '알료샤가 오고, 우리는 화해를 하고, 내 의심이 착각이었다고 판명나면 나도 마음을 고쳐먹고…… 그때를 위해 요리를 준비했어요. 다 같이 이야기꽃을 피우지 않을까 해서……."

가엾은 나타샤! 그렇게 말하면서 나타샤는 얼굴이 새빨개졌다. 알료샤는 미칠 듯이 기뻐했다.

"그것 봐요, 나타샤!" 그가 소리쳤다. "당신도 자신하지 못했잖아요. 두 시간 전까지만 해도 당신은 자신을 의심하며 믿지 않았어요! 그래요, 이 사태를 어떻게든 바로잡아야 해요. 나 때문에, 모두 내 잘못으로 생긴 일이니까 내가 다 바로잡겠소. 나타샤, 미안하지만 지금 당장 아버지에게 다녀올게요! 아버지를 만나야겠어요. 상처 입고 화가 나신 아버지를 위로해야겠어요. 나는 내 입장에서만 말씀드릴게요. 당신은 전혀 끌어들이지 않겠어. 그러면 다시 원만해질 거예요…… 당신을 홀로 남겨 두고 아버지에게 간다고 화내지 마오. 그런 게 아니니까. 나는 아버지가 불쌍해요. 언젠가는 당신 앞에서 잘못한 것이 없음을 변명해야 하잖아요……. 내일은 아침 일찍 와서 온 종일 당신 곁에 있겠소. 카차에겐 가지 않을게……."

나타샤는 그를 잡지 않았고 오히려 가라고 권했다. 나타샤는 알료샤가 일부러 고집을 피워 자기 옆에 온 종일 앉아 있다가 싫증내는 것을 몹시 두려워했다. 그녀는 단지 자기 이름으로는 아무것도 말하지 말아 달라고 부탁하고, 알료샤와 되도록 웃으며 헤어지려고 온 힘을 다했다. 알료샤는 막 나가려다가 갑자기 나타샤에게 다가가 그녀의 양 손을 잡으며 곁에 앉았다. 그는 이루 말할 수 없이 부드럽게 나타샤를 바라보았다.

"나타샤, 나의 천사. 나에게 화내지 말아요. 앞으로는 결코 다투지 맙시다. 그리고 나를 전적으로 믿겠다고 약속해 주오, 내가 당신을 전적으로 믿듯이. 나의 천사여, 잠깐만 내 이야기를 들어줘요. 무슨 일 때문이었는지는 잘 기억나지 않지만 언젠가 한 번 다툰 적이 있었죠. 분명 내가 잘못했겠지만, 어쨌든 우리는 서로 말도 하지 않았어요. 나는 먼저 용서를 빌고 싶지 않았지만 굉장히 슬펐어요. 시내 곳곳을 배회하고, 친구들에게도 들러보았지만 마음이 무겁고 괴로워서…… 그때 만일 당신이 병이 나거나 죽는다면 어쩌나 하는 생각이 떠올랐어요. 그런 상상을 하자 갑자기 정말로 당신을 영원히 잃어버리기라도 한 듯한 절망감에 사로잡혔소. 생각은 점점 더 무거워지고, 무서워졌소. 그리고 어느새 나는 당신의 무덤에 찾아가 의식을 잃고 그 위에 쓰러져 비석을 끌어안은 채 비탄에 잠겨 있는 나를 상상했소. 나는 무덤에 입 맞추고, 잠깐만이라도 나와 보라고 당신을 부르며, 비록 한순간이라도 좋으니 당신을 내 앞에 부활시켜 달라고 하느님께 기도하는 내 모습을 상상하고, 당신을 품에 안아 입 맞추는 모습을 그려보았소. 당신을 한번만이라도 전처럼 품에 안을 수 있다면 그대로 죽어도 좋을 것 같았소. 그런 상상을 하다가 문득 이런 생각이 들었소. 나는 단 한순간이라도 당신을 안을 수 있게 해달라고 기도했는데, 그런 당신은 나와 6개월이나 함께 있어 주었소. 그 6개월 동안 우리는 얼마나 많이 다투고, 얼마나 많은 날을 서로 이야기도 하지 않았는지! 며칠씩 다투기만 하며 서로의 행복을 무시했소. 그런데 이제 와서 단 한순간이라도 좋으니 무덤에서 나와 달라고 부탁하며, 당신을 만날 수만 있다면 목숨도 아깝지 않다고 소리치고 있다니! 그렇게 생각하자 나는 더 이상 견딜 수가 없어 당신에게 달려왔소. 와 보니 당신은 이미 나를 기다리고 있었고 우리는 싸운 뒤 처음으로 서로를 끌어안았소. 나는 정말로 당신을 잃을 뻔한 것처럼 당신을 꼭 껴안았던 것을 기억하오, 나타샤! 우리 절대 다투지 맙시다! 다툼은 늘 나에게 커다란 고통을 안겨 주었소! 그리고 내가 당신을 떠나는 건 도저히 생각조차 할 수 없는 일이오!"

나타샤는 눈물을 흘렸다. 그들은 서로 꼭 껴안았다. 알료샤는 다시 한 번 절대로 나타샤와 헤어지지 않겠노라 맹세했다. 그리고 아버지에게 서둘러 갔다. 그는 모든 문제를 해결하고 바로잡을 수 있다고 굳게 믿고 있었다.

"다 끝났어요! 이제 틀렸어요!" 나타샤가 경련이 날 정도로 내 손을 꼭 쥐며 말했다. "그는 나를 사랑해요, 그 마음은 늘 변하지 않을 거예요. 하지만 그는 카차도 사랑해요. 시간이 지나면 나보다 카차를 더 사랑하게 될 거예요. 그 교활한 공작이 우물쭈물할 리 없어요. 그러니까……."

"나타샤! 나도 공작의 수법은 비열하다고 생각해요, 하지만……."

"내가 공작에게 한 말을 모두 믿진 않는군요! 당신의 얼굴에 그렇게 씌어 있어요. 그러나 기다려 봐요, 내가 옳았는지 아닌지 곧 알게 될 거예요. 나는 단지 대략적인 이야기만 했을 뿐이에요. 공작이 또 무슨 속셈을 꾸미고 있는지 누가 알겠어요! 그는 지독한 사람이에요! 나흘 동안 방 안을 왔다 갔다 하며 모든 수수께끼를 풀었어요. 공작은 알료샤가 삶을 어지럽히는 슬픔과 나에 대한 의무적인 사랑에서 벗어나 자유로워지기를 바랐어요. 그 결혼을 생각해 낸 것도, 우리 사이에 비집고 들어와 자신의 아량과 관대함으로 알료샤를 매료시키기 위해서예요. 틀림없어요, 틀림없다고요, 바냐! 알료샤는 원래 그런 사람이에요. 그는 나에 대해선 안심할 거예요. 나에 대한 걱정은 사라지겠죠. '나타샤는 이제 내 아내와 다름없어. 평생 나와 함께 있을 거야'라고 생각하고 자기도 모르게 카차에게 더 주의를 기울일 거예요. 공작은 카차를 유심히 관찰하고, 그녀가 알료샤에게 어울리는 짝이며 나보다 알료샤를 더 강하게 사로잡을 수 있다고 알아본 거예요. 아, 바냐! 이제 당신 밖에 기댈 곳이 없어요. 공작은 무슨 이유에서인지 당신과 사귀고 싶어해요. 그것을 거절하지 말아주세요. 그리고 되도록 빨리 백작부인 댁에 드나들 수 있도록 애써주세요. 그리고 카차와 친교를 맺으세요. 그녀를 자세히 살펴보고 어떤 사람인지 이야기해주세요. 꼭 당신 눈으로 직접 봐주세요. 당신은 누구보다도 나를 잘 이해하니까 내가 어떤 부분을 보고 싶어하는지도 잘 아실 거예요. 두 사람이 얼마나 가까운지, 그들 사이에 무엇이 있는지, 어떤 이야기를 하는지 알아봐줘요. 무엇보다도 카챠를, 카챠를 눈여겨봐주세요……. 사랑하는 바냐, 당신의 우정을 한 번만 더, 딱 한 번만 더 보여 주세요! 당신뿐이에요. 내가 의지할 수 있는 사람은 이제 오직 당신뿐이에요!"

내가 집으로 돌아왔을 때는 이미 자정이 넘어 있었다. 넬리가 잠에 취한 채 문을 열어 주었다. 그리고 방긋 웃으며 기쁜 듯 나를 쳐다보았다. 가엾은 소녀는 기다리다가 깜빡 잠들었다는 것 때문에 자신에게 화를 내고 있었다. 소녀는 자지 않고 나를 기다리고 싶었던 것이다. 넬리는 누군가가 나를 찾아와 얼마동안 기다리다가 책상 위에 쪽지를 남겨두고 돌아갔다고 전해 주었다. 쪽지는 마슬로보예프가 남긴 것이었다. 내일 한 시까지 자기 집으로 와 달라는 내용이었다. 나는 넬리에게 이것저것 물어보고 싶었으나 내일로 미루고 소녀에게 얼른 자라고 말했다. 가엾은 소녀는 그러잖아도 나를 기다리느라 지쳐서 내가 오기 30분 전에 깜빡 잠이 들었다고 했다.

5

다음날 아침에 넬리는 어제 온 손님에 대해 꽤 이상한 이야기를 들려주었다. 하기야 마슬로보예프가 어제 저녁에 갑자기 나를 찾아온 것부터가 이미 이상한 일이었다. 그는 내가 집에 없다는 것을 아마 알고 있었을 것이기 때문이다. 지난번에 만났을 때 집에 없을 거라고 내가 직접 이야기한 것을 똑똑히 기억하고 있다. 넬리는 처음에 겁이 나서 문을 열어 주지 않으려 했다고 말했다. 이미 저녁 8시였기 때문이었다. 그러나 그는 닫힌 문 너머로 간청하며, 지금 전언을 남겨두지 못하면 잘은 모르지만 내일 나에게 좋지 않은 일이 일어날 것이라고 단언했다고 한다. 그래서 문을 열어주자 그는 곧바로 쪽지를 써놓고 넬리에게 다가와 나란히 소파에 앉았다. "저는 곧바로 일어났어요." 넬리가 말했다. "그와 말하고 싶지 않았어요. 너무 무서웠어요. 부브노바 이야기를 하기 시작했거든요. 부브노바는 몹시 화가 나 있지만 더는 저를 잡으러 오지는 못할 거라고 말하며, 아저씨를 칭찬하기 시작했어요. 그러면서 아저씨는 아주 친한 친구이고, 어릴 때부터 잘 아는 사이라고 말했어요. 그래서 저도 이야기하기 시작했어요. 그 사람은 사탕을 꺼내더니 저에게 받으라고 했어요. 그러나 저는 받지 않았어요. 그러자 '아저씨는 좋은 사람이야, 노래도 할 줄 알고 춤도 출 줄 안단다'라고 말하고 일어나 춤을 추기 시작했어요. 너무 웃기지 뭐예요. 그러고 나서 바냐가 돌아올지도 모르니 조금 더 기다려보겠다고 말하며 겁내지 말고 옆에 와서 앉아 달라고 부탁했어요. 저는 앉긴 했지만 한 마디도 하지 않았어요. 그러자 그 사람이 엄마와 할아버지를 알고 있었다고 말해서…… 그래서 저도 말하기 시작했어요. 그는 꽤 오랫동안 앉아 있었어요."

"그래, 무슨 이야기를 했니?"

"엄마랑…… 부브노바랑…… 할아버지 이야기요. 그는 두 시간쯤 있었어요."

넬리는 둘이서 무슨 이야기를 했는지는 말하고 싶지 않은 듯했다. 나는 이야기를 마슬로보예프에게서 들을 수 있으리라고 생각하고 더는 캐묻지 않았다. 다만 마슬로보예프는 넬리를 만나기 위해 일부러 내가 없을 때 온 것이라고 생각했다. '왜 그랬을까?' 나는 생각했다.

넬리는 그가 준 세 개의 사탕을 보여 주었다. 초록색과 빨간색 종이로 싼 알사탕이었는데, 아주 조악한 것으로 보아 구멍가게에서 산 것 같았다. 넬리는 나에게 사탕을 보여 주며 환하게 웃었다.

"왜 먹지 않았니?" 내가 물었다.

"먹고 싶지 않았어요." 넬리는 눈살을 찌푸리며 심각하게 대답했다. "저는 받지 않았어요. 그 사람이 소파 위에 그냥 놓고 갔어요……."

이날 나는 여러 곳을 다녀야 했으므로 넬리 곁을 일찍 떠나야 했다.

"혼자 있으면 외롭니?" 내가 집을 나서며 물었다.

"외롭지만 외롭지 않아요. 아저씨가 좀처럼 돌아오지 않으니 좀 외로워요."

넬리는 사랑이 가득 담긴 눈으로 나를 바라보며 말했다. 아침 내내 소녀는 그런 눈빛으로 나를 바라보았고, 쾌활하고 상냥해 보였지만 동시에 어쩐지 부끄러운 듯한, 소심한 태도까지 엿보였다. 나를 화나게 하거나 내 사랑을 잃어버리는 것이 두렵고…… 자신의 감정을 지나치게 드러낸 것이 부끄러운 듯했다.

"그럼 외롭지 않은 까닭은 뭐니? 너는 외롭지만 외롭지 않다고 했잖니?" 나는 무심코 미소를 지으며 물어보았다. 그만큼 넬리가 사랑스럽고 소중해진 느낌이었다.

"왜 그런지는 저도 잘 모르겠어요." 넬리는 방긋 웃으며 대답하고는 어째서인지 또다시 부끄러워했다. 우리는 문지방에서 이야기를 했다. 문은 열려 있었다. 넬리는 눈을 내리깔고 채 내 앞에 서서 한 손은 내 어깨에 올리고 다른 한 손으로는 내 프록코트의 소매를 잡고 있었다.

"비밀이냐?" 내가 물었다.

"아뇨……. 그렇진 않아요……. 저, 아저씨가 안 계시는 동안 아저씨의 책을 읽기 시작했어요." 소녀는 작은 목소리로 말하고, 사무칠 만큼 다정한 눈으로 나를 보며 얼굴을 새빨갛게 붉혔다.

"아, 그랬구나! 마음에 드니?" 나는 대놓고 칭찬받은 작가가 늘 그렇듯 쑥스러움을 느꼈지만, 그 순간 소녀에게 입을 맞출 수만 있다면 내 모든 것을 버려도 좋다고 생각했다. 하지만 도저히 그럴 수 없었다. 넬리는 잠시 침묵했다.

"왜, 그는 왜 죽었나요?" 넬리는 나를 보며 슬퍼서 견딜 수 없다는 듯이 묻고는 이내 눈을 내리깔았다.

"누구 말이냐?"

"그 젊은 사람 말이에요, 결핵에 걸린…… 책 속에서."

"어쩔 수 없었어, 넬리. 그럴 수밖에 없었단다."

"그렇지 않아요." 소녀는 거의 속삭이듯 말했지만, 그 말투는 무뚝뚝하고 화가 난 것처럼 들렸다. 소녀는 입술을 쫑그리고 더욱 고집스럽게 바닥을 응시했다.

그렇게 또 1분이 흘렀다.

"그럼 그녀는…… 그 두 사람…… 딸과 할아버지는 나중에 함께 살게 되나요? 가난하지 않게 되나요?" 넬리는 내 소매를 더욱 세게 당기며 속삭였다.

"아니. 넬리, 그녀는 멀리 떠날 거야. 지주에게 시집을 가고 할아버지는 혼자 남게 돼." 나는 안타까운 마음으로 대답했다. 넬리에게 위로가 되는 말을 해주지 못해 무척 마음이 아팠다.

"아, 저런…… 그렇군요! 그랬어요! 어떻게 그런! ……더는 읽고 싶지 않아요!"

넬리는 화가 나서 내 팔을 뿌리치고는 재빨리 몸을 돌려 책상 쪽으로 달려가 구석을 향한 채 고개를 떨어뜨렸다. 얼굴이 벌겋게 달아오르고 지독한 슬픔에 짓눌린 듯 숨을 고르게 쉬지 못했다.

"왜 그러니, 넬리, 화났니?" 나는 소녀에게 다가가며 물었다. "그 책에 씌어 있는 것은 사실이 아니란다. 만들어낸 이야기야. 그러니까 화내지 않아도 된단다. 너도 참 민감하구나!"

"화나지 않았어요." 소녀는 머뭇거리며 말하고, 매우 밝고 사랑스러운 눈길로 나를 보았다. 그러고는 갑자기 내 손을 잡더니 내 가슴에 얼굴을 묻고 울기 시작했다.

그러나 울음을 터뜨리면서 동시에 웃기 시작했다. 울면서 웃었다. 나 역시 우습기도 하고 어쩐지…… 마음이 포근해졌다. 그러나 넬리는 결코 나에게 얼굴을 보여주려 하지 않았다. 내가 소녀의 얼굴을 내 어깨에서 떼어 내려 하자 아이는 더욱 힘껏 달라붙으며 점점 크게 웃었다.

마침내 이 민감한 장면이 끝났다. 나는 급했으므로 서둘러 밖으로 나왔다. 넬리는 새빨개진 얼굴로 여전히 부끄러워하면서도 눈을 별처럼 반짝이며 나를 따라 계단까지 뛰어나와 되도록 빨리 돌아오라고 당부했다. 나는 식사 때까지는 반드시 돌아올 것이며 가능하면 더 빨리 오겠노라 약속했다.

먼저 나는 노부부에게로 갔다. 둘 다 몸 상태가 좋지 않았다. 안나 안드레예브나는 완전히 병이 들어 있었고, 니콜라이 세르게이치는 그의 서재에만 틀어박혀 있었다. 노인은 내가 오는 소리를 들었으나 언제나 그렇듯 아내와 나에게 이야기할 시간을 충분히 주기 위해 15분쯤 지나서 나올 것이다. 나는 안나 안드레예브나를 너무 흥분시키고 싶지 않아서 어젯밤에 있었던 일을 되도록 부드럽게 전했지만 거짓을 이야기하지는 않았다. 놀랍게도 노부인은 슬퍼하기는 했으나, 결혼이 성사되지 않을 수도 있다는 소식을 담담하게 받아들였다.

"그래, 나도 그렇게 될 거라고 생각했네." 노부인은 말했다. "그때 자네가 가고 난 뒤 오랫동안 여러모로 생각해 보고, 그 일이 잘 안 풀릴 거라는 결론에 도달했다네. 우리가 하느님의 사랑을 받기에는 아직 모자라기도 하지만, 게다가 상대는 그토록 비열한 인간 아닌가. 그 사람에게서 선을 기대하는 것 자체가 잘못이야. 아무런 이유도 없이 우리한테서 1만 루블을 빼앗은 사람일세. 아무 이유도 없다는 걸 스스로 알면서 그래도 빼앗은 작자야. 마지막 남은 빵 조각까지 빼앗아 갈 걸세. 우린 이흐메네프카를 팔아야 해. 그를 믿지 않은 나타샤는 똑똑한 아이야. 그리고 자네, 아는가?" 노부인은 목소리를 낮추어 말했다. "우리 집 양반! 그 결혼을 완전히 반대한다네. '나는 반대야'라고 소리내어 말하게 되었지! 처음에는 그냥 고집을 피우는 줄 알았어. 그런데 그게 아니야. 진심일세. 그러니 결혼이 정말로 이루어지면 내 딸아이는 어떻게 되겠나? 친아버지한테 저주받을 걸세. 그건 그렇고, 그는, 알료샤는 어떻게 하고 있나?"

그리고 노부인은 오랫동안 나에게 이것저것 캐묻고 여느 때처럼 내 대답 하나하나에 한숨짓고 푸념을 늘어놓았다. 나는 요즘 들어 부인이 부쩍 마음이 약해져 있음을 깨달았다. 온갖 소식이 부인을 뒤흔들어 놓았던 것이다. 나타샤에 대한 걱정이 부인의 몸과 마음을 해치고 있었다.

잠옷에 슬리퍼 차림인 노인이 들어왔다. 노인은 열이 좀 나는 것 같다고 말하면서도, 부드러운 눈길로 아내를 바라보며 내가 있는 동안 마치 유모처럼 보살펴 주고 아내의 심기를 살피며 심지어 주뼛거리기까지 했다. 노인의 눈에는 애정이 넘쳐흐르고 있었다. 그는 아내가 몸져눕자 매우 놀랐다. 아내를 잃으면 온 세상을 다 잃는다고 느끼고 있었다.

나는 한 시간 가량 앉아 있었다. 헤어질 때 노인이 현관까지 따라 나와서 넬리 이야기를 꺼냈다. 노인은 딸 대신 넬리를 거두기로 진지하게 생각하고 있었다. 그 일로 안나 안드레예브나의 동의를 얻으려면 어떻게 해야 좋을지 내게 조언을 구했다. 노인은 넬리에 대해 이것저것 자세히 캐묻고, 아이에 대한 더 새로운 소식은 없는지 물었다. 나는 간단하게 이야기해 주었다. 내 이야기에 노인은 큰 관심을 보였다.

"이 이야기는 다음에 또 하기로 하세." 그는 단호하게 말했다. "하지만 지금 당장은…… 어쨌든 몸이 조금 좋아지면 내가 자네에게 가지. 그때 결정하세."

12시 정각에 나는 마슬로보예프의 집에 도착했다. 그의 집에 들어서자마자 맨 처음 만난 인물은 놀랍게도 공작이었다. 공작은 현관에서 외투를 입는 중이었고, 마슬로보예프는 부지런히 그를 도우며 지팡이를 건네주고 있었다. 마슬로보예프가 공작을 알고 있노라고 말하기는 했으나, 어쨌든 나는 그와 마주치자 매우 놀랐다.

공작은 나를 보고 당황한 듯했다.

"아, 당신이군요!" 공작은 지나치리만큼 반갑게 소리쳤다. "이런 우연도 다 있네요! 방금 마슬로보예프 씨에게서 당신들이 서로 아는 사이란 이야기를 들은 참이오. 반갑소, 반갑소. 당신을 보니 정말 반갑소. 되도록 빨리 당신을 만나고 싶어 댁으로 찾아갈 생각을 하던 중이었소. 허락해 주시겠소? 실은 당신에게 부탁이 하나 있소. 나를 좀 도와서, 현재 우리의 상황을 명백하게 밝혀 주시오. 물론 아시겠지만, 어제 있었던 일에 대해 말씀드리는 겁니다. 당신은 그쪽과도 친분이 있고, 이 일의 모든 내막을 이해하고 계시니 당신이라면 해결해 주실 수 있을 겁니다…… 그런데 지금은 그 이야기를 깊이 나누지 못해 무척 유감이오…… 어찌나 일이 많은지! 며칠 내로, 아마 머지않아 찾아뵐 수 있을 것 같소. 하지만 지금은……"

공작은 친밀하게 내 손을 꼭 잡으면서 한편으로는 마슬로보예프와 시선을 교환하고 나갔다.

"말 좀 해 주게, 이게……" 방 안으로 들어서며 내가 물었다.

"자네에게 말할 수 있는 것은 없네." 마슬로보예프는 내 말을 끊고 재빨리 모자를 집어 들더니 현관으로 향했다. "일이 있어! 서둘러야 해. 늦었어!"

"그렇지만 자네가 12시까지 오라고 쪽지를 써놓지 않았는가."

"그게 어쨌다고? 어제는 자네가 쪽지를 받았지만, 오늘은 내가 다그치는 편지를 받았네. 일이 너무 많아 골치가 아플 지경이야! 그들이 나를 기다리고 있어. 용서하게, 바냐. 쓸데없이 걱정했다거나 도저히 분이 풀리지 않는다면 나를 때리게. 정말로 때려도 상관없어. 다만 좀 빨리 해주게! 길게 붙들지 말고. 일이 있어, 사람들이 나를 기다리네……"

"됐네, 굳이 때릴 일도 아니고. 바쁘면 어서 가보게. 누구에게나 예상치 못한 일이 일어날 수 있으니까. 단지……"

"잠깐, 그 '단지'에 대해선 내가 이야기하겠네." 마슬로보예프는 현관에서 외투를 걸치며(나도 다시 외투를 입었다) 내 말을 잘랐다. "실은 자네에게도 볼일이 있네. 매우 중요한 일이야. 그래서 자네를 부른 걸세. 자네와 자네의 이해에 직접적인 관련이 있어. 하지만 지금 간단히 말할 수는 없으니,

미안하네만 오늘 저녁 7시에, 7시 정각에 다시 한 번 오겠다고 약속해 주게. 나도 집에 와 있을 테니."

나는 망설이며 말했다. "오늘 말인가? 오늘은 달리 가볼 곳이 있는데⋯⋯."

"그럼 그 가려던 곳에 지금 갔다가 저녁에는 나한테 오게. 그때 내가 무슨 이야기를 해줄지 아마 자네는 상상도 할 수 없을 걸세, 바냐."

"대체 무슨 이야기인데 그러나? 내 호기심을 자극하는군."

그러는 사이에 우리는 대문을 지나 인도까지 나왔다.

"그럼 오는 거지?" 마슬로보예프가 집요하게 물었다.

"오겠다고 했잖은가."

"아니야, 분명히 약속하게."

"허 참, 끈질기기도 하군! 좋아, 약속하네."

"좋았어. 아주 좋아. 어디로 가는가?"

"저쪽일세." 나는 오른쪽을 가리키며 대답했다.

"나는 이리로 가네." 그는 왼쪽을 가리키며 말했다. "잘 가게, 바냐! 잊지 말게, 7시야."

'이상하군.' 나는 그를 보내며 생각했다.

저녁에는 나타샤에게 가려고 생각했었다. 그런데 마슬로보예프와 약속을 했기 때문에 지금 그녀에게 가기로 마음먹었다. 그녀의 집에서 알료샤를 만나리라는 확신이 들었다. 그는 정말로 와 있었고, 내가 들어서자 대단히 기뻐했다.

알료샤는 무척 살갑게 굴며 나타샤에게 지극히 다정했으며, 내가 가자 뛸 듯이 기뻐했다. 나타샤는 즐거운 척하려고 애썼으나 무리하고 있는 모습이 한눈에 드러났다. 나타샤의 얼굴은 몹시 수척하고 파리했다. 간밤에 잠을 이루지 못했던 것이다. 나타샤는 알료샤에게 억지로 상냥하게 대하고 있는 듯했다.

알료샤는 나타샤에게 기운을 불어넣고 자꾸만 굳어지는 나타샤의 입술에 미소를 되찾아주기 위해 끊임없이 지껄이며 많은 이야기를 했지만, 카챠와 아버지 이야기는 의식적으로 피했다. 어젯밤 화해를 시도했으나 성공하지 못한 것 같았다.

"있잖아요, 그는 여기서 나가고 싶어서 참을 수 없는 모양이에요." 알료샤가 마브라에게 무엇인가 말하러 나간 사이에 나타샤가 재빨리 속삭였다.

"그러나 참고 있는 거예요. 내 입으로 그에게 가라고 말하기가 두려워요. 그러면 그는 고집을 피우며 일부러 안 가려고 할 거예요. 그러다가 따분해져서 나한테 차갑게 대할까 봐 두려워요. 어쩌면 좋죠?"

"아, 당신들은 대체 왜 그렇게 된 거요! 의심만 깊어져서 서로의 마음을 떠보려고만 하다니! 차라리 하고 싶은 말을 솔직하게 털어놓으면 되지 않겠소? 이런 상황이 계속되면 그는 정말로 따분해할 거요."

"그럼 어떻게 하죠?" 나타샤가 겁에 질려 소리쳤다.

"기다려요, 내가 잘 처리해 주겠소⋯⋯."

나는 마브라에게 더러워진 내 덧신 한 짝을 닦아 달라고 부탁하겠다는 핑계로 부엌으로 갔다.

"신중하게 해야 돼요, 바냐!" 나타샤가 뒤에서 말했다.

마브라가 있는 곳으로 가자마자 알료샤가 기다렸다는 듯 나에게 달려왔다.

"이반 페트로비치, 어떻게 해야 좋죠? 조언 좀 해주세요. 어제 카차에게 오늘 지금 이 시간에 가겠다고 약속했어요. 가지 않을 수가 없어요! 나는 나타샤를 말할 수 없이 사랑하고, 그녀를 위해서라면 물불을 가리지 않고 뛰어들 거예요. 그러나 그쪽에 발을 완전히 끊을 수는 없다는 것도 잘 아시잖아요⋯⋯."

"그럼 부담 갖지 말고 가세요⋯⋯."

"그런데 나타샤는 어쩌죠? 그녀는 또 슬퍼할 거예요. 이반 페트로비치, 제발 도와주세요⋯⋯."

"내 생각엔 당신이 지금 카차에게 가는 게 좋겠소. 나타샤가 당신을 얼마나 사랑하는지는 당신도 잘 알잖소. 당신이 여기 있으면 따분하지 않을까, 억지로 남아 있는 게 아닐까, 나타샤는 그런 생각만 하고 있소. 무리하는 게 가장 좋지 않아요. 자, 갑시다, 내가 도와주겠소."

"아, 이반 페트로비치! 당신은 참으로 좋은 분입니다!"

우리는 방으로 돌아왔다. 잠시 뒤 내가 알료샤에게 말했다.

"좀 전에 당신 아버지를 만났소."

"어디서요?" 그가 놀라서 외쳤다.

"거리에서 우연히 만났소. 잠깐 서서 이야기를 나누었는데 친하게 지내자고 다시 청하셨소. 당신이 어디 있는지 아느냐고도 물으셨어요. 만나서 꼭 하실 말씀이 있다고 하시더군요."

"어머, 알료샤. 그럼 아버지에게 가보세요." 내 의도를 알아채고 나타샤가 재빠르게 말했다.

"그런데…… 지금 어디에서 아버지를 찾죠? 집으로 가셨나요?"

"아니오, 틀림없이 백작 부인에게 가겠다고 하셨소."

"그럼 안 되겠군요……." 슬픈 눈으로 나타샤를 바라보며 알료샤가 순진하게 말했다.

"아니, 알료샤, 왜요!" 나타샤가 말했다. "나를 안심시키려고 정말로 그 교제를 그만둘 생각이에요? 그건 애들 같은 짓이에요. 무엇보다 그런 일이 가능하지도 않을뿐더러, 카차에게 큰 실례를 저지르는 거예요. 당신들은 친구잖아요. 친구 관계를 그렇게 난폭하게 끊으면 어떡해요. 게다가 내가 질투한다고 생각한다면 그야말로 나를 모욕하는 것이에요. 가세요. 어서 가세요, 부탁이에요! 그러면 아버지도 안심하실 거예요."

"나타샤, 당신은 천사요. 나는 당신의 새끼손가락만큼도 못해요!" 알료샤는 기쁨과 후회로 어쩔 줄 몰라 하며 외쳤다. "당신은 이리도 착한데 나는 …… 나는…… 아, 솔직히 말할게요. 실은 부엌에서 이반 페트로비치에게 여기서 나갈 수 있게 도와달라고 부탁했어요. 그래서 그가 이런 핑계를 생각해 낸 거예요. 그렇지만 나를 심판하진 말아요. 천사 같은 나타샤! 나한테는 잘못이 없어요. 나는 당신을 세상 무엇보다도 몇 천 배는 더 사랑하니까요. 새로운 생각이 떠올랐어요. 나는 카차에게 모조리 이야기하겠어요. 지금 우리의 상황과 어제 있었던 일까지 오늘 가서 다 말할 거예요. 카차가 우리를 돕기 위해 좋은 방법을 찾아 줄 거예요. 그녀는 우리를 진심으로 좋아하니까요……."

"그럼 가세요!" 나타샤가 웃으며 대답했다. "그리고 나도 카차와 친해지고 싶은데 어떻게 하면 좋을까요?"

알료샤는 날아갈 듯이 기뻐했다. 그는 곧바로 두 사람이 만날 방법을 공상하기 시작했다. 그에 따르면 방법은 아주 간단했다. 카차가 좋은 방법을 생각해 주리라는 것이었다. 그는 신이 나서 열심히 자신의 생각을 펼쳐 보였다. 그리고 오늘 안에, 두 시간 뒤에 대답을 가져오겠으며 저녁 시간을 나타샤와 함께 보내겠다고 약속했다.

"정말로 올 거예요?" 나타샤가 그를 보내며 물었다.

"믿지 못하겠소? 다녀올게요, 나타샤. 당신은 내 사랑, 영원한 내 사랑이에요! 그럼 갈게요, 바냐! 아, 이런, 무심코 바냐라고 부르고 말았네요. 이반 페트로비치, 나는 당신을 아주 좋아해요. 앞으로는 좀더 편하게 부르는 게 어때요? 네? 그렇게 해요."

"그럽시다."

"다행이에요! 지금까지 이 생각을 몇백 번이나 했는지 몰라요. 그러나 당신에게 감히 말을 꺼낼 용기가 나지 않았어요. 보세요, 지금도 당신이라고 하잖아요. 그러나 편하게 부르기도 쉬운 일이 아니네요. 톨스토이의 어느 작품에 이런 장면이 있었죠. 두 신사가 편하게 부르기로 합의하기는 했는데 아무리 해도 잘 되지 않아서 결국 서로를 부르는 말을 피하게 되었다는 거예요. 아, 나타샤! 우리 언제 《유년 시절과 소년 시절》을 다시 읽읍시다. 굉장히 훌륭한 작품이에요!"

"자, 어서 가세요, 어서요. 기쁘다고 정신없이 이야기를 늘어놓는군요……." 나타샤가 웃으며 그를 쫓아 보냈다.

"그럼 갈게요! 두 시간 뒤에 돌아오겠소!"

알료샤는 나타샤의 손에 입을 맞추고 서둘러 나갔다.

"보세요. 저렇다니까요, 바냐!" 나타샤가 울음을 터뜨리며 말했다.

나는 두 시간쯤 그녀와 함께 앉아서 그녀를 위로하고 설득했다. 물론 모든 점에서 나타샤가 옳았다. 그녀가 걱정하는 것도 당연했다. 현재 나타샤의 처지를 생각하면 가슴이 미어졌다. 나타샤가 걱정스러워 견딜 수 없었다. 이 일을 어떻게 해야 좋단 말인가?

나한테는 알료샤도 이상했다. 알료샤는 나타샤를 전과 다름없이, 아니 후회와 감사의 마음으로 인해 어쩌면 전보다 더 깊이, 더 열렬히 사랑하고 있었다. 그러나 그와 동시에 새로운 사랑이 그의 마음에 확고히 뿌리를 내리고 있었다. 이 모든 일이 어떻게 끝날지 예측할 수 없었다. 나도 카차를 만나보고 싶은 호기심이 생겼다. 나는 카차와 가까워지도록 해보겠다고 나타샤에게 다시 약속했다.

이윽고 나타샤도 어느 정도 기분이 나아진 듯했다. 그 동안 나는 그녀에게 넬리와 마슬로보예프와 부브노바에 대한 일과 오늘 마슬로보예프 집에서 공작과 마주친 일, 그리고 7시에 그 집에 다시 가기로 약속한 것까지 모두 이야기해 주었다. 이 모든 이야기가 나타샤의 흥미를 끌었다. 나는 나타샤의 부모에 대해서는 거의 이야기하지 않았고, 이호메네프 노인이 나를 찾아온 일도 당연히 알리지 않았다. 니콜라이 세르게이치가 공작과 결투를 벌일지도 모른다고 이야기하면 나타샤가 소스라치게 놀랄 것이기 때문이다. 공작이 마슬로보예프와 아는 사이라는 점과, 공작이 끊임없이 나와 사귀고 싶어하는 점은 비록 현재 상황으로 충분히 설명할 수 있음에도 나타샤는 매우 이상하게 생각했다…….

3시쯤에 나는 집으로 돌아왔다. 넬리가 환한 얼굴로 나를 맞아주었다…….

6

저녁 7시 정각에 나는 마슬로보예프의 집에 도착했다. 그는 두 팔을 활짝 벌리며 큰 소리로 나를 맞았다. 물론 그는 어느 정도 취해 있었다. 그러나 무엇보다 놀라운 점은 나를 맞이하기 위해 특별히 상을 준비한 것이었다. 그것은 나를 위한 것이 분명했다. 예쁘고 값비싼 식탁보가 덮인 둥근 탁자 위에는 놋쇠로 만든 훌륭한 사모바르가 끓고 있었고, 크리스털, 도자기, 은으로 된 다구(茶具)가 빛나고 있었다. 다른 종류의 고급 식탁보가 덮여 있는 또 다른 탁자에는 고급 과자와 진하고 묽은 키예프 잼 두 종류, 마멀레이드, 캔디, 젤리, 프랑스제 잼, 오렌지, 사과 그리고 서너 종류의 견과가 놓여 있었는데 한마디로 과일 가게 하나가 접시 위에 차려져 있는 듯했다. 뿐만 아니라 눈부시게 흰 식탁보가 씌워져 있는 세 번째 탁자 위에는 다양한 전채가 놓여 있었다. 철갑상어 알, 치즈, 고기만두, 소시지, 훈제 베이컨, 생선 그리고 최상급 술이 든 루비색, 갈색, 황금색의 다양한 크리스털 병들이 가지런히 놓여 있었다. 마지막으로 옆에 있는 작은 탁자 위에도 역시 흰 식탁보가 씌워져 있었고, 샴페인을 넣어 식히는 통이 두 개 놓여 있었다. 소파 앞에 있는 탁자에는 소테론과 라피트와 코냑 병이 세 개 놓여 있었는데, 모두 매우 값비싼 술로 엘리세예프 상점에서 가져온 것이었다. 그리고 차 탁자 앞에는 알렉산드라 세묘노브나가 앉아 있었다. 비교적 소박하게 차려입고 있었으나, 자세히 보면 매우 세련되게 치장했으며 그녀에게 매우 잘 어울렸다. 그녀 또한 그러한 차림이 자기에게 잘 어울린다는 사실을 알고 있으며 자못 자랑스러워했다. 내가 인사하자 알렉산드라 세묘노브나는 짐짓 위엄 있게 몸을 일으켰다. 만족감과 쾌활함이 그녀의 산뜻한 얼굴에서 빛났다. 마슬로보예프는 아름다운 중국산 슬리퍼를 신고 비싼 가운을 걸쳤으며 세련된 셔츠를 입고 앉아 있었다. 그의 셔츠에는 곳곳에 유행하는 각종 단추들이 달려 있었다. 머리는 잘 빗어 기름을 발랐으며, 유행에 따라 비스듬히 가르마를 타서 넘겼다. 나는 어안이 벙벙하여 방 한복판에 선 채 입을 쩍 벌리고 마슬로보예프와 자기만족에 빠져 있는 알렉산드라 세묘노브나를 번갈아 쳐다보았다.

"이것이 다 무엇인가, 마슬로보예프? 오늘 자네 집에 사람들을 초대했는가?" 마침내 불안해진 내가 소리쳤다.

"아니, 자네 혼자야." 그가 무게를 잡으며 대답했다.

"그럼 이것들은 다 뭔가? (나는 전채를 가리켰다) 한 연대 정도는 충분히 먹이겠네."

"게다가 충분히 마시게도 하지. 중요한 것을 빼먹지 말게!" 마슬로보예프가 덧붙였다.

"이 모든 것을 나를 위해 준비했는가?"

"알렉산드라 세묘노브나를 위해서이기도 해. 이렇게 준비하고 싶어했던 사람이거든."

"드디어 시작이군요! 그렇게 말할 줄 알았어요!" 알렉산드라 세묘노브나는 얼굴을 붉히며 소리쳤으나, 만족스러운 표정은 조금도 달라지지 않았다. "예절을 갖춰 손님을 모실 줄도 모르는군요. 뭐든 내 탓으로 돌린다니까!"

"아침부터 그랬다네. 자네, 상상할 수 있겠나? 자네가 저녁 때 올 거란 얘기를 듣자마자 아침부터 수선을 떨었다네. 정신이 하나도 없었지……."

"또 거짓말이군요! 아침이 아니라 엊저녁부터예요. 어제 저녁에 돌아오셨을 때 내일 손님이 오셔서 저녁 내내 계실 거라고 말씀하셨잖아요……."

"당신이 잘못 들었겠지."

"잘못 들은 게 아니라 사실이에요. 저는 절대로 거짓말을 하지 않아요. 왜 우리는 손님을 맞으면 안 되죠? 우리는 모든 것을 준비해놓고 기다리고 있는데 아무도 오시지 않잖아요. 우리도 남들처럼 번듯하게 산다는 걸 훌륭하신 분들에게 보여드려도 되잖아요."

"그보다 당신이 얼마나 훌륭한 주부이며 집안을 얼마나 잘 관리하는지를 보여주고 싶은 거겠지." 마슬로보예프가 덧붙였다. "좀 들어보게, 친구, 내가 어떤 꼴을 당했는지 아나? 네덜란드 산 셔츠를 입히고 온갖 곳에 단추를 달고, 중국제 슬리퍼를 신기고 가운을 입히더니, 손수 머리까지 빗기고 포마드를 발라 주었네. 그것도 베르가모트 포마드야. 그리고 무슨 크렘 브륄레인가 하는 향수를 뿌려 주려 하더군. 마침내 나도 참다못해 남편의 힘을 보여주었지……."

"베르가모트가 아니라 아주 예쁜 도자기 병에 들어 있는 최고급 프랑스제 포마드예요!" 알렉산드라 세묘노브나가 새빨개진 얼굴로 남편의 말허리를 잘랐다. "생각해 보세요, 이반 페트로비치. 이이는 저를 극장에도, 무도회에도 데려가주지 않아요. 오로지 옷만 선물해요. 그러나 제가 옷만 가지고 무엇을 하겠어요? 멋을 부려도 혼자 방 안에서만 왔다 갔다 하는 게 다예요. 지난번에 간청해서 겨우겨우 극장에 가기로 했는데, 제가 브로치를 달려고 잠깐 몸을 돌린 사이에 벌써 장식장으로 가서는 한 잔 마시고 있지 뭐예요. 그 한 잔이 두 잔, 세 잔이 되더니 이내 취해 버리고 말더군요. 결국 극장에는 가지도 못했어요. 우리 집에는 정말로 아무도 찾아오지 않아요. 오전에 업무차 올 뿐인데, 그러면 저는 방에서 쫓겨나요. 우리에게는 사모바르도, 식기도, 좋은 다구도 있어요. 모두 선물 받았어요. 그리고 음식도 곧잘 선물로 받아요. 우리가 사는 거라곤 포도주와 포마드뿐이에요. 아, 그 파이와 햄과 과자들은 당신을 위해 샀어요……. 우리는 누가 보더라도 부끄럽지 않을 만큼 살아요. 언젠가 손님이 오시면 이것도 보여드리고 저것도 대접하려고 벌써 1년 전부터 생각했단 말이에요. 그러면 손님도 칭찬해 주실 거고 그러면 우리도 기분이 좋아지잖아요. 저 바보에게 포마드를 발라 주긴 했지만 이이는 그럴 가치도 없는 사람이에요. 언제나 지저분한 꼴로 다니고. 저 가운도 선물로 받은 건데 이이한테 이런 가운이 어울리기나 하나요? 그저 취하기만 하면 만족하는 사람인걸요. 보세요, 이이는 차도 마시기 전에 보드카부터 권할걸요."

"그럼! 잘 아는군. 마시세, 바냐. 금물과 은물을. 그리고 나서 개운해진

정신으로 다른 것도 마시세."

"것 봐요, 내 그럴 줄 알았어요!"

"걱정 말게, 사센카. 차도 마실 테니. 코냑을 조금 타서 당신의 건강을 위해 축배를 들지."

"어머나, 세상에!" 그녀는 손바닥을 탁 마주치며 소리쳤다. "그저게 상인한테서 받은 6루블이나 하는 귀한 동양 차에 코냑을 넣어 마시겠다니요. 이 사람 말은 듣지 마세요, 이반 페트로비치. 지금 바로 차를 따라드릴게요……. 드셔 보시면 얼마나 좋은 차인지 아실 거예요!"

알렉산드라 세묘노브나는 서둘러 사모바르를 준비하기 시작했다.

나를 저녁 내내 붙들어 두려는 것이 분명했다. 알렉산드라 세묘노브나는 1년 내내 손님을 기다렸고, 지금 나를 상대로 그동안 못한 것을 다 해볼 생각이었다. 이는 예상치 못한 일이었다.

"이보게, 마슬로보예프." 나는 자리에 앉으며 말했다. "나는 저녁을 먹으러 온 게 아니라 용무가 있어서 왔네. 할 이야기가 있다고 자네가 직접 부르지 않았나."

"그랬지. 그러나 일은 일이고, 친구끼리의 대화는 또 다른 문제 아닌가."

"아닐세, 그러면 좀 곤란하네. 여덟 시 반에는 가야 해. 일이 있어. 약속을 했네."

"당치도 않네. 그럼 나는 어쩌란 말인가? 알렉산드라 세묘노브나는 또 어쩌고? 그녀를 보게. 자네 말만 듣고도 놀라서 기절할 지경이 아닌가. 무엇 때문에 내가 포마드를 바르고 베르가모트를 뿌려대야 했는지 생각 좀 해주게!"

"좀 진지하게 듣게, 마슬로보예프. 알렉산드라 세묘노브나에게는 다음 주 금요일에라도 식사하러 다시 오겠다고 약속드리겠네. 그러나 오늘은 약속이라기보다 반드시 가봐야 할 곳이 있네. 그보다 나에게 알려주고 싶었던 것이 무슨 이야기인지 어서 설명이나 해 보게."

"그럼 정말로 8시 반까지만 머무르실 건가요?" 알렉산드라 세묘노브나는 좋은 차를 따른 잔을 나에게 건네며 거의 울상이 되어 소심하고 애처로운 목소리로 말했다.

"걱정 마, 사센카. 모두 부질없는 말이야." 마슬로보예프가 황급히 말을 받았다. "그는 여기 있을 거야. 그보다 자네가 늘 어디를 그리 다니는지부터 말해 주게, 바냐. 무슨 일인가? 솔직히 말해 보게. 일도 하지 않고 날마다 어디론가 달려가는 모양인데…….”

“그건 알아 무얼 하려는가? 뭐, 나중에 얘기해 줌세. 그보다 자네부터 말해 보게. 어제 저녁에 우리 집에는 왜 왔었나? 내가 집에 없을 거라고 말했는데도 말이야.”

“나중에야 생각이 났네, 어제는 잊고 있었어. 정말로 자네에게 할 이야기가 있었네. 그리고 무엇보다 알렉산드라 세묘노브나를 달래야 했어. ‘모처럼 친구와 만났는데 왜 집으로 초대하지 않나요?’라고 하지 뭔가. 자네 때문에 꼬박 나흘이나 시달렸단 말일세. 여보게, 이런 베르가모트 향 같은 걸 바르지 않아도 저승에 가면 죄를 4, 50가지쯤은 묻겠지만, 하루 저녁쯤 친구와 느긋하게 보내는 것도 나쁘지 않다고 생각했네. 그래서 머리를 좀 써서 자네가 오지 않으면 최악의 상황이 벌어질지도 모른다고 쓴 거지.”

나는 앞으로는 그러지 말고 솔직하게 미리 알려 달라고 부탁했다. 그래도 이 설명으로 내가 완전히 납득한 것은 아니었다.

“그럼 오늘 점심때는 왜 피했는가?” 내가 물었다.

“그때는 정말로 일이 있었네, 거짓말이 아니야.”

“공작과 함께 있지 않았나?”

“차는 마음에 드세요?” 알렉산드라 세묘노브나가 애교스러운 목소리로 물었다.

그녀는 내가 차 맛을 칭찬해 주기를 이미 5분이나 기다렸는데 나는 전혀 깨닫지 못했던 것이다.

“아주 좋습니다, 알렉산드라 세묘노브나, 훌륭해요! 지금까지 이렇게 좋은 차는 처음 마셔봅니다.”

알렉산드라 세묘노브나는 만족스러움에 얼굴을 붉히며 곧바로 한 잔 더 따라주었다.

“공작이라니!” 마슬로보예프가 소리쳤다. “여보게, 그 공작은 세상에 둘도 없는 사기꾼이고, 협잡꾼이네……. 그래! 분명히 말해 두지. 나 역시 비록 협잡꾼이지만 그놈처럼 살고 싶지는 않네. 그 정도의 양심은 있다고! 하지만 됐어. 말도 하기 싫네! 그놈에 대해서는 이것밖에 말할 수가 없네.”

“그러나 나는 공작에 대해 물어보려고 왔네. 그 이야기는 나중에 하지!

그런데 자네는 왜 어제 내가 없을 때 엘레나에게 사탕을 주고 앞에서 춤까지 추었는가? 그 애와 한 시간 반이 넘도록 무슨 이야기를 했는가?"

"엘레나는 열한두 살 된 어린 계집아이인데, 지금은 잠시 이반 페트로비치의 집에서 살고 있어." 마슬로보예프는 갑자기 알렉산드라 세묘노브나를 보면서 설명했다. "이보게, 바냐. 좀 보게나." 그녀를 손가락으로 가리키며 마슬로보예프가 말을 이었다. "내가 모르는 소녀에게 사탕을 주었다는 말만 듣고도 저렇게 흥분해서는 마치 우리가 총이라도 쏜 것처럼 온통 벌게져가지고 몸을 떠네…… 저 눈 좀 보게, 숯불처럼 이글거리잖나. 감춰 봐야 소용없어. 알렉산드라 세묘노브나! 당신은 질투하고 있어. 그 아이가 열한 살짜리 소녀라고 설명하지 않았더라면 순식간에 내 머리채를 잡아챘을 거야. 베르가모트도 아무런 도움이 되지 않겠지!"

"그래봐야 소용없어요!"

이렇게 소리치며 알렉산드라 세묘노브나가 차 탁자 뒤에서 뛰어나오더니 마슬로보예프가 머리를 감싸기도 전에 이미 그의 머리카락을 낚아채어 거칠게 잡아당겼다.

"정말 이럴 거예요, 정말! 손님이 계시는 데서 내가 질투한다고 말하다니, 감히! 어떻게 그럴 수가 있어요!"

그녀는 얼굴을 새빨갛게 붉히며 웃고 있었지만 마슬로보예프는 단단히 보복을 받은 셈이었다.

"부끄러운 이야기도 잘만 한다니까요!" 그녀가 나를 향해 진지한 말투로 덧붙였다.

"보게, 바냐. 내 삶이 이렇다네! 이러니 나는 무슨 일이 있어도 한 잔 해야겠어!" 마슬로보예프는 헝클어진 머리를 매만지며 단호하게 말하고 거의 뛰다시피 병 쪽으로 다가갔다. 그러나 알렉산드라 세묘노브나가 그보다 빨랐다. 그녀는 탁자로 뛰어가 직접 한 잔 가득히 따라 그에게 건네주며 애교 있게 그의 뺨까지 어루만져 주었다. 마슬로보예프는 자랑스럽게 나에게 한 눈을 깜빡이더니, 꿀꺽거리며 의기양양하게 잔을 비웠다.

"사탕에 대해서는 설명하기 어렵네." 마슬로보예프는 소파로 와서 내 옆에 앉으며 말문을 열었다. "사흘 전에 술이 취했을 때 가게에서 샀는데, 무슨 생각으로 샀을까. 어쩌면 조국의 상공업을 돕기 위해서 샀는지도 모르지.

다만 그때 술이 취해 거리를 걷다가 진창에 넘어져서 머리를 쥐어뜯으며 나는 아무짝에도 쓸모없는 인간이라고 울었던 것만은 기억하네. 물론 사탕에 대해서는 까맣게 잊고 있었는데, 어제 자네 집에서 소파에 앉으려는데 주머니에 그게 들어 있는 걸 깨달았네. 춤에 대해서라면 역시 취해서 그랬던 걸세. 어제는 상당히 취했거든. 취해서 내 운명에 만족할 때면 가끔 춤을 춘다네. 그게 다야. 다만 그 고아가 내 연민을 불러일으켰겠지. 그 애는 화가 난 듯 나와 이야기를 하려 들지 않았어. 그래서 그 애의 기분을 달래주려고 춤을 추고 사탕을 주었던 거야."

"자네 그 애에게서 무엇인가 알아내기 위해 사탕으로 꾀려던 것이 아니었나? 솔직하게 고백하게. 내가 집에 없을 것을 알고 일부러 그 애와 단둘이 이야기해서 무엇인가를 알아내려고 찾아온 것이 아니었는가? 자네가 그 애와 한 시간 반이나 같이 앉아서 그 애의 죽은 엄마를 안다고 하며 이것저것 캐물은 것도 알고 있네."

마슬로보예프는 눈을 가늘게 뜨고 교활하게 웃었다.

"흠, 그 생각도 나쁘지 않은데." 그가 말했다. "하지만 그건 아닐세. 바냐, 그렇지 않아. 말 나온 김에 몇 가지 물어본 게 잘못인가? 그러나 그런 게 아니네. 들어 보게, 친구. 내가 비록 지금도 여느 때처럼 꽤나 취해 있지만 이 필립이 나쁜 의도로 자네를 속이는 일은 절대 없어, 나쁜 의도로는."

"그럼, 나쁜 의도가 아니라면 속일 생각인가?"

"아니……. 나쁜 의도가 없어도 마찬가지지. 그런 이야기는 집어치우고 한 잔 들이키고 나서 본론으로 들어가지! 딱히 대단한 용건은 아니지만." 한 잔 비우고 나서 마슬로보예프가 계속 말했다. "부브노바는 그 소녀를 잡아 둘 권리가 전혀 없어. 내가 모두 알아보았네. 양자 수속이고 뭐고 없었어. 그 애 엄마가 빚을 져서 대신 아이를 끌고 온 것뿐이야. 부브노바가 비록 교활하고 악독하지만, 모든 여편네들이 그렇듯 바보야. 고인에게는 완전한 신분증명서가 있었어. 따라서 모든 것이 깨끗해졌네. 엘레나는 자네 집에서 살아도 아무 문제가 없네. 번듯한 가정에서 그 애를 데려다가 제대로 길러 준다면 더할 나위 없겠지만. 하지만 당분간 자네 집에 머무르는 게 나을 걸세. 내가 다 잘 처리해 줄 테니 걱정 말게. 부브노바는 손가락 하나도 건드리지 못할 거야. 죽은 어머니에 대해 정확한 정보는 아무것도 알아내지 못했어.

그녀는 과부였고, 성은 잘츠만이었어."

"그래, 넬리도 그렇게 말했네."

"그래, 그걸로 끝이야." 마슬로보예프는 짐짓 무게를 잡으며 말을 이었다. "그런데 바냐, 자네에게 부탁이 하나 있네. 제발 거절하지 말아주게. 자네는 날마다 일이 있다면서 계속 어딘가로 다니는데 도대체 무슨 일인지 되도록 자세히 이야기해주지 않겠나? 대충은 나도 들어서 알고 있네만 더 자세히 알고 싶어서 그러네."

그 진지한 말투에 나는 놀랐고 심지어 불안하기까지 했다.

"그게 무슨 말인가? 자네가 그걸 알아서 뭘 하려고 그렇게 진지하게 묻는가……."

"바냐, 간단히 말하면 내가 자네를 돕고 싶어서 그러네. 이보게, 친구, 내가 자네를 속일 생각이라면 굳이 이러지 않아도 손쉽게 캐낼 수 있는 방법이 얼마든지 있네. 자네는 내가 무슨 일을 꾸미고 있다고 의심하는 모양인데, 어제의 사탕 때문에라도 그러는 게 이해가 안 가는 것은 아냐. 그러나 내가 진지하게 묻는 것은 나를 위해서가 아니라 자네를 위해서라네. 그러니 의심하지 말고 숨김없이 말해 주게, 사실대로……."

"돕다니 어떻게 말인가? 마슬로보예프, 그럼 자네는 왜 공작 이야기만 나오면 입을 다무는가? 나는 그 이야기가 듣고 싶네. 그 이야기를 해 주는 게 나를 돕는 일일세."

"공작에 대해서라! 흠……, 그래 좋아! 솔직하게 말해주지. 내가 자네에게 물어본 것도 실은 공작과 관계가 있기 때문이라네."

"뭐라고?"

"이런 거야. 나는 공작이 자네 일에 개입하고 있다는 걸 알아냈네. 그는 이야기를 하면서 자네에 대해 자세히 물어보았어. 우리가 친구라는 것을 그가 어떻게 알았는지는 자네와 관계없는 일이고, 중요한 것은 그 공작을 조심하라는 거야. 그는 배반자 유다 같은 인물이고, 어쩌면 그보다 더 사악하다네. 그래서 공작이 자네 일에 개입하고 있다는 것을 알고 난 뒤로 자네가 걱정스러워진 거야. 그런데 나는 무슨 일인지 전혀 몰라. 그래서 내가 판단할 수 있도록 자네에게 모든 이야기를 듣고 싶은 거야……. 그래서 오늘 자네한테 오라고 한 걸세. 중요한 일이란 그거야. 나는 솔직히 이야기했네."

"적어도 왜 공작을 조심해야 하는지 그것만이라도 이야기를 해주어야 할 것 아닌가."

"좋아, 할 수 없지. 여보게, 나는 가끔 사람들의 의뢰를 받고 일을 처리해 주네. 생각해 보게. 그들이 그토록 나를 신용하는 건 내가 떠버리가 아니기 때문이야. 그러니 자네한테도 쉽게 이야기할 수는 없지 않겠나? 그래서 대체로 그가 얼마나 지독한 녀석인가를 보여 주는 정도로만 뭉뚱그려 이야기할 테니 이해해 주게나. 그럼 우선 자네 이야기부터 시작해 주게."

나는 내 일을 마슬로보예프에게 감출 이유가 없다고 생각했다. 나타샤의 일은 비밀이 아니었다. 게다가 마슬로보예프에게서는 나타샤에게 도움이 되는 일을 기대할 수도 있었다. 물론 나는 이야기를 하면서 몇 가지 점은 될 수 있는 대로 지나쳤다. 마슬로보예프는 공작에 관한 이야기는 특별히 주의 깊게 들었다. 그가 몇 번이나 내 말을 끊고 다시 물어보는 바람에, 결국 나는 상당히 자세하게 이야기를 해주었다. 나는 약 30분 동안 이야기했다.

"흠! 그 처녀는 똑똑하군!" 마슬로보예프가 말했다. "그녀가 공작에 대해 완전히는 간파하지 못했더라도 처음부터 정체를 알아보고 관계를 완전히 끊은 것은 잘한 일이야. 똑똑한 사람이야, 나탈리야 니콜라예브나는! 그녀의 건강을 위해 건배하지! (그는 술잔을 쭉 들이켰다) 이런 상황에서 기만당하지 않으려면 지혜뿐만 아니라 용기도 필요해. 그녀에게는 용기도 있어. 그렇지만 그 처녀가 졌어. 공작은 끝까지 자기 의지를 관철할 것이고 알료샤는 그녀를 버릴 거야. 이흐메네프만 안됐네, 그 협잡꾼에게 1만 루블을 지불해야 하다니! 그러나 그 일을 서둘러 법정으로 가져간 사람이 누군가? 바로 그 사람이지! 빌어먹을! 고지식하고 성급한 사람들은 다 그 모양이야! 아무짝에도 쓸모없어! 상대가 그 공작인데 그런 식으로는 어림도 없지. 내가 알았더라면 이흐메네프에게 좋은 변호사를 대줄 수도 있었는데, 젠장!" 그는 화가 나서 주먹으로 탁자를 쳤다.

"그럼, 이제 그 공작에 대해 들어보세."

"자네는 내내 공작 타령이군. 그에 대해 무슨 얘기를 해야 하나? 이름만 들어도 기분이 더러워지는데. 나는 말일세, 바냐. 자네가 그 협잡꾼의 함정에 걸려들지 않도록 그에 대해 경고만 해줄 생각이었네. 걸려들면 끝장이거든. 그러니 내 말을 잘 새겨듣게. 그게 다야. 그런데 자네는 내가 무슨 큰 비밀이라도 말해 줄 줄 알았나 보군. 역시 소설가야! 그런 협잡꾼에 대해 무슨 말을 하겠는가? 협잡꾼은 그냥 협잡꾼인 것을……. 그럼, 예를 한 가지 들어서 이야기해 주지. 물론 장소, 도시, 사람 이름, 날짜는 모두 빼고 말이야. 자네, 그가 사무원 봉급으로 살던 젊은 시절에 거상(巨商)의 딸과 결혼한 것을 알 거야. 그는 그 부인에게 결코 예절을 갖춰 대하지 않았어. 지금 그녀에 대해 이야기하는 것은 아니네만, 바냐, 주의할 점은 그가 평생을 그런 식으로 사는 데에만 힘을 쏟아왔다는 거야. 또 이런 일도 있었지. 그는 해외로 갔어. 거기서……."

"잠깐, 마슬로보예프. 어떤 여행을 말하는 건가? 그리고 그게 어느 해였지?"

"정확히 99년하고도 3개월 전의 일이었지. 그는 한 여인을 아버지의 집에서 꾀어내어 파리로 데려갔어. 그런데 그 수법이 어땠는지 아나! 그 아버지는 어느 공장의 경영자였거나 그런 부류의 장사를 하고 있었어. 나도 정확히는 몰라. 이 이야기는 남에게서 들은 내용을 바탕으로 내가 추리하고 상상해서 덧붙인 것이거든. 어쨌든 공작은 먼저 그 아버지를 속여서 그의 사업에 끼어들었어. 그리고 그를 완전히 속여서 돈을 빌렸어. 물론 노인은 빌려 간 돈에 대한 서류를 가지고 있었어. 하지만 공작은 돌려주지 않아도 되도록 빌렸어. 우리 식으로 말하면 훔친 거지. 그 노인에게는 딸이 하나 있었는데 미인이었어. 그 처녀를 쫓아다니던 이상주의적인 청년도 있었지. 실러^(독일의 시인1759~1805)에 심취한 시인이자 상인인 젊은 몽상가로, 한마디로 진짜 독일인인데 페페르쿠헨이었나……."

"그의 성이 페페르쿠헨인가?"

"그럴지도 모르지. 아니야, 페페르쿠헨이 아니었어. 그런 건 아무래도 상관없어. 중요한 건 그게 아니야. 어쨌든 공작은 그 딸에게 접근했는데 그 수법이 얼마나 빼어났던지, 그 집 딸은 그를 미친 듯이 사랑하게 되었네. 공작은 그때 두 가지 일을 꾸몄어. 먼저 그 딸을 자기 것으로 삼고, 노인이 가지고 있는 빌린 돈에 대한 문서를 손에 넣는 것이었지. 노인의 서류 상자 열쇠는 모두 딸이 가지고 있었거든. 노인은 딸을 시집보내고 싶어하지 않을 만큼 무척이나 딸을 사랑했지. 정말이야. 모든 구혼자들에게 질투를 느꼈고, 절대로 딸과 헤어질 수 없다며 그 페페르쿠헨까지도 쫓아 버렸지. 정말 괴짜 영국인이었어……."

"영국인이라고? 대체 어디서 있었던 일인가?"

"그냥 말이 그렇다는 걸세. 너무 말꼬리를 잡고 늘어지지 말게. 산타페 데 보고타였을 수도 있고, 크라코프였을 수도 있네. 아니지, 나사우 공원이 맞을 거야. 그 젤터스 음료수 병에 그려져 있는 그 나사우 말이야. 만족하는가? 어쨌든 공작은 그 처녀를 유혹해서 아버지 집에서 나오게 했는데, 처녀는 공작의 요구에 따라 몇 가지 서류를 들고 나왔어. 참 이런 사랑도 드물진 않단 말이야, 바냐! 어쨌든 그 처녀는 진실하고 점잖으며 정열적인 사람이었어! 그녀는 그 서류가 무엇인지는 전혀 이해하지는 못했지. 오직 아버지가 자기를 저주할 것만 걱정했어. 공작은 여기서도 빈틈을 보이지 않고, 그녀와 정식으로 결혼하겠다는 서약서까지 썼지. 그렇게 처녀를 안심시키고 당분간 떠나서 두루 돌아다니다보면 아버지의 분노도 가라앉을 테니, 그때가 되면 부부로서 아버지에게 돌아가 셋이서 행복하게 살자고 지껄였지. 결국 처녀는 그와 도주했고 노인은 딸을 저주하게 됐어. 엎친 데 덮친 격으로 노인은 망하기까지 했지. 그리고 프라우엔밀히도 장사를 때려치우고 그녀의 뒤를 쫓아 파리로 갔어. 어지간히 사랑했던 모양이야."

"잠깐만, 프라우엔밀히는 누군가?"

"그 친구 말일세, 이름이 뭐더라? 포이에르바흐인가…… 에이, 젠장, 아, 페페르쿠헨이야! 공작은 당연히 결혼할 생각이 없었지. 그랬다간 홀레스토바 백작부인이 뭐라고 할지, 포모이킨 남작이 어떻게 생각할지 걱정스러웠거든. 따라서 그는 또 속여야만 했어. 그리고 더할 수 없이 뻔뻔스럽게 속였지. 먼저 그는 그녀를 무자비하게 때리고는 일부러 페페르쿠헨을 집으로 초대했어. 페페르쿠헨은 그들을 만나러 와서 그녀의 벗이 되어 주었지. 그들은 밤새 함께 울면서 자신들의 불행을 슬퍼했어. 둘 다 선량한 사람들이었거든. 공작은 그런 점을 노린 거야. 공작은 어느 날 밤 늦게 그들이 함께 있는 현장을 잡고는 그들이 내밀한 관계라고 우기며 트집을 잡았지. 자기가 두 눈으로 똑똑히 보았다고 떠들면서 말이야. 그는 그렇게 해서 두 사람을 문 밖으로 쫓아내고 자신은 일시적으로 런던으로 떠나버렸어. 그런데 그녀는 해산을 앞두고 있었어. 그녀는 쫓겨나고 얼마 지나지 않아 딸을 낳았어……. 아니, 딸이 아니고 아들, 아들이었어. 보로치카라는 이름으로 세례를 받았지.

페페르쿠헨이 대부가 되었고. 그 후 그녀는 페페르쿠헨과 같이 떠났어. 그에게는 돈이 조금 있었던 모양이야. 그들은 당연한 듯이 스위스, 이탈리아처럼…… 시적이고 아름다운 나라들을 돌아다녔어. 그녀는 늘 울었고, 페페르쿠헨도 같이 울었지. 여러 해가 흘렀고 아이도 성장했어. 모든 일이 공작이 바라는 대로 돌아가는 것 같았지만 딱 한 가지 걸림돌이 있었어. 옛날에 작성한 결혼서약서를 그녀에게서 빼앗지 못했던 거야. '당신은 비열한 사람이에요.' 그녀가 헤어질 때 공작에게 말했어. '당신은 내 재산을 훔치고 명예를 욕보이고, 이제는 나까지 버리는군요. 잘 가요! 하지만 결혼 서약서는 돌려주지 않겠어요. 언젠가 당신과 결혼하고 싶어서가 아니라, 당신이 이 서류를 두려워하기 때문이에요. 그러니 그것은 영원히 내가 가지고 있을 거예요.' 한마디로 그녀는 흥분해서 펄펄 뛰었지만 그래도 공작은 침착했지. 그런 협잡꾼들은 '고결한 존재들'을 상대하는 데에는 도가 텄거든. 그들은 바르게 자란 탓에 남들에게 아주 쉽게 속아 넘어가는데다, 법률에 호소할 수 있는 데도 실제로 법의 힘을 빌리는 대신 우아하게 상대를 멸시하는 정도로 일을 마무리 짓고 말지. 그 애 어머니도 마찬가지였네. 그녀는 오만하게 공작을 멸시할 뿐이었네. 그녀가 서류를 가지고 있기는 하지만 그것을 재판에 사용하느니 차라리 목을 매고 말리라는 것을 공작은 진작부터 알고 있었어. 그래서 당분간은 편하게 지낼 수 있었지. 여자는 공작의 더러운 얼굴에 침을 뱉고 나오기는 했지만 그녀에겐 보로치카가 있었어. 그녀가 죽으면 그 애는 어떻게 되겠나? 그러나 그녀는 거기까지 생각하지는 못했어. 브르다샤후트 역시 그녀를 격려했지만 깊이 생각하지 못했지. 그들은 실러를 무척 좋아했거든. 결국 브르다샤후트는 병으로 기력을 잃더니 죽고 말았어……."

"페페르쿠헨을 말하는 거지?"

"그래, 제기랄! 그리고 그녀는……."

"기다려 보게! 그들이 얼마나 오랫동안 떠돌아다녔나?"

"정확히 200년. 그리고 그녀는 크라코프로 돌아왔지. 아버지는 그녀를 받아들이지 않고 저주만 퍼부었어. 그녀는 죽었고, 공작은 기뻐서 성호를 그어댔지. 나도 거기 있었는데, 꿀을 마시려고 했지만 수염을 따라 흐를 뿐 입으로는 들어가지 않고, 모자를 주겠다고 했지만 나는 곧바로 빠져나왔네. (푸시킨의 〈루슬란과 류드밀라〉의 시구를 패러디했다)…… 한잔하세, 바냐!"

"그 일로 공작을 위해 일하고 있는 거로군, 마슬로보예프."

"자네가 그렇게 생각하고 싶다면 그래도 상관없네."

"나는 단지 자네가 그 일에 관해 무엇을 할 수 있는지 좀처럼 이해가 안될 뿐일세!"

"보게나. 그녀는 10년 만에 이름을 바꾸고 마드리드로 돌아왔네. 브르다샤후트와 노인은 어떻게 되었는지, 그녀가 정말로 돌아왔는지, 아이는 어떻게 되었는지, 그녀가 정말로 죽었는지, 그 서약서는 어떻게 되었는지. 그 밖에도 여러 가지로 알아봐야 할 일이 많지 않은가. 어쨌든 그는 가장 추악한 인물이네. 그를 조심하게, 바냐. 그리고 마슬로보예프에 대해서는 이렇게 생각해주게. 그를 절대로 협잡꾼이라고 부르지 말자고. 그는 비록 협잡꾼이지만(내 생각으로는 협잡꾼 아닌 사람이 없네만) 자네 편일세. 나는 몹시 취했네만 들어 보게. 언젠가, 가까운 장래나 먼 훗날, 올해건 내년이건, 마슬로보예프가 자네에게 한 방 먹였다고(한 방 먹였다는 표현을 잊지 말게) 여겨지더라도 절대로 나쁜 뜻으로 그런 게 아니란 걸 알아주게. 마슬로보예프는 자네를 지켜보고 있네. 그러니 자네의 의심을 믿지 말고 직접 이리로 와서 마슬로보예프에게 솔직하게 털어 놓고 상의해주게. 그럼 한 잔 하지."

"아닐세."

"뭐라도 들겠나?"

"아니, 정말 미안하네……."

"그래, 그럼 그만 가게. 9시 15분 전이야. 자네는 거만한 사람이야. 갈 시간이지?"

"아니, 뭐라고요? 혼자만 취하도록 마시고 손님을 쫓아내는 거예요? 늘 이렇다니까요! 부끄럽지도 않아요?" 알렉산드라 세묘노브나가 울상을 지으며 외쳤다.

"보병과 기병은 친구가 될 수 없어! 알렉산드라 세묘노브나, 나머지는 우리끼리 즐기세. 이 친구는 장군님이란 말이야! 아니야, 바냐. 내가 거짓말을 했네. 자네는 장군이 아니지만 나는 협잡꾼이야! 보게, 지금 내 꼴은 어떤가! 내 꼴이 어떻게 보이는가? 나를 용서하게, 바냐. 그리고 마음 내키는 대로……."

그는 나를 껴안고 눈물을 터뜨렸다. 나는 막 떠나려던 참이었다.

"아, 모처럼 저녁식사 준비까지 다 해놓았는데!" 알렉산드라 세묘노브나가 매우 낙담하며 말했다. "하지만 금요일엔 오시겠지요?"

"오겠습니다, 알렉산드라 세묘노브나. 반드시 올게요."

"하지만 저이가 저렇게…… 술꾼이라서 정이 떨어지셨겠죠? 부디 저이를 싫어하지 마세요, 이반 페트로비치, 이이는 매우 좋은 사람이에요. 게다가 당신을 얼마나 좋아하는데요! 요즘에는 낮이나 밤이나 당신 얘기만 해요. 그리고 당신의 책도 일부러 사왔어요. 저는 아직 읽지 않았는데, 내일부터 읽을게요. 그리고 당신이 와주시면 저도 무척 기뻐요! 아무도 집에 찾아오지 않아서 너무 외롭답니다. 우리 집에는 모든 것이 갖춰져 있는데 단둘뿐이라니. 아까도 저기 앉아서 당신들이 이야기하는 것을 열심히 들었는데, 정말 재미있었어요……. 그럼 금요일에……."

7

나는 서둘러 집으로 돌아갔다. 마슬로보예프의 이야기는 너무도 놀라웠다. 엉뚱한 생각들이 머릿속에 자꾸만 떠올랐다……. 그런데 마치 전기 충격처럼 나를 전율시킨 사건이 예정된 순서처럼 집에서도 기다리고 있었다.

내가 살고 있는 건물 정문 맞은편에는 가로등이 하나 있다. 내가 정문을 들어서려는 순간 어떤 이상한 형체가 가로등 뒤에서 갑자기 내게 달려들었다. 나는 깜짝 놀라 외마디 소리를 질렀다. 두려움에 정신이 반쯤 나간 듯한 어떤 생물체가 바들바들 떨며 비명 소리와 함께 내 팔에 매달렸다. 두려움이 나를 사로잡았다. 그것은 넬리였다.

"넬리! 무슨 일이냐?" 내가 외쳤다. "왜 그러니?"

"저기, 위에…… 그 사람이 있어요……. 우리 집에……."

"그게 누군데? 자, 가자, 나와 함께 가보자."

"싫어요, 싫어요! 그 사람이 갈 때까지…… 현관에서 기다릴래요……. 싫어요."

이상한 예감을 느끼며 방으로 올라가 문을 여니 공작의 모습이 눈에 들어왔다. 공작은 책상 앞에 앉아서 내 소설을 읽고 있었다. 몇 장 넘기지는 않았지만 책이 펼쳐진 상태였다.

"이반 페트로비치!" 공작이 반가워하며 소리쳤다. "당신이 마침내 돌아와서 몹시 기쁘오. 이제 그만 가려던 참이었소. 한 시간 넘게 기다렸소. 실은 백작부인이 하도 끈질기게 부탁하는 바람에 오늘 저녁에 당신을 데리고 가겠다고 약속을 해버렸어요. 부인이 당신을 꼭 소개해 달라고 어찌나 간절히 부탁하던지! 그리고 내게 여기에 와도 좋다고 당신이 허락하셨으니 그렇다면 당신이 어디 다른 곳으로 가기 전에 일찌감치 와서 당신을 직접 데려가야겠다고 생각한 겁니다. 그런데 막상 와보니 하녀가 당신이 집에 안 계시다고 하더군요. 맥이 탁 풀리더군요. 이제 어떻게 한담? 당신과 함께 가기로 약속을 했는데. 그래서 15분만 기다리기로 하고 앉아서 기다렸소. 그런데 그 15분이 이렇게 길어지게 된 거요. 당신의 소설을 읽기 시작했더니 완전히 빠져들고 말았소. 이반 페트로비치! 이 작품은 걸작이오! 이 책을 읽으면 당신의 마음이 한눈에 보이오. 눈물을 참을 수가 없더군요. 내가 울고 말았다오. 웬만해선 울지 않는 내가……."

"그럼 같이 가자는 말씀이십니까? 실은 지금…… 딱히 가기 싫은 것은 아니지만, 하지만……."

"제발 갑시다! 내 얼굴 좀 세워 주시오. 한 시간 반이나 기다렸는데! ……그리고 당신과 꼭 할 이야기도 있고. 무슨 일인지 아시죠? 이번 일에 대해서는 당신이 나보다 더 잘 알고 계시니…… 두 사람이 생각하면 뭔가 해결책을 찾을 수도 있을 거요. 일치점을 찾을 수 있을지도 모르잖소! 그러니 제발 거절하지 말아주시오."

나는 조만간 한번은 가야 한다고 판단했다. 물론 나타샤가 지금 혼자서 나를 기다리고 있을지도 모르지만, 그녀가 나에게 되도록 빨리 카챠와 사귀어 보라고 부탁하지 않았던가? 그리고 백작부인의 집에는 알료샤도 와 있을 것이다……. 어차피 내가 카챠에 대한 정보를 가져가기 전에는 나타샤의 마음도 편안하지 못할 것이다. 그래서 그곳에 가기로 결심했다. 하지만 넬리가 걱정이었다.

"잠깐, 실례합니다." 나는 공작에게 말하고 계단으로 나왔다. 어두운 구석에 넬리가 서 있었다.

"왜 들어오지 않니, 넬리? 저 사람이 너에게 무슨 짓을 했니? 아니면 무슨 말을 했니?"

"아무 말도 하지 않았어요……. 하지만 싫어요, 싫어요……." 소녀는 되풀이했다. "무서워요……."

아무리 간청해도 소용이 없었다. 결국 내가 공작과 나가면 넬리는 곧바로 들어가 문을 잠그기로 약속했다.

"그리고 아무도 방으로 들이지 말아야 한다. 넬리, 아무리 부탁해도 열어 주면 안 돼!"

"저 사람과 함께 가실 건가요?"

"그래."

넬리는 몸을 떨며, 가지 말라고 하고 싶은 듯 내 손을 잡았지만 아무 말도 하지 않았다. 나는 내일 자세히 물어보리라 결심했다.

공작에게 양해를 구하고 나는 옷을 갈아입기 시작했다. 공작은 백작부인 댁을 방문하는 데 특별히 정장을 갖추어 입을 필요는 없다고 열심히 설득했다. "그냥 말쑥하게만 입으면 됩니다!" 공작은 종교재판관 같은 눈빛으로 나를 머리끝에서 발끝까지 훑어보며 덧붙였다. "아시다시피 이런 상류사회의 편견에서…… 완전히 자유로울 수는 없지요. 그런 이상적인 세계는 좀처럼 나타나지 않을 거요." 그는 내가 프록코트를 입는 것을 만족스럽게 바라보며 말했다.

우리는 밖으로 나왔다. 그러나 나는 공작을 계단에 세워 놓고 넬리가 이미 몰래 숨어든 방으로 다시 들어가 다시 인사했다. 아이는 매우 흥분해서 얼굴이 파랗게 질려 있었다. 나는 걱정이 되어 넬리를 혼자 남겨 두는 것이 마음에 걸렸다.

"당신 하녀는 이상하군요." 계단을 내려가며 공작이 말했다. "그 작은 소녀는 당신의 하녀지요?"

"아닙니다……. 그 소녀는 그저……잠깐 맡아서 돌보고 있는 아이입니다."

"이상한 아이예요. 정신이 나간 아이 같더군요. 아까도 처음엔 내게 대답을 곧잘 하다가 나를 빤히 보더니 갑자기 소리를 지르며 달려들어요. 그러고는 오들오들 떨면서 나에게 매달렸소……. 무슨 말을 하려는 듯하더니 하지 않더군요. 솔직히 말하면 내가 겁이 나서 도망치려 했소만, 다행히 아이가 먼저 나가버리더군요. 정말 깜짝 놀랐소. 당신은 어떻게 그런 아이와 같이 살 수 있소?"

"소녀는 간질을 앓고 있어요." 내가 대답했다.

"아, 그래요? 그럼 놀라운 일은 아니군요……. 그런 발작을 일으킨다면."

그 순간 어떤 생각이 내 머리를 스쳤다. 어제 내가 집에 없는 것을 알고도 마슬로보예프가 내 집을 찾아온 일, 오늘 내가 마슬로보예프를 방문한 일, 마슬로보예프가 술 취한 척하며 마지못해 들려준 이야기, 오늘 저녁 7시에 나를 초대한 일, 그에게 한 방 먹었다고 생각지 말아달라고 끊임없이 말한 일, 그리고 내가 마슬로보예프의 집에 가 있는 것을 어쩌면 알면서도 공작이 1시간 반이나 나를 기다린 일, 그리고 넬리가 공작을 피해 거리로 뛰쳐나간 일, 이 모든 일이 서로 어떤 관련이 있는 것처럼 보였다. 진지하게 생각할 문제였다.

정문 앞에 공작의 마차가 기다리고 있었다. 우리는 마차를 타고 출발했다.

8

타르고비 다리까지는 오래 걸리지 않았다. 처음에 우리는 침묵을 지켰다. 나는 공작이 어떤 이야기를 꺼낼지를 줄곧 생각했다. 그가 나를 떠보고 탐색하고, 무엇인가 캐내려 할 것이라는 생각이 들었다. 그러나 공작은 거두절미하고 느닷없이 본론으로 들어갔다.

"나는 지금 한 가지 큰 고민에 빠져 있소, 이반 페트로비치." 공작이 말문을 열었다. "그 문제를 먼저 당신과 의논하고 당신께 조언을 부탁하고 싶소. 사실 나는 오래전에 내가 이긴 그 소송을 포기하고 이흐메네프에게 1만 루블을 양보하기로 결심했소. 이 일을 어떻게 진행하면 좋겠소?"

'어떻게 하면 좋을지 당신이 모를 리 없잖아.' 나는 순간적으로 생각했다. '나를 우습게 만들 참인가?'

"글쎄요, 잘 모르겠습니다, 공작." 나는 되도록 무심하게 대답했다. "다른 일이라면, 즉 나탈리야 니콜라예브나에 관한 일이라면 당신과 우리들 모두를 위해 필요한 정보를 알려드릴 수 있습니다만 그 일에 관해서는 당신께서 저보다 더 많이 알고 계실 겁니다."

"아니, 아니에요. 당신이 더 자세히 알고 있어요. 당신은 그들과 잘 아는 사이이고, 나탈리야 니콜라예브나도 이 일에 관한 그녀의 생각을 당신에게 여러 번 이야기했을 게 아닙니까. 그것이 나에게 중요한 지침이 될 겁니다.

당신은 나를 많이 도와줄 수 있소. 이 일은 아주 까다로운 사건이 아니오. 나는 그에게 양보할 뜻이 있을 뿐만 아니라, 비록 다른 일들이 어떻게 끝나든 관계없이 반드시 양보하기로 결심했소. 아시겠소? 하지만 어떤 방식으로 양보할지가 문제요. 그 노인은 자존심이 강하고 고집이 세요. 결국 그는 내 성의를 비웃으며 나에게 그 돈을 다시 던질 거요.”

"실례지만 당신은 그 돈을 어떻게 생각하십니까? 자신의 것이라고 생각하십니까, 아니면 그분의 것이라고 여기십니까?”

"내가 재판에서 이겼으니 당연히 내 돈이지요.”

"하지만 양심상으로는 어떠십니까?”

"물론 내 것이지요.” 그는 내 거리낌 없는 물음에 조금 흠칫하며 대답했다. "그런데 당신은 이 일의 본질을 잘 모르는 것 같소. 나는 그 노인이 계획적으로 사기를 쳤다고 비난하는 것이 아닐뿐더러, 솔직히 말해 그렇게 비난한 적은 한 번도 없소. 모욕당했다며 소란을 피우는 것은 그의 자유지만 말이오. 믿고 맡긴 일을 태만하게 처리한 것은 그의 잘못이오. 애초에 맺은 계약에 따라 그 문제의 일부에 대해 그가 책임을 져야 했소. 하지만 아시는지 모르겠지만 문제의 본질은 그것이 아니었습니다. 문제는 서로가 서로의 자존심을 할퀴어 댄 것이었소. 그 무렵 나는 1만 루블이라는 푼돈에는 관심도 없었소. 그러나 그때 이 소송이 어떤 일에서 시작되었는지는 당신도 잘 아실 것이오. 내가 의심이 많았다는 것은 인정하오. 어쩌면 내가 옳지 않았을 수도 있소(그 당시에는 말이오). 그러나 나는 그 점을 깨닫지 못하고 그의 폭언에 모욕을 느끼고 화가 난 나머지 곧바로 소송을 건 거요. 그런 행동이 나로서는 바람직하지 않다고 생각하실 거요. 나도 변명하지는 않겠소. 다만 한 가지만 말씀드리면 분노, 그리고 특히 상처 입은 자존심은 인품의 결핍을 나타내는 증거가 아니라, 매우 자연적이고 인간적인 부분이 아닌가요. 그리고 고백하건대, 그때 나는 이흐메네프가 어떤 사람인지 거의 몰랐으며, 알료샤와 그의 딸에 대한 모든 소문을 전적으로 믿었던 터라 고의적으로 돈을 훔쳤다는 이야기도 믿을 수 있었던 거요……. 그러나 이 문제는 일단 그냥 놓아둡시다. 중요한 것은 내가 지금 어떻게 해야 하느냐는 겁니다. 돈을 포기하는 건 상관없지만 그래도 나는 그 소송을 제기한 것이 옳았다고 생각하오. 이렇게 되면 내가 그에게 돈을 선물하는 것이 되오. 여기에 나탈리야 니콜라예브나를 둘러싼 미묘한 상황이 더해진다면……. 노인은 즉각 그 돈을 나에게 던져 버릴 것이오."

"보세요, 당신 스스로도 그가 돈을 던져버릴 것이라고 하셨지요. 그렇다면 그를 고결한 사람이라고 인정하신 셈이니, 그가 당신의 돈을 훔치지 않았다고 충분히 믿으실 수 있을 겁니다. 그럼 왜 그에게 가서 소송을 제기한 것은 옳지 않았다고 솔직히 말하지 않습니까? 그러면 당신도 인품을 증명하고, 이흐메네프도 그의 돈을 받는 것을 어려워하지 않을 겁니다."

"흠…… 그의 돈이라. 문제는 바로 그거요. 그러면 내 입장이 어떻게 된단 말입니까? 그에게 가서 고소가 옳지 않았다고 말한다고 칩시다. 그러면 옳지 않은 줄 알면서 왜 소송을 제기했느냐고 다들 말할 거요. 하지만 나는 그런 말을 들을 까닭이 없소. 그 소송은 법적으로 정당했기 때문이오. 나는 그가 내 돈을 훔쳤다고 누구에게도 말한 적이 없소. 그러나 그가 조심성 없이 행동했고 경솔했으며, 경영에 대해 아는 바가 없다고 지금도 확신하오. 그 돈은 틀림없이 내 것이니 나 자신을 비방하기는 힘든 일이오. 다시 한 번 말하지만, 그 노인은 자기 혼자서 모욕을 느끼고 화를 낸 것이오. 그런데 당신은 내가 그에게 용서를 빌어야 한다고 하시니, 너무 가혹하오."

"제 생각으로는 두 분이 화해하기로 마음만 먹으면, 그 뒤는……."

"그 뒤는 쉽다는 말이오?"

"그렇습니다."

"아니오, 그렇게 쉬운 문제가 아닙니다. 더구나……."

"더구나 다른 사정이 얽혀 있기 때문이라고요? 그 점은 저도 동감입니다, 공작. 나탈리야 니콜라예브나와 당신 아들의 일에 대해서는, 당신이 해결하실 수 있는 일은 스스로 정리하시어 이흐메네프 집안에서 충분히 만족할 수 있도록 해주셔야 합니다. 그러면 재판에 대해서도 이흐메네프와 비로소 허심탄회하게 이야기할 수 있을 겁니다. 그렇지만 지금은 아직 아무 것도 해결되지 않았으니 당신이 택할 수 있는 방법은 하나뿐입니다. 즉 소송이 정당하지 못했다는 것을 인정하는 것입니다. 필요하다면 공식적으로 성명을 발표하시면 될 겁니다. 제 의견은 그렇습니다. 공작께서 제 의견을 물으셨기에 솔직히 말씀드렸습니다. 설마 제가 교활하게 아부하기를 바라지는 않으셨겠지요? 같은 이유에서 외람된 질문을 하나 여쭙겠습니다. 당신은 왜 이흐메네프에게 돈을 돌려주는 문제로 고민하시는 겁니까? 그 소송이 정당하다고 여기신다면 왜 돈을 돌려주십니까? 제 호기심을 용서하십시오. 이것은 다른 문제와도 연관되어 있다보니……."

"어떻게 생각하시오?" 공작은 내 물음은 전혀 듣지 못했다는 듯 갑자기 되물었다. "1만 루블을 아무런 말도 없이, 그리고…… 그리고…… 상대를 달래는 말도 없이 그저 돈만 불쑥 건네면 이흐메네프가 그 돈을 거절할 것이라고 확신합니까?"

"당연히 거절할 겁니다!"

나는 온몸이 달아올랐고 격분해서 부들부들 떨었다. 이 뻔뻔스럽고 의심에 가득 찬 물음은, 마치 공작이 내 얼굴에 침을 뱉은 것 같은 인상을 불러일으켰다. 이 모욕에 또 다른 모욕도 추가되었다. 내 물음을 못 들은 척하고 그것에 대해 대답하지 않고 또 다른 물음을 던져 내 말을 가로막는 상류사회의 방식이었다. 아마도 내가 지나치게 열중한 나머지 그런 무례한 질문을 할 만큼 주제넘게 굴었다는 점을 깨닫게 하려는 것이리라. 나는 이런 상류사회의 태도가 증오스러울 만큼 역겨웠으며, 알료샤에게도 그 버릇을 버리게 하기 위해 전부터 온갖 노력을 다 기울였다.

"흠…… 당신은 지나치게 성마르군요. 그렇지만 세상에는 당신이 상상하는 것처럼 되지 않는 일들이 있소." 공작이 나의 외침에 대해 조용히 지적했다. "그런데 나는 나탈리야 니콜라예브나가 이 문제를 어느 정도 해결할 수 있으리라고 생각하오. 그녀에게 이 이야기를 전해 주시오. 그녀가 조언을 해 줄 수도 있을 것이오."

"결코 그렇지 않을 겁니다." 내가 거칠게 대답했다. "당신은 조금 전에 제가 묻는 말은 들으려고도 하지 않고 제 말을 끊었습니다. 당신이 성의도 보이지 않고, 당신 말씀대로 상대를 달래는 말도 없이 돈을 되돌려 주신다면, 나탈리야 니콜라예브나는 그 돈이 아버지에게는 딸의 몸값이며, 그녀에게는 알료샤의 몸값이라고…… 한마디로 당신이 돈으로 정리하려 한다고 이해할 겁니다……."

"흠…… 당신은 나를 그렇게 이해했군요, 이반 페트로비치." 공작이 웃었다. 그는 왜 웃은 것일까. 그가 계속했다. "그래도…… 당신하고는 상의할 일이 아직 많이 남아 있소. 그런데 지금은 시간이 없소. 한 가지만 염두에

두시오. 이 문제는 나탈리야 니콜라예브나와 그녀의 앞날에 직접적인 관계가 있으며, 어느 정도는 우리가 어떻게 결정하고 무엇에 합의하느냐에 따라 결정된다는 거요. 언젠가 알게 되시겠지만 여기에는 당신이 반드시 필요하오. 그러니 당신이 앞으로도 나탈리야 니콜라예브나를 걱정하신다면 내가 마음에 들지 않더라도 나와의 타협을 거절하지 못할 것이오. 벌써 다 왔군……. 그럼 잠시 뒤에 봅시다."

9

　백작부인의 저택은 매우 훌륭했다. 방들은 화려하지는 않지만 편안하고 운치가 있었다. 그러나 곳곳을 보면 임시 거처라는 느낌을 지울 수 없었다. 즉 일시적으로 머물기에 적당한 집일 뿐, 귀족의 주거로서 필수불가결한 호사를 과시한, 즉 규모가 크지만 상시 거주하는 집은 아니었다. 백작부인은 여름에는 심비르스카야 현에 있는 자신의 영지로(그곳은 퇴락했고 이중 삼중으로 저당잡혀 있었다) 갈 예정이며, 공작이 동행한다는 소문이 있었다. 나도 이미 그 이야기를 들었던 터라 카챠가 백작부인과 함께 간다면 알료샤가 어떻게 할 것인지 걱정스러웠다. 그 점이 두려워 나타샤에게는 아직 그 소문을 전해주지 않았다. 그런데 몇 가지 낌새로 보아 나타샤도 이 소문을 알고 있는 듯했다. 그녀는 아무 말도 하지 않고 혼자서 괴로워했다.

　백작부인은 매우 우호적으로 나를 맞아 주었다. 부인은 상냥하게 손을 내밀고 전부터 초대하고 싶었다고 여러 차례 말했다. 그리고 멋진 은제 사모바르에서 차를 손수 따라 주었다. 그 사모바르를 둘러싸고 나와 공작 그리고 한눈에도 외교관처럼 보이는 약간 딱딱한 태도를 지닌 중년 신사가 앉았다. 훈장까지 달고, 상류 사회 인사의 본보기 같은 이 손님은 모두에게서 매우 존경받는 사람 같았다. 백작부인은 외국에서 갓 돌아왔기 때문에 이번 겨울에는 아직 페테르부르크에서 다양하게 교제를 넓히지 못하고, 자신이 원하고 계산한 것처럼 자신의 위치를 확고히 다지지 못한 듯했다. 이 손님을 제외하고는 아무도 없었고, 저녁 내내 누구도 나타나지 않았다. 나는 눈으로 카테리나 표도로브나를 찾았다. 그녀는 알료샤와 옆방에 있었는데, 우리가 오는 소리를 듣고는 곧 나왔다. 공작은 사랑스럽게 그녀의 손에 입을 맞추었고 백작부인은 손가락으로 나를 가리켰다. 공작이 곧바로 우리를 인사시켰다. 나는 성급히 카테리나를 살펴보았다. 그녀는 얌전해 보이는 금발 여인이 었다. 흰 옷을 입고 있었으며, 키는 크지 않고, 표정은 침착했다. 눈은 알료샤가 말한 것처럼 매우 아름다운 푸른색이었다. 전체적으로 젊음의 아름다움을 가지고 있었지만 그것뿐이었다. 나는 완벽한 미인을 만나리라고 기대했으나, 그러한 아름다움은 없었다. 부드러운 곡선의 갸름한 얼굴, 반듯한 이목구비, 숱 많고 아름답지만 평범하게 손질된 머리카락, 부드럽고 침착한 눈빛. 다른 곳에서 그녀와 마주쳤다면 나는 아무런 신경도 쓰지 않고 그냥 지나쳤을지도 모르겠다. 하지만 이것은 첫인상이었다. 나는 이날 밤 늦게까지 그녀를 자세히 살펴보았다. 그녀는 아무 말도 없이 순진하고 긴장된 눈빛으로 나를 가만히 바라보며 손을 내밀었다. 나는 그 단순한 동작에도 놀라움을 금할 수 없었으며, 무의식적으로 그녀에게 미소를 지어 보였다. 상대가 순수한 마음을 가졌다는 것을 직감적으로 깨달았기 때문이었으리라. 백작부인은 그녀에게서 눈을 떼지 않았다. 나와 악수를 한 다음 카차는 이상하게 서둘러 물러나 알료샤와 함께 방 저편 구석에 앉았다. 알료샤가 나에게 인사를 하며 속삭였다. "잠깐 들른 거예요, 곧 그리로 갈 거예요."

'외교관'(이름을 모르므로 편의상 외교관이라고 부르겠다)이 조용하고 위엄 있는 말투로 어떤 사상을 이야기했다. 백작부인은 주의 깊게 그의 말을 들었다. 공작은 지당하신 말씀이라는 태도로 그에게 미소를 지었다. 연설가는 공작을 훌륭한 청취자로 평가한 듯 자주 그를 보며 이야기했다. 나에게는 차를 주었을 뿐 아무도 말을 걸지 않았는데, 나는 그것이 무척 기뻤다. 그러는 동안 나는 백작부인도 유심히 살펴보았다. 첫인상은 내 의지와는 관계없이 마음에 들었다. 이미 젊은 나이는 아닐 테지만 스물일곱, 여덟 살쯤으로 보였다. 얼굴은 아직 싱싱했고 젊었을 때에는 상당히 아름다웠을 것 같았다. 짙은 밤색 머리칼은 아직도 제법 풍성했다. 눈빛은 매우 선량했지만, 약간 경박하고 조롱기를 담고 있었다. 그러나 지금 그녀는 어떤 이유에서인지 자신을 억누르고 있었다. 그 눈빛 속에는 지혜도 분명히 보였지만 무엇보다 인자함과 유쾌함이 확연히 드러났다. 내가 보기에 백작부인의 주된 성질은 약간의 경솔함과 쾌락에 대한 욕구와 약간의, 아니 어쩌면 커다란 선한 이기심이었다. 그녀는 그녀에게 커다란 영향력을 행사하는 공작의 손아귀 안에 있었다. 나는 그들이 관계를 가지고 있음을 알고 있었고, 공작이 외국에 머물

때부터 연인으로서 사이가 시들해졌다는 소문도 들었다. 하지만 내가 보기에 (지금도 그렇게 생각한다) 그들 사이에는 그러한 묵은 관계 말고도 또 다른 비밀스럽고, 어떤 계산에 입각한 서로에 대한 의무로 두 사람이 묶여 있는 것 같았다⋯⋯. 한마디로 그러한 무언가가 있음이 틀림없었다. 나는 또한 공작이 지금은 그녀를 부담스러워하지만, 그래도 그들의 관계가 끊어지지 않았음을 알았다. 그것은 지금 두 사람을 하나로 묶고 있는 카챠를 둘러싼 계획일지도 모르며, 그 주도권은 당연히 공작이 쥐고 있었다. 그 일을 핑계로 공작은 백작부인이 진실로 요구한 결혼을 회피하고, 알료샤와 카챠의 결혼을 위해 협력하자고 부인을 설득한 것이다. 적어도 나는 언젠가 알료샤가 들려준 몇 가지의 이야기를 듣고 그렇게 결론을 내렸다. 아무리 순진한 알료샤라도 그 정도는 눈치챘을 것이다. 또 그 이야기를 듣고 추측한 바에 따르면, 백작부인이 공작에게 완전히 복종을 하는데도 공작은 어떤 이유에서인지 그녀를 두려워한다는 것이었다. 알료샤도 그 점을 느끼고 있었다. 나중에 알았는데, 공작은 백작부인이 누군가와 결혼해주기를 바라며, 시골에 가면 적당한 상대를 찾으리라고 기대하고 부인을 심비르스카야 현으로 보냈다고 한다.

나는 어떻게 하면 카테리나 표도로브나와 마주앉아 이야기를 할 수 있을지를 궁리하며 얌전히 이야기를 듣고 있었다. 외교관은 백작부인의 물음에 답하며, 현재의 정세와 궤도에 오르기 시작한 사회개혁, 그리고 그것을 겁내야 할지 아닌지에 대해 이야기했다. 그는 오랫동안 많은 것을 조용하고 권위 있는 어조로 설명했다. 그는 자신의 사상을 치밀하고 현명하게 전개했지만, 그 사상 자체는 매우 혐오스러웠다. 외교관은 현재의 개혁 또는 개신은 아주 빨리 어떤 열매를 맺을 것이라고 힘주어 말했다. 그 열매를 보면 이 새로운 개혁정신은 사회에서(물론 사회의 일부에서) 사라질 뿐만 아니라 사람들은 그 경험을 통해 실수를 깨닫고 전보다 좀더 적극적으로 구제도를 지지할 것이라고 주장했다. 그의 주장은, 경험은 비록 쓰라리겠지만 유익할 것이다, 사람들에게 유익한 옛것을 지켜야 한다는 사실을 가르쳐 주고 그러기 위한 새로운 여건을 만들어낼 것이기 때문이다. 따라서 지금은 이 상황이 어서 빨리 무모함의 궁극으로 치닫기를 빌어야 한다는 것이었다. 그는 결론을 내렸다. "우리가 없으면 아무 일도 되지 않아요. 이제껏 우리 없이 사회가 존속했던 적은 결코 없습니다. 우리는 패한 것이 아니라 지금도 승리하고 있소.

우리는 계속 부상할 것이고, 지금 우리의 좌우명은 '나쁠수록 좋다'여야 하오." 공작은 추악한 동감의 뜻을 표하며 그의 말에 미소를 지었다. 연설자는 자기만족에 빠져 있었다. 나는 어리석게도 반박하려고 했다. 심장이 끓어올라 견딜 수가 없었다. 그러나 공작이 독기 어린 눈빛에 멈추었다. 나를 흘끗 바라보는 그의 눈빛이, 내가 어떤 젊은이다운 돌발적인 행동을 할 것을 기대하고 있는 듯이 보였다. 그는 내가 스스로 망신을 자초하는 꼴을 즐기고 싶었을 것이다. 게다가 외교관은 나의 반박을 무시하고, 나라는 존재 자체를 무시하리라고 확신했다. 나는 그들과 함께 있는 것이 역겨웠다. 그때 알료샤가 나를 구해 주었다.

알료샤는 조용히 내게 다가와 어깨를 두드리며 잠깐 와달라고 청했다. 나는 카차가 그를 보냈으리라고 추측했다. 역시 그랬다. 잠시 뒤 나는 그녀와 나란히 앉아 있었다. 먼저 카차는 '당신은 이런 분이군요' 하고 말하듯 나를 유심히 살펴보기만 했다. 우리는 대화를 풀어갈 실마리를 좀처럼 찾아내지 못했다. 그러나 말문이 터지기만 하면 카차는 다음날 아침까지도 이야기를 멈추지 않을 것이라고 나는 확신했다. '대여섯 시간 동안 이야기하는 사이에'라는 알료샤의 말이 머릿속을 스쳤다. 알료샤는 옆에 앉아 우리가 대화를 시작하기를 초조하게 기다렸다.

"두 사람은 왜 말을 하지 않죠?" 알료샤가 우리를 보고 미소지으며 말을 꺼냈다. "모처럼 만났는데 침묵만 지키는군요."

"아, 알료샤, 당신도 참……. 곧 이야기할 거예요." 카차가 대답했다. "무슨 말부터 꺼내야 할지 모를 만큼 이반 페트로비치와 나눌 이야기가 많이 있어요. 이반 페트로비치, 우리는 너무 늦게 만난 것 같아요. 더 일찍 뵈었어야 했는데. 하지만 저는 오래전부터 당신을 알고 있었어요. 그래서 무척 뵙고 싶었답니다. 심지어 당신께 편지를 쓸 생각까지 했어요……."

"무슨 편지요?" 나는 무심코 미소지으며 물었다.

"용건은 정말 많았어요." 카차는 진지하게 대답했다. "예를 들면 알료샤가 나탈리야 니콜라예브나 이야기를 해주는데, 이런 시간에 혼자 남겨 두어도 그녀가 화내지 않는다는 것이 사실인지에 대해서요. 알료샤처럼 행동해도 용서받을 수 있는 건가요? 알료샤, 당신은 지금 왜 여기 계세요? 그 이유를 말해 주세요."

"아, 그러니까 곧 간다니까요. 나는 당신들이 어떻게 이야기를 나누는지 잠깐 살펴보고 곧 그리로 갈 거라고 했잖소."

"뭘 살펴본다는 거예요? 그는 늘 저래요." 카차는 얼굴을 살짝 붉히며 알료샤를 손가락으로 가리켰다. "조금만, 조금만이라고 말하면서 늘 한밤중까지 앉아 있어요. 그러고는 이미 늦었으니 가지 않겠대요. '그녀는 착하니까 화내지 않을 거야'라고 하면서. 늘 그러죠! 그래도 괜찮은가요? 너무 불성실한 것 아닌가요?"

"그럼 이만 갈게요." 알료샤가 불퉁하게 대답했다. "실은 당신들하고 함께 있고 싶은데……."

"우리와 무얼 하려고요? 우리는 둘이서 이야기할 게 많아요. 화내지 마세요. 꼭 필요한 일이니까. 이해해 주세요."

"꼭 그래야 한다면 지금 가겠소……. 그리고 나는 화나지 않았어요. 다만 그 전에 잠시 레빈카에게 들렀다가 그녀에게 가려고요. 그건 그렇고, 이반 페트로비치." 그가 모자를 집으며 덧붙였다. "아버지께서 이흐메네프와의 재판으로 받은 돈을 돌려주겠다고 하신 걸 아세요?"

"알아요, 당신 아버지께 들었소."

"참으로 훌륭한 일이에요. 그런데 카차는 아버지의 훌륭한 행동을 믿지 않아요. 이 문제에 대해 그녀와 이야기를 나누어 보세요. 안녕 카차, 그리고 제발 내가 나타샤를 사랑한다는 것을 의심하지 말아요. 왜 당신들은 늘 나에게 약속을 강요하고, 나를 나무라며 감시하는 거요. 당신들은 마치 부모처럼 나를 감시해요! 나타샤는 내가 그녀를 얼마나 사랑하는지 알고 있고 나를 믿어 줘요. 나는 나타샤가 나를 믿는다고 확신해요. 나는 나타샤를 무조건 사랑해요. 내가 얼마나 그녀를 사랑하는지 스스로도 모를 만큼 한결같이 그녀를 사랑해요. 그러니까 나를 죄인처럼 심문할 이유는 전혀 없어요. 믿지 못하겠으면 이반 페트로비치에게 물어봐요. 내 말을 증명해 줄 테니. 나타샤는 질투가 심하고 나를 무척 사랑하지만 그녀의 사랑에는 이기심이 많이 들어 있어요. 그녀는 나를 위해서는 아무것도 희생하고 싶어 하지 않거든요."

"뭐라고요?" 나는 내 귀를 의심하며 깜짝 놀라 다시 물었다.

"그게 무슨 말이에요, 알료샤?" 카차는 거의 비명을 지르다시피 하며 손을 마주쳤다.

"놀랄 것 없어요. 이반 페트로비치가 알아요. 나타샤는 늘 내가 자기와 함께 있기를 요구해요. 아니, 요구하지는 않지만, 그러길 바란다는 건 알아요."

"부끄럽지 않나요, 그런 말을 하고 부끄럽지도 않아요?" 카챠가 분을 이기지 못하고 부들부들 떨며 말했다.

"왜 부끄러워해야 하죠? 당신은 참 이상해요, 카챠! 나는 나타샤가 생각하는 것 이상으로 그녀를 사랑해요. 그런 나와 마찬가지로 나타샤도 나를 사랑한다면 나를 위해 자신의 만족을 희생했을 거예요. 물론 그녀는 나를 보내주지만 얼굴을 보면 얼마나 고통스러워하는지 다 보여요. 그러니까 나한테는 가지 말라고 하는 것과 마찬가지라고요."

"아니, 여기엔 분명 무슨 까닭이 있을 거예요!" 카챠가 분노로 타오르는 눈으로 나를 보며 소리쳤다. "고백하세요, 알료샤. 지금 고백하세요. 당신 아버지가 뭐라고 하신 거죠? 오늘 무슨 말을 들었죠? 속이려 해도 소용없어요. 나는 금방 알아차리니까요! 그래요, 안 그래요?"

"그래요, 말씀하셨어요." 알료샤가 당황하며 대답했다. "하지만 그게 어때서요? 아버지는 오늘 아주 부드럽고 스스럼없이 말씀하시며 끊임없이 그녀를 칭찬했어요. 아버지를 그토록 심하게 모욕한 나타샤를 칭찬하셔서 얼마나 놀랐는지 몰라요."

"그럼 당신은 그 말을 믿었군요!" 내가 말했다. "나타샤는 그녀가 줄 수 있는 것은 모조리 당신에게 바치지 않았소. 지금도 당신을 지루하게 만들진 않을지, 카테리나 표도로브나와 만날 시간을 빼앗고 있는 건 아닌지 오직 그것만 걱정하고 있소! 나타샤가 오늘 나에게 직접 그렇게 말했소. 그런데도 당신은 그런 터무니없는 말을 믿다니! 부끄럽지도 않소?"

"은혜도 모르는 사람 같으니! 알료샤는 부끄러움이 뭔지조차 모르나 봐요!" 구제불능이라는 듯이 손을 내저으며 카챠가 말했다.

"당신들은 정말 왜 그럽니까!" 알료샤가 애처로운 목소리로 말했다. "카챠, 당신은 늘 이래요! 언제나 나한테서 나쁜 면만 찾아요……. 이반 페트로비치는 말할 것도 없고요! 당신들은 내가 나타샤를 사랑하지 않는다고 생각하지요. 그녀가 이기적이라고 한 건 그런 뜻이 아니에요. 나는 단지 그녀가 도를 넘을 정도로 지나치게 나를 사랑하기 때문에 나도 그녀도 괴롭다고 말했을 뿐이에요. 그리고 설사 아버지가 나를 속일 마음이 있다고 해도 나는 결코 속아 넘어가지 않아요. 나는 지지 않아요. 아버지는 절대로 나쁜 뜻으로 그녀가 이기주의자라고 말씀하시지 않았어요. 그 점은 내가 잘 알아요. 아버지는 지금 내가 말하는 대로 똑같이 말씀하셨어요. 나타샤는 나를 지나치게 사랑하며, 그 마음이 이기심이라고 할 수 있을 만큼 격렬하여 나도 그녀도 괴롭고, 앞으로는 내가 더욱 괴로워질 것이라고 말이에요. 이것은 아버지가 나를 사랑하시기 때문에 진실을 말씀해주신 것이지 결코 나타샤를 모욕한 게 아니에요. 오히려 아버지는 나타샤의 강렬한 사랑을 알아보셨어요. 헤아릴 수 없는 기적과 같은 사랑을……."

하지만 카차는 알료샤의 말을 가로막았다. 그녀는 알료샤를 매섭게 비난하며, 아버지는 표면적인 관대함을 가장하여 알료샤를 속이기 위해 나타샤를 칭찬했을 뿐이며, 이 모든 것은 두 사람 사이를 금가게 만들어 알료샤가 눈치채지 못하는 사이에 그의 마음을 나타샤에게서 멀어지게 하려는 교묘한 책략이라고 설명했다. 그녀는 나타샤가 그를 얼마나 사랑하며, 지금 그가 하는 행동은 어떠한 사랑으로도 용서할 수 없다는 점, 그리고 진짜 이기주의자는 알료샤 자신이라고 열심히 그리고 현명하게 결론지었다. 알료샤는 점점 지독한 슬픔과 깊은 후회로 빠져들었다. 그는 우리들 옆에 앉아서 바닥만 바라보며 아무 대답도 하지 못하고 완전히 풀이 죽은 채 고통스러운 표정을 짓고 있었다. 하지만 카차는 가차 없었다. 나는 호기심을 참지 못하고 그녀를 유심히 지켜보았다. 나는 되도록 빨리 이 특이한 처녀에 대해 자세히 알고 싶었다. 카차는 아직 어렸지만, 뭐랄까, 이상하고 신념이 확고한 아이였다. 굳건한 원칙이 있고, 날 때부터 선과 정의를 열정적으로 사랑하는 아이였다. 그녀를 정말로 아이라고 부를 수 있다면, 카차는 우리나라의 가정에 상당히 많이 있는 '생각하는' 아이들의 범주에 속한다. 그녀는 이미 많은 부분에서 자신의 확고한 판단을 가지고 있음이 분명했다. 이 생각하는 머릿속을 엿보며, 완전히 어린애 같은 사상과 관념이 진지한 경험에서 얻은 삶의 느낌과 관찰(카차는 이미 삶을 꾸려가고 있었다)과 어떻게 어우러지는지를 몰래 살펴본다면 얼마나 흥미로울까. 게다가 직접 경험한 것이 아니라 책을 읽고 얻은 추상적인 생각들도 뒤섞여 있을 것이다. 이러한 생각들은 이미 상당히 축적되어 있을 것이며, 카차는 아마도 자신이 직접 경험하여 그런 생각에 이르렀다고 여길 것이다. 이날 저녁과 그 이후에도 나는 카차를 꽤 잘 연구한 것 같다. 그녀는 쉽게 격해지고 감수성이 풍부했다. 때로는 무엇보다 진리를 최고로 치며, 자신을 억제하는 능력을 경멸하는 듯했다. 참고 사는 것을 편견으로 간주하며, 젊은이들뿐만 아니라 열정적인 사람들이 흔히 그렇듯 그러한 신념을 자랑스러워하는 듯했다. 그러나 이러한 경향이 카차의 어떤 특별한 매력이었다. 그녀는 사색하고 진리를 탐구하는 것을 좋아하지만 학문을 추구한다기보다 어린아이 같은 호기심에서 출발하기 때문에, 사람들은 첫눈에 그녀의 기발함을 사랑하고 너그러이 보게 되는 것이었다. 나는 레벤카와 보렌카를 떠올렸고, 이 모든 것이 지극히 자연스럽게 여겨졌다. 그리고 신기하게도, 처음에는 특별히 아름답다고 생각지 못한 카차의 얼굴이 그날 저녁 시간이 갈수록 더욱 아름답고 매력적으로 보이기 시작했다. 이 천진한 어린이와 사색하는 여인의 분열, 진실과 정의에 대한 아이 같고 성실한 갈구, 그리고 자신의 갈망에 대한 굳건한 믿음, 이 모든 것이 그녀의 얼굴을 아름다운 내면의 빛으로 비추고, 그 얼굴에 고결하고 정신적인 아름다움을 부여했다. 그리고 사람들은, 이러한 아름다움은 쉽게 고갈되지 않으며 무심한 제삼자가 단번에 알아볼 수 있는 성질이 아님을 깨닫게 된다.

　나는 알료샤가 그녀에게 열정적으로 끌리게 된 것을 이해했다. 자기 스스로 생각하고 판단하지 못하는 알료샤가 자기 대신 사고하고 의사를 밝혀주는 사람을 사랑하는 것은 당연하지 않겠는가. 카차는 이미 알료샤의 후견인이 되어 있었다. 너그럽고 온순한 그의 마음은 솔직하고 아름다운 것에 단번에 굴복한 것이다. 카차는 이미 그녀의 미숙한 성실함과 호의를 그에게 펼쳐보였다. 그에게 자신의 의지라고는 전혀 없었으나, 카차는 끈질기고 격렬한 불꽃같은 의지를 지니고 있었다. 그리고 알료샤는 자신을 지배하고 명령을 내리는 사람만 따랐다. 나타샤도 초기에는 그러한 관계로 알료샤를 사로잡았으나, 이 점에서 카차가 나타샤보다 훨씬 유리했다. 카차는 아직 어린아이이고, 앞으로도 영원히 어린아이로 살아갈 것이 틀림없기 때문이었다. 카차의 아이다움, 명석한 지혜와 다소 분별력이 떨어지는 점, 이 모든 점은 어쩐지 알료샤와 비슷했다. 그는 그 점을 느끼고 있었고, 그래서 카차에게 점점 더 강하게 끌리는 것이었다. 그들이 단둘이 이야기할 때는 카차의 진지한 '사상 전파'와 더불어 장난감 이야기 같은 것도 할 것 같았다. 카차가 종종 알료샤를 꾸짖으며 그를 쥐락펴락했지만, 그는 나타샤보다 카차와 있을 때

더 편했을 것이다. 중요한 것은 그들이 서로 동등하다는 점이었다.

"됐어요, 카챠. 이제 충분해요. 언제나 당신이 옳고 나는 그렇지 못해요. 그건 당신의 영혼이 더 순수하기 때문이에요." 알료샤는 일어서면서 그녀에게 작별의 손을 내밀었다. "지금 그녀에게 가겠소. 레벤카에게는 들르지 않고……."

"레벤카에게 가 봐야 할 일도 없잖아요. 그렇지만 당신이 제 말대로 따라주셔서 정말 기뻐요."

"당신은 세상 누구보다도 사랑스러워요." 알료샤가 우울하게 대답했다. "이반 페트로비치, 잠깐 드릴 말씀이 있습니다."

우리는 몇 걸음 옆으로 물러섰다.

"오늘은 내가 너무 뻔뻔했어요." 알료샤가 나에게 속삭였다. "천하게 행동했어요. 세상 사람들 앞에 고개를 들지 못하겠어요. 특히 나타샤와 카챠에게 못할 짓이죠. 실은 점심을 먹은 뒤 아버지가 나에게 알렉산드리나 양(프랑스 인이에요)을 소개해 주셨는데 아주 매력적인 여인이었어요. 나는…… 마음이 끌려서…… 하지만 그런 건 아무래도 좋아요. 나는 나타샤나 카챠와 어울릴 가치가 없어요……. 안녕히 계세요, 이반 페트로비치!"

내가 다시 자리에 앉자 카챠가 재빨리 말했다. "그는 상냥하고 다정한 분이에요. 그러나 그에 대해서는 나중에 자세히 이야기해요. 그보다 지금은 상의드릴 게 있어요. 당신은 공작을 어떻게 보세요?"

"지독한 악당이라고 생각합니다."

"저도 그래요. 우리의 의견이 일치하니 이야기하기가 쉽겠네요. 나탈리야 니콜라예브나에 대한 일인데……, 이반 페트로비치. 사실 저는 어둠 속을 더듬으며 등불을 기다리듯 당신을 기다렸어요. 그러니 저에게 자세히 말씀해 주세요. 왜냐하면 가장 중요한 부분은 알료샤의 이야기를 바탕으로 추측할 수밖에 없거든요. 달리 물어볼 사람도 없고. 먼저(중요한 문제예요) 당신이 어떻게 생각하는지 말씀해 주세요. 알료샤와 나타샤가 함께하면 행복해질까요? 먼저 그 점이 알고 싶어요. 그래야 제가 어떻게 행동할지를 최종적으로 결심할 수 있으니까요."

"그러한 문제는 쉽게 확신할 수 없습니다……."

"네, 물론 확신할 수는 없지요." 카챠가 말을 끊었다. "그렇다면 당신이 느끼기에는 어떠세요? 당신은 매우 지혜로운 분이시니 아실 거예요.”

“내가 보기에, 그들은 행복하지 못할 겁니다.”

“왜 그렇죠?”

“그들은 성격이 서로 어울리지 않아요.”

“저도 그렇게 생각했어요!” 카차는 생각에 잠겨 팔짱을 끼었다.

“더 자세히 말씀해 주세요. 저는 나타샤를 무척 만나고 싶어요. 나누고 싶은 이야기도 너무 많고, 나타샤와 이야기하고 나면 모든 것을 결정할 수 있을 것 같거든요. 지금은 그저 머릿속으로 상상할 뿐이지만, 나타샤는 매우 똑똑하고 진지하고 성실하고 아름다운 분이라고 생각해요. 그렇죠?”

“그래요.”

“그럴 거라고 확신했어요. 그런데 나타샤가 그런 분이라면 어떻게 알료샤를, 그런 어린아이 같은 사람을 사랑할 수 있었을까요? 그 점을 설명해 주세요. 저는 그 문제를 자주 생각해 왔어요.”

“그 점은 설명할 수가 없습니다, 카테리나 표도로브나. 왜, 어째서 사랑하는지는 상상하기 어려운 일입니다. 맞아요, 알료샤는 어린애입니다. 그런데 어린애를 어떻게 사랑할 수 있는지 아십니까?” (깊고, 진지하고, 초조해하며 주의 깊게 나를 바라보는 카차의 눈과 표정을 바라보자 마음이 편안해졌다.) 나는 계속했다. “나타샤가 어린아이와 닮지 않을수록, 그녀가 진지할수록 그만큼 알료샤를 더 쉽게 사랑할 수 있었을 겁니다. 그는 정직하고 성실하고 매우 순진합니다. 때로는 정신이 아득해질 만큼 순진하지요. 그러니 아마도 나타샤가 그를 사랑한 건…… 어떻게 말하면 좋을까…… 일종의 연민이라고 봅니다. 관대한 마음은 연민 때문에 사랑할 수도 있습니다……. 아무래도 설명이 부족한 것 같은데, 대신 당신에게 한 가지 물어보겠습니다. 당신은 그를 사랑하시지요?”

나는 대담하게 물음을 던졌지만, 그 정도의 조급함으로는 카차의 어린아이 같은 맑은 영혼의 순수함을 어지럽히지 못한다고 이내 깨달았다.

“저는 아직 잘 모르겠어요.” 카차는 환한 눈동자로 나를 바라보며 작은 소리로 대답했다. “하지만 매우 사랑하는 것 같아요…….”

“그것 보세요. 그럼 왜 사랑하는지 설명할 수 있습니까?”

“그에게는 거짓이 없어요.” 카차는 잠시 생각한 뒤 대답했다. “그가 제 눈을 똑바로 보며 말할 때가 좋아요……. 이반 페트로비치, 제가 이런 이야기를 하고 있지만, 저는 여자이고 당신은 남자잖아요. 제가 잘못하고 있는 건 아닌가요?"

"무엇이 잘못되었다는 겁니까?"

"그래요. 물론 잘못이 아니라고 생각하지만, 저분들은(사모바르를 둘러싸고 앉아 있는 사람들을 바라보며) 틀림없이 잘못이라고 말할 거예요. 저분들이 옳다고 생각하시나요?"

"아니오. 당신은 마음속으로 나쁜 짓을 한다고 느끼지 않잖소. 그렇다면……."

"저는 늘 그래요." 카챠는 되도록 나와 오래 이야기하기 위해 서둘러 내 말을 끊었다. "무엇인가가 명쾌하지 않으면, 저는 곧바로 제 마음에게 묻습니다. 그래서 마음이 평온하면 저도 안심해요. 늘 그렇게 해야 해요. 그리고 내 마음과 이야기하듯 당신에게 완전히 터놓고 말씀드릴 수 있는 것은, 우선 당신은 훌륭한 분이고, 그리고 알료샤가 나타나기 전에 당신과 나타샤 사이에 있었던 일을 알기 때문이에요. 저는 그 이야기를 듣고 울고 말았답니다."

"누가 이야기해 주었습니까?"

"물론 알료샤죠. 알료샤도 눈물을 흘리며 이야기해 주었어요. 그것도 그의 좋은 면이죠. 저는 무척 감동했어요. 이반 페트로비치, 제가 보기에 당신이 그를 좋아하는 것보다 그가 당신을 더 좋아하는 것 같아요. 그의 그러한 점도 저는 마음에 들어요. 그리고 제 마음과 이야기하듯 솔직하게 털어놓을 수 있는 건, 당신이 무척 현명한 분이고 저에게 많은 조언과 가르침을 주실 수 있는 분이기 때문이에요."

"왜 당신을 가르칠 수 있을 만큼 현명하다고 생각합니까?"

"그야!" 카챠는 생각에 잠겼다. "깊은 뜻 없이 말씀드렸을 뿐이에요. 그보다 가장 중요한 이야기를 해보죠. 가르쳐 주세요, 이반 페트로비치. 나타샤의 연적인 저는, 분명히 그렇게 느끼고 있는 저는 어떻게 하면 좋죠? 그래서 그 두 사람이 행복해질 수 있을지 물어본 겁니다. 저는 낮이나 밤이나 이 점을 생각해요. 나타샤의 입장은 끔찍해요. 정말 끔찍해요! 그는 나타샤를 더는 사랑하지 않게 되었어요. 그 대신 저를 점점 더 사랑해요. 그렇죠?"

"그런 것 같습니다."

"그렇다고 그가 나타샤를 속이는 것은 아니에요. 그는 사랑이 식어 버린 것을 몰라요. 그렇지만 나타샤는 틀림없이 알 거예요. 그녀는 얼마나 고통스러울까요?"

"당신은 어떻게 하고 싶습니까, 카테리나 표도로브나?"

"계획은 여러 가지 있어요." 카차는 진지하게 대답했다. "정말 저는 혼란스러워요. 그래서 당신이 이 혼란을 없애 주시길 바라며 당신을 애타게 기다렸어요. 이런 일은 당신이 저보다 훨씬 잘 아시잖아요. 지금 제게 당신은 하느님 같은 분이세요. 전 처음엔 이렇게 생각했어요. 알료샤와 나타샤가 서로 사랑한다면 그들은 행복해져야 하고, 나는 내 자신을 희생하고 그들을 도와야 한다고요. 그래야겠죠?"

"당신이 자신을 희생했다는 이야기는 들었습니다."

"네, 희생했어요. 하지만 그 뒤로 그가 이곳에 자주 찾아오면서 저를 점점 더 사랑하기 시작했어요. 그래서 저는 제 자신을 희생해야 하나 말아야 하나 하고 고민했고 지금도 고민하고 있어요. 이러면 안 되겠죠?"

"그것은 자연스러운 일이죠." 나는 대답했다. "당연한 거예요……, 당신은 잘못한 게 없소."

"정말 그럴까요? 당신은 무척 다정하신 분이라 그렇게 말씀해주시지만, 저는 제 마음이 그다지 순수하지 못하다고 생각해요. 제 마음이 깨끗하다면 어떻게 해야 할지 알았을 거예요. 하지만 이 이야기는 접어 두죠! 그 뒤에 저는 공작과 엄마와 알료샤로부터 그들의 관계에 대해 더 자세히 듣고 두 사람이 어울리지 않는다고 생각했어요. 당신도 지금 확인해 주었지요. 그래서 저는 더 생각했어요. 어떻게 해야 할까? 어차피 그들이 불행해질 거라면 차라리 헤어지는 게 낫지 않을까? 저는 결심했어요. 당신께 모든 것을 더 자세히 물어본 뒤 직접 나타샤를 찾아가 그녀와 둘이서 해결하리라고."

"어떻게 해결하겠습니까, 그것이 문제입니다."

"나타샤에게 말할 거예요. '그를 누구보다도 사랑한다면 자신의 행복보다 그의 행복을 더 사랑하셔야 해요. 따라서 그와 헤어지는 게 마땅해요'라고요."

"그래요, 그러나 그 말을 듣는 나타샤의 마음은 어떻겠어요? 당신의 의견에 동의한다 하더라도 그것을 실천할 힘이 있을까요?"

"바로 그거예요. 저는 밤낮으로 그 점을 생각하고…… 그래서……."

카차는 갑자기 울음을 터뜨렸다.

"제가 나타샤를 얼마나 가엾게 생각하는지 당신은 모르실 거예요." 카차가 떨리는 입술로 속삭였다.

나는 더 이상 할 말이 없었다. 나는 입을 다물었다. 카차를 보고 있자니 말할 수 없는 애정이 솟구치며 나도 울고 싶어졌다. 얼마나 사랑스러운 아이인가! 나는 왜 카차가 스스로 알료샤를 행복하게 해줄 수 있다고 믿는지는 묻지 않았다.

"음악을 좋아하세요?" 카차는 방금 흘린 눈물 때문에 여전히 침울한 상태였지만 조금 안정을 되찾고 물었다.

"좋아하오!" 나는 약간 놀라서 대답했다.

"시간이 있었다면 베토벤 협주곡 제3번을 연주해 드렸을 텐데. 요즘 그 곡을 치고 있어요. 그 곡에 이러한 감정이…… 제가 지금 느끼는 그런 감정이 표현되어 있어요. 왠지 그런 생각이 들어요. 그렇지만 연주는 다음에 하기로 해요. 지금은 이야기할 게 많으니까요."

우리는 어떻게 나타샤를 만날 것인지, 그 계획을 어떻게 준비할 것인지에 대해 이야기하기 시작했다. 카차는 자신이 감시를 받고 있다고 말했다. 의붓어머니는 좋은 분이고 그녀를 사랑하지만, 나탈리야 니콜라예브나와 만나는 일은 결코 허락하지 않기 때문에 카차는 한 가지 계책을 쓰기로 했다. 카차는 종종 아침에, 거의 언제나 백작부인과 함께 마차로 산책을 나가는데, 이따금 백작부인이 함께 가지 않을 때는 공교롭게도 지금 병을 앓고 있는 한 프랑스 부인과 함께 가게 했다. 그러나 이러한 일은 백작부인이 두통을 앓을 때에만 일어나므로 부인에게 두통이 생기기를 기다려야 했다. 그때까지 카차는 그 프랑스 부인(함께 차를 마시는 노부인이다)을 설득하기로 했다. 그 부인은 매우 선량한 사람이라고 한다. 하지만 나타샤를 방문하는 날을 미리 정하기란 여전히 불가능했다.

"나타샤와 만나도 후회하진 않을 겁니다. 그녀도 당신을 무척 만나고 싶어 해요." 내가 말했다. "그리고 알료샤를 양보할 상대가 어떤 사람인지 알아둘 필요가 있으니까요. 그 문제에 대해서는 너무 걱정하지 마십시오. 당신이 걱정하지 않아도 언젠가 시간이 해결해 줄 겁니다. 당신도 시골에 가시지요?"

"네, 곧. 아마 한 달 뒤가 될 거예요." 카차가 대답했다. "공작이 자꾸만 권해요."

"어떻게 생각하십니까, 알료샤도 당신과 함께 갈까요?"

"그 점은 저도 생각해 봤어요!" 나를 유심히 보며 카차가 말했다. "그는 틀림없이 갈 거예요."

"그렇군요."

"아, 그래서 결국 어떻게 되는 걸까요? 저는 전혀 모르겠어요. 이반 페트로비치, 앞으로는 모든 소식을 제가 편지로 알려드릴게요. 자주 편지를 쓰겠어요. 첫날부터 성가신 문제로 당신께 폐만 끼치네요. 앞으로 자주 찾아오시겠죠?"

"모르겠습니다. 카테리나 표도로브나. 상황에 따라 달라지겠지요. 어쩌면 전혀 오지 않을지도 몰라요."

"어머, 왜요?"

"원인은 여러 가지 있겠지만 주로 저와 공작의 관계에 따라 달라지겠지요."

"공작은 진실하지 못한 사람이에요." 카차가 단호하게 말했다. "이반 페트로비치, 그럼 제가 당신께 가면 어떨까요? 그래도 될까요?"

"당신은 어떻게 생각하십니까?"

"저는 괜찮다고 생각해요. 그럼 언젠가 찾아뵐게요……." 카차가 미소를 지으며 덧붙였다. "이런 말씀을 드리는 까닭은 제가 당신을 존경할 뿐만 아니라 무척 좋아하기 때문이에요……. 그리고 당신에게서 많은 것을 배울 수 있을 거예요. 저는 당신을 정말 좋아해요……. 제가 이런 말씀을 드려도 딱히 부끄러운 일은 아니죠?"

"무엇을 부끄러워합니까? 나한테도 당신은 이미 가족처럼 소중한 사람이에요."

"그럼 친구가 되어 주시겠어요?"

"네, 그럼요!" 내가 대답했다.

"틀림없이 저분들은 분명 제가 처녀답지 않게 행동했다며 부끄러워해야 한다고 말할 거예요." 카차는 차 탁자에 둘러앉아 있는 사람들을 가리키며 말했다. 이때서야 깨달았는데, 공작은 아마도 둘이서 마음껏 이야기하라고 일부러 우리끼리만 놓아둔 듯했다.

"저는 아주 잘 알고 있어요." 카차가 덧붙였다. "공작은 제 돈을 원해요. 그들은 제가 순진한 어린애라고 생각하고 노골적으로 그렇게 말할 때도 있어요. 그렇지만 저는 그렇지 않아요. 저는 어린아이가 아니에요. 이상한 사람들이에요. 자기들이야말로 어린애 같으면서. 무엇 때문에 저렇게 소란을 떠는 걸까요?"

"카테리나 표도로브나, 제가 물어본다는 것을 깜빡 잊었어요. 알료샤가 자주 찾아가는 레벤카와 보렌카는 누굽니까?"

"그들은 제 먼 친척이에요. 매우 똑똑하고 진실한 사람들이지만 말이 너무 많아서……. 저는 그들을 잘 알아요……."

카차는 미소를 지었다.

"당신이 그들에게 100만 루블을 기부하기로 한 것이 사실입니까?"

"그것 보세요, 그 100만 루블에 대해서까지 말하다니 정말 대책이 없네요. 물론 저는 좋은 일에 쓰인다면 기쁘게 기부할 거예요. 그렇게 많은 돈을 제가 가지고 있어봐야 무슨 소용이 있겠어요? 아직 언제 기부할지도 정하지 않았는데 두 사람은 벌써부터 그 돈을 어떻게 나눌지를 생각하며 논쟁을 벌여요. 어떻게 사용할 것인지를 두고 싸우기까지 해요. 정말 이상한 사람들이에요. 너무 성급하잖아요. 그러나 성실하고…… 똑똑한 사람들이에요. 아직 학생이죠. 그러나 다른 사람들이 사는 모습보다는 그쪽이 더 나아요. 그렇지 않아요?"

그밖에도 우리는 많은 이야기를 나누었다. 카차는 자신의 삶을 거의 모두 이야기했고, 내 이야기도 흥미롭게 들었다. 그리고 무엇보다 나타샤와 알료샤에 대해 더 많이 이야기해 달라고 졸랐다. 12시가 가까워지자 마침내 공작이 내게 다가와 떠날 때가 되었다고 말했다. 나는 작별인사를 했다. 카차는 내 손을 꼭 쥐고 나를 의미심장하게 바라보았다. 백작부인은 앞으로도 종종 찾아와 달라고 말했다. 나는 공작과 함께 나왔다.

당면한 문제와는 아무 관계도 없지만 내가 깨달은 아주 이상한 점 한 가지를 말해 두고자 한다. 나는 3시간 동안 카차와 이야기하면서, 그녀가 완전히 어린아이이며 남녀 관계의 비밀을 하나도 알지 못한다는 아주 이상하고 깊은 확신을 얻었다. 그 점이 카차의 몇몇 생각과 또 여러 중요한 일들에 대해 말하는 그녀의 진지한 말투에 야릇한 희극성을 부여하였다.

"어떻소?" 공작이 마차에 오르면서 말했다. "함께 밤참 먹으러 가지 않겠소?"

"글쎄요." 내가 망설이며 대답했다. "나는 밤참은 먹지 않기로……."

"물론 밤참을 들며 이야기도 좀 하고." 그가 교활한 눈빛으로 내 눈을 들여다보며 덧붙였다.

그 뜻을 모를 리 없었다! '나와 깊은 이야기를 나누고 싶다는 게지. 나도 바라는 바가 아닌가.' 나는 동의했다.

"잘되었소. 발시야 모르스카야 거리에 있는 B로 가지."

"레스토랑으로요?" 내가 조금 당황해서 물었다.

"그렇소만, 왜 그러시오? 나는 집에서는 밤참을 거의 먹지 않소. 내 초대를 거절하진 않으시겠지요?"

"하지만 말씀드린 대로 나는 밤참은 먹지 않습니다."

"한 번쯤은 괜찮지 않소. 게다가 내가 초대하는 건데……."

즉, 네 몫까지 내가 셈을 치르겠다는 말이다. 공작이 일부러 그 말을 덧붙였음이 틀림없다. 나는 같이 가기로 했지만 레스토랑에서 내 몫은 스스로 지불하겠다고 마음먹었다. 이윽고 레스토랑에 도착했다. 공작은 특실을 잡고 음식에 대한 조예를 자랑하며 요리를 두세 가지 골랐다. 그 요리와 공작이 주문한 포도주도 모두 비싸서 내 주머니 사정과는 맞지 않았다. 나는 차림표를 보고 들꿩 반쪽과 라피트 포도주를 한 잔 주문했다. 공작은 격분했다.

"나와 밤참을 함께 즐기기가 싫은 모양이군요. 오히려 웃음이 나오는군요. 용서하시오, 친구, 하지만 이건 정말…… 불쾌하고 좀스러운 짓이오. 시시한 자존심 세우기가 아니오. 신분 차이를 신경 쓰는 거요? 그런 게 틀림없어. 나를 너무 모욕하지 말아 주시오."

그러나 나는 내 뜻을 고수했다.

"그래요, 그럼 원하는 대로 하시오." 공작이 덧붙였다. "강요하진 않겠소……. 그건 그렇고, 이반 페트로비치, 친구로서 허물없이 이야기해도 되겠소?"

"제가 부탁하고 싶은 겁니다."

"그렇다면 내 생각으로는, 이런 좀스러운 짓은 당신에게 손해만 될 뿐이오. 당신의 동료들도 늘 이런 행동으로 자신에게 손해를 끼쳐요. 당신네 문인들은 세상을 알아야 하건만 일부러 세상과 멀어지려고 하오. 지금 들뜀에 대해 이야기하는 것이 아니오. 그렇지만 당신들은 우리 사교계와의 교제를 완전히 피하려 하는데, 그건 좋지 않소. 출세의 기회라든가 많은 것을 잃게 될 거요. 그것 말고도 소설에 으레 등장하는 백작들, 공작들, 규방 이야기 따위를 직접 알아볼 필요가 있지 않소? 아, 이건 내가 잘못 생각한 것 같군요. 요즘 나오는 소설은 가난이나 외투를 잃어버린 이야기나, 검찰관, 싸움을 좋아하는 장교, 관리, 아니면 옛날이야기나 분리파 교도의 생활에 대한 것뿐이었지요. 알아요, 알아요!"

"그건 오해입니다, 공작. 내가 당신들이 말하는 '상류사회'에 가지 않는 까닭은, 그곳이 따분하고 가봐야 할 일이 아무것도 없기 때문입니다! 그래도 이따금 드나들긴 합니다만……."

"알아요, R공작 댁에 1년에 한 번 정도는 가시지요? 내가 당신을 처음 본 곳도 그 댁이지요. 그 밖의 시간에는 민주주의의 우월감에서 빠져나오지 못하고 다락방에 틀어박혀 있잖아요? 물론 당신네 동료들이 다 그런 것은 아니겠지만. 그 가운데에는 나도 두 손 들 만한 모험가도 있지요……."

"이야기를 다른 데로 돌렸으면 합니다, 공작. 다락방 이야기는 그만하지요."

"이런, 기분이 상하셨군요. 그런데 친구로서 허물없이 이야기해도 좋다고 미리 허락했잖소. 아니오, 용서하시오! 아직 친구로서 마음을 얻을 만한 일은 아무것도 하지 못했으니. 이 포도주는 꽤 괜찮은 술이라오. 한 잔 마셔보시오."

그는 자기 병의 술을 반 잔 정도 따라 주었다.

"보시오, 이반 페트로비치. 우정을 강요하는 것이 무례한 일이라는 것은 나도 잘 알고 있소. 그러나 우리는 당신이 생각하는 것처럼 야만적이지도 뻔뻔하지는 않소. 당신이 여기 나와 함께 앉아 있는 것은 나한테 호의를 느껴서가 아니라, 내가 이야기할 게 있다고 말했기 때문이란 것도 잘 아오. 그렇지 않소?"

공작은 소리내어 웃었다.

"당신은 한 여성의 이해관계를 지켜보고 있기 때문에 내가 말하는 것을 듣고 싶은 거요. 아니오?" 공작은 사악한 미소를 지으며 덧붙였다.

"그렇습니다." 나는 더 이상 참지 못하고 그의 말을 끊었다(내가 볼 때 공작은 상대가 조금이라도 자기 손아귀에 들어오면 그 사실을 상대가 느끼도록 해야 직성이 풀리는 사람이었다. 그런데 나도 이미 그의 손 안에 있었다. 곧 그가 말하려고 하는 것을 다 듣기 전에는 이 자리에서 벗어나지 못하며, 공작도 그 점을 잘 알고 있었다. 공작의 말투가 갑자기 바뀌더니 점점 더 무례하고 뻔뻔해지며 비웃는 투가 되었던 것이다). "바로 보셨습니다. 공작. 그 때문에 같이 온 겁니다. 그렇지 않다면…… 이런 늦은 밤에 여기 앉아 있진 않을 겁니다."

사실 나는 '그렇지 않으면 무슨 일이 있어도 당신과 함께 앉아 있지 않을 겁니다'라고 말하고 싶었지만, 그렇게 말하지 않고 표현을 바꾸었다. 두려움 때문이 아니라, 내 빌어먹을 심약함과 섬세함 때문이었다. 비록 상대가 그런 말을 들어 마땅하고, 내가 정말로 그에게 폭언을 퍼붓고 싶다 하더라도, 어떻게 사람을 앞에다 두고 그런 험악한 말을 퍼부을 수가 있겠는가? 공작은 이미 내 눈빛에서 이 점을 간파하고는 내가 말하는 동안 비웃는 표정으로 나를 바라보며 나의 소심함을 즐기고 이런 말로 도발하는 듯했다. '이봐, 왜 그러나? 겁이 나서 다리가 풀렸나? 정신 차려, 이 친구야!' 그는 틀림없이 그랬을 것이다. 내가 말을 끝내자 큰소리로 웃으며 마치 후견인처럼 다정하게 내 무릎을 가볍게 쳤기 때문이다.

'재미있군, 자네.' 공작의 눈빛이 그렇게 말하고 있었다. '두고 봐!' 나는 조용히 생각했다.

"오늘은 참으로 유쾌하오!" 공작이 소리쳤다. "왜 유쾌한지는 모르겠소만. 그래요, 그래, 알고 있어요! 지금 말씀드린 그 여성에 대해 이야기할 생각이었소. 속내를 숨김없이 털어놓고 어떻게든 결과를 이끌어내야 하오. 이번에는 당신이 나를 완전히 이해해 주기를 바라오. 아까는 그 돈과 예순 먹은 갓난아기 같은 그 우둔한 아버지에 대해 이야기했지요……. 그래요! 그 이야기는 더 말할 필요도 없소. 농으로 말해본 것뿐이오! 하하하. 당신은 작가이니 이미 짐작했겠지만 말이오……."

나는 어안이 벙벙해서 그를 바라보았다. 그는 아직 취한 것 같지는 않았다.

"그래서 그 처녀 말인데, 솔직히 나는 그녀를 존경하고 심지어 애정도 느낍니다. 정말이오. 좀 변덕스럽긴 하지만, 50년 전에 누군가가 말했듯 '아름다운 장미에는 가시가 있지'. 암, 일리가 있소. 그 가시에 찔리면 아프지만 그게 또한 매력이지. 우리 알료샤가 비록 바보이기는 하지만 그 점은 이미 어느 정도 용서했소. 그 애가 취향은 제법 좋기 때문이오. 요컨대 나는 그런 처녀가 마음에 듭니다. 그래서 말인데 실은 특별한 계획이 있소(공작은 의미심장하게 입술을 깨물었다)……. 그러나 그 이야기는 나중에…….."

"공작! 잠깐 기다리시오, 공작! 이야기가 너무 빨리 바뀌니 내가 따라갈 수가 없군요. 그러면 이제…… 다른 이야기를 하지요, 부탁입니다!" 내가 소리쳤다.

"또다시 화를 내는군요! 그래요, 좋아요……. 다른 이야기를 합시다, 다른 이야기를! 그런데 하나만 물어봅시다. 당신은 그녀를 높이 평가하고 있소?"

"물론이오." 나는 일부러 노골적으로 무뚝뚝하게 대답했다.

"그럼, 사랑하시오?" 그는 이를 드러내고 눈을 가늘게 뜨며 번죽거렸다.

"정도껏 하시오!" 내가 소리쳤다.

"알았소, 그만 하겠소! 그만 하리다! 진정하시오! 오늘 나는 이상하게 기분이 좋구려. 이렇게 유쾌한 기분은 참 오랜만에 느껴 봅니다. 샴페인이라도 한 잔 마십시다. 어떻소, 시인 선생?"

"마시지 않겠습니다. 마시고 싶지 않아요!"

"너무 그러지 마시오! 오늘은 나랑 좀 어울려 주구려. 너무 기분이 좋아서 감상적일 만큼 순해질 때는 이 행복을 다른 사람과 함께 느끼고 싶다오. 누가 알겠소, 당신과도 잔을 나누다가 허물없는 너 나 하는 사이가 될지, 하하하! 당신은 아직 젊어서 나 같은 사람을 아직 잘 몰라요! 머지않아 당신도 나를 좋아하게 될 거라 나는 확신하오. 오늘은 슬픔도 기쁨도, 즐거움도 눈물도 함께 나누어 봅시다. 물론 울고 싶지는 않지만. 어떻소, 이반 페트로비치? 생각해 보시오, 당신이 내 뜻을 따라주지 않으면 내 들뜬 마음은 이내 사라지고 흩어져 버려서 당신은 결국 아무것도 듣지 못할 것 아니오. 당신은 오로지 무엇인가 들으려는 목적으로 여기에 온 사람이오. 그렇지 않소?" 공작은 다시 뻔뻔하게 나를 바라보며 덧붙였다. "자, 선택하시오."

협박이 보통을 넘어섰다. 나는 동의했다. '나를 취하게 만들려는 속셈일까?' 나는 생각했다. 여기서 오래전에 들은 공작에 대한 소문을 한 가지 말해 두겠다. 사교계에서는 그토록 예의바르고 말쑥한 공작이 이따금 밤에 곤드레만드레 취하도록 술을 마시고 비밀스럽고 음란한 짓거리를 벌이기 좋아한다는 소문이었다……. 내 귀에도 이런 끔찍한 소문이 몇 가지 들려왔다. 사람들은, 알료샤도 아버지의 술버릇을 알고 있지만 이 사실을 다른 사람들과 특히 나타샤 앞에서는 숨기려고 애쓴다고 말했다. 한번은 그가 무심코 말을 꺼낸 적이 있었지만, 곧 화제를 바꾸더니 내 물음에는 대답하지 않았다. 그래도 이 소문을 알료샤에게서 직접 들은 적은 없기 때문에 전에는 믿지 않았다. 그런데 지금은 무슨 일이 일어날지 기다리는 중이다.

포도주가 나왔다. 공작은 그와 내 잔에 술을 따랐다.

"비록 나를 욕하긴 했지만 사랑스러운, 아주 사랑스러운 처녀야!" 공작은 와인을 음미하며 말을 계속했다. "그런 사람들은 그런 순간에 특히 사랑스럽지……. 그날 저녁을 기억하시오? 그녀는 분명히 나를 부끄럽게 만들었다고, 묵사발로 만들었다고 생각했겠지요? 하하하! 발그레한 얼굴이 어찌나 잘 어울리던지! 당신은 여자에 대해 잘 아시는 편이오? 창백한 얼굴에 갑자기 붉은 기가 도는 모습은 정말 기가 막히지 않소? 아, 맙소사! 또 화가 나셨군요?"

"네, 화났습니다!" 나는 더 이상 참지 않고 소리를 질렀다. "나탈리야 니콜라예브나 얘기는 하지 말았으면 좋겠습니다…… 그런 어조로는 말이오. 나는…… 용서할 수 없어요!"

"오호! 그래, 좋아요. 당신 마음에 들도록 화제를 바꿉시다. 나는 밀가루 반죽처럼 부드럽고 유순한 사람이오. 그럼 당신 이야기를 합시다. 나는 당신을 아주 좋아하오, 이반 페트로비치. 내가 친구로서 얼마나 진지하게 당신을 걱정하고 있는지 안다면……."

"공작, 용건을 이야기하는 것이 낫지 않겠습니까?" 내가 말을 끊었다.

"우리의 용건 말이지요? 끝까지 다 안 들어도 압니다, 친구여. 그런데 지금 당신에 대한 이야기부터 해야 문제의 핵심에 다가갈 수 있소. 믿어 주시오. 당신이 계속 말을 끊지 않는다면 말이오. 그런 까닭으로 계속하겠소. 친애하는 이반 페트로비치, 실은 당신이 지금처럼 사는 것은 자신을 파멸시키는 짓이라고 말하고 싶었소. 실례인 줄 알지만 이 민감한 문제를 언급하게 해주시오. 우정 어린 마음에서 드리는 말씀이오. 당신은 가난하오. 당신은 출판업자에게서 선금을 받아 얼마 안 되는 빚을 갚고 남은 돈으로 반년을 차(茶) 하나로 연명하면서 다락방에서 추위에 떨고 있소. 당신의 소설이 잡지에 실리기를 기다리며 말이오. 그렇지 않소?"

"설사 그렇다 해도 그것은……."

"훔치고, 굽실거리고, 뇌물을 받고, 간계를 쓰는 것보다는 떳떳하다고요? 알아요, 당신이 무엇을 말하려는지 압니다. 그런 건 이미 오래전에 까만 글자로 찍혀 나와 있소."

"그렇다면 저에 대해 이러쿵저러쿵 말씀하시지 않아도 될 텐데요. 당신에게 내 민감한 문제를 말씀드릴 필요는 없다고 봅니다, 공작."

"물론 그럴 필요는 없소. 그러나 우리가 그 민감한 문제를 반드시 짚고 넘어가야 한다면 어쩔 수 없는 일 아니오. 피해 갈 수는 없지 않소? 그럼 다락방 이야기는 접어둡시다. 나도 다락방을 좋아하는 건 아니오. 특별한 경우를 제외하고는 말이오(공작은 야비하게 웃었다). 그보다 나는 정말 놀랐다오. 당신은 무슨 열정으로 이번 일에서 조연 역할을 하시오? 그러고 보니 기억나오. 당신네 작가 중 하나가 어딘가에 이렇게 썼지요. 평생 조역으로 만족할 줄 아는 것이 가장 위대한 인간 승리라나 뭐라나…… 대충 그런 뜻이었을 거요! 누군가가 이런 말을 하는 것도 어디선가 들은 적이 있소. 하지만 알료샤는 당신에게서 약혼자를 빼앗아 가지 않았소, 나도 압니다. 그런데 당신은 마치 실러처럼 그들을 위해 애쓰고, 봉사하며 심부름도 마다 않소 ……. 용서하시오, 친구, 그렇지만 내게는 그것이 마치 관대함을 과시하기 위해 추악한 연기를 하는 것처럼 보이오……. 정말로 역겹지 않소? 이건 부끄러워할 일이오. 내가 당신이라면 울화가 치밀어 죽어버렸을 거요. 무엇보다 창피했을 거요. 이건 치욕이오!"

"공작! 당신은 나를 모욕하기 위해 일부러 여기까지 끌고 온 것 같군요!" 나는 노여움을 참지 못하고 버럭 소리를 질렀다.

"오, 아니오! 친구여, 천만에요! 나는 지금 그저 감정을 빼고 말씀드렸을 뿐이며 당신의 행복을 바라는 마음은 조금도 변함이 없소. 한마디로 나는 이 문제를 원만히 정리하고 싶은 거요. 그러나 그 일은 잠시 접어두고 내 말을 끝까지 들어보시오. 단 몇 분이라도 흥분하지 말고 말이오. 그래서 말인데 당신, 결혼을 하면 어떻겠소? 보시오, 이번에는 전혀 다른 이야기지요? 왜 그리 놀란 눈으로 보시오?"

"당신 말이 끝나기를 기다리고 있습니다." 나는 정말 놀라서 대답했다.

"아니, 구체적인 계획은 없소. 그저 당신이 뭐라 말할지 듣고 싶었을 뿐이오. 당신을 위해, 일시적이 아니라 확실하고 참된 행복을 바라며 한 친구가 당신에게 젊고 아름다운 아가씨를…… 어느 정도 경험도 있는 아가씨를 소개해준다면 말이오. 이건 단순한 비유일 뿐이니 이해해 주기 바라오. 예를 들어 나탈리야 니콜라예브나 같은 아가씨를! 물론 나름의 지참금과 함께……(알겠소? 이건 다른 이야기지, 그 문제가 아니라오). 그래, 당신은 뭐라고 말하겠소?"

"당신이…… 정신이 나갔다고 말하겠소!"

"하하하! 저런! 거의 나를 때릴 기세군요?"

나는 정말로 공작에게 달려들고 싶었다. 더는 참을 수가 없었다. 공작은 어떤 파충류나 거대한 거미 같은 인상을 주었고, 나는 그것을 밟아 죽이고 싶어 견딜 수 없었다. 공작은 나를 조롱하며 즐거워했다. 그는 나를 완전히 손아귀에 넣었다고 보고, 고양이가 생쥐를 희롱하듯 가지고 놀았다. 그러다가 마침내 내 앞에서 가면을 벗어던진 공작은 그 비열하고 후안무치하고 냉소적인 행위에서 일종의 즐거움, 심지어 육체적 쾌락조차 느끼는 것 같았다(틀림없이 그랬다고 생각한다). 그는 나의 놀람과 두려움을 즐기고 있었다. 공작은 정말로 나를 경멸하고 조롱했던 것이다.

나는 처음부터 이 모든 것이 미리 계획되었고 어떤 목적이 있다는 것을 예감했지만, 좋건 싫건 끝까지 그의 말을 들어야 하는 처지였다. 나타샤의 이해와 관련된 문제이며, 어쩌면 오늘 저녁에 모든 일이 해결될지도 모르므로 나는 모든 것을 참아야 했다. 그러나 나타샤에 대한 냉소적이고 비열한 말을 어떻게 가만히 듣고 있을 수 있겠는가. 어떻게 이런 일을 냉정하게 참을 수 있겠는가? 게다가 공작도 내가 그의 말을 끝까지 듣지 않을 수 없다는 사실을 아주 잘 알고 있었고, 그래서 나의 굴욕감은 더욱 컸다. '그러나 그도 내가 필요한 게 아닐까' 하고 생각하며 험악하게 시비조로 대답하기 시작했다. 공작도 그 점을 알아챘다.

"들어 보시오, 친구." 공작이 나를 진지하게 바라보며 입을 열었다. "이런 분위기로 이야기를 계속할 수는 없으니 한 가지 합의를 보는 게 낫겠소. 나는 당신에게 이야기할 것이 많으니, 당신도 내가 무슨 말을 하든 끝까지 들어주시오. 나는 내 생각대로, 내 방식대로 이야기하고 싶소. 그것이 진짜 이야기가 아니겠소. 어떻소, 잠시 참고 들어 주시겠소?"

공작은 내가 거세게 항의하기를 기다리듯 독살스레 비웃으며 나를 보았지만 나는 화를 억누르며 입을 꾹 다물었다. 그러나 그는 내가 지금 당장 나가지 않기로 동의했다고 여기고 말을 계속했다.

"화내지 마시오, 친구. 무엇 때문에 그리 화가 난 거요? 단지 표면적인 부분만 보고 그러는 것 아니오? 근본적으로는 내가 어떤 투로 말하든 나에게서 다른 것은 전혀 기대하지 않았잖소. 향수를 뿌리고 정중하게 말하든 지금처럼 말하든 말이오. 그러니 어느 쪽이든 그 의미는 지금과 조금도 다름이 없을 거요. 당신은 나를 경멸하지요, 그렇지요? 하지만 보시다시피 나는 이처럼 단순하고 솔직하며 관대한 성격이오. 당신에게 내 모든 것을, 심지어 어린애 같은 변덕까지 고백하고 있소. 그래요, 내 친구여. 그러니 당신 쪽에서도 내게 조금만 더 관대함을 보인다면 이야기가 잘 풀려서 의견의 일치를 볼 것이고, 서로를 완전히 이해하게 될 것이오. 내가 이상한 소리를 해도 놀라지 마시오. 실은 그런 유치함, 알료샤의 목가적인 태도, 실러 식의 말투, 나타샤와의 아무 이득도 없는 관계에서 보이는 고상함(물론 나타샤는 매우 사랑스러운 아가씨요) 같은 것에 나는 정말이지 진저리가 났소. 그런데 그 모든 것을 발로 차줄 수 있는 기회가 와서 얼마나 기쁜지 모르오. 지금이 그 기회요. 그러니 당신에게 내 마음을 털어놓고 싶소. 하하하!"

"놀랍군요, 공작, 당신은 마치 다른 사람 같습니다. 느닷없이 어릿광대처럼 말하는군요. 그런 생각지도 못한 고백은……."

"하하하, 부분적으로는 옳소! 참으로 재미있는 비교요! 하하하! 나는 오늘 기분 전환을 하고 있는 거요, 친구. 기분 전환 말이오. 아주 기쁘고 만족스럽소. 그러니까 시인께서도 나를 되도록 관대하게 봐주셔야 하오. 그보다 우선 마십시다." 공작은 스스로에게 완전히 만족하여 잔에 술을 채웠다. "하지만 그 바보 같던 저녁에, 나타샤의 집에서 있었던 그 일에는 두 손 들었소. 물론 나타샤는 매우 사랑스러운 아가씨지만 그 집에서 나올 때 나는 극도로 화가 나 있었소. 그 일만은 잊고 싶지도 않소. 잊지도 않고 묻어 두지도 않을 거요. 물론 승리는 내 것이고 그 시간이 다가오고 있지만 지금은 내 버려 둡시다. 그건 그렇고, 내 안에는 당신이 아직 모르는 성격이 있다는 걸 말해두고 싶소. 나는 그런 저속하고, 아무 가치도 없는 순수하고 목가적인 것을 증오하오. 내 가장 큰 즐거움은, 처음에 그런 것에 박자를 맞추는 척 하면서 안으로 파고 들어가 그 영원히 젊은 실러 선생을 어르고 달래서 치켜 세워준 다음 느닷없이 그를 당혹스럽게 하는 거요. 그리고 그 앞에서 가면을 단번에 벗어 던지고 기쁨으로 가득하던 얼굴을 찡그려 보이며 상대가 꿈에 서도 예상치 못했던 그 순간에 그에게 혀를 쑥 내밀어 보이는 것이오. 당신 은 이해 못하겠지요? 그런 짓은 추악하고 졸렬하고 고상하지 않다고 생각하 지요? 아니오?"

"그렇습니다."

"솔직하시군요! 반대로 사람들이 나를 괴롭히면 나는 그만 얼이 빠지고 만다오. 그것은 바보 같지만 솔직히 말해서 내 성격이니 어쩔 수 없소. 옛날 에 있었던 일을 몇 가지 이야기해 드리리까? 그러면 내가 어떤 사람인지 더 잘 이해할 수 있을 거고, 이야기 자체도 아주 재미있다오. 그렇소, 나는 오 늘 어릿광대나 다름없소. 어릿광대는 솔직하게 떠들어대는 사람이잖소."

"공작, 이미 많이 늦었습니다. 그리고 아직……."

"뭐요? 참으로 조급한 사람이군요! 어딜 가려고 그리 서두르시오? 자, 조금 더 앉아서, 여기 술도 있으니 친구끼리 솔직하게 이야기 좀 합시다. 내 가 취했다고 생각하시오? 천만에요, 지금이 딱 좋소. 하하하! 이렇게 우정 이 담긴 만남은 오래도록 기억에 남으며, 회상하는 것만으로도 커다란 즐거 움이오. 당신은 냉정한 사람이오, 이반 페트로비치. 당신에게는 감상도 감정 도 없는 듯하오. 나 같은 친구를 위해 한 시간 정도 허투루 쓴들 그게 무슨 대수라고 그러시오? 게다가 이것 역시 그 문제와 관련된 것인데…… 좀 이 해해 주시오. 게다가 당신이 문학가라면 이런 기회는 환영해야 할 것 아니 오? 나를 모델로 소설을 쓸 수도 있으니 말이오. 하하하! 맙소사, 오늘 나 는 사랑스럽도록 솔직하군!"

공작은 취한 듯했다. 얼굴이 점점 변하더니 사악한 표정이 드러났다. 상대 에게 독설을 퍼붓고, 쑤시고, 물어뜯고, 조롱하고 싶은 기색이 역력했다. '취해서 오히려 다행인지도 몰라.' 나는 생각했다. '취한 사람은 말이 많아지니까.' 그런데 공작의 정신은 또렷했다.

"자 그럼," 자기 말을 즐기듯이 공작은 지껄여대기 시작했다. "이 자리와 어울리지 않을지도 모르지만 나는 방금 고백을 하나 했소. 어떤 때는 상대에게 혀를 내밀고 싶을 정도로 억누를 수 없는 욕구를 느낀다고 말이오. 이 순진하고 단순한 나의 솔직함 때문에 당신은 나를 어릿광대와 비교했는데, 그것은 정말로 유쾌했소. 그렇지만 내가 당신에게 무례하게 굴었다거나 농민처럼 상스럽다거나, 다시 말해 내가 갑자기 태도를 바꾸었다고 해서 놀라거나 나를 비난하는 것은 말도 안 되는 일이오. 우선 나는 그러는 게 편하고, 둘째 나는 집에 있지 않고 당신과 함께 있으니 말이오…… 그러니까 지금 우리는 친구끼리 함께 기분 전환을 하고 있는 거요. 그리고 셋째, 나는 몹시도 변덕스러운 사람이오. 내가 이 변덕 때문에 예전에 철학을 배우고 박애주의자가 되었으며, 당신과 거의 같은 사상을 가졌던 적도 있다는 것을 아시오? 그러나 그것은 아주 오래전의 일이오, 그때는 내 청춘의 황금기였지요. 지금도 그 기억이 선명하오. 나는 그때 인도주의적 목적을 품고 내 영지로 갔는데, 물론 거기서 곧 따분해지고 말았지요. 거기서 무슨 일이 있었을 거 같소? 나는 너무 지루해서 예쁜 아가씨들과 사귀기 시작했소…… 저런, 또 인상을 쓰시오? 젊은 친구들은 참 복잡하다니까 ! 우리는 지금 기분 전환을 하기 위해 앉아 있잖소. 놀 때는 확실하게 놀아야지! 나는 진정한 러시아적 기질을 가진 애국자라 자유분방한 것을 좋아하오. 그리고 사람은 기회가 있을 때 삶을 즐겨야 하오. 죽고 나면 끝이 아니오? 어쨌든 그래서 나는 여자들 꽁무니를 따라다녔소. 한 양치기 여자에게 잘생긴 남편이 있었던 것을 기억하오. 나는 그에게 따끔한 맛을 보여준 뒤 군대에 보내려고 했지만(먼 옛날의 장난일 뿐이오, 시인 선생!) 결국 군대에는 보내지 못했소. 그는 내병원에서 죽고 말았소…… 내 영지에는 병원이 있었소. 침대가 12개나 되었고, 훌륭한 설비에 청결했으며 마루는 쪽마루를 깔았소. 그 병원은 오래전에 문을 닫았소만 그때에는 내 자랑거리였소. 나는 박애주의자였소. 그 농부 남편을 그의 아내 때문에 채찍으로 반쯤 죽여 놨지만…… 아, 또 얼굴을 찡그리시는군. 듣기 싫소? 내 이야기가 당신의 고결한 감정을 격분시킨 거요? 자, 자, 진정하시오! 다 지난 일이오. 내가 낭만주의자로서 인류의 은인이 되고 자선 협회를 세우려던 때의 일이오…… 시대의 물결에 물들었던 거요. 그래서 그때는 채찍으로 때리기도 했소. 지금은 때리지 않잖소. 지금은 그저 얼굴을 찡그려야 하오. 지금은 모두 얼굴을 찌푸리는 시대인 거요……. 그런데 지금 가장 웃기는 건 그 멍청한 이흐메네프란 말이오. 그는 나와 그 농부에 관한 이야기를 모두 알고 있었소……. 그런데 그가 어쨌는지 아시오? 그는 당밀로 만들어진 듯한 선한 마음을 가졌고, 그때는 나에게 매혹되어 있었기 때문에, 나를 칭찬해야 한다고 스스로 다짐했던 거요. 그래서 사람들의 소문을 믿지 않기로 작정하고 정말로 믿지 않았지. 그 사실을 믿지 않고 그의 차례가 돌아올 때까지 12년 동안이나 나를 감쌌소. 하하하! 그래요, 다 실없는 이야기지! 마십시다, 젊은 친구. 그런데 당신은 여자를 좋아하시오?"

나는 대답하지 않았다. 공작이 하는 말을 가만히 듣기만 했다. 그는 벌써 두 병째 마시기 시작했다.

"나는 저녁을 먹으며 여자 이야기를 하는 것을 좋아하오. 식사가 끝나면 마드무아젤 필베르트와 인사시켜 줄까요? 어떻소? 그런데 어디가 안 좋소? 내 얼굴은 쳐다보기도 싫은 거요……? 흠!"

공작은 생각에 잠겼다. 그러다 갑자기 고개를 들더니 의미심장하게 나를 바라보며 말을 계속했다.

"자, 시인 선생, 아마 당신이 전혀 모르고 있을 자연의 비밀 하나를 보여 주겠소. 당신은 지금 내가 큰 죄를 지은 사람, 비열한 사람, 타락과 죄악의 화신이라고 생각하지요? 그런데 내 이야기부터 좀 들어보시오! 먼저 이렇게 가정해 보시오(물론 인간의 본성상 결코 있을 수 없는 일이지만). 우리가 한 사람도 남김없이 자신의 내밀한 생각들을 모조리 털어놓는다고 말이오. 입에 담기도 두려워 남들에게는 절대 말하지 않을뿐더러 가장 친한 친구에게도 결코 말할 수 없는, 심지어 스스로 인정하기조차 끔찍한 그런 내용을 남김없이 털어놓는다고 합시다. 그러면 세상이 지독한 악취로 가득 차 우리는 모두 질식하고 말거요. 덧붙이자면, 그렇기 때문에 우리 사교계의 관습과 예의범절이 소중한 것이오. 그 속에는 깊은 뜻이 있소. 도덕적인 의미까지는 아니지만 예방적이고 쾌적한 뜻이 있소. 물론 그게 더 좋은 거요. 도덕이라는 것도 본질적으로는 쾌적함과 똑같으며, 오로지 쾌적한 생활만을 위해 만들어진 것이기 때문이오. 예의범절 이야기는 다음에 합시다. 나는 이야기하다가 곧잘 딴 길로 새곤 하니까 나중에 지적해 주시오. 어쨌든 이런 거요. 당신은 죄악과 타락과 부도덕을 근거로 나를 비난하는데, 내 잘못은 오로지 내가 다른 사람들보다 더 솔직하다는 점밖에 없을 거요. 내 잘못은 아까도 말했듯, 다른 사람들이 자신에게조차 숨기는 그런 것을 감추지 않는다는 점뿐이란 말이오……. 그게 좀 추악한 일일지는 모르나 나는 지금 그렇게 하고 싶소. 하지만 걱정하지 마시오." 그는 조롱하듯 웃으며 덧붙였다. "나는 '내 잘못'이라고 말하긴 했지만 결코 용서를 빌지는 않소. 그리고 한 가지 더 말해 두자면, 당신에게도 그런 비밀이 있지 않느냐고 물어서 당신을 곤란하게 만들진 않을 거요. 당신의 비밀로 내 비밀을 정당화할 생각은 없소……. 예의바르고 고상하지 않소? 대체로 나는 언제나 고상하게 행동한답니다……."

"당신은 그저 수다스러울 뿐입니다." 나는 공작을 경멸스럽게 바라보며 말했다.

"수다스럽다, 하하하! 당신이 지금 무슨 생각을 하는지 맞춰 볼까요? 왜 이 사람은 나를 여기까지 데리고 와서는 뜬금없이 자기 비밀이나 지껄여대고 있을까. 이렇게 생각하고 있소. 안 그러오?"

"그렇습니다."

"그 이유는 나중에 이야기하겠소."

"간단히 말해, 두 병 가까이 마시고…… 흥분하신 것 아닙니까."

"그러니까 취했다는 거군요. 그럴 수도 있지. '흥분했다!' 취했다고 하는 것보다 부드럽군요. 참 섬세하기도 하시지! 그런데…… 또다시 다투기 시작한 것 같구려. 아주 재미있는 이야기를 할 참이었는데. 그래요, 시인 선생, 세상에 좋고 달콤한 것이 있다면, 그것은 바로 여인이오."

"그런데 공작, 나는 어째서 당신이 나를 당신의 비밀과…… 호색한 욕망을 털어놓을 사람으로 선택했는지 도저히 이해할 수 없군요."

"흠…… 그건 나중에 설명한다고 말하지 않았소. 걱정 마시오. 그런데 특별한 이유가 없을 수도 있소. 당신은 시인이니 내 마음을 이해할 거요. 아니면 그 이유는 이미 이야기했는지도 모르지. 갑자기 가면을 벗어 던지고 부끄러움도 체면도 따지지 않고 남 앞에 내 모습을 드러내 보이는 냉소적인 태도에는 독특한 쾌감이 있소. 일화 하나를 소개해 드리리다. 파리에 한 미친 관리가 있었소. 사람들은 그가 완전히 돌았다고 확신하자 그를 정신병원에 집어넣었소. 그는 정신이 나가기 시작할 무렵 어떤 특별한 즐거움을 생각해 냈소. 그는 아담처럼 발가벗고 신발만 신은 채 발목까지 오는 긴 외투를 두르고는 진지하고 엄숙한 표정으로 거리로 나갔소. 옆에서 보면 그도 다른 사람들처럼 편안한 외투를 걸치고 산책하는 평범한 사람일 뿐이었소. 그러나 인적이 드문 외진 곳에서 행인과 마주치면 그는 깊은 생각에 잠긴 심각한 표정으로 행인에게 조용히 다가가 그의 앞에 서서 외투를 펼치고 자신의 알몸을 적나라하게 보여 주었소. 그는 잠깐 동안 그러고 있다가 다시 조용히 몸을 감싸고 표정 하나 바꾸지 않은 채로 놀라서 굳어 있는 행인 옆을, 햄릿에 나오는 망령처럼 엄숙하게 지나갔소. 그는 남자건 여자건 아이들이건 만나는 모든 사람들에게 그렇게 했고, 그렇게 하는 데서 쾌락을 찾은 것이오. 이런 종류와 비슷한 쾌락을 맛볼 수 있다오. 아까 말했듯 실러 흉내나 내는 사내의 허를 찌르며 혀를 쑥 내밀어 상대의 간담을 내려앉게 하면 말이오. '간담이 내려앉다', 이 표현 어떻소? 당신네 현대문학에서 읽은 말이오."

"그렇지만 그는 미친 사람이고 당신은……."

"정신이 말짱하다고요?"

"그렇습니다."

공작이 웃음을 터뜨렸다.

"바로 보았소." 그는 아주 뻔뻔스러운 표정으로 덧붙였다.

"공작," 나는 그의 뻔뻔함에 격분해서 말했다. "당신은 나를 포함한 우리 모두를 증오하고 계십니다. 그리고 지금 모든 것과 모든 사람들을 대신해 나에게 복수하고 계십니다. 이 모든 것은 당신의 사소한 자존심에서 나온 것입니다. 당신은 악한데, 좀스럽게 악하군요. 우리가 당신을 화나게 했습니다. 당신은 그날 저녁 일로 화가 났을 겁니다. 당신이 할 수 있는 가장 잔인한 복수는 이처럼 나를 철저히 경멸하는 것이지요. 당신은 우리가 일상적으로 지키는 아주 당연한 예의범절조차 무시하고 있소. 당신은 내 앞에서 당신의 역겨운 가면을 이처럼 느닷없이 노골적으로 벗고 도덕적인 냉소주의에 가득 찬 자신을 내보이며, 내가 누구도 내 앞에서는 부끄러워할 필요조차 없는 그런 사람이라고 분명히 보여 주고자 했소……."

"왜 그런 말을 하는 거요?" 공작이 무뚝뚝하고 독살스럽게 나를 바라보며 물었다. "자신의 통찰력을 자랑하기 위해서?"

"내가 당신이란 사람을 잘 알고 있다는 점을 분명히 보여주기 위해서요."

"재미있는 발상이군요." 그는 갑자기 좀 전의 유쾌하고 수다스러운 말투로 돌아가 계속했다. "당신 때문에 가닥을 놓쳤소. 마십시다, 친구. 한 잔 받으시오. 나는 방금 당신에게 아주 재미있고 신기한 모험에 대해 이야기할 생각이었소. 간추려서 들려주리다. 언젠가 나는 한 귀족부인을 알게 되었소. 꽃다운 나이는 아니었소. 스물 예닐곱쯤 되었는데, 그 가슴과 당당한 태도, 걸음걸이 하며 아주 보기 드문 미인이었소! 그 눈은 독수리처럼 날카롭고 언제나 엄격했소. 거만한 태도로 아무나 쉽게 다가오지 못하게 했지. 그녀는 주현절(1월6일) 전후처럼 쌀쌀하기로 유명했으며 그 준엄한 도덕관은 모두를 떨게 했소. 맞소, 준엄하나 도덕 그 자체였소. 내가 만난 사람 중에 그녀보다 엄격한 판관은 없소. 그녀는 다른 여인들의 죄악을 파헤칠 뿐 아니라 작디작은 약점까지 나무라며 상대의 변명도 듣지 않고 철저하게 심판했소. 사교계에서 그녀의 세력은 엄청났소. 도덕 문제에 유난히 깐깐한 노부인들조차 그녀를 존경하며 심지어 눈치를 살피기까지 했소. 그녀는 모든 사람에게 중세 수도원의 수도원장처럼 쌀쌀하고 엄하게 대했소. 젊은 여인들은 그녀의 눈길과 판결에 몸을 떨었소. 그녀의 말 한 마디, 암시 하나로 이미 얻은 명성을 순식간에 잃기도 했소. 그만큼 사교계에서 그녀의 세력은 대단했소. 심지어 남자들도 그녀를 두려워했소. 그녀는 나중에 어떤 사변적인 신비주의에 빠졌소, 그래도 어디까지나 조용하고 고상한 신비주의였지…… 그런데 어땠는지 아시오? 사실 그녀는 더할 나위 없이 음탕한 여자였소. 나는 다행히도 그녀의 절대적인 신용을 얻었소. 쉽게 말해 나는 아무도 모르는 그녀의 숨은 연인이었소. 우리의 관계는 그녀의 집 하인들조차 의심하지 않았을 만큼 아주 교묘하고 정교하게 조정되었소. 오직 그녀의 예쁜 프랑스인 시녀만이 모든 비밀을 알고 있었으나 그녀는 완전히 신뢰할 수 있었소. 그녀 역시 이 정사에 관여했기 때문이오. 어떤 식으로 관여했는지는 생략하겠소. 어쨌든 그 부인은 얼마나 음탕한지, 사드 후작도 그녀한테서는 한 수 배워야 했을 거요. 그러나 이 향락에서 가장 자극적이고 가장 놀라운 점은 그 은밀함과 세상을 속이는 대담함이었소. 백작부인은 사교계에서는 고상하고 위엄 있고 훼손할 수 없는 것이라고 설교했던 모든 미덕을 조롱하고, 마음속으로 악마처럼 낄낄대며 결코 짓밟으면 안 되는 것을 일부러 짓밟는 거요. 그리고 그 모든 것을 한정 없이 아슬아슬한 극단에 이르도록, 불타는 상상력으로도 생각해 내지 못하는 일까지 해치우는 거요. 그게 이 쾌락의 가장 큰 특징이었소. 그렇소, 그 여인은 악마의 화신이었소만 그 점이 참을 수 없이 매력적이었소. 지금도 그녀를 떠올릴 때마다 흥분된다오. 쾌락의 절정에서 그녀는 갑자기 미친 사람처럼 웃어젖힙니다. 나는 그 웃음의 의미를 잘 알고 있었기에 함께 웃었소…… 벌써 여러 해 전의 일인데 지금도 그 때를 생각하면 숨이 막히오. 1년 뒤 그녀는 딴 남자를 구했소. 그러나 내가 그럴 마음이 있었다고 해도 그녀에게 해를 입힐 수는 없었을 거요. 무엇보다 내 말을 누가 믿어 주었겠소? 정말 대단한 여자가 아니오, 친구?"

"정말 야비한 이야기로군!" 나는 이 고백에 넌더리를 내며 대꾸했다.

"그렇게 나와야 내 젊은 친구지! 당신이 그렇게 대답할 줄 알았소. 하하하! 하지만 기다려 보시오, 친구, 당신도 좀더 나이가 들면 이해할 수 있을 거요. 지금의 당신한테는 아직 달콤한 과자가 입에 맞을 거요. 그러나 그래선 아직 시인이라고 할 수 없지. 그 여인은 삶을 이해했고 그것을 이용할 줄 알았소."

"그러면 그렇게 동물적이 될 필요는 없지 않소?"

"그게 무슨 소리요?"

"그 여인과 당신이 함께 떨어진 상태 말이오."

"아, 그것을 동물적이라고 하시오? 그것도 당신이 아직 아장아장 걸음마 하고 있다는 증거요. 물론 자립은 동물적인 것과는 정반대의 현상이지만…… 더 솔직히 이야기합시다, 친구…… 이런 이야기는 시시하지 않소?"

"그럼 시시하지 않은 것은 무엇입니까?"

"시시하지 않은 것은 개성, 나 자신이오. 모든 것은 나를 위해 존재하고 세상은 나를 위해 창조되었소. 들어 보시오, 친구여. 나는 아직도 사람들이 이 세상에서 즐겁게 살 수 있다고 믿고 있소. 이것은 가장 훌륭한 믿음이오. 이 믿음이 없으면 시시한 삶조차 누릴 수 없을 테니까. 결국은 독약이라도 마셔야 할 거요. 하긴 정말로 그렇게 하는 바보도 있긴 하지요. 그는 철학에 빠져 모든 것을, 심지어 정상적이고 자연스러운 인간 의무의 합법성조차 파괴하여 마지막에는 그에게 아무것도 남지 않게 되었소. 결론은 영(零)이었소. 그래서 그는 삶에서 가장 필요한 것은 청산가리라고 선언했다고 하오.

그것은 햄릿이고 끔찍한 절망이라고, 한마디로 평범한 사람은 이해하지 못하는 위대한 것이라고 당신은 말하겠지. 하지만 당신은 시인이고 나는 평범한 사람이오. 평범한 사람은 사물을 평범하고 실제적인 관점에서 보아야 하오. 나는 이미 오래전에 온갖 구속과 의무로부터 나를 해방시켰소. 나는 나에게 이익을 가져다주는 것만 의무라고 생각하오. 당신은 물론 세상을 그런 식으로 보지 않겠지. 당신의 다리는 결박되어 있고 취향은 병적이오. 당신은 이상과 미덕을 그리워하오. 그러나 나 역시 지금 당신이 원하는 것을 모두 인정할 준비가 되어 있소. 그런데 다행인지 불행인지 모르지만, 나는 모든 인간 덕행의 밑바탕에는 한없는 이기심이 있다는 것을 잘 알고 있기 때문에 스스로도 어쩔 수가 없소. 게다가 미덕이 강할수록 거기에는 더 큰 이기심이 깃들어 있소. 자신을 사랑하라. 이것이 내가 인정하는 유일한 원칙이오. 인생은 상거래니 돈을 헛되이 버리지 말라, 그러나 즐거움을 위해서는 지갑을 열라. 그러면 가까운 사람들에 대한 의무는 다한 것이다. 굳이 말하자면 이것이 나의 도덕률이오. 좀더 솔직히 고백하자면, 나는 가까운 사람들에게는 돈을 지불하지 않고 공짜로 부리는 게 더 좋소. 나는 이상 따위는 가지고 있지 않고, 갖고 싶지도 않소. 이상을 동경해 본 적은 한 번도 없소. 이상이 없어도 이 세상은 유쾌하고 만족스럽게 살 수 있소……. 요컨대 나는 청산가리 없이도 지낼 수 있어 기쁘오. 내게 조금이라도 미덕이 있었다면 나 역시 그 바보 철학자처럼(그는 분명 독일인일 거요) 청산가리 없이는 지낼 수 없었을 거요. 아무렴! 인생에는 더 좋은 것이 많이 있소. 사회적 지위와 관등, 호텔, 판돈이 큰 카드놀이가 나는 정말 좋소(나는 도박을 아주 좋아한다오). 그러나 중요한 것은, 가장 중요한 것은 여자요……. 여자에도 여러 종류가 있지요. 나는 오히려 은밀하고 야릇한 쾌락을 좋아합니다. 약간 기이하고 독특한 것이, 조금쯤 더럽더라도 새로워서 좋소……. 하하하! 나를 상당히 경멸하는 눈빛이군요!"

"그렇습니다." 내가 대답했다.

"그래요, 당신이 옳다고 합시다. 하지만 어쨌든 청산가리보다야 지저분한 쾌락이 낫지. 안 그렇소?"

"아니오, 청산가리가 더 낫습니다."

"나는 당신 대답을 즐기기 위해 일부러 '안 그렇소?' 하고 물었소. 당신이 뭐라고 대답할지는 이미 알고 있었소. 여보시오, 당신이 진짜 인도주의자라면 모든 똑똑한 사람들이 나와 같은 취향을 가지도록 빌어야 하오. 약간 지저분하더라도 말이오. 그렇지 않으면 똑똑한 사람들은 머지않아 할 일이 없어지고, 세상에는 바보들만 남을 것이오. 그렇게 되면 바보들은 참으로 행복할 것이오! 지금도 바보는 행복하다는 속담이 있소. 바보들과 함께 살면서 그들에게 맞장구치는 것만큼 유쾌한 일이 없다는 것을 아시오? 그게 훨씬 낫소! 내가 편견을 소중히 여기고 관습을 지키고 사회적 지위를 추구한다고 생각지 마시오. 내가 시시한 사회에서 살고 있단 걸 나도 알고 있소. 그런데 지금까지는 그 사회에도 온기가 남아 있소. 그래서 그 사람들에게 맞장구를 쳐주고 사회를 옹호하는 척하는 거요. 그러나 기회만 온다면 나는 그 사회를 떠나는 첫 번째 사람이 될 거요. 나는 당신들의 새로운 사상을 대충 아오, 비록 그에 대해 고민한 적은 없지만. 애당초 그럴 필요도 없지. 나는 그 무엇에 대해서도 양심의 가책을 느껴본 적이 없거든. 나는 나에게 좋으면 무조건 찬성하오. 나 같은 사람은 셀 수도 없이 많소. 그러니 양심의 가책도 느끼지 않소. 세상의 모든 것이 멸망하는 법이지만 오직 우리만은 파멸하지 않을 것이오. 우리는 세상이 존재한 이래 계속 존재해 왔소. 온 세계가 어딘가로 가라앉는다 해도 우리는 다시 떠오를 것이오. 말이 나온 김에, 우리 같은 사람들의 생활력이 얼마나 강한지 한 번 보시오. 우리는 정말로 어마어마하고 상식을 뛰어넘는 생활력을 자랑하오. 이 점을 깨닫고 놀란 적이 없소? 곧 자연이 우리를 보호하고 있는 거요, 흐흐! 나는 꼭 아흔 살까지 살고 싶소. 나는 죽음이 싫고 두렵소. 언젠가 죽어야 한다니 너무하지 않소! 그렇지만 말해 본들 무슨 소용이겠소! 독약을 마신 그 철학자 이야기에서 옆길로 샜군. 빌어먹을 철학! 마십시다, 친구! 그런데 아름다운 아가씨들에 대해 이야기하다 말았지요…… 아니, 어디 갑니까?"

"저는 가겠습니다. 공작도 그만 돌아가시지요……."

"그게 무슨 소리요! 나는 당신에게 마음을 열어 보이고 있는데, 이토록 분명한 우정의 표시를 당신은 받아주지도 않는군요. 흐흐흐! 당신한테는 사랑이 부족해요, 시인 선생. 기다리시오, 한 병만 더 마십시다."

"세 병이나요?"

"세 병째요. 덕행에 대해 나의 젊은 제자에게(이 우정 어린 호칭으로 부르게 해 주시오. 혹시 나의 가르침이 열매를 맺게 될지도 모르잖소) ……그러니까, 덕행에 대해서는 아까 '덕행이 덕스러울수록 그 속에는 더욱더 큰 이기심이 깃들어 있다'고 했소. 이 점에 대해 아주 재미있는 일화를 들려주겠소. 언젠가 나는 한 여자를 사랑했소. 거의 진심으로 반했지. 그녀는 나를 위해 많은 것을 희생했고……."

"당신이 약탈한 여인이오?" 나는 더는 참지 못하고 무뚝뚝하게 물었다.

공작은 부르르 떨며 얼굴색을 바꾸더니 타오르는 눈길로 나를 응시했다. 그의 눈빛에는 놀라움과 분노가 드러나 있었다.

"잠깐 기다리시오." 그는 혼잣말하듯 중얼거렸다. "생각 좀 해봅시다. 머릿속이 정리가 되지 않는군……."

공작은 입을 다물고 적의를 드러낸 채 탐색하듯 나를 바라보며, 내가 가버리면 곤란하다는 듯이 내 손을 꼭 쥐었다. 아무도 모르는 그 일을 내가 어디서 알게 됐으며, 이것이 함정이 아닌지를 여러모로 생각하고 있는 것이 틀림없었다. 이러한 상태가 1분 동안 이어졌다. 그런데 공작의 얼굴이 갑자기 달라졌다. 이전의 비웃는 듯하고 취기에 들떴던 표정이 그의 눈에 다시 떠올랐다. 공작은 크게 웃었다.

"하하하! 당신은 정말 탈레랑(프랑스 정치가 1754~1838)과 똑같구려! 그래요, 그녀가 나 때문에 빈털터리가 되었다고 내 앞에서 나를 책망했을 때는 정말 침이라도 맞은 듯 얼이 빠져 서 있었소! 어쩌나 소리지르고 욕을 해대던지! 미치광이 같았소…… 자제력이라곤 찾아볼 수 없었지. 그런데 스스로 판단해 보시오. 무엇보다 나는 당신이 말하는 것처럼 그녀를 약탈하지 않았소. 그 여자가 스스로 나에게 돈을 준 것이오, 그러니 그 돈은 이미 내 것이었지. 자, 당신이 나에게 좋은 프록코트를 선물했다고 칩시다. (이렇게 말하며 그는 3년 전에 재단사 이반 스코르냐긴이 지은 낡고 해어진 내 유일한 프록코트를 가만히 바라보았다.) 나는 당신에게 감사하고 그것을 입었소. 그런데 갑자기 1년이 지나서 당신이 나와 싸우고는 내가 입던 그 옷을 돌려 달라고 요구하는 거요. 이게 말이나 되오? 그럴 거면 애초에 왜 선물을 한 것이오? 둘째, 그 돈이 내 것이 틀림없어도 나는 반드시 돌려주었을 거요. 그런데 그런 큰돈을 어디서 구할 수 있었겠소? 무엇보다 나는 아까도 말했듯이 목가적인 감정이나 실러주의가 질색이오. 이것이 모든 일의 원인인지도 모르지. 당신은 믿지 못하겠지만 그 여자는 나에게 그까짓 돈은 나한테 주겠다고(내 돈인데도 말이오) 소리를 질렀소. 나는 화가 머리끝까지 났지만 갑자기 매우 올바른 판단을 내릴 수 있었소. 애초에 나는 절대로 침착함을 잃지 않소. 나는 그 여자에게 돈을 돌려주면 오히려 그녀가 불행해질지도 모른다고 판단했소. 나 때문에 불행해졌다며 평생 나를 저주할 즐거움을 그녀에게서 빼앗았을지도 모르오. 내 말을 믿으시오. 그러한 종류의 불행에는 오히려 어떤 최고의 기쁨이 들어 있소. 자기는 완전히 정당하고 관대하게 행동했다고 믿으며 자신을 모욕한 상대를 협잡꾼이라고 부를 권리가 있다고 인식하는 것이지. 이러한 증오의 기쁨은 물론 실러 같은 기질을 가진 사람들에게서 종종 찾아볼 수 있소. ……그 뒤로 그녀는 먹을 것도 변변히 못 먹었을지 모르오. 그래도 나는 그녀가 행복했다고 확신하오. 나는 그 행복을 빼앗고 싶지 않았기 때문에 일부러 돈을 돌려주지 않았던 거요. 이로써 인간의 너그러움이 강하고 거창할수록 그 속에는 더 크고 추악한 이기심이 들어 있다는 내 이론은 완전히 증명된 셈이오……. 모르시겠소? 그런데…… 당신은 나를 곤란하게 만들려고 했지요, 하하하! 솔직히 말해 보시오. 나를 곤란하게 만들고 싶었지요? 아, 당신은 탈레랑이오!"

"실례합니다!" 나는 일어서며 말했다.

"잠깐만! 결론을 이야기하겠소." 그가 갑자기 이죽대던 말투를 진지하게 바꾸며 소리쳤다. "내 마지막 말을 들어 보시오. 지금까지 말씀드린 내용으로 보아 분명히 아셨으리라 생각하지만(당신도 이미 눈치채셨을 거요) 나는 누구를 위해서도 결코 나의 이익을 포기하지 않소. 나는 돈을 좋아하고 내게는 돈이 필요하오. 카테리나 표도로브나는 돈이 많소. 그녀의 아버지는 10년 동안이나 주류판매를 독점했소. 그녀는 300만 루블을 가지고 있고, 내게는 이 300만 루블이 몹시 유용할 거요. 알료샤와 카차는 잘 어울리는 한 쌍이오. 둘 다 더할 나위 없는 멍청이들이지만 나한테는 그래서 더 유리하지. 따라서 나는 그들의 결혼이 반드시, 되도록 빨리 성사되기를 바라오. 2, 3주 뒤에 백작부인과 카차는 시골로 갈 거요. 알료샤가 그들과 함께 갈 거요. 나 탈리야 니콜라예브나에게 미리 알려 주시오. 목가적이고 실러 같은 말은 듣고 싶지 않으며, 나에게 반항하지도 말라고 말이오. 나는 복수심이 강하고 사악하며 내 권리는 무슨 일이 있어도 지키는 사람이오. 나는 나탈리야 니콜라예브나를 두려워하지 않소. 모든 일은 내 뜻대로 될 것이오. 내가 지금 미리 경고하는 것도 다 그녀를 위해서요. 그녀가 바보 같은 짓을 하지 않고 이성적으로 행동하도록 살펴 주시오. 그렇지 않으면 그녀는 아주 나쁜 꼴을 당할 거요. 그리고 그녀는 내가 법적으로 처리하지 않은 것만으로도 감사히 여겨야 하오. 잘 들으시오, 시인 선생. 법은 가정의 평화를 지키기 위한 것이오. 아버지에 대한 아들의 순종을 규정하고, 부모에 대한 신성한 의무로부터 자식을 떼어놓는 사람은 법으로 엄하게 심판하오. 마지막으로 내게는 여러 방면에 연줄이 있지만 나탈리아 니콜라예브나에게는 아무도 없소······ 그러니 내가 마음만 먹으면 그녀를 어떻게 할 수 있는지 당신도 잘 아실 거요. 그렇지만 나는 그러지 않았소. 이제까지는 그녀가 현명하게 처신해 왔기 때문이오. 안심하시오, 지난 반 년 동안 날카로운 눈이 매 순간마다 그들의 모든 움직임을 감시해 왔소. 나는 아주 사소한 일까지 다 알고 있소. 그래서 나는 알료샤가 스스로 나탈리아 니콜라예브나를 버릴 때까지 조용히 기다렸소. 그리고 이미 그것은 시작되었소, 지금 그에게는 그녀가 단순한 여흥일 뿐이오. 그리고 나는 아들의 마음에 인자한 아버지로 남을 거요. 아들이 그렇게 생각하는 것이 나에게 도움이 되거든. 하하하! 그 아가씨는 정말로 관대하고 사심이 없는 사람이라 알료샤에게 결혼을 재촉하지 않았소. 그날 저녁 나는 하마터면 그 점을 감사한다고 말할 뻔했지. 그런데 어떻게 결혼할 생각이었는지 한 번 들어나 보고 싶소! 그날 저녁 내가 찾아간 유일한 목적은 그들의 관계에 종지부를 찍기 위해서였소. 하지만 내 눈으로 보고, 내 경험에 비추어 먼저 모든 상황을 확인해야 했소······. 자, 이제 후련하오? 아니면 더 듣고 싶소? 내가 왜 당신을 이리로 끌고 왔는지, 왜 이렇게 거드름을 피웠는지, 굳이 털어놓지 않아도 되는 이야기를 왜 이렇게 솔직히 털어놓았는지, 알고 싶소?"

"그렇소." 나는 꾹 참으며 그의 말을 들었다. 그에게 더 대답할 말은 없었다.

"그 까닭은 그 바보들보다 그래도 당신이 조금 더 분별이 있고 사물을 보는 분명한 시각을 가지고 있다고 보았기 때문이오. 물론 당신은 이미 사전에 내가 누구인지를 알고, 나에 대한 온갖 추측과 상상을 해보았을 테지만, 나는 당신의 그러한 수고를 덜어 주고 당신이 어떤 사람을 상대하고 있는지를 분명히 보여 주기로 결심했소. 실제로 인상이란 큰 영향을 미치니 말이오. 부디 내 뜻을 헤아려 주시오, 친구. 당신은 이제 내가 누군지 잘 알았고, 그녀를 사랑하고 있소. 그러니 당신의 영향력을 마음껏 발휘하여(당신은 그녀를 설득할 힘을 가지고 있소) 나타샤를 괴로움에서 구해 주도록 하시오. 기대하겠소. 그렇지 않으면 장담하건대 성가신 일이 일어날 거요. 그리고 끝으로, 당신에게 솔직히 이야기한 세 번째 이유는(당신은 이미 추측했겠지만), 이러한 일에 침을 좀 뱉어 주고 싶었기 때문이오, 바로 당신 눈앞에서 말이오……."

"그 목적은 이미 달성하셨습니다." 나는 흥분하여 몸을 떨며 말했다. "나와 우리 모두에 대한 당신의 분노와 경멸을 지금처럼 솔직하게 표현할 수는 없을 겁니다. 나도 동의합니다. 당신은 내 앞에서 솔직하게 이야기하여 자신의 명예가 손상된다든가 부끄러운 일이라고는 전혀 생각지 않았소……. 당신은 정말 그 외투만 입은 미치광이와 똑같군요. 당신은 나를 인간으로 여기지 않았소."

"알아챘군, 젊은 친구." 그가 일어나며 말했다. "바로 그렇소. 괜히 작가가 아니군. 그럼 헤어질 때도 다정하게 헤어집시다. 형제의 잔을 나누지 않겠소?"

"당신은 취하셨소. 그러니 나는 대답하고 싶지 않습니다……."

"다시 침묵이로군! 하고 싶은 말도 하지 않고 대답도 않는구려, 하하하! 당신 몫을 내가 지불해도 되겠소?"

"걱정 마시오, 내가 낼 것입니다."

"그럼 그러시오. 돌아가는 길이 같은 방향이던가요?"

"당신과 같이 가지 않겠습니다."

"잘 가시오, 시인 선생. 당신이 내 말을 이해했길 바라오……."

공작은 나를 돌아보지도 않고 약간 비틀거리며 나갔다. 종업원이 그가 마차에 오르는 것을 도와주었다. 나는 혼자 걸어갔다. 새벽 2시가 지나 있었다. 비가 내리고 있었고, 밤은 어두웠다…….

제4부

1

화가 났지만 울분을 풀 길이 없는 내 기분에 대해서는 더 이상 쓰지 않겠다. 모든 것을 예상했음에도 공작이 그 정도로 추악한 모습을 보이리라고는 상상도 못했던 나는 소스라치게 놀랐다. 정말 나는 어디까지나 혼란스럽기만 했다. 마치 무엇인가에 짓눌린 채 매를 맞은 듯했고, 음울한 근심이 마음을 점점 더 옥죄는 것 같았다. 나는 나타샤가 걱정되었다. 그녀가 앞으로 수많은 고통을 겪게 되리라고 예감하고, 그것을 어떻게 피할지, 이 사건의 마지막 파국을 어떻게 하면 좀더 현명하게 넘길 수 있을지를 어렴풋이 생각해 보았다. 파국이 다가오고 있다는 점은 의심할 여지가 없었다. 결말의 순간이 다가오고 있고, 그 모습이 어떠할지를 짐작하기는 어렵지 않았다.

집으로 돌아오는 길에 비가 죽 내 몸을 적셨다. 내가 어떻게 집에 도착했는지는 기억나지 않는다. 이미 새벽 3시였다. 그런데 아파트 문을 두드리려는 순간 안에서 신음소리가 들리고 문이 벌컥 열렸다. 넬리는 잠자리에 들지 않고 문 옆에서 내내 나를 기다린 것 같았다. 초가 타고 있었다. 나는 넬리의 얼굴을 보고 깜짝 놀랐다. 얼굴이 형편없이 일그러져 있었다. 눈은 열병을 앓는 사람처럼 번뜩였고, 마치 나를 알아보지 못하는 듯 멍하니 보고 있었다. 넬리는 고열에 휩싸여 있었던 것이다.

"넬리, 무슨 일이냐, 아프니?" 나는 넬리에게 몸을 굽히고 한 팔로 감싸며 물었다.

그녀는 무엇인가를 두려워하듯 몸을 떨며 나에게 안겨서 한시라도 빨리 말해주려고 기다렸다는 듯이 조급하게 더듬으며 말하기 시작했다. 그러나 그 말은 앞뒤가 맞지 않았고 이상했다. 나는 한 마디도 알아듣지 못했다. 넬리는 헛소리를 하고 있었다.

나는 서둘러 넬리를 침대로 데려갔다. 그러나 넬리는 겁에 질린 듯, 나에게 누군가로부터 지켜 달라고 하듯 자꾸만 내게 매달렸다. 침대에 누운 뒤에도 내가 또 나갈까 봐 걱정하며 내 손을 꼭 쥐고 놓지 않았다. 나는 충격을 받고 신경이 약해진 탓인지 그러한 그녀를 보며 눈물을 흘렸다. 오히려 내가 병이 난 것이다. 넬리는 내 눈물을 보더니 무엇인가를 이해하고 상상하려고 애쓰듯 긴장한 표정으로 오랫동안 나를 유심히 바라보았다. 그러자 그녀가 안간힘을 쓰고 있다는 것이 느껴졌다. 마침내 그녀의 얼굴에 한 가지 생각 같은 것이 떠올랐다. 넬리는 심한 간질 발작을 일으킨 뒤에는 얼마 동안 생각을 정리하지 못했고 말도 분명하게 발음하지 못했다. 지금도 그랬다. 넬리는 나에게 무엇인가를 말하기 위해 안간힘을 썼지만, 내가 이해하지 못했다는 것을 알아채고는 손을 내밀어 내 눈물을 닦은 다음 내 목을 감싸 자신에게 끌어당겨 입을 맞추었다.

내가 없을 때 발작이 일어난 게 분명했다. 넬리가 문 앞에 서 있을 때 찾아온 것이다. 그러나 발작이 가라앉고도 넬리는 오랫동안 제정신으로 돌아오지 못하는 듯했다. 그때 현실과 환상이 뒤섞이며 그녀는 모골이 송연할 만큼 무서운 광경을 보았다고 믿은 것이다. 그와 동시에 내가 곧 돌아와 문을 두드릴 것이라고 어렴풋이 인식하면서, 문 앞에서 바닥에 누워 귀를 기울인 채 내가 돌아오기를 기다리다가 내가 문을 두드리기도 전에 일어난 것이다.

'그런데 왜 문 앞에 있었을까?' 하고 생각하다가 나는 문득 넬리가 털외투를 입고 있다는 사실을 깨닫고 깜짝 놀랐다(내 아파트에 들러서 이따금 외상으로 물건을 주고 가는 한 행상인 할머니에게서 얼마 전에 사준 외투였다). 그렇다면 넬리는 어디론가 가려고 했던 것이고, 문을 막 열려는 순간 갑자기 발작이 일어난 것이다. 어디로 가려고 한 걸까? 어쩌면 그때 이미 의식이 흐릿해져 있던 것은 아니었을까?

그러는 사이에도 넬리의 열은 떨어지지 않았고, 또다시 헛소리를 하며 정신을 잃고 말았다. 넬리는 이미 내 아파트에 온 뒤로 두 번 발작을 일으켰지만 두 번 다 무사히 가라앉았다. 그런데 지금은 마치 열병에 걸린 것 같았다. 나는 반 시간쯤 침대 머리맡에 앉았다가, 넬리가 나를 부르면 바로 일어날 수 있도록 긴의자에 의자를 이어 붙이고 옷을 입은 채로 넬리의 침대 곁에 누웠다. 촛불은 끄지 않았다. 나는 잠들기 전에 몇 번이나 넬리에게 눈길을 주었다. 얼굴이 창백했다. 입술은 열 때문에 바싹 말랐고 넘어지면서 다

쳤는지 피가 조금 맺혀 있었다. 얼굴에는 공포와 꿈에서조차 아이를 놓아주지 않는 듯한 고통스러운 근심이 사라지지 않고 어려 있었다. 상태가 더 나빠지면 내일 되도록 빨리 의사를 부르러 가야겠다고 결심했다. 나는 정말로 열병으로 번질까 봐 겁이 났다.

'공작 때문에 놀라서 그런 거야.' 나는 전율하며 생각했다. 그리고 공작의 얼굴에 돈을 집어 던졌다는 여인의 이야기를 떠올렸다.

2

……2주일이 흘렀다. 넬리는 건강을 회복했다. 열병으로 번지지는 않았지만 상태는 무척 심각했다. 넬리는 4월 말의 어느 화창한 날 병석에서 일어났다. 마침 예수의 수난주간(부활절
전주)이었다.

가엾은 것! 나는 지금까지처럼 순서 있게 이야기를 이어갈 수가 없다. 지난 일을 쓰고 있는 이 순간까지 이미 많은 시간이 흘렀지만, 지금도 나는 넬리의 여위고 창백한 얼굴과 오랫동안 나를 찌를 듯이 바라보던 그 검은 눈동자를 떠올릴 때마다 쓰라린 비통함에 가슴이 멘다. 우리 둘만 있을 때 넬리는 어떤 생각을 하고 있는지 나에게 맞혀 보라고 재촉하듯 침대에서 오랫동안 골똘히 바라보았다. 그러나 내가 알아맞히지 못하고 어찌할 바를 모르는 것을 보고는 조용히 혼자서 미소짓고는 여위어 앙상해진 뜨거운 손을 다정하게 내밀었다. 이제는 모두 흘러간 옛 일이고 이미 모든 것이 밝혀졌지만, 지금도 나는 이 병들고 피로에 지치고 모욕당한 작은 마음에 숨겨진 비밀을 모두 다 알지는 못한다.

이야기의 줄거리에서 벗어나고 있음을 알지만 지금 이 순간은 오로지 넬리 한 사람만을 생각하고 싶다. 이상하게도 그토록 열렬히 사랑했던 모든 사람들로부터 버림받고 홀로 병원 침대에 누워 있는 지금에야, 그때는 거의 주의를 기울이지 않고 이내 잊어버린 사소한 일들이 갑자기 기억에 되살아나 전혀 다른 의미를 지니며 내가 지금까지 이해하지 못하던 이야기를 확실하게 설명하려고 한다.

넬리가 자리에 누운 뒤로 처음 나흘 동안은 나와 의사는 많은 걱정을 했다. 그런데 닷새가 되던 날 의사는 나를 한쪽으로 부르더니 더 이상 걱정하지 않아도 되며 아이가 곧 건강을 되찾을 것이라고 말했다. 그는 넬리가 처음 병이 났을 때 내가 불러 온 오래 전부터 알던 조금 별난 의사이며, 목에 건 커다란 스타니슬라프 훈장으로 넬리를 놀라게 했던 바로 그 온후한 독신자 의사였다.

"그럼, 전혀 걱정할 게 없군요!" 내가 기뻐하며 말했다.

"그렇소. 지금은 건강해질 거요. 그렇지만 머지않아 세상을 떠날 것이오."

"세상을 떠난다고요? 아니 왜요?" 나는 의사의 선고에 기겁하여 외쳤다.

"그렇소, 머지않아 틀림없이 세상을 떠날 거요. 환자는 심장 기관에 이상이 있소. 그래서 조금이라도 상황이 좋지 않아지면 다시 침대 신세를 지게 될 거요. 또다시 회복하겠지만 언젠가 다시 눕게 될 거고 결국 세상을 떠나고 말 거요."

"그럼 손쓸 방도가 없다는 겁니까? 그렇지는 않겠지요?"

"어쩔 수 없소. 물론 되도록 좋지 않은 환경을 멀리하고 평온하고 조용한 생활을 누리게 해주어 삶이 더 즐거워진다면 그 시기를 늦출 수는 있을 것이오. 그리고 때로는…… 예기치 못한…… 아주 진기한 경우가 있기도 하오……. 간단히 얘기해서 좋은 환경이 다양하게 갖추어진다면 이 환자가 목숨을 구할 수도 있을지 모르지만 근본적인 치유는 불가능하오."

"오, 맙소사. 그럼 당장은 어떻게 해야 합니까?"

"내 지시대로 하시오. 저 애에게 조용한 생활을 마련해 주고 가루약을 정기적으로 복용하게 해야 합니다. 내가 관찰한 바에 따르면 이 아이는 변덕스럽고 감정 기복이 심하며 남을 비웃는 버릇이 있소. 그러므로 약을 정기적으로 복용하려 하지 않을 거요. 지금도 결코 먹으려 하지 않으니."

"그렇습니다, 선생님. 정말로 이상한 아이지만 나는 그게 다 병 때문에 예민해진 탓이라고 생각합니다. 어제는 매우 얌전했어요. 그런데 오늘은 내가 약을 주려 하자, 실수인 척하며 숟가락을 쳐서 약을 엎지르고 말았습니다. 그래서 새 약을 주려고 하자 내 손에서 약상자를 빼앗아 방바닥에 던져 버리고는 엉엉 울었어요……. 그렇지만 단순히 약을 먹기 싫어서 그러는 건 아니라고 생각해요." 나는 잠깐 생각한 뒤 덧붙였다.

"흠! 흥분 상태인가. 이전의 갖가지 불행(나는 의사에게 넬리의 과거를 솔직하고 자세하게 들려주었고, 의사는 내 이야기에 깊이 감동했다)과 관련이 있고 병도 그 때문에 생겼을 거요. 당분간 유일한 방법은 약을 먹는 것뿐이니 무조건 이 약을 먹여야 합니다. 의사의 지시를 따르는 게…… 말하자면 일반적인 이야기지만…… 약을 복용하는 게 저 소녀의 의무라고 다시 한번 얘기해 줍시다."

우리는 부엌에서 나왔다(우리는 거기에서 이야기를 나누고 있었다). 의사는 다시 환자의 침대로 다가갔다. 그러나 넬리는 우리가 나눈 이야기를 들은 듯했다. 적어도 베개에서 머리를 들고 우리 쪽으로 귀를 기울이며 열심히 듣고 있었다. 나는 반쯤 열린 문틈으로 그러한 모습을 분명히 보았다. 우리가 다가가자 이 깜찍한 소녀는 다시 이불 속으로 몸을 숨기고는 조롱 섞인 미소를 띠며 우리를 바라보았다. 이 가엾은 소녀는 나흘 동안 병을 앓으면서 몹시 여위었다. 눈은 푹 꺼졌고 열도 아직 내리지 않았다. 하지만 장난스러운 표정과 페테르부르크에 사는 모든 독일인 가운데 가장 선량한 의사를 몹시 놀라게 한, 도전적으로 빛나는 눈빛이 아이의 얼굴과 더욱 기묘한 대조를 이루었다.

의사는 심각하면서도, 그러나 되도록 부드럽고 다정한 말투로 약의 필요성과 효능을 설명하고 모든 환자는 그 약을 복용할 의무가 있다고 말했다. 넬리는 머리를 약간 들었다. 그녀는 얼른 보기에 아무 생각 없는 듯한 손놀림으로 숟가락을 쳐 약을 전부 바닥에 쏟고 말았다. 나는 넬리가 일부러 그랬다고 확신했다.

"유감스러운 실수로구나." 의사가 조용히 말했다. "일부러 그런 게 아니니? 그렇다면 아주 못된 짓이야. 그러면…… 다시 하자꾸나. 약은 다시 타면 되니까."

넬리는 의사를 보며 소리내어 웃었다.

의사는 자연스럽게 머리를 흔들었다.

"장난이 너무 심하구나." 그는 새 약을 준비하며 말했다. "아주, 아주 단단히 야단을 맞을 일이야."

"제게 화내지 마세요, 이번엔 틀림없이 먹을게요……. 그런데 선생님은 저를 좋아하세요?" 넬리는 웃음을 터뜨리지 않으려고 노력했지만 허사였다.

"네가 칭찬받도록 행동한다면 너를 아주 사랑할 거야."

"많이 사랑해 주신다고요?"

"많이 사랑해 주지."

"그럼 지금은 좋아하지 않으세요?"

"지금도 좋아한단다."

"그럼 제가 입맞추고 싶다고 하면, 선생님도 제게 입맞춰 주시겠어요?"

"그래, 네가 착하게 굴면."

이쯤 되자 넬리는 더는 참지 못하고 큰 소리로 웃음을 터뜨렸다.

"이 환자는 원래 성격이 명랑하지만 지금 이러는 것은 신경 쇠약과 변덕 때문이오." 의사가 아주 심각한 표정으로 말했다.

"그럼 좋아요, 약을 먹겠어요." 넬리가 갑자기 힘없는 목소리로 외쳤다. "그런데 제가 자라서 어른이 되면 저와 결혼해 주시겠어요?"

이 새로운 장난을 생각해 낸 것이 무척 마음에 들었던 모양이다. 넬리는 눈을 빛내며, 약간 어안이 벙벙해진 의사의 대답을 기다리면서 새어 나오는 웃음을 참느라 입술이 살짝 떨렸다.

"그래 좋아." 의사가 이 새로운 변덕에 자신도 모르게 웃으며 대답했다. "그래 좋다. 네가 착하고 훌륭하게 교육을 받은 아가씨가 된다면, 그리고 순종적이고 또⋯⋯."

"약을 먹는다면요?" 넬리가 말을 받았다.

"오오! 그래, 약을 먹으면." 의사는 나에게 다시 속삭였다. "아주 착하고 ⋯⋯ 영리한 아이로군요, 그런데⋯⋯ 결혼을 해 달라니⋯⋯ 참으로 이상한 생각을 했구나."

그리고 그는 다시 소녀에게 약을 내밀었다. 넬리는 이번에는 계략을 쓰지도 않고 느닷없이 숟가락을 아래에서 쳐올렸다. 약은 불쌍한 노인의 셔츠와 얼굴로 날아갔다. 넬리는 크게 웃음을 터뜨렸지만 이전의 순진하고 유쾌한 웃음이 아니었다. 아이의 얼굴에 잔인하고 심술궂은 표정이 스쳤다. 그러는 동안 넬리는 내내 나의 눈빛을 피하며 오로지 의사만 바라보았다. 비웃으며, 그러나 그 웃음 뒤로 불안을 완전히 감추지 못한 채 '우스운' 노인이 이제 어떻게 나올지 기다리고 있었다.

"아! 또⋯⋯ 못쓰겠구나! 하지만⋯⋯ 약은 다시 풀면 되지." 노인은 손수건으로 셔츠와 얼굴을 닦으며 말했다.

이것이 넬리의 마음을 강하게 뒤흔들었다. 소녀는 우리가 화를 낼 것이라고 생각하고 자신을 혼내기를 기다렸던 것이다. 무의식적으로는 그것만 바

라고 있었는지도 모른다. 그것을 구실 삼아 울음을 터뜨리고 히스테리를 일
으켜 약을 또다시 엎지르거나 화를 내며 무엇인가를 깨뜨려서 자신의 변덕
스럽고 병든 마음을 달래고 싶었던 것이다. 그런 변덕은 병자들에게만, 넬리
에게만 있는 것이 아니라 아주 흔한 현상이다. 나도 누군가 나를 모욕하거나
모욕으로 간주할 수 있는 말을 하기를 기다리며 그럼으로써 어서 빨리 이 가
슴 속에 쌓인 울분을 씻어낼 수 있기를 무의식적으로 바라며, 자주 방 안을
왔다 갔다 한 적이 있다. 그럴 때 여인들은 가장 진실한 눈물을 쏟아내며,
감성이 특히 풍부한 여인들은 히스테리를 일으키기도 한다. 아무도 모르는
슬픔을 가슴에 품고 있으며 그 슬픔을 털어놓을 상대가 어디에도 없을 때 흔
히 일상적으로 일어나는 단순한 현상인 것이다.

　그러나 넬리에게서 모욕을 받고도 참을성 있게 다시 세 번째로 약을 개는
노인의 천사 같은 선량한 마음씨에 감동을 받고 넬리는 갑자기 얌전해졌다.
입술에서 비웃음이 사라지고 뺨이 붉게 물들며 눈가가 촉촉해졌다. 소녀는
나를 흘긋 보고는 이내 고개를 돌렸다. 의사가 또다시 약을 가져왔다. 넬리
는 조용하고 수줍게 약을 먹고 나서 의사의 붉고 두툼한 손을 잡으며 천천히
그의 눈을 바라보았다.

　"제가 심술궂게 굴어서…… 화가 나셨죠?" 넬리는 말을 시작했으나 끝맺
지 못하고 이불을 머리까지 덮어쓰고는 큰 소리로 엉엉 울기 시작했다.

　"애야, 울지 마라, 착하지……. 별것 아니란다……. 신경이 예민해진 거
야. 물을 마시렴."

　그러나 넬리는 울음을 그치지 않았다.

　"진정하거라…… 흥분하면 몸에 안 좋아." 매우 다감한 의사는 덩달아 울
것 같은 표정으로 말을 계속했다. "너를 용서하마. 결혼도 해 줄게. 얌전한
처녀답게 올바르게 행동하고, 그리고……."

　"약을 먹으면요?" 이불 밑에서 내가 잘 알고 있는, 가느다란 방울소리 같
은 신경질적인 웃음이 흐느낌과 뒤섞여 흘러나왔다.

　"말 잘 듣는 착한 아이예요." 의사가 진지한 얼굴로 눈물을 글썽이며 말했
다. "가엾은 것!"

　그때부터 의사와 넬리 사이에는 야릇하고 놀라운 우정이 싹텄다. 그와 반
대로 나에게는 더 음울하고 신경질적이고 예민하게 굴기 시작했다. 나는 그

원인이 무엇인지도 모른 채 갑자기 찾아온 그 변화에 어안이 벙벙했다. 병이 난 처음 며칠 동안 넬리는 내게 아주 부드럽고 친절하게 대했다. 아무리 보고 있어도 싫증나지 않는 듯 나를 곁에서 한시도 떠나지 못하게 하며, 그 뜨거운 손으로 내 손을 잡고 자기 곁에 앉아 있게 했다. 내가 걱정에 잠겨 침울한 표정을 짓고 있을 때는 내 기분을 바꾸려고 농담도 하고 장난도 치며 힘든 것도 참아가며 웃어 보이기까지 했다. 아이는 내가 밤새 일을 하거나 자신을 돌보는 것을 원치 않았으며, 내가 자기 말을 따르지 않으면 슬픈 표정을 지었다. 때때로 나는 넬리의 얼굴이 수심에 가득 차 있는 것을 보았다. 그러면 넬리는 오히려 나에게 왜 우울해하느냐, 무슨 생각을 하느냐고 끈질기게 물었다. 그런데 이상하게도 나타샤 이야기가 나오면 이내 침묵하거나 화제를 다른 데로 돌려 버렸다. 어쩐지 나타샤에 대해서는 이야기하고 싶어 하지 않는 것 같아 놀라웠다. 내가 집으로 돌아오면 그녀는 매우 기뻐했다. 반대로 내가 모자를 집어 들면 그녀는 침울한 얼굴로 비난하는 듯한 야릇한 눈빛을 띠고 나를 배웅했다.

넬리가 앓아누운 지 나흘째 되던 날, 나는 저녁부터 자정이 지날 때까지 나타샤에게 가 있었다. 서로 할 말이 많았던 것이다. 나는 그날 집을 나설 때 환자에게 일찍 돌아오겠다고 말했고, 정말로 그럴 작정이었다. 뜻하지 않게 나타샤의 집에 오래 머물게 되었을 때도 나는 넬리에 대해 걱정하지 않았다. 아이가 혼자 집에 있는 것이 아니라 알렉산드라 세묘노브나가 같이 있었기 때문이었다. 우리 집에 잠시 들른 마슬로보예프에게서 넬리가 아프고 내가 혼자 병구완을 하느라 정신이 없다는 말을 듣고 도와주러 온 것이었다. 마음씨 좋은 알렉산드라 세묘노브나는 흥분을 감추지 못했다.

"그럼 우리 집에 식사하러 오시지 못하겠군요! ……아, 맙소사! 가여운 사람, 혼자서 환자를 돌봐야 하다니. 우리도 성의를 보여야 해요. 모처럼 좋은 기회가 왔으니 헛되이 보내면 안 돼요."

그러고는 이내 마차에 커다란 보따리를 싣고 왔다. 우리 집에 들어오자마자 알렉산드라 세묘노브나는 짤막하게 나를 도우러 왔으며 곧바로 돌아가지 않을 것이라고 말하고는 보따리를 풀었다. 그 속에는 시럽, 환자가 먹을 수 있게 만든 잼, 환자가 기운을 되찾기 시작할 때 먹일 닭고기, 비스킷용 사과, 오렌지, 키예프 산 말린 과일(의사가 허락할 때를 대비해서), 그리고 속

옷, 침대보, 냅킨, 부인용 내의, 붕대, 찜질용 헝겊 등 병원을 하나 차려도 될 만큼 온갖 것이 들어 있었다.

"우리 집에는 뭐든지 갖춰져 있어요." 알렉산드라 세묘노브나는 어디론가 서둘러 가야 하는 사람처럼 재빨리 말했다. "당신은 혼자 사시니까 이런 것들은 없을 것 아니에요. 그래서 실례인 줄 알지만 이렇게…… 그리고 필립 필리피치가 그래도 된다고 했어요. 그럼 어떻게 할까요…… 어쨌든 서둘러야죠! 무엇부터 할까요? 아이는 어때요? 정신이 있나요? 아아, 이렇게 누워 있으면 안 돼요. 베개를 바로 하고 머리를 더 낮게 해야 해요. 그런데 ……가죽 베개가 더 낫지 않을까요? 가죽은 시원해서 체온을 낮춰 주죠. 아, 이런 바보 같으니! 그걸 가져올 생각을 못했네. 가지러 갔다 올게요……. 불을 피워야 하지 않을까요? 우리 집 할멈을 이쪽으로 보내 드릴게요. 잘 아는 할멈이 있어요. 댁에는 여자 손이 하나도 없으니까요……. 그런데 지금 당장은 무엇부터 하죠? 이건 뭐죠? 약초군요…… 의사 선생님이 처방한 건가요? 달여 먹는 폐병에 좋은 약이죠? 곧 불을 피울게요."

그러나 나는 알렉산드라 세묘노브나를 진정시켰다. 그녀는 할 일이 그리 많지 않다고 하자 무척 놀랐고 실망하기조차 했다. 그래도 그녀는 용기를 잃지 않았다. 그녀는 곧 넬리와 친해졌고, 넬리가 앓는 동안 나를 많이 도와주었다. 하루가 멀다 하고 와서는 무엇인가가 떨어졌다며 어디론가 가버렸기 때문에 서둘러 붙잡아야 하는 분주한 일상이었다. 그녀는 언제나 필립 필리피치가 그렇게 시켰다고 덧붙였다. 넬리는 그녀를 무척 좋아했다. 그들은 자매처럼 서로를 사랑하게 되었다. 나는 알렉산드라 세묘노브나도 여러 면에서 아직 넬리와 같은 어린애라고 생각했다. 그녀는 넬리에게 여러 가지 이야기를 들려주며 아이를 웃겼으므로, 그녀가 집으로 돌아가고 나면 넬리는 외로워하게 되었다. 그런데 알렉산드라 세묘노브나가 처음 들이닥쳤을 때에는 넬리도 깜짝 놀랐다. 부르지도 않은 손님이 왜 왔는지를 이내 알아채고는 평소처럼 얼굴을 찌푸리며 입을 꼭 다물고 퉁명스럽게 굴었다.

"그 사람은 왜 온 거예요?" 알렉산드라 세묘노브나가 돌아간 뒤 넬리는 불만스러운 얼굴로 물었다.

"너를 도와주려고, 넬리야. 너를 보살피러 왔어."

"그렇지만 왜…… 어째서요? 제가 그 사람에게 뭔가 해준 것도 없는데."

"좋은 사람들은 남이 먼저 좋은 일을 해 주기를 기다리지 않는 법이야, 넬리. 선량한 사람들은 그런 것은 제쳐놓고도 어려움에 처한 사람을 돕는 것을 좋아한단다. 넬리, 세상에는 좋은 사람들이 많단다. 네가 필요로 할 때 그런 사람들을 만나지 못한 것이 너의 불행이었어."

넬리는 침묵했다. 나는 넬리가 혼자 있게 해주었다. 그러고 나서 15분쯤 지나자 아이는 힘없는 목소리로 나를 불러서 마실 것을 달라고 부탁했다. 그러고는 갑자기 나를 꼭 껴안으며 내 가슴에 얼굴을 파묻고는 오랫동안 나를 놓아주지 않았다. 다음날 알렉산드라 세묘노브나가 왔을 때, 넬리는 기쁨의 미소를 띠고 그녀를 맞았지만 여전히 조금 부끄러운 듯했죠.

3

그날 나는 저녁 내내 나타샤의 집에 있었다. 나는 밤늦게야 집으로 돌아왔다. 넬리는 자고 있었다. 알렉산드라 세묘노브나는 졸음을 참으며 환자 옆에 앉아서 나를 기다리고 있었다. 그녀는 나를 보자마자, 넬리가 처음엔 매우 쾌활했고 곧잘 웃었으나, 내가 늦도록 돌아오지 않자 점점 우울해지더니 입을 다물고는 생각에 잠겨 버렸다고 재빨리 속삭였다. "그러고는 머리가 아프다며 울기 시작했어요. 너무나 심하게 울어서 어떻게 해야 할지 모르겠더라고요." 알렉산드라 세묘노브나가 덧붙였다. "그리고 나에게 나탈리야 니콜라예브나에 대해 이야기를 시작했어요. 하지만 나는 넬리에게 아무 말도 할 수 없었어요. 그러자 묻기를 멈추더니 내내 울기만 하다가 결국 지쳐서 잠들어 버렸어요. 그럼 저는 이만 갈게요, 이반 페트로비치. 내가 보기에는 이제 좀 나아졌어요. 그리고 필립 필리피치가 빨리 오라고 했거든요. 사실 오늘은 두 시간만 있기로 약속했는데 내가 멋대로 더 머물렀던 거예요. 그렇지만 저는 괜찮아요. 제 걱정은 마세요. 그이는 저한테 감히 화내지 못하니까요……. 단지, 하지만…… 아, 이반 페트로비치, 정말 어쩜 좋죠. 요사이 그이는 언제나 술이 취해 집으로 돌아와요! 무척 바쁜지 나와는 말도 안 하고 울적해하기만 해요. 무슨 중요한 일로 고민하고 있다는 건 알겠는데, 저녁이면 늘 취해서는…… 어쨌든 그이가 집에 돌아오면 누군가가 침대에 눕혀주어야 해요. 그럼 저는 갈게요. 안녕히 주무세요, 이반 페트로비치. 아까 당신의 책들을 보았는데, 당신은 책이 엄청 많네요, 다 어려워 보이는 것들뿐이고, 저는 머리가 나빠서 책은 읽어본 적도 없어요…… . 그럼 내일 또 올게요…… ."

다음날 잠에서 깬 넬리는 우울하고 시무룩했으며 내가 묻는 말에 마지못해 대답했다. 넬리는 나에게 매우 화가 난 듯 한마디도 하지 않았다. 다만 나는 소녀가 때때로 곁눈질하며 나를 훔쳐보는 것을 느꼈다. 그 눈빛에는 어떤 비밀스러운 마음의 상처가 가득 들어 있었지만 그래도 나를 똑바로 볼 때는 느끼지 못했던 부드러움이 감추어져 있었다. 약을 먹는 문제로 의사와 옥신각신한 것이 바로 이날이었다. 나는 어떻게 해석해야 좋을지 몰랐다.

그러나 나에 대한 넬리의 태도는 완전히 달라졌다. 그 이상한 태도와 변덕, 이따금 드러내는 나에 대한 증오에 가까운 감정은 넬리가 나를 떠나간 그 날까지, 이 소설의 대단원을 장식할 바로 그 파국의 시간까지 계속되었다. 그러나 그에 대해서는 나중에 이야기하기로 하겠다.

그러나 이따금 잠깐씩 넬리는 갑자기 전과 같이 상냥하게 나를 대하곤 했다. 그때의 상냥함은 전보다도 훨씬 강했으며 그럴 때마다 소녀는 가슴 아프게 울었다. 그러나 이러한 시간들은 순식간에 지나갔으며, 소녀는 다시금 이전의 우울함 속으로 빠져들어 다시 적개심을 띠고 나를 바라보거나 전에 의사에게 했듯이 변덕을 부렸으며, 그 변덕에 내가 불쾌해하는 것을 보고 갑자기 깔깔 웃어대다가 결국 울음을 터뜨리고 말았다.

넬리는 심지어 알렉산드라 세묘노브나와도 한 차례 다투고 그녀의 도움이 필요치 않다며 밉살스럽게 말했다. 내가 이 일로 알렉산드라 세묘노브나가 있는 자리에서 넬리를 나무라자, 순식간에 흥분한 넬리는 오랫동안 쌓아 두었던 분노를 폭발시키며 말대답을 하기 시작하다가 갑자기 입을 다물고는 이틀이나 나와 말도 하지 않고, 약은 물론 음식이나 물도 일체 입에 대거나 마시려 하지 않았다. 오로지 의사만이 넬리를 설득하고 훈계할 수 있었다.

약을 먹기로 한 그날부터 의사와 넬리 사이에는 놀라운 공감대가 싹트기 시작했다고 앞서 말한 바 있다. 넬리는 그 노인을 매우 좋아했고 아무리 기분이 나쁜 날에도 언제나 상냥한 미소로 의사를 맞았다. 의사도 날마다 우리 집에 왔고 넬리가 다시 걷기 시작하고 완전히 나은 뒤에도 하루에 두 차례씩 찾아왔다. 노인은 넬리의 웃음소리와 유쾌한 농담을 듣지 않고는 하루도 살 수 없을 만큼 아이에게 매혹당한 것 같았다. 노인은 넬리에게 교육적인 내용이 담긴 그림책을 가져다주기 시작했다. 그 가운데 한 권은 일부러 사가지고 온 듯했다. 그 다음에는 과자와 예쁜 상자에 담긴 사탕을 부지런히 가져왔다. 선물을 가지고 올 때면 노인은 마치 명명일을 맞이한 사람처럼 엄숙한 표정을 지으며 들어섰으므로, 넬리는 이내 그가 선물을 가지고 왔다는 것을 알아챘다. 그러나 노인은 곧바로 선물을 보여 주지 않고 능글맞게 웃으며 넬리 옆에 앉아, 꼬마 아가씨가 자기가 없는 동안 얌전하게 굴며 남들에게 칭찬 받을 일을 했다면 그 아가씨에게 좋은 상을 주겠노라고 슬쩍 암시를 했다. 이때에 노인은 너무나 순박하고 온후하게 넬리를 바라보았고, 넬리는 버릇없이 깔깔 웃었지만 맑게 빛나는 두 눈에는 진실하고 다정한 애정의 빛이 깃들어 있었다. 마침내 노인이 무게를 잡으며 의자에서 일어나 사탕 상자를 꺼내어 넬리에게 주며 반드시 이 말을 덧붙였다. "나의 사랑스러운 미래의 아내에게." 이 순간의 노인은 아마도 넬리보다 더 행복했으리라.

그 다음에는 이야기꽃을 피우고, 노인은 늘 엄격하고 진지하게 건강을 돌보라고 말하며 의사로서 적절한 주의를 당부한다.

"사람은 무엇보다 자기 건강을 돌봐야 한단다." 노인은 단호하게 말했다. "첫째는 살아가는 데에 가장 중요하기 때문이고, 둘째는 언제나 건강함으로써 삶의 행복을 얻기 위함이야. 나의 귀여운 아가씨, 슬픈 일이 있으면 잊어버리든지 아니면 생각하지 않는 게 최선이란다. 슬픈 일이 없다면…… 역시 그에 대해 생각지 말고 무엇인가 즐거운 일을…… 유쾌하고 명랑한 일을 생각해야 한단다……."

"유쾌하고 즐거운 생각이라니 그게 뭔데요?" 넬리가 물었다.

의사는 말문이 막혔다.

"그러니까…… 네 나이에 어울리는 순진한 놀이라든가 아니면 그…… 음, 어떤……."

"저는 놀이를 하고 싶지 않아요. 놀이는 싫어요." 넬리가 말했다. "그보다는 새 옷이 더 좋아요."

"새 옷이라! 흠……. 그건 별로 바람직하지 않구나. 사람은 언제나 검소한 운명에 만족해야 해. 하지만…… 그래…… 새 옷을 좋아할 수도 있는 거지."

"저랑 결혼하면 저에게 옷을 많이 지어 주시겠어요?"

"또 그 소리냐!" 의사는 무의식적으로 얼굴을 찡그리며 말했다. 넬리는 짓궂게 웃으며 무심코 나를 보았다. "그렇지만…… 네가 그만한 가치가 있게 행동한다면 옷을 지어 주마." 의사가 말을 이었다.

"그런데 제가 할아버지한테 시집을 가면 매일 약을 먹어야 하나요?"

"아니, 그렇다면 매일 약을 먹지 않아도 된단다." 의사도 마침내 웃으며 말했다.

넬리가 웃음으로 대화를 중단시켰다. 노인도 따라 웃으며 사랑스러운 눈초리로 환하게 웃는 소녀를 지켜보았다.

"명랑한 소녀요!" 노인이 나를 보며 말했다. "그런데 여전히 변덕스럽고 쉽게 성내는 면이 보여요."

그가 옳았다. 나는 넬리가 왜 그러는지 짐작도 할 수 없었다. 넬리는 마치 내가 잘못을 저지르기라도 한 것처럼 나와는 전혀 이야기를 나누고 싶어 하지 않았다. 나는 그 점이 몹시 괴로웠다. 나도 우울해져서 언젠가는 온종일 넬리에게 말을 걸지 않았다. 그런데 그런 다음날이면 나는 너무 부끄러웠다. 넬리는 자주 울었고, 그럴 때면 나는 어떻게 위로해야 할지 몰랐다. 한번은 넬리가 침묵을 깨뜨렸다.

어느 날 해지기 전에 집으로 돌아왔을 때 넬리가 베개 밑에 황급히 책을 숨기는 것을 보았다. 내 소설이었다. 내가 없을 때면 내 책상에서 가져와 읽는 모양이다. '그런데 나한테 그걸 왜 숨기는 걸까? 꼭 부끄러워하는 것 같군.' 나는 이렇게 생각하면서 일부러 모른 척했다. 15분쯤 지나 내가 잠깐 부엌으로 가자 넬리는 재빨리 침대에서 뛰어나와 책을 제자리에 갖다 놓았다. 부엌에서 돌아와 보니 책은 이미 책상 위에 놓여 있었다. 잠시 뒤 넬리가 나를 불렀다. 흥분한 목소리였다. 넬리는 벌써 나흘이나 나와 거의 말을 하지 않았던 터였다.

"아저씨는…… 오늘도…… 나타샤에게 가시나요?" 소녀는 토막토막 끊기는 목소리로 물었다.

"그래, 넬리. 오늘 꼭 만나야 하는 일이 있단다."

넬리는 얼마 동안 입을 다물었다.

"나타샤를…… 무척 사랑하시지요?" 또다시 힘없는 목소리로 넬리가 물었다.

"그래, 넬리. 무척 사랑해."

"저도 사랑해요." 아이가 조용히 덧붙였다. 그리고 다시 침묵이 찾아들었다.

"나타샤에게 가서 함께 살고 싶어요." 넬리가 조심스럽게 나를 바라보며 말했다.

"그건 안 돼, 넬리." 내가 조금 놀라서 대답했다. "여기서 지내는 게 불편하니?"

"왜 안 되죠?" 아이는 점점 더 흥분했다. "아저씨는 저더러 나타샤의 아버지께 가라고 하셨잖아요. 그렇지만 저는 가고 싶지 않아요. 나타샤에겐 하녀가 있나요?"

"있단다."

"그럼 그 하녀를 내보내라고 하세요. 제가 대신 일할게요. 공짜로 무슨 일이든 할게요. 나타샤를 사랑하고 밥도 할게요. 오늘 가시면 나타샤에게 그렇게 말씀해 주세요."

"왜 갑자기 그런 뜬금없는 생각을 하니, 넬리? 그리고 나타샤를 어떻게 생각하는 거냐? 너를 하녀 대신 쓸 사람인 줄 아니? 그녀가 널 받아들인다면 동등한 사람으로서, 여동생으로서 받아들일 거야."

"싫어요. 저는 동등한 사람이 되고 싶지 않아요. 그건 싫어요……."

"왜지?"

넬리는 입을 다물었다. 입술이 실룩실룩 떨렸다. 금방이라도 울음을 터뜨릴 것 같았다.

"지금 나타샤가 사랑하는 사람이 어디론가 떠나면서 나타샤를 버리는 거죠?" 마침내 넬리가 물었다.

나는 놀랐다.

"그걸 어떻게 알았니, 넬리?"

"아저씨가 직접 다 말씀해 주셨잖아요. 그리고 엊그제 아침에 알렉산드라 세묘노브나의 남편이 왔을 때 물어보았더니 자세히 이야기해 주었어요."

"엊그제 아침에 마슬로보예프가 여기 왔었다고?"

"네." 넬리는 눈을 내리깐 채 대답했다.

"왜 왔는지는 말하지 않았니?"

"왜냐하면 그냥……."

나는 잠시 생각했다. '마슬로보예프는 무슨 비밀스러운 꿍꿍이가 있어서 몰래 다녀가는 것일까. 무슨 일을 꾸미고 있지? 그를 되도록 빨리 만나봐야

겠어.'

"그런데 나타샤가 버림받는 게 너와 무슨 상관이 있단 말이냐, 넬리?"

"아저씨는 나타샤를 무척 사랑하시잖아요." 넬리는 여전히 고개를 숙인 채 대답했다. "그러니까 그 사람이 떠나고 나면 나타샤를 아내로 맞이할 것 아니에요."

"아니야, 넬리. 내가 나타샤를 사랑하는 것만큼 나타샤는 나를 사랑하지 않아. 그리고…… 아니, 어쨌든 그런 일은 없을 거야, 넬리."

"그래도 저는 나타샤와 아저씨의 하녀가 될 거예요. 아저씨와 나타샤는 행복하게 사실 거예요." 넬리는 나를 보지도 않고 속삭이듯 나직하게 말했다.

'애가 왜 이러는 걸까!' 나는 알 수 없는 불안감에 휩싸였다. 넬리는 입을 다물어 버렸고 오랫동안 나한테는 한 마디도 하지 않았다. 그리고 내가 나가자 넬리가 울기 시작했으며, 저녁 내내 눈물을 흘리다 지쳐 잠들었다고 알렉산드라 세묘노브나가 전해 주었다. 그리고 밤에 꿈속에서도 울면서 잠꼬대를 했다고 한다.

아무튼 그날부터 넬리는 더욱 우울해졌고 말수가 줄었으며 나와는 한 마디도 하지 않았다. 물론 나는 소녀가 몰래 나를 바라보는 시선을 두어 차례 느꼈는데, 이 눈빛에는 한없는 다정함이 깃들어 있었다! 그러나 생각지 못한 다정함은 순식간에 사라졌고, 그 충동에 저항하듯 넬리는 시시각각으로 더더욱 우울해졌으며, 의사조차 그러한 변화를 놀라워했다. 그러는 가운데 몸이 거의 회복되어 의사는 마침내 신선한 공기를 마시며 짧게 외출하는 것은 괜찮다고 허락했다. 날씨는 맑고 따뜻했다. 그해에는 고난주간이 매우 늦게 찾아왔다. 나는 오전에 집을 나섰다. 나타샤에게 꼭 가봐야 했지만 되도록 일찍 돌아와 넬리를 데리고 산책을 나가기로 마음먹었다. 그동안에 넬리를 집에 홀로 남겨 두었다.

집으로 돌아왔을 때 얼마나 큰 충격이 나를 기다리고 있었는지 도저히 표현할 길이 없다. 집에 오니 열쇠가 문 바깥쪽에 꽂혀 있었다. 안으로 들어가자 아무도 없었다. 나는 정신이 멍해졌다. 책상 위에 종이가 한 장이 놓여 있었다. 거기에는, 연필로 쓴 크고 고르지 못한 글씨로 다음과 같이 씌어 있었다.

저는 떠나요. 다시는 돌아오지 않을 거예요. 하지만 아저씨를 무척 사랑해요.

아저씨의 충실한 넬리

나는 놀라서 소리지르며 집에서 뛰쳐나갔다.

4

어떻게 해야 할시 모르는 채 무작정 기리로 달려 나가려고 했을 때, 갑자기 문 앞에 사륜마차가 멈추더니 알렉산드라 세묘노브나가 넬리의 손을 잡고 내리는 것이 눈에 띄었다. 알렉산드라 세묘노브나는 넬리가 다시 도망가지 못하도록 손을 꼭 잡고 있었다. 나는 곧바로 그들에게로 뛰어갔다.

"넬리, 왜 그러니?" 나는 소리쳤다. "어디에 갔었니? 대체 왜?"

"잠깐만요. 서두르지 마세요. 빨리 안으로 들어가요. 가서 얘기해요." 알렉산드라 세묘노브나가 재빨리 말했다. "정말 믿을 수가 없어요…… 이반 페트로비치." 걸어가며 알렉산드라가 재빨리 속삭였다. "너무 날라서…… 어쨌든 집에 가서 이야기해요."

알렉산드라의 얼굴에는 매우 중요한 소식이 있다고 씌어 있었다.

"자, 넬리. 저쪽에 가서 좀 누우렴." 집으로 들어서자 알렉산드라 세묘노브나가 말했다. "계속 뛰어다녔으니 무척 피곤할 거야. 게다가 앓고 난 다음이니 얼마나 힘들겠니! 누우렴, 애야, 착하지. 우리는 방해하지 말고 저쪽으로 가요, 한숨 자면 좀 나을 거예요." 그러고는 나에게 부엌으로 가자고 눈짓했다.

그러나 넬리는 눕지 않았다. 소녀는 침대 위에 앉아서 두 손으로 얼굴을 감쌌다.

우리는 방에서 나왔다. 알렉산드라 세묘노브나는 나에게 재빨리 무슨 일이 있었는지 이야기해 주었다. 그리고 나중에 더 상세한 내용을 들었는데, 전말은 이랬다.

내가 돌아오기 두 시간 전에 넬리는 쪽지를 남겨두고 집을 나와 맨 처음 노의사의 집으로 달려갔다. 주소는 미리 알아둔 모양이었다. 의사는 넬리가 찾아온 것을 보고 눈앞이 아찔했으며, 넬리가 그의 집에 있는 동안 내내 "내 눈을 믿을 수 없었다"고 말했다. "지금도 믿기지가 않고 앞으로도 믿을 수 없을 거요." 의사는 이야기를 끝맺으며 덧붙였다. 그러나 넬리는 정말로 노의사의 집을 찾아갔던 것이다. 노인이 가운을 입고 서재의 안락의자에 앉아 조용히 커피를 마시고 있을 때 넬리가 뛰어들어와서 순식간에 그의 목에 매달렸다. 넬리는 눈물을 흘리며 노인을 껴안고는 그 손에 입을 맞추더니 횡설수설하며 그의 집에서 살게 해달라고 간절히 부탁했다. 넬리는 이반 페트로비치와 함께 살고 싶지 않아서 집을 나왔으니 이제는 돌아갈 수도 없다고 말했다. 지금도 매우 괴롭다, 더는 그를 놀리거나 새 옷을 사달라고 조르지도 않고, 얌전히 행동하며 공부도 할 것이며, '셔츠를 빨고 다리는 법'(아이는 이런 말을 달려가는 도중에, 아니 어쩌면 훨씬 전부터 미리 생각해 두었던 듯하다)도 배우겠다, 말도 잘 듣고 약도 매일 먹겠다고 말했다. 뿐만 아니라 전에 결혼해 달라고 한 것은 농담이었으며 지금은 그럴 생각이 전혀 없다고 말했다. 늙은 독일인 의사는 어안이 벙벙해서 입을 다물지 못하고 담배를 든 채 앉아 있었다. 담뱃불은 어느새 꺼져 있었다.

"마드무아젤," 노인은 놀라움을 가라앉히고 혀가 어느 정도 움직이자 마침내 입을 열었다. "내가 이해한 바에 의하면, 너는 내 집에서 살게 해달라고 부탁을 했지? 하지만 그건 불가능하단다! 보다시피 이 집은 매우 좁고 나는 수입이 많지도 않고……. 그리고 잘 생각해 보지도 않고 갑자기 이러면…… 안 될 일이야! 보아하니 집에서 멋대로 뛰쳐나온 모양인데 그러면 안 된다, 못써요……. 그리고 나는 날씨 좋은 날 산책만 조금 하라고 했는데, 그것도 보호자와 함께…… 그런데 보호자의 집에서 아예 달려나와 우리 집으로 오다니! 아직 몸을 아껴야 해. 그리고…… 그리고 약을 먹어야 하는데, 무엇보다…… 나는 도무지 이해가 되지 않는구나……."

넬리는 노인이 끝까지 말하도록 가만히 있지 않고 울음을 터뜨리며 그에게 간절히 부탁했다. 그러나 소용없는 일이었다. 노인은 점점 더 놀라고 갈피를 잡지 못하게 되었다. 마침내 넬리는 포기한 듯 "아 맙소사!" 하고 탄식하고는 방에서 뛰쳐나갔다.

"결국 그 날은 온 종일 일진이 사나웠소. 잠들기 전에 탕약을 마실 정도였소……" 이야기를 마치면서 의사가 덧붙였다.

그 뒤에 넬리는 마슬로보예프의 집으로 달려갔다. 그들의 주소도 미리 알아두었으므로 비록 고생을 하긴 했지만 어떻게 한 끝에 그들의 집을 찾아냈다. 마슬로보예프는 집에 있었다. 부인 알렉산드라 세묘노브나는 넬리가 자신을 거두어 달라고 부탁하자 너무 놀라 두 손을 감싸 쥐었다. 그리고 왜 그러는지, 이반 페트로비치 집에서 무엇 때문에 그렇게 힘든지 물었지만 넬리는 대답하지 않고 의자 위에 엎어져 울기만 했다. "이러다 죽는 게 아닐까 하는 생각이 들 만큼 몹시 심하게 울었어요." 알렉산드라 세묘노브나가 이야기해 주었다. 넬리는 자신을 하녀나 식모로라도 받아달라고 부탁하며 바닥 청소도 할 것이고 빨래도 배우겠다고 말했디(넬리는 어째서인지 빨래에 특별한 희망을 걸었으며, 그 일이 자신을 받아들일 강력한 유혹이 된다고 여겼던 듯하다). 알렉산드라 세묘노브나는 원인이 밝혀질 때까지 우선 자기가 넬리를 데리고 있다가 나에게 연락을 취할 생각이었다고 했다. 그러나 필립 필리피치는 이 생각에 단호히 반대하며 가출한 아이를 곧 내게 데려다 주라고 명령했다. 내 집으로 오는 동안 알렉산드라 세묘노브나는 수없이 넬리를 껴안고 입을 맞추었는데, 그 때문에 넬리는 더욱 격하게 울었다. 그 모습을 보면서 알렉산드라 세묘노브나도 울음을 터뜨렸다. 그렇게 둘은 울면서 나의 집까지 왔던 것이다.

"그런데 왜, 왜 그 집에서 살고 싶지 않은 거니, 넬리? 그가 너를 괴롭히니?" 알렉산드라 세묘노브나가 울먹이며 물었다.

"아뇨, 그렇지 않아요."

"그럼 왜?"

"그냥 싫어요…… 더는 거기서 살 수가 없어요……. 저는 아저씨한테 못되게 구는데…… 아저씨는 정말 좋은 사람이고…… 그런데 당신 댁에서는 못되게 굴지 않을게요. 일도 할게요." 넬리는 발작적으로 흐느끼며 말했다.

"왜 그에게 못되게 굴었니, 넬리?"

"그냥……."

알렉산드라 세묘노브나는 눈물을 훔치며 말을 맺었다. "어째선지 넬리는 '그냥'이라는 말밖에 하지 않아요. 저 아이는 어쩜 그렇게도 불행한지! 그것도 소아병의 일종일까요? 어떻게 생각하세요, 이반 페트로비치?"

우리는 넬리의 방으로 들어갔다. 아이는 침대에 누워 베개에 얼굴을 파묻은 채 울고 있었다. 나는 그 앞에 무릎을 꿇고 앉아 아이의 양손을 잡고 입을 맞추었다. 아이는 내 손을 뿌리치며 더욱 심하게 흐느꼈다. 나는 무슨 말을 해야 할지 몰랐다. 그때 이흐메네프 노인이 들어섰다.

"잘 있었나, 이반? 볼일이 있어 왔네!" 노인은 방 안을 둘러보다가 내가 무릎을 꿇고 있는 것을 보자 깜짝 놀랐다. 노인은 요즘 들어 계속 몸이 불편했다. 낯빛이 창백했고 여위었지만 누군가에게 허세를 부리듯 자신의 병을 소홀히 여기며, 아내인 안나 안드레예브나의 말대로 자리에 눕지도 않고 계속해서 일을 보러 다녔다.

"그럼 저는 이만 가겠어요." 알렉산드라 세묘노브나는 노인을 주의 깊게 훑어보며 말했다. "필립 필리피치가 되도록 빨리 돌아오라고 했어요. 집에 일이 있거든요. 저녁때쯤 다시 와서 두어 시간 있을게요."

"저 사람은 누군가?" 노인이 분명히 다른 생각을 하면서 나에게 물었다. 나는 설명해 주었다.

"흠! 그런데 그 볼일이 뭐냐면 말이야, 이반……."

나는 그 일이 무엇인지 이미 알고 있었으며 그가 오기를 기다리고 있었다. 나와 넬리와 상의하여 아이를 자기에게 보내달라고 부탁하려고 온 것이었다. 안나 안드레예브나도 마침내 이 고아 소녀를 맡아 기르기로 동의했다. 나와 은밀히 상의해 온 결과였다. 나는 아버지에게서 버림받은 딸이 낳은 고아 소녀를 보면 노인도 나타샤에 대한 생각을 바꿀지도 모른다며 안나 안드레예브나를 설득했다. 나는 내 계획을 매우 생동감 있게 설명해서 이제는 노부인이 남편에게 고아를 받아들이자고 조르기 시작했다. 노인은 기다렸다는 듯이 일을 처리하기 시작했다. 먼저 부인의 비위를 맞추어 주고 싶었고, 둘째로 자기만의 특별한 목적도 있었던 것이다……. 하지만 그 점에 대해서는 나중에 자세히 설명하겠다…….

앞에서도 이야기했듯이, 넬리는 처음 만났을 때부터 노인을 좋아하지 않았다. 그 뒤에는 내가 이흐메네프란 이름을 꺼내기만 해도 아이의 얼굴에 어떤 증오가 떠오르는 것을 느꼈다. 노인은 곧바로 본론을 꺼냈다. 그는 여전히 베개에 얼굴을 파묻고 누워 있는 넬리에게 곧장 다가가 아이의 손을 잡고 딸 대신에 그의 집으로 가서 함께 살지 않겠느냐고 물었다.

"나한테 딸이 하나 있었는데 나는 그 애를 나보다 더 사랑했단다." 노인이 잠시 말을 멈추었다. "그런데 그 애는 이제 내 곁에 없어. 죽었지. 그러니까 우리 집에 와서…… 내 마음속에서 그 애의 자리를 대신해 주지 않겠니?"

열 때문에 메마르고 핏발 선 노인의 눈에 눈물이 고였다.

"아뇨, 싫어요." 넬리는 고개도 들지 않은 채 대답했다.

"왜 그러니, 애야? 너한테는 친척도 없잖니? 이반이 너를 영원히 데리고 있을 수는 없어. 우리 집에 오면 네 집같이 편히 지낼 수 있단다."

"싫어요, 당신은 나쁜 분이니까요. 그래요, 나빠요, 나빠요." 넬리는 고개를 들고 일어나 노인과 마주 보고 앉으며 덧붙였다. "저도 나빠요, 세상에서 누구보다 나쁘지만 당신은 저보다도 더 나빠요!" 넬리의 얼굴이 창백해지고 눈은 더욱 빛났다. 떨리는 입술도 핏기를 잃고 어떤 격렬한 흥분으로 인해 일그러지기까지 했다. 노인은 이상하다는 듯이 소녀를 바라보았다.

"네, 저보다 더 나빠요. 자기 딸을 용서하지 않으니까요. 자기 딸을 깨끗이 잊고 다른 아이를 들이려 하다니, 자기 자식을 그처럼 쉽게 잊을 수 있나요? 정말로 저를 사랑하실 수 있으세요? 분명 저를 볼 때마다 늘 이 아이는 다른 아이다, 내 딸은 다른 곳에 있다고 생각하실 거예요. 자기 딸을 잊었다는 건 자신이 잔인한 분이기 때문이에요. 저는 그런 잔인한 사람 집에서는 살고 싶지 않아요. 싫어요. 싫다고요!" 넬리는 흐느끼면서 나를 흘긋 바라보았다.

"모레가 부활절이에요. 모든 사람이 서로 껴안고 입을 맞추며 화해하고 어떤 죄든 용서받는 날이에요……. 그 정도는 저도 잘 알아요…… 그런데 오로지 당신만이…… 아! 잔인한 분! 저리 가세요!"

넬리는 울음을 왈칵 터뜨렸다. 이 말은 노인이 또다시 같이 살자고 부탁할 경우를 대비해 마음속으로 몇 번이나 되뇐 말 같았다. 노인은 가슴이 철렁하며 얼굴이 창백해졌다. 고통스러운 표정이 그의 얼굴에 떠올랐다.

"그리고 왜, 왜 다들 나를 걱정하죠? 저는 그러는 걸 원치 않아요, 싫다고요!" 넬리가 극도로 흥분하여 소리를 질렀다. "차라리 거지가 되겠어요!"

"넬리, 그게 무슨 말이냐? 넬리야!" 나는 나도 모르게 큰 소리를 질렀다. 그런데 그 말은 불에 기름을 부은 격이었다.

"네, 저는 거리에 나가 구걸을 하는 게 더 나아요, 이곳에 머무느니." 넬리가 흐느끼며 외쳤다. "제 어머니도 구걸하셨지만 돌아가실 때 말씀하셨어요. 가난하게 살고 구걸하는 것이 더 낫다고요……. 구걸하는 건 부끄러운 일이 아니잖아요. 한 사람이 아니라 모든 사람에게 받는 거니까요, 모든 사람과 한 사람은 달라요. 한 사람에게 받으면 부끄럽지만 모두에게 받으면 부끄럽지 않다고 언젠가 어느 여자 거지가 말했어요. 저는 아직 어려서 돈을 벌 수가 없잖아요. 그러니까 모두에게 구걸하며 다니겠어요. 여기에는 있고 싶지 않아요. 싫어요, 싫어! 싫다고요! 저는 나쁜 아이니까요. 보세요, 제가 얼마나 나쁜지!"

그러더니 넬리는 갑자기 탁자 위에 있던 찻잔을 집어 들어 바닥에 내동댕이쳤다.

"봐요, 잔도 깼어요!" 소녀는 도전하듯 나를 바라보며 말했다. "잔은 두 개밖에 없으니까 다른 것도 깨버리겠어요……. 그러면 무엇으로 차를 마실 거죠?"

넬리는 광란에 빠져 마치 그 광란을 즐기는 듯했다. 부끄럽고 나쁜 짓인 줄 알면서도 더 심한 짓을 하려고 스스로를 몰아가고 있었다.

"저 애는 환자로군, 바냐." 노인이 말했다. "그게 아니라면…… 어떤 애인지 감을 잡지 못하겠어. 잘 있게!"

노인은 모자를 집어 들며 나와 악수했다. 그는 매우 절망한 모습이었다. 넬리의 말에 큰 상처를 받은 것이다. 갑자기 분노가 끓어올랐다.

"너는 저 분이 딱하지도 않더냐, 넬리!" 둘만 남게 되자 나는 소리쳤다. "부끄럽지도 않니, 부끄럽지도 않아? 너는 정말 나쁜 애구나. 정말로 나쁜 애야!" 그러고 나서 나는 모자도 쓰지 않고 노인의 뒤를 쫓아갔다. 하다못해 그를 문까지만이라도 바래다주고 위로의 말을 몇 마디 건네고 싶었다. 그런데 내가 화를 내자 새파랗게 질린 넬리의 얼굴이 계단을 내려가는 도중에도 여전히 눈앞에서 어른거렸다.

나는 곧바로 노인을 따라잡았다.

"가엾은 아이가 상처를 많이 입었어. 자기 고통도 감당하기 어려운 거야, 내 말을 믿게, 이반. 그런데 나는 그 애에게 내 아픔만을 늘어놓았어." 노인은 쓸쓸하게 웃으며 말했다. "내가 그 애의 아픈 데를 후벼 판 거야. 배부른 자는 배고픈 자를 이해하지 못한다고 하지. 나는 이렇게 덧붙이고자 하네, 배고픈 자도 배고픈 자를 언제나 이해하는 것은 아니라고 말일세. 그럼, 잘 있게!"

나는 무엇인가 다른 이야기를 하려 했으나 노인은 손을 내저으며 내 말을 막았다.

"위로하지 않아도 되네. 그보다 저 아이가 도망가지 않도록 주의하는 게 좋을 걸세. 얼굴이 꼭 그럴 것 같았네." 노인은 어쩐지 화가 난 것처럼 덧붙이고는 지팡이로 인도를 두드리며 빠른 걸음으로 멀어져 갔다.

노인은 자기 예언이 적중하리라고는 짐작도 하지 못했을 것이다.

집으로 돌아와 보니 놀랍게도 넬리의 모습이 어디에도 보이지 않았다. 그때의 내 마음은 도저히 어떻게 설명할 수가 없었다! 나는 현관으로 뛰쳐나와 계단 근처를 급히 둘러보았다. 큰 소리로 넬리의 이름을 부르고 이웃집 문을 두드리며 소녀에 대해 물어보았다. 넬리가 다시 나갔다는 것을 믿을 수 없었고 믿고 싶지도 않았다. 게다가 어떻게 나갔을까? 이 건물에 입구는 하나뿐이다. 내가 노인과 이야기하고 있을 때 그 옆을 지나지 않으면 밖으로 나갈 수 없다. 하지만 계단 어디엔가 미리 몸을 숨기고 있다가 내가 집으로 돌아가기를 기다린 뒤 뛰어나갔다면 나에게 들키지 않고 나갈 수 있다는 데에 생각이 미치자 온몸의 기운이 쭉 빠졌다. 어쨌든 아직 멀리 가지는 못했을 것이다.

나는 몹시 불안해져서, 또 만일의 경우에 대비해 아파트 문은 열어 놓은 채 다시 아이를 찾아 나섰다.

맨 먼저 마슬로보예프네로 갔다. 그러나 마슬로보예프도, 알렉산드라 세묘노브나도 집에 없었다. 나는 또다시 문제가 생겼으니 넬리가 다시 오면 나에게 곧바로 연락해 달라는 내용을 적은 메모를 남기고 노의사에게로 갔다. 그도 집에 없었다. 하녀는 넬리가 아까 온 뒤로는 다시 오지 않았다고 말해 주었다. 이제 어떻게 해야 할까. 나는 부브노바의 집으로 가 보았다. 그때 본 장의사 부인의 말에 따르면, 부브노바가 무슨 일 때문인지 어제부터 경찰서에 가 있고 넬리는 그때 이후로 나타나지 않았다고 한다. 나는 기진맥진하여 다시 마슬로보예프네로 가보았지만 마찬가지였다. 아무도 찾아오지 않았고 그들 부부도 돌아오지 않았다. 내 메모는 탁자 위에 그대로 놓여 있었다. 나는 이제 어떻게 해야 한단 말인가.

나는 죽고 싶을 만큼 우울한 마음으로 저녁 늦게야 집으로 돌아왔다. 그날 저녁에는 나타샤에게 가기로 약속이 되어 있었다. 나타샤가 아침부터 나를 불렀던 것이다. 그런데 나는 이날 아침부터 아무것도 먹지 않았다. 넬리 생각에 가슴이 쥐어뜯기는 것 같았다. '이게 뭔가?' 나는 생각했다. '그 애는 병 때문에 이런 돌발행동을 하는 걸까? 설마 정말로 정신이 나간 건 아니겠지? 그러면 아, 대체 어디 있을까, 어딜 가야 찾을 수 있을까?'

마음속으로 외쳤을 때 갑자기 몇 걸음 떨어진 V 다리 위에 있는 넬리를 보았다. 소녀는 가로등 옆에 서 있었는데 나를 보지는 못했다. 나는 바로 달려가려고 하다가 멈추었다. '이런 곳에서 무엇을 하고 있지?' 나는 이상하게 여기면서도 이번에는 놓치지 않으리라 믿고 잠깐 동안 넬리를 관찰하기로 마음먹었다. 10분쯤 지났다. 아이는 지나가는 사람들을 바라보며 서 있었다. 머지않아 잘 차려입은 한 노인이 지나가자 넬리는 그에게 다가갔다. 노인은 멈추지도 않고 주머니에서 무엇인가를 꺼내어 아이에게 조금 주었다. 아이는 인사를 꾸벅 했다. 그 순간 내 마음이 어땠는지 말로 다 표현할 길이 없다. 심장이 고통스럽게 죄어들었다. 내가 아끼고 사랑하고 애지중지했던 귀중한 그 무엇이 이 순간 내 앞에서 창피를 당하고 멸시당하는 것만 같았다. 내 눈에서 눈물이 흘러내렸다.

그렇다, 그 눈물은 가엾은 넬리를 위한 것이었지만, 동시에 나는 도저히 참기 어려운 분노를 느꼈다. 소녀는 배가 고파서 구걸하는 것이 아니었다. 누군가에게 버림받고 쫓겨난 것도 아니었다. 잔인한 박해자로부터 도망친 것이 아니라 자신을 사랑하고 아껴 주던 친구에게서 달아난 것이었다. 소녀는 자신의 행동으로 누군가를 놀라게 하거나 어이없게 만들기를 원하는 것 같았다. 마치 누군가의 앞에서 자신의 행동을 드러내 보이고 있는 것 같았다. 하지만 소녀의 마음속에서는 어떤 비밀스러운 감정이 익어가고 있었다 ……. 그렇다, 노인이 옳았다. 소녀는 상처를 입었고, 그 상처는 아직 아물지 않았다. 소녀는 이 비밀스러운 행동과 우리에 대한 불신을 통해 자신의 상처를 자극하려 애쓰고 있었다. 마치 자신의 고통을, 이렇게 표현할 수 있을지 모르지만 그 고통의 이기주의를 즐기는 듯했다. 이러한 고통을 더욱 자극하고 즐기는 것을 나는 이해할 수 있었다. 그것은 운명에 모욕당하고 학대받으며, 운명의 부당함을 인식한 뭇 사람들의 즐거움이었다. 그런데 넬리는 우리의 어떤 점이 부당하다고 말하고 싶은 걸까. 우리 앞에서 큰소리 친 대로 얼토당토않은 짓을 해서 우리를 놀라게 하고 싶은 것인가……. 아니다! 넬리는 지금 혼자이고 우리 중 아무도 그 애가 구걸하는 모습을 보고 있지 않잖은가. 그렇다면 오로지 혼자만의 만족을 위해 이 즐거움에 빠져 있는 것일까? 무엇을 위해 구걸을 하고, 그 돈을 어디에 쓰려는 것일까.

넬리는 동냥을 한 뒤 다리에서 벗어나 밝게 빛나는 한 가게 창문으로 다가갔다. 소녀는 그곳에서 돈이 얼마나 모였는지 세어보았다. 나는 열 걸음쯤 떨어진 곳에 서 있었다. 넬리의 손에는 제법 많은 돈이 들려 있었다. 아침부터 구걸한 것이 틀림없었다. 소녀는 돈을 꼭 쥐고 거리를 가로질러 작은 구멍가게로 들어갔다. 나는 곧바로 활짝 열린 가게의 문가로 다가가 넬리가 그곳에서 무엇을 하는지 엿보았다.

소녀는 카운터 위에 돈을 내려놓고 찻잔을 하나 샀다. 아주 평범한 찻잔으로, 넬리가 좀 전에 나와 이흐메네프에게 자신이 얼마나 나쁜 아이인지 보여주기 위해 깨뜨린 그 찻잔과 매우 비슷했다. 그 잔은 15코페이카였거나, 어쩌면 더 싼 것이었는지도 모르겠다. 상인은 그것을 종이에 싸고 끈으로 묶어서 넬리에게 건넸고, 넬리는 만족스러운 얼굴로 서둘러 가게에서 나왔다.

"넬리!" 소녀가 근처까지 왔을 때 내가 이름을 불렀다. "넬리!"

소녀는 움찔하고 나를 보았다. 갑자기 그녀의 손에서 미끄러진 찻잔이 인도 위에 떨어지면서 깨져 버렸다. 넬리의 얼굴은 창백해졌다. 그러나 내가 모든 것을 보았고 다 알고 있다는 것을 내 표정에서 읽어내고는 갑자기 얼굴이 빨개졌다. 이 홍조 속에는 견딜 수 없이 고통스러운 부끄러움이 깃들어 있었다. 나는 소녀의 손을 잡고 집으로 데리고 왔다. 먼 길이 아니었다. 오면서 우리는 서로 한마디 말도 하지 않았다. 집으로 오자마자 나는 소파에 주저앉았다. 넬리는 여전히 창백한 얼굴로 눈을 내리깔고 생각에 잠긴 채 부끄러운 듯이 내 앞에 서 있었다. 내 얼굴을 똑바로 보지 못했다.

"넬리, 너 구걸했니?"

"네!" 아이는 조그마하게 말하고 고개를 더욱 떨어뜨렸다.

"깨진 찻잔을 다시 사려고 돈을 모으려 했던 거니?"

"네……."

"내가 찻잔 때문에 너에게 뭐라고 했니? 혼내기라도 했어? 네가 한 일이 얼마나 나쁘고 이기적인지 아니? 그래도 된다고 생각해? 부끄럽지도 않니? 정말로……."

"부끄러워요……." 아이는 들릴락 말락 한 소리로 간신히 대답했다. 눈물

방울 하나가 아이의 뺨을 타고 흘러내렸다.

"부끄럽겠지……." 나는 아이의 말을 되풀이했다. "넬리, 내가 너에게 잘못한 것이 있으면 용서해 주려무나. 그만 화해하자."

넬리는 나를 흘긋 바라보았다. 눈에서 갑자기 눈물이 솟구치더니 그녀가 내 품에 달려들었다.

바로 그때 알렉산드라 세묘노브나가 황급히 뛰어들어왔다. "어머! 돌아왔어요, 다시? 아, 넬리, 넬리. 대체 무슨 일이 있는 거니? 어쨌든 다시 돌아왔으니 다행이야……. 어디서 찾으셨어요, 이반 페트로비치?"

나는 알렉산드라 세묘노브나에게 더 묻지 말라는 뜻으로 눈을 깜빡였고, 부인은 내 신호를 알아차렸다. 나는 여전히 슬피 울고 있는 넬리에게 부드럽게 작별인사를 하고, 친절한 알렉산드라 세묘노브나에게 내가 돌아올 때까지 함께 있어 달라고 부탁하고 나서 나타샤에게로 달려갔다. 늦었기 때문에 서둘렀다.

그날 저녁 우리의 운명은 결정되었다. 나는 나타샤와 할 이야기가 많았지만 그래도 넬리에 대한 이야기를 곁들이며 그동안 일어난 일을 자세히 이야기해주었다. 나타샤는 내 이야기를 흥미진진하게 들으며 심지어 감동하기까지 했다.

"있잖아요, 바냐." 나타샤가 잠시 생각한 뒤 말했다. "내가 볼 때 그 아이는 당신을 사랑하고 있는 것 같아요."

"뭐라고…… 어떻게?" 내가 놀라서 물었다.

"그래요, 그건 사랑의 시작이에요, 여인의 사랑이에요……."

"무슨 소릴 하는 거요, 나타샤! 그 애는 아직 어린애예요!"

"곧 열네 살이 되잖아요. 그 고집스런 행동은 당신이 그 애의 사랑을 알아채지 못해서 생긴 거예요. 그리고 그 애 스스로도 자신의 감정을 잘 이해하지 못하는 것 같아요. 그런 거친 행동은 어린애다운 면이 다분하긴 해도 진지하고 괴로운 법이에요. 문제는 그 아이가 나를 질투한다는 거예요. 당신은 나를 사랑한 나머지 집에서도 오직 내 일에 대해서만 걱정하고 말하고 생각하느라 그 애에게 거의 신경을 쓰지 않았죠? 아이가 그 사실을 깨닫고 상처를 받은 거예요. 어쩌면 그 애는 당신과 이야기하고 당신에게 자기 마음을 열어 보이고 싶은데 방법을 찾지 못하고 부끄러워하며 스스로도 자기 마음을 이해하지 못한 채 기회만 보고 있는 건지도 몰라요. 그런데 당신은 그럴 기회를 좀더 마련해 주기는커녕 그 애한테서 떨어져 이쪽으로 달려오기만 하잖아요. 더구나 아플 때도 당신은 며칠이나 그 애를 온종일 혼자 두었어요. 그게 슬퍼서 울었던 거예요. 당신과 함께 있는 시간이 너무 짧고, 무엇보다 당신이 그 사실을 인식조차 못하는 것이 고통스러운 거예요. 지금도, 상황이 이런데도 나 때문에 그 아이를 홀로 남겨 두었어요. 이 일로 인해 그 아이는 내일 또 앓을 거예요. 어떻게 그 아이를 내버려두고 올 수가 있어요? 빨리 그 아이한테 가보세요……."

"아니, 내버려둘 생각은 없었소만……."

"그래요, 내가 와달라고 부탁했지요. 이제는 가 보세요."

"가겠소. 하지만 당신이 방금 한 말을 믿지는 않소."

"다른 사람들의 경우와 많이 다르긴 하죠. 그렇지만 그 아이의 과거를 떠올려 보세요. 짐작 가는 데가 있을 거예요. 그 애는 당신이나 나와는 자란 환경이 다르다고요."

그래도 내가 집에 돌아왔을 때는 이미 상당히 늦은 시간이었다. 알렉산드라 세묘노브나는 넬리가 그날 저녁처럼 한참 울다가 겨우 잠이 들었다고 말해 주었다.

"이제 갈게요, 이반 페트로비치. 필립 필리피치가 그렇게 하라고 했거든요. 지금쯤 제가 돌아오기를 기다리고 있을 거예요, 가엾게도."

나는 부인에게 감사하다는 인사를 하고 넬리의 머리맡에 앉았다. 나 스스로도 이러한 때에 넬리를 혼자 두고 외출한 것이 괴로워서 견디기 힘들었다. 오랫동안, 밤이 깊어질 때까지 나는 넬리의 머리맡에 앉아 생각에 잠겼다……. 참으로 슬픈 밤이었다.

그런데 그 두 주일 사이에 무슨 일이 일어났는지 이야기해야만 하겠다…….

5

공작과 B레스토랑에서 보낸 잊을 수 없는 그날 저녁 이후로 나는 며칠 동안 나타샤가 걱정스러워 참을 수가 없었다. '빌어먹을 공작이 어떻게 나타샤를 위협하고 복수하려는 걸까?' 나는 끊임없이 스스로에게 물으며 온갖 추측을 다 해 보았다. 그리고 마침내 공작의 위협이 헛소리도 아니고 과장도 아니며, 나타샤가 알료샤와 함께 사는 한 공작은 정말로 그녀를 갖가지 유쾌하지 않은 방법으로 괴롭힐 것이라는 결론에 도달했다. 공작은 쩨쩨하고 복수욕에 불타고 악하고 계산적인 사람이기 때문이라고 생각했다. 그가 치욕을 잊고, 복수할 기회를 이용하지 않으리라고는 생각하기 어려웠다. 어쨌든 그는 이 사건 전체에서 한 가지를 지적하며 그의 뜻을 상당히 분명하게 말했다. 공작은 알료샤와 나타샤의 결별을 끈질기게 요구했고, 머지않아 하게 될 이별을 앞두고 나타샤에게 마음의 준비를 시켜, 말하자면 '목가적이고 실러를 흉내내는' 장면을 연출하지 않도록 대비시키기를 나에게 기대한 것이다. 물론 공작은 무엇보다 알료샤가 자신의 조치에 만족하고 계속해서 자기를 온화한 아버지로 여기도록 신경을 썼다. 이는 나중에 카챠의 돈을 마음먹은 대로 이용하기 위해 반드시 필요한 일이었다. 따라서 나는 나타샤에게 조만간 닥칠 이별을 준비시켜야 했다. 그러나 나는 나타샤에게서 커다란 변화를 느꼈다. 지금까지 나에게 보여 주던 솔직한 태도는 흔적도 남지 않았을 뿐만 아니라 나를 불신하는 것 같았다. 내가 위로하면 나타샤는 더욱 괴로워했고, 내가 질문하면 나타샤는 이상하게 더 신경질을 부리다가 결국엔 벌컥 화를 냈다. 나는 그녀의 집에 가도 가만히 앉아서 쳐다보고 있을 수만은 없게 되었다. 나타샤는 팔짱을 긴 채 음울하고 창백한 모습으로, 내가 있다는 것도 잊은 듯 방 안을 이리저리 오갔다. 그러다가 나와 우연히 눈길이 마주치면 (심지어 그녀는 내 눈길도 피했다) 그녀의 얼굴에 참기 어려운 분노의 표정이 떠올랐고, 그럴 때면 그녀는 재빨리 시선을 돌렸다. 나는 그녀가 다가올 이별에 대해 자신만의 계획을 세우고 있음을 느꼈다. 하지만 고통과 슬픔 없이 그러한 계획을 세울 수 있을까? 나타샤는 이미 이별을 각오한 것이 틀림없다고 생각했다. 하지만 그래도 그녀의 음울한 절망에 나는 몹시 괴롭고 놀랐다. 게다가 나타샤와 이야기를 나누고 그녀를 위로하는 일조차 때로는 전혀 할 수가 없었다. 나는 이 모든 일이 어떻게 끝날지 두려움에 떨며 지켜볼 수밖에 없었다.

나를 대하는 나타샤의 엄격하고 차가운 태도에 나는 불안하고 고통스러웠지만 그래도 나는 나타샤의 마음을 믿었다. 그녀가 엄청난 고통을 받으며 혼란스러워한다는 점은 나도 알았다. 외부로부터의 간섭은 그녀의 마음에 분노와 적개심만을 불러일으킬 뿐이었다. 이럴 때는 비밀을 알고 있는 가까운 친구들의 간섭이 무엇보다도 불쾌해진다. 그러나 나는 마지막 순간에 나타샤가 다시 나에게 돌아와 내 마음에서 위안을 찾으리라는 것도 아주 잘 알고 있었다.

물론 나는 공작과 나눈 대화는 발설하지 않았다. 그 이야기는 나타샤를 더욱 흥분시키고 혼란스럽게 할 것이기 때문이었다. 나는 단지 지나가는 말로 공작과 함께 백작부인 댁에 갔으며, 그가 소름끼치는 사기꾼이라는 점을 확인했다고만 말했다. 다행히 그녀는 공작에 대해서는 더 캐묻지 않았고, 대신에 카차와의 만남을 이야기하자 귀 기울여 들었다. 다 듣고 난 뒤 카차에 대해서도 역시 아무것도 묻지 않았지만, 창백한 얼굴이 빨갛게 물들며 이날 거의 온종일 특별한 흥분에 싸여 있는 것 같았다. 나는 카차에 대하여 아무것도 숨기지 않았으며, 나 역시 카차에게 훌륭한 인상을 받았다고 솔직히 고백했다. 애당초 무엇 때문에 숨기겠는가? 내가 무엇인가를 숨기려 하면 나타샤는 이내 그 사실을 알아채고 그 때문에 나에게 오히려 화를 낼 것이다. 그래서 나는 일부러 되도록 자세하게 이야기를 하여 그녀가 묻지 않아도 되도록 선수를 쳤다. 나타샤의 입장에서는 캐묻기 어려울 것이므로 더욱 그랬다. 무관심한 표정으로 연적의 완벽함에 대해서 듣는 것이 쉬운 일은 아닐 것이다.

알료샤가 공작의 지시에 따라 백작부인과 카차가 시골에 갈 때 동행하게 된 것을 나타샤가 아직 모르고 있다고 생각했고, 어떻게 하면 되도록 충격을 적게 주며 그녀에게 이 일을 알릴 수 있을지 고민했다. 그런데 내가 말을 꺼내자 나타샤가 내 말을 가로막으며, 이제와서 위로할 필요가 없으며 이 이야기는 이미 닷새 전부터 알고 있었다고 말하자 나는 놀라움을 숨길 수가 없었다.

"맙소사!" 나는 외쳤다. "누가 그런 이야기를 했소?"

"알료샤가요."

"뭐라고? 그가 이미 말했단 말이오?"

"네, 그러니까 나도 마음의 준비를 다 했어요, 바냐." 나타샤는 이 이야기를 계속하지 말아 달라고 경고하는 표정으로 날카롭게 말했다.

알료샤는 상당히 자주 나타샤를 찾아 왔지만 언제나 아주 짧게 머물렀다. 몇 시간 동안 머문 적이 딱 한 번 있었는데 그때는 내가 함께 있지 않았다. 알료사는 언제나 침울한 표정으로 들어와 머뭇거리며 그녀를 부드럽게 바라보았다. 그러나 나타샤는 그를 매우 상냥하게 맞아들였으므로 그는 이내 모든 것을 잊고 다시 유쾌해졌다. 그는 나에게도 매우 자주, 하루가 멀다 하고 들르기 시작했다. 알료샤가 매우 괴로워한 것은 사실이나 그는 한순간도 슬픔을 홀로 끌어안지 못하므로 위로를 받고자 계속 나에게 달려온 것이었다.

하지만 내가 알료샤에게 무슨 말을 해줄 수 있었겠는가? 알료샤는 내가 냉담하고 무심하며 자기를 미워한다고 비난했다. 그는 불평하고 울다가 결국 카차에게로 가서 위로를 구했다.

알료샤가 백작부인과 함께 떠나는 것을 알고 있다고 나타샤가 말한 그날 (공작과 이야기를 나눈 뒤로 약 일주일이 지났을 때였다), 알료샤는 절망스러운 표정으로 내게 달려와 나를 끌어안고 가슴에 기대어 어린아이처럼 흐느꼈다. 나는 말없이 그가 입을 열기를 기다렸다.

"나는 보잘것없고 몹쓸 사람이에요, 바냐." 알료샤가 말하기 시작했다. "나를 나 자신으로부터 구해 주세요. 나는 내가 보잘것없고 몹쓸 사람이라서 우는 것이 아니라, 나로 인해 나타샤가 불행해질 것이기 때문에 우는 겁니다. 나는 나타샤를 버리고 불행하게 만들 거예요……. 바냐, 친구라면 말해 주어요. 나를 대신해 결정해 주어요. 나는 카차와 나타샤 가운데 누구를 더 사랑하는 걸까요?"

"그 문제는 내가 결정할 수 없소, 알료샤." 나는 대답했다. "당신이 나보다 더 잘 알 것이오……."

"아니오, 바냐. 그렇지 않아요. 나도 그런 물음을 던질 만큼 어리석지는 않아요. 하지만 나 자신이 아무것도 모르겠다는 게 문제예요. 내 마음에 물어보아도 대답을 얻을 수가 없어요. 그런데 당신은 옆에서 계속 보아 왔으니 어쩌면 나보다 더 잘 알 거예요……. 분명히는 모른다 해도 어떻게 보이는지는 알잖아요?"

"내가 보기엔 카차를 더 사랑하는 것 같소."

"당신에겐 그렇게 보이는군요! 아니, 아니에요. 결코 그렇지 않아요! 당신의 추측은 완전히 틀렸어요. 나는 나타샤를 한없이 사랑해요. 무슨 일이 있어도 나타샤를 버리지 않을 거예요. 카차에게도 그렇게 말했는데 그녀도 나와 같은 생각이었어요. 왜 가만히 있는 겁니까? 지금 웃었지요? 아, 바냐, 당신은 내가 지금처럼 괴로워 견딜 수 없을 때도 전혀 위로해주지 않는군요……. 그만 가겠어요!"

알료샤는 조용히 우리 대화를 주의 깊게 듣고 있던 넬리에게 이상한 인상을 남긴 채 방에서 달려 나갔다. 넬리는 여전히 아파서 침대에 누워 약을 먹고 있었다. 알료샤는 넬리에게 한 번도 말을 걸지 않았고 함께 소녀에게 조금도 주의를 기울이지 않았다.

두 시간 뒤 알료샤가 다시 나타났다. 그의 유쾌해진 얼굴을 보고 화들짝 놀랐다. 알료샤는 다시 내게 달려들어 내 목을 힘껏 껴안았다.

"결정되었어요!" 알료샤는 소리쳤다. "오해가 다 풀렸어요. 좀 전에 곧장 나타샤에게 갔어요. 마음이 너무 어지러워서 그녀 없인 견딜 수가 없었거든요. 들어가자마자 나는 나타샤 앞에 무릎을 꿇고 그녀의 발에 입을 맞추었어요. 그러지 않을 수 없었고, 그러고 싶었어요. 그렇게 하지 않았다면 나는 슬픔에 빠져 죽었을지도 몰라요. 나타샤는 조용히 나를 끌어안고 울기 시작했어요. 그리고 나는 그녀보다 카차를 더 사랑한다고 분명히 말했지요……."

"나타샤는 뭐라고 하던가요?"

"나타샤는 아무 말도 하지 않고 단지 나를 쓰다듬으며 위로해 주었어요, 그런 소리를 한 나를 말이에요! 나타샤는 위로를 잘 해요, 이반 페트로비치! 나는 슬픔을 모조리 씻어내듯 엉엉 울면서 나타샤에게 솔직히 말했어요. 카차를 무척 사랑하지만 그러나 아무리 사랑하고, 또 다른 누구를 사랑하더라도 나는 나타샤 없이는 도저히 살아갈 수 없으며 죽고 말 거라고 분명히 말했어요. 그래요, 바냐. 나는 나타샤 없인 하루도 못 살아요. 그 점은 나도 잘 알아요! 그래서 나는 곧바로 나타샤와 혼인식을 올리기로 결심했어요. 그러나 시골로 출발하기 전에는 불가능해요. 지금은 사순절이라 식을 올릴 수 없잖아요. 그래서 돌아온 뒤인 6월 1일에 올릴 거예요. 아버지도 분명 허락하실 겁니다. 틀림없어요. 카차는, 할 수 없지요! 나는 나타샤 없이는 살아가지 못해요……. 식을 올리고 나면 나는 나타샤와 함께 카차에게 가기로 했어요……."

가엾은 나타샤! 이 철부지 아이 같은 남자를 위로하고 그의 고백을 들어주고, 이 세상 물정 모르는 이기주의자를 진정시키기 위해 당장 결혼하자는 동화같은 이야기를 생각해 내면서 그 속이 어땠을까. 알료샤는 며칠 동안은 정말로 평온했다. 그가 나타샤에게 달려가곤 했던 것은 그의 약한 마음으로는 고통을 이겨 내지 못했기 때문이었다. 그런데 이별의 시간이 가까워 오자 그는 다시 불안감에 휩싸여 우리 집으로 달려와 눈물을 흘리며 슬픔을 호소했다. 그 무렵 알료샤는 한 달 반은커녕 하루도 떨어져 있지 못할 것처럼 나타샤에게 매달렸다. 그는 마지막 순간까지도 나타샤와는 단지 한 달 반 동안만 떨어져 있는 것이며 돌아오면 곧바로 결혼식을 올리리라고 믿어 의심치 않았다. 나타샤는 이제 그녀의 운명이 완전히 뒤바뀌고, 알료샤는 결코 돌아오지 않을 것이며, 그것이 당연한 결과라고 분명히 깨닫고 있었다.

그들에게 이별의 날이 다가왔다. 나타샤는 거의 환자나 다름없었다. 얼굴은 창백하고 눈은 충혈되고 입술은 메말라 있었다. 이따금 혼잣말을 지껄이고 가끔씩 꿰뚫듯 나를 바라보았으나 울지는 않았고 내 물음에 대답도 하지 않았으며, 뛰어들어오는 알료샤의 우렁우렁한 목소리가 울릴 때마다 파르르 몸을 떨었다. 그녀는 저녁노을처럼 얼굴을 붉히며 그에게로 달려갔다. 그리고 그녀는 경련이 나도록 그를 꼭 껴안고 입을 맞추며 환하게 웃었다……. 알료샤는 나타샤를 주의 깊게 바라보며 이따금 불안한 듯 아프지 않느냐고 묻고는, 오랫동안 떠나 있는 것도 아니며 돌아와서 곧 결혼식을 올리겠다는 말로 그녀를 위로했다. 나타샤는 감정을 억제하고 눈물을 참느라 무던히 애를 썼다. 그녀는 알료샤 앞에서는 절대로 울지 않았다.

어느 날 알료샤, 자신이 없는 동안 그녀가 쓸 돈을 놓고 갈 것이며, 그의 아버지가 여비를 넉넉히 주기로 약속했기 때문에 걱정하지 않아도 된다고 말했다. 나타샤는 인상을 찡그렸다. 그 뒤 우리 둘만이 남았을 때 나는 나타샤에게 만일의 경우를 대비해 150루블을 가지고 있다고 말해주었다. 나타샤는 그 돈이 어디서 났는지 묻지 않았다. 알료샤가 떠나기 이틀 전, 즉 나타샤와 카차가 처음이자 마지막으로 만난 그 전날 밤의 일이었다. 카차는 알료샤에게 편지를 들려 보내어 다음날 자신이 방문하는 것을 허락해 달라고 나타샤에게 부탁했다. 카차는 나에게도 편지를 보내어 그 자리에 함께 있어 달라고 부탁했다.

나는 무슨 일이 있어도 12시까지는(카차가 지정한 시간이었다) 나타샤에게 가 있기로 마음먹었다. 물론 어려움이 많았다. 넬리에 대해서는 말할 것도 없거니와, 최근에는 이흐메네프의 일도 처리할 것이 많았다.

그 일들은 일주일 전부터 시작되었다. 안나 안드레예브나가 어느 날 아침, 한시도 지체할 수 없는 아주 중요한 일이 있으니 만사를 제쳐놓고 서둘러 와

달라는 전갈을 보냈다. 가보니 노부인 혼자 있었다. 노부인은 흥분과 경악에 휩싸여 열에 들뜬 사람처럼 방안을 왔다 갔다 하며 니콜라이 세르게이치가 돌아오기를 초조하게 기다리고 있었다. 늘 그렇듯이 나는 무슨 일이 일어났는지, 부인이 어째서 그렇게 놀랐는지를 한참 동안 알아내지 못했다. 하지만 1분 1초가 아까운 것도 사실이었다. 부인은 "왜 자기들을 찾아오지 않고 고 아들처럼 슬프게 만드는가", "자네가 오지 않아 이런 엄청난 일이 벌어졌네"라며 사건과 상관없는 잔소리를 한차례 늘어놓고 나서야 니콜라이 세르게이치가 지난 사흘 동안 "이루 말할 수 없을 만큼" 흥분해 있다고 말했다.

"전혀 다른 사람 같았네." 노부인이 말했다. "열병에 걸린 사람처럼 밤마다 나 몰래 성상 앞에 무릎을 꿇고 기도를 올리고, 잠들면 헛소리를 하고 깨어 있을 때는 얼이 빠진 사람 같았네. 어제 양배추 수프를 먹을 때는 옆에 있는 숟가락도 찾지 못하고 무엇을 물어도 엉뚱한 대답만 했다네. 그리고 '볼일이 있으니 나갔다 오겠소. 변호사를 만나야 하오' 하고 말하며 늘 밖으로 나가더니, 드디어 오늘 아침에는 자기 방에 틀어박혀 문을 잠가 버렸네. '소송에 필요한 서류를 작성해야 하오' 하고 말한 것이 전부라네. 접시 옆에 있는 숟가락도 찾지 못하는 사람이 무슨 서류를 쓰겠느냐는 생각이 들어서 열쇠 구멍으로 들여다보니 그이가 책상 앞에 앉아 눈물을 뚝뚝 흘리고 있더군. 저렇게 해서 도대체 무슨 서류를 쓰겠나. 우리 이흐메네프카 마을을 내놓는 게 속이 상해서 그런 걸까, 그렇다면 정말로 이흐메네프카와 작별해야 하겠구나! 내가 그렇게 생각하고 있는데 그이가 갑자기 벌떡 일어나더니 펜으로 책상을 내려치지 뭔가. 그리고 얼굴이 새빨개지고 눈이 이글이글 타더니 모자를 집어 들고 서재에서 나오더군. '곧 돌아오겠소. 안나 안드레예브나.' 그러고는 그대로 나가버렸네. 나는 곧장 책상으로 다가가 살펴보았네. 책상 위에는 소송 관련 서류가 산더미처럼 쌓여 있었는데, 나한테는 그것들을 건드리지도 못하게 하네. 나는 '먼지만 털 테니 한 번만이라도 가지고 나오시구려' 하고 몇 번이나 부탁했네만 어림도 없었네. 그는 벌컥 소리를 지르며 손을 내저었지. 여기 페테르부르크에 와서 그는 성마른 싸움꾼이 되어 버렸어. 나는 책상으로 다가가 그가 방금 쓰던 서류를 찾아보았네. 그가 그것을 가지고 나가지 않고 일어서면서 다른 종이들 밑으로 밀어 넣는 것을 보았거든. 자, 보게. 이반 페트로비치, 내가 찾은 게 이걸세. 좀 보게나."

노부인은 나에게 편지지를 한 장 내밀었다. 내용이 반 정도 채워져 있었는데, 고친 곳이 너무 많아 군데군데는 읽을 수도 없을 정도였다.

가엾은 노인! 첫줄만 읽어도 누구에게 보내려고 썼는지 알 수 있었다. 나타샤, 그의 사랑하는 나타샤에게 보내는 편지였다. 그는 따뜻하고 부드러운 말로 시작했다. 나타샤를 용서한다고 말하며 집으로 돌아오라고 부탁했다. 종잡을 수 없는 말로 일관성 없이 씌었으며, 여기저기 지우고 고친 곳이 너무 많아 전체 내용을 해독하기가 쉽지 않았다. 노인은 펜을 잡고 마음에서 우러나오는 말로 첫 줄을 시작했지만 그 따뜻한 감정이 첫줄을 쓰고 나자 곧 다른 방향으로 틀어진 것이 분명했다. 노인은 딸을 질책하기 시작했고, 그녀의 잘못을 단호하게 지적하며 그녀의 고집에 분개하고, 아마 한 번도 제 아버지와 어머니에게 무슨 짓을 저질렀는지 생각해 보지 않았을 것이라며 딸의 무정함을 비난했다. 그리고 그 오만함에 반드시 벌과 저주가 따르리라고 위협하고, 즉각 얌전히 집으로 돌아오라고 요구하며 끝을 맺었다. 그리고 '가족의 품에서' 공손하고 모범적인 새로운 생활을 해야만 그녀를 용서할 것이라고 썼다. 처음 몇 줄을 쓰는 사이에 노인은 자신의 관대함을 나약함이라고 여기고 점점 부끄러워진 나머지 모욕당한 자존심의 상처를 느끼고 분노와 위협으로 편지를 끝맺은 것이다. 노부인은 팔짱을 낀 채 내 앞에 앉아서 내가 편지를 다 읽고 나서 무슨 말을 할지 두려워하며 기다렸다.

나는 느낀 바를 솔직하게 말했다. 노인이 나타샤 없이는 더 이상 살지 못하므로 부녀가 되도록 빨리 화해할 필요가 있다고 말했다. 하지만 그것은 앞으로의 상황에 달려 있었다. 나는 내 추측도 이야기해 주었다. 먼저, 재판의 부당한 결과에 그가 마음의 안정을 잃고 몹시 혼란스러워한다는 점이다. 재판에서 공작이 승리함으로써 노인의 자존심이 얼마나 상했으며, 그러한 판결 때문에 노인이 얼마나 분노했는지는 말할 필요도 없다. 그러한 순간에 영혼은 다른 사람의 동정을 구하지 않을 수 없으니, 세상에서 누구보다도 사랑했던 딸을 더욱더 절실히 생각했으리라. 게다가 노인은 알료샤가 그녀를 곧 떠날 것이라는 소식을 틀림없이 들었을 것이다(노인은 나타샤에 관한 소식은 무엇이든 알고 있었다). 그는 딸의 심정을 이해하고 자기보다는 나타샤에게 위로가 절실히 필요하다고 느꼈을 것이다. 그러나 딸이 자신을 모욕하고 경멸했다는 생각을 떨쳐낼 수 없었다. 그렇더라도 딸이 먼저 와서 용서를 빌지는 않으리라는 점도 생각했을 것이다. 어쩌면 딸은 부모 생각은 조금도 하지 않고 화해할 필요성도 전혀 느끼지 않을지도 모른다. 노인이 그렇게 생각하는 것은 당연하며, 그래서 편지를 끝맺지 않았고, 어쩌면 그 때문에 또다른 모욕을 느꼈을지도 모른다. 이 모욕은 지난번보다 훨씬 강력하며 그렇다면 화해는 훨씬 더 훗날로 연기될 것이라고 나는 결론지었다…….

이야기를 들으며 노부인은 눈물을 흘렸다. 이윽고 내가 지금 나타샤에게 가야 하며 약속 시간에 이미 늦었다고 말하자 부인은 갑자기 정신을 차리더니 중요한 것을 잊고 있었다고 말했다. 서류 밑에서 이 편지를 꺼낼 때 부인은 무심코 그 위에 잉크를 쏟은 것이다. 실제로 편지지 한쪽 구석이 잉크로 완전히 더럽혀져 있었다. 부인은 노인이 이 얼룩을 보고 그가 자리를 비운 사이에 그녀가 서류를 뒤적였고 나타샤에게 보내는 편지를 읽었다는 것을 알아챌까 봐 몹시 두려워했다. 그 공포도 지극히 당연했다. 우리가 그의 비밀을 알고 있다는 이유만으로도 그는 수치심과 분노를 느낀 나머지 자신의 화를 더욱 오랫동안 끌고 가고 자존심을 세우느라 화해를 완강히 거부할 수도 있었다.

그러나 꼼꼼히 생각해본 뒤 나는 노부인에게 걱정하지 않아도 된다고 말했다. 노인은 매우 흥분한 상태였으므로 그런 세세한 일까지 기억하지 못할 것이며, 아마도 스스로 편지지를 더럽힌 것을 잊고 있었다고 생각할 것이다. 이렇게 안나 안드레예브나를 위로하고 나는 조심스럽게 편지를 원래 있던 자리에 되돌려 놓았다. 나는 집을 나오다가 문득 넬리에 대해 노부인과 진지하게 이야기할 필요가 있다고 생각했다. 넬리의 어머니 역시 친아버지로부터 저주를 받았으므로, 버림받은 가엾은 고아가 어머니의 죽음과 슬프고 비극적인 과거 이야기로 이흐메네프 노인을 감동시키고 관대한 감정을 불러일으킬 수 있을지 모른다고 생각했기 때문이다. 노인의 마음속에서는 모든 준비가 끝나고 모든 것이 성숙되어 있었다. 딸에 대한 그리움이 이미 그의 긍지와 모욕당한 자존심을 극복하기 시작했다. 이제는 아주 작은 계기만 있으면 되는 상태인데 넬리가 그 적절한 동기를 부여할 수 있을지도 모른다. 안주인은 내 말을 귀 기울여 들었다. 희망과 기쁨으로 부인의 얼굴에 화색이 돌았다. 그리고 왜 진작 이야기하지 않았느냐고 나를 나무랐다. 부인은 성급하게 넬리에 대해서 캐물었으며 마지막에는 자기가 남편에게 고아 소녀를 받아들일 것을 적극적으로 부탁하겠다고 약속했다. 노부인은 벌써부터 넬리를 진심으로 사랑하기 시작했는지 넬리가 아픈 것을 안타까워하며 상태가 어떤지 자세히 캐묻고는 손수 저장 창고로 뛰어가 잼 한 통을 가지고 오더니 넬리에게 주라며 억지로 내 손에 쥐어주었다. 그리고 내가 의사를 부를 돈이 없을 거라고 여겼는지 5루블을 내밀었다. 내가 그 돈을 받지 않자 넬리에게 옷과 내의가 필요할 테니 도움이 될 거라며 이내 옷장을 뒤져 자신의 옷을 모조리 꺼내어 펼쳐놓고 그 가운데 고아 소녀에게 줄 수 있는 것들을 고르고 나서야 비로소 안정을 찾았다.

나는 나타샤에게로 갔다. 전에 말한 바 있는 나선형 계단을 끝까지 오르자 그녀의 집 문 앞에 누군가가 서 있는 것을 느꼈다. 그는 막 문을 두드리려 하다가 내가 올라오는 소리를 듣고 동작을 멈췄다. 그리고 조금 망설이더니 갑자기 계획을 바꾸고 계단을 다시 내려오기 시작했다. 나는 마지막 층계참에서 그와 마주쳤다. 놀랍게도 그는 이흐메네프였다. 계단은 낮에도 매우 어두웠다. 그는 내게 길을 터주기 위해 벽에 몸을 붙였는데, 나는 지금도 나를 주의 깊게 바라보던 그 눈의 기이한 광채를 기억한다. 노인은 얼굴을 몹시 붉힌 듯했다. 적어도 너무 당황해서 어찌할 바를 몰랐다.

"아니, 바냐, 자네로구먼!" 노인이 고르지 않은 목소리로 말했다. "나는 어떤 사내를 만나러 왔네…… 서기인데…… 그 소송 일 때문에 …… 얼마 전에 이사해서…… 이 건물이라고 생각했는데…… 여기 살지 않나봐. 내가 실수했어. 잘 가게."

그러고 나서 노인은 재빨리 계단을 내려갔다.

나는 당분간 이 만남에 대해서는 나타샤에게 말하지 않기로 결심했다. 그러나 알료샤가 시골로 떠나고 나타샤가 혼자 남으면 곧바로 말해 주어야 했다. 지금은 신경이 헝클어져 있어서 설사 이 일이 의미하는 바를 완전히 이해한다 할지라도, 나중에 슬픔과 절망에 짓눌려 있을 때처럼 이 사실을 절실하게 받아들이지는 못할 것이다. 지금은 적절한 때가 아니다.

나는 그 다음 날 이흐메네프네에 들를 시간이 되었고, 그러고 싶었다. 하지만 나는 가지 않았다. 노인이 나를 보기가 매우 불편할 것이라 생각했기 때문이었다. 어쩌면 나타샤의 집 앞에서 마주친 일로 일부러 달려왔다고 생각할지도 몰랐다. 나는 사흘 뒤에 그들에게 갔다. 노인은 우울했으나 상당히 자연스럽게 나를 맞았고 내내 사무적인 이야기만 했다.

"그런데 자네 그날 그렇게 높은 곳까지 계단을 올라 누구에게 가던 길이었나? 우리가 만났던 거 기억나지? 그때가 언제였더라, 이틀 전이지 아마." 노인은 갑자기 꽤 태연하게 물어왔다. 그래도 내 시선만큼은 피하고 있었다.

"친구가 거기 삽니다." 나도 다른 곳을 보며 대답했다.

"그래! 나는 내 서기 아스타피예프를 찾아가는 길이었네. 그 건물이라고 일러 주던데…… 아니더군……. 좋아, 자네에게 소송 이야기를 해주지. 마침내 재판부에서 결정을 내렸네……."

노인은 갑자기 소송 이야기를 꺼내며 얼굴을 붉혔다.

나는 노부인을 즐겁게 해주기 위해 그날 안나 안드레예브나에게 그 모든 것을 이야기해 주었다. 하지만 그의 얼굴을 의미심장하게 바라보지 말고, 한숨도 쉬지 말고, 암시도 하지 말 것을, 한 마디로 노인의 지난번 외출을 그녀가 알고 있다는 기색을 절대로 내비치지 말라고 부탁했다. 노부인은 처음에는 나의 말을 믿지 않을 만큼 놀라고 기뻐했다. 그러고는 니콜라이 세르게이치에게 고아 소녀에 대해 암시를 했으나, 전에는 그가 아이를 데려오자고 적극적으로 나서더니 이번에는 입을 꼭 다물고 침묵만 지켰다고 말해주었다. 우리는 내일 어떤 서론이나 암시는 빼고 부인이 그에게 단도직입적으로 말하기로 결정했다. 하지만 이튿날 우리는 극도의 놀라움과 불안에 빠져 들었다.

이흐메네프는 그날 아침에 소송에 관여하고 있는 관리를 만났다. 그 관리는 공작을 만났다고 말하며, 공작이 이흐메네프카 마을을 자기 소유로 두되 어떤 가정 사정으로 노인에게 보상금으로 1만 루블을 주기로 했다는 이야기를 전해 주었다. 노인은 관리와 헤어지자 굉장히 흥분한 채로 곧장 내게 달려왔다. 그의 눈은 분노로 이글거렸다. 무슨 영문인지 그는 나를 계단으로 불러내어 지금 당장 공작에게 달려가서 결투 신청을 전해 달라고 끈질기게 요구했다. 나는 너무 놀라 오랫동안 상황 파악이 되지 않았다. 그리고 그를 설득하기 시작했으나 노인은 극심한 분노에 사로잡혀 거의 실신할 정도였다. 나는 물을 가지러 집 안으로 뛰어들어갔다가 나왔을 때 이흐메네프는 이미 그곳에 없었다.

다음날 나는 그에게 갔지만 노인은 집에 없었다. 그 뒤로 꼬박 사흘 동안 그는 집으로 돌아오지 않았다.

셋째 날에야 모든 상황을 알게 되었다. 노인은 우리 집에서 곧장 공작에게 갔지만 그를 만나지는 못하고 쪽지만 남겨 두었다. 노인은 쪽지에, 공작이 관리에게 한 말을 전해 들었는데, 그것은 그에게 죽음보다 더한 모욕이므로 공작을 비열한 인간으로 간주하고 그에게 결투를 신청한다고 썼다. 그리고 공작이 결투를 거절한다면 스스로를 욕보이는 것이라고 경고했다.

안나 안드레예브나는 그가 몹시 흥분하고 낙담해서 집으로 돌아와 누워 있다고 알려주었다. 그는 그녀에게 아주 부드럽게 대했으나 그녀의 질문에는 거의 대답을 하지 않았고, 몹시 초조하게 무엇인가를 기다리고 있었다. 다음날 아침 시내 우편으로 편지가 왔는데, 그 편지를 읽고 노인은 소리를 지르고 머리를 쥐어뜯었다. 안나 안드레예브나는 겁에 질려 정신이 나갈 지경이었고, 그는 이내 모자와 지팡이를 집어 들고 밖으로 뛰쳐나갔다고 한다.

편지는 공작에게서 온 것이었다. 공작은 공손한 척하면서도 무례하고 퉁명스럽게, 그 관리에게 한 말을 누구에게 설명할 의무는 없다고 썼다. 그리고 이흐메네프가 소송에 져서 유감스럽게 생각하지만 소송에 진 사람이 복수를 하려고 결투를 신청할 권리를 주장하는 것은 결코 정당한 행동으로 인정받을 수 없다고 덧붙였다. 또한 '스스로를 욕보이는 것'에 대해서는 걱정하지 말라고 썼다. 그런 일은 없을 것이며 있을 수도 없기 때문이라고 했다. 그리고 노인의 편지는 즉각 사직 당국에 제출할 것이며, 통지를 받은 경찰은 질서와 안녕의 유지를 위해 필요한 조치를 취할 것이라고 했다.

이흐메네프는 편지를 손에 쥐고 곧바로 공작에게로 달려갔다. 이번에도 공작은 부재 중이었다. 그러나 노인은 하인에게서 공작이 지금 N백작 댁에 있다는 사실을 알아냈다. 그는 제대로 생각해 보지도 않고 백작의 집으로 달려갔다. 백작 댁 문지기가 계단을 오르려는 노인을 붙들어 세웠다. 그러나 불같이 화가 난 노인은 문지기를 지팡이로 때렸다. 노인은 이내 다시 붙잡혀서 현관 밖으로 끌려나와 경찰에 넘겨졌고, 경찰은 그를 경찰서로 연행했다. 백작에게 그 사건이 보고되었다. 그 자리에 있던 공작은 음탕한 노백작에게 그가 바로 나탈리야 니콜라예브나의 아버지 이흐메네프라고 설명했다(공작은 이미 이러한 일로 그에게 여러 차례 봉사해 왔다). 백작은 껄껄 웃었으며 분노는 곧 연민으로 바뀌었다. 그는 이흐메네프를 방면하라고 지시했다. 그러나 그는 사흘 뒤에야 풀려났고, 게다가 때맞추어(아마도 공작의 지시에 따라) 공작이 손수 백작에게 자비를 베풀도록 요청했다는 말이 노인에게 전해졌다.

노인은 정신 나간 사람처럼 집으로 돌아와 침대에 몸을 던지고 한 시간이나 꼼짝 않고 누워 있었다. 마침내 그는 몸을 일으키고 안나 안드레예브나에게 딸을 영원히 저주하며 아버지로서의 은총을 거부한다고 엄숙하게 선언하여 안나 안드레예브나를 오싹하게 만들었다.

안나 안드레예브나는 극도로 놀랐지만 노인을 돌봐야 했으므로 정신이 없는 와중에도 온종일, 밤새도록 노인을 보살피며 그의 머리를 식초로 식히고 얼음으로 덮어 주었다. 노인은 열이 나고 헛소리를 했다. 나는 밤 2시가 넘을 때까지 그들과 함께 있었다. 그러나 다음날 아침 이흐메네프는 일어났고, 마침내 넬리를 정말로 데려가기 위해서 나를 찾아온 것이다. 그러나 그와 넬리 사이에 있었던 일은 이미 이야기한 바 있다. 이 장면은 그의 마음을 결정적으로 뒤흔들었다. 집으로 돌아와 노인은 다시 침대에 누웠다. 이 모든 일이 카차와 나타샤가 만나기로 예정된 성(聖) 금요일, 즉 알료샤와 카차가 페테르부르크를 떠나기로 한 전날 밤에 일어났다. 나는 이 만남의 자리에 함께했다. 그 만남은 아침 일찍, 아직 노인이 찾아오기 전이며 넬리가 처음으로 가출하기 전에 이루어졌다.

6

알료샤는 약속 시간 한 시간 전에 나타샤에게 그 소식을 알리려고 미리 왔다. 나는 카차를 태운 마차가 문 앞에 멈춰서는 순간 거기에 도착했다. 카차는 늙은 프랑스 여인과 함께 왔다. 그 여인은 카차의 끈질긴 간청을 받고 오랫동안 망설인 끝에 그녀와 동행하기로 했을 뿐만 아니라 알료샤와 함께라면 카차 혼자 나타샤에게 올라가는 것에도 동의했다. 카차는 마차에서 내리지도 않고 나를 가까이 부르더니 알료샤를 데려와 달라고 부탁했다. 내가 들어갔을 때 나타샤는 눈물을 흘리고 있었다. 알료샤도 나타샤도 둘 다 울고 있었다. 카차가 이미 왔다는 이야기를 듣자 나타샤는 의자에서 일어나 눈물을 닦고 설레는 마음을 안고 문을 향해 섰다. 그날 아침 나타샤는 온통 흰색으로 맞춰 입었다. 짙은 밤색 머리칼은 단정하게 빗질하여 뒤에서 묶었다.

이 머리 모양을 나는 무척 좋아했다. 내가 방에 남아 있으려 하자 나타샤는 나에게도 손님을 마중하러 가달라고 청했다.

"지금까지는 나타샤를 방문할 수 없었어요." 계단을 오르며 카차가 말했다. "감시하는 사람이 눈을 번뜩이고 있거든요. 마담 알베르를 설득하는 데 꼬박 2주가 걸렸지만 결국 그녀도 동의했지요. 그런데 이반 페트로비치, 당신은 내게 한 번도 들르지 않으셨어요! 나는 당신께 편지를 쓸 수도 없었어요. 그리고 편지로는 마음을 그대로 전하지 못하니 쓰고 싶지도 않았지만요. 그런데 제가 얼마나 당신을 만나고 싶었는지…… 맙소사, 심장이 이토록 두근거리다니……."

"계단이 가파르죠." 내가 대답했다.

"네……. 계단도 그렇지만……. 그런데 어떻게 생각하세요? 나타샤가 제게 화를 내지 않을까요?"

"그럴 리가요. 무엇 때문에 화를 내겠어요?"

"무엇 때문이라니…… 그래요, 왜 그러겠어요. 어쨌든 곧 만날 텐데 그런 걸 내가 왜 물어보았담?"

나는 카차의 팔을 잡아 부축했다. 카차는 얼굴빛마저 창백해지며 매우 두려워하는 것 같았다. 마지막 모퉁이에서 그녀는 잠시 멈춰서 숨을 돌리더니 나를 한 번 바라보고는 꿋꿋하게 위로 올라갔다.

카차는 문 앞에서 한 번 더 멈춰 서서 나에게 속삭였다. "나는 자연스럽게 들어가서 나타샤에게 말하겠어요. 나타샤를 믿기 때문에 아무런 부담 없이 올 수 있었다고 말이에요……. 그런데 내가 왜 이렇게 말이 많아진 거죠? 나는 나타샤가 고결한 사람이라고 믿어 의심치 않아요. 그렇죠?"

그러나 카차는 죄지은 사람처럼 소심하게 안으로 들어가서 나타샤를 주의 깊게 바라보았다. 나타샤는 이내 환하게 미소지어 보였다. 카차는 재빨리 나타샤에게 다가가 그녀의 손을 잡고 자신의 통통한 입술을 그녀의 입술에 갖다 대었다. 그리고 나타샤에게는 한마디 말도 하지 않고 알료샤에게 돌아서서 진지하고 엄격하게, 30분 동안 둘만 있게 해 달라고 부탁했다.

"화내지 않겠죠, 알료샤?" 카차는 덧붙였다. "당신이 들어서는 안 되는 매우 중요하고 심각한 많은 이야기를 나타샤와 나누어야 하기 때문이에요. 이해해 주시고 나가 주세요. 이반 페트로비치, 당신은 남아 주세요. 당신은 우리의 대화를 모두 들어주셨으면 해요."

"앉죠." 알료샤가 나가자 카차는 나타샤에게 말했다. "나는 당신과 마주보고 앉겠어요. 우선 얼굴을 제대로 보고 싶어요."

카차는 나타샤와 똑바로 마주앉아서 얼마 동안 꼼짝 않고 주의 깊게 나타샤를 바라보았다. 나타샤는 무의식적으로 떠오르는 미소로 답했다.

"당신 사진은 이미 보았어요." 카차가 말했다. "알료샤가 보여 주었어요."

"어때요, 사진과 닮았나요?"

"사진보다 훨씬 나아요." 카차는 분명하고 진지하게 대답했다. "사진보다 훨씬 멋진 분일 거라고 생각했는데 과연 제 생각이 맞았어요."

"정말이에요? 나는 당신을 보고 넋을 잃고 말았어요. 당신은 참으로 아름답군요!"

"그런 말씀 마세요! ……당신은 정말 상냥하시네요!" 카차는 떨리는 손으로 나타샤의 손을 잡으며 말했다. 그리고 둘은 다시 입을 다물고 서로를 꼼꼼히 바라보았다. "저, 그런데, 나타샤." 카차가 침묵을 깼다. "우리에게는 30분밖에 시간이 없어요. 마담 알베르가 겨우 승낙했어요. 그런데 할 이야기가 아주 많은데…… 나는…… 도저히…… 아니, 솔직하게 물을게요. 당신은 알료샤를 매우 사랑하죠?"

"네, 매우 사랑해요."

"그렇다면…… 당신이 알료샤를 무척 사랑한다면…… 그럼…… 당신은 그가 행복하길 바라실 거예요……." 카차가 수줍게 속삭이는 목소리로 덧붙였다.

"네, 나는 그가 행복하기를 바라요……."

"네……. 그런데 문제는 내가 그를 행복하게 해줄 수 있을까 하는 거예요. 당신에게서 그를 빼앗아 가려고 하는 내가 그런 말을 할 권리가 있을까요? 만일 당신과 함께 있을 때 그가 더 행복하다면, 당신이 그렇게 생각하시고 우리 둘이서 결정할 수 있다면…… 그러면……."

"그 문제는 이미 결정되었어요, 카차. 모든 것이 결정난 것을 당신도 잘 아시잖아요?" 나타샤는 조용히 대답하고 고개를 숙였다. 이 대화를 계속하기가 무척 괴로운 것이다.

카차는 누가 알료샤를 더 행복하게 해줄 수 있고, 둘 중 누가 양보해야 하는가에 대해 오랫동안 이야기하려고 준비해온 듯했다. 그러나 나타샤의 대답을 듣고 카챠는 이미 모든 문제가 해결되었고 이제 와서 새삼 덧붙일 말이 없음을 즉각 깨달았다. 카챠는 아름다운 입술을 반쯤 벌린 채 놀라움과 슬픔을 담고서 나타샤를 바라보았다. 카챠는 여전히 나타샤의 손을 잡고 있었다.

"당신은 그를 매우 사랑하시죠?" 갑자기 나타샤가 물었다.

"네. 아, 그리고 물어보고 싶은 게 한 가지 더 있어요. 당신이 그의 어떤 점을 특히 사랑하는지 꼭 듣고 싶어요."

"모르겠어요." 나타샤가 대답했다. 그러나 그녀의 대답에는 쓸쓸한 초조함이 배어 있는 듯했다.

"그는 똑똑한가요, 어떻게 생각하세요?" 카챠가 물었다.

"아니오, 나는 이유 없이 그냥 그를 사랑해요."

"나도 그래요. 어쩐지 그가 딱해요."

"나도 그래요." 나타샤가 대답했다.

"앞으로 그이를 어떻게 해야 좋을까요? 그러나 어째서 그이는 나 때문에 당신을 내버릴 수 있었는지 이해가 가지 않아요!" 카챠가 외쳤다. "당신을 보고 나니 더더욱 이해할 수 없어요!" 나타샤는 대답하지 않고 바닥만 바라보았다. 카챠는 잠시 침묵하더니 갑자기 의자에서 일어나 나타샤를 끌어안았다. 둘은 껴안고 울기 시작했다. 카챠는 포옹한 상태로 나타샤의 의자 팔걸이에 걸터앉아 나타샤의 손에 입을 맞추기 시작했다.

"내가 당신을 얼마나 사랑하는지 알아주세요!" 카챠는 울면서 말했다. "앞으로는 자매처럼 지내요. 서로 편지도 쓰고…… 나는 당신을 영원히 사랑할 거예요…… 영원히, 영원히 사랑하겠어요……."

"우리가 6월에 결혼식을 올릴 예정이라고 그가 말했나요?" 나타샤가 물었다.

"말했어요. 당신도 찬성했다고. 그렇지만 그건 단지 그를 위로하기 위해서 그런 거죠?"

"물론이죠."

"그럴 거라고 생각했어요. 나는 앞으로도 그를 열심히 사랑하겠어요. 그리고 당신께 모든 일을 편지로 알려 드릴게요, 나타샤. 이제 곧 그는 나의 남편이 될 거예요. 그렇게 되어 가고 있나 봐요. 모두들 그렇게 말해요. 나타샤, 그러면 당신은…… 부모님에게로 돌아가실 건가요?"

나타샤는 대답하지 않고 말없이 카차를 힘껏 껴안았다.

"행복하세요!" 나타샤가 말했다.

"당신도…… 당신도요." 카차가 말했다. 이 순간 문이 열리고 알료샤가 들어왔다. 그는 반 시간도 참을 수가 없었던 것이다. 알료샤는 서로 껴안고 울고 있는 두 사람을 보자 힘없이 나타샤와 카차 앞에 무릎을 꿇었다.

"왜 울어요?" 나타샤가 그에게 물었다. "나와 헤어지는 것 때문에요? 그렇게 긴 시간도 아닌걸요. 6월엔 올 거잖아요?"

"그러면 당신들은 결혼식을 올리겠네요." 카차가 눈물을 흘리면서도 알료샤를 위로하기 위해 서둘러 덧붙였다.

"하지만 나는 당신 곁을 하루도 떠날 수가 없소, 나타샤. 나는 당신 없으면 죽어요……. 당신이 지금 내게 얼마나 소중한 사람인지 당신은 몰라요! 특히 지금!"

"그럼, 이렇게 해요." 갑자기 생기 있는 목소리로 나타샤가 말했다. "백작 부인은 모스크바에서 얼마 동안 머무르시겠죠?"

"네, 한 일주일이요." 카차가 끼어들었다.

"일주일이나! 그럼 더욱 잘됐네요. 내일 모스크바까지 두 분을 모셔다 드리고 다시 바로 돌아오세요. 그래도 꼬박 하루밤에 걸리지 않잖아요. 그리고 두 분이 모스크바를 떠날 때 당신도 그분들을 전송하러 모스크바로 돌아가시면 되잖아요. 그러면 우리는 딱 한 달 동안만 이별하는 거예요."

"그래요, 그게 좋겠어요……. 그러면 꼬박 나흘을 함께 보내실 수 있겠네요." 카차가 나타샤와 의미심장한 눈빛을 교환하면서 기쁨에 겨워 소리쳤다.

이 새 계획을 듣고 알료샤가 얼마나 기뻐했는지 말로 표현할 수가 없다. 갑자기 안정을 되찾은 그의 얼굴이 기쁨으로 빛났다. 그는 나타샤를 포옹하고 카차의 손에 입을 맞추고 나까지도 껴안았다. 나타샤는 슬픈 미소를 지으며 그 모습을 지켜보았으나 카차는 견디지를 못했다. 카차는 불타는 분노가 담긴 눈빛으로 나를 바라보고는 나타샤를 포옹한 뒤 돌아가려고 의자에서 일어났다. 때마침 그 프랑스 부인이 사람을 보내, 약속한 30분이 지났으니 빨리 끝내라고 말했다.

나타샤가 일어났다. 두 사람은 마주서서 손을 맞잡고 마음을 눈빛으로 전하려는 듯 서로 마주보았다.

"이제 다시는 만나지 못할 거예요." 카챠가 말했다.

"네, 다시는, 카챠." 나타샤가 대답했다.

"자, 그럼 잘 있어요." 두 사람은 서로 껴안았다.

"나를 미워하지 마세요." 카챠가 재빨리 속삭였다. "나를…… 언제까지나…… 믿으세요…… 그는 행복할 거예요…… 가요, 알료샤. 배웅해 줘요!" 카챠는 재빨리 말하면서 알료샤의 손을 잡았다.

"바냐!" 그들이 나가자 기진맥진한 나타샤가 말했다. "당신도 그만 돌아가세요…… 나는 괜찮아요. 알료샤가 저녁 8시까지는 있어줄 거예요. 하지만 그 뒤로는 사정이 있어서 있을 수 없대요. 나는 혼자 남게 될 거예요……. 9시쯤에 와주세요. 부탁이에요!"

내가 9시에(넬리가 찻잔을 깬 바로 뒤에) 넬리와 알렉산드라 세묘노브나를 남겨 두고 나타샤에게 갔을 때 나타샤는 이미 혼자 남아서 초조하게 나를 기다리고 있었다. 마브라가 사모바르를 가져왔다. 나타샤는 나에게 차를 따라 주고 소파에 앉아서 더 가까이 오라고 말했다.

"이제 다 끝났어요." 나타샤가 나를 가만히 바라보며 말했다. 나는 그때의 그 눈빛을 결코 잊지 못할 것이다.

"이제 우리의 사랑은 끝났어요. 반 년 동안의 삶! 하지만 어쩐지 한평생이 끝나버린 것 같아요." 나타샤는 내 손을 꼭 잡으며 말했다. 손이 불덩이같이 뜨거웠다. 나는 그녀에게 좀더 따뜻하게 입고 침대에 누우라고 권했다.

"그럴게요, 바냐. 내 소중한 친구. 지난날을 떠올리며 조금만 더 이야기해요……. 나는 지금 완전히 지쳤어요……. 내일 마지막으로 그를 보게 될 거예요, 아침 10시에…… 마지막으로!"

"나타샤, 당신은 몸에 열이 있소. 조금이라도 심해지면 큰일이오. 몸을 아껴야지요……."

"상관없어요. 바냐, 그가 떠난 뒤 30분 동안 당신을 기다리며 내가 무슨 생각을 했고 스스로에게 어떤 질문을 던졌는지 아세요? 내가 그를 사랑했는지 아닌지, 우리의 사랑은 대체 무엇이었는지를 물어보았어요. 이제야 이런 물음을 던지다니 우습지요, 바냐?"

"흥분하지 말아요, 나타샤……."

"들어 봐요, 바냐. 나는 보통 여인들이 남자를 사랑하듯 나와 대등한 사람으로 알료샤를 사랑하지 않았다는 결론을 내렸어요. 나는 그를…… 어머니와 같은 마음으로 사랑했어요. 이 세상에는 두 사람이 서로 대등한 사람으로서 사랑하는 경우는 없다고 봐요. 당신은 어떻게 생각하세요?"

나는 불안한 마음으로 나타샤를 보며 열병이 시작된 것은 아닐까 하고 겁이 났다. 나타샤는 무엇인가에 홀린 듯 끊임없이 말을 하지 않으면 직성이 풀리지 않는 것 같았다. 말은 앞뒤가 맞지 않았고 때로는 발음조차 정확하지 않았다. 나는 무척 겁이 났다.

"그는 내 사람이었어요." 나타샤는 계속했다. "처음 만났을 때부터 나는 그를 내 것으로 만들고 싶은, 한시라도 빨리 내 것으로 만들고 싶은 강렬한 욕망이 내 안에서 끓어올랐어요. 다른 여자에게는 눈길도 돌리지 못하게 하고, 그 누구와도 만나지 못하게 하고 오로지 나와, 오직 나하고만……. 카차가 아까 잘 말했어요. 정말로 나는 그가 불쌍해서 견딜 수 없다는 마음으로 사랑했어요……. 나는 혼자 있을 때면 늘 그를 영원히, 한없이 행복하게 해주고 싶다는 강렬한 열망을, 고통에 가까운 열망을 느꼈어요. 나는 그의 얼굴을 (당신도 그의 표정을 잘 알죠, 바냐) 조용히 바라볼 수 없었어요. 그런 표정은 그 누구에게서도 찾을 수 없어요. 그가 웃으면 나는 전율하며 한기를 느껴요…… 정말이에요!"

"나타샤, 들어 봐요……."

"모두들 그렇게 말했고, 당신도 그랬죠." 나타샤가 내 말을 끊었다. "그는 성격이 나약하고……어린아이 같은 지성을 가졌다고요. 그래요, 그런데 나는 무엇보다 그의 그런 점들을 사랑했어요……. 믿을 수 있겠어요? 그러나 오직 그런 점만을 사랑했는지는 나도 잘 모르겠어요. 나는 그를 있는 그대로 사랑했어요. 그가 다른 사람이었다면, 성격이 더 강하고 똑똑한 사람이었다면 이토록 사랑하지는 않았을 거예요. 있잖아요, 바냐. 한 가지 고백할까요? 석 달 전에 우리는 다툰 일이 있어요. 그이가 뭐라던가. 민나인가 뭔가 하는 여자에게 간 일로 우리가 다툰 적이 있었죠, 기억해요? ……나는 곧바로 알아차리고 이리저리 조사를 해서 알고 있었지만, 곧이들으실지 모르겠네요. 그때 나는 무척 고통스러웠지만 한편으론 기분이 좋기도 했어요……. 왜 그랬는지는 나도 모르겠어요…… 그 역시 어엿한 성인으로서 다른 남자들처럼 예쁜 여자들을 찾아서, 그 민나라는 여자를 찾아갔다고 생각하자 어쩐지 신기했어요! 그래서…… 그때의 다툼이 나는 참으로 즐거웠어요. 그리고 나서 그를 용서할 때의 기분이란!"

나타샤는 내 얼굴을 살피며 기묘하게 웃었다. 그리고 지난 일을 떠올렸는지 문득 생각에 잠겼다. 나타샤는 입가에 미소를 머금고 오랫동안 꼼짝 않고 앉아서 지난 일을 회상했다.

"나는 그를 용서해 주는 것이 무척 좋았어요, 바냐." 나타샤가 말을 이었다. "그가 나를 홀로 남겨 두고 가면 나는 자주 방 안을 서성이며 괴로워하고 울기도 했지만, 문득 그가 더 큰 잘못을 하면 할수록 내게는 더 좋다고 생각했어요…… 그래요! 나는 그가 어쩐지 작은 아이 같았어요. 내 무릎을 베고 곤히 잠들면 나는 그의 머리를 조용히 쓰다듬어 주죠…… 그가 옆에 없을 때면 언제나 그런 상상을 했어요……. 그런데, 바냐." 나타샤가 갑자기 덧붙였다. "카차는 참 매력적인 여자예요!"

내가 보기에는 나타샤가 일부러 자신의 상처를 파헤치는 것 같았다. 절망과 괴로움이 그렇게 하라고 요구하는 것이다……. 이런 일은 많은 것을 잃어버린 사람에게 흔히 나타나는 현상이다!

"카차라면 그를 행복하게 해줄 수 있을 거예요." 나타샤가 말을 계속했다. "카차는 마음이 굳고 확신에 차서 말을 해요. 그리고 그에 대해서도 진지하고 엄숙한 태도를 취해요. 어른처럼 고상하게 말하더군요. 그렇지만 사실은 카차도 영락없는 어린아이예요! 사랑스럽고 귀여운 사람이에요! 아, 두 사람이 행복하기를! 정말로 행복하기를!"

눈물과 흐느낌이 나타샤의 가슴속에서 한꺼번에 터져 나왔다. 나타샤는 반시간이나 정신을 차리지 못했으며 좀처럼 마음을 가라앉히지 못했다.

천사 같은 나타샤! 그녀 자신은 고통을 겪고 있었지만 그 날 저녁, 내 걱정거리에도 마음을 기울였다. 나는 그녀가 조금 안정을 찾은 것을 보고, 아니 정확히는 어느 정도 지친 것을 보고 그녀의 시름을 잊게 해주기 위해 넬리에 대해 이야기했다……. 우리는 그날 밤늦게 헤어졌다. 나는 나타샤가 잠들기를 기다렸다가 돌아오면서 마브라에게, 나타샤가 몸이 아프니 밤새 곁에 있어 달라고 부탁했다.

"아, 어서 빨리, 하루라도 빨리!" 집으로 돌아오며 나는 소리쳤다. "어서 빨리 이 고통이 끝나기를! 어떻게든 빨리만 끝나 주기를!"

다음날 아침 9시에 나는 이미 나타샤의 집에 와 있었다. 나와 동시에 알료샤도…… 작별 인사를 하기 위해 도착했다. 이 장면은 말하고 싶지도 않거니와 떠올리고 싶지도 않다. 나타샤는 의연하게 대처하기로 마음먹고 유쾌하고 담담하게 보이려 했으나 그러지 못했다. 그녀는 알료샤를 미친 듯이 꼭 껴안았다. 말은 많이 하지 않았지만 순교자처럼 광기 어린 눈빛으로 그를 오랫동안 주의 깊게 바라보았다. 그리고 그의 한 마디 한 마디를 탐욕스럽게 들었지만 그가 무슨 말을 하는지 하나도 이해하지 못하는 듯했다. 나는 알료샤가 자신을 용서해 주기를, 이 사랑을, 그동안 나타샤에게 준 모욕을, 자신의 변심을, 카챠에 대한 사랑을, 그리고 이렇게 떠나는 것을 용서해 달라고 나타샤에게 부탁한 것을 지금도 기억한다……. 그는 두서없이 이야기했고, 눈물이 그의 목소리를 삼켜 버렸다. 그러다가 갑자기 나타샤를 위로하려고 했다. 고작 한 달이다. 길어야 5주 동안만 참으면 된다. 여름에는 돌아올 테니 그때 결혼식을 올릴 수 있다. 아버지는 승낙하실 것이다. 무엇보다 모레 모스크바에서 돌아오면 꼬박 나흘을 함께 보내게 될 것이므로 지금은 딱 하루만 떨어져 있는 것이라고 말했다……

이상한 일이다. 알료샤는 진실을 말하고 있으며, 모레 틀림없이 모스크바에서 돌아올 것이라고 확신하고 있었다……. 그렇다면 왜 그렇게 울며 괴로워한단 말인가.

드디어 시계가 11시를 쳤다. 나는 가까스로 알료샤를 설득하여 돌려보냈다. 모스크바 행 열차는 12시 정각에 출발한다. 이제 1시간밖에 남지 않았다. 나중에 나타샤는 마지막으로 그의 얼굴을 보았는지 기억이 나지 않는다고 말했다. 내 기억에 따르면 나타샤는 그에게 성호를 그어 주고 입을 맞추고 나서 두 손으로 얼굴을 감싼 채 방으로 뛰어들어가 버렸다. 나는 알료샤를 마차까지 바래다주어야 했다. 그렇지 않으면 알료샤는 곧바로 돌아와 결코 계단을 내려가지 않았을 것이다.

"내 모든 희망이 당신에게 달려 있습니다." 계단을 내려가며 알료샤가 나에게 말했다. "나의 친구, 바냐! 나는 당신에게 죄를 지었고 한 번도 당신의 사랑에 보답하지 못했지만 부디 끝까지 내 형제가 되어 주세요. 나타샤를 사랑해 주세요. 그녀를 홀로 남겨 두지 말아 주세요. 그리고 모든 일을 되도록 자세히, 더 이상 작게 쓸 수 없을 만큼 작은 글씨로 자세히 써서 보내 주세요. 그래야 많은 내용을 담을 수 있으니까요. 모레 꼭 다시 올게요, 반드시 올 거예요! 그리고 그 다음엔, 내가 떠나고 나면 편지를 써주세요!"

나는 알료샤가 마차에 타는 것을 도와주었다.

"그럼 모레 올게요!" 알료샤는 이미 달리기 시작한 마차 안에서 외쳤다. "꼭 올게요!"

나는 가슴이 죄어드는 고통을 느끼며 나타샤에게로 돌아왔다. 나타샤는 팔짱을 낀 채 한가운데 서서 마치 내가 누군지 모른다는 듯이 이상한 눈으로 나를 바라보았다. 머리칼은 어지럽게 헝클어져 있었고, 흐리멍덩해진 눈빛이 몹시 불안정했다. 마브라는 어쩔 줄 모르고 문 앞에 서서 두려움이 가득한 눈으로 나타샤를 쳐다보았다.

그때 문득 나타샤의 눈이 빛났다.

"아! 당신이군요! 당신!" 나타샤가 나를 보고 소리쳤다. "이제 당신만 남았네요. 당신은 그를 미워했어요! 내가 그를 사랑했기 때문에 당신은 그를 결코 용서하지 않았어요……. 그런데 지금 다시 내 곁에 있군요! 왜죠? 또 나를 위로하러 왔군요. 나를 버리고 저주한 아버지에게 돌아가라고 설득하러 왔잖아요. 그럴 줄 알았어요. 어제부터, 아니 두 달 전부터 알고 있었어요! ……돌아가세요. 당신 얼굴은 보고 싶지도 않아요. 가요, 가란 말이에요!"

나타샤가 극도로 흥분한 상태이며, 나를 보기만 해도 미칠 듯한 분노가 솟구친다는 것, 그리고 그럴 수밖에 없다는 것을 이해한 나는 나가 있는 편이 낫겠다고 판단했다. 나는 계단 맨 위에 앉아서 기다렸다. 이따금 일어나서 문을 열고 마브라를 불러서 물어보았다. 마브라는 울고 있었다.

그렇게 한 시간 반이 흘렀다. 나는 내가 이 시간을 어떻게 견뎠는지 표현할 수도 없다. 심장이 멎을 듯했고 한없는 고통으로 몹시 괴로웠다. 갑자기 문이 열리더니 모자를 쓰고 외투를 입은 나타샤가 계단으로 뛰어나왔다. 마치 정신이 나간 사람 같았다. 나중에 나타샤는 이때의 일을 거의 기억하지 못하며, 어디로 무슨 일 때문에 가려 했는지도 모른다고 말했다.

내가 일어나 어디로 몸을 숨길 새도 없이 나타샤가 나를 발견하더니 깜짝 놀라 내 앞에 못 박힌 듯 서 있었다. "갑자기 생각났어요. 난 정말 무분별하고 잔인하기도 하지. 어떻게 내가 당신을, 내 친구이고 형제이자 구원자인 당신을 쫓아냈을까요! 그리고 당신이 가엾게도 우리집 계단에 앉아서 떠나지도 못하고 내가 다시 부르기만 기다리고 있는 것을 보았을 때, 아아! 그때 내 마음이 어땠는지 바냐는 모를 거예요! 마치 무엇인가가 심장을 관통하는 것 같았어요……." 나타샤는 나중에 나에게 말했다.

"바냐! 바냐!" 내게 손을 뻗으며 나타샤가 외쳤다. "여기 있었군요!" 그러더니 나타샤는 내 품에 쓰러졌다.

나는 나타샤를 안아서 방으로 옮겼다. 나타샤는 정신을 잃고 말았다! '어떡하지?' 나는 생각했다. '분명 열이 날 거야!'

나는 의사를 부르러 가기로 마음먹었다. 늦기 전에 적절한 조치를 취해야 했다. 마차로 가면 금방이었다. 그 독일 노의사는 오후 2시까지는 대체로 집에 있었다. 나는 마브라에게 1분 1초도 나타샤 곁에서 떠나지 말고 무슨 일이 있어도 밖으로 나가지 못하게 하라고 부탁하고 의사에게로 향했다. 하늘이 도왔다. 조금만 늦었어도 의사를 만나지 못할 뻔했다. 그는 이미 집을 나선 뒤였고 우리는 길 위에서 만났다. 나는 그가 놀랄 겨를도 없이 무작정 마차에 태워 나타샤에게로 향했다.

그렇다, 하늘이 나를 도왔다! 내가 자리를 비운 30분 사이에, 의사와 함께 제때에 도착하지 못했더라면 나타샤를 죽음으로 몰아넣었을지도 모르는 사건이 벌어졌던 것이다. 내가 떠난 지 채 15분도 못 되어 공작이 찾아왔다. 백작부인을 배웅하고 나서 역에서 곧바로 나타샤에게로 온 것이다. 이 방문은 이미 오래전에 계획된 것이 틀림없었다. 나중에 나타샤가 이야기해준 바에 따르면, 그녀는 처음에 공작의 모습을 보고도 전혀 놀라지 않았다고 한다. "머리가 어떻게 됐었나 봐요." 나타샤는 그렇게 말했다.

공작은 나타샤와 마주 앉아 부드럽고 연민이 가득한 눈길로 그녀를 바라보았다.

"나타샤," 공작이 한숨을 쉬며 말했다. "그대가 얼마나 슬픈지 나는 잘 압니다. 이 순간이 그대에게 얼마나 고통스러운지 알기에 당신을 찾아보는 것이 내 의무라고 여겼소. 알료샤를 떠남으로써 그에게 행복을 가져다주었다고 생각하고, 될 수 있다면 슬픔을 잊도록 하시오. 그렇지만 그런 관대한 결정을 내린 분이니 내가 굳이 말하지 않아도 그런 건 그대가 더 잘 알겠지요……."

"나는 가만히 그가 하는 말을 들었어요." 나타샤가 내게 이야기했다. "처음에는 그가 무슨 말을 하는지 이해하지 못했어요. 오로지 그를 뚫어지게 응시하고 있었지요. 그는 자기 손으로 내 손을 꼭 쥐었어요. 손을 잡는 것이 꽤 유쾌해 보였어요. 나는 그 손을 뿌리칠 생각도 못할 만큼 정신이 나가 있었죠."

"그대는 깨달았소." 공작이 말을 계속했다. "알료샤의 아내가 되면 머지않아 그 애가 그대를 미워하게 될지도 모른다는 사실을. 그대는 고상한 자존심의 소유자이니 그 점을 깨닫고 결단을……. 그러나 나는 그대를 칭찬하기 위해 온 것이 아니오. 나는 단지 나보다 나은 친구는 어디서도 찾지 못할 것이라고 말하고 싶어서 왔소. 나는 그대에게 연민을 느끼고 진심으로 딱하게 생각합니다. 나도 이번 일에 어쩌다 보니 개입하게 되었소만 나는 내 의무를 다했을 뿐이오. 그대의 아름다운 마음씨는 틀림없이 그 점을 이해할 것이고 내 마음과 화해해 줄 것이라 믿소……. 그대보다도 내 마음이 더 아팠소, 믿어 주시오!"

"그만 하십시오, 공작님." 나타샤가 말했다. "나를 가만히 내버려두세요."

"알겠소, 곧 가리다." 공작이 대답했다. "하지만 나는 그대를 친딸처럼 사랑하니 앞으로도 찾아와도 된다고 허락해 주시오. 나를 아버지처럼 생각하고 그대에게 도움을 줄 수 있게 해주시오."

"나는 아무것도 필요치 않아요, 가보세요." 나타샤가 다시 그의 말을 끊었다.

"그대가 기품 있는 사람이란 건 압니다…… 그렇지만 진심으로 걱정스러워 묻는 거요. 앞으로 어쩔 작정입니까? 부모님과 화해할 건가요? 그래도 좋겠지만, 당신 아버지는 완고하고 거만하고 포악하오. 용서하시오, 그러나 사실이 그렇소. 집으로 돌아가면 비난과 새로운 고통이 당신을 맞이할 거요 ……. 어쨌든지 당신은 독립해야 하오. 나의 의무는, 나의 신성한 의무는 그대의 앞날을 염려하고 그대를 돕는 일이오. 알료샤도 내게 그대를 홀로 남겨두지 말고 친구가 되어 주라고 부탁했소. 그러나 나 말고도 그대에게 깊이 반한 사람들이 있소. N백작을 소개해드려도 되겠소? 백작은 마음씨가 고상하고, 우리 친척이지만 가문의 은인이라고 할 수 있는 분이오. 알료샤도 그분께 여러모로 신세를 졌지요. 알료샤는 백작을 매우 존경하고 사랑하오. 그는 매우 힘이 있고 유명한 분이오. 게다가 이미 노인이라 젊은 처녀인 그대가 찾아가도 아무 상관이 없소. 그대 이야기도 이미 해 두었소. 그분이라면 그대가 앞으로 어떻게 살아갈지 정해줄 수 있고, 더할 나위 없는 집도 제공해줄 것이오…… 그의 친척 부인 집이긴 하오만, 실은 이미 오래전에 우리에 관한 일을 솔직하게 말씀드렸는데, 백작은 심성이 선량하고 고결하신 분이라 무척 감동하셨소. 지금은 어서 빨리 그대를 만나게 해달라고 나에게 조르실 정도요…… 아름다운 것에 크게 공감하시는 분이며, 대범하고 훌륭한 노인입니다. 사람의 덕성을 올바르게 평가할 줄 아는 위인이오. 얼마 전에도 어떤 일로 그대 아버지에게 매우 고결한 태도를 보여 주었소."

나타샤는 깊은 모욕감을 느끼고 자리에서 벌떡 일어났다. 이제야 공작의 의도를 알아챈 것이다.

"나가세요, 나가세요, 지금 당장!" 나타샤가 소리쳤다.

"아니, 잘 생각해 보시오. 백작은 그대 아버지에게도 큰 도움이 되실 것이오……."

"나의 아버지는 당신에게서 아무것도 받지 않으실 겁니다. 어서 나가 주세요!" 나타샤가 다시금 소리쳤다.

"맙소사! 그대는 참으로 성급하고 의심이 많군! 내가 왜 이런 대접을 받아야 하오?" 공작이 약간 불안스레 주위를 둘러보며 말했다. "어쨌든 실례하오." 그는 주머니에서 커다란 꾸러미를 꺼내며 말을 계속했다. "이것을 내 연민과 특히 여러모로 도와주신 N백작의 연민의 표시로써 받아주시오. 이 꾸러미에는 1만 루블이 들어 있소. 아니, 잠깐 기다리시오!" 나타샤가 분노에 가득 차 자리에서 몸을 일으키는 것을 보고 공작이 서둘러 덧붙였다. "좀 참고 끝까지 들어 보시오. 그대 아버지가 나와의 재판에서 진 것은 당신도 알 거요. 이 1만 루블은 그 보상이오……."

"나가세요." 나타샤가 소리쳤다. "그 돈을 가지고 당장 나가세요! 당신 속셈이 뭔지는 잘 알았어요…… 저열하고, 저열하고, 저열한 사람 같으니!"

공작은 분노로 얼굴이 창백해지며 자리에서 일어났다.

공작은 이곳 상황을 알아보고자 왔던 것이며, 모두에게 버림받은 가난한 나타샤에게 이 1만 루블이 그 힘을 발휘하리라 굳게 믿었던 것이다……. 야비하고 졸렬한 공작은 그 음탕한 N백작을 위해 이미 여러 차례나 이러한 일을 해왔다. 그러나 나타샤를 증오하던 그는 일이 바라는 대로 진행되지 않자 이내 어조를 바꾸어 사악한 즐거움을 느끼면서 그녀를 모욕하기 시작했다. 적어도 빈손으로 돌아가지는 않을 심산이었던 듯하다.

"그렇게 열을 올리면 그대한테 좋지 않소." 자신이 준 모욕의 효과를 어서 빨리 보고 싶은 성급한 즐거움 때문에 공작은 약간 떨리는 목소리로 말했다. "좋지 않아요. 일껏 그대에게 후견인을 소개해주려고 하는데 그렇게 콧대만 세우는 건 좋지 않소……. 그대는 나에게 고마워해야 한다는 것을 모르는군……. 나는 이미 오래전에 그대를 형무소에 집어넣을 수도 있었소. 그대가 돈을 후리고 타락시킨 젊은이의 아버지로서 말이오. 하지만 나는 그렇게 하지 않았지…… 흐흐흐흐!"

그때 우리가 들어섰다. 나는 이미 부엌에서 그의 목소리를 듣고 의사를 잠시 세워둔 뒤 귀를 기울이자 공작의 마지막 말이 또렷이 들렸다. 이어서 그의 혐오스러운 웃음소리와 나타샤의 절망적인 외침이 울려 퍼졌다. "맙소사! 어떻게 그런 말을!" 그 순간 나는 문을 열고 공작에게 돌진했다.

나는 공작의 얼굴에 침을 뱉고 온 힘을 다해 그의 뺨을 후려갈겼다. 공작은 나에게 덤벼들려고 하다가 우리가 두 사람인 것을 보자 탁자 위에 있던 돈 다발을 움켜쥐고 줄행랑을 쳤다. 그렇다, 그는 정말로 그렇게 했다. 내 두 눈으로 똑똑히 보았다. 나는 부엌의 탁자 위에 있던 밀방망이를 집어서 뛰어나가는 그의 꽁무니를 향해 던졌다……. 내가 다시 방으로 뛰어들어오자 의사가 나타샤를 꽉 붙잡고 있었다. 나타샤는 마치 발작을 일으킨 듯 몸부림쳤다. 우리는 오랫동안 그녀를 진정시킬 수 없었다. 가까스로 침대에 눕혔을 때 나타샤는 마치 중병에 걸린 환자 같았다.

"선생님! 어떻습니까?" 나는 겁에 질려 사색이 다 되어 의사에게 물었다.

"기다려 봐요." 의사가 대답했다. "병세를 좀더 살펴봐야 판단할 수 있겠소……. 그런데 지금으로 보아선 전체적으로 상황이 썩 좋지 않소. 열병이 생길 수도 있고……. 어쨌든 조치를 취해봅시다……."

그러나 그때 이미 나에게는 다른 생각이 있었다. 나는 의사에게 두세 시간 더 나타샤와 함께 있어 줄 것과, 곁에서 1분도 떨어지지 말아 달라고 부탁했다. 의사가 약속하자 나는 집으로 달려갔다.

우울하고 걱정스러운 얼굴로 한구석에 앉아 있던 넬리가 야릇한 눈초리로 나를 바라보았다. 아마도 내가 이상한 표정을 짓고 있었기 때문일 것이다.

나는 넬리의 손을 잡고 소파에 앉은 뒤 내 무릎 위에 넬리를 앉히고 따뜻하게 입을 맞추었다. 넬리는 얼굴을 붉혔다.

"넬리, 나의 천사야!" 나는 말했다. "네가 우리의 구원자가 되어 주지 않겠니? 우리 모두를 구해 주지 않겠니?"

소녀는 놀란 눈으로 나를 바라보았다.

"넬리! 마지막 희망이 너한테 걸려 있어! 한 아버지가 있단다. 너도 그를 봐서 알 거야. 그는 자신의 딸을 저주하며, 어제 그 딸 대신 자기와 같이 살자고 너한테 부탁하러 왔었지. 그런데 그 딸은, 나타샤는(너도 나타샤를 좋아한다고 했어!) 사랑하는 남자를 위해 부모 곁을 떠났건만 그 사람에게서 버림을 받았단다. 그는, 너도 알 거야. 어느 날 저녁에 네가 혼자 있을 때 여기 왔었는데, 그를 보고 너는 도망을 쳤고 나중에 병까지 걸리고 말았던 그 공작의 아들이야…… 그 공작을 기억하지? 그는 나쁜 사람이야!"

"알아요." 넬리는 대답하고 몸서리를 치며 금세 얼굴빛이 창백해졌다.

"그래, 그는 나쁜 사람이야. 그는 아들인 알료샤가 나타샤와 결혼하려고 했기 때문에 나타샤를 증오해. 오늘 알료샤가 여행을 떠났는데, 한 시간쯤 뒤에 아버지인 공작이 나타샤의 집에 나타나 그녀를 모욕하고 형무소에 집어넣겠다고 위협하며 비웃었지. 무슨 말인지 알겠니, 넬리?"

검은 눈동자가 빛났으나 소녀는 이내 시선을 떨구었다.

"알아요." 소녀는 들릴 듯 말 듯한 목소리로 속삭였다.

"지금 나타샤는 혼자가 됐고 병이 났어. 나는 나타샤를 우리 의사 선생님께 맡겨 놓고 서둘러 달려온 거야. 잘 들어라, 넬리. 나타샤의 아버지한테 가자. 너는 그가 싫어서 함께 살고 싶지 않다고 했지만 지금 나와 함께 그에게 가자꾸나. 나와 함께 네가 가서 나타샤 대신에 이 집에서 살고 싶어한다고 말하마. 노인은 지금 앓고 있어. 나타샤를 저주한 벌을 받았는지도 모르고 며칠 전 알료샤의 아버지로부터 지독하게 모욕을 당했기 때문인지도 몰라. 그래서 그는 지금 딸에 대해 아무 말도 듣고 싶지 않은 척하지만 실은 딸을 사랑하고 화해하기를 원해. 틀림없는 사실이야, 넬리, 나는 다 알아! 진짜야! ……듣고 있니, 넬리?"

"듣고 있어요." 소녀는 여전히 속삭이듯 대답했다. 나는 눈물을 꾹 참으며 말했다. 소녀는 머뭇거리며 나를 바라보았다.

"내 말을 믿겠니?"

"믿어요."

"그럼 내가 너를 데리고 가서 네 자리에 앉혀 주마. 그들은 너를 다정하게 받아들이고 여러 가지를 물을 거야. 그러면 내가 너의 예전 생활과 네 엄마와 할아버지에 대해 묻게끔 이야기를 끌어가마. 넬리, 언젠가 나에게 말했던 대로 모두 다 이야기하거라. 솔직히 아무것도 숨기지 말고 모조리 말하렴. 나쁜 사람이 너의 엄마를 버린 것과 부브노바네 지하실에서 살았던 것과 네가 엄마와 거리를 돌아다니며 동냥한 이야기까지. 엄마가 돌아가시면서 네게 뭐라고 말했고 무엇을 부탁했는지…… 네 할아버지에 대해서도 이야기하거라. 그가 네 엄마를 용서하지 않았으며, 엄마가 마지막 순간에 너를 보내어 자기를 용서해 주러 와달라고 부탁했지만 그는 끝내 거절했고…… 엄마는 끝내 숨을 거두셨다고. 그 모든 일을 남김없이 이야기하거라! 네 이야기를 들으면 그 노인도 조금은 마음이 움직일 거야. 그도 나타샤가 오늘 알료샤로부터 버림받고 아무런 도움도 보호도 없이 홀로 적의 손아귀에 내맡겨진 채 모욕을 당하고 있다는 것을 알고 있거든……. 넬리! 나타샤를 구해 줘! 나와 함께 가주겠니?"

"네." 넬리는 힘들게 숨을 몰아쉬며 알 수 없는 눈초리로 오랫동안 나를 골똘히 바라보더니 대답했다. 이 눈빛에는 어떤 질책 비슷한 것이 담겨 있음을 나는 가슴 깊이 느꼈다.

하지만 나는 내 생각을 거두고 싶지 않았다. 나는 그 생각을 지나치게 믿었다. 나는 넬리의 손을 잡고 집을 나섰다. 이미 오후 2시가 넘었다. 검은 구름이 하늘을 뒤덮고 있었다. 며칠 동안 내내 기온이 높고 무더웠는데 지금 처음으로 어디선가 멀리서 봄날의 천둥소리가 들려왔다. 바람이 먼지 날리는 거리를 쓸며 지나갔다.

우리는 마차에 올라탔다. 가는 도중에 넬리는 한 마디도 말하지 않고 이따금 기이하고 불가사의한 눈빛으로 나를 바라볼 뿐이었다. 소녀의 가슴은 심하게 요동치고 있었다. 흔들리는 마차 안에서 넬리를 부축해 주던 나는 그녀의 조그마한 심장이 금방이라도 몸 밖으로 튀어나올 것처럼 격렬하게 고동치는 것을 느꼈다.

7

길은 끝이 없는 듯 생각되었지만 마침내 우리는 목적지에 도착했다. 나는 조마조마한 심정으로 노부부의 집으로 들어섰다. 이 집에서 어떤 모습으로 대할지는 알 수 없었지만, 어떠한 일이 있더라도 노인에게 용서와 화해를 얻어내고 나와야 했다. 내 결심은 단호했다.

벌써 3시가 지나 있었다. 여느 때와 다름없이 두 노인만 방에 덩그러니 앉아 있었다. 니콜라이 세르게이치는 기분이 몹시 상해 있었고 병색이 완연했으며, 머리에 수건을 동여맨 채 창백하고 기운 없는 모습으로 자신의 안락의자에 반쯤 드러누워 있었다. 안나 안드레예브나는 그의 곁에 앉아 이따금 노인의 관자놀이를 식초로 적셔 주고 있었다. 그리고 끊임없이 무언가를 알아내려는 듯 고통스럽게 노인을 힐끔힐끔 들여다보았다. 이러한 모습이 노인을 더욱 자극하고 화를 돋우는 듯했다. 노인은 굳게 입을 다물고 있었고, 노부인은 감히 말을 꺼낼 엄두도 못 내고 있었다. 두 사람은 예기치 못한 우리의 방문에 놀랐다. 안나 안드레예브나는 넬리와 나를 보자 몹시 당황하며 처음 얼마간은 마치 자기가 저지른 잘못을 새삼 깨달은 사람처럼 우리를 바라보았다.

"넬리를 데리고 왔습니다." 나는 방으로 들어서며 말했다. "고심한 끝에 이 아이가 스스로 오기를 원했습니다. 맡아주시고 사랑해 주십시오……."

노인은 의심스러운 눈초리로 나를 바라보았다. 노인의 눈빛에서 나는 그가 모든 사실을, 나타샤가 지금 버림받고 혼자 남겨졌으며 공작에게 모욕까지 받았다는 사실을 다 알아챘음을 읽을 수 있었다. 그래도 노인은 우리가 찾아온 이유를 몹시도 알고 싶은 표정으로 나와 넬리를 번갈아 바라보았다. 넬리는 내 손을 꼭 쥐고 바들바들 떨면서 바닥만 내려다보았고, 이따금 산 채로 붙잡힌 어린 짐승처럼 겁에 질린 눈으로 주위를 둘러보았다. 그러나 곧 안나 안드레예브나 부인이 냉정을 되찾고 사태를 눈치챘다. 부인은 넬리에게 와락 달려들어 입을 맞추고 머리를 쓰다듬으며 눈물을 흘렸다. 그리고 넬리를 자기 곁에 다정스레 앉히고 손을 꼭 잡았다. 넬리는 호기심과 놀라움에 찬 눈길로 노부인을 힐끔힐끔 훔쳐보았다.

그러나 넬리를 쓰다듬으며 곁에 바싹 당겨 앉히고 나자 노부인은 더 이상 어찌할 바를 모르는 채 순박한 기대의 눈빛을 띠며 나를 바라보았다. 노인은 내가 왜 넬리를 데리고 왔는지 알아챈 듯 인상을 찌푸렸다. 내가 그의 불만스러운 표정과 잔뜩 일그러진 이마에 마음을 쓰고 있다는 것을 눈치챈 노인은 머리에 손을 갖다 대면서 통명스럽게 말했다.

"머리가 깨질 듯이 아프네……, 바냐."

우리는 말을 잊은 채 마냥 앉아 있었다. 나는 어떻게 말을 꺼내야 좋을지 생각했다. 어스레한 어둠이 방안을 휘감았다. 먹구름이 몰려오더니 저 멀리서 천둥소리가 또다시 들려왔다.

"올 봄엔 천둥이 이르군." 노인이 말했다. "37년도에 우리 고장에선 이보다 더 빨랐었지."

안나 안드레예브나는 한숨을 내쉬었다.

"사모바르를 준비할까요?" 노부인이 겁먹은 목소리로 물었다. 그러나 아무도 대답을 하지 않자 노부인은 다시금 넬리를 바라보았다.

"아가야, 이름이 뭐니?" 노부인이 물었다.

넬리는 기어들어가는 목소리로 이름을 말하고는 더더욱 고개를 숙였다. 노인은 그 모습을 뚫어지게 바라보았다.

"그러면 엘레나로구나." 노부인은 기운을 되찾고 말을 이었다.

"네." 넬리가 대답하고 나서 또다시 1분 정도 침묵이 이어졌다.

"프라스코비야 안드레예브나 누이에게도 엘레나라는 조카가 있었지." 니콜라이 세르게이치가 말했다. "그 아이도 넬리라고 불렀던 기억이 나는군."

"너한테는 아버지도 어머니도 친척도 없니?" 다시 안나 안드레예브나가 물었다.

"없어요." 넬리는 흠칫 놀라며 무뚝뚝하게 말했다.

"그래, 그랬지. 어머니는 돌아가신 지 오래됐니?"

"얼마 안돼요."

"그렇구나, 딱한 것." 노부인은 넬리를 무척 애처롭게 바라보며 말을 이었다. 니콜라이 세르게이치는 초조함을 감추지 못하고 탁자를 손가락으로 두드렸다.

"네 어머닌 외국인이었다지? 이반 페트로비치, 자네가 그러지 않았나?"

노부인은 조심스럽게 물음을 이어갔다.

넬리는 도움을 구하듯 검은 눈동자로 재빨리 나를 쳐다보았다. 넬리는 숨소리가 고르지 못하고 괴로워 보였다.

"안나 안드레예브나," 내가 말을 시작했다. "이 소녀의 어머니는 영국 남자와 러시아 여인 사이에서 태어났으니 말하자면 러시아 인이에요. 하지만 넬리는 외국에서 태어났습니다."

"넬리의 어머니는 왜 남편과 외국으로 나가게 되었는가?"

순간 넬리의 얼굴이 붉어졌다. 노부인은 곧바로 자기가 실수했음을 깨달았고, 격노한 노인의 시선에 몸을 떨었다. 노인은 엄한 눈초리로 부인을 쏘아보고는 창문 쪽으로 고개를 돌려버렸다.

"넬리의 어머니는 비열하고 나쁜 놈에게 속았어." 노인이 갑자기 안나 안드레예브나를 돌아보며 말했다. "그놈과 함께 아버지에게서 달아났고 아버지의 돈까지 넘겨주었지. 그놈은 갖은 거짓말로 그녀에게서 돈을 후려내고 외국으로 데리고 나가 돈을 몽땅 빼앗고 나서 버렸던 거야. 다른 선량한 사람이 그녀를 저버리지 않고 죽을 때까지 그녀를 돌봐주었지. 그러다 그가 죽자 그녀는 2년 전에 아버지에게로 다시 돌아왔어. 안 그런가, 바냐?" 노인이 쌀쌀하게 물었다.

넬리는 갑자기 극도로 흥분하여 벌떡 일어나더니 문을 향해 가려고 했다.

"넬리, 이리 오너라." 마침내 노인이 넬리에게 손을 내밀며 말했다. "여기에 앉거라, 내 곁으로 오렴. 어서!" 노인은 허리를 굽혀 넬리의 이마에 입을 맞추고 아이의 머리를 가만히 쓰다듬기 시작했다. 넬리는 온몸을 부들부들 떨었지만…… 간신히 참아 냈다. 안나 안드레예브나는 니콜라이 세르게이치가 마침내 고아를 귀여워하자 감동하여 기쁨어린 기대감을 안고 바라보았다.

"넬리, 악독하고 잔인하며 배은망덕한 놈이 네 어머니를 파멸시켰다는 건 알고 있단다. 그리고 네 어머니가 할아버지를 사랑하고 존경했다는 것도 틀림없는 사실이란다." 노인은 넬리의 머리를 계속 쓰다듬으며, 이 순간 그는 우리를 도발하는 말을 더는 참지 못하고 흥분한 채 말했다. 그의 창백한 두 뺨에 엷은 홍조가 감돌았다. 그는 우리를 바라보지 않으려고 애썼다.

"할아버지가 엄마를 사랑하셨던 것보다 엄마가 할아버지를 더 사랑했어요." 넬리 역시 아무와도 눈을 마주치지 않으려고 애쓰며 겁먹은 듯 주뼛거리면서도 분명하게 말했다.

"그걸 네가 어떻게 아니?" 노인이 어린애처럼 성급하게 묻고는 스스로도 자신의 부족한 인내심에 부끄러움을 느끼는 듯했다.

"저는 알아요." 넬리가 분명하게 잘라 말했다. "할아버지는 엄마를 받아주지 않고…… 쫓아 버렸어요……."

나는 니콜라이 세르게이치가 그 말에 반박하며 무엇인가 말하려고 한다는 것을 알아챘다. 할아버지가 딸을 받아들이지 않은 것이 당연하다고 말하고 싶었을 것이다. 그러나 그는 우리를 흘끗 보더니 입을 다물어 버렸다.

"할아버지가 받아주지 않자 어디서 어떻게 살았니?" 안나 안드레예브나가 물었다. 이 화제를 계속 이어가고자 하는 의지가 노부인의 마음속에 싹튼 것이다.

"이쪽으로 돌아온 뒤로 오랫동안 할아버지를 찾아다녔어요." 넬리가 대답했다. "하지만 도저히 찾아낼 방법이 없었어요. 그때 엄마는 할아버지가 이전에 굉장히 부자였으며 공장도 지으려 했다는 말씀을 하셨어요. 그런데 엄마와 함께 외국으로 떠난 사람이 할아버지 돈을 엄마에게서 다 빼앗고 돌려주지 않아서 지금 할아버지는 아주 가난해졌대요. 엄마가 그렇게 말했어요."

"흠……." 노인이 대꾸했다.

"그리고 이런 얘기도 했어요." 넬리는 차츰 활기를 띠며 니콜라이 세르게이치에게 반박하듯 말을 이었지만, 그녀의 시선은 안나 안드레예브나를 향하고 있었다. "할아버지는 엄마에게 매우 화가 나 계시지만 다 엄마가 잘못했기 때문이며 지금 엄마에겐 이 세상에 할아버지 말고는 의지할 사람이 아무도 없다고 말했어요. 그러면서 항상 우셨어요……. 외국에서 돌아올 때 엄마가 말했어요. '할아버진 나를 용서치 않으실 테지만 너를 보시면 귀여워해 주시고 너를 위해서라도 엄마를 용서해 주실지도 몰라.' 엄마는 저를 아주 사랑하셨고 이런 이야기를 할 때면 늘 뽀뽀해 주셨지만, 할아버지에게 가기를 무척 두려워했어요. 엄마는 저에게 할아버지를 위해 기도를 올리라고 말씀하셨고 엄마도 직접 할아버지를 위해 기도했어요. 그리고 이전에 할아버지와 함께 살 때는 할아버지가 누구보다도 엄마를 사랑하셨다고 이야기해주셨어요. 저녁마다 엄마는 할아버지께 피아노를 연주하거나 책을 읽어 드렸고, 그러면 할아버지는 엄마에게 키스를 해주시거나 선물을 많이 주셨대요

……. 한번은 그 일로 엄마의 명명일에 두 분이 다투셨대요. 할아버지는 엄마가 어떤 선물을 받게 될지 모를 거라고 생각하셨는데, 엄마는 알고 있었거든요. 엄마는 귀걸이를 갖고 싶어했는데 할아버지는 귀걸이가 아니라 브로치를 선물할 거라며 엄마를 일부러 속이셨대요. 귀걸이를 가져온 할아버지는 엄마가 브로치가 아니라 귀걸이를 받을 줄 미리 짐작하고 있었다는 것을 알고는 화를 내시며 반나절이나 엄마와 말씀을 하지 않으셨는데, 나중에 엄마에게 뽀뽀하며 사과하셨대요…….”

넬리는 이야기에 열중했고, 창백하게 병색이 도는 두 뺨이 마침내 홍조를 띠기 시작했다.

넬리의 엄마는 지하 구석방에 앉아 어린 딸(그녀에게 남은 유일한 위안이었다)을 껴안고 입맞추며 자신의 행복했던 지난날을 어린 넬리에게 이야기해 주었던 것이 분명했다. 그러나 그러한 이야기가 병을 앓고 있는 아이의 민감하고 일찍 성숙한 심성에 얼마나 큰 반향을 일으켰는지는 헤아리지 못했을 것이다.

그런데 열심히 이야기하던 넬리가 갑자기 정신이 든 듯 의심하는 눈으로 주위를 둘러보고는 입을 다물어 버렸다. 노인은 이맛살을 찌푸리고 다시금 탁자를 손가락으로 두드리기 시작했다. 안나 안드레예브나는 두 눈에 어린 눈물을 손수건으로 조용히 닦았다.

“엄마가 외국에서 돌아왔을 때는 몸이 매우 아팠어요.” 넬리가 나직한 목소리로 덧붙였다. “가슴의 병이 무척 심해진 상태였어요. 엄마는 아무리 찾아보아도 할아버지를 찾지 못하자 지하실 구석을 빌렸어요.”

“아픈 사람이 지하 구석에!” 안나 안드레예브나가 소리쳤다.

“네…… 구석에요.” 넬리가 대답했다. “엄마는 가난했어요. 엄마는 자주 말했어요.” 넬리가 기운을 차리며 말을 이었다. “가난은 죄가 아니란다. 부자이면서 남을 괴롭히는 것이 죄란다……. 그리고 엄마는 하느님에게서 벌을 받은 거야.”

“그래서 바실리예프스키 섬에다 방을 얻었던 거로군. 그게 그 부브노바의 집이었다 이 말인가?” 노인은 별 의미가 없다는 듯이 나에게 물었다. 가만히 앉아 있기가 겸연쩍었던 것이다.

“아니에요, 처음엔 거기가 아니고 메산스카야 거리에 있었어요.” 넬리가 대답했다. "그곳은 매우 어둡고 습했어요." 소녀는 잠시 입을 다물었다가 다시 말을 이었다. "엄마는 몸이 무척 안 좋았지만 그때까지는 아직 걸어 다닐 수 있었어요. 제가 엄마의 옷을 빨아드리면 엄마는 늘 우셨어요. 그곳에는 대위의 부인이었다는 할머니와 퇴역 관리도 살았는데, 퇴역 관리는 매일같이 술에 취해 돌아와서는 밤새도록 고함을 지르고 소란을 피웠어요. 저는 그 사람이 정말 무서웠어요. 엄마는 저를 엄마의 침대로 불러 꼭 안아 주셨지만, 엄마도 온몸을 떨고 있었어요. 그 관리는 고함을 지르고 큰소리로 욕지거리를 해댔어요. 한번은 대위 부인을 때리려고 했어요. 지팡이를 짚고 다니는 나이 많은 할머니였지요. 엄마는 그 할머니가 불쌍하다며 두둔하고 나섰어요. 그러자 관리가 엄마를 때렸고, 저는 그 관리를……."

넬리는 말을 멈추었다. 지난 기억에 흥분하여 두 눈이 번뜩였다.

"맙소사!" 안나 안드레예브나는 주로 자신을 향해 이야기하고 있는 넬리에게서 눈길 한번 떼지 않고 완전히 몰입하고 있다가 소리쳤다.

"그래서 엄마는 저를 데리고 밖으로 나갔어요." 넬리는 말을 계속했다. "낮이었어요. 우리는 저녁때가 다 되도록 거리를 따라 걸었어요. 엄마는 내 손을 꼭 쥔 채 울면서 계속 걸었어요. 저는 무척 지치고 말았어요. 우리는 그날 아무것도 먹지 못했거든요. 엄마는 줄곧 혼잣말을 하거나 저에게 이렇게 말했어요. '가난하게 살거라, 넬리야. 내가 죽으면 누구의 말도 듣지 말고 아무에게도 가지 말아라. 가난해도 좋으니 혼자 살면서 일을 하렴. 일자리가 없으면 구걸을 할지언정 그들에게는 절대 가지 말아라.' 땅거미가 질 무렵 큰길을 건너다가 엄마가 갑자기 외쳤어요. '아조르카! 아조르카!' 그러자 털이 빠진 커다란 개 한 마리가 엄마한테 달려와 큰 소리로 짖으며 엄마에게 파고들었어요. 엄마는 깜짝 놀라 창백해지며 외마디 소리를 지르더니, 지팡이를 짚고 땅만 보며 길을 걷고 있던 키 큰 노인 앞에 무릎을 꿇었어요. 그 사람이 내 할아버지였어요. 무척 여위고 허름한 옷을 걸치고 있었어요. 저는 그때 처음으로 할아버지를 만났어요. 할아버지도 몹시 놀라 얼굴이 창백해지셨지만 엄마가 할아버지의 다리에 매달려 있는 것을 보고는 엄마를 밀쳐낸 다음 지팡이로 바닥을 딱딱 두드리며 빠른 걸음으로 가 버렸어요. 아조르카는 여전히 남아서 계속 짖으며 엄마를 핥다가 할아버지에게 달려가 할아버지의 옷깃을 물고는 뒤로 당겼어요. 그러자 할아버지는 지팡이로 아조르카를 때렸어요. 아조르카는 또다시 우리에게 달려오려 했지만 할아버지가 부르자 여전히 짖어대며 할아버지 뒤를 쫓아가버렸어요. 엄마가 죽은 사람처럼 누워 있자 주위에 사람들이 몰려들었고 경찰이 도착했어요. 저는 엄마를 큰소리로 부르며 일으켰어요. 엄마는 간신히 일어나 주위를 둘러보고는 제 뒤를 따라 집까지 돌아왔어요. 사람들은 오랫동안 우리를 바라보며 수군 거렸어요……."

넬리는 숨을 돌리기 위해 잠시 말을 멈추었다. 안색이 몹시 창백했지만 두 눈엔 단호함이 서려 있었다. 마침내 소녀는 모든 것을 다 말해 버리기로 결심한 것이 분명했다. 이 순간 넬리에게서는 어떤 도전적인 무언가가 느껴질 정도였다.

"어쩔 수 없지." 니콜라이 세르게이치는 어쩐지 성이 나고 매정한 어조로 어색하게 말했다. "어쩔 수가 없어, 네 어머니가 아버지를 모욕했으니 그가 네 어머니를 거절하는 것도 당연……."

"엄마도 그렇게 말했었죠." 넬리가 날카롭게 말꼬리를 잡아챘다. "엄마는 집으로 돌아가면서 줄곧 그 말만 했어요. 그분이 너의 할아버지시란다, 넬리, 엄마는 할아버지에게 죄를 지었다, 그래서 할아버지가 나를 저주하셨고 그 일로 하느님이 벌을 내리신 거란다. 그날 밤새도록, 그리고 다음 날도 그 다음날도 계속 그 말만 하셨어요. 마치 실성한 사람 같았어요……."

노인은 입을 다물었다.

"그런 다음에 어떻게 다른 집으로 옮기게 되었니?" 나지막이 흐느끼던 안나 안드레예브나가 물었다.

"엄마는 그날 밤부터 심하게 앓았고 대위 부인이 부브노바의 집에 방을 구해 주어서 사흘 뒤에 이사를 했어요. 대위 부인도 같이 갔어요. 이사를 하자마자 엄마는 병석에 누웠고 3주 동안 몸져누워서 내가 엄마를 간호했어요. 우리는 돈이 다 떨어졌는데 대위 부인과 이반 알렉산드리치가 도와주었어요."

"같은 건물에 사는 장의사입니다." 내가 설명을 덧붙였다. "엄마가 자리에서 일어나 걸을 수 있게 되자 아조르카 이야기를 해주셨어요."

넬리가 잠시 말을 멈추었다. 노인은 이야기가 아조르카로 넘어가자 반가워하는 눈치였다.

"아조르카에 대해서 무슨 이야기를 해주던?" 노인은 되도록 얼굴이 보이지 않도록 고개를 아래로 향하고 안락의자에 몸을 더욱 깊숙이 파묻었다.

"엄마는 처음엔 줄곧 할아버지 이야기만 하셨어요." 넬리가 대답했다. "아파서 헛소리를 할 때에도 내내 할아버지에 대한 말씀만 했어요. 하지만 건강이 조금씩 돌아오자 또다시 이전에 어떻게 살았는지를 이야기하기 시작했는데…… 그때 아조르카 이야기도 해주었어요. 언젠가 교외의 어느 강가에서 아이들이 아조르카를 줄로 묶어 물에 빠뜨리려고 하는 것을 보고 엄마가 그 아이들에게 돈을 주고 아조르카를 샀대요. 할아버지는 아조르카를 보고는 웃음을 터뜨리셨대요. 그러자 아조르카가 도망을 가버려서 엄마는 울음을 터뜨렸고, 할아버지는 깜짝 놀란 나머지 아조르카를 데려오는 사람에게 100루블을 준다고 말씀하셨대요. 사흘 뒤 누군가가 아조르카를 끌고 와서 할아버지는 그 사람에게 100루블을 내주셨고 그때부터 아조르카를 사랑하게 되었대요. 엄마는 아조르카를 얼마나 좋아하셨던지 침대에까지 데리고 올라갈 정도였대요. 아조르카는 이전에 광대들이 데리고 다니던 개라 아주 똑똑해서 등에 원숭이를 태울 줄도 알고 소총도 다룰 줄 알았으며, 그 밖에도 많은 재롱을 부릴 줄 알았대요……. 엄마가 할아버지를 떠나자 할아버지는 아조르카를 곁에 두고 늘 아조르카와 함께 다니셨대요. 그래서 엄마는 그날 거리에서 아조르카를 보자 곧바로 할아버지도 근처에 계시다고 짐작하셨던 거죠……."

노인은 아조르카에 대해 그런 이야기를 들으리라고는 기대하지 않았는지 표정이 점점 더 어두워졌다. 그리고 더는 아무것도 묻지 않았다.

"그래서 그 뒤로는 할아버지를 보지 못했니?" 안나 안드레예브나가 물었다.

"아뇨, 엄마가 건강을 조금 회복했을 때 저는 다시 할아버지와 만났어요. 가게에 빵을 사러 가는데 아조르카를 데리고 걸어오는 사람이 있기에 가만히 보니 할아버지였어요. 저는 옆으로 비키며 벽에 바싹 붙어 섰어요. 할아버지가 저를 지긋이 바라보셨는데, 너무 무서워서 소름이 끼칠 정도였어요. 할아버지는 제 옆을 그대로 지나가셨어요. 하지만 아조르카가 저를 기억하고 제 주위를 빙글빙글 돌며 손을 핥았어요. 서둘러 집으로 돌아가며 뒤를 돌아보니 할아버지가 빵가게로 들어가시는 거예요. 가게에서 저에 대해 이것저것 물어보실 거라고 생각하니 더욱 겁이 났어요. 집에 도착한 뒤에도 엄마가 또 아플까 봐 아무 말씀도 드리지 않았어요. 다음날에는 머리가 아프다는 핑계를 대고 빵가게에 가지 않았어요. 그 다음 날 가게에 갔을 때에는 아무도 만나지 않았지만 너무 무서워서 막 뛰어서 갔다 왔어요. 그리고 그 다음날 모퉁이를 막 돌아섰을 때 할아버지와 아조르카하고 마주쳤어요. 저는 곧바로 달아나 다른 거리로 돌아 반대편에서 가게로 들어갔어요. 그런데 거기서 또 할아버지와 만났고 너무나 놀란 나머지 발이 얼어붙어 움직일 수가 없었어요. 할아버지는 제 앞에 서서 또다시 오랫동안 저를 바라보시다가 제 머리를 쓰다듬고는 손을 잡고 데리고 가셨어요. 아조르카는 꼬리를 살랑거리며 우리 뒤를 따라왔어요. 그때 저는 비로소 할아버지께서 똑바로 걸으시지 못해 지팡이에 의지하시며 손도 눈에 띄게 떠시는 걸 보았어요. 할아버지는 거리 구석에서 당밀 과자와 사과를 파는 행상에게로 저를 데려갔어요. 그리고 제게 수탉 모양과 물고기 모양의 당밀과자와 사탕과 사과를 사주셨어요. 그리고 가죽 주머니에서 돈을 끄집어내시는데 손이 너무 떨리는 바람에 5코페이카를 떨어뜨리셨고, 제가 집어 드렸어요. 그러자 할아버지는 그 5코페이카를 제게 주셨어요. 그리고 당밀과자까지 쥐어준 뒤 제 머리를 쓰다듬어 주셨어요. 하지만 또다시 아무런 말씀도 하지 않으시고 저를 그대로 내버려 둔 채 집으로 가셨어요.

저는 엄마에게 돌아와 할아버지와 만난 이야기를 다 했어요. 지난 번에 너무 무서워 숨어 버린 사실까지도요. 엄마는 처음에는 제 말을 믿으려 하지 않았지만 곧 매우 기뻐하면서 저녁 내내 이것저것 물어보고 키스하며 우셨어요. 모든 것을 다 이야기하자 엄마는 할아버지가 일부러 빵가게로 오셨다면 분명 저를 사랑하게 된 것이니 더는 할아버지를 무서워하지 말라고 당부하셨어요. 그리고 할아버지께 응석도 부리고 이야기도 하라고 말씀하셨죠. 다음날부터 엄마는 저를 여러 차례 내보내셨어요. 제가 할아버지는 늘 저녁 때가 되어야 오신다고 말했는데도요. 그래도 엄마는 거리를 두고 제 뒤를 따라와 골목에 몸을 숨겼어요. 그 다음날도 그랬지만 할아버지는 오시지 않았어요. 그 며칠 동안 계속해서 비가 내렸는데도 엄마는 줄곧 저와 함께 집을 나선 탓에 감기에 걸려 다시 자리에 눕고 말았어요.

할아버지는 일주일이 지난 뒤 오셨는데 또다시 제게 물고기 모양의 당밀 과자와 사탕을 사주시고는 역시 아무 말씀도 하지 않으셨어요. 저는 할아버지가 어디에 사시는지 알아내어 엄마에게 말씀드려야겠다고 미리 생각해 두었기 때문에 가만히 할아버지의 뒤를 밟았어요. 할아버지께서 저를 보지 못하시도록 길 반대편에서 멀찌감치 떨어져 걸었어요. 할아버지는 멀리 떨어진 곳에 사셨어요. 나중에 돌아가시기 전에 사셨던 그곳이 아니라, 고로호바야 거리에 있는 큰 건물의 4층에 사셨어요. 나는 그 사실을 알아내고 늦게야 집으로 돌아갔는데, 엄마는 제가 어디로 갔는지 몰라 무척 걱정하고 계셨어요. 제가 그 이야기를 해드리자 엄마는 매우 기뻐하시며 다음날 바로 할아버지한테 가려고 하셨어요. 하지만 정작 다음날이 되자 생각에 잠기더니 그 후 사흘이나 죽 고민을 하셨어요. 엄마는 결국 가지 않으시고 저를 불러 말씀하셨어요. 넬리야, 나는 지금 몸이 아파서 움직이질 못하니 네 할아버지께 편지를 썼단다. 가서 전해 드리렴. 그리고 넬리야, 할아버지가 이 편지를 읽으시고 무슨 말씀을 하시는지, 또 어떻게 하시는지 잘 보거라. 그리고 할아버지 앞에 무릎 꿇고 입을 맞추며 엄마를 용서해 달라고 빌렴······. 그러면서 엄마는 몹시 울더니 제게 입을 맞추고, 잘 갔다 오라고 성호를 그으며 하느님께 기도하셨어요. 그래서 저도 성상 앞에서 엄마와 함께 무릎을 꿇고 기도했어요. 엄마는 몹시 아팠지만 저를 대문까지 배웅해 주셨어요. 뒤돌아보니 엄마는 여전히 제자리에 서서 제가 가는 모습을 바라보셨어요······.

저는 할아버지 집에 도착해 문을 열었어요. 문은 잠겨 있지 않았어요. 할아버지는 식탁에 앉아 감자와 빵을 드시고 계셨고, 아조르카는 맞은편에 앉아 할아버지가 식사하시는 모습을 바라보며 꼬리를 살랑대고 있었어요. 할아버지의 집은 창문이 낮고 어둡고, 탁자와 의자가 각각 하나씩 있을 뿐이었어요. 할아버지는 혼자 살고 계셨어요. 제가 들어서자 할아버지는 몹시 놀라며 얼굴이 새하얗게 질리더니 부들부들 떨기 시작했어요. 저도 역시 놀라서 아무 말 없이 탁자로 다가가 편지를 꺼내 놓았어요. 할아버지는 그 편지를 보시자마자 벌떡 일어나 지팡이를 휘두르며 불같이 화를 내셨죠. 그러나 때리진 않고 저를 단지 현관 밖으로 밀어내기만 하셨어요. 제가 첫 번째 계단을 내려서려고 할 때 할아버지가 다시 문을 열더니 뜯지도 않은 편지를 제게 집어던지셨어요. 집으로 돌아와 이 이야기를 엄마에게 해드리자 엄마는 또 다시 몸져눕고 말았어요······."

8

그때 제법 천둥이 요란하게 치며 굵은 빗줄기가 유리창을 때리기 시작했다. 방 안이 갑자기 어두워졌다. 노부인은 놀란 듯 성호를 그었다. 우리는 순간 얼어붙었다.

"곧 멎을 거야." 창문을 내다보며 노인이 말했다. 그러고는 자리에서 일어나 방 안을 왔다 갔다 했다. 넬리는 곁눈질로 노인의 움직임을 좇았다. 넬리는 병적일 정도로 심한 흥분 상태에 있었다. 나는 넬리의 그런 모습을 보고 있었지만 넬리는 왠지 나를 보려고 하지 않았다.

"그래, 그 다음은 어떻게 되었니?" 다시 안락의자에 앉으며 노인이 물었다. 넬리는 겁먹은 눈으로 주위를 둘러보았다.

"그렇게 해서 더는 네 할아버지를 보지 못하게 되었니?"

"아니오, 보았어요……."

"그래, 그랬구나! 이야기해 보거라. 귀여운 아이야, 어서." 안나 안드레예브나가 말을 가로챘다.

"그 뒤로 3주 동안은 할아버지를 못 만났어요." 넬리가 다시 말을 시작했다. "그 사이 겨울이 오고 눈도 내리기 시작했어요. 이전과 같은 장소에서 할아버지를 다시 만났을 때는 아주 기뻤어요……. 할아버지가 오시지 않는다고 엄마가 우울해 했거든요. 저는 할아버지를 보자마자 일부러 거리 반대편으로 내달리며 할아버지로부터 달아나는 것처럼 보이려 했어요. 돌아보니까 할아버지는 처음에는 빠른 걸음으로 걸어오시다가 나중엔 나를 따라잡으려고 뛰시며 '넬리, 넬리!' 하고 큰 소리로 부르셨어요. 아조르카도 그 뒤를 따라 달려왔어요. 저는 그가 불쌍하다는 생각이 들어서 멈추었어요. 할아버지는 다가오셔서 제 손을 잡고 걷기 시작하셨는데, 제가 울고 있는 것을 보고는 걸음을 멈추고 저를 자세히 들여다보시더니 허리를 굽혀 입을 맞추어 주셨어요. 그리고 제 구두가 다 해진 것을 보시고는 다른 구두는 없느냐고 물으셨어요. 그래서 엄마는 돈이 한 푼도 없으며 집주인이 우릴 동정하여 먹을 것을 준다고 재빨리 말했어요. 할아버지는 아무 말씀도 없이 저를 시장으로 데려가 구두를 사주시고는 그 자리에서 갈아 신으라고 하셨어요. 그런 다음 고로호바야 거리에 있는 집으로 데려가셨는데, 그전에 상점에 들러 고기만두와 사탕 두 개를 사셨어요. 집에 도착하자 할아버지는 저에게 고기만두를 먹으라고 말씀하시고는 제가 먹는 모습을 가만히 보고 계셨어요. 그 다음에는 사탕을 주셨어요. 아조르카가 탁자 위에 앞발을 올려놓고 고기만두를 달라는 눈치여서 내가 만두를 주었더니 할아버지께서 웃으셨어요. 그러더니 저를 곁에 앉히고 머리를 쓰다듬어 주시며 무엇을 배웠는지, 무엇을 알고 있는지 물으셨어요. 제가 대답하자 할아버지는 시간이 나면 매일 3시에 오너라, 공부를 가르쳐 주마고 말씀하셨어요. 그리고 할아버지가 돌아보라고 할 때까지 창문을 보고 있으라고 하셨어요. 저는 시키는 대로 했지만 살며시 고개를 돌려 할아버지가 베개 솔기를 뜯어 밑 부분에서 4루블을 끄집어내시는 것을 보았어요. 그리고 꺼낸 돈을 가지고 와서 말씀하셨어요. '이건 너한테만 주는 거다.' 저는 받으려고 하다가 잠깐 생각해보고 말했어요. '제게만 주시는 거라면 받지 않겠어요.' 그러자 할아버지는 갑자기 화를 내시며 말씀하셨어요. '네 마음대로 해도 좋으니 어서 가져가거라.' 저는 그 뒤로 곧 방에서 나왔는데 할아버지는 키스조차 해주지 않으셨어요.

저는 집에 돌아와 엄마에게 전부 말씀드렸어요. 엄마의 병세는 점점 더 악화되었어요. 장의사 집에 드나드는 의대생이 엄마를 살펴보더니 약을 드셔야 한다고 했어요.

저는 엄마가 시키는 대로 할아버지께 자주 갔어요. 할아버지는 신약성서와 지리책을 사서 공부를 시켜 주셨어요. 이따금 이 세상에 어떤 나라들이 있으며, 어떤 사람들이 살고 있고 어떤 바다가 있으며, 이전에 어떤 일이 있었고 그리스도가 어떻게 우리 모두를 용서하셨는지 말씀해 주셨어요. 제가 질문을 하면 할아버지는 아주 기뻐하셨어요. 그래서 저는 끊임없이 여쭈어 보았고 할아버지는 무엇이든 설명해 주시며 하느님에 관해서도 많은 말씀을 해주셨어요. 어떤 때는 공부하지 않고 아조르카와 놀기도 했어요. 아조르카는 나를 잘 따랐어요. 제가 막대기를 뛰어넘도록 가르쳤더니 할아버지는 웃으시며 제 머리를 자꾸만 쓰다듬어 주셨어요. 하지만 할아버지는 여간해선 웃지 않으셨어요. 이야기를 쉼 없이 하시다가도 갑자기 입을 다물고는 두 눈을 뜬 채로 마치 잠드신 것처럼 앉아 계셨죠. 땅거미가 질 때까지 그렇게 앉아만 계셨어요. 어두워지면 할아버지는 아주 무섭고 아주 늙어 보였어요……. 또 어떤 날에는 제가 찾아가도 의자에 앉은 채 생각에 잠겨 아무 소리도 못 들으시는 거예요. 아조르카는 그 옆에 엎드려 있고요. 나는 얌전히 기다리다가 끝내 참지 못하고 헛기침도 해보지만 할아버지가 돌아보지도 않으시니 하는 수 없이 집을 나와요. 집에서는 엄마가 저를 목이 빠지게 기다리고 계셨어요. 누워 계신 엄마에게 저는 할아버지 집에서 있었던 일을 모조리 이야기해요. 밤이 깊도록 저는 끊임없이 말하고 엄마는 가만히 제 이야기를 들으셨어요. 할아버지께서 오늘 무엇을 했고 무슨 이야기를 들려주었으며, 무엇을 가르쳐 주셨는지 말이에요. 제가 아조르카에게 막대기를 뛰어넘게 해서 할아버지가 웃으셨다고 말하자 엄마는 갑자기 웃음을 터뜨리며 오랫동안 기뻐하셨어요. 그러고는 그 이야기를 한 번 더 하게 하신 뒤 기도를 하셨어요. 저는 줄곧, 엄마는 이토록 할아버지를 사랑하시는데 할아버지는 왜 엄마를 사랑하지 않으실까 하고 생각했어요. 그래서 할아버지한테 갔을 때 엄마가 할아버지를 얼마나 사랑하는지를 일부러 말씀드렸어요. 할아버지는 아무 말씀도 하지 않으시고 화난 표정으로 내내 듣기만 하셨어요. 그래서 엄마는 할아버지를 그렇게 사랑하고 늘 할아버지에 대해서만 물어보는데 할아버지는 왜 한 번도 엄마에 대해 묻지 않으시냐고 여쭤 보았죠. 그러자 할아버지는 화를 내시며 저를 문 밖으로 쫓아냈어요. 얼마 동안 문 밖에 서 있었더니 할아버지가 갑자기 문을 열고 다시 저를 안으로 들이셨지만 여전히 화가 나신 채로 아무 말씀도 하지 않으셨어요. 그 뒤 신학을 공부할 때 저는 다시 한 번 여쭤 보았어요. 예수그리스도는 서로 사랑하고 죄를 용서하라고 하셨는데 왜 할아버지는 엄마를 용서하지 않으시냐고요. 그러자 할아버지는 자리를 박차고 일어나 엄마가 그렇게 말하라고 시켰느냐며 고함을 지르고는 저를 또다시 밖으로 내쫓으며 다시는 찾아오지 말라고 하셨어요. 그래서 저도 두 번 다시 안 올 거라고 말하고는 나와 버렸어요…… 할아버지는 그 다음날 이사를 가버리셨어요…….”

“비가 곧 그칠 거라고 그랬지. 것 봐, 그쳤잖아. 이젠 해가 났다…… 좀 보라고, 바냐.” 창문 쪽으로 몸을 돌리며 니콜라이 세르게이치가 말했다.

안나 안드레예브나는 알 수 없다는 듯이 노인을 바라보았다. 지금까지 두려움에 떨고 있던 순한 노부인의 눈에서 갑자기 분노의 빛이 번뜩였다. 노부인은 아무 말 없이 넬리의 손을 잡더니 자신의 무릎 위에 넬리를 앉혔다.

“착한 아가야, 내게 얘기해 주렴.” 노부인이 말했다. “내가 네 이야기를 들어주마. 마음이 잔인한 사람은 내버려두고…….”

부인은 말을 채 끝맺지 못하고 울음을 터뜨렸다. 넬리는 놀라 어찌할 바를 모르겠다는 눈초리로 나를 바라보았다. 노인도 나를 보며 어깨를 한번 으쓱

하고는 다시 몸을 돌려 버렸다.

"계속하렴, 넬리." 내가 말했다.

"저는 사흘 동안 할아버지한테 가지 않았어요." 넬리가 다시 이야기하기 시작했다. "그즈음 엄마의 병세가 더욱 나빠졌어요. 돈이 없어서 약도 사지 못했고 먹을 것도 다 떨어졌어요. 주인집에도 먹을 것이 전혀 없었어요. 그리고 자기들에게 얹혀산다고 우리를 비난했어요. 사흘째 되던 날 아침에 저는 일어나자마자 옷을 입기 시작했어요. 엄마가 어딜 가느냐고 물으셨어요. 할아버지한테 돈을 얻으러 간다고 하니까 엄마가 무척 기뻐했어요. 할아버지가 저를 어떻게 쫓아냈는지 엄마에게 모두 이야기했을 때 엄마가 밤새도록 울며 설득하는데도 저는 다시는 할아버지에게 가지 않겠노라고 말씀드렸거든요. 할아버지 집에 도착한 뒤에야 할아버지께서 이사하신 것을 알고 이사하신 집을 찾아 나섰어요. 제가 이사한 집에 들어서자마자 할아버지는 벌떡 일어나 소리를 버럭버럭 지르셨어요. 저는 주저하지 않고 엄마가 몹시 아파 약을 살 50코페이카가 필요하며, 먹을 것도 전혀 없다고 말했어요. 할아버지는 호통을 치시며 저를 계단으로 밀어내더니 열쇠로 문을 잠가 버리셨어요. 하지만 할아버지에게 쫓겨나면서도 저는 돈을 줄 때까지 가지 않고 계단에 앉아 있겠다고 말했어요. 저는 정말로 계단에 앉아 있었어요. 조금 있다가 할아버지가 문을 열었는데 제가 앉아 있는 것을 보고는 다시 잠그셨어요. 그리고 시간이 꽤 흐른 뒤에 다시 문을 열었는데 여전히 제가 있는 것을 보고는 또다시 문을 걸어 잠그셨어요. 그 뒤로도 수차례 문을 열고 내다보셨어요. 마침내 아조르카를 데리고 나와 문을 잠그고 내 곁을 지나가셨는데, 제겐 한마디도 하지 않으셨어요. 그래서 저도 한마디도 하지 않고 어두워질 때까지 앉아 있었어요."

"아, 딱하기도 하지." 안나 안드레예브나가 소리쳤다. "얼마나 추웠을까, 그것도 계단에서!"

"외투를 입고 있었어요." 넬리가 대답했다.

"외투가 다 무슨 소용이니……. 가엾게도, 고생이 많았구나! 그래, 네 할아버지는 어떻게 하셨니?"

넬리의 입술이 파르르 떨렸지만 아이는 안간힘을 다해 자신을 추슬렀다.

"할아버지는 완전히 어두워져서야 돌아오셨어요. 방으로 들어가려다 저와 부딪치자 '거기 누구냐'라고 소리치셨죠. 저예요 하고 말했더니, 할아버지는 제가 이미 오래전에 돌아갔을 거라고 생각하셨는지 깜짝 놀라시며 제 앞에 오랫동안 우두커니 서 계셨어요. 그러더니 갑자기 계단을 지팡이로 쾅쾅 내려치고는 뛰어가 문을 열어젖히셨어요. 1분쯤 지나자 5코페이카짜리 동전만 들고 오셔서 계단에 앉아 있는 제게 집어던지셨어요. '자, 여기 있다, 가져가. 이게 내가 가진 전부다! 네 엄마한테 가서 전해, 내가 저주한다고.' 그러고는 문을 쾅 닫아 버렸어요. 동전들은 계단을 타고 굴러 떨어졌어요. 저는 어둠 속에서 그것들을 줍기 시작했어요. 할아버지는 동전을 흩뿌려버렸으니 어둠 속에서는 줍기 힘들 거라고 생각하셨는지, 문을 열고 양초를 가져다주었어요. 저는 촛불 덕택에 동전을 금방 다 주울 수 있었어요. 할아버지도 함께 주워주셨어요. 그러고는 전부 해서 70코페이카는 될 거라고 말씀하시고는 곧바로 들어가 버리셨어요. 저는 집에 돌아와 엄마에게 돈을 드리며 모두 다 얘기했어요. 엄마는 몸 상태가 더욱 나빠졌고, 저도 밤새도록 끙끙 앓았어요. 다음날에도 열이 나서 힘들었지만 저는 오직 한 가지 생각에만 빠져 있었어요. 할아버지한테 몹시 화가 났거든요. 그래서 엄마가 잠들자 밖으로 나가 할아버지 집으로 걸어가는데 채 못 미쳐 다리 위에서 멈추었어요. 그때 그 사람이 지나갔어요……."

"아르히포프입니다." 내가 말했다. "언젠가 말씀드렸죠, 니콜라이 세르게이치. 상인과 함께 부브노바 집에 갔다가 거기서 흠씬 두들겨 맞았던 사람 말입니다. 넬리는 그때 그를 처음 만나…… 계속하거라, 넬리."

"저는 그 사람에게 은화 1루블을 달라고 했어요. 그는 나를 빤히 보더니 '은화 1루블?' 하고 묻더군요. 저는 '네' 하고 말했어요. 그러자 그는 웃음을 터뜨리며 '그럼 나와 같이 가자' 하고 말했어요. 함께 가야 할지 어떨지 몰라서 있는데 갑자기 금테 안경을 쓴 어떤 할아버지가 다가왔어요. 제가 은화 1루블을 달라고 하는 걸 멀리서 들었나 봐요. 그는 허리를 숙이고 저에게 그만한 돈이 왜 필요하냐고 물었어요. 엄마가 편찮으셔서 약을 살 돈이 필요하다고 말했지요. 노인은 내가 어디에 사는지 묻고 주소를 적은 뒤 나에게 1루블짜리 지폐를 한 장 주었어요. 아까 그 사람은 안경 낀 할아버지를 보더니 더는 자기와 같이 가자고 하지 않고 혼자 가버렸어요. 나는 근처에 있는 상점으로 가서 지폐를 동전으로 바꿨어요. 30코페이카는 종이에 싸서 엄마 못으로 떼어 놓고 70코페이카는 종이에 싸지 않고 일부러 양손에 쥔 채 할아버지한테로 갔어요. 할아버지 집에 도착하자 문을 벌컥 열고 문지방에 서서 할아버지한테 돈을 있는 힘껏 내던졌어요. 동전이 마룻바닥 위로 마구 굴렀어요.

'자 여기, 당신 돈 가져가세요!' 내가 말했어요. '엄마를 저주하는 사람의 돈은 필요 없어요.' 저는 문을 쾅 닫고서 재빨리 뛰쳐나왔어요."

넬리의 두 눈이 번쩍 빛났다. 그리고 도전적으로 노인을 쳐다보았다.

"암, 그렇게 해야지." 안나 안드레예브나가 니콜라이 세르게이치는 쳐다보지도 않고 넬리를 꼭 껴안으며 말했다. "그런 사람에게는 그렇게 해도 돼. 네 할아버지는 악독하고 잔인한 사람이었구나……."

"흠!" 니콜라이 세르게이치가 반응을 보였다.

"그래서 어떻게 됐니, 어떻게 됐어?" 안나 안드레예브나가 물었다.

"저는 그 뒤로 할아버지에게 가지 않았고, 할아버지도 저를 만나러 오지 않았어요." 넬리가 대답했다.

"그러면 엄마랑 단둘만 남았단 말이니? 오, 가여워라, 둘 다 정말 불쌍하구나!"

"엄마는 건강이 더욱 나빠졌고 자리에서 일어나는 것조차 힘들어했어요." 넬리는 이야기를 이어갔지만 목소리가 떨려서 자주 끊어졌다. "돈도 다 떨어져서 저는 대위 부인과 함께 동냥을 다니기 시작했어요. 대위 부인은 집집마다 돌아다니거나 길거리에서 맘씨 좋은 사람들을 붙잡고 구걸하며 먹고 살았어요. 부인은, 자기는 거지가 아니며 증명서를 가지고 있는데 거기에는 신분과 부인이 가난하다는 내용이 적혀 있다고 말했어요. 부인은 사람들에게 그 증명서를 내보이고 돈을 받았어요. 부인은 모든 사람들에게 돈을 받는 것은 전혀 부끄러운 일이 아니라고 말했어요. 저는 부인과 함께 다니며 동냥을 해서 살았어요. 하지만 이웃 사람들한테 구걸하는 걸 들켰고 엄마도 알게 됐어요. 그러자 부브노바가 엄마를 찾아와, 저를 구걸하러 내보내느니 차라리 자기에게 보내라고 말했어요. 부브노바는 전에도 엄마에게 돈을 가져온 적이 있어요. 엄마가 그 돈을 받지 않자 부브노바는 도대체 왜 그렇게 거만하냐고 말하며 다음에는 먹을 것을 가져왔어요. 그런데 이번에는 부브노바가 저에 대해 그렇게 말하자 엄마는 놀라서 울음을 터뜨렸어요. 부브노바는 술이 취해 엄마에게 온갖 욕설을 퍼붓고, 그러잖아도 네 딸은 거지다, 대위 부인과 같이 구걸하러 돌아다니지 않느냐고 말하고는, 그날 밤 대위 부인을 집에서 내쫓아 버렸어요. 엄마는 그 사실을 알고 하염없이 울었어요. 그러고는 갑자기 침대에서 벌떡 일어나 옷을 입고는 제 손을 잡고 밖으로 데리고 나갔어요. 이반 알렉산드리치가 엄마를 말렸지만 들으려고 하지 않았어요. 우리는 그렇게 집을 나섰어요. 엄마는 간신히 걸을 수 있는 정도였지만 길 위에 자꾸만 주저앉았어요. 그래서 제가 엄마를 부축하며 걸었어요. 엄마는 할아버지에게 갈 거라며 그곳까지 데려다 달라고 끊임없이 말했어요. 그러나 이미 밤이 늦었어요. 그러다가 문득 큰 거리로 나왔는데 어느 집 앞에 사륜마차들이 잔뜩 멈추어 서 있고 많은 사람들이 드나들었어요. 집집마다 창문에는 온통 불이 켜져 있고 음악 소리가 들려왔어요. 엄마는 걸음을 멈추고 제 손을 힘껏 쥐며 말씀하셨어요. '넬리야. 가난하게 살아라, 평생을 가난하게 살거라. 누가 부르더라도, 누가 찾아오더라도 그들에게는 가지 말아라. 너도 저런 곳에서 부자로 살고 좋은 옷도 입을 수 있지만 나는 그런 건 바라지 않아. 저들은 잔인하고 악독하단다. 그러니 엄마 말 잘 들으렴. 늘 가난한 채로 살거라. 일을 하고 구걸을 해도 좋으니 누군가가 너를 데리러 오면 당신들한테는 안 간다고 말하거라.' 엄마가 그렇게 말했으니까 저는 평생 엄마의 당부를 지킬 거예요." 흥분으로 몸을 떨며 빨갛게 상기된 얼굴로 넬리가 덧붙였다. "평생 더부살이를 하거나 열심히 일할 거예요. 이 집에도 일하러 왔지 딸이 되고 싶어서 온 건 아니에요……."

"됐다, 됐어. 애야, 이제 그만하거라!" 넬리를 힘껏 껴안으며 노부인이 소리쳤다. "네 엄마가 그 말을 했을 땐 몸이 아팠잖니?"

"미쳤던 게지." 노인이 신랄하게 말했다.

"미쳤으면 어때요!" 노인을 날카롭게 쳐다보며 넬리가 되받아쳤다. "미쳤으면 어때요. 저는 엄마의 당부를 평생 지킬 거예요. 엄마는 그렇게 말하고 기절하셨어요."

"맙소사!" 안나 안드레예브나가 소리쳤다. "아픈 사람이, 길거리에서…… 그것도 한겨울에?"

"사람들은 우리를 경찰서로 데려가려 했는데 한 신사분이 오셔서 저에게 집이 어디냐고 묻고는 10루블을 주었어요. 그리고 자기 마차로 엄마를 집까지 태워다 주셨어요. 그 일이 있고 난 뒤 엄마는 두 번 다시 일어나지 못했고 결국 3주 뒤에 돌아가셨어요⋯⋯."

"그럼 할아버지는? 결국 용서하지 않으신 게냐?" 안나 안드레예브나가 목소리를 높였다.

"용서하지 않으셨어요!" 넬리는 고통 속에서 자신을 추스르며 대답했다. "돌아가시기 일주일 전에 엄마는 저를 불러 말했어요. '넬리, 마지막으로 한 번만 더 할아버지한테 다녀오너라. 오셔서 엄마를 용서하시라고 간청해 다오. 나는 며칠 뒤면 죽고 말 거야. 이 세상에 너 하나만 덩그러니 남겨 두고 가야 한다고 말씀드려 다오. 엄마는 이대로 죽는 것이 괴롭다고 말씀드리렴⋯⋯.' 그래서 저는 다시 할아버지한테로 갔어요. 문을 두드리자 할아버지가 문을 열었는데 저를 보시더니 재빨리 문을 닫으려고 했어요. 저는 양손으로 문을 붙잡고 소리쳤어요. '엄마가 죽어 가요. 할아버지를 부르고 있어요! 어서 가보세요!' 그래도 할아버지는 기어이 나를 밀어내고는 문을 닫아 버렸어요. 저는 엄마에게 돌아와 나란히 누워 엄마를 껴안고 아무 말도 하지 않았지요⋯⋯. 엄마도 저를 껴안고 아무 말도 묻지 않았어요⋯⋯."

그때 니콜라이 세르게이치가 힘겹게 한 손으로 탁자를 짚으며 일어섰다. 그리고 어쩐지 이상하고 탁한 눈빛으로 우리 모두를 둘러보고는 기운이 빠진 듯 안락의자에 다시 풀썩 주저앉았다. 안나 안드레예브나는 이제 남편을 보려 하지도 않고 흐느끼면서 넬리를 부둥켜안았다⋯⋯.

"마지막 엄마가 돌아가신 날, 저녁 무렵에 엄마는 저를 불러 제 손을 잡고 말했어요. '나는 오늘 죽는단다, 넬리.' 그리고 뭔가를 더 말하려는 듯했지만 이미 입이 움직이지 않았어요. 저를 보고 있으면서도 어쩐지 아무것도 안 보이는 것 같았어요. 엄마는 단지 양손으로 제 손을 꼭 쥐고만 있었죠. 저는 가만히 손을 빼내고 집을 나와 정신없이 달려서 할아버지에게로 달려갔어요. 할아버지는 저를 보자 의자에서 벌떡 일어나 너무 놀라 얼이 빠진 사람처럼 저를 쳐다보셨는데 얼굴이 새하얘지더니 온몸을 부들부들 떠셨어요. 저는 할아버지 손을 움켜쥐고 한마디만 했어요. '지금 돌아가시려고 해요!' 그러자 할아버지는 갑자기 당황해서 지팡이를 들고 제 뒤를 따라 달렸어요. 추운 날이었는데 할아버지는 모자를 쓰는 것도 잊으셨어요. 저는 모자를 집어 할아버지에게 씌워 드리고 함께 밖으로 뛰쳐나왔어요. 엄마가 지금 죽어

가고 있으니 마차를 잡자고 할아버지에게 말했어요. 하지만 할아버지에겐 7코페이카밖에 없었어요. 할아버지는 마차를 세워서 흥정해 보았지만, 마부들은 하나같이 코웃음만 치며 상대도 하지 않았어요. 그리고 아조르카까지 가리키며 비웃었어요. 아조르카도 우리와 함께 뛰었거든요. 우린 계속해서 달리고 또 달렸어요. 할아버지는 지쳐서 가쁜 숨을 몰아쉬면서도 계속 달렸어요. 그런데 할아버지가 갑자기 넘어져 모자가 벗겨졌어요. 저는 할아버지를 일으켜 드리고 모자를 다시 씌워 드렸어요. 그리고 할아버지 손을 잡고 뛰었어요. 우리는 밤이 다 되어서야 겨우 집에 도착했는데…… 엄마는 이미 돌아가신 뒤였어요. 엄마를 본 할아버지는 양손을 탁 치고 부들부들 떨면서 엄마의 머리맡에 섰지만 아무 말씀도 못하셨어요. 저는 돌아가신 엄마 옆으로 가서 할아버지의 손을 잡고 소리질렀어요. '잔인하고 악독한 사람, 자, 보세요! 잘 보시라고요!' 그러자 할아버지는 비명을 지르며 죽은 사람처럼 바닥에 쓰러졌어요……."

넬리는 발딱 일어나 안나 안드레예브나의 품에서 빠져나와 겁에 질리고 지친 창백한 얼굴로 우리들 가운데에 섰다. 그러자 안나 안드레예브나는 넬리에게 와락 달려들어 또다시 품에 안고는 격정에 휩싸인 듯 소리쳤다.

"이제부터는 내가, 내가 너의 엄마가 되어 줄게. 넬리, 너는 내 아이야! 자, 넬리. 잔인하고 악독한 사람들은 다 버리고 우리끼리 살자꾸나! 남들을 마음껏 조롱하라고 내버려 두자꾸나. 하느님이 그들에게 벌을 내리실 거야……. 가자, 넬리야. 여기서 나가자. 가서 우리끼리 살자꾸나!"

나는 이전에도 이후에도 노부인이 이토록 흥분한 모습을 본 적이 없으며, 이토록 흥분할 수 있으리라고는 꿈에도 생각지 못했다. 니콜라이 세르게이치는 안락의자에서 허리를 곧추세우고 토막토막 끊어지는 목소리로 물었다.

"어디를 가는 거요, 안나 안드레예브나?"

"딸애한테 가요, 나타샤에게!" 노부인은 이렇게 소리치며 넬리의 손을 잡아끌고 문 쪽으로 걸어갔다.

"잠깐 기다려, 잠깐만!"

"기다릴 것도 없어요. 잔인하고 악독한 양반이 하는 말은 듣지 않겠어요! 나는 오래도록 기다렸고 나타샤도 오래 기다렸어요. 할 수 없어요. 이제 이별이에요……."

노부인은 대답하며 몸을 돌려 남편을 흘끗 보고는 그 자리에 얼어붙고 말았다. 니콜라이 세르게이치가 모자를 집어 들고 부인 앞에 서서 힘없이 떨리는 손으로 황급히 외투를 걸치려 서둘렀다.

"아니, 당신……. 당신도 함께!" 노부인은 기도하듯 두 손을 모으고 외치면서 이보다 큰 행복이 없다는 듯 그를 바라보았다.

마침내 노인의 가슴에서 이런 말이 터져 나왔다.

"나타샤, 우리 나타샤는 어디 있나? 어디 있어? 우리 딸은 어디에 있어!"

노인은 내가 건네준 지팡이를 잡고는 문 쪽으로 급히 달려갔다.

"나의 나타샤를 돌려다오! 어디 있나, 그 애는 어디 있어?"

"용서하셨어! 아, 용서하셨어!" 안나 안드레예브나가 소리쳤다.

그런데 노인이 문 앞까지 가기도 전에 문이 벌컥 열리더니 마치 열병에 걸린 사람처럼 눈빛을 번뜩이며 창백하게 질린 나타샤가 방으로 뛰어들어왔다. 옷은 구겨지고 비에 흠뻑 젖어 있었다. 머리에 덮어쓴 두건은 목덜미까지 흘러내렸고, 헝클어진 풍성한 머리채에는 굵은 빗방울이 반짝이고 있었다. 나타샤는 방으로 뛰어들어오자마자 아버지를 보고 두 팔을 내밀며 외마디 비명과 함께 아버지 앞에 무릎을 꿇었다.

9

그러나 노인은 이미 딸을 꽉 껴안고 있었다!

딸을 어린아이처럼 들어 올려 자신의 안락의자에 데려가 앉히고 그는 딸 앞에 무릎을 꿇었다. 그리고 딸의 손과 발에 입을 맞추었다. 나타샤가 다시 돌아왔다는 사실이, 딸애를 바라보고 목소리를 들을 수 있다는 사실이 아직 믿기지 않는 듯 서둘러 입을 맞추고 황급히 그녀를 쳐다보았다. 안나 안드레예브나는 엉엉 울며 딸의 머리를 가슴에 꼭 껴안았다. 노부인은 딸을 끌어안은 채로 얼이 빠졌는지 말 한마디 하지 못했다.

"나의 벗! 나의 생명! 나의 기쁨!" 노인은 나타샤의 손을 꼭 잡고 두서없이 부르짖으며 창백하고 여위기는 했지만 아름다운 그녀의 얼굴과 눈물로 반짝이는 두 눈동자를 황홀하게 바라보았다. "내 기쁨, 내 아기!" 그는 되풀이하더니 또다시 입을 다물고 경건한 황홀감에 휩싸여 나타샤를 바라보았다. "이 아이가 야위었다더니 다 거짓말이야!" 노인은 여전히 무릎 꿇은 채 어린아이 같은 미소를 지으며 우리를 보고 말했다. "안색이 좀 창백하긴 하지만 좀 봐, 얼마나 어여쁜지! 이전보다 더 예뻐졌어. 암, 예뻐졌고말고!" 노인은 이렇게 덧붙이다가 마음이 두 쪽으로 쪼개지는 듯한 기쁨의 통증 때문에 무심코 말을 멈추었다.

"일어나세요, 아빠! 제발 일어나 주세요." 나타샤가 말했다. "저도 아빠께 입맞추어 드리고 싶어요……."

"오, 착하기도 하지! 들었소, 안누시카, 이 애가 다정하게 말하는 걸 들었소?" 그러고는 딸을 와락 껴안았다.

"아니다, 나타샤. 네가 확실히 용서해 줄 때까지 네 발 아래 엎드려 있어야 하는 사람은 바로 나란다! 나는 지금 네 용서를 받을 자격이 없어, 암! 나는 너를 거부했고 저주했단다. 그래, 나타샤! 너를 저주했어. 내가 어떻게 그랬는지 모르겠구나! 그리고 너도, 나타샤 너도 내가 너를 저주한다고 믿었겠지! 그렇게 믿었을 거야, 틀림없어! 그럴 필요까지는 전혀 없었는데! 믿지 않으면 좋았을걸! 너무 잔인하지 않았느냐! 왜 집으로 돌아오지 않니? 내가 너를 어떻게 맞아들일지 잘 알고 있으면서! 아, 나타샤. 내가 너를 얼마나 사랑했는지 기억하지? 지금도, 아니 나는 줄곧 전보다도 몇 배나, 천 배나 더 너를 사랑한단다. 진심으로 사랑해! 핏덩이 같은 내 영혼을 몸속에서 꺼내 보여주고 심장을 잘게 잘라 네게 바칠 수만 있다면! 오 나의 기쁨이여!"

"그보다 빨리 제 얼굴에 입맞추어 주세요. 아빠는 너무해요! 어서 엄마가 하시는 것처럼 제 얼굴에 입술에 키스해 주세요!" 병약하고 가느다란, 기쁨의 눈물로 가득 찬 목소리로 나타샤가 외쳤다.

"이 귀여운 두 눈에도! 두 눈에도 키스를 해야지! 예전처럼 말이다." 딸과 길고 달콤한 포옹을 나눈 뒤 노인이 되풀이했다. "아, 나타샤! 꿈에서 우리를 본 적이 있니? 나는 밤마다 네 꿈을 꾸었단다. 너는 밤마다 나를 찾아왔지. 나는 늘 눈물을 흘렸어. 언젠가는 어릴 적 모습으로 나타났지. 기억나니? 네가 열 살쯤 되던 해 피아노를 배우기 시작했지. 짤막한 원피스에 예쁜 구두를 신고 손은 새빨갛고……. 여보, 안누시카, 그 무렵에는 이 아이의 손이 새빨갰던 걸 기억하오? 내 무릎 위에 앉아서 나를 껴안았지…….

그런데 너는 정말 나쁜 아이야! 어떻게 내가 너를 저주하고, 집으로 돌아와도 받아주지 않을 거라고 생각할 수가 있니! 그러기는커녕 나는…… 나타샤, 나는 네게 자주 갔었단다. 이 사실은 네 엄마도 모르고 아무도 몰라. 네집 창문 아래 마냥 서 있었어. 어떤 날에는 반나절이나 네 집 앞 인도에 서서 기다리기도 했단다! 행여 네가 나오지 않을까 하며 먼발치에서나마 너를보려고 말이야! 밤이면 너는 창가에 자주 촛불을 켜 두었지. 그 촛불이라도보려고, 창문에 비친 네 그림자만이라도 보며 잘 자라고 축복해 주려고, 밤마다 내가 얼마나 자주 네게 갔는지 모른다, 나타샤. 너는 이 아비를 잘 자라고 축복해 주었니? 내 생각을 해주었니? 내가 창문 아래 있다는 사실을마음으로 느끼진 못했니? 겨울날 늦은 밤이면 계단을 올라 어두운 현관 구석에 서서 혹시 네 목소리가 들리지 않을까, 네가 웃지는 않을까 하며 문 너머에서 귀 기울였던 적이 한두 번이 아니란다. 그런데 내가 너를 저주했다고? 그날 저녁에도 나는 너를 용서하려고 갔는데 문 앞에서 몸을 돌리고 말았단다……. 아, 나타샤!"

노인은 몸을 일으키더니 나타샤를 안락의자에서 일으켜 품에 꼬옥 안았다.

"돌아와 줬어, 다시 내 품으로!" 노인은 소리쳤다. "아, 하느님, 감사드립니다. 당신의 분노와 당신의 은총과 모든 것에 감사드립니다! ……천둥이지나고 이제 우리를 환하게 비춰주는 당신의 태양에도 감사드립니다! 이 한순간에도 감사합니다! 아! 우리 비록 멸시당하고 모욕받았지만 또다시 한자리에 모였습니다! 우리를 멸시하고 모욕한 그 오만불손한 자들은 멋대로승리의 잔치를 벌이라지! 우리에게 돌을 던질 테면 던져 보라지! 나타샤, 두려워 말거라…… 우리는 손잡고 가자꾸나. 내가 가서 그놈들에게 말해 주마. 이 애는 귀하고 사랑스런 내 딸이라고. 죄 없는 내 딸을 너희들이 모욕하고 멸시했지만 나는 내 딸을 사랑하며 영원히 축복할 거라고!"

"바냐! 바냐!" 아버지의 품에 안긴 채 나타샤가 나에게 손을 내밀며 가녀린 목소리로 불렀다.

아! 이 순간에 나타샤가 나를 떠올리고 내 이름을 불러준 사실을 나는 결코 잊지 못하리라!

"넬리는 어디 있지?" 갑자기 노인이 주위를 둘러보며 물었다.

"아니, 이 애가 어디 갔지?" 노부인도 외쳤다. "어쩌면 좋아! 그 애를 완전히 잊고 있었어!"

넬리는 방 안에 없었다. 어느새 침실로 숨어들었던 것이다. 우리는 그곳으로 갔다. 넬리는 문 뒤 구석에 서 있다가 우리를 보자 겁에 질린 듯 몸을 숨겼다.

"넬리, 무슨 일이니, 애야!" 노인은 외치며 넬리를 안으려 했다. 그러나 넬리는 야릇한 눈빛으로 노인을 가만히 바라볼 뿐이었다.

"엄마, 엄마는 어딨어요?" 넬리가 몽유병자처럼 말했다. "엄마, 우리 엄마는 어디 계세요?" 아이는 큰소리로 외치며 떨리는 두 손을 우리에게 내밀었다. 그러다 갑자기 소름이 오싹 끼치는 끔찍한 비명 소리가 넬리의 가슴에서 터져 나왔다. 그리고 얼굴에 경련이 번지더니 넬리는 지독한 발작을 일으키며 바닥에 쓰러졌다……

에필로그

마지막 회상

6월 중순이다. 무더운 날씨에 숨이 막힌다. 시내에 남아 있기가 불가능할 지경이다. 먼지, 석회 가루, 재개발, 뜨겁게 달구어진 포석(鋪石), 증발된 온갖 물질로 인해 더러워진 공기……. 그러나 아! 기쁘도다! 어디선가 천둥소리가 들리고 하늘이 조금씩 어두워졌다. 바람이 도심의 자욱한 먼지를 쓸어낸다. 굵은 빗방울이 후드득후드득 지면을 때리더니 갑자기 하늘이 활짝 열린 듯 빗물이 강물처럼 도시 위로 쏟아져 내렸다. 30분쯤 지나 다시금 해가 나자 나는 조그만 내 방의 창문을 활짝 열고 피로에 지친 가슴 가득히 신선한 공기를 들이마셨다. 나는 너무나 기뻐서 펜을 집어던지고, 온갖 일과 출판업자까지 그대로 내팽개친 채 친구들이 있는 바실리예프스키 섬으로 당장이라도 달려가고 싶었다. 하지만 나는 이 강렬한 유혹에도 스스로를 간신히 억누르며 다시 맹렬하게 원고지에 매달렸다. 무슨 일이 있어도 끝을 내야만 했다! 출판업자가 그렇게 요구했고, 시키는 대로 따르지 않으면 돈을 받을 수 없었다. 그곳에서는 내가 오기만을 애타게 기다리고 있다. 이제 저녁이면 나는 자유의 몸이 된다. 바람처럼 완전히 자유로워질 것이다. 인쇄지 세 장 반(인쇄지 한 장은 32쪽)을 쓴 지난 이틀 밤과 이틀 낮의 수고도 오늘 저녁이면 보상받을 것이다.

마침내 일이 끝났다. 나는 펜을 내려놓고 일어섰다. 등과 가슴이 욱신거리고 머릿속은 몽롱했다. 이 순간 내 신경이 극도로 혼란스러운 것은 스스로도 잘 안다. 얼마 전에 노의사가 해준 말이 귓가에 들려오는 듯하다. '아니, 아무리 건강한 사람이라도 그러한 긴장을 이겨 낼 순 없소, 그건 불가능하오!' 그러나 아직은 가능하다! 머리가 어지러웠다. 나는 간신히 일어나 서 있는 정도였다. 그러나 내 가슴은 기쁨으로, 무한한 기쁨으로 가득 차 있었다. 내 소설이 완성되었다. 비록 출판업자에게 빚을 많이 지긴 했지만, 그도 이 수확물을 보면 얼마라도, 하다못해 50루블이라도 줄 것이다. 나는 오랫동안 그렇게 큰돈을 만져 보지 못했다. 자유와 돈! 나는 설레는 가슴으로 모자를 집어 들고 원고를 옆구리에 끼고서 경애하는 알렉산드르 페트로비치가 외출하기 전에 그를 만나기 위해 쏜살같이 달려갔다.

집에 갔더니 그는 막 나가려던 참이었다. 문학적인 것은 아니지만 벌이가 좋은 투자 한 건을 막 끝낸 참이었다. 그는 서재에서 두 시간이나 같이 앉아 있던 거무스레한 유대인을 돌려보내고, 상냥하게 나에게 손을 내밀며 부드럽고 다정한 목소리로 내 건강을 물어 왔다. 그는 아주 선량한 사람으로, 빈말이 아니라 나는 그에게 큰 신세를 지고 있다. 그가 평생 출판업자에 지나지 않았다고 해서 그것이 잘못된 일이겠는가? 그는 문학을 위해 출판업자가 필요하다고 판단했다. 그것도 아주 적절한 시기에 판단을 내렸으니, 출판업자로서 이것은 그에게 명예요, 영광이다.

소설이 완성되어 잡지의 다음 호 창작란을 걱정하지 않아도 된다는 사실을 알자마자 그는 기분 좋게 웃으며, 용케 마무리했다고 놀라워하면서 유쾌하게 농담을 했다. 그런 다음 약속한 50루블을 지불하기 위해 금고 쪽으로 가면서 우리에게 적대적인 두꺼운 잡지를 내밀며 비평란의 몇 줄을 가리켜 보였다. 최근에 나온 내 소설에 대해 두어 마디 씌어 있었다.

들여다보니 '통신원'이란 익명의 필자가 쓴 비평이었다. 욕하는 것도 아니고 칭찬하는 글도 아니어서 나는 매우 만족했다. 하지만 '통신원'은 내 작품에서 전반적으로 '땀 냄새가 난다'고 했다. 내가 땀이 나도록 온 힘을 기울여 글을 다듬고 또 다듬기 때문에 싫증이 날 정도라는 것이다.

출판업자와 나는 웃음을 터뜨렸다. 지난번 소설은 이틀 밤 만에 썼고, 이번에는 인쇄지 세 장 반의 원고를 꼬박 이틀 걸려 썼다. "글을 쓰는 속도가 느리고 작업이 굼뜨다고 질책하는 '통신원'에게 이 사실을 말해주면 어떤 표정을 할까!"

"하지만 당신도 잘못했어요, 이반 페트로비치. 왜 밤늦게까지 일해야 할 만큼 평소에 늑장을 부리시는 겁니까?"

알렉산드르 페트로비치는 선량한 사람이지만 그에게는 특이한 단점이 있다. 자기를 잘 이해하고 있는 사람들 앞에서 자신의 문학적 견해를 풀어놓는 버릇이 있었다. 그런데 나는 그와 문학론을 펼치고 싶지 않았으므로 돈을 받자마자 모자를 집어 들었다. 알렉산드르 페트로비치는 자신의 별장이 있는 섬으로 가는 길인데, 내가 바실리예프스키 섬으로 간다고 말하자 친절하게도 자기 마차로 나를 데려다 주겠다고 했다.

"마차를 새로 장만했어요, 아직 못 보셨지요? 아주 훌륭하답니다."

우리는 입구 쪽으로 갔다. 마차는 정말로 훌륭했다. 알렉산드르 페트로비치는 이처럼 새로운 물건을 사면 너무 기쁜 나머지 누구든 태워주고 싶어서 좀이 쑤시는 것 같았다.

마차 안에서 알렉산드르 페트로비치는 또다시 몇 차례나 현대 문학을 논하기 시작했다. 그는 나와 있을 때면 쑥스러워하는 기색도 없이, 그가 신뢰하거나 그 견해를 존중하는 문학가들에게서 들은 갖가지 새로운 견해들을 차분하게 늘어놓았다. 그러면서 뜬금없는 작품을 거론하거나, 남의 생각을 잘못 전하거나 아니면 엉뚱한 곳에 끼워 넣어 결과적으로 무슨 말인지 모르게 되어 버린다. 나는 잠자코 그 이야기들을 들으며 인간의 다양한 열정과 변덕에 어지간히 진저리가 났다. 나는 생각했다. '이 사람은 돈을 많이 벌었을 텐데도 여전히 더 큰 명성을 원하는구나. 문학적 명성, 훌륭한 출판업자이자 비평가로서의 명성이 필요한 거야!'

그는 사흘 전에 나에게서 들은 문학에 관한 의견을 다른 사람도 아닌 나에게 자세히 말하려고 애쓰고 있었다. 사흘 전에는 그 의견에 반대하며 나와 논쟁을 하더니 지금은 마치 그것이 자기 의견인 양 사칭하고 있는 것이다. 그러나 알렉산드르 페트로비치의 건망증은 시도 때도 없이 나타나며, 이러한 악의 없는 그의 결점은 그를 알고 있는 사람들 사이에선 유명했다. 지금 자기 마차에 앉아 웅변을 토하고 있는 이 사나이는 자기 운명에 얼마나 만족하고 얼마나 너그러운 태도로 대하는가! 그가 현학적인 문학론을 이야기하기 시작하면 부드럽고 고상한 지음이 자못 학자 같은 느낌을 자아낸다. 이야 기가 조금씩 자유주의로 기울더니 이윽고 유치하고 회의적인 신념을 토로한 다. 즉 우리나라 문학계는 물론 어느 나라, 어느 시대의 문학계에도 양심과 겸손함을 갖춘 작가는 어디에도 없고 오로지 서로가 '서로의 뺨을 갈겨 댈' 뿐이며, 특히 예약 구독 신청을 받을 때는 더욱 그러하다는 것이다. 알렉산 드르 페트로비치는 양심적이고 성실한 모든 문학가를 그 양심과 성실성 때 문에 바보로 보진 않지만 적어도 좀 모자라는 놈으로 여기는 경향이 있다고 나는 속으로 생각했다. 물론 이런 생각은 알렉산드르 페트로비치의 남다른 단순함에서 나오는 것이다.

그러나 나는 이미 그의 말을 듣고 있지 않다. 바실리예프스키 섬에 도착하 여 마차에서 해방되자마자 나는 쏜살같이 그리운 사람들 곁으로 달려갔다. 드디어 13번가에 있는 그들의 보금자리가 보였다. 나를 보자 안나 안드레예 브나는 손가락을 내밀며 위협하는 시늉을 하고는 양손을 흔들며 조용히 하 라고 했다.

"넬리가 지금 막 잠들었네! 불쌍한 것 같으니라고!" 노부인이 내게 재빨 리 속삭였다. "제발 깨우지 말게! 그 애는 너무 허약해져서 걱정이 이만저 만이 아니야. 의사가 당분간은 괜찮다고 했지만, 자네의 의사 선생이 하는 말은 어쩐지 알아들을 수가 없네! 그리고 이반 페트로비치, 어떻게 그럴 수 가 있나? 우리는 자네가 점심때쯤 올 줄 알고 줄곧 기다렸는데…… 꼬박 이 틀이나 한 번도 오지 않다니!"

"그게 이틀 동안 오지 못할 거라고 분명히 말씀드리지 않았습니까." 나 는 안나 안드레예브나에게 속삭였다. "꼭 끝내야 할 일이 있었습니다……."

"하지만 오늘 점심때에는 꼭 온다고 약속했잖은가! 왜 안 왔는가? 넬리 는 일부러 침대에서 일어났다네. 안락의자에 앉혀서 식당으로 데려갔지. '모 두들 함께 바냐를 기다릴래요'라고 하지 뭔가. 그런데 정작 중요한 자네가 오질 않은 거야. 곧 있으면 6시인데! 어딜 그렇게 돌아다녔는가? 나쁜 사람 같으니! 자네가 그 애를 너무 실망시켜서 어떻게 달래야 할지도 모를 지경 이었네……. 다행히 그 착한 것이 잠이 들었기에 망정이지. 게다가 니콜라 이 세르게이치는 시내에 나가 버려서(차 마실 때쯤엔 돌아오겠지만) 나 혼 자 안달복달하느라…… 실은 말일세, 이반 페트로비치. 바깥양반에게 일자리가 생겼네. 페름 (우랄 지방의 도시, 수도에서 동쪽으로 약 1300킬로미터 떨어진 곳에 있다)으로 간다고 생각하면 가슴이 덜컥 내려앉긴 하지만……."

"나타샤는 어디 있나요?"

"뜰에 있네! 가보게나……. 그 애도 어딘가 좀…… 도무지 알 수가 없네……. 아, 이반 페트로비치. 내가 마음이 무거워서 못 살겠네! 그 애는 기분도 좋고 아픈 곳도 없다고 말하지만 왠지 믿을 수가 있어야지……. 가서 어떤지 좀 보고 오게, 바냐. 그 애한테 무슨 일이 있는지 나중에 살며시 얘기해주게……. 알았는가?"

나는 이미 안나 안드레예브나의 말은 다 듣지도 않고 곧장 뜰로 뛰어나갔다. 뜰은 집에 딸려 있었으며 가로세로 너비가 대략 25걸음 정도로 온통 녹색으로 뒤덮여 있었다. 뜰에는 가지를 넓게 펼치고 있는 키 큰 고목 세 그루와 어린 자작나무, 라일락, 덩굴나무가 몇 그루씩 있고, 한쪽에는 나무딸기와 딸기도 두 이랑 있으며, 구불구불한 오솔길 두 개가 뜰을 가로지르고 있다. 노인은 이 뜰을 매우 흡족하게 바라보며 며칠 있으면 버섯도 자라날 거라고 장담했다. 그러나 무엇보다 중요한 것은 넬리가 이 뜰을 좋아한다는 점이었다. 넬리는 자주 안락의자에 앉은 채로 뜰로 운반되어 나왔다. 지금 넬리는 온 집안의 우상이 되었다. 그런데 저기 나타샤가 있다. 기쁜 듯이 손을 내밀며 나를 맞이한다. 얼마나 여위고 창백한지! 나타샤도 이제 겨우 병에서 회복된 상태였다.

"일은 다 끝났어요, 바냐?" 나타샤가 물었다.

"말끔히 다 끝났소! 오늘 저녁엔 완전히 자유요."

"그래요, 다행이네요! 서두르셨군요? 일을 대충 해서 넘긴 건 아니죠?"

"어느 정도는 어쩔 도리가 없었소! 하지만 그런 건 아무것도 아니오. 그처럼 다급하게 작업을 할 때는 특히 온 신경이 바짝 서지요. 그러면 집중력은 더욱 강해지고 느낌도 생생하게 더 깊어진다오. 글도 마음먹은 대로 떠오르고. 그래서 다급하게 작업할 때 결과가 더 좋아요. 모든 일이 순조롭지요……."

"아! 바냐도 참!"

나는 요즘 들어 나타샤가 나의 문학적 성공과 명예에 적극적으로 관심을 보이기 시작했음을 눈치채고 있었다. 그녀는 지난 1년 동안에 출판된 나의 모든 작품을 읽고 또 읽었으며, 앞으로 쓸 작품에 대하여 끊임없이 물어 왔다. 또 나와 관련된 비평이라면 무엇이든 관심을 보이고 어떤 비평에는 화를 내며, 내가 문단에서 높은 위치를 차지하게 되기를 진심으로 바란다고 말했다. 그렇게 말할 때의 그 말투가 얼마나 강하고 집요한지 나는 나타샤의 이런 행동에 조금은 기가 질릴 정도였다.

"바냐, 그러다가 이야깃거리가 다 없어져 버리고 말 거예요." 나타샤가 말했다. "너무 무리하다간 필력을 다 소진해 버릴 거예요. 게다가 건강에도 좋지 않고. 2년에 중편 하나씩만 쓰는 S작가를 보세요. N은 10년 동안 장편을 딱 한 편만 썼잖아요. 그 대신 그들은 얼마나 다듬고 꼼꼼하게 완성하는데요! 한 군데도 소홀한 곳이 없어요."

"그렇소. 그 사람들은 생활 걱정도 없고, 마감 기간과는 상관없이 글을 쓰니까. 하지만 나는 우편 마차를 끄는 여윈 말과 같으니 어쩌겠소! 뭐, 쓸데없는 얘기는 그만하고, 새로운 소식은 없소?"

"많아요. 먼저 그 사람에게서 편지가 왔어요."

"또?"

"네, 또요." 나타샤는 알료샤가 보낸 편지를 나에게 건네주었다. 헤어진 뒤 세 번째로 보내온 편지였다. 첫 번째 편지는 그가 아직 모스크바에 있을 때 쓴 것으로, 어쩐지 발작 상태에서 쓴 것 같았다. 그는 여러 사정이 겹쳐 헤어질 때 계획했던 대로 모스크바에서 페테르부르크로 도저히 돌아갈 수 없게 되었다고 알려 왔다. 두 번째 편지에는 하루 빨리 나타샤와 결혼하기 위하여 며칠 내로 돌아올 것이며, 이미 결정한 일이기 때문에 어떠한 힘으로도 이를 막을 수는 없다는 내용이 어수선하게 적혀 있었다. 그런데 그가 실의에 빠져 있고 온갖 압력이 그를 무겁게 짓누르고 있으며, 알료샤가 더는 스스로 믿지 않고 있음이 편지의 어조에 분명히 나타나 있었다. 그리고 한편으로 카차는 자기의 신이며 그녀만이 자신을 위로하고 지지해 준다고 썼다. 나는 이 세 번째 편지를 서둘러 펼쳤다.

편지는 두 장에 걸쳐 성급히 갈겨써서 읽기 힘든 글씨가 띄엄띄엄 어지럽게 쓰여 있었고 눈물과 잉크로 얼룩져 있었다. 편지는 그가 나타샤를 단념했으니 그녀도 자신을 잊어 달라는 말로 시작되었다. 그는 두 사람의 결합이 불가능하다는 점과 자신들을 적대시하는 반대 세력이 너무 강하다는 점, 따라서 결국 이럴 수밖에 없다는 점을 강조해서 이야기했다. 두 사람은 서로 어울리지 않으므로 그들이 결합하면 둘 다 불행해진다는 것이었다. 하지만 알료샤는 끝내 참지 못하고 느닷없이 자신의 판단과 논지를 버리고, 편지의 앞부분을 지우거나 찢어버리지도 않은 채, 자기는 나타샤에게 몹쓸 짓을 한 죄인이라고 이어서 썼다. 자신은 타락한 인간이며, 시골에 온 아버지의 뜻에 맞서 싸울 힘이 없다고 고백했다. 그는 자신의 고통을 표현할 기력조차 없다고 쓰면서, 또다시 갑자기 자신에게는 나타샤를 행복하게 해줄 능력이 충분히 있으며 두 사람은 완벽하게 어울리는 한 쌍이라는 점을 입증하기 시작했다. 그리고 적의를 드러내어 완강하게 아버지의 논거들을 반박하며 나타샤와 결혼하면 누리게 될 행복한 생활을 절망에 빠져 묘사하고는, 자신의 나약함을 저주하며 영원한 이별을 고했다! 편지는 온통 고통으로 가득 차 있었다. 알료샤가 제정신이 아닌 상태에서 쓴 것이 틀림없었다. 나는 눈물이 났다⋯⋯. 나타샤는 카챠가 보낸 또 다른 편지도 보여주었다. 이 편지는 알료샤의 편지와 한봉투에 들어 있었지만 따로 봉해져 있었다. 카챠는 알료샤가 정말로 매우 상심해서 슬피 울고 있으며, 자칫 병이 날까 걱정스러울 만큼 절망하고 있지만 자기가 함께 있으니까 앞으로는 틀림없이 행복해질 거라고 몇 줄만 간략하게 썼다. 그리고 나타샤에게, 알료샤가 너무 빨리 슬픔을 잊는다든가 그의 슬픔이 진짜가 아니라고는 생각지 말아 달라고 부탁하며 이렇게 덧붙였다. '알료샤는 당신을 결코 잊지 않을 거예요. 아니 결코 잊지 못할 거예요. 그는 그런 잔인한 마음씨를 가진 사람이 아니니까요. 그는 당신을 무한히 사랑하고 있고, 언제까지나 사랑할 겁니다. 만약 앞으로 당신을 사랑하지 않게 되거나 당신을 떠올리며 가슴아파하지 않는다면, 그 순간부터는 나 자신이 그를 사랑하지 않게 될 거예요⋯⋯.'

나는 나타샤에게 그 편지들을 돌려주었다. 우리는 눈길을 교환했지만 서로 아무런 말도 하지 않았다. 앞서 온 편지 두 통을 읽을 때도 그랬으며, 대체로 지나간 일에 대해서는 마치 서로 약속이나 한 듯 이야기하기를 꺼렸다. 나타샤는 사실 참을 수 없을 만큼 괴로웠지만 그 마음을 내 앞에서조차 털어놓으려 하지 않았다. 그녀는 부모님의 집으로 돌아온 날부터 3주일이나 고열로 몸져누웠다가 이제야 조금 회복된 상태였다. 노인이 일자리를 얻어 우리가 곧 이별하게 된다는 사실을 나타샤도 알고 있었지만, 우리는 곧 닥칠 변화에 대해서도 거의 말하지 않았다. 하지만 나타샤는 이 기간 동안 나에게 매우 상냥하고 살갑게 대했고, 나와 관계된 모든 일에 관심을 기울였다. 때로는 나에 관한 모든 이야기를 집요하고 고집스럽게 물어 와서 처음에는 오히려 내가 거북할 정도였다. 나타샤는 마치 지난 일을 보상하려는 듯했다. 그러나 이런 부담감은 곧 사라졌다. 나타샤가 전혀 다른 바람을 갖고 있다는 사실을 깨달은 것이다. 나타샤는 나를 그냥, 한없이 사랑했던 것이다. 나 없이는 살 수가 없고, 나와 관련된 모든 일에 신경 쓰지 않을 수 없었던 것이다. 나타샤 가 나를 사랑하는 만큼 자기 오빠를 사랑하는 누이동생은 이 세상 어디에도 없을 것이다. 머지않아 다가올 이별이 마음에 걸려 나타샤가 괴로워하고 있음을 나는 아주 잘 알고 있었다. 나 또한 나타샤 없이는 살 수 없다는 것을 나타샤도 알고 있었다. 우리는 가까운 장래에 일어날 일들을 이것저것 자세히 이야기하면서도, 서로의 마음에 관해서는 아무 말도 하지 않았다…….

나는 니콜라이 세르게이치에 대해 물었다.

"아마 곧 돌아오실 거예요. 차 마시는 시간에 맞춰 오신다고 하셨거든요." 나타샤가 대답했다.

"일자리 때문에 바쁘신 거요?"

"그래요, 하지만 일자리는 이미 확실히 정해졌어요. 오늘은 나가서야 할 특별한 일은 없었을 거예요." 나타샤는 생각에 잠겨 덧붙였다. "내일 가셔도 상관없었을 거예요."

"그럼 왜 가신 거요?"

"나 때문에 걱정이 많으신 것 같아요." 나타샤는 잠시 말을 멈췄다가 덧붙였다. "바냐, 난 정말 힘들어요. 아빠는 꿈속에서도 오직 내 걱정만 하시는 것 같아요. 내가 지금 어떤 상태이며 어떤 마음으로 무슨 생각을 하고 있는지, 오직 그런 것만 생각하고 계신 것 같아요. 아빠는 내가 조금만 슬퍼해도 바로 느끼세요. 아빠는 어색하게 내 걱정은 전혀 하지 않는 척 꾸미시거나 짐짓 쾌활한 태도로 우리를 웃게 하시지만 일부러 그러신다는 걸 나도 잘 알고 있어요. 그럴 때면 엄마도 어쩔 줄 모르면서 아빠의 웃음을 믿지 않으시고 한숨만 쉬세요……. 엄마도 연기에는 재주가 없어요…… 성품이 너무 솔직하세요!" 그녀가 웃으며 계속했다. "오늘도 이 편지가 오자 아버지는 나와 눈길을 마주치지 않으시려고 재빨리 피하신 거예요……. 바냐, 나는 아빠를 나 자신보다, 아니 이 세상 그 누구보다도 더 사랑해요." 나타샤는 고개를 숙이고 내 손을 잡으며 덧붙였다. "당신보다도 더 사랑할지도 몰라요……."

뜰을 두 바퀴나 돌고 난 뒤 나타샤가 다시 말을 꺼냈다.

"오늘 마슬로보예프가 왔었어요. 어제도요." 나타샤가 말했다.

"그랬군. 요즘 자주 찾아오네."

"그가 왜 오는지 아세요? 왜 그런지는 모르겠지만 엄마가 그 사람을 단단히 믿고 있어요. 그 사람은 모르는 게 없으니까(법률이나 그런 문제 말이에요). 무슨 일이든 잘 처리해 줄 거라고 생각하세요. 지금 엄마가 어떤 생각을 하고 계신지 아세요? 엄마는 내가 공작부인이 되지 못한 것이 분해서 어쩔 줄 모르세요. 그 생각을 하면 도저히 가만히 있을 수 없어서 마슬로보예프에게 모든 것을 다 얘기하신 것 같아요. 아빠에게 이런 이야기를 꺼내기는 무서우니까 마슬로보예프가 법률의 힘을 빌려 어떻게 도와주지 않을까 하고 기대하시는 거예요. 마슬로보예프도 엄마의 뜻에 별로 반대하는 것 같지 않으니 엄마는 그에게 열심히 포도주를 대접하고 계세요." 나타샤가 차갑게 웃으며 말했다.

"그 장난꾸러기라면 그렇게 하고도 남지. 그런데 그걸 어떻게 알았소?"

"엄마가 직접 말씀하셨어요…… 에둘러대긴 했지만……."

"그런데 넬리는 좀 어떻소?" 내가 물었다.

"솔직히 말하면 깜짝 놀랐어요, 바냐. 당신이 왜 그 아이에 대해 묻지 않을까 하고!" 나타샤가 나무라듯 말했다.

넬리는 이 집안 사람들의 우상이었다. 나타샤는 넬리를 무척 사랑하게 되었고, 넬리도 마침내 나타샤를 진정으로 따르게 되었다. 불쌍한 넬리! 그 소녀는 언젠가 이토록 자신을 사랑하는 사람들과 만날 날이 오리라고는 기대하지도 않았다. 원한에 사무친 넬리의 가슴이 풀리고, 소녀의 마음이 우리 모두에게 열리는 것을 나는 기쁘게 지켜보았다. 불신과 원한과 아집으로 똘똘 뭉쳐 있던 지난 시절과는 정반대로 넬리는 지금 자신을 따뜻하게 감싸고 있는 사랑에 병적일 만큼 열정적으로 화답했다. 물론 처음에는 오랫동안 고집을 부리며 마음속에서 솟구쳐 나오는 화해의 눈물을 일부러 우리에게 감추어 왔지만, 마침내 우리에게 온 마음을 열게 된 것이었다. 그리고 처음에는 나타샤를, 그 다음에는 노인을 너무도 사랑하게 되었다. 나 또한, 오랫동안 들르지 않으면 병이 악화될 정도로 넬리에게는 아주 절실한 존재가 되었다. 요전에 하던 일을 끝내기 위해 이틀 동안 헤어져야 한다고 말했을 때도 나는 오랫동안 넬리를 설득하고 또 설득해야만 했다…… 물론 이리저리 말을 돌려가면서. 넬리는 감정을 숨김없이 솔직하게 드러내는 것을 여전히 너무도 부끄러워하고 있었기 때문이다.

우리 모두는 넬리를 무척 걱정했다. 넬리가 앞으로도 쭉 니콜라이 세르게이치의 가정에 남는다는 것은 암묵적으로 결정되었지만, 페름으로 떠날 날이 다가오는데 넬리의 상태는 점점 더 나빠지기만 했다. 내가 넬리를 데리고 노부부 집에 간 날, 나타샤가 부모와 화해한 바로 그날부터 넬리는 아프기 시작했다. 아니다, 도대체 내가 무슨 소리를 하고 있는 것인가. 넬리는 그 전부터 몸이 불편했다. 병은 이전부터 넬리의 몸 속에서 진행되어 왔으나, 이제는 엄청난 속도로 악화되어 가고 있다. 나는 넬리의 병명이 무엇인지 정확히 알지 못하고 단정할 수도 없다. 발작이 전보다 조금 자주 일어나는 것은 사실이지만 무엇보다도 심신 쇠약과 체력 저하, 계속되는 고열과 긴장 상태가 문제였다. 이 때문에 넬리는 지난 며칠 동안 침대에서 일어나지도 못하였다. 그런데 이상하게도 넬리는 병이 깊어질수록 우리에게 더 부드럽고 상냥하게 대하며 자신의 마음을 열었다. 사흘 전에도 내가 넬리의 침대 옆을 지나가는데 갑자기 넬리가 내 손을 잡더니 자기 곁으로 끌어당겼다. 방 안에는 아무도 없었다. 아이의 얼굴은 온통 불덩이 같았고(게다가 굉장히 여위어 있었다) 두 눈은 불꽃처럼 번뜩였다. 내가 몸을 숙이자 경련을 일으킬 듯 열정적으로 두 팔을 내밀어 내 목을 꼭 껴안고는 힘껏 입을 맞추었다. 그러고는 바로 나타샤를 불러 달라고 부탁했다. 나는 나타샤를 부르러 갔다. 넬리는 나타샤에게 침대 곁에 앉으라고 하더니 찬찬히 바라보았다……

"나타샤의 얼굴을 잘 봐두고 싶었어요." 넬리가 말했다. "어제도 꿈에서 당신을 보았고, 오늘 밤에도 보게 될 거예요…… 당신이 꿈에 자주 나타나요…… 밤마다……."

넬리는 어떠한 감정으로 가슴이 벅차 그것을 입으로 소리내어 말하고 싶은 것 같았다. 하지만 스스로도 그 감정이 무엇인지 이해하지 못했고, 표현할 방법도 찾지 못했다……

넬리가 나를 제외하고 가장 사랑하는 사람은 니콜라이 세르게이치였다. 니콜라이 세르게이치도 나타샤를 사랑하는 것만큼이나 넬리를 사랑했다는 점을 말해 두어야겠다. 노인은 넬리를 웃기고 즐겁게 해주는 데 놀라운 재능이 있었다. 노인이 넬리 곁에 가기만 해도 바로 웃음이 터지고 농담이 시작되었다. 병든 소녀는 아기처럼 마냥 쾌활했고, 노인에게 어리광을 부리거나 놀리곤 했다. 그리고 꿈 이야기를 해주고 늘 무엇인가 새로운 것을 생각해 냈으며, 노인에게도 이야기를 해달라고 졸라댔다. 노인은 '어린 딸 넬리'의 얼굴을 보기만 해도 무척 기쁘고 만족스러운 듯했고, 날이 갈수록 넬리에 대한 사랑은 깊어져 갔다.

"우리가 그동안 겪은 고통에 대한 보상으로 하느님이 저 애를 우리 모두에게 보내 주신 게야." 한번은 여느 때처럼 넬리에게 잘 자라고 성호를 그어 준 뒤 방을 나서면서 노인이 내게 말했다.

우리가 한자리에 모이는 저녁이면(마슬로보예프 역시 거의 매일 저녁 나타났다) 이흐메네프 가(家) 사람들에게 정이 흠뻑 든 노의사도 이따금 찾아왔다. 그럴 때면 넬리도 안락의자에 앉아 우리가 모여 있는 원탁으로 나왔다. 발코니로 이어진 문이 활짝 열려 있어서 석양을 받은 푸른 뜰이 한눈에 들어왔다. 뜰에서 상쾌한 푸른 내음과 갓 피기 시작한 라일락 향기가 풍겨왔다. 넬리는 안락의자에 앉아서 정겹게 우리를 둘러보고 우리가 하는 이야기에 귀를 기울였다. 때로는 넬리도 기운을 되찾고 슬그머니 어떤 이야기를 시작하기도 했다……. 그럴 때면 우리는 조심스럽게 넬리의 이야기를 들었다. 넬리의 추억 가운데에는 건드려서는 안 될 부분이 있었기 때문이다. 나도 나타샤도, 이흐메네프 부부도 그날, 넬리가 부들부들 떨며 고통스럽게 자신의 과거를 말하게 한 것이 실수였음을 인식하고 있었다. 의사가 특히 이러한 것을 회상하지 못하도록 했기 때문에, 우리는 대화 내용을 바꾸려고 항상 노력했다. 그러면 넬리는 그런 우리의 안간힘을 눈치채지 못한 척하려고 의사나 니콜라이 세르게이치와 농담을 하기 시작한다…….

그러나 넬리의 병세는 점점 더 나빠지기만 했다. 넬리는 극도로 민감해졌고, 심장이 불규칙하게 뛰었다. 노의사는 넬리가 머지않아 죽을지도 모른다고 말했다.

나는 이흐메네프 부부가 걱정할까 봐 이 사실을 말하지 않았다. 니콜라이 세르게이치는 이곳을 떠나기 전까지는 넬리가 건강을 회복하리라 굳게 믿고 있었다.

"아, 아빠가 돌아오셨네요." 그의 목소리를 듣고 나타샤가 말했다. "가요, 바냐."

니콜라이 세르게이치는 문지방을 넘어서기도 전부터 여느 때처럼 큰 소리로 말하기 시작했다. 안나 안드레예브나가 허둥지둥 손을 저었다. 노인은 즉시 입을 다물었다. 나와 나타샤를 보자 작은 목소리로 서둘러 다녀온 결과를 이야기하기 시작했다. 노인은 바라던 자리를 확실히 보장받아 매우 만족한 듯했다.

"2주만 지나면 떠날 수 있다는군." 노인이 양손을 비비며 말하고는 근심어린 눈으로 나타샤를 곁눈질했다. 하지만 나타샤가 환하게 웃으며 그를 끌어안자 노인의 불안은 순식간에 사라졌다.

"가자고, 가. 모두 같이 가세!" 노인이 기뻐하며 말했다. "다만, 바냐. 자네와 헤어지는 것이 가슴 아프네……(노인이 내게 함께 가자고 한 번도 권하지 않았음을 밝혀 둔다. 그의 성격에 비추어 보건대, 다른 상황이었다면 …… 나타샤를 사랑하는 내 마음을 그가 몰랐다면 틀림없이 함께 가자고 했을 것이다)."

"그러나 어쩌겠는가, 하는 수 없지! 나는 마음이 아프네, 바냐. 그렇지만 환경이 바뀌면 우리 모두 기운을 되찾을 거야……. 환경이 바뀐다는 건 모든 것이 달라진다는 뜻이니까!" 노인은 딸의 얼굴을 다시 한 번 살피며 덧붙였다.

노인은 진심으로 그렇게 믿었고, 그렇게 믿을 수 있는 상황을 기뻐했다.

"그럼 넬리는요?" 안나 안드레예브나가 말했다.

"넬리? 문제없어…… 조금 아프기는 하지만 그때까지는 틀림없이 털고 일어날 거야. 지금도 많이 좋아졌잖아. 안 그런가, 바냐?" 노인은 내가 반드시 그의 이런 의심을 해결해야만 한다는 듯이 불안한 눈빛으로 나를 바라보았다.

"그 애는 좀 어떻소? 잘 잤나? 별일 없었지? 지금쯤 깨어나지 않았을까? 안나 안드레예브나, 빨리 테라스에 작은 탁자를 옮겨 놓고 사모바르도 내옵시다. 모두들 모이면 다 함께 둘러앉을 수 있게, 넬리도 데려오고……. 좋은 생각이지 않소? 그 애가 이미 깨어나지 않았을까? 내가 가봐야겠어.

그냥 보기만 하겠소……. 깨우진 않을 테니 걱정 마시오!" 안나 안드레예브
나가 또다시 손을 내젓는 것을 보며 그가 덧붙였다.

그러나 넬리는 이미 깨어 있었다. 15분 뒤 우리는 평소처럼 석양 아래 사
모바르를 둘러싸고 앉았다.

넬리는 안락의자에 앉은 채 밖으로 옮겨졌다. 의사가 오고, 마슬로보예프
도 나타났다. 마슬로보예프는 넬리에게 주려고 커다란 라일락 꽃다발을 가
지고 왔다. 그런데 그는 어쩐 일인지 화가 난 듯하고 근심스러워 보였다.

요즘 마슬로보예프는 거의 매일같이 이곳을 찾아왔다. 이미 말했다시피
모두들, 특히 안나 안드레예브나가 그를 몹시도 아꼈지만, 우리는 알렉산드
라 세묘노브나에 관한 이야기는 한마디도 입 밖에 내지 않았다. 마슬로보예
프도 그녀에 대해 전혀 언급하지 않았다. 안나 안드레예브나는 나에게서 알
렉산드라 세묘노브나가 아직도 그의 법적인 부인이 되지 못했다는 사실을
듣고는, 그녀를 손님으로 맞이하는 것은 물론 집 안에서 그녀에 관한 이야기
도 절대 해서는 안 된다고 결심했다. 그리고 그 결심은 그대로 지켜졌으며,
이런 모습에서 안나 안드레예브나의 성격이 고스란히 드러났다. 물론 그녀
에게 나타샤가 없거나, 또 과거에 일어난 그러한 일들이 일어나지 않았더라
면 노부인도 이렇게까지 까다롭게 하지는 않았을 것이다.

이날 저녁 넬리는 왠지 다른 때보다 우울했으며, 어떤 걱정거리라도 있는
듯 보였다. 마치 악몽을 꾸고 난 뒤 그 꿈을 되새기고 있는 듯 보이기도 했
다. 하지만 마슬로보예프의 선물을 받고 매우 기뻐하며 병에 꽂아 눈앞에 놓
아둔 그 꽃을 만족스럽게 바라보았다.

"넬리는 꽃을 아주 좋아하는구나?" 노인이 말했다. "좋았어, 기다리거
라!" 노인은 신이 나서 덧붙였다. "내일 바로…… 아니다, 내일까지 비밀로
해두자꾸나!"

"좋아해요." 넬리가 대답했다. "하루는 꽃으로 엄마를 맞이하기도 했어요.
아직 거기에 있었을 때(거기란 외국을 말한다) 엄마가 한 달이나 몹시 아팠던
적이 있어요. 나와 하인리히 아저씨는 엄마가 계속 누워 있다가 한 달 만에
마침내 침실에서 나오는 날에는 온 방을 꽃으로 꾸미자고 약속했어요. 우리는
정말로 약속한 대로 했어요. 그 전날 저녁때 엄마가 내일 아침엔 반드시 우리
와 함께 식사하러 나오겠다고 말했거든요. 우리는 아주 일찍 일어났고, 하인

리히 아저씨가 꽃을 아주 많이 가져와서 우리는 방 전체를 푸른 이파리와 화환으로 아름답게 장식했어요. 담쟁이도 있었고, 아주 널따란 잎사귀도 많이 있었는데 뭐라고 불렀는지 잘 모르겠어요. 그리고 어디든지 척척 감기는 잎들도 있었고, 커다란 하얀 꽃과, 또 내가 제일 좋아하는 수선화도 있었어요. 굉장히 멋진 장미도 있었고, 다른 꽃들도 아주 많았어요. 우리는 그 꽃들로 화환을 만들거나 꽃병에 꽂아 여기저기 놓아두었어요. 커다란 항아리에 심어져 있는 나무처럼 큰 꽃도 있었어요. 그런 건 방구석에 놓거나 엄마의 안락의자 곁에 놓아두었어요. 침실에서 나온 엄마는 깜짝 놀라며 매우 기뻐했어요. 하인리히 아저씨도 매우 기뻐했고…… 지금도 생생하게 기억해요……."

이날 저녁 넬리는 웬일인지 유달리 기운이 없고 신경도 몹시 날카로워져 있었다. 의사는 걱정스럽게 아이를 바라보았다. 넬리는 이야기하고 싶어했다. 아이는 땅거미가 질 때까지 오랫동안 그곳에서 지내던 생활을 들려주었다. 우리는 아이의 말을 끊지 않았다. 그곳에서 넬리는 엄마와 하인리히와 함께 여러 곳을 돌아다녔는데, 그때의 추억이 아이의 기억 속에서 또렷하게 되살아난 것이다. 넬리는 여행하면서 본 푸른 하늘, 눈과 얼음으로 덮인 높은 산들, 산속 폭포에 대해 이야기했다. 또 이탈리아의 호수와 계곡, 꽃과 나무들, 마을 사람들, 그들의 옷과 거무스름한 얼굴과 까만 눈동자, 그리고 다양한 만남과 그들이 겪은 갖가지 일들을 이야기했다. 또 대도시와 큰 궁전, 느닷없이 갖가지 불빛들로 장식되는 높고 둥근 지붕을 가진 교회, 그리고 더운 남국의 도시와 그 푸르른 하늘과 바다에 대해 이야기했다……. 넬리가 이처럼 자세하게 자신의 추억을 풀어놓은 건 이때가 처음이었다. 우리는 주의를 집중해서 아이의 이야기를 들었다. 지금까지 우리가 들은 넬리의 추억은, 사람을 짓누르고 마비시키는 분위기와 더러운 공기로 가득 차 있으며 흙탕물을 뒤집어쓴 으리으리한 궁전이 있는 음울하고 침침한 도시의 이야기뿐이었다. 그곳에는 햇살도 흐릿하고 둔하며, 아이와 엄마가 부단히 참고 견뎌야 했던 악독하고 반쯤 미친 사람들이 있다. 그곳에서 두 사람이 축축하고 음울한 어느 저녁에 더러운 지하실 방의 초라한 침대에서 서로 부둥켜안은 채 옛 생활과 죽은 하인리히, 그리고 이국 땅에서 본 화려한 풍물을 떠올리는 모습이 내 머릿속에 떠올랐다……. 또 짐승 같이 잔인한 부브노바가 넬리를 매질하며 그릇된 일을 강요할 때, 엄마도 없이 홀로 남은 넬리가 그러한 회상에 빠져 있는 모습도 선명하게 떠올랐다…….

그러나 끝내 넬리의 상태가 너무 나빠져 아이를 다시 방으로 옮겼다. 노인은 너무 놀라서 넬리에게 말을 너무 많이 시켰다며 화를 냈다. 넬리는 이상한 발작을 일으키며 기절하고 말았다. 이런 발작은 벌써 몇 차례나 있었다. 넬리는 발작이 멈추자 나를 보게 해달라고 집요하게 요구했다. 나에게 하고픈 말이 있다는 것이었다. 넬리가 너무도 간절히 원하자 의사도 아이의 소원을 들어주는 것이 낫겠다고 말했다. 모두들 방에서 나가고 나만 남았다.

"있잖아요, 바냐." 우리 둘만 있게 되자 넬리가 말했다. "모두들 나도 함께 갈 거라고 생각하고 있죠? 그렇지만 나는 가지 않을 거예요. 갈 수 없거든요. 당분간 아저씨랑 함께 지낼 생각이에요. 이 얘기를 꼭 하고 싶었어요."

나는 넬리를 설득했다. 이흐메네프 집안 사람들은 모두 넬리를 친딸처럼 사랑하기 때문에 함께 가지 않으면 무척 슬퍼할 것이며, 반대로 나와 함께 살면 무척 힘들 것이다. 비록 내가 넬리를 무척 사랑하지만 다른 방법이 없으니 역시 헤어질 수밖에 없다고 말했다.

"아니오, 안 돼요!" 넬리가 고집스레 대답했다. "요즘 꿈속에서 엄마를 자주 보는데, 엄마가 그들과 가지 말고 여기에 남으라고 하셨어요. 엄마는 내가 할아버지를 혼자 남겨 두었기 때문에 아주 큰 죄를 지었다고 말하며 마냥 울었어요. 역시 나는 여기 남아서 할아버지 시중을 들겠어요."

"그런데 네 할아버지는 이미 돌아가셨잖니, 넬리." 나는 넬리의 말에 화들짝 놀라 물었다.

넬리는 잠시 생각하더니 나를 뚫어지게 바라보았다.

"한 번만 더 이야기해 줘요, 바냐 아저씨." 넬리가 말했다. "할아버지가 어떻게 돌아가셨는지 하나도 빠뜨리지 말고 다 말해 주세요."

나는 넬리의 요구에 무척 놀랐지만, 할아버지가 운명하던 순간의 이야기를 아주 상세히 들려주었다. 나는 아이가 헛소리를 하고 있거나, 적어도 발작이 일어난 뒤라 아직 머리가 완전히 맑아지지 않았기 때문이라고 생각했다.

넬리는 내 이야기를 끝까지 주의 깊게 들었다. 병들고 고열에 들떠 번뜩이는 아이의 검은 눈동자가 이야기를 듣는 내내 한순간도 쉬지 않고 끈질기게 나를 지켜보았던 것이 지금도 기억난다. 방 안은 이미 어두워져 있었다.

"아니에요, 바냐 아저씨. 할아버진 죽지 않았어요!" 소녀는 이야기를 다 듣고 나서 잠깐 생각을 하더니 단호히 말했다. "엄마가 자꾸 할아버지 이야기만 해서 어제 내가 엄마에게 '할아버지는 죽었잖아요'라고 말했어요. 그러자 엄마는 몹시 슬프게 우시며 그렇지 않다고, 사람들이 일부러 그렇게 말했을 뿐이며 할아버지는 지금도 거리에서 구걸을 하고 계시다고 말했어요. '우리가 전에 구걸했던 것처럼' 하고 엄마가 말했어요. '전에 할아버지를 처음 만났을 때 엄마가 할아버지 앞에 무릎 꿇자 아조르카가 나를 알아보았잖니? 할아버지는 아직도 그 주변을 돌아다니고 계시단다……'라고."

"그건 꿈이야, 넬리. 아플 때 꾸는 꿈이란다. 네가 지금 몸이 아파서 그런 거야." 내가 말했다.

"나도 줄곧 단순한 꿈이라고 생각했어요." 넬리가 말했다. "그래서 아무에게도 말하지 않았어요. 그렇지만 아저씨한테는 모두 다 털어놓고 싶었어요. 그런데 오늘 아무리 기다려도 아저씨가 오지 않아서 잠깐 잠이 들었는데 이번에는 꿈에 할아버지가 나왔어요. 몹시 여위고 무서운 얼굴로 방에 앉아서 나를 기다리고 계셨어요. 이틀 동안 아무것도 먹지 못했고, 아조르카도 마찬가지라고 말씀하시며 몹시 화를 내며 나를 나무라셨어요. 또 코담배도 다 떨어졌는데 담배 없이는 살 수 없다고도 말씀하셨어요. 할아버지는 전에도 정말로 그렇게 말씀하신 적이 있었어요. 엄마가 돌아가시고 나서 할아버지를 찾아갔을 때였어요. 그때 할아버지는 완전히 병들어 거의 아무 말도 알아듣지 못하셨어요. 그래서 오늘 할아버지한테서 그 말씀을 듣고, 다리 위에 서서 구걸을 하고 그 돈으로 할아버지께 빵과 삶은 감자와 담배를 사드리자고 생각했어요. 그러자 마치 내가 진짜로 다리 위에 서서 구걸을 하고 있지 뭐예요. 할아버지는 주변을 서성이다가 잠시 주저하시며 다가와 내가 얼마나 모았는지 보시고는 그 돈을 가져가셨어요. 그러면서 이건 빵 값이니 이젠 담뱃값을 모으라고 말씀하셨어요. 그리고 돈을 다시 모으면 할아버지가 또 다가와 빼앗아 가시는 거예요. 그래서 나는 그렇게 하시지 않아도 모두 드릴 거예요, 감출 생각은 조금도 없어요 하고 말씀드렸죠. 그러자 할아버지가 말씀하셨어요. '아니야, 너는 내 돈을 훔치고 있어. 부브노바도 네가 도둑이라고 말했어. 그러니 나는 너를 절대로 데려가지 않을 거다. 5코페이카짜리 동전 하나는 어디에 숨겼니?' 나는 할아버지가 믿어 주지 않아서 울음을 터뜨렸는데, 그래도 할아버지는 내 말은 전혀 듣지 않고 '5코페이카를 훔쳤구나!' 하고 고함을 지르시며 다리 위에서 나를 때리기 시작했어요. 너무 아팠어요. 나는 엉엉 울었어요……. 그래서 할아버지가 반드시 살아 계시고 어딘가를 혼자 걸어 다니시며 내가 오기만을 기다리고 계시다고 생각하게 된 거예요……."

나는 넬리가 생각을 바꾸도록 다시 설득하기 시작했다. 마침내 넬리도 간신히 마음을 돌린 것 같았다. 넬리는 요즘 할아버지가 꿈에 나와 잠들기가 무섭다고 했다. 마침내 잠들기 전에 아이는 나를 꼭 껴안았다…….

"하지만 역시 아저씨와는 헤어지고 싶지 않아요!" 아이는 내 얼굴에 그 조그만 얼굴을 밀착시키며 말했다. "할아버지가 이미 돌아가셨다 해도 아저씨와 헤어지지 않을 거예요."

집안 사람들은 모두 넬리의 발작에 기겁해 있었다. 나는 의사에게 조용히 넬리의 환상을 전한 뒤 아이의 상태가 어떤지 사실대로 말해 달라고 했다.

"아직 분명한 것은 없소." 의사가 주저하며 대답했다. "지금으로서는 추측도 해보고 여러 가지로 생각하면서 관찰하고 있지만…… 여전히 갈피를 못 잡겠소. 하지만 완쾌되진 않을 거요. 저 애는 이제 죽을 겁니다. 당신이 부탁해서 저들에게 말하진 않았지만 참 안됐어요. 내일이라도 입회 진찰을 해볼까 하오. 입회 진찰 뒤에 병세가 호전될지도 모르니까요. 그건 그렇고 참 불쌍한 아이요, 꼭 내 딸 같아서…… 저렇게 귀여운데! 저토록 명랑한 마음씨를 갖고 있는데!"

니콜라이 세르게이치는 유난히 흥분해 있었다.

"바냐, 이러면 어떻겠는가?" 노인이 말했다. "그 애가 꽃을 무척 좋아하잖나. 그러니까 내일 아침에 그 애가 잠에서 깨어나면 꽃 장식으로 맞아 주는 거야. 그 애가 하인리히와 함께 자기 엄마를 위해서 했던 것처럼 말이야. 오늘 그 애가 이야기한 것처럼 말일세……. 몹시 흥분해서 그 이야기를 하지 않던가……."

"그게 말입니다." 내가 대답했다. "지금 저 애한테는 그 흥분이 가장 해로운 것이어서……."

"그렇지, 하지만 즐거운 흥분이라면 얘기가 다르지! 여보게, 내 경험을 믿으라고. 즐거운 흥분은 조금도 해롭지 않아. 즐거운 흥분은 건강에도 좋아서 오히려 병을 낫게 하는 효과가……."

한마디로 노인은 자기가 궁리해 낸 생각이 마음에 들어 어쩔 줄 모를 만큼 이미 푹 빠져 있었다. 아무리 반대해도 소용없었다. 나는 의사에게 조언을 구했으나, 의사가 미처 생각해볼 겨를도 없이 노인은 벌써 모자를 집어 들고 그 계획을 실행에 옮기기 위해 걸음을 서둘렀다.

"마침 말이야," 노인이 나서며 말했다. "여기서 멀지 않은 곳에 온실이 하나 있거든. 훌륭한 온실이야. 원예사들이 꽃을 팔고 있는데 아주 싸…… 믿을 수 없을 만큼 싸다니까! 이 이야기를 안나 안드레예브나에게 잘 설명해 주게나. 안 그러면 또 돈을 썼다고 화를 낼 테니까 말이야……. 그건 그렇고, 어디 보자…… 그렇지! 할 얘기가 한 가지 더 있었지. 여보게, 자네 오늘은 어떻게 할 생각인가? 일도 끝냈겠다, 서둘러 돌아갈 이유도 없지 않나? 그러니 오늘은 우리 집에 묵게나, 2층 작은 방에서 말이야. 전에는 곧잘 자고 갔는데, 기억나나? 자네 침구도 침대도 모두 예전 그대로네. 손도 대지 않았어. 프랑스 임금님처럼 편히 잘 수 있을 거야. 응? 자고 가게. 내일 아침에는 조금 일찍 일어나서 다 함께 8시까지는 온 방을 꾸미자고. 나타샤도 도와줄 거야. 자네나 나보다 그 애 솜씨가 더 낫거든……. 어때, 괜찮지? 자고 갈 거지?"

결국 나는 자고 가기로 결정했다. 노인은 모든 준비를 마쳤다. 의사와 마슬로보예프는 인사를 하고 돌아갔다. 이흐메네프 집안은 11시면 이미 잠자리에 들었다. 마슬로보예프는 돌아갈 때 잠시 생각에 잠겼다가 내게 뭔가를 말하려 했으나 다음에 이야기하자며 떠났다. 내가 노부부에게 인사를 하고 내 방으로 올라가자 놀랍게도 마슬로보예프가 나를 기다리고 있었다. 그는 조그만 탁자 앞에 앉아 무슨 책인가를 뒤적거리고 있었다.

"가다가 되돌아왔네, 바냐, 지금 얘기하는 것이 좋을 것 같아서 말일세. 앉게나. 정말 너무 바보 같아서 화가 치미는 이야기일세……."

"대체 무슨 일인가?"

"그 비열한 공작이 2주 전에 나를 정말 화나게 만들었어. 얼마나 화가 나는지 지금도 울화통이 터지네."

"뭐라고? 자네 아직도 그 공작하고 관계를 맺고 있는가?"

"자네는 이게 무슨 천지가 개벽할 큰일이라도 되는 양 '뭐라고'라고 하는군. 여보게, 바냐. 자네도 우리 알렉산드라 세묘노브나하고 똑같으면, 도저히 견뎌낼 재간이 없는 그 여편네하고 똑같아……. 나는 여자들을 견딜 수가 없어! 까마귀가 까악 하고 울기만 해도 금세 '뭐예요, 무슨 일이에요?' 하고 묻거든."

"너무 화내지 말게."

"나는 화내는 게 아니야. 다만 무슨 일이든 평범한 시각으로 보고, 과장하지 말아야 한다…… 이 말이야."

하지만 그는 여전히 나에게 화가 난 듯 잠깐 입을 다물었다. 나는 그의 침묵을 깨뜨리지 않았다.

"여보게, 친구." 그가 다시 말을 꺼냈다. "나는 증거를 하나 잡았어……. 아니, 실제로 잡은 건 아니야. 게다가 확실한 증거도 아니고 단지 그런 느낌이 들었을 뿐이네……. 여러 가지 생각을 엮어 결론을 내린 것인데, 넬리는 …… 아마…… 그래, 한마디로 말해서 공작의 친딸인 것 같네."

"뭐라고!"

"거봐, 또 '뭐라고!'라며 언성을 높이잖아. 자네 같은 사람들하고는 이야기하기가 보통 어려운 게 아니라니까!" 마슬로보예프는 거칠게 손사래를 치며 소리쳤다. "내가 지금 무슨 확실한 말이라도 했는가? 너무 경솔하게 굴지 말게. 그 애가 공작의 친딸임이 증명되었다고 말했나? 그랬나, 안 그랬나?"

"여보게," 나는 몹시 흥분해서 그의 말을 가로챘다. "제발 소리치지 말고 분명하고 명확하게 설명해 주게. 그러면 나도 자네를 이해할 걸세. 자네도 생각 좀 해보게, 이 일이 얼마나 중대하고 또 어떤 결과를 불러일으킬지……."

"그 결과라니, 무슨 결과 말인가? 어디 증거라도 있나? 일이라는 것은 그렇게 하는 게 아니야. 지금부터 하는 얘기는 비밀이네. 왜 자네에게 비밀을 털어놓는지는 나중에 설명해주겠네. 어쨌든 이야기할 필요가 있으니까 잠자코 들어 봐. 비밀이라는 것만 명심하면서 말이야…….

자, 일이 이렇게 된 거야. 지난 겨울에, 아직 스미스가 죽기 전인데, 공작은 바르샤바에서 돌아오자마자 바로 이 일에 착수했어. 아니, 실제로는 훨씬 이전인 작년이었지. 그때 공작이 수소문하던 일과 지금 조사하기 시작한 일은 전혀 다른 일이야. 중요한 점은 그 놈이 단서를 놓쳐 버렸다는 사실이지. 그는 13년 전 파리에서 스미스의 딸을 버렸는데, 그 13년 동안 줄곧 그녀를 감시해 왔다네. 그는 그녀가 오늘 이야기에 나온 하인리히와 함께 살았다는 것과 넬리라는 딸이 있다는 것, 그녀가 병을 앓고 있다는 것도 알고 있었지. 한마디로 모든 것을 속속들이 알고 있었는데 갑자기 그녀를 놓쳐버린 거야. 하인리히가 죽고 나서 스미스의 딸이 페테르부르크로 돌아오려던 때였던 것 같아. 물론 그는 그녀가 다른 이름을 사용하여 러시아로 돌아온다 해도 페테르부르크에 있다면 금세 그녀를 찾아냈을 테지. 문제는 말이야, 외국에 있는 그의 정보원들이 거짓 정보로 그를 혼란케 했다는 거야. 그들은 그녀가 독일 남부의 어느 외딴 소도시에 살고 있다고 보고했어. 멍청히 있다가 다른 여자를 스미스의 딸로 착각한 모양이야. 그렇게 1년쯤 흘렀어. 1년이 지나자 공작이 의심을 품기 시작했지. 몇 가지 사실로 미루어 그 여자가 스미스의 딸이 아닌 것 같다고 생각하게 된 거야. 그렇다면 문제는 진짜 스미스의 딸이 어디로 갔느냐는 거지. 페테르부르크에 있지 않을까 하는 생각이 문득 그의 머릿속에 떠올랐어(아무런 근거도 없지만 말이야). 그는 외국에서 조사를 진행하는 한편 이곳에서도 다른 조사에 착수했어. 공식적인 경로는 사용하기 싫어서 나와 안면을 튼 거지. 다른 사람들이 그에게 나를 추천했어. 이러저러한 일을 하고 있으며, 그런 일이라면 안심하고 맡길 수 있다는 둥 하면서……

그래서 그가 나에게 사건을 설명하게 됐지. 그런데 그 빌어먹을 놈이 막연하고 모호하게 설명을 하는 거야. 틀린 부분도 많고, 했던 얘기를 몇 번이나 되풀이하면서, 한 가지 사실을 다양한 각도에서 동시에 이야기하기도 하고……. 하지만 아무리 교활하더라도 모든 단서를 다 숨길 수는 없는 일이지. 물론 나는 처음에 비굴하게도 굴고 어수룩하게 굴기도 했어. 노예처럼 이 한 몸을 다 바쳤어. 그러나 항상 지키는 원칙과 자연의 법칙에(왜냐하면 이것은 자연의 법칙이기 때문이야) 의거하여 추리해 보았지. 첫째, 그가 말한 것이 정말로 그가 찾고자 하는 것인가? 둘째, 그가 말한 용건 뒤에 이야기하지 않은 또 다른 용건이 숨어 있지는 않은가? 후자의 경우라면, 자네의 시적인 두뇌로도 이해할 수 있겠지만, 그가 나를 속인 것이 되거든. 말하자면 하나는 1루블짜리 정보이고 다른 것은 4루블이라고 할 때, 내가 4루블짜리 정보를 1루블에 넘긴다면 내가 바보가 될 게 아닌가 말이야. 그래서 조사와 추리를 거듭하다 보니 조금씩 단서가 잡히기 시작하더군. 공작한테서 직접 알아내기도 하고 전혀 관계없는 다른 사람에게서 얻기도 하고 내 머리로 생각해 내기도 했지. 자네는 내가 왜 그렇게 행동했는지 궁금하겠지? 대답해 주지. 공작이 무엇인가에 지나치게 마음을 쓰며 겁을 집어먹고 있다는 그 점만으로도 수상하지 않은가. 실제로 그가 두려워할 일은 어디에도 없는데 말일세.

사랑하는 사람을 그 아버지의 집에서 데리고 나왔는데 그녀가 임신을 해서 버렸다. 이게 어디 놀라운 일인가? 그냥 좀 유쾌한 장난일 뿐 아무것도 아니지 않은가? 공작 같은 사람이 그런 것을 겁낼 리 없지! 그런데 그는 겁을 먹었어……. 구린 데가 있다고 생각했지. 그러다가 하인리히를 통해 아주 흥미로운 단서를 얻었어. 물론 그는 이미 죽었지만 그의 사촌 누이(지금은 페테르부르크의 어느 빵가게 안주인이 되었어)가 이전에 하인리히에게 홀딱 반해서 15년이 지난 지금도 여태껏 그를 사모하고 있다네. 빵 굽는 뚱뚱보 남편과 결혼해서 어느새 애를 여덟이나 낳았는데도 말이지. 나는 온갖 책략을 다 동원한 끝에 그 사촌 누이에게서 아주 중요한 사실을 알아내는 데 성공했다네. 하인리히는 독일 풍습대로 그녀에게 일기와 편지를 썼는데 죽기 전에 그 일부를 그녀에게 부쳤던 거야. 여자는 멍청해서 편지에 담긴 중요한 의미를 깨닫지 못하고, 단지 달이나 사랑하는 아우구스틴이나 빌란트(¹⁸세기 독일 시인)에 대한 부분만 이해했던 것 같아. 그래도 나는 필요한 정보를 얻어 냈고 그 편지뭉치에서 새로운 단서를 찾아냈지. 스미스에 대해서, 그리고 딸이 그에게서 훔쳐간 재산과 그 재산을 공작이 가로챈 것도 알게 되었지. 편지의 감탄사와 암시와 비유를 헤집고 마침내 진상이 그 모습을 드러낸 거야. 바냐, 이해하겠는가! 분명한 증거는 하나도 없었어. 멍청한 하인리히는 일부러 그 사실을 감추고 암시만 했지만, 그 암시들을 모두 종합해 보니 천상의 화음이 들리는 거야. 공작이 실은 스미스의 딸과 결혼한 것이었어! 그런데 어디서 어떻게 결혼했는지, 정확히 언제인지, 외국인지 아니면 여긴지, 서류는 어디 있는지 완전히 오리무중이야. 바냐, 그래서 나는 화가 치밀어 머리를 쥐어뜯으며 끈질기게 찾고 또 찾았지. 밤낮을 가리지 않고 찾으러 다녔어.

마침내 나는 스미스를 찾아냈지만 그는 갑자기 죽어 버렸지 뭔가. 살아 있는 모습은 끝내 보지도 못하고 말았네. 그때 뭔가 짚이는 데가 있는 여자가 바실리예프스키 섬에서 죽었다는 이야기를 우연히 듣고 조사해 보았더니 증거가 나온 거야. 그래서 바실리예프스키 섬으로 달려갔지. 자네와 우연히 만났던 그 때 말이야. 나는 많은 것을 알아냈어. 한마디로 말해 넬리도 여러 가지로 내게 도움이 되었다네……."

"여보게." 내가 그의 말을 가로막았다. "그럼 자넨 넬리가…… 알고 있다고 생각하는가?"

"뭘 말인가?"

"자기가 공작의 딸이란 사실 말이야."

"그 애가 공작의 딸이라는 사실은 자네도 이미 알고 있지 않은가." 마슬로보예프가 일종의 독기 어린 시선으로 나를 비난하듯 바라보며 대답했다. "자네도 얼이 빠졌나, 왜 그런 한가한 질문을 하는가? 중요한 사실은 그 애가 단순히 공작의 딸이 아니라 공작의 법적인 딸이라는 사실을 그 애가 알고 있다는 점이야, 알아듣겠나?"

"그럴 리가 없어!" 나는 소리쳤다.

"나도 처음엔 '그럴 리가 없다'고 생각했지. 심지어 지금도 가끔은 '그럴 리가 없다'고 혼잣말을 하곤 해! 그런데 문제는 그럴 수도 있으며, 십중팔구 그렇다는 점이야."

"아냐, 마슬로보예프. 그렇지 않을 거야. 자네가 너무 몰두한 탓이야." 내가 소리쳤다. "넬리는 그 사실을 모를 뿐만 아니라, 실제로 사생아야. 어머니가 그런 증명서를 갖고 있다면 페테르부르크에서 왜 그런 지독한 운명을 참고 견뎠겠는가? 그뿐만 아니라 자기 아이가 고아 신세가 되는데 손놓고 있었을 리 있겠나? 말도 안 되네! 그건 있을 수 없는 일이야."

"나도 그렇게 생각했어. 그 점은 지금까지도 의혹으로 남아 있다네. 그렇지만 역시 문제는 스미스의 딸이야. 그 여자는 세상에서 가장 얼빠지고 미치광이 같은 여자라는 점이지. 그 여자는 정말로 특이했어. 자네도 모든 상황을 잘 조합해 보게. 말 그대로 낭만주의 소설 같지 않은가? 가장 기이하고 광기에 찬, 별세계의 바보 같은 이야기야. 스미스의 딸은 처음부터 지상의 천국이니 천사니 하는 것들만을 꿈꾸어 왔어. 그러다가 앞뒤 가리지 않고 그놈과 사랑에 빠져서는 그를 완전히 믿어버린 거지. 내가 볼 때 그 여자는 공작이 시큰둥해져서 그녀를 버렸기 때문이 아니라, 그녀가 기대한 대로 흘러가지 않아서 미쳐버린 거야. 그 놈이 여자를 속이고 버릴 수 있는 남자라는 것 때문에 미친 거라고. 자기의 천사가 추악하게 변해서 자기에게 침을 뱉고 짓밟았기 때문이지. 그 여자의 낭만적이고 어리석은 마음은 이런 변화를 견뎌 내지 못했던 거야. 게다가 그녀는 모욕당했어. 그 어마어마한 모욕감을 자네도 이해하겠지! 겁에 질려, 그리고 무엇보다도 자존심 때문에 그 여자는 한없이 경멸하며 그에게서 멀어졌네. 그리고 모든 관계를 단절하고 서류도 다 찢어 버렸네. 돈에 침을 뱉고, 그 돈이 자기 것이 아니라 아버지의 돈이라는 사실도 잊고서 마치 더러움이나 먼지를 털어내듯 돈을 내던졌어. 자기를 속인 사람을 아량으로 짓밟고 그를 도둑놈이라고 부르며 평생 동안 멸시할 권리를 갖기 위해 돈을 거부한 거야. 그리고 그녀는 아마도 그 자리에서 그의 아내로 불리는 것이 치욕스럽다고 말했을 거야. 우리나라에선 이혼이 인정되지 않지만, 그들은 사실상 이혼한 것이나 마찬가지니 그녀가 어떻게 그에게 도움을 청할 수 있었겠는가! 그 미친 여자가 죽을 때 넬리에게 말한 것을 기억해 보게. 그들에게 가지 마라, 일을 하거라, 누가 데리러 오더라도 그들에게는 죽어도 가지 말아라(즉 여자는 여전히 그가 그녀의 딸을 데리러 올 거라고 꿈꿨던 거야. 그러면 데리러 온 사람을 무시해 버림으로써 또 한 차례 복수할 기회가 찾아온다고 생각했을 테지. 한마디로 빵 대신 증오로 가득 찬 꿈을 먹고 살았던 거야). 나는 넬리에게서도 많은 것을 알아냈네. 요즘도 이따금 캐내고 있지. 그 애 엄마는 폐결핵을 앓고 있었어. 그 병은 특히 분노와 각종 흥분을 유발하지. 그런데 말일세, 부브노바 집에 사는 어느 아낙에게서 넬리의 엄마가 공작에게 편지를 보낸 사실을 알아냈어. 그래 공작에게, 다름 아닌 그 공작에게 말일세……."

"편지를 썼다고! 그래, 편지는 도착했나?" 나는 초조해서 소리쳤다.

"바로 그게 문제야. 편지가 도착했는지 아닌지 그걸 모르겠어. 한때 스미스의 딸은 그 아낙과 가깝게 지냈기 때문에(기억하는가, 부브노바 집에 있던 얼굴에 분을 허옇게 바른 여자 말이야. 지금은 형무소에 있지) 편지를 그 여자 편에 보내려 했는데, 결국 건네주지 않고 도로 집어넣었어. 그녀가 죽기 3주 전의 일일세……. 이 사실은 아주 중요해. 한번 편지를 보내려 마음먹었다면 비록 도로 집어넣었더라도 다음에 다시 보낼 수 있으니까. 그래서 그 여자가 편지를 보냈는지 보내지 않았는지는 모르겠지만, 보내지 않았다고 추정할 수 있는 근거가 하나 있어. 공작이 그녀가 페테르부르크에 있으며 정확히 어디에 살았는지 확실히 안 것은 이미 그녀가 죽고 난 다음이었거든.

빌어먹을 놈, 틀림없이 기뻐했겠지!"

"그래, 기억나는군. 언젠가 공작이 어떤 편지를 받고 매우 기뻐했다고 알료샤가 이야기한 적이 있어. 얼마 전이었어. 채 두 달도 안 된 일이지. 그건 그렇고, 그 다음엔? 그 다음에 자네와 공작은 어떻게 됐나?"

"나하고 공작이 어떻게 됐냐니? 잘 듣게. 심증은 확실하지만 결정적인 증거는 하나도 없어. 아무리 기를 써 봐도 하나도 건지지 못했네. 막다른 길에 다다른 거야! 외국으로 나가 조사를 하면 좀 알 수 있을 텐데 어딘지 알 수가 있나. 그래서 나는 머지않아 한바탕 난리가 날 것을 각오했네. 나는 실제 아는 것보다 더 많이 알고 있는 척하며 넌지시 에둘러 그를 위협할 수밖에 없었지만……."

"그래서 어떻게 됐나?"

"도무지 그놈이 속아 넘어가야 말이지. 그런데 겁을 주긴 했네. 지금까지도 두려워할 정도야. 그놈과 몇 번 마주쳤지만 놈이 어찌나 난감해 하던지! 한번은 친구인 척하며 내게 다 털어놓으려 한 적이 있어. 내가 남김없이 다 알고 있다고 생각한 거야. 청산유수로 감정을 넣어 가며 그럴듯하게 말했지만 물론 뻔뻔하게 거짓말을 한 거지. 그래서 나는 놈이 나를 얼마나 두려워하는지를 알게 된 거야. 그래서 한때는 나도 일부러 멍청이처럼 굴기도 하고 노골적으로 잔꾀를 부려 보이기도 했지. 일부러 서투른 위협을 하기도 하고, 무례하게 굴고 을러보기도 했지. 나를 멍청이로 생각하게 만들어 무심코 지껄이도록 하기 위한 것이었지. 그런데 놈이 알아챈 거야, 젠장! 하는 수 없이 다음에는 취한 척 해봤는데 역시 쓸모가 없었어. 교활한 놈! 이보게, 바냐. 자네 이해할 수 있겠나? 나는 어쨌든 그가 나를 얼마나 두려워하는지 알아야 했고, 또 실제로 알고 있는 것보다 더 많이 알고 있다는 모습을 그에게 보여주어야 했거든……."

"그래서 결국 어떻게 됐나?"

"아무 성과도 없었어. 증거와 사실들이 필요한데 그것들이 하나도 없었거든. 그래도 그는 내가 마음만 먹으면 소동을 일으킬 수 있다는 점만은 깨달았지. 이 도시의 사교계에 고개를 들이밀었으면 가장 조심해야 할 게 추문이거든. 그가 결혼할 생각인 것은 알지?"

"아니……."

"내년이라는군! 신부는 이미 작년부터 점찍어 놨어. 그때 고작 열네 살이 었으니 지금은 열다섯 살이군. 아직 에이프런을 두르고 다니는 어린 것인데, 정말 불쌍해. 그래도 그 부모들은 얼마나 기뻐하는지 몰라! 그러니 아내가 죽어주기를 놈이 얼마나 절실히 바랐는지 이제 이해가 되는가? 약혼녀는 장 군의 딸인데, 한마디로 돈 덩어리야. 엄청난 부자지! 이보게, 바냐. 우리는 절대로 그렇게는 결혼하지 마세…… 다만 평생토록 내가 분을 삭이지 못할 일이 하나 있는데……" 주먹으로 탁자를 내려치며 마슬로보예프가 소리쳤 다. 그 자식이 나를 속였다는 사실이야, 2주 전에 말이지…… 빌어먹을!"

"어떻게 된 일인가?"

"그게 말이야. 내가 결정적인 단서를 가지고 있지 않다는 사실을 그가 눈 치챘다고 생각했어. 일을 길게 끌수록 그에게 약점만 잡힐 것 같았지. 그래 서 2000루블을 받는 데 동의해 버린 거야."

"2000루블을 받았단 말인가!"

"은화로 받았네, 바냐. 마지못해 받았어. 그만한 일이 2000루블밖에 안된 다니 말이나 되는가! 굴욕을 삼키며 받았어. 마치 모욕당한 사람처럼 그의 앞에 서 있었지. 그가 '마슬로보예프, 당신이 지금까지 해준 수고에 대해 아 직 사례를 하지 못했군요. (하지만 그는 그때까지 한 일에 대해서는 약정에 따라 150루블을 벌써 지불했네.) 나는 이제부터 멀리 여행을 갑니다. 여기 2000루블이 있으니 받아 주시오. 이로써 우리의 일은 완전히 끝난 겁니다'라 고 하지 뭔가. 그래서 나도 대답했지. '완전히 끝났습니다, 공작.' 그러나 말 은 그렇게 하면서도 놈의 낯짝조차 감히 쳐다보지 못했네. 그놈의 낯짝에 '어 때, 굉장하지? 이건 그건 멍청한 놈에게 선심을 쓴 것뿐이야!' 하고 씌어 있 는 것 같았거든. 나는 놈의 집에서 어떻게 나왔는지도 기억이 나질 않더군!"

"그건 비열한 짓이야, 마슬로보예프!" 내가 소리쳤다. "자네는 넬리에게 못할 짓을 했네."

"비열하다뿐인가. 형무소 감이고, 추접스러운 짓이고…… 마치…… 마치 …… 아니, 뭐라고 설명할 말도 없군!"

"맙소사! 적어도 공작은 넬리의 생활 정도는 보장해 주어야 하지 않는 가!"

"당연히 그래야지. 그런데 무엇으로 강요를 한단 말인가? 협박할까? 놈은 눈도 깜짝하지 않을 걸세. 내가 돈을 받았으니. 내 협박은 은화 2000루블짜리밖에 안 된다고 그놈 앞에서 스스로 가격으로 매겨 버렸으니 말일세! 이제 무엇으로 그를 협박한단 말인가?"

"그렇다면 넬리의 일은 그렇게 끝나는 건가?" 나는 절망스럽게 외쳤다.

"그렇게는 안 되지!" 마슬로보예프도 버럭 소리치며 온몸을 부르르 떨었다. "놈을 가만 내버려둘 수는 없어! 나는 새로운 일을 시작할 거네, 바냐. 이미 결심했어! 내가 2000루블을 받은 게 뭐 어쨌단 말인가? 아무래도 상관없어. 그 돈은 내가 당한 모욕의 대가일 뿐이야. 그놈이 나를 기만했고 나를 비웃은 대가야. 나를 기만한데다가 비웃기까지 했어! 내가 비웃음을 당하고도 그냥 참을 줄 알았다면 큰 오산이지…….. 바냐, 이번에는 넬리부터 직접 조사할 거야. 내가 볼 때 이 일을 해결할 결정적인 실마리는 넬리가 쥐고 있네. 틀림없어. 그 애는 모든 것을 알고 있어, 모든 것을…….. 엄마가 직접 얘기해 주었을 거야. 고열에 들떠 있을 때나 슬픔에 빠져 있을 때 이야기했을 거야. 누구에게도 하소연하지 못하니 곁에 있는 넬리에게 했을 거야. 혹 어떤 증서라도 나올지 모르지." 그는 양손을 비비며 달콤한 환희에 젖어 덧붙였다. "바냐, 이제 오늘 내가 왜 찾아왔는지 알겠나? 첫째는 자네에 대한 나의 우정일세. 그건 당연한 거야. 그런데 가장 큰 목적은 넬리를 관찰하기 위해서네. 세 번째로, 바냐. 좋든 싫든 자네는 나를 도와주어야 하네. 자네한테는 넬리를 움직일 힘이 있으니까 말이야!"

"반드시 그렇게 하지. 맹세하네." 내가 외쳤다. "그리고 마슬로보예프, 자네는 무엇보다도 넬리를 위해서 힘써 주길 바라네. 상처 입은 불상한 고아를 위해서 말이야, 자네의 이익을 위해서가 아니라…….."

"자네도 세상 물정을 참 모르는군. 내가 누구의 이익을 위해서 노력하든 그것이 자네와 무슨 상관이 있단 말인가? 무조건 목적을 달성하는 것이 바로 핵심이라고! 물론 고아를 위해서 힘쓸 거야. 그것이 인류애가 명령하는 바이니까. 그런데 바냐, 내가 조금쯤 스스로를 챙긴다고 해서 나를 지독한 놈이라고 비난하지는 말게. 나는 가난한 사람이야. 그러니 그놈이 가난한 사람들을 감히 등쳐먹게 할 수는 없어. 그는 내 것을 빼앗고도 모자라 나를 속이기까지 했어, 비열한 놈! 그런데도 자네는 내가 그런 사기꾼을 그냥 내버려 두어야 한다는 말인가? 천만의 말씀!"

그러나 다음날 하기로 한 꽃잔치는 실현되지 못했다. 넬리의 상태가 더 나빠져서 방에서 나오지 못하게 된 것이다.

그리고 넬리는 두 번 다시 그 방에서 나오지 못했다.

넬리는 2주일 후에 죽었다. 그 고통스러운 2주일 동안 소녀는 한 번도 제정신을 차리지 못했으며, 그 기이한 환상에서 벗어나지도 못했다. 의식이 이미 혼미해진 것 같았다. 넬리는 숨을 거두는 마지막 순간까지도 할아버지가 자신을 부르고 있으며 오지 않는다고 화를 내고 있다고 말했다. 할아버지가 지팡이로 때리거나 마음 좋은 사람들에게 빵과 담배를 살 돈을 구걸해 오라고 시킨다고 확신했다. 넬리는 수시로 꿈을 꾸며 울었고, 깨어나서는 어머니를 보았다고 말했다.

이따금 정신이 완전히 돌아온 것처럼 보이기도 했다. 언젠가 집에 우리 둘만 있을 때, 넬리는 팔을 뻗어 여위고 열이 나서 뜨거워진 손으로 내 손을 꼭 잡았다.

"바냐 아저씨," 넬리가 말했다. "제가 죽으면 나타샤와 결혼하세요!"

넬리는 오래전부터 끊임없이 그 생각을 해온 것 같았다. 나는 말없이 웃어 보였다. 내 미소를 보고 넬리도 방긋 웃으며 앙상한 손가락을 장난스럽게 세우고 위협하는 시늉을 했지만, 이내 내게 입을 맞추기 시작했다.

넬리가 죽기 사흘 전, 눈부시게 아름다운 여름날 저녁에 아이는 침실의 커튼을 걷어 올리고 창문을 열어 달라고 부탁했다. 창문은 뜰을 향해 나 있었다. 넬리는 오랫동안 짙은 녹음과 저물어가는 저녁 해를 바라보더니, 갑자기 나와 둘만 있게 해 달라고 부탁했다.

"바냐." 쇠약해질 대로 쇠약해진 넬리는 들릴락 말락 한 목소리로 말했다. "저는 곧 죽을 거예요, 얼마 안 남았어요. 그러니까 제가 하는 말을 잊으시면 안 돼요. 아저씨한테 유품으로 이걸 드릴게요(넬리는 십자가와 함께 목에 걸고 있던 부적 주머니를 손가락으로 가리켰다). 이건 엄마가 돌아가시면서 남기신 거예요. 제가 죽으면 이 주머니를 풀어서 아저씨가 갖고 계세요. 그리고 이 속에 들어 있는 것을 읽어 보세요. 오늘 모든 분들에게 이 부적 주머니는 오직 아저씨한테만 주라고 말할 거예요. 안에 있는 걸 다 읽고 나면, 그 사람에게 가서서 저는 죽었지만 그를 용서하지 않았다고 말씀해 주세요. 그리고 제가 얼마 전에 신약성서를 읽었다고도 말씀해 주세요. 성서에는 네 원수를 사랑하라고 씌어 있었다고요. 그렇지만 저는 그를 용서하지 않을 거예요. 엄마가 돌아가시기 전에, 아직 말을 할 수 있을 때 마지막으로 하신 말씀이 '그를 저주한다'는 것이었거든요. 그러니까 저도 그를 저주해요. 저를 위해서가 아니라 엄마를 위해서 저주해요……. 그에게 엄마가 어떻게 돌아가셨는지, 제가 홀로 부브노바 집에 남겨졌을 때 어땠는지, 무슨 일이 있었는지 모두모두 전해 주세요. 그리고 제가 그에게 가느니 차라리 부브노바 집에 있길 원했다고 말씀해 주세요……."

이 말을 하는 동안 넬리의 얼굴은 몹시 창백해졌고 눈은 불꽃처럼 빛났다. 심장의 박동 소리도 몹시 빨라져 아이는 베개 위에 쓰러진 채 2분 동안 한마디도 하지 못했다.

"모두를 불러 주세요, 바냐." 이윽고 넬리가 힘없는 목소리로 말했다. "모든 이들과 마지막 인사를 나누고 싶어요. 안녕, 바냐!"

넬리는 마지막으로 나를 꼭 껴안았다. 식구들이 모두 들어왔다. 노인은 넬리가 죽어가고 있다는 것을 도저히 이해하지 못했다. 그런 생각을 할 수조차 없었던 것이다. 그는 마지막 순간까지도 우리와 다투며 소녀가 반드시 건강을 되찾을 것이라고 단언했다. 그리고 깊은 근심으로 수척해진 채 낮이나 밤이나 넬리의 머리맡에 앉아 있었다……. 마지막 며칠 밤 동안 노인은 말 그대로 한숨도 자지 않았다. 그는 넬리의 아주 사소한 바람이라도 말하기 전에 알아내어 들어주려고 애썼으며, 아이의 방에서 나올 때면 정신없이 서럽게 울었다. 그러면서도 잠깐 뒤엔 다시 기대를 품으며 넬리가 틀림없이 건강해질 것이라고 고집을 부렸다. 노인은 넬리의 방을 꽃으로 가득 채웠다. 한번은 사랑스러운 넬리치카를 위해 아주 멀리까지 나가서 희고 붉은 장미 꽃다발을 사왔다……. 이 모든 일에 넬리는 매우 감동했다. 모두의 헌신적인 사랑에 자신도 온 마음으로 보답하지 않을 수가 없었다. 작별인사를 하던 그날 저녁, 노인은 끝까지 넬리와 작별인사를 하려고 하지 않았다. 넬리는 노인에게 미소를 지어 보이며 저녁 내내 즐거워 보이려고 애썼고, 그와 농담을 주고받으며 심지어 웃기까지 했다……. 우리는 희망을 품고 넬리의 방에서 나왔다. 하지만 다음날 아이는 이미 한마디도 하지 못했고, 이틀 뒤 눈을 감았다.

나는 노인이 넬리의 작은 관을 꽃으로 장식하고, 아이의 깡마른 얼굴과 생기 잃은 미소와 가슴 위에 포개져 놓은 손을 얼마나 망연자실하게 보았는지 기억한다. 노인은 친자식을 잃은 사람처럼 펑펑 울었다. 나타샤와 내가 온 힘을 다해 그를 위로했으나 그의 슬픔은 수그러들지 않았고, 넬리의 장례가 끝나자 심하게 앓았다.

안나 안드레예브나는 넬리의 목에서 풀어낸 부적 주머니를 내게 넘겨주었다. 그 부적 주머니에는 넬리 어머니가 공작에게 쓴 편지가 들어 있었다. 나는 넬리가 떠난 날 그 편지를 읽었다. 넬리의 어머니는 공작을 저주하며 절대 용서하지 않겠다고 썼다. 그리고 자신의 마지막 생활이 어땠으며 넬리를 홀로 남겨두고 떠나야 하는 두려움을 자세히 이야기하고, 적어도 아이한테만은 무엇인가 해달라고 간절히 애원했다. 넬리의 어머니는 이렇게 썼다. '이 애는 당신 딸이에요. 이 애가 당신의 친딸이란 사실은 당신 스스로도 잘 아시잖아요. 내가 죽으면 당신에게 가서 이 편지를 드리라고 아이한테 잘 말해 두었어요. 당신이 넬리를 쫓아내지 않는다면 아마 나도 저승에서 당신을 용서할 거예요. 그리고 심판의 날에 하느님의 보좌 앞에 나아가 당신의 죄를 용서하시라고 빌겠어요. 넬리는 이 편지의 내용을 알아요. 내가 읽어 주었고, 또 모든 것을 다 설명해 주었거든요. 이 아이는 모든 것을, 모든 사실을 다 알고 있어요……'

그러나 넬리는 어머니의 유언을 지키지 않았다. 모든 사실을 알면서도 끝내 공작에게 가지 않고 화해하지 않은 채 죽었다.

넬리의 장례를 마치고 돌아와서, 나와 나타샤는 뜰로 나갔다. 햇빛이 찬란히 빛나는 더운 날이었다. 일주일만 있으면 그들은 떠나야 했다. 나타샤는 야릇한 표정으로 오래도록 나를 바라보았다.

"바냐," 나타샤가 말했다. "바냐, 한바탕의 꿈이었어요!"

"뭐가 꿈이라고?" 내가 물었다.

"모든 게, 전부 다요." 나타샤가 대답했다. "지난 1년 동안 일어난 모든 일이 말이에요. 바냐, 왜 내가 당신의 행복을 깨뜨렸을까요?"

나타샤의 눈은 이렇게 말하고 있었다.

'우리가 함께 한다면 영원한 행복을 찾을 수 있을지도 몰라!'

영원한 예언자의 학대받은 사람들

표도르 도스토옙스키가 자신의 소설세계에 등장시킨 인물들은 19세기 끝 무렵 러시아, 즉 오늘날의 러시아와는 사뭇 다른 문화와 다른 사회 속에서 놀랍도록 유사한 정신 상태에 놓인 채 살아갔다. 그 유사성을 한 마디로 표현한다면 '무질서의 자유 감각'이라 할 수 있을 것이다.

'세계화(globalization)'라는 단어가 풍부한 '미래의 가능성'만을 암시하던 시절은 이미 지나갔다. 이제 그 단어는 지구온난화처럼 '지구 전체의 기능장애'를 반영하는 부정적인 성격을 강하게 드러내고 있다.

이런 불길한 시대가 오리라는 사실을 누구보다도 빨리 감지하고 예언한 문학가가 있다. 바로 150여 년 전 러시아, 정확히 말하면 농노해방 그 뒤 러시아에서 살아간 작가 도스토옙스키이다.

1861년 러시아 황제 알렉산드르 2세가 농노신분제를 폐지하자, 계급을 막론하고 모든 사람이 해방의 기쁨과 더불어 막연한 붕괴감을 맛보았다. 그리하여 동시대 지식인들 가운데 상당수가 그 불안에서 벗어나기 위해 양자택일을 하게 되었다. 신이냐 혁명이냐. 그때는 둘 중 하나에 기댈 수밖에 없을 만큼 절박한 시대였다.

《지하생활자의 수기》에서 주인공이 말했듯이 사람들은 병들어 있었다. 도스토옙스키 소설에서는 언제나 두 가지 소리가 동시에 울려 퍼진다. 더없이 상처받은 사람들의 신음과, 남의 불행에 무관심한 이기주의자들의 비웃음소리이다. 또 한편으로는 잔혹함과 상냥함 사이에서 살아가는 사람들의 소리 없는 아우성과, 그런 그들의 삶을 신처럼 높은 곳에서 무섭도록 냉담하게 내려다보는 오만한 사람들의 기척도 느껴진다. 이처럼 병든 사람들이 만들어내는 무시무시한 이중성, 삼중성의 세계…….

그러나 도스토옙스키는 절대로 그들을 구별하거나 차별하지 않는다. 일의적인 선악 관념으로 그들을 단죄하여 내쳐 버리지는 않는다. 그 영혼 깊숙한 곳

마린스키 병원
도스토옙스키
는 이 병원 관
사에서 어린
시절을 보냈다.

에서 살아 숨쉬는 것은 '함께 살아가고 함께 괴로워한다'는 이른바 '동고(同
苦)' 정신이다. 도스토옙스키는 등장인물 한 사람 한 사람에게 독립적인 목소
리를 내게 한다. 그리고 그들 곁에 붙어서 그때그때 함께 기뻐하고 함께 괴로
워한다. 그는 결코 높은 곳에서 우쭐거리며 남들을 내려다보지 않는다. 신처
럼 높은 위치에 서기 전에, 그는 이미 눈물을 흘리며 부들부들 떨고 있다.

어쩌다 그는 이렇게 남과 함께 기뻐하고 괴로워하는 능력을 가지게 되었
을까. 실은 그 자신이 무척 불행했기 때문이다. 도스토옙스키는 그야말로 파
란만장한 생애를 보냈다. 고통스런 간질병, 사형 선고, 시베리아 유형, 황제
의 감시, 사랑하는 사람들의 죽음……

그러나 이런 불행을 겪으면서도 그는 삶에 대한 희망을 잃지 않았다. 그는
행복이 무엇인지 분명히 알고 있었으며, 행복해지고 싶다는 소망이나 삶 자
체의 기쁨을 언제까지나 잃어버리지 않았다.

도스토옙스키는 괴로움 속에서도 생명의 반짝임을 발견할 수 있는 보기 드
문 작가였다. 아니, 어쩌면 이렇게 말할 수도 있으리라. 생명의 반짝임을 지
각할 만큼 감수성이 풍부하다는 점에서 그는 누구보다도 행복한 사람이었다.

그의 인간적 언어의 보물은 이같이 아찔하리만치 강한 행복감 속에서 탄
생한 것이다.

도스토옙스키는 1844년 10월 문학으로 기우는 열정을 저버리지 못하고 작
가가 되어 문학에 전념한다. 그는 프랑스어판 발자크와 조지 샌드를 번역했
다. 공상적인 열광 속에서 낭만적인 역사 드라마를 구상했고, 형 미하일과

함께 실러의 러시아 번역본을 구
상했다. 그는 자신의 주변과 단
단히 결합하지 않은 극단적인 작
가였다. 처음에 그는 스스로를
낭만주의적 몽상가이자 이상주의
자로 생각했다.

"나는 모두의 비밀을 좋아한
다. 공상가이자 신비주의자이다.
그리고 페테르부르크가 왜 항상
비밀스러운 것을 가지고 있는지
모른다고 고백한다."

겨울 저녁의 도시는 '매순간
사라지고 연기로서 검푸른 하늘
로 올라가며, 공상적이고 마법과
비슷한 꿈'에 필적한다. 그러나

도스토옙스키(1821~1881)
스물여섯 살 때(1847)의 초상화

꿈의 세계는 증발하고, 실러에 대한 열광은 일상 장면에서 멀어진다. 그는
갑자기 '기이하고 완전히 무미건조한 형체, 즉 돈 칼로스나 포자가 아닌 정
확하고 공상적인 명예고문관을 본다.'

1846년, 문학에서 그의 첫 데뷔작인 편지소설 《가난한 사람들》은 그에게
압도적인 초기 성공을 가져왔다. "나의 명성이 결코 다시는 그러한 최고의
절정에 이를 수 없을 거라고 생각한다." 그러나 이 소설은 오해도 불러일으
켰다. 사람들은 이 소설을 주로 날카로운 사회비판으로서 읽은 것이다. 후속
작품 《분신》은 이중인격자의 공상적 이야기이고, 비판을 자극했으며 독자들
로부터 거부당하기도 했다.

그동안 페테르부르크의 사설연구회 및 독서회에서 프루동과 카베, 푸리에
와 로버트, 오언의 저서에 대한 토론이 펼쳐졌다. 사람들은 농노신분제의 부
당함에 흥분했고, 불만족스러운 사회 현상을 위한 사회적인 대안을 논했다.

1848년부터 도스토옙스키는 젊은 농장지주이자 내무부 공무원인 미하일 페
트라솁스키의 집에서 열린 금요일 모임에 참석했다. 그러나 정치와는 전혀
무관한 모임임에도 불구하고 1849년에 발각되어 참여자들이 혁명을 획책했다

육군공병학교 도스토옙스키는 열일곱 살 때 이곳에 입학해서 스물두 살 때 소위로 승진해 졸업했다.

하여 기소되었다. 사형선고를 받았지만 4년간의 성채감금형과 망명생활로 감형되었다. 옴스크 성채의 감금은 그에게 있어 충격적인 경험이 되었다.

 사람들은 젊고 성공한 작가가 형 집행으로서 페테르부르크에서 시베리아로 보내질 것이라고 생각했다. 이곳 의사들은 우연치 않게 그의 간질병을 단번에 정확하게 진단했다. 그러나 그를 특히 괴롭히는 것은 죄수들과의 밀접한 공동생활이었고, 또 책, 펜과 떨어져 지내는 것이었다. 하지만 그는 이 판결에 불평하지 않았다. 반대로 옴스크에서 국민들과 직접 만남으로써 그의 세계상이 바뀌었다고 추후에 그의 글에서 밝혔다. 그 이후, 세계변화에 대한 이론적인 구상은 그에게 의혹을 가져왔다. 단순한 군인으로서 석방된 뒤 세미팔라틴스크로 옮겨진 그는, 나중에 장교로 승진되었다.

 1857년 2월, 미망인 마리아 이사예바와 첫 번째 결혼을 하게 된다.

 1859년 건강상의 문제로 페테르부르크로 돌아가는 것이 허용되었을 때는 크림 전쟁에서 패배하고 왕위 교체가 된 후라서 이 도시의 많은 것들이 변한 상태였다.

 1861년 알렉산드르 2세의 통치하에 농노신분제는 폐지되었고, 개혁 분위기가 일어났다. 검열 조건은 완화되었고, 도스토옙스키는 문학 활동에 전념하여 자기 소유의 일간지를 출판하게 된다. 또한 시사평론가이자 비평가로서 공식적 논쟁에 합류하였으며, 사상의 자유와 국민의 계몽을 위해 진력했다. 토착적인 그의 사상은 개혁과정에서 국민과 지도층 사이의 민족적인 화해에 일조했다. 그리고 새로운 작품, 《스테판치코보 마을 사람들》(1859), 《학대받은 사람들》과 《죽음의 집의 기록》(1861)이 이때에 발간되었다. ·

그 뒤, 많은 사건들이 잇따라 발생했다. 도스토옙스키는 유럽 여행 중 도박에 몰입하거나, 불행한 연애사건을 경험하기도 했다. 그와 형 미하일이 출판한 잡지는 정치적, 재정상의 이유에서 발행을 중지해야만 했다.

두 번째 아내 안나 스니트키나
첫 아내와 사별한 도스토옙스키는 내조자가 절실한 상태였다. 속기사로 고용된 안나는 그의 평생 반려자가 된다.

1864년 4월, 아내 이사예바가 죽었다. 11월에는 형 미하일이 많은 부채를 남기고 죽었다. "이렇게 나는 갑자기 홀로 남겨졌어"라고 오랜 친구에게 편지를 썼다.

"완전히 끔찍한 기분이었어. 내 모든 삶은 갑자기 두 부분으로 쪼개졌지. 내 뒤에 남겨진 반쪽에는 내가 살아야 했던 모든 것들이 존재했고, 알지 못하는 다른 반쪽에는 모든 것이 낯설고 새로웠다네."

상인이자 출판업자인 스젤로프스키와의 위험한 협상은 자신의 삶 속에서 최악의 상태에 대한 징후가 되었다. 형이 진 빚을 청산하기 위해 도스토옙스키는 1865년 7월 1일 계약서에 서명해야 했다. 즉 스젤로프스키에게 한 작품의 발행권을 3천 루블에 보증하고, 새로운 소설로 작품 발행을 보충하도록 저자와 고용계약을 맺은 것이다. 그리고 1866년 11월 1일까지 한 작품을 제공해야만 했다. 만약 불이행시에는 스젤로프스키에게 재정적인 보상 없이 저자의 지금까지, 그리고 미래의 도스토옙스키의 모든 작품을 출판할 자격

스타라야루사의 옵티나 푸스틴 수도원
《카라마조프의 형제》의 무대이자 원작에 나오는 수도원의 모델이 된다.

이 돌아갈 수 있게 된다.

도스토옙스키는 선불을 제공받아 채권자에게 갚고, 1865년 7월 다시 유럽으로, 즉 비스바덴으로 떠났다. 그곳에서 그는 남은 돈을 룰렛 도박으로 모두 잃어버렸다.

마치 산사태처럼 갑자기 그를 엄습한 위기 속에서 세계관과 문체상의 원칙이 저자의 의식에서 두드러지게 나타났다. 그리고 그는 장래의 대소설에서 그 원칙을 따랐다. 유럽에서 발전된 시민사회와 그들의 윤리규범(《여름 인상에 대한 겨울 기록》)에 대한 근본적인 비판과 정신분석에 몰두하는 경향(《지하생활자의 수기》)을 표현했다. 해석의 상급심으로서 화자는 가능한 한 보류되었고, 사건의 판단은 등장인물에게 양도되었다. 이 절차는 각각 진행되는 사건에서 다양한 관점을 전제로 하고, 묘사된 현실을 혼란스럽게 나타냈다. 그리고 그가 방금 전 신문잡지의 활동으로 가슴속에 품고 있었던 것과 같은 계몽주의적인 공명심은 사라졌다. 그는 현재 인간의 삶에서 예측할 수 있는 모든 것이 이성과 규정, '현실주의는 대중의 오성과 일치한다'는 현실주의의 범주 내에서 실제로 예측할 수 없고 무아지경의 본질을 은폐하게 하는 구조를 나타낸다고 생각하게 되었다. 불안정한 인간의 본질은 형이상학적 내지 종교적 지점의 인정과 '이상'의 설계를 통해서만 유지할 수 있다.

비스바덴에서 《죄와 벌》에 대한 생각이 떠올랐고, 이 소설은 그를 세계적

스타라야루사 별장 도스토옙스키는 만년의 10년 동안 이곳 별장에서 여름을 보내면서 《미성년》 (1876년 발간)을 비롯해 많은 명작을 집필했다.

으로 유명하게 만들었다. 그러나 1866년 여름까지 스젤로프스키와 계약한 작품을 한 줄도 쓰지 못했다. 10월 4일에는 속기사인 안나 스니트키나를 소개받았다. 도스토옙스키는 그녀에게 26일 만에 소설 《노름꾼》을 받아쓰게 했고, 이것으로 스젤로프스키에 대한 그의 계약의무를 다했다.

1867년 2월, 도스토옙스키는 안나 스니트키나와 재혼한다. 4월, 그 사이 임신한 부인과 함께 다시 유럽여행을 떠났다. 유럽에서의 날들은 결코 안정적이지 못했다. 또다시 카지노에서 도박으로 돈을 잃고 옛날의 빚에 다시 추가가 되었기 때문이다. 그는 글을 쓰지 않았다. 그렇지만 항상 돈을 조달해야 했고, 때때로 가장 필요한 것을 얻어야 했다. 8월, 두 부부는 바젤을 거쳐 제네바로 갔고, 그곳에서 소설 《백치》를 썼다. 가을에는 이탈리아로 향해 밀라노를 거쳐 피렌체로 여행했다. 도스토옙스키는 러시아와 멀어졌을 뿐만 아니라, 일찍이 외국에 있는 러시아 이민자나 작가, 혁명가를 만나지도 않았다.

"내가 살고 있는 곳이 드레스덴 또는 다른 곳일지라도 지금은 모두 마찬가지로 낯선 나라이고, 내가 떨어져 나온 구성원임을 분명하게 느낀다는 사실이 괴로웠다."

현재 그의 관심은 유럽의 현실보다 르네상스와 바로크의 건축양식과 회화에 더 큰 가치가 있었다. 공통적인 문화적 기억으로서 러시아인들도 그들의 '고국'이라고 여기는 '옛 유럽'에 대해 그가 얼마나 많은 동향인들과 이야기했을지, 바젤(홀바인의 〈무덤 속 그리스도의 시신〉)과 볼로냐(라파엘의 〈성녀 세실리아〉), 드레스덴(로랭의 〈아시스와 갈라테아〉, 라파엘의 〈시스틴의 성모〉) 의 미술관에 있는 몇 가지 그림이 그에게 깊은 인상을 주었다. 그리하여 이 그림들은 그의 소설 속에서 심오한 상징적 의미를 얻었다.

1869년 1월, 《백치》의 마지막 원고가 〈러시아 통보〉지에 전달된 뒤, 베네치아를 거쳐 계속해서 여행했고, 7월에는 트리에스트와 프라하, 빈을 거치며 드레스덴으로 갔다. 11월, 그는 드레스덴의 신문에서 충격을 받았다. 러시아의 혁명운동가 세르게이 네차예프의 혁명 단체, '민중의 복수'가 모스크바에서 불복종을 이유로 한 구성원을 살해한 것이다. 국제적인 언론계는 이 사건과 페테르부르크에서 이어지는 재판에 몰두했다. 도스토옙스키는 이러한 살해사건에서 그 시대의 중심 테마를 찾았다고 믿었다. 즉 사회주의와 혁명적인 공포정치 및 시민적인 세계관의 이념 사이에서의 관계를 가지고, 동시에 마르크스도 이 경우와 비슷하게 평가했다.

그리하여 1870년 2월, 소설 《악령》을 집필하기 시작한다. 그의 작품의 현실과의 관계는 매우 특별했다. 도스토옙스키는 유배생활 뒤에 무엇보다도 문서상의 소설 《죽음의 집의 기록》을 통해 작가로서 명예를 회복했다. 이 소설은 옴스크 성채 감금 생활을 묘사했다.

"나의 《죽음의 집의 기록》은 말 그대로 대성공을 거두었고, 이로써 나는 문학적 명성을 회복했다."

《여름 인상에 대한 겨울 기록》에서는 첫 번째 유럽여행을 소재로 삼았다. 그러나 옴스크나 파리 또는 런던의 현실에 관한 것은 절대 아니었다. 그는 무엇이 일어났는지 설명하는 산문작가가 아니었다. 기술적인 객관성도 그에게 해당되지 않았다. 그에게는 체험자가 인지하고 사상적으로 반영되는 형태가 중요했다.

"그러한 현실이 전혀 존재하지 않더라도 '현실이 어떤지 설명해야만 한다'고 그들은(현실주의자 K.S.) 말했다. 왜냐하면 사물의 본질은 인간이 다루기

▲▶ 도스토옙스키의 무덤
1881년 1월 31일, 알렉산드르 넵스키
수도원 묘지에 묻혔다. 그는 죽기 열흘
전만 해도 연극에 출연하는 등 왕성한
작품활동을 했다.

어렵기 때문이다. 그는 본성이 그의 생각을 거친 후, 그의 이념에 어떻게 비
추는지에 대해서 파악했다.”

모든 지각은 감정적으로 물들었다. 현실에 대해 꾸미지 않은 시선은 마지막
에 환상으로 남는다. 가장 다양한 관점이 이미 사회적인 역할놀이에 몰두하고
있다. 그는 관료와 죄수, 유럽 여행객으로서의 자신의 삶에서 그의 인격을 눈
에 보이지 않는 놀이규칙과 행동방식과 언어적 상투어로 거듭 전달해야만 했
다. 이로써 외부 세계에 비례하여 자신의 공정함에 대한 단념을 인지했다. 세
계의 광경은 다양한 인지의 시야에서 굴절되고 반사되어 불확실한 허구의 특
성을 받아들인다. 도스토옙스키의 소설 속 인물은 이 세계를 종종 ‘환상적’이
거나 ‘공상적’ 또는 ‘믿을 수 없는’ 것으로 체험했다. 그들의 결함 있는 대화나
저급한 표현방식은 사건의 주관적이고 흐려진 재현에서 언어적 지각의 편파성
을 표현했다.

그런데 그 자신이 누구인지도 모른다면 어떻게 세계를 알 수 있을까? 이
질문은 도스토옙스키가 《지하생활자의 수기》 속에서 화자를 통해 표현했다.
화자는 1864년 페테르부르크 지하방의 고독함 속에서 일치하는 성격을 가지고 뚜렷이 구별되는 누군가로 규정하려고 했다. 그러나 그는 자기 속에서나 그의 확실한 기반에서도 찾을 수 없었다. 이에 대해 그는 화를 내고, 즉시 모든 학문과 '미덕과 숭고함'의 미학과 세계 개혁에 대한 모든 합리적인 이론을 거부했으며, 결국에는 삶을 '이성적인 토대'로 설립하는 모든 가능성을 논박했다. '나는 생각한다, 고로 나는 존재한다'라는 눈에 확 띄는 유럽의 정체성 표현에도 아무런 근거가 없다. 사회적 역할놀이가 무조건적으로 의식을 훼손시키는 동안, 다른 한편 유아론적인 거부 전략과 고립으로의 후퇴는 악의 유혹, 즉 모든 종류의 공격과 범죄, 타락 및 폭력과 권력의 환상을 깊이 기다리는 무한한 성찰의 몰락으로 이끈다. 세계와 자기 자신에게 고통스러워하는 의식은 가장 불안정하고 외견상 도주하지 않은 현실의 영역에 사로잡혀 있다.

1887년 2월, 니체는 프란츠 오버베크에게 편지를 썼다.

"나는 몇 주 전까지만 해도 도스토옙스키의 이름을 알지 못했다네. …… 한 책방에서 프랑스어로 번역된 작품 《지하생활자의 수기》가 우연히 내 눈에 포착되었지. …… 곧바로 동족의 본능(아니면 어떻게 불러야 할까?)은 나의 기쁨이 몹시 대단했다고 말했네."

니체가 도스토옙스키에 대해 관심 있어 하는 것은 절대적인 근절의 심리적 묘사였다. 《죽음의 집의 기록》은 존재하는 책 중 가장 인간적인 책으로서 '그를 매료시켰다.' 왜냐하면 그 속의 범죄자는 '불리한 조건 아래에서 강한 인간의 형태'로 묘사되었기 때문이다. 그는 또한 《지하생활자의 수기》에서 화자와 내적 유사를 느꼈다. 주로 그가 생각하는 것과 같이 고전적인 '너 자신을 알라'의 끔찍한 경멸을 느꼈다. 그러나 도스토옙스키로의 접근은 피상적일 뿐이었다. 그것은 인간의 판단을 진단하지만 치료하지 않는 측면과 관계된다.

도스토옙스키는 《죄와 벌》에서 지금까지 그의 작품 전체와 달리 새로운 방향으로 벗어났다. 주제는 더 광범위해졌다. 주인공이 지금까지 주로 '다른 사람들'과 맞서고 있었다면, 이제 우리는 세분화된 등장인물의 앙상블과 갈라진 사건 진행을 체험할 것이다.

처음으로 사건진행의 핵심에서 살인사건이 중심을 이루었다. 세계관의 모순론 역시 새로워졌다. '살인에 대한 이념'과 '그리스도교 정교의 관념', '현세의 규칙'과 '신의 진실' 등이 소설 속에서 긴장구조로 나타났다면, 저자가 출판인에게 쓴 편지에서 강조했다. 그리고 신앙심이 깊은 소냐 마르멜라도 바가 무신론자인 살해자 라스콜니코프와 마주쳤다. 내면세계의 정체성 찾기는 지하생활자를 나쁜 길로 이끌었고, 그리스도교의 반론으로써 억제되었으며 방향을 바꾸게 되었다.

도스토옙스키의 신앙에 대한 태도는 분열되었고, 그는 고령이 될 때까지 의혹으로 괴로워했다. 하지만 소설 구조에 종교적 차원의 유입을 위한 문학 외적인 근거도 존재했다. 1861년 농노신분제 폐지와 함께 시작한 개혁시대는 1860년대 중반에 끝났다. 러시아는 신분사회의 해체에 대한 재판에서 외국 투자의 도움으로써 '자본주의의 온실'로 변화되었다. 대도시에서 새롭게 부유해지고 자유 진보적으로 생각하는 지도층이 자리를 잡는 동안, 지방과 나라에서 시민의 대다수가 가난해졌다. 게다가 황제 정부와 혁명운동 사이에 내부 정치적 유격전이 펼쳐졌다. 그리고 1866년 《죄와 벌》이 출판되었을 때, 알렉산드르 2세에 대한 첫 번째 암살이 실행되었다.

정교회는 표트르 1세 이래로 사회에서 영향력을 잃었고, 세계관의 싸움에 함몰되었다. 정치는 사라지는 종교의 권위를, 교회와 국가의 전통적 동맹의 부활로써 상환하려고 공식적으로 시도했다. 정교의 신학이 세계적인 관심에 대한 모든 입장 표명을 피했을 때, 언론과 문학계는 친슬라브파와 서방세계 국민 사이, 그리고 군주주의자와 물질적인 행복의 약속이 또다시 사이비 종교적 성향을 띠는 혁명적 무신론자 사이의 싸움에서 종교적 논쟁의 영역을 차지했다. 도스토옙스키는 종교적 논쟁을 한편으로는 사회적 정의에 대한 사상과, 다른 한편으로는 자제력 없는 정치 보수주의적 권력에 대한 환상과 배합하여 주제로 삼았다. 그에게 있어 교회의 실재가 아닌 정신적 힘 안에서의 러시아의 정교 신봉이 국가적으로 극복할 수 있는 기능을 갖고 있었다. 그것은 황제와 국민, 즉 개별적인 유대 관계를 가진 모든 슬라브 민족을 연결시키고, 로마가톨릭과 서방문명으로부터 러시아를 보호했다.

그와 관련된 형상은 괴로워하는 모습의 자비로운 예수 그리스도였다. 하지만 교리상의 전제나 가톨릭 권력의 상징으로서가 아니라, 형이상학적 상황과 동시에 인간적 의식 안의 소실점이자 지점으로서의 그리스도였다. 그리스도와 영생에 대한 사상이 없이 인간은 '일시적인 현상'으로만 남고, '흘러가는' 그의 존재가 결국에는 무(無)로 사라진다. 그러나 개인적인 믿음의 경험에서 형이상학의 확신과 동요하는 인간의 의식 사이의 관계가 이루어질 수 있다.

《죄와 벌》이래로 도스토옙스키는 그의 소설 속에 이상적인 인간의 존재를 생생하게 묘사한다는 의미로 그리스도교적 믿음을 표현할 수 있는지 시험하였다. 이때, 그는 어쨌든 믿음이 마음속에서 발생하지만, 사회 속에서는 의사소통되거나 결코 제정될 수 없다는 사실을 분명하게 알게 되었다. 그렇기 때문에 그리스도적 삶에 대한 이상이 예외 없이 실제의 시사적 사건에서 전해진 소설세계로 유입하는 일은 위험하다. 신앙을 가진 모든 등장인물이 믿음으로 살고 있지만, 알릴 수는 없다는 점을 알 수 있다. 또한 그들이 현실세계와의 관계 속에서 희미하고 단순하며, 우스꽝스러우면서도 어리석은 작용을 한다. 이와 반대로 무신론적인 핵심인물은 그들의 격정과 충동을 과도하게 펼치고 죄를 짓게 되었으며, 자신에 대한 회의로 괴로워하고 종종 자살로써 벗어나려는 모순에 빠지게 된다.

그렇지만 도스토옙스키의 중심인물은 어디에 위치하든지 동일하게 생각하고, 항상 찬반 사이의 갈등 속에서 믿음과 무신론의 경계에서 행동한다. 축복받은 삶을 위한 뚜렷한 지시는 없고, 결코 예수 그리스도만으로 확실하게 숭고해질 수 없다. "예수 그리스도가 진실 건너에 있고 정말로 진실이 예수 그리스도 밖에 있다고 누군가 나에게 증명해 준다면, 진실보다 오히려 예수 그리스도 곁에 머무를 것이다"라고 그는 1854년에 썼다. 합리적인 현실적 사고는 오로지 종교적인 이상을 상상하고 그것을 모범삼아 따를 수 있는 기능성을 위하여 보류된다. 신앙을 가진 등장인물이 그들의 지루함과 단순함 속에서 격정적이고 문제가 많은 특성을 가진 역할보다 더 우월한 것은 세계 관계에 대한 신비한 통찰력과 모든 모략과 음모를 관통하여 볼 수 있는 놀라운 직관과 '다른 사람들의' 마음을 읽을 수 있는 심리적 능력이었다.

핵심인물의 의식 속에서 믿음과 불신의 이원론은 도스토옙스키가 근대 시대를 일목요연하게 설명하려고 힘쓰는 데 도와 주는 하나의 절차로 나타난다. 즉 세계관에 대해 반대 감정의 양립이 증가하는 시기였다. '모든 사물이 그의 반대론으로 잉태한 것처럼 보이고'(마르크스), 인간이 해방과 편리함과 안전을 찾는 데 냉소주의 없이는 조종될 수 없었다.

1871년 유럽에서 돌아온 이후로, 도스토옙스키의 방랑생활은 이제 과거에 속했다. 그는 도박벽을 체념했고, 현재에도 그의 재정 상태를 성공적으로 관리하는 데 중요한 그의 젊은 부인과 함께 행복한 결혼생활을 펼쳤다. 그의 가족은 페테르부르크 근처의 스타라야 루사에서 여름별장을 임대했다.

종교철학자인 블라디미르 솔로비요프와 성 그리스 정교회 최고 교청의 고위 집정관인 콘스탄틴 포베도노체프는 도스토옙스키와 의견 차이가 뚜렷했으나, 그럼에도 몇 안 되는 친구 가운데 하나였다. 그는 1873년부터 독립적인 '한 인물의 잡지'로 나온 〈작가일기〉에서 종종 유대인을 박해하는 비방문과 연결하여 그의 민족주의적, 범슬라브주의적인 견해를 흐르는 대로 내버려두었고, 장차 슬라브인의 수도가 되어야 했던 콘스탄티노플을 러시아가 점령한 것에 대해서도 이야기했다. 동시에 러시아 사회의 부동성을 인정사정 없이 비판했으며, 젊은 세대의 혁명적인 분위기에 대해 불안감을 표명했다. 그러나 젊은 세대들을 유죄로 판단하지 않고 이해하려고 했다.

동료 작가들과의 친교관계는 이루어지지 않았다. 오히려 그 반대였다. 그는 투르게네프와 톨스토이의 산문을 중상층 가정의 독점적인 생활을 묘사하고 곧 문학의 '새로운 언어'에 굴복하는 시대착오적인 '농장지주 문학'으로 여겼다. 특히 저자로서 그의 특징은 소박하고 단호하게 파악된 사회의 상황에 대한 현실주의자의 비판적인 시선이 아니라, 현실에 대한 근본적인 이의 제기와 인지의 급변하는 형태의 관점에서 덧없는 위엄으로서 현실의 관찰이었다. 인간은 (그리스도적) 이상과 미래의 실현 가능성에 대한 견고한 믿음 속에서만 이 세계를 잘 알 수 있다.

이렇게 러시아와 러시아 국민은 그의 '러시아적 이념'에 맞게 도스토옙스키의 경험에 근거한 현실 속에서 전형적이기보다 모두 다르게 미래 세계에 대한 그리스도 수난사적인 뜻을 달성했다.

마지막 대소설, 《카라마조프 형제들》(1881)은 구조 원리로서 이중세계를 다시 한 번 설명했다. 저자는 한 시골 촌구석에서 벌어진 명백한 살인사건 외에 조시마 신부라는 이상적인 인물을 고안했다. 그리고 사건의 진행을 '신성모독과 부정'으로 받아들이려 했다. 내재성과 인물의 의식 속에서 다양하게 굴절되는 초월성의 대조적인 조화는 저자를 위해 특징지어지고, 풀리지 않는 사건의 다의성에 대한 환경을 야기했다. 의미를 세우는 기능은 도스토옙스키의 소설에서와 같이 종종 서로 긴밀하게 결합된 꿈과 비방문과 우화의 역할을 했다. '대심판관'이 삽입된 우화는 전 작품처럼 소설 속의 핵심 형태로 통용될 수 있다. 심판관은 수사학적으로 훌륭한 독백에서 개인 의식의 자유와는 반대로 교회의 권력의 정당함을 증명했고, 교조 예수 그리스도를 실패로 설명했다. 그러나 그리스도는 '단지' 무언의 몸짓으로 대답했다. 페터 슬로터다이크는 '우화'를 현대 사상적 이야기에 끼워놓고, 텍스트를 환상의 우화와 '신학을 포함한 인류학의, 해방된 행정당국의, 개인적 제도의 보편적인 청산'으로서 특징지었다.

도스토옙스키의 삶의 마지막 절정은, 1880년 6월 8일 모스크바에서 열린 푸시킨 기념비 낙성식을 위한 연설이었다. 그는 복음서 규정에 따라 러시아 정신 속에서 모든 유럽과의 대립관계를 화해하기 위해 호소하였다. 잠깐이었지만 동시대 사람의 증언에 따르면 청중은 매우 깊은 인상을 받았다고 했다.

1881년 3월, 황제인 알렉산드르 2세는 '국민의 의지당'이 후원한 테러 조직의 폭탄테러로 인해 죽었고, 도스토옙스키는 황제의 암살 바로 직전 1월에 죽었다.

《학대받은 사람들》

《학대받은 사람들》이란 제목은 그 시대 가장 사랑받는 문학적 테마를 의미했다. 대도시의 비참함은 죄 없이 불행해지고 사회적 신분이 낮아진 계층과 부유한 상류층의 욕심과 음흉함의 전형적 인물이자 불행의 선동자 사이의, 즉 희생자와 범행자 사이의 갈등에서 나왔다. 상당히 멜로드라마적인 이 소설의 주인공이자 화자인 바냐(이반 페트로비치)는 공상적인 꿈으로 가득 찬, 가난하고 병약한 작가이다. 그는 도리에 어긋나게 자신의 변덕과 악습을 발휘하는 부유한 한 공작의 음모에 넘어간다. 이 이야기의 소재는 서로 복잡하게 얽힌 불행한 두 가지 연애 사건이다.

도입 부분에 기이한 사건이 발생한다. '페테르부르크의 한 찻집에서 바냐는 개를 데리고 있는 노인을 관찰한다. 그런데 개가 갑자기 노인의 발치에서 소리 없이 죽자, 노인은 조용히 그곳에서 나와 도로변에 가서 앉았다. 바냐가 그를 따라가 보니, 그 노인도 방금 숨을 거두었다. 노인의 신분증에는 '예레미야 스미스, 78세, 기계제작공'이라고 표시되어 있었다. 화자는 노인

을 더 알아보려는 심정으로 죽은 노인의 집으로 갔다.'

어느 추운 3월 저녁에 페테르부르크에서 발생한 이 불가사의한 사건은 긴장감 있는 사건이 이어질 거라는 기대를 하게 만든다. 이 사건 이후, 독자는 화자의 생활사를 접하게 된다.

화자는 시골의 가난한 지방귀족인 니콜라이 이흐메네프 가정에서 그의 딸, 나타샤와 함께 자라났다. 선량하고 마음씨 고운 이흐메네프는 발코프스키 공작의 확장된 농장을 관리하고 있었다. 오랫동안 외국에서 지낸 공작은 홀아비였는데, 아들 알료샤를 일찍이 이 소박한 이흐메네프의 보호 아래 맡겼었다. 그런데 어느

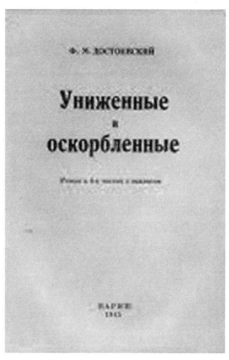

《학대받은 사람들》 속표지
1945년판.

날, 공작은 페테르부르크에서 더 높은 지위를 얻고는 그의 아들을 데려갔다. 그리고 놀랍게도 그는 늙은 이흐메네프를 완전히 매도하며 비난했다. 즉 이흐메네프가 그의 딸, 나타샤를 알료샤와 맺어주려 했다는 것이다. 심지어 다른 사람이 저지른 도둑질과 속임수를 이흐메네프의 죄로 돌려 용의자가 페테르부르크의 법정에서 자신의 무죄 청구를 억지로 꾸민 것처럼 했다.

그러던 어느 날, 나타샤는 한때 사랑했던 바냐에게 공작의 아들 알료샤를 사랑하기 때문에 부모님을 떠나 그와 함께 살 거라고 고백했다.

"그래, 난 그를 미친 듯이 사랑해. 난 결코 너를 그렇게 사랑한 적이 없어. 어느 누구도 구속을 좋아하지 않거든. 나 역시 그렇지만, 만약 오직 그 사람만이 내 곁에 있고 그를 볼 수만 있다면, 내가 그의 노예가 되어 그의 모든 것을 견딜 수 있다는 사실에 나는 너무 행복한 거야."

나타샤는 부모님께 쓴 작별 편지를 바냐에게 주고, 그녀의 애인과 함께 셋

방으로 이사했다.

나타샤를 사랑했던 바냐는 이 소식을 듣고 매우 놀라 그의 모든 희망이 순식간에 날아가는 것을 느꼈다.

"나의 모든 행복이 한순간에 침몰되었고, 내 삶은 두 개로 쪼개졌다. 그리고 이것은 내 사랑이 그렇게 시작되고 그렇게 끝났다는 내 행복의 전체 이야기이다."

그러나 바냐는 곧 새로운 상황을 받아들였고, 질투심에도 불구하고 두 연인(나타샤와 알료샤)에게 도움을 주었다. 그는 자기를 희생하고 남에게 성의를 다하는 성격이었다. 이렇게 해서 이반 페트로비치는 신중한 관찰자(화자)로서 나타샤의 주위에 머물렀고, 더불어 알료샤와도 곧 친해지게 되었다. 알료샤는 잘생기고 품위 있는 젊은이였으며, 경솔한 자기만족주의자였다. 그는 그의 애인인 나타샤에게 둘이 결혼해서 그녀의 아버지를 진정시키고, 미래에 생활비를 자신이 직접 벌겠다고 약속했다.

이흐메네프 가족은 딸이 집을 떠나자 매우 슬퍼했다. 그들은 공작이 나타샤가 알료샤와 결합하는 것을 반대하고, 그의 아들은 부잣집 딸과 이미 약혼까지 했다는 사실을 알고 있었다. 뿐만 아니라 공작의 그칠 줄 모르는 법정 고발 등으로 늙은 이흐메네프를 비참하게 만들었다. 그러나 그는 굴복하지 않았다. 그러면서 딸을 몹시 원망하는 말을 서슴없이 해댔다. 그러나 그가 양복 안주머니에서 소송 서류를 꺼내자, 거기에서 잃어버린 줄만 알았던 목걸이 펜던트가 굴러 떨어졌다. 그것은 나타샤의 사진이 들어 있는 펜던트였다. 그것은 아버지가 딸을 사랑한다는 것을 의미하는 소중한 징표였다.

대충 쉽게 살아가는 알료샤는 그가 사랑하는 나타샤에게 성숙한 모습을 보여 주지 못했다. 나타샤를 속인 알료샤는, 그녀에게 바로 자신의 일탈행동을 고백했다. 처음에 그는 아버지의 결혼 계획을 거부했지만 아버지가 선택한 부유한 신부, 카테리나를 좋아하게 된 것이다. 나타샤는 자신이 열정의 희생자가 되었음을 깨닫게 되었다. 또한 알료샤가 결코 아버지의 뜻을 거역하여 자기와 결혼하지는 않을 것임이 확실해졌다.

그러나 겉으로는 조만간 모든 것이 행복해질 것처럼 보였다. 알료샤가 아버지의 결혼 계획을 성공적으로 저항했다고 자랑스럽게 선포했고, 나타샤도 "우리가 결혼하는 데는 아무 문제가 없다"고 말했기 때문이다. 그런데 공작이 갑자기 나타났다. 화자는 공작을 품위 있게 차려입었으며 특별히 좋은 사람이라고까지 묘사했지만, 그는 계속 무엇인가를 은폐하는 것처럼 보였다. '더 날카롭게 지켜보았다면 그의 일상적인 가면 뒤에 있는 어떤 악의와 교활함과 이기주의를 의심하기 시작했을 것이다.'

공작은 상황을 바로잡으려는 것처럼 보였다. 즉 아들의 약혼녀 카테리나가 알료샤와 결혼할 수 없다고 자기에게 알렸다는 것이었다.

즉, 아버지와 아들은 돈을 목적으로 한 결혼이 절실하게 필요하다지만, 그 약혼녀는 아름답고

어린 소녀 엘레나 (넬리)

교육을 잘 받았으며 최고의 성격을 가졌다고 했다. 또한 공작은 나타샤에 대한 아들의 정절을 믿지 않는다고 했다. 알료샤가 마음은 착하긴 해도 경솔하고 비이성적이며, 완전히 철없는 어린아이라고도 했다. 그러나 그동안 나타샤가 알료샤를 최고로 만들었기에 그녀와의 결합에 동의한다고 거짓말을 했다. 한쪽에서는 부유한 카차와의 결혼을 추진하고 있었던 것이다.

장면 전환. 화자는 길가에서 죽은 스미스의 손녀를 만났다. 완전히 방치되어 있던 손녀는 엘레나라고 불리는 아름다운 소녀였다. 그 소녀에게 매혹당한 화자는 그 소녀의 초라한 셋집으로 데려다 주었다. 그는 그 소녀의 부모가 외국인이고 이주민이며 어머니가 폐결핵으로 죽었다는 사실을 옆집 사람들에게서 들었다.

그리고 화자는 집으로 돌아가는 길에 옛 친구를 만났다. 그는 페테르부르크 암흑가의 정보원으로서, 어린이를 상대로 매춘하고 있는 셋방의 주인인 부브노바 부인과 공작을 알고 있었다. 그에게 나타샤의 이야기는 전혀 새롭지

않았다. 저녁에 두 사람은 부브노바 부인에게 가서 작은 소녀 엘레나를 자유롭게 풀어주게 한 뒤 그녀를 바냐의 집으로 데리고 왔다. 그를 경계하던 엘레나는 점차 수줍음이 사라지고 집주인인 화자를 좋아하게 된다. 그녀의 이름은 엘레나지만 외국에서 자랐다는 이유로 '넬리'라고 불리었다. 넬리는 그녀의 어머니가 러시아인이며 얼마 전에 죽었다고 설명했다.

얼마 뒤 공작과 그의 아들은 그들의 생각을 근본적으로 바꾸었다. 알료샤는 그의 약혼녀에게 빠져 있었는데, 그는 흥분하여 다음과 같이 설명했다. 즉 카테리나가 그를 문학과 학문 그리고 정치에 대해 토론하는 모임에 데리고 가서, 그녀가 성년이 되면 그녀의 재산 중 100만 루블을 공공복지에 쓸 것이라고 약속했다는 것이었다.

그와 반대로 공작은 풍자로써 자신의 아들을 나타샤의 눈에 웃음거리로 만들려고 노력했다. 공작은 두 사람이 결혼한다는 약속을 무의미하게 여겼으며, 그들이 서로 맞지 않을 뿐 아니라 아들은 나타샤에게 그의 사랑을 행동으로 증명할 수 있는 방법이나 능력이 없다고 했다.

나타샤는 공작의 행동을 지켜보다가 그가 처음부터 둘 사이를 갈라놓으려 했다며 비난했다. 그리고 공작이 알료샤를 그의 새로운 신부 카차(카테리나)에게 관심을 돌릴 수 있도록 일단 나타샤와의 결혼을 허락함으로 알료샤를 진정시켰다고 했다. 그러나 나타샤는 자신에 대한 알료샤의 사랑이 이미 끝났으며, 그가 현재 후회와 감사함만을 느낄 거라고 생각했다. 나타샤는 그를 아직도 사랑하고 있지만 공작에 대해서는 더 이상 말할 가치가 없음을 깨닫고, 알료샤를 자유롭게 놓아 주기로 했다.

그사이 페테르부르크 암흑가에서 온 친구는 공작이 악당이자, 교활한 사기꾼이라고 화자에게 알려주었다. 공작은 과거에 한 외국의 공장 소유주를 알게 되었는데, 그의 딸을 유혹해서 그녀 아버지(공장 소유주)의 재산을 가로챘으며, 딸아이와 그녀를 파리에 내버려두고 떠났다고 했다. 예레미야 스미스와 손녀의 이야기는 점차 그 관계에서 주요 줄거리로서 명백해진다.

화자는 알료샤의 새 신부를 그녀의 계모 살롱에서 알게 된다. 계모는 공작과 친밀한 백작부인 중 한 사람이었다. 그가 주지한 바와 같이, 카테리나(카차)는 아름답지는 않았지만 마음이 순수하고 명랑한 여자였다. 어린아이처럼 미숙했지만, 그녀의 신랑이 될 알료샤에 대해서는 비판적으로 심사숙고

했다. 백작부인의 살롱 방문에 이어 화자는 발코프스키 공작과 함께 한 레스토랑에서 저녁식사를 하게 된다. 그런데 공작은 술에 잔뜩 취하자 자신의 가면을 벗어 버렸다. 공작은 인습이 우리가 생각하는 모든 표현을 방해할 뿐이라면서 자신은 지금 매우 솔직하다고 했다.

이제 소설의 핵심 부분이 나타난다. 즉 도스토옙스키의 다음 작품에서도 자주 되새겨지는 세계관을 드러내는 대화이다. 이 소설에서는 공작이 풍자적으로 실러와 비교하는 가난한 시인과, 기반을 빼앗기고 마르키스 드 사드에게 불려온 귀족이 그 대화를

《학대받은 사람들》 삽화

맡았다. 공작은 자기폭로를 대단히 즐겁게 여기며, 자신의 부도덕과 끝없는 이기주의, 자신의 공명심과 성적인 향락욕에 대해 설명했다.

하지만 삶의 무의미나 죽음에 대한 은밀한 공포 "나는 죽음을 싫어하고 두려워했소. 사람이 어떻게 죽어야 하는지는 악마가 알 것이오" 또는 자살에 대한 두려움 "내가 청산가리 없이도 생활할 수 있다는 사실이 기쁘답니다"에 관한 대화에서 그는 작은 목소리를 냈다. 그러나 이것은 불공평한 싸움이었다. 이반 페트로비치는 신랄한 풍자가의 자기과신적인 독백과 순수한 영혼의 항의만을 대비할 수 있었다. 공작은 익명으로 알고 있는 넬리의 어머니와의 옛날 사건을 덧붙여 언급했다. 그러나 화자는 이미 그 관계를 알고 있었다. 드디어 공작에게서 최후의 말이 터져 나왔다. 즉 공작은 부유한 카테리나와 그의 아들을 결혼시키려고 하기 때문에 나타샤가 알료샤를 포기해야만 한다고 토로했다.

"나는 돈을 사랑하고 돈이 필요해요. 카차는 부유하고 그녀의 돈 수백만

은 내 것이 될 거요."

그사이 알료샤는 카차와 함께 페테르부르크에서 여행을 떠날 준비를 하고 있었다. 그러나 떠나기 전에 나타샤와 카테리나와의 토론이 펼쳐졌다. 열정적인 나타샤와 이성적인 카테리나는 둘 다 놀라며, 그들이 알료샤를 '왜? 사랑하는지'에 대해 대답할 것이 없다는 사실을 확인했다. 성격이 나약하고 정신적으로 무지하며 아버지에 전적으로 종속된 공작 아들은 그녀들의 마음을 아프게 했다. 나타샤는 나중에 친구 이반 페트로비치에게 그녀의 모순되고 고통스러운 사랑을 이야기하려고 했다. 그녀는 알료샤를 다른 남자와 같이 동등한 파트너처럼 사랑하지 않았다고 했다. 나타샤는 알료샤를 소유하고 싶었다고 했다. "알료샤는 내 것이었어. 나 외에 다른 누군가를 보거나 알면 안 돼." 둘 사이에는 그가 그녀를 속이는 고통과 이어서 그녀가 그를 용서해 주는 기쁨을 느꼈다. 그러나 이제 홀로 남겨진 나타샤에게 혼란스러운 질문이 떠올랐고, 이별 후 다시 자신을 찾기 위해서는 시간이 필요했다.

비참한 넬리 이야기는 최종적으로 설명되어야 했다. 소녀는 그동안 여러 가지 사소한 감정적 차이로 인해 화자와 거리를 두게 되었다. 그리고 그 소녀의 가슴속에는 화자에 대한 사랑과 같은 무엇인가가 싹텄다. 그것은 바로 원래 나타샤를 사랑했던 바냐에 대한 질투심과 딸을 주지 않으려는 늙은 이흐메네프에 대한 증오심이었다.

자신의 슬픈 경험에서 생긴 '고뇌의 이기심'은 그 소녀에게 특별한 만족을 주었다. 그것은 '운명에 굴복하고 그 부정을 잘 알고 있는, 즉 학대받는 많은 사람들이 느끼는 기쁨'이었다. 화자는 불안정한 소녀를 진정시켜 이흐메네프 가정에 보냈다. 여기서 그녀는 복잡한 삶에 대해 다시 한 번 장황하게 설명했다. 그녀는 외국에서 태어났다고 했다. 그곳은 어머니가 할아버지의 재산인 페테르부르크에 있는 영국 회사를 애인이 가져가도록 도와 준 뒤에 그와 함께 여행한 곳이었다. 그 애인은 어머니와 딸아이를 버렸다고 했다. 여기서 독자는 이미 어머니의 애인이 발코프스키 공작임을 알고 있다. 어머니와 딸은 다시 페테르부르크로 돌아왔지만 적당한 숙소를 찾지 못했고 비참해졌다. 자신의 재산을 빼앗긴 영국인이자 넬리의 외할아버지인 예레미야 스미스는 그의 딸이 죽을 때까지 그녀를 용서하지 않았던 것이다.

소설의 결말에서는 실마리가 한꺼번에 풀린다. 넬리가 자신의 삶을 고백하는 것을 들으면서 깨달음을 얻은 늙은 이흐메네프는 부모의 집으로 다시 돌아온 딸 나타샤를 용서해 준다. 넬리는 죽기 전에 화자에게 어머니의 편지를 건네주었다. 편지 내용에 인해 '어머니가 공작과 공식적으로 결혼했으며, 넬리가 공작의 합법적인 딸'이라는 것이 밝혀졌다.

이흐메네프 가족은 페테르부르크를 떠났지만, 화자 바냐는 그곳에 머물러 잃어버린 사랑을 애도하고 도입 부분에서 알 수 있듯이 이 모든 이야기를 썼다.

화자 바냐(이반 페트로비치)는 문단에 화려하게 등단하였으나 그 뒤 좌절했다는 점에서 도스토옙스키의 실제 모습을 엿볼 수

《학대받은 사람들》 삽화

있지만, 이 이야기에서는 편의적인 존재로서 단순한 화자 역할밖에 하지 않는다. 바냐에 대해 확실히 나타난 점은, 발코프스키 공작과 같은 귀족주의나 비인도적인 금권에 반대한다는 점뿐이다. 그는 인도주의적이고 존재가 모호한 꼭두각시 인형처럼 보인다. 이에 반해 알료샤는 매우 생동감 있게 묘사된다. 그가 처음 등장하는 부분의 장광설(1부 9장)에서는 의지 약한 인물의 전형이 고스란히 나타낸다. 알료샤는 끊임없이 거짓말하고 변명하고, 변명하면서 배신하고, 결과적으로 매우 잔인한 사태를 불러일으키지만 누구에게도 미움받지 않는 젊은이다. 이러한 인물의 입을 통해 1840년대의 민주주의적 이상을 말하는 것은 작가 도스토옙스키의 통렬한 복수—그 대상은 명확하지 않다—일 것이다.

알료샤가 2대째이며 하나의 정신적인 쇠약 현상을 보여 준다면, 본디의 러시아 정신은 이흐메네프 노부부를 통해 나타난다. 노부부가 등장하는 장

면은 감상적으로 처리되어 있지만, 푸시킨이나 고골이 수차례 이야기한 소박한 심정은 여기서도 우리의 가슴을 때린다. 그 부모와 비교하면 딸 나타샤는 매우 추상적인 인물이다. 모순에 괴로워하고 상처받기 쉬운 젊은 여성이라는 관념이 나타샤의 윤곽을 흐릿하게 지워버린다. 그보다 오히려 철저하게 만들어진 인물인 소녀 넬리(넬리가 디킨스의 소설에서 차용해 온 인물이라는 점은 정설로 굳어져 있다)가 우리에게 강렬한 인상을 주는 까닭은 무엇일까. 이점은 《학대받은 사람들》의 모순이며 약점인 동시에 크나큰 매력이기도 하다.

작품설정의 배경

《학대받은 사람들》은 잡지 〈시대〉지의 창간호(1861년 1월)부터 시작하여 일곱 달에 걸쳐 연재되었다. 이 소설은 비평가 도브롤류보프의 말에 따르면 당시 러시아 독자들에게 열렬히 환영받았다.

"……도스토옙스키의 장편은 읽는 맛이 있으며, 거의 모든 거의 모든 사람들이 그의 작품을 애독하고, 거의 모든 사람들이 절대적인 찬사를 아끼지 않으며 오로지 그의 작품만 이야기할 정도로 걸작이다…… 요컨대 도스토옙스키의 장편은 올 한 해(1861년 현재까지)에 등장한 문학계 최고의 사건이다……."

당시의 독자들이 어떤 점에서 그렇게 매료되었는가를 추측하기란 그다지 어렵지 않다. 1860년대 초의 도스토옙스키는 전형적인 과도기 작가였다. 러시아 사회는 농노해방을 계기로 본격적인 부르주아 사회로 넘어가려 하고 있었다. 〈시대〉지의 발행과 그 '토양주의(러시아 메시아니즘)'는 그 시대 상황과 잘 맞아떨어진 현상이었던 것이다.

도스토옙스키는 시베리아에서 10년 동안 살면서 페트라솁스키 등이 주장한 합리주의적 민주주의를 버리고 전향할 수밖에 없었는데, 아직은 만년과 같은 반동적·애국주의적인 발언을 할 정도로 우경화되지 않았다. 예를 들어 이 소설에서 페트라솁스키의 사상을 주장하는 '진보적인 서클'에 열중하는 사람은 경박하기 그지없는 '알료샤'이다. 그러나 알료샤는 예상을 뒤엎고 아버지의 구태의연한 귀족주의를 따끔하게 비판하기도 한다(그러나 그는 결국 아버지가 시키는 대로 움직이게 된다). 작가는 이러한 치밀한 방식으로 자신의 옛 이념을 공격한다. 이는 혼란한 과도기에 적합한 방식이며, 상부에서 지시한 개혁에서 민감하게 허위의 냄새를 맡은 시민사회의 대중에게 어울리는 방법이다.

이 소설의 설정 또한 매우 교
묘하다. 등장인물이 '최근의 개
혁'을 이야기하는 점으로 보아
시대는 1860년대 초일 터인데,
앞에서 말한 서클의 분위기는 명
백히 1840년대이며, B라는 이니
셜로 불리는 비평가는 앞뒤 관계
를 살펴볼 때 벨린스키가 틀림없
을 것이다. 도스토옙스키는 일부
러 이러한 시대착오를 설정하여,
죽음으로 시작하여 죽음으로 끝
나는 이야기, 슬프고 서정적인
의절과 헌신과 배신의 이야기에
어울리는 무대를 만들었다. 그

《학대받은 사람들》(초판출간, 1861) 표지

예로, 그 유명한 첫머리, 예레미야 스미스 노인이 죽는 대목에서는 시대의
각인을 거의 찾아볼 수 없다. 고골 이래 이미 익숙한 배경인 페테르부르크의
뒷골목이 무대장치처럼 나타나고, 그곳에서 마치 그림자 같은 노인과 개가
죽는다. 이를 시작으로 멜로드라마와 같은 연쇄가 일어나, 의절과 배신에 괴
로워하는 과거와 현재의 두 여인이 겪는 비극이 겹쳐지고, 소녀 넬리의 죽음
으로 막을 내린다. 게다가 화자인 바냐는 중병에 걸려 이 수기를 쓰고 있다
는 설정이므로, 이 작품은 죽음으로써 겹겹이 장식된 소설이라 할 수 있다.
학대받은 죽음이라는 개념은 이제 시대를 초월하면서까지 도스토옙스키의
내면에 퍼져 있었다.

불행한 사람들에게 바치는 송가

《학대받은 사람들》은 도스토옙스키가 창작에서 정점을 찍은 《죄와 벌》 이
후에 발표한 일련의 대작은 물론 거의 동시에 쓴 《죽음의 집의 기록》에 비해
서도 예술적으로 훨씬 낮은 평가를 받았다. 그러나 페테르부르크라는 음울
한 도시가 풍기는 신비롭고 매력적인 분위기 속에서, 엽기적이고 비밀스러

운 실마리를 하나씩 풀어가며 독자의 호기심을 마지막까지 강하게 사로잡는 드라마틱한 구성과, 주요인물의 독특한 성격, 작가의 인도주의적 열정 및 엄숙한 도덕 등 도스토옙스키 예술의 근간을 이루는 여러 특징과 그 전형적인 수법이 선명하게 나타나 있다. 또한 작가가 문단에 갓 등단했을 때의 환경과 감회를 화자인 젊은 작가를 통해 이야기함으로써, 도스토옙스키로서는 드물게 자전적인 요소를 짙게 가미하여 다른 걸작과 달리 독특한 친근감을 준다. 이러한 친근감과 이야기의 소설적 흥미로 보아《학대받은 사람들》은 도스토옙스키의 위대한 예술세계에 발을 들이기 위한 입문서로 더없이 적합한 작품이다.

이 소설은 제목처럼 학대받고 상처받은 불행한 사람들에게 바치는 한 편의 애가(哀歌)이며, 도스토옙스키가 초기 작풍과 결별하고 새로운 예술 경지로 들어가기 위해, 괴롭힘 당하는 사람들에 대한 자신의 눈물을 응집한 듯한 작품이다. 이렇게 볼 때, 《학대받은 사람들》은 그의 과거의 총결산인 동시에, 앞으로의 새로운 출발에 대한 준비이다. 복잡한 플롯은 장편 형식에 대한 시도일 뿐 아니라 나중에 거대한 나무로 성장한 사상소설의 싹을 이 작품에서 확인할 수 있기 때문이다.

앞에서 말했듯, 《학대받은 사람들》은 다양한 독자층으로부터 압도적인 지지를 받았지만 비평가들에게는 호된 비난을 받았다. 도스토옙스키 스스로도 그 점을 인정하며 이렇게 변명했다.

"(이 작품은) 통속소설이라고 부를 수 있을 것이다. 그러나 그것은 내면에서 사상을 숙성시킬 여유 없이 급하게 써내려갔기 때문이다."

그는 또 이렇게도 말했다.

"나도 솔직히 인정한다. 내 소설에는 사람 대신 수많은 꼭두각시가 등장하며, 예술적인으로 완성된 인물이 아니라, 두 발 달린 책이 걸어다니고 있다. 그러나 나는 원고를 쓰면서 다음 사항만큼은 정확히 인지하고 있었다. 첫째, 비록 이 소설이 성공하지 못한다 하더라도 여기에는 시정(詩情)이 어엿이 존재하리라는 점. 둘째, 열정적이고 강렬한 대목이 두세 군데 나타나리라는 점. 셋째, 가장 중요한 두 가지 성격은 정확하고 예술적으로 묘사될 것이라는 점이다. 나로서는 이러한 확신만으로도 충분했다."(《에포하》지, 1868년 9월 호)

물론 이 작품에 대도시 뒷골목 특유의 정취가 흘러넘치고, 열정적이고 강렬한 대목이 수없이 나타난다. 그 점에서 도스토옙스키의 말은 덧없는 자만으로 끝나지 않았다. 또한, 알 수 없는 기괴한 사건이 차례차례 펼쳐지며 복잡하게 얽혀 끊임없이 독자의 흥미를 돋우고, 마지막에 모든 비밀을 풀어 보이는 도스토옙스키 특유의 기법이 이 작품에서 처음으로 훌륭하게 꽃을 피웠다. 따라서 《학대받은 사람들》을 '미학적 비평에 못 미치는' 졸작이라고 평가한 도브롤류보프는 그의 사상에 사로잡힌 나머지 비평가로서 공정함을 보이지 못했다고

영화 〈학대받은 사람들〉 포스터

할 수 있다.

도브롤류보프는 나타샤와 알료샤의 관계가 처음부터 부자연스럽다고 단정하며 "반듯하고 훌륭하게 자란 아가씨가 어떻게 알료샤와 같은 뻔뻔한 인간을 사랑할 수 있는가"라고 물었다. 그러나 이 대목이 바로 작가의 비범한 재주를 엿볼 수 있는 부분이다. 이러한 나타샤의 성격은 도스토옙스키가 좀더 진보된 예술세계를 향해 내디딘 새로운 첫걸음이다. 나타샤는 그가 작품에 처음으로 구상화한, 자기분열로 고뇌하는 여성의 훌륭한 전형이다. 나타샤는 성격상 평등한 사랑을 이해하지 못한다. 나타샤에게 사랑은 노예처럼 복종하는 동시에 상대에게 권력을 휘두르며 군림하는 것이며, 가학과 피학 사이에서 동요하는 것이다. 그러한 성격 때문에 나타샤는 어린아이처럼 불안하게 그녀를 이끌고, 순진한 이기주의로 그녀를 괴롭히는 알료샤를 사랑할 수밖에 없다.

도스토옙스키는 이렇게 설명한다.

"그녀는 자신이 그의 주인이자 여왕이 되고 그가 자신의 희생물이 되리라고 본능적으로 느꼈다. 그녀는 정신없이 사랑하며, 사랑하기 때문에 그 사랑하는 상대를 괴롭히고 상처입히는 쾌락을 즐기고 있었다. 그래서 먼저 스스로 그의 희생물로서 몸을 바치고자 서둘렀는지도 모른다."

이 미묘한 심리의 교차를 도브롤류보프는 이해하지 못했거나, 이해하지 못한 시늉을 한 것이다.

도브롤류보프는 알료샤의 아버지 발코프스키 공작에게도 불만을 나타냈다. "그의 성격묘사를 자세히 살펴보면, 오히려 애정을 담아 정성껏 묘사한 유일한 추악함, 악당적인 특성의 집대성을 보게 될 뿐, 인간다운 면은 조금도 찾아내지 못할 것이다…… 공작의 성격에는 예술적인 요소가 없다. 완전한 인간을 독자에게 제시하여, 모든 표면적인 악행을 통해 인간의 본성을 추구하여 독자를 화해시키고 의문을 해결하는 요소가 없다."

실제로 도스토옙스키는 이 인물을 묘사할 때 단순히 폭로하는 태도로 일관할 뿐이다. 공작은 현실생활의 깊은 구렁에서 떠오른 살아 있는 전형이라고 하기에는 손질이 덜 되어 있으며, 따라서 권선징악극의 악당에 지나지 않는다.

《학대받은 사람들》 전체를 통틀어 가장 진실되고 풍부하게 묘사된 인물은 이흐메네프 노부부이다. 스미스와 그의 딸, 그리고 손녀 넬리에 관한 일화는 지나치게 소설적이고 박진감이 부족하지만, 넬리에게도 도스토옙스키가 주장하는 시정이 살아 숨쉬고 있음은 부정할 수 없다. 특히 가혹한 주변 상황과 사악한 사람들에게 상처받고 망가진 상냥한 영혼의 고뇌, 스스로 인식하지 못하는 미숙한 연애감정에 대한 고민 등은 독자의 마음에 강렬한 인상을 남긴다.

이 작품에서 인상이 가장 흐린 사람은 이야기의 화자인 이반 페트로비치이다. 아무리 조연이라고는 하지만 그에게서는 살아 있는 개성을 거의 느낄 수 없다. 그는 젊은 나이에 처음 발표한 소설로 널리 이름을 알린 신인작가로, 비평가들의 관심을 한 몸에 받는다. 그러나 이러한 자전적 요소조차도 그의 인간상을 부각시키지 못하고, 《가난한 사람들》을 발표한 전후의 젊은 도스토옙스키의 생활을 엿볼 수 있다는 점에서 다소 흥미를 끌 뿐이다. 보답받지 못하는 그의 사랑과, 무정한 연인에 대한 끝없는 봉사는 첫 아내 마리아 이사예바에 대한 도스토옙스키의 마음을 표현한 것이라고 하지만, 그래도 독자에게 감동을 주기에는 부족하다.

도스토옙스키 소설의 모호한 세계

도스토옙스키의 소설을 읽은 사람들 대부분은 지저분한 계단, 길고 어두운 복도, 초라한 방이 딸린 암담하고도 궁색한 셋집을 떠올린다. 19세기 페테르부르크의 풍경이 가난한 사람들의 운명과 그들이 이루지 못한 꿈, 슬픈 사랑 이야기를 위한 무대가 되었다. 하지만 이런 것들로는 소설의 요지가 전혀 파악되지 않는다. 전체 작품을 들여다보면, 사건 장소가 서로 멀리 떨어져 있는 점을 알 수 있다. 즉 시베리아의 교도소, 유럽의 카지노, 페테르부르크 지도층의 저택과 여름별장, 러시아의 지방 도시, 수도원, 외딴 농장 마을이 등장한다. 사건의 인물들은 죄수와 괴상한 귀족, 정체불명의 상인과 가난한 공무원, 허풍선이 변호사와 신앙심 깊은 성직자, 기이한 의사이다. 작가의 무한한 상상력이 현란하게 펼쳐진다.

도스토옙스키에 대해 더 알기 위해서는 심리적 직감력과 철학적 소양이 필요하다고 한다. 그렇다면 그의 문학은 엘리트 교육을 받은 사람들을 위한 문학일까? 전혀 그렇지 않다. 전업작가 도스토옙스키는 절박할 정도로 자신의 소설책 판매에 관심을 가졌고, 가능한 한 많은 독자를 이끌어야만 했다. 그는 범죄 동기와 추문 장면, 복잡한 연애사건과 괴기 효과, 이따금 나오는 익살맞은 유머로 항상 대화를 이끌었다. 도스토옙스키는 독자를 사로잡아 충격을 주고, 그들을 흥분시키려고 했다. 독자층을 넓히기 위해서 내용을 항상 긴장감 있게 써야 한다면서 모든 계몽적인 교수학 또는 문학의 추상적 이론에 대해 반론을 폈다.

어린 시절 앤 래드클리프(Ann Radcliffe)가 쓴 괴기소설의 팬이기도 했던 도스토옙스키는 이미 명망 있는 작가로서 그의 독자들에게 에드거 앨런 포와 카사노바의 모험적인 회고록을 추천했다. 동시대 사람들은 도스토옙스키가 알렉상드르 뒤마(페르)의 소설 《삼총사》와 《몬테크리스토 백작》을 노골적으로 엮어 썼다고 말했다.

그의 책을 읽기로 결심한 사람은 놀랄 준비를 해야 하고, 작품의 더욱 심오한 의미를 파헤치기 위하여 집중해야 한다. 그림, 도스토옙스키의 책은 읽기 어려운 것일까? 아니다. 어떻게 받아들이는지에 달렸다. 그의 문체는 19세기 다른 소설가들의 스타일과 확실하게 구분되었다. 그의 작품은 설명이 부족했고, 풍경이나 역사에 대한 설명이 없었으며, 주변 환경을 자세하게 묘사하지도 않았다. 사건 진행은 오히려 극적으로 기획되어 등장인물의 대화로 옮겨졌다. 그리고 사건 발생을 야기하는 감정적 경악이 그 사건보다 더 큰 문제가 되었다. 이러한 소설쓰기는 사람들에게 '모든 것을 본떠서 요점을 기록하는 속기사'처럼 느껴졌다.

문체는 등장인물의 목소리를 따라가고, 줄거리는 빈번하게 끝없이 이어지는 소란으로 진행되며, 그 속에서 변화무쌍해진다. 또한 의심스러움에 배제되거나 전체적으로 말이 많기도 하다. 등장인물들은 대게 드물지만 인상 깊게 그려진 무대 앞에서 계속 열띤 논쟁을 벌인다. 그러나 결정적으로 그 대화에서는 아무것도 명료하게 보이지 않은 채 모든 것이 퍼져 나간다. 나아가 계속해서 예기치 못한 일들이 벌어져 격앙된 상태로 논평된다. 저자는 과연 이렇게 모호한 소설 세계에서 무엇을 의도하려고 했을까?

도스토옙스키의 다사다난한 전기(傳記)는 러시아 사회의 극적인 과도기와 밀접하게 관계를 맺고 있다. 러시아 사회의 모든 시민 계층은 불행에 빠졌고, 금융업을 통하여 새로운 엘리트층이 빈번하게 나타났으며, 정치적 테러 행위로 저항하는 젊은이들이 폭동을 일으켰다. 도스토옙스키의 작가적 공상 속에서 러시아의 비참하고 괴팍한 세계상이 나타났다. 이 세계에서 모든 가치관과 도덕적 척도는 해체되었고, 개인들은 박약해져서 충동과 열정에 의해 조종되었다. 동시에 사회적 몰락과 정치 지배자 세력 및 조작에 의한 물질적 권력으로부터 계속해서 위협받았다.

도스토옙스키는 그의 작품에서 산업화 시대의 간접적인 심리적 피해와 20세기 전체주의를 심오하게 예고했다. 이에 반하여, 러시아와 러시아 국민에 근거를 두고 '타락한 인간을 뒷날 그리스도교적인 박애로써 재기시킨다는' 유토피아적 상상을 했다. 그리고 이기적인 개별화를 극복하기 위해서는 다른 사람들과 의사소통, 즉 대화를 해야 한다고 생각했다. 이와 관련하여 그의 소설 속에는 고해 장면이 자주 나타나고, 긴 대화와 가끔씩 복잡하게 얽힌 추문이 발생한다. 그는 《죄와 벌》에서 "우리는 속임수를 써서 진실에 다가간다"고 말했다.

이따금 혼란스럽게 나타나는 소설 세계와 무엇보다도 그리스도교적이고 민족주의적으로 위장된 유토피아적 사회상이 도스토옙스키를 러시아에서 가장 논란이 분분한 작가로 만들었다. 즉 1960년대까지 그는 소비에트 연방에서 반사회주의자로 계속해서 내몰렸고, 반대당으로부터 스탈린주의와 굴락 GULAG(강제노동수용소)의 선지자라고 칭찬받았으며, 포스트 소비에트 시대에는 극우파의 우상으로서 칭송받았다. 또한 포스트모더니즘에서도 그를 발견할 수 있다. 도스토옙스키는 블라디미르 소로킨의 희곡에서 흥분제 역할을 했다. 희곡의 끝부분에서 밀매업자와 화학자는 어찌할 바를 몰랐다. "'도스토옙스키는 확실히 치명적으로 작용하고 있어.' '그러면 어떻게 해야 하지?' '약화시켜야지.' '무슨 수로?' '자, 스티븐 킹과 함께 시도해 보자. 한번 두고 보자.'"

지금까지 설명한 바와 같이 수없이 많은 의미를 가진 러시아 소설가의 복합적인 작품들을 어떻게 해야 독자들에게 신속하게 보여 줄 수 있을까? 그렇다. 나는 일찍이 나의 견해에 따라 긴장감 있는 각 사건의 이야기들을 재현하여 보여 주었다. 그 사건들은 방대한 소설 속에서 무대장면으로 펼쳐지고 갈라지면서도 때때로 종합되고 해결된다. 아마도 필자가 본문을 축약되고 세련된 형태로 재현하여 도스토옙스키 작품의 매력을 알리는 데 성공한다면 독자들은 소설에 흥미를 느껴 긴 원전을 읽고 싶게 될 것이다.

인간의 괴팍함에 대하여

프랑스 작가이자 외교관인 외젠 멜키오르 보귀에 자작은 1878년 페테르부르크의 한 사교계에서 도스토옙스키를 알게 되었는데, 그는 자신의 베스트셀러 《러시아의 소설 *Le roman russe*》(1886)에서 그를 다음과 같이 묘사했다.

"그의 외형은 그의 소설 속 주요장면을 상기시킨다. 그것을 언젠가 본 사람은 그 장면을 다시는 잊을 수 없을 것이다. 어떠한 방식으로 그의 작품, 그의 삶을 표현했는지를! 그는 작고 야위었으며, 심히 신경질적이고 늙고 의기소침한 비참한 예순 살로 표현되었다. 그는 늙었다기보다 창백한 모습으로 나타났다. …… 나는 인간의 얼굴에서 그렇게 고통이 쌓인 표정을 단 한 번도 본 적이 없었다. 정신과 육체의 모든 위기가 거기에 그의 자취를 남겨놓았다. 여기 그의 책 속에서 《죽음의 집의 기록》에서 나온 기억을, 즉 공포와 의혹과 고통의 긴 시간을 자기 자신보다 더 많이 읽을 수 있었다. ……
그가 사상에 대해 대화를 나누며 생기가 있거나 화를 낼 때마다 사람들은 매
번 이 얼굴을 언젠가 한 번 본 적이 있다고 확신했다. 그는 재판소의 피고석
또는 교도소로 가는 길로 안내하는 부랑자 속에 있는 듯했다. 다른 시대에도
그의 얼굴은 성화 속 늙은 성자의 슬픔과 온유함으로 가득 차 있다. 이 남자
곁의 모든 것은 국민에게서 유래했다. 러시아의 촌부가 종종 소유했던 조야
함과 궤변과 친절함이 섞인 감정으로 말이다. 다시 말해, 뭐라고 규정할 수
없는 불안함은 프롤레타리아의 가면 속에서 집중된 지적 활동의 표현에 기
인했다. 그는 가끔씩 자신의 진기한 매력이 영향을 미치기 시작할 때까지 반
발을 일으켰다. 보는 것과 같이 이 유명한 소설가를 눈에 띄지 않고 오히려
내성적인 등장인물과 일치시키기는 쉽지 않다.

보귀에가 촌부와 프롤레타리아, 범죄를 저지른 부랑자 및 성자와 비교한
것은 사리에 맞지 않아 보이지만, 그 당시 러시아와 러시아인에게서 얻은 인
습적인 상상에는 적절하다.

그러나 그는 유럽의 생활양식을 가진 페테르부르크의 사교계에도 속하지
않았다. 생존해 있을 때 러시아 문학의 괴짜였던 도스토옙스키는 지금까지
도 논란이 분분한 가운데 매우 존경받고 있지만, 또한 거의 사랑받지 못한
저자로 남아 있다. 그에 대한 평가 속에는 최고의 경탄과 극단적인 기피가
섞여 있다. 즉 이것은 자신의 등장인물에 이따금 소극적으로 대하는 작가를
열렬하게 지지하는 것이다. 파국적인 개혁과 전환점이 배경이 되는 그의 전
기 또한 인상적인 살인사건 및 추문으로 가득 채워진 그의 소설과 같이 불안
한 작용을 한다. 그의 작품의 문학적, 철학적 영향사에서 심적 갈등이 있는
판결과 공개적인 유죄판결이 나타난다.

도스토옙스키는 '판독하기 어렵다'(마이어 그레페) 또는 그의 작품은 '문학
적으로 진부한 대혼란'(나보코프)을 내포하고, '모든 예술적 형식이 결여되어
있다'(니콜라이 베르댜예프)고 한다.

토마스 만은 그를 니체와 비교했고, 은유적으로 새로 쓸 때 경외심을 갖고
거리를 두었다. "심오하고 불가사의하며 침묵을 지속하는 나의 경계심은 원
망하는 자의 종교적 숭고함 앞에서 시작되고, 병으로서의 천재 및 천재로서
의 병 앞에서, 그리고 고통스럽고 미친 사람의 전형 앞에서 시작된다. 성자

나 범죄자는 그중 하나가 된다."

지그문트 프로이트는 《카라마조프 형제들》을 '그가 쓴 소설 중 가장 웅장한 소설'이라고 여겼고, 대심판관의 에피소드를 '세계문학의 최고'라고 생각했다. 그러나 그는 신경증환자 도스토옙스키를 좋아하지 않는다고 고백했다.

유럽 후대들의 분열적 영향의 본질적인 원인은 평론가가 작가의 문체는 개인적 표현이고, 일반적으로 문학적 등장인물을 작가의 분신의 한 종류로 폭로할 수 있다는 데서 기인한다고 분명히 말할 수 있다. 그 점에서는 첫눈에 쉽게 간파할 수 없는 도스토옙스키의 문체론에 실망했고, 그의 등장인물과 관련해 말하자면 동요하는 인물의 대열에 반하여 사교계의 문외한 또는 정신적 장애가 있는 살인자, 마조히스트나 투시능력이 있는 바보로 생각했다. 그러한 관점에서 저자의 성격 재현은 보통 그렇게 썩 마음에 드는 상태가 될 수 없었다. 그사이, 소설은 문체상 극도로 복잡하고 철저하게 구성되어서 직접적인 결말이 저자의 심신 상태를 두말없이 허용할 수는 없음을 알게 되었다.

그의 작품의 문학적 배열에 관련해서도 답변보다는 질문이 더 많았다. 그는 공상적인 사실주의 작가인가? 그의 소설은 원래 드라마 장르에 속한 것이 아닐까? 아마도 그는 범죄를 주제로 한 전형적인 통속작가일 뿐이다. 그리하여 2순위의 유행저자가 종종 표절에 거론될 것이다. 아니면 먼저 사회적으로 굴복하고 모욕당한 사람에 관여해서 동시대적인 사회적 운동을 공격하고, 결국 범슬라브주의와 정교회를 전파하는 경향문학을 다루는 것일까? 단지 부분적일지라도 그중 많은 것들이 맞아 떨어질지도 모른다. 사실 그의 텍스트의 솔직함과 다의적 표현은 동시대의 소설 문학과 거의 맞지 않는다.

도스토옙스키의 작품은 주제와 모티프를 볼 때 19세기 낭만적 사실주의적 문학의 결말에 속한다. 그의 소설 대부분은 모더니즘의 구실이 되었다. 이로써 그는 시대와 시대 사이의 저자로 서 있다. 그는 중심도 아니고, 볼테르나 괴테, 톨스토이와 같은 고전적 민족주의 작가도 아니며, 루소나 실러와 비교할 만하다. 게다가 그의 시대, 즉 러시아적 시각으로 그의 작품에서 묘사한 과도기 유럽의 사람이었다. 그러나 어떻게 삶과 사교계의 의식에서 과도기를 문학적으로 설명할 수 있을까? 이러한 문제는 그가 살아 있는 동안 그를 사로잡았다.

1868년 그는 제네바에서 글을 썼다.

"우리 모두가, 우리 러시아인들이 지난 10년간 정신적인 발전 가운데 경험한 것들을 합리적으로 설명했다면, 어떻게 이것이 순전히 공상이라고 사실주의자들이 소리쳤겠는가!"

나중에 〈작가일기〉에서 그는 러시아 사회의 비판적인 상황에 대해 다시 한 번 이렇게 표명했다.

"누가 가장 멀리서 이러한 몰락과 재건의 법칙을 규정하고 표현할 수 있을까? 그리고 이러한 혼란 속에서 셰익스피어 부류의 예술가조차도 일반적인 법칙과 실마리를 찾을 수 없다면, 아니 실마리를 한 번도 꿈꿀 수 없더라도 최소한 누가 혼란의 한 부분을 규명할 수 있을까?"

도스토옙스키는 동료작가 곤차로프와의 대화에서 확실하게 해석될 수는 없더라도 그의 소재와 주제를 유동적인 현대에서 끌어내는 권리를 격렬하게 지켜냈다.

도스토옙스키 연보

1821년	모스크바 마린스키 자선병원 일등 군의관 미하일 안드레예비치와 어머니 마리아 표도로브나 사이에서 7남매 중 둘째아들로 태어남(11월 11일).
1833년(12세)	가을, 형 미하일과 드라슈소프 집에서 기숙사 생활.
1834년(13세)	여름, 다로보예에서 지내면서 월터 스콧의 작품 탐독. 10월 도스토옙스키와 형 미하일, 체르마크가 경영하는 중학 과정의 기숙학교에 들어감.
1837년(16세)	어머니가 폐결핵으로 죽음. 갑작스러운 후두염 발병. 이 병은 평생 그를 따라다님. 5월 아버지와 형 미하일과 함께 일주일간 수도 페테르부르크 여행. 9월 육군공병학교 합격.
1838년(17세)	1월 육군공병학교 입학. 발자크·위고·괴테·호프만 작품 탐독.
1839년(18세)	아버지가 영지에서 농노들의 원한을 사서 살해당함.
1841년(20세)	연극에 열중하여, 희곡 《마리아 스튜어드》《보리스 고도노프》를 썼다고 하지만, 원고는 현존하지 않음. 알렉산드리아 극장을 자주 드나들며 발레와 음악회를 감상함.
1842년(21세)	8월 육군 소위가 됨.
1843년(22세)	8월 공병학교를 졸업하고 공병국 제도실에서 근무. 9월 친구 리젠캄프 박사가 살고 있는 아파트에 자리잡음. 12월 발자크의 소설 《외제니 그랑데》(1834년 판) 번역.
1844년(23세)	2월 경제적으로 크게 어려워짐. 유산 관리인으로부터 일시금을 받고, 토지와 농노에 대한 유산 상속권을 포기함. 10월 19일 제대함. 《가난한 사람들》 집필 시작.
1845년(24세)	3월 소설 《가난한 사람들》을 발표하여 큰 성공을 거둠. 여름 레벨에 있는 형 집에서 살며 두 번째 중편소설 《분신》에 착수

함. 11월 하룻밤 만에 《아홉 통의 편지로 된 소설》을 씀. 12
월 벨린스키의 집에서 열린 문학 모임에서 《분신》을 낭독함.

1846년(25세) 1월 24일 《페테르부르크 선집》에 《가난한 사람들》 발표. 2월
《분신》을 〈조국의 기록〉지에 발표. 봄 페트라솁스키를 알게
됨. 여름, 레벨에 있는 형 집에서 《프로하르친 씨》 집필. 10
월 5일 게르첸을 알게 됨. 《여주인》과 《네토츠카 네즈바노
바》 쓰기 시작. 가벼운 간질 증세. 10월 《프로하르친 씨》 잡
지 〈조국의 기록〉지에 발표.

1847년(26세) 1월 《아홉 통의 편지로 된 소설》을 잡지 〈동시대인〉에 발표.
1~3월 벨린스키와 절연. 6월 《페테르부르크 연대기》를 신문
〈페테르부르크 통보〉에 발표함. 7월 7일 센나야 광장에서
첫 번째 간질 발작을 일으킴. 《가난한 사람들》이 단행본으로
나옴. 10~12월 《여주인》을 〈조국의 기록〉지에 발표함.

1848년(27세) 12월 페트라솁스키의 집에서 푸리에주의와 공산주의에 관한
강연을 들음. 〈조국의 기록〉지에 발표한 작품들 : 《남의 아
내》(1월), 《약한 마음》(2월), 《폴준코프》, 《닳고 닳은 사람
이야기》, 《크리스마스트리와 결혼식》, 《백야》(12월), 《질투
하는 남편》.

1849년(28세) 연초에 '페트라솁스키 모임'에 참석하여 출판의 자유, 농노해
방, 재판제도 개혁에 대하여 발언. 1~2월 〈조국의 기록〉지
에 《네토츠카 네즈바노바》 일부 발표(4월 체포로 인해 작업이 중
단됨). 4월 15일 모임에서 도스토옙스키는, '절대 왕정의 입
장을 신봉했다는 이유로 고골을 비난하는 내용을 담은' 벨린
스키의 편지를 두 번째로 읽음. 4월 23일 체포되어 11월 13
일 벨린스키의 '사악한' 편지를 퍼뜨린 죄목으로 사형을 선고
받음. 12월 22일 형 집행 직전, 황제의 특사로 강제 노동형
으로 감형됨.

1850년(29세) 1월 23일 옴스크에 도착하여 4년을 지냄. 이 기간 동안 가족
에게 편지쓰기를 금지당한 채 혹독하고 비참한 수용소 생활
을 견뎌냄.

1854년(33세) 2월 중순 출옥. 3월 2일 시베리아 전선 세미팔라틴스크에 주
둔 중인 제7대대에 배치됨. 이 기간에 투르게네프, 톨스토
이, 곤차로프, 칸트, 헤겔 등의 서적을 탐독함. 11월 21일
세미팔리틴스크에 검찰관으로 임명된 브란겔 남작과 가까운
친구가 됨.

1855년(34세) 니콜라이 1세 죽음. 이 해에《죽음의 집의 기록》을 쓰기 시작.

1856년(35세) 브란겔이 페테르부르크에서 도스토옙스키 사면 활동.

1857년(36세) 2월 6일 미망인 마리아 드미트리예브나 이사예바와 결혼. 8
월 감옥에서 구상하고 집필에 들어갔던《작은 영웅》이 〈조국
의 기록〉에 M이라는 익명으로 실림.

1858년(37세) 봄, 카트코프에게 편지를 보내 〈러시아 통보〉지에 중편소설
게재를 요청하여 허가됨. 9월 형 미하일이 잡지 〈시대〉 출판
허가받음.

1859년(38세) 3월《아저씨의 꿈》이 〈러시아〉지에 실림. 10월 6일 네크라
소프, 〈동시대인〉지에서《스테판치코보 마을 사람들》출판
에 동의함. 도스토옙스키는《죽음의 집의 기록》집필 구상.
12월 상트페테르부르크에 도착(10년 만의 귀환). 며칠 뒤 스
트라호프와 알게 되고 친구가 됨. 뒷날 그는 도스토옙스키의
공식 전기를 쓰게 됨. 11~12월《스테판치코보 마을 사람들》
이 〈조국의 기록〉지에 실림.

1860년(39세) 9월 〈러시아 세계〉지(67호)에《죽음의 집의 기록》연재 시
작. 11월 검열 당국은《죽음의 집의 기록》의 불온 표현 삭제
조건으로 출판 허가. 가을, 문학 서클 〈편집자들의 모임〉 결
성. 당대의 유명 인사들이 대거 참여. 도스토옙스키의 작품
들이 두 권의 책으로 나옴. 1권 :《가난한 사람들》,《네토츠
카 네즈바노바》,《백야》,《정직한 도둑》,《크리스마스트리와
결혼식》,《남의 아내와 침대 밑 남편》《작은 영웅》. 2권 :《아
저씨의 꿈》,《스테판치코보 마을 사람들》.

1861년(40세) 3월 5일 농노해방령 시행. 7월《학대받은 사람들》을 〈시대〉
지에 기고. 이 해에 곤차로프, 오스트롭스키, 살티코프 등

많은 작가들과 친분 관계를 맺음. 《학대받은 사람들》이 단행본 두 권으로 출간.

1862년(41세) 《죽음의 집의 기록》의 두 번째 부분이 〈시대〉지에 실림. 1월 16일 《죽음의 집의 기록》의 단행본을 내기 위해 바주노프와 계약. 6월 7일 처음으로 외국 여행. 6월 8~26일 베를린·드레스덴·프랑크푸르트·쾰른·파리 등을 여행. 7월 초 런던에 가서 게르첸 만남. 7월 15일 쾰른으로 갔다가 라인 강을 거쳐 스위스로, 그 뒤 이탈리아로 감. 12월 〈시대〉지에 《악몽 같은 이야기》 발표.

1863년(42세) 2월 〈시대〉지에 《여름 인상에 대한 겨울 메모》 연재됨. 4월 〈시대〉지, 스트라호프가 1월에 발생한 폴란드인의 무장 봉기 실패에 관해서 폴란드인에게 유리한 기사를 실었다는 이유로 4호로 발행 정지됨. 5월 〈시대〉지 출판 금지당함. 8월 외국으로 떠남. 파리에 8월 14일 도착. 9월 이탈리아로 출발. 바덴바덴에서 머물다가 토리노로 감. 그 뒤 제네바·로마·리보르노로 여행. 9월 17일 로마의 성 베드로 성당 방문. 9월 18일 포럼 산책. 10월 나폴리 체류. 그곳에서 게르첸 가족을 만남. 그 뒤 토리노로 돌아옴. 이 시기에 《노름꾼》과 《지하생활자의 수기》 쓰기 시작. 10월의 마지막 10일 동안 러시아로 돌아감.

1864년(43세) 1월 발루예프, 형 미하일에게 〈세기〉지 출판 허가 내줌. 3월 21일 〈세기〉지 첫 호 나옴. 3~4월 《지하생활자의 수기》를 〈세기〉지에 발표. 4월 15일 저녁 7시에 아내 마리아 이사예바 숨을 거둠. 4월 말 페테르부르크로 돌아감. 7월 10일 아침 7시, 파블로프스크에서 형 미하일 죽음. 형수가 〈세기〉지 발간을 계속해 나갈 것을 허가받음. 《죽음의 집의 기록》이 두 권의 독일어 판으로 라이프치히 출판사에서 나옴.

1865년(44세) 코르빈 그리코프스카야 부인, 뒷날 유명한 수학자가 된 소피야 코발렙스카야와의 우정이 시작됨. 6월 〈세기〉지 2호에 《악어》 연재. 〈세기〉지, 재정난으로 발행 중단(통권 13호).

출판업자 스젤로프스키와 어쩔 수 없이 불합리한 계약을 맺고 3000루블에 모든 작품의 저작권을 팔아 버림. 7월 말 비스바덴에 도착. 카트코프에게 《죄와 벌》의 구상을 알리는 편지의 초안 작성. 편지에 소설의 줄거리 묘사. 11월 8일 브란겔에게, 비스바덴에 온 첫 주에 세 차례의 간질 발작이 있었음을 편지로 알림. 카트코프가 그에게 선불금 지급. 도스토옙스키의 전집이 검토와 보충을 거쳐 스젤로프스키 출판사에서 나옴. 1권 : 《여주인》, 《프로하르친 씨》, 《약한 마음》, 《죽음의 집의 기록》, 《가난한 사람들》, 《백야》, 《정직한 도둑》. 2권 : 《학대받은 사람들》, 《지하생활자의 수기》, 《악몽 같은 이야기》, 《여름 인상에 대한 겨울 메모》 등.

도스토옙스키의 여러 단편들과 중편들이 같은 출판사에서 단행본으로 나옴. 《가난한 사람들》, 《백야》, 《약한 마음》, 《여주인》, 《프로하르친 씨》 등. 《죽음의 집의 기록》의 세 번째 판이 검토를 거치고 새 장들이 추가되어 나옴.

1866년(45세) 1월 《죄와 벌》, 〈러시아 통보〉지에 연재 시작(12월호로 완결). 1월 14일 대학생 다닐로프가 고리대금업자 포포프와 그의 하녀 노르만을 살해하고 금품을 강탈함. 도스토옙스키는 《백치》를 쓰며 이 사건을 숙고함. 6월 《노름꾼》의 줄거리와 《죄와 벌》 5부 작업. 10월 스젤로프스키에게 약속한 소설을 제때 끝내기 위해 안나 스니트키나를 속기사로 고용하여 그 달 안에 원고를 끝냄. 11월 《노름꾼》 원고를 스젤로프스키에게 가져감.

도스토옙스키 전집 제3권 나옴(스젤로프스키 출판사). 수록 작품 : 《노름꾼》, 《분신》, 《크리스마스트리와 결혼식》, 《남의 아내와 침대 밑 남편》, 《작은 영웅》, 《네토츠카 네즈바노바》, 《아저씨의 꿈》, 《스테판치코보 마을 사람들》, 스젤로프스키 출판사에서 단편, 중단편들이 단행본으로 나옴. 《분신》, 《지하생활자의 수기》, 《노름꾼》, 《크리스마스트리와 결혼식》, 《악어》, 《악몽·같은 이야기》 등. 그 외에 《학대받은 사람들》

세 번째 개정판. 《스테판치코보 마을 사람들》의 세 번째 판 출간.

1867년(46세) 2월 15일 안나 스니트키나와 재혼. 모스크바에서 보석상 카밀코프가 양갓집 아들 마주린에게 살해당하는 사건이 발생. 도스토옙스키는 이 범죄 사건을 《백치》의 마지막에 이용함. 4월 14일 도스토옙스키 부부, 외국으로 떠나 4년 넘게 체류. 4월 17일과 18일 베를린 체류. 4월 19일 드레스덴에 도착, 5월 4일 함부르크로 출발. 5월 15일 드레스덴으로 돌아옴. 6월 디킨스, 위고를 읽음. 베토벤, 바그너의 음악회 감상. 여러 번의 간질 발작을 일으킴. 6월 21일 바덴바덴으로 떠남. 6월 28일 투르게네프를 만나러 감. 러시아와 서양의 관계에 대한 생각 차이로 말다툼. 7월 16일 도벨린스키에 대한 기사를 쓰기 시작. 8월 13일 제네바 도착. 8월 28일 가리발디와 바쿠닌의 협력으로 제네바에서 평화와 자유연맹의 첫 번째 회의 열림. 도스토옙스키는 여러 회의에 참석함. 10월 《백치》 집필. 12월 6일 《백치》의 최종 원고 작업 돌입. 《죄와 벌》 수정판이 두 권으로 바주노프 출판사에서 나옴.

1868년(47세) 2월 22일 딸 소피야 태어남. 3월 10일 한 가족(6명)이 탐보프에서 살해되는 사건 발생. 16세의 고등학생이 용의자로 지목됨. 도스토옙스키는 이 사건을 《백치》 2부에 이용함. 5월 12일 어린 딸 소피야 죽음. 9월 밀라노 도착. 성당에 감. 11월 피렌체로 출발. 그곳에서 겨울을 보냄. 〈러시아 통보〉지에 《백치》 게재.

1869년(48세) 러시아의 친구들과 활발한 서신 교환. 무신론에 관한 소설을 구상. 7월 프라하에서 사흘을 보낸 다음 베니스, 볼로냐를 거쳐 드레스덴으로 돌아감. 9월 14일 딸 류보프 태어남. 11월 21일 모스크바에서 혁명 운동가 네차예프를 지도자로 하는 '민중의 복수'라는 혁명 단체가 불복종을 이유로 농학과 학생 이바노프를 암살함(이른바 네차예프 사건). 도스토옙스키는 이 사건을 주의 깊게 연구하여 뒷날 《악령》에 이용함.

1870년(49세) 봄 니힐리즘에 대한 〈악의적인 것〉 작업(《악령》). 〈오로라 (L'Aurore)〉지에 《영원한 남편》 실림. 《죄와 벌》, 전집 제4 권으로 나옴(스젤로프스키 출판사).

1871년(50세) 1월 〈러시아 통보〉지에 《악령》 연재 시작. 3~5월 파리코뮌. 도스토옙스키의 편지와 《미성년》의 작가 노트에서 이 사건을 반영했다고 밝힘. 7월 1일 네차예프의 재판. 재판의 내용이 《악령》 2부와 3부에서 이용됨. 7월 5일 드레스덴을 떠나 페테르부르크 도착. 7월 16일 페테르부르크에서 아들 표도르 태어남. 바주노프 사에서 '동시대 작가 총서'의 하나로 《영원한 남편》이 단행본으로 나옴.

1872년(51세) 10월 30일 〈시민〉지에서 도스토옙스키와 공동 작업할 것임을 알림. 11~12일 안나 스니트키나, 《악령》을 직접 출판하기 위해 교섭. 도스토옙스키, 〈시민〉지의 편집일을 맡음. 12월 말 〈시민〉지 1호에 《작가일기》 제1장 원고 조판 작업. 독감과 폐기종으로 고생하기 시작.

1873년(52세) 1월 1일 〈시민〉지 제1호가 나옴. 편집장을 맡음. 성무권의 담당 검사관 포베도노스체프가 왕위 계승자 알렉산드르 알렉산드로비치에게 편지와 《악령》 견본 보냄. 2월 26일 안나 스니트키나가 출판한 《악령》 판매 시작. 2월 27일 슬라브 자선 단체의 회원으로 뽑힘. 6월 11일 검열법 위반으로 25루블의 벌금형과 48시간의 구류(키르키즈 대표단 사건)처분받음. 6월 15일 시인 주체프 사망. 그에 대한 글을 〈시민〉지에 기고함. 《악령》이 세 권의 단행본으로 나옴. 정치적, 연대기적, 문학적 기사와 중편소설, 일상생활을 묘사한 《작가일기》가 〈시민〉지에 연재됨. 《작가일기》(〈시민〉지 제6호)에 단편 《보보크》가 실림.

1874년(53세) 1월 《백치》, 두 권의 단행본으로 나옴. 3월 11일 〈시민〉지 10호에 기고한 글 〈러시아에 사는 독일인들에 대한 비스마르크 왕자의 생각과 관련된 두 단어〉로 잡지는 첫 번째 경고를 받음. 3월 21일과 22일 센나야 광장의 보초에게 체포됨. 이

때 《레 미제라블》을 다시 읽음. 4월 22일 건강상의 이유로 〈시민〉지의 편집장직 사퇴. 그러나 기고는 중단하지 않음. 6월 4일 온천 요법을 받으러 엠스에 가서 푸시킨을 다시 읽고 《미성년》 작업. 10월 12일 네크라소프에게 보낸 편지에 〈조국의 기록〉지에 자기 소설 《미성년》이 실릴 것이라고 알림.

1875년(54세) 8월 10일 아들 알렉세이 태어남. 현대의 부모와 아이들에 관한 소설 구상. 12월 27일 비행 청소년을 위한 감화원 방문. 12월 31일 개인 잡지 〈작가일기〉의 발행 허가가 내려짐. 《죽음의 집의 기록》 제4판이 두 권의 책으로 나옴. 《미성년》이 〈조국의 기록〉(1~12월호)에 실림.

1876년(55세) 1월 월간 〈작가일기〉 제1호 발행. 단편 《예수의 크리스마스에 초대된 아이》 발표. 2월 〈작가일기〉 2월호에 단편 《농부 마레이》 발표. 3월 영적 경험. 〈작가일기〉 3월호에 단편 《백살의 노파》 실림. 10월 도스토옙스키가 〈작가일기〉에서 말한 계모 코르닐로바의 재판이 열림. 그는 죄수를 두 번 방문함. 《온순한 여자》 집필, 〈작가일기〉 11월호에 발표. 12월 6일 카잔 광장에서 대학생들의 시위와 난투극. 〈작가일기〉에서 이 사건을 상세히 다룸. 《미성년》이 3권의 단행본으로 나옴. 〈작가일기〉 계속 발간.

1877년(56세) 4월 러시아 황제의 성명. 러시아 군대가 터키 영토에 진입. 도스토옙스키는 성명을 읽고 카잔 성당에 감. 4월 22일 코르닐로바의 두 번째 재판에 참석함. 피고는 무죄 석방됨. 〈작가일기〉 4월호에 단편 《우스운 인간의 꿈》 발표. 12월 27일 시인 네크라소프 죽음. 충격에 싸인 도스토옙스키는 밤을 새워 죽은 시인의 시를 낭독함. 12월 30일 네크라소프 장례식에서 간단한 연설을 함. 〈작가일기〉 계속 발간. 《죄와 벌》 4판이 두 권으로 나옴. 《온순한 여자》가 〈페테르부르크 신문〉에 프랑스어로 번역됨. 단행본으로도 나옴.

1878년(57세) 5월 16일 세 살의 어린 아들 알렉세이가 갑작스러운 간질 발작으로 죽음. 6월 23일 러시아 영성의 중심지 중 하나인 옵

티나 수도원에 감. 암브로시 장로와 두 번의 대화. 그로부터 《카라마조프 형제들》의 영감을 얻음. 12월 계획을 세우고 《카라마조프 형제들》의 첫 부분 씀. 12월 14일 《학대받은 사람들》의 넬리 이야기를 자선 문학의 밤 모임에서 낭독.

1879년(58세) 3월 9일 문학기금을 위한 연회에서 도스토옙스키는 《카라마조프 형제들》의 일부분을 낭독함. 3월 20일 어린 딸을 괴롭힌 혐의로 고발당한 외국인 브룬스트의 재판. 도스토옙스키는 이 사건에 매우 깊은 인상을 받아 《카라마조프 형제들》에 이용함. 7월 22일 엠스로 떠남. 베를린에서 이틀 머무름. 수족관, 박물관과 티어가르텐 구경. 7월 24일 엠스 도착. 9월 러시아로 돌아옴 《카라마조프 형제들》 작업. 10월 알렉세이 톨스토이의 미망인, 톨스토이 백작 부인이 도스토옙스키에게 드레스덴 박물관에 있는 라파엘의 〈시스티나의 마돈나〉 그림을 보여 줌. 《카라마조프 형제들》(소설 3부의 제4권까지) 〈러시아 통보〉지에서 나옴. 〈작가일기〉 제2판 1876년 《학대받은 사람들》 제5판.

1880년(59세) 1월 17일 도스토옙스키와 프랑스 외교관이자 작가인 보귀에 사이에 논쟁(보귀에는 뒷날 유명한 책, 《러시아의 소설》 (1886)을 씀). 도스토옙스키는 다음과 같이 말함. "우리는 모든 민족들의 특징을 가지고 있습니다. 그 위에 모든 러시아의 특징도. 그 이유는 우리가 당신들을 이해할 수 있기 때문입니다. 그러나 당신들은 우리에 미치지 못합니다." 4월 6일 페테르부르크 대학에서 열린 블라디미르 솔로비요프의 박사 통과 심사에 참석. 5월 11일 모스크바에서 열리는 푸시킨 동상 제막식에서 슬라브 자선 단체의 대표로 임명됨. 5월 23일 모스크바 도착. 5월 24일 도스토옙스키를 축하하는 오찬. 여러 작가들 참석. 6월 6일 푸시킨 동상 제막식. 6월 7일 첫 번째 공개 회의, 투르게네프 연설. 6월 8일 두 번째 공개 회의. 도스토옙스키, 대중에 열광을 불러일으킨 푸시킨 동상에 가서 자기가 받은 월계관을 바침. 6월 10일 모스크바를 떠나

스타라야루사로 감. 《카라마조프 형제들》 쓰기 시작. 11월 8일 〈러시아 통보〉지에 《카라마조프 형제들》의 마지막 장을 보냄. "내 소설은 끝났습니다. 이 소설에 바친 3년과 출판한 2년, 나에게는 의미 있는 순간입니다. 작별 인사를 하지 않은 것을 용서하시기 바랍니다. 나는 20년은 더 살면서 글을 쓸 작정입니다." 11월 29일 한 편지에서 나쁜 건강 상태에 대해 불평(폐기종으로 고생). 12월 10일 열다섯 살의 젊은 시인 메레시콥스키가 도스토옙스키에게 자신의 시를 읽어 줌. "제대로 쓰기 위해서는 고통을 감내해야 한다."《푸시킨에 대한 연설》이 〈모스크바 통보〉지에 실림. 《카라마조프 형제들》, 〈러시아 통보〉지에 연재(11월 완결). 〈작가일기〉 제2판

1881년(60세)   1월 〈작가일기〉 작업. 1월 26일 상속 문제로 여동생이 찾아와 다투고 간 뒤 도스토옙스키 각혈, 의사의 진찰 도중 다시 각혈한 뒤 의식 잃음, 6시경 병자 성사를 받음, 7시쯤 아내와 아이들에게 작별 인사, 1월 27일 각혈 멈춤. 1월 28일 아침 11시 또 각혈. 저녁 7시 자식들에게 자신의 성서를 건네 줌. 저녁 8시 38분 도스토옙스키 숨을 거둠. 1월 31일 알렉산드르 넵스키 수도원 묘지에 묻힘. 많은 사람들이 긴 행렬을 이루며 그를 애도함. 《죽음의 집의 기록》 제5판 나옴. 《학대받은 사람들》의 프랑스어 번역이 〈페테르부르크 신문〉에 실림. 《죽음의 집의 기록》 영어로 번역됨. 《학대받은 사람들》 스웨덴어로 번역됨.

채수동

한국외국어대학 러시아어과 졸업. 미국 뉴욕대학 대학원 수료(러시아문학). 미국 콜럼비아대학
대학원 수학(러시아문학). 주러시아대사관 총영사. 주수단대사관 대사. 한국외국어대학교 러시
아문학 강의. 지은책〈한 외교관의 러시아 추억〉. 옮긴책 똘스또이〈인생이란 무엇인가〉〈사람은
무엇으로 사는가〉〈이반 일리치의 죽음〉도스토예프스키〈죄와 벌〉〈악령〉〈백치〉〈미성년〉

World Book
219

Фёдор М. Достоевский
УНИЖЕННЫЕ И ОСКОРБЛЕННЫЕ
학대받은 사람들
도스토옙스키/채수동 옮김
1판 1쇄 발행/1978년 8월 10일
2판 1쇄 발행/2013년 3월 10일
발행인 고정일
발행처 동서문화사
창업 1956. 12. 12. 등록 16-3799(윤)
서울 강남구 도산대로 163(신사동)
☎ 546-0331~6 (FAX) 545-0331
www.dongsuhbook.com
잘못 만들어진 책은 바꾸어 드립니다.

＊

＊
사업자등록번호 211-87-75330
ISBN 978-89-497-0810-2 04080
ISBN 978-89-497-0382-4 (세트)